상위 1등급
비문학 독해
배경지식

| 2권 |

01 서양 철학 사상의 흐름

고대철학	중세철학

BC600	BC500	BC400	BC300	AD300	AD1500	AD1600

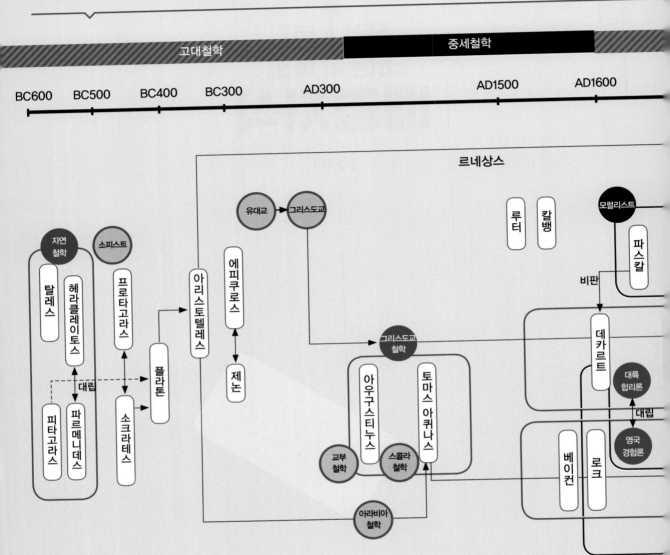

르네상스

자연
철학

소피스트

탈레스

헤라클레이토스

프로타고라스

아리스토텔레스

에피쿠로스

유대교 → 그리스도교

루터 칼뱅

모럴리스트

파스칼

대립

피타고라스

파르메니데스

플라톤

소크라테스

제논

그리스도교
철학

비판

데카르트

아우구스티누스

토마스 아퀴나스

대륙
합리론

대립

교부
철학

스콜라
철학

영국
경험론

베이컨

로크

아라비아
철학

AD1700　　　AD1800　　　AD1900　　　AD2000

프랑크
푸르트학파

독일
관념론

호르크
하이머 → 프롬 | 하버마스

언어학

분석철학

비판

롤스 | 매킨타이어 | 샌델

몽테
스키
외

칸트 | 헤겔 ← 비판 ← 키르케고르 → 소쉬르

러셀 | 비트겐슈타인

대립

노직

공동체주의

사르트르

실존주의

정치철학

스
피
노
자

쇼펜하우어

베르그송 → 후설 → 하이데거

대립

레비스트로스

현상학

대립

구조주의

리오타르 | 보드리야르

버클리 | 흄

마르크스

니체 | 생의철학

푸코

포스트
모던

사회주의

들뢰즈 | 데리다

루소

계보학

포스트
구조주의

사회
계약론

공리주의

실용주의

제임스

포퍼 | 쿤

벤담 | 밀

과학철학

프로이트 → 융

→ 라이히

정신
분석학

3

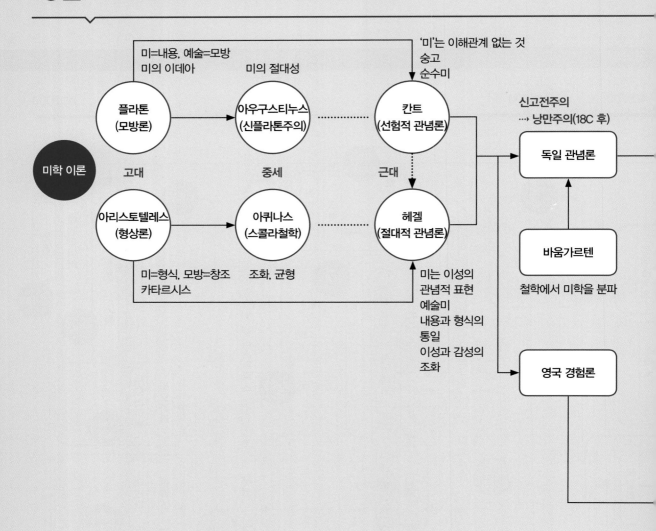

미학 이론

미=내용, 예술=모방
미의 이데아

플라톤
(모방론)

고대

미=형식, 모방=창조
카타르시스

아리스토텔레스
(형상론)

미의 절대성

아우구스티누스
(신플라톤주의)

중세

조화, 균형

아퀴나스
(스콜라철학)

'미'는 이해관계 없는 것
숭고
순수미

칸트
(선험적 관념론)

근대

헤겔
(절대적 관념론)

미는 이성의
관념적 표현
예술미
내용과 형식의
통일
이성과 감성의
조화

신고전주의
⋯→ 낭만주의(18C 후)

독일 관념론

바움가르텐

철학에서 미학을 분파

영국 경험론

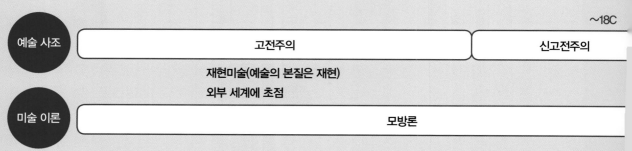

~18C

예술 사조

고전주의 | 신고전주의

재현미술(예술의 본질은 재현)
외부 세계에 초점

미술 이론

모방론

4

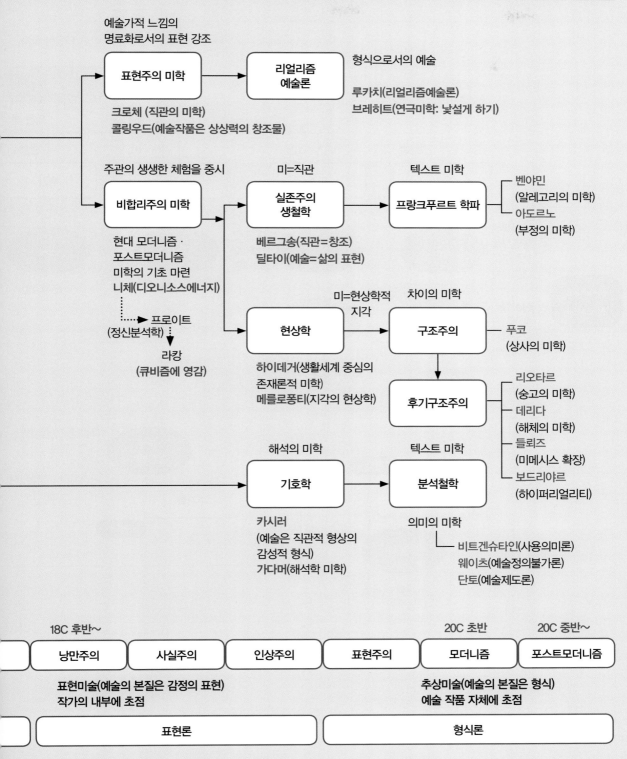

예술가적 느낌의
명료화로서의 표현 강조

표현주의 미학 → **리얼리즘 예술론**

형식으로서의 예술

크로체 (직관의 미학)
콜링우드(예술작품은 상상력의 창조물)

루카치(리얼리즘예술론)
브레히트(연극미학: 낯설게 하기)

주관의 생생한 체험을 중시

비합리주의 미학

미=직관

실존주의 생철학

텍스트 미학

프랑크푸르트 학파

— 벤야민 (알레고리의 미학)
— 아도르노 (부정의 미학)

현대 모더니즘 ·
포스트모더니즘
미학의 기초 마련
니체(디오니소스에너지)

베르그송(직관=창조)
딜타이(예술=삶의 표현)

┄┄▶ 프로이트
(정신분석학)
↓
라캉
(큐비즘에 영감)

미=현상학적 지각

현상학

차이의 미학

구조주의

— 푸코 (상사의 미학)

후기구조주의

— 리오타르 (숭고의 미학)
— 데리다 (해체의 미학)
— 들뢰즈 (미메시스 확장)
— 보드리야르 (하이퍼리얼리티)

하이데거(생활세계 중심의
존재론적 미학)
메를로퐁티(지각의 현상학)

해석의 미학

기호학

텍스트 미학

분석철학

카시러
(예술은 직관적 형상의
감성적 형식)
가다머(해석학 미학)

의미의 미학

└ 비트겐슈타인(사용의미론)
웨이츠(예술정의불가론)
단토(예술제도론)

18C 후반~   20C 초반   20C 중반~

| 낭만주의 | 사실주의 | 인상주의 | 표현주의 | 모더니즘 | 포스트모더니즘 |

표현미술(예술의 본질은 감정의 표현)
작가의 내부에 초점

추상미술(예술의 본질은 형식)
예술 작품 자체에 초점

표현론   **형식론**

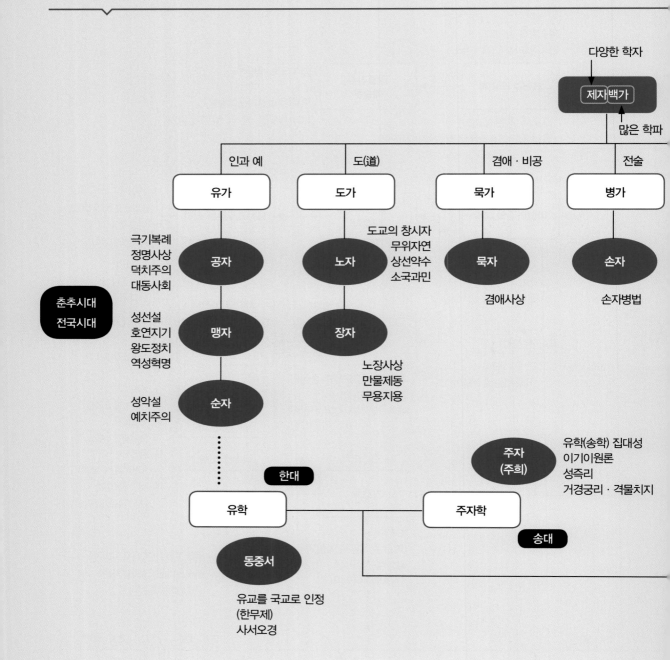

다양한 학자

제자백가

많은 학파

인과 예	도(道)	겸애 · 비공	전술
유가	도가	묵가	병가

극기복례
정명사상
덕치주의
대동사회 — 공자

도교의 창시자
무위자연
상선약수
소국과민 — 노자

묵자

손자

겸애사상

손자병법

춘추시대
전국시대

성선설
호연지기
왕도정치
역성혁명 — 맹자

장자

노장사상
만물제동
무용지용

성악설
예치주의 — 순자

한대

주자
(주희)

유학(송학) 집대성
이기이원론
성즉리
거경궁리 · 격물치지

유학	주자학

송대

동중서

유교를 국교로 인정
(한무제)
사서오경

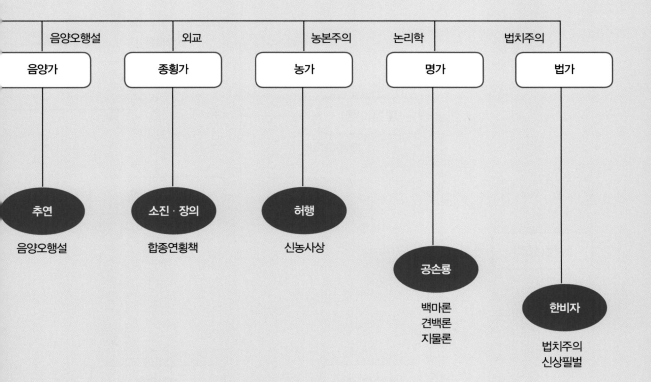

음양오행설	외교	농본주의	논리학	법치주의
음양가	종횡가	농가	명가	법가

추연

음양오행설

소진 · 장의

합종연횡책

허행

신농사상

공손룡

백마론
견백론
지물론

한비자

법치주의
신상필벌

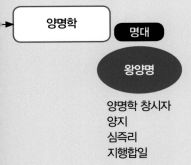

양명학

명대

왕양명

양명학 창시자
양지
심즉리
지행합일

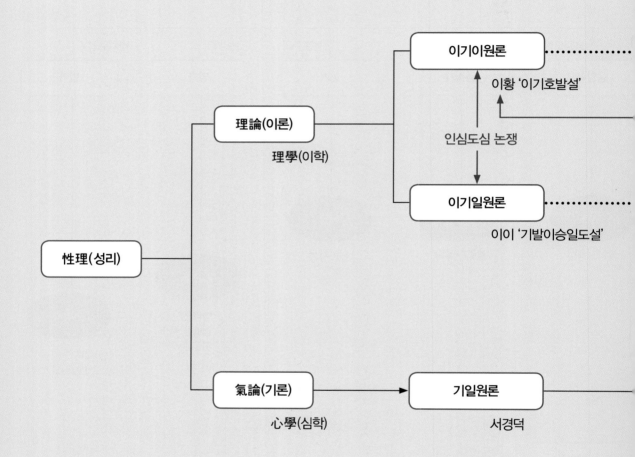

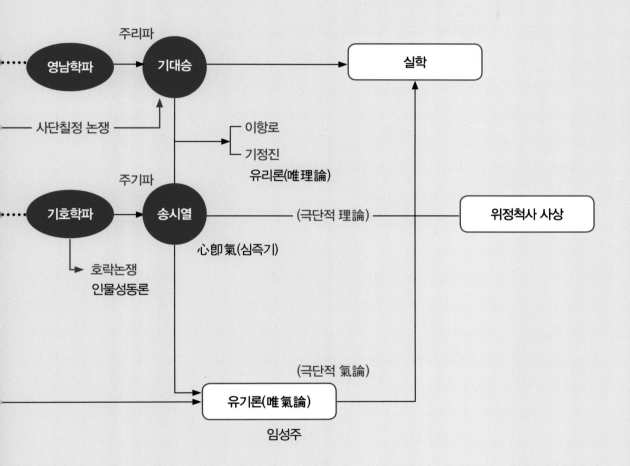

상위 1등급
비문학 독해
배경지식

| 2권 |

북아이콘

수능 국어 독서에서
배경지식 활성화가 중요한 이유

독서 영역을 혼자서 해결할 수 없는 데는 이유가 있다.

수능 국어 독서 영역은 학생 스스로 해결할 수 있는 수준을 넘어선 지 오래다. 그 주된 이유로 다음 세 가지를 들 수 있다.

첫째, 고교 교과 과정에서 다루지 않는 주제와 제재가 출제 지문으로 제시되기 때문이다. 이것은 오랫동안 수능 체제가 유지된 데 따른 결과이기도 하다. 해마다 그것도 오랫동안 새로운 주제와 제재를 갖고서 지문을 만들어야만 했기에, 주제와 제재로 다루는 개념의 외연(外延)은 점점 더 넓어지고, 내포(內包)는 갈수록 깊어질 수밖에 없다. 급기야 2022학년도 수능에서는 사변적(思辨的) 내용을 집약한 사상으로 절대 다루어서는 안 될 개념이라 할 수 있는 '헤겔 변증법'까지 등장하고 말았다. 설상가상으로 최근에는 수능 국어 비문학 영역, 특히 논리와 법률, 경제 분야에서 'LEET 언어 이해와 추리 논증형' 문제가 곧잘 출제되고 있어서 수험생인 학생들이 느끼는 피로감은 상당하다. 이쯤 되면, 수능 국어 비문학은 그야말로 난공불락일 터이다.

둘째, 설령 고교 교과 과정에서 다루고 있는 주제와 제재라 할지라도, 그것을 모든 학생이 빠짐없이 공부했을 것으로 생각한다면, 이는 커다란 착각이다. 예를 들어 문과 학생들이 물리·화학·생명과학 등 과학 관련 과목을 전부 이수하는 것은 아니다. 설령 교양 과학 과목을 이수한다고 하더라도 학습하는 내용은 제한적이다. 이런 이유로 과학과 관련한 지문이 수능에서 출제되면, 문과 학생들로서는 글 내용의 이해는 둘째치고 관련한 개념의 낯섦으로 어려움을 겪을 수밖에 없다. 최근 생명과학 분야의 출제 빈도가 높아지고 있는데, 지문에 실린 전문 용어의 다발 앞에서 학생들은 평정심을 잃고 만다.

셋째, 고교 교과 수업 자체는 애초부터 영역별 '통합'이 불가능한 탓에, 학생들은 수능 국어 비문학 출제 경향을 절대 따라잡을 수 없다. 무슨 뜻인가 하면, 학생들은 '주제 통합' 지문에 효과적으로 대응하지 못하면서 글 내용의 이해에 어려움을 겪는다는 것이다. 얼핏 관련 없어 보이는 듯한 두 개념을 담은 글과 맞닥뜨렸을 때, 학생들은 글 내용의 이해는 둘째치고 지문에 어떻게 접근해야 할지 몰라 전전긍긍한다. 사실, 수능 국어 비문학 지문에서 학생들이 필연적으로 맞닥뜨리게 될 '융합' 지문은 생각 밖으로 많다. 언어철학, 과학철학, 현대 사상, 예술철학, 사고 실험 등을 다룬 지문은 거의 예외 없이 주제 통합 지문이라고 보면 된다. 언어, 논리, 과학, 예술, 심리, 경제 등 여러 분야의 글감이 인문, 특히 철학적 물음과 불가분 연계되어 있음을 깨닫는다면, 수능 국어 비문학에서 주제 통합 지문은 생각 밖으로 많다는 것을 실감할 것이다. 학생들이 이런 유형의 글감을 이해하는 데 특히 어려움을 겪는 이유가 이 때문이다. 학교 수업만으로는 주제 통합과 관련한 글감을 이해하기 힘들거니와, 글의 중심 생각을 잡아내기 어려운 것이 학생들이 처한 현실이다. 그러함에도 불구하고 수능 국어 비문학 지문은 갈수록 주제를 통합하는 방향으로 나아가고 있다는 사실에 많은 학생이 당혹감을 느끼고 만다.

배경지식 활성화를 위한 공부는 반드시 필요하다.

여기까지의 설명만을 놓고 본다면, 수능 국어 독서 영역 공부에 매진하는 학생들로서는 참으로 난감할 것이다. 출제 범위가 너무 포괄적이고 내용 면에서도 지나치게 광범위한 탓에 지문에서 다루는 주제는 물론이고 글 내용까지 어려운 시험 앞에서 학생들이 받게 될 심적 부담은 상당하다. 더군다나 시간의 압박을 받는 상황에서 학생들이 정신줄을 놓지 않고 글을 읽는다는 것은 절대 쉽지 않다.

그렇다면 어떻게, 어떤 식으로 공부해야 할까? 여기에는 많은 해결책이 있겠지만, 이 책을 쓴 취지와 직접 맞닿는 내용에 국한하여 설명하면 다음과 같다. '배경지식 활성화'를 위한 공부가 그것이다. 사실, 수능 국어 독서 영역 공부에서 관련한 배경지식을 공부할 필요가 있는가에 대한 논의는 여전히 뜨겁다. 마치 "닭이 먼저냐, 달걀이 먼저냐." 하는 담론처럼, 어느 것이 옳거나 그르다고 단정할 근거는 약하다. 각자 알아서 판단할 일이다. 그렇더라도 필자의 생각은 분명하다. 지금의 수능 국어 독서 영역에서 고득점을 받고자 하는 학생이라면 배경지식 학습을 반드시 병행해나가야 한다. 그 이유를 몇 가지 간추려서 말하면 다음과 같다.

첫째, 배경지식의 습득은 지금의 수능 국어 독서 영역 출제 지문을 따라잡기 위한 필요조건으로, 수능 고득점을 바라는 학생에게는 특히 그렇다. 한정된 시간 안에 길고 복잡한 지문을 읽으면서 발문의 물음에 답하려면, 다른 무엇보다 글 내용의 핵심부터 정확히 파악할 수 있어야 한다. 이때 지문에서 다루는 핵심 개념에 대한 지식을 머릿속에서 떠올리는 것만으로도 글 내용의 이해는 한결 수월해지고, 글 내용의 핵심이 단박에 눈에 잡힌다. '개념'은 이른바 '생각을 담은 그릇'이라는 사실에 동의한다면, 그릇의 본 모습을 알고 있는 것만으로도 얼마든지 그 용도를 가늠할 수 있다. 같은 이치로, 지문에 실린 핵심 개념을 잘 알고 있는 것만으로도 글의 중심 생각은 어렵지 않게 포착할 수 있으며, 학생들은 글의 중요한 부분에 집중하면서 빠르고 정확하게 정보를 처리할 수 있다.

둘째, 말했듯이 지금의 수능 국어 독서 영역 출제 지문은 그 주제와 제재가 갈수록 세분화·심층화하고 있어서, 학생들은 글 내용의 올바른 해석은 둘째치고 글에 실린 개념의 의미를 이해하는 것조차 상당히 버겁다. 수능에서 곧잘 출제되고 있는 언어철학, 과학철학, 예술철학 등 현대 사상 관련 지문은 난해하기가 이를 데 없는데, 그 가장 큰 이유는 다름 아닌 개념에 내포된 의미의 심오함과 용어 자체의 낯섦, 그리고 개념과 개념의 융합적 사고에서 비롯된 것이다. 이런 지문이 출제되는 상황에서, 글에 모든 정보가 담겨 있기에 굳이 배경지식을 알고 있을 필요가 없다는 주장은 무책임하다. 현대 사상을 담은 핵심 개념이나 전문 용어는 그 어휘의 낯섦은 물론이고 내용 면에서도 많은 것들을 포괄하고 있기에, 이것을 처음 접한 상태에서 학생들이 글 내용을 정확히 파악하고 이해할 수 있기란 생각 이상으로 어렵다.

셋째, 이 역시 앞서 말했듯이 수능 국어 독서 영역에서 다루는 핵심 개념은 "교과 과정을 충분히 이수한 학생이라면 어렵지 않게 글 내용을 이해할 수 있다."라고들 말하지만, 정작 수업 시간에 관련한 내용을 가르치지 않거나, 설령 가르친다고 하더라도 설렁설렁 넘어가는 경우가 많아 학생들은 관련한 배경지식을 체계적으로 학습하지 못하는 실정이다. 예를 들어 수능 국어 비문학 과학 분야의 경우, 고등학교 공통 과학에서 배우는 기초적인 내용, 이를테면 '에너지 보존 법칙', '질량 보존 법칙', '보일-샤를 법칙'과 같은 내용은 지문에서 상세한 설명을 하지 않는 경우가 많다. 학생들이 관련 용어나 개념의 의미를 학습 과정에서 익혔다는 전제하에 지문 내용을 구성하기 때문이다. 만약 그렇지 못한 학생일 경우 관련한 배경지식 부족으로 글 읽기에 상당한 어려움을 겪게 되는데, 이러한 문제점을 해결하기 위해서라도 최소한의 배경지식 습득은 꼭 필요하다.

배경지식 학습의 핵심은 암기가 아닌 '이해'다.

그렇다면 어떤 식으로 배경지식을 학습하는 것이 글 읽기에 효과적일까? 크게 다음 세 가지를 염두에 두고서 꾸준히 공부해나가면 된다.

첫째, 배경지식 학습의 본질을 명확히 알고서 그것에 맞게 공부해나가야 한다. 많은 학생은 배경지식은 '암기'하는 것이라는 통념으로 공부하려 드는데, 이것은 대단히 위험한 생각이자, 오히려 글 읽기를 방해하는 잘못된 공부 방법이다. 배경지식 학습에서 암기할 내용은 극히 제한적이며, 무조건적 암기가 오히려 '스키마(고정관념, 선입견)'로 작용하면서 글 내용의 올바른 이해를 가로막는다. 배경지식 학습의 핵심은 '이해'에 있다. 인류 지식의 보고(寶庫)라고 할 수 있는 핵심 개념은 단순 암기로 얻을 수 있는 성질의 지식이 아니다. 그만큼 심오한 내용을 담고 있거나, 세계를 구성하는 근본 원리를 다루고 있기에, 이를 올바르게 이해하는 것만으로도 상당히 버겁다. 이를 해결하기 위해서 학생들은 수능 비문학 지문에서 중요하게 다루는 배경 지식을 담은 두 권의 책을 주의 깊게 읽으면서 핵심 개념에 실린 '의미'를 읽어낼 수 있도록 노력할 필요가 있다. 워낙에 핵심 내용만을 추려 압축한 글이라 문장 하나하나의 의미를 곱씹어 가면서, 생각을 모으고 생각을 정리하면서 글을 읽어야만 글 내용이 눈에 들어오고 글의 의미가 파악될 것이다. 이것은 필자가 의도한 바로, 배경지식 학습은 어디까지나 글 내용의 '이해'를 위한 것이라는 사실을 학생들은 이 책을 읽으면서 직접 확인할 수 있을 것이다.

둘째, 배경지식, 특히 핵심 개념과 관련한 배경지식은 서로 긴밀히 관계한다는 사실을 절대 명심해야 한다. 하늘 아래 새로운 지식은 그리 많지 않다. 핵심 개념은 위대한 사상가나 과학자가 생애를 바쳐 이룩한 위대한 사상을 후세 학자들이 이어받아 강화하거나, 체계화하거나, 반박하면서 다른 사상에 접목하고, 비판적으로 계승·발전해 나가면서 켜켜이 쌓아 올린 지식의 총체라 할 수 있다. 사상과 지식은 개념을 통해 그렇게 발전해 나가는 것이다. 그런 점에서 볼 때, 우리는 위대한 사상가가 평생을 바쳐 만들어낸 핵심 개념 앞에서, "마치 호미 한 자루를 두른 채 태산 앞에 서 있는" 심정으로 겸손하게 접근할 필요가 있다. 개념을 단순 암기하는 것만으로 모든 것을 다 안다는 식의 오만한 태도를 버리고, 개념에 담긴 '의미'를 읽어낼 수 있도록 피나는 노력을 기울여야 한다. 그것이 올바른 개념 학습이자, '나'의 것으로 만드는 확실한 방법이다.

셋째, 개념 이해와 더불어 개념이 어떤 식으로 확장해 나가면서 사상과 지식의 지평을 넓히는지를 파악할 수 있어야 한다. 이것을 확인하는 것은 어렵지 않다. 이 책을 읽는 동안 핵심 개념이 분야와 영역을 넘나들면서 사상적으로 종횡무진 펼쳐지고 있음을 직접 목격할 수 있을 것이다. 이를테면 플라톤의 '미메시스(모방)' 개념을 모르고서는 예술의 본질을 설명할 수 없고, '목적론과 기계론'에 대한 이해가 부족하면 현대 과학의 중심을 이루는 '양자역학'이나 '불확정성 원리'를 정확히 이해하기 힘들다. 지식과 지식, 개념과 개념, 원리와 원리, 사상과 사상은 서로 긴밀하게 관계하면서, 그리고 영역을 넘나들면서 생각과 사고를 확장한다. 바로 이 부분에서 수능 국어 독서 지문이 집중적으로 출제된다는 사실에 주목한다면, 이 책을 어떤 식으로 활용해야 할지 미루어 짐작할 수 있을 것이다.

수능 국어 지문 읽기와 병행하면서 공부하라.

그리하여 이 책을 갖고서 공부하는 학생들에게 부탁한다. 온전히 이 책에 집중해서 읽는 것도 좋겠지만, 수능 국어 비문학 지문을 읽으면서 문제를 풀어나갈 때도 이 책을 적극적으로 활용하기 바란다. 공부하면서 모르는 개념이 나오거나 이해가 되지 않는 글 내용이 나오면, 이 책의 여기저기에 실린 관련 내용을 찾아 읽으면서 '내 것'으로 확실하게 만들기 바란다. 그 과정에서 추가할 내용이 있으면 책의 한 꼭지에 첨언을 하면서 나만의 개념 노트로 거듭나게 만들기 바란다. 핵심 개념을 워낙 압축한 글이라 처음 읽을 때는 모르는 어휘가 자주 등장하는 탓에 글 내용의 이해에 많은 어려움을 느낄 것이다. 그럴 때마다 사전을 찾아 단어와 어휘의 의미를 추가하면서 명확히 살피기 바란다. 그런 노력의 과정에서 이뤄지는 모든 행위가 적극적인 글 읽기의 핵심이란 사실을 깨닫는다면, 그 학생은 수능에서 반드시 높은 점수를 받을 수 있을 것이다. 글 내용을 내 것으로 확실히 만들려고 노력하는 과정에서 지식은 체계화되고, 생각의 깊이는 한층 더할 것이며, 어떤 글과 맞닥뜨리더라도 당황하지 않고 읽어낼 수 있을 것이다.

덧붙여, 이 책에 실린 배경지식의 이해를 돕기 위해 필자가 직접 강독(講讀)할 계획이며, 강독한 내용을 모아 '유튜브'에 올릴 예정이니, 이것을 적극적으로 활용하기 바란다. 이때 관련한 수능 출제 지문을 함께 살피면서 배경지식이 어떤 식으로 연계되고 또 활용되고 있는지를 직접 확인시켜 줄 것이니, 잘 활용할 수 있기를 바란다. 그런 노력의 과정에서 독해력은 반드시 향상할 것이며, 글을 읽는 안목은 몰라보게 달라질 것이다. 반드시 그럴 것이다.

김 태 희

1
인문·예술, 사회·문화, 과학·기술 배경지식을 집약해
체계적 학습 및 원리적 이해 가능

수능 독서 영역은 인문 · 예술, 사회 · 문화, 과학 · 기술, 주제 통합 등 다양한 분야에서 출제됩니다. 이에 따라 수능 국어 영역 독서 전 분야에 걸쳐 개념 및 지식을 총망라하여 수록했습니다. 개념과 개념, 지식과 지식이 서로 꼬리에 꼬리를 물면서, 그리고 서로 겹치고 쪼개지면서 확장 · 분화되고 있음을 직접 확인할 수 있을 것입니다. 그 접점에 '맥락'이 자리하므로, 이것만 잘 파악하고 이해하는 것만으로도 개념을 충실히 이해할 수 있을 것입니다. 그리고 수능과 논술에서 '제재'와 '화제'를 달리하면서 펼쳐내는 그 어떤 지문도 막힘없이 읽을 수 있을 것입니다.

2
개념과 지식의 학습이 곧 지문 독해 연습의
과정으로 독서 지문 읽기 효과 발생

수능 국어는 독서 전 분야에 대한 상식 이상의 배경지식을 요구합니다. 글에 대한 독해 속도는 이러한 배경지식의 수준에 따라 좌우된다고 할 수 있습니다. 따라서 독서 영역 분야별 개념과 지식을 익혀 독해 속도를 늘리는 것이 중요합니다. 해당 주제에 대한 지식을 어느 정도 갖고 있으면 지문이 훨씬 많이 보이고 해석하기가 수월해집니다. 이 책은 인류사 수천 년 동안 제시되고 축적된 광활한 지식과 심오한 사상을 주제별 쪽 단위 수능 지문 길이 형식으로 구성하여 학습의 과정이 곧 독서 지문 읽기 효과로 연결될 수 있도록 하였습니다. 이를 통해 다른 어떤 핵심 개념과 맞닥뜨리더라도 그 의미를 어렵지 않게 파악할 수 있을 것입니다.

3
출제 예상 배경지식 학습으로 수능, 논술,
LEET, 편입, 공무원 등 모든 시험의 대비 가능

시험 현장에서 알지 못하는 낯선 주제의 지문을 접하게 되면 당황하게 됩니다. 평소에 다양한 분야의 글을 읽는 것이 필요하지만, 어떤 분야든지 배경지식을 조금이라도 갖고 있으면 마음이 편해지고 집중력이 생깁니다. 이를 위해 학생들이 특히 어려워하는 인문, 철학, 예술, 과학, 기술, 경제, 주제 통합 등의 기출 및 출제 예상 배경지식을 학습할 수 있도록 구성하였습니다. 이 책으로 모든 분야 지문들에 대한 효과적인 대비가 가능할 뿐 아니라, 수능 · 논술 · LEET · 편입 · 공무원 등 개념과 지식이 필요한 각종 시험의 대비가 가능합니다.

4 고득점에 필수인 과학의 법칙 · 이론 · 원리,
기술의 구조 및 작동 원리 수록

학생들에게 과학기술 영역은 당연히 어렵습니다. 배경지식은 이미 머릿속에 들어 있거나 기본적으로 필요한 지식을 말합니다. 과학기술 지문을 접할 때 배경지식을 갖고 있으면 그렇지 않은 경우보다 백배 유리한 것이 사실입니다. 학습 과정에 있어서도 과학 · 기술과 관련한 관점을 이해하는 것이 중요합니다. 이에 따라 배경지식 활성화를 위해 꼭 알아야 할 과학의 법칙 · 이론 · 원리를 '물체의 운동과 에너지', '전기와 자기', '기체 · 액체 · 고체', '시공간과 우주', '생명과학', '생명과학의 원리 및 과정', '정보통신 · 코딩'으로 나누어 체계적으로 구성하였습니다. 또한 꼭 알아야 할 기술의 구조 및 작동 원리를 수록하였습니다.

5 개념의 비교·연계, 주제별 쪽 단위 수능 지문 길이
형식 학습으로 지문 적응도 향상

교과과정에서 중요하게 다루는 필수 지식을 핵심 개념별 비교 논점을 따라 어떤 식으로 세분화하면서 펼쳐지는가를 파악할 수 있도록 구성하였습니다. 텍스트를 논리적으로 독해하기 위한 중요한 방법의 하나가 글의 대립 구조, 즉 글 내용의 핵심을 서로 '비교'하면서 파악하는 것에 있음을 생각한다면, 그리고 실제 그 부분에 출제자의 의도가 집중되어 있음을 고려한다면, 비교의 층위를 살피면서 읽어야 합니다. 그런 연습을 하는 것만으로도 실제 수능 지문에서 글 내용이 개념별로 어떤 식으로 의미와 표현을 달리하면서 변주되는지를 파악할 수 있을 것입니다.

6 철학(동양) 사상, 미학 이론, 경제 · 법철학,
사고 실험, 주제 통합 등 실전지식 구성

'세상 모든 주의(이즘)', '미술 사조와 미학 이론'에서는 사상의 흐름과 이론이 이해되도록 하였습니다. '언어철학과 논리학', '현대 윤리학', '동양 사상', '법철학' 등에서는 논점에 대한 이해를 통해 관점을 세우는 데 주력하였습니다. '경제'에서는 학생들이 어려워하는 개념과 관계에 대한 이해가 가능하도록 하였으며, '철학 · 심리 · 과학 · 경제 사고 실험'에서는 심리 이론과 용어, 각종 사고 실험 등을 체계적으로 제시하였습니다. 이를 통해 각 영역별 및 분야별 개념, 관점, 지식, 이론, 논점의 이해가 가능하며, 개념과 개념, 지식과 지식의 비교를 통해 철학과 사상, 예술미학, 사회와 문화, 과학과 기술에 대한 조망이 가능합니다. 또한 '주제 통합' 유형과 '배경지식 학습의 중요성' 등도 구성하였습니다.

6. 꼭 알아야 할 과학의 법칙·이론·원리 80　　　　　171쪽

(1) 물체의 운동과 에너지 10　　　　　172쪽

(2) 전기와 자기 10　　　　　182쪽

(3) 기체·액체·고체 10　　　　　192쪽

(4) 시공간과 우주 20　　　　　202쪽

이 책의 차례

1

미술 사조와 미학 이론 20

01 플라톤과 아리스토텔레스의 고전 미학: 예술=모방 vs. 모방=창조

플라톤의 미학 사상은 '이데아론'을 바탕으로 한다. 플라톤에 따르면 우리 눈에 보이는 현실 세계는 모두 형상(形相, 본질), 즉 이데아의 불완전한 **모방(미메시스)**에 불과하다. 그런데 예술작품은 이데아의 불완전한 모방인 현실 세계를 다시 모방한 것이기에, 참된 존재인 형상으로부터 두 단계나 멀리 떨어진 '모사본의 모사본'에 불과하다. 플라톤은 예술은 이데아(美 자체, 진실)의 모방인 현실 세계(현상, 現象)를 다시금 모방한 것이기에 예술과 진실 사이에는 거리가 있으며, 예술을 그만큼 저속하며 참된 지식을 얻는 데 방해가 된다고 생각했다.

플라톤은 예술은 사람들에게 정서적으로도 나쁜 영향을 미친다고 보았다. 플라톤에 따르면 예술은 사람들에게 참된 지식을 제공하지도, 정신 능력을 길러주지도 않는다. 예술은 격렬한 감정을 일으켜 사람들을 선동하면서 선량한 시민을 불량하게 만들 뿐이다. 플라톤은 아름다움의 본질은 사물과 신체, 행위와 덕, 예술과 학문에 두루 포괄적으로 적용된다고 생각했다. 아름다움에는 단계가 있는데, 사물이나 신체에서 드러나는 감각적인 미에서 제도나 학문을 통해 발현되는 정신적인 미(美)에 이르고, 최종적으로는 순수하고 영원불변한 미의 본질인 '미의 이데아'로 향한다고 주장했다. 진정한 아름다움은 감각이 아닌 정신에 영향을 주는 것이고, **'정신'**에 의해서 아름다움을 느낄 수 있어야 한다고 보았다. 또한 아름다움은 정신을 드러내는 객관적 본질(이데아)의 하나로, 예술작품은 비례와 질서, 조화와 균형을 이루어야 한다고 보았다.

아리스토텔레스 역시 인식론적 입장에서, 변치 않는 영원성을 가진 이데아의 존재를 부정하지 않았다. 플라톤처럼 미의 객관적 성질로 강조하면서, 미의 본질은 비례와 질서를 통해 이룬 조화와 균형이라고 주장했다. 그렇더라도 그는 플라톤처럼 초월적 의미로서의 '미의 이데아'를 추구한 것이 아니라, 현실 세계와 구체적 사물 속에서 아름다움의 본질을 찾고자 했다. 아리스토텔레스는 이데아는 우리가 지각하는 현실 세계와 따로 떨어져서 존재하는 것이 아니라, 현실 세계의 **구체적 사물** 속에 내재하는 것이라고 보았다.

아리스토텔레스에 따르면, 형상(이데아, 본질)은 사물(질료, 현상, 현실 세계) 안에 내재하고 있기에 둘은 결코 분리될 수 없으며, 사물에 형상을 결합함으로써 대상은 더욱 의미 있는 존재가 된다. 즉, 형상의 실체(본질)는 현실의 구체적인 사물 안에서 발견되며, 대상을 표현함으로써 사물의 본질은 밖으로 드러나게 된다. 따라서 사물의 진정한 모방은 결코 수준이 낮은 것도, 진실과 거리가 있는 것도 아니다. 실제 사물보다 오히려 수준이 높으며, '진실'을 구현한다. 아리스토텔레스에게 이 세상은 형상을 모방한 것이 아니라 세상이 형상을 구현하고 있는 것이며, 개별 대상(현실 세계)은 이데아의 불완전한 모방이 아니라 그 자체가 형상을 포함한 의미 있는 실체이다. 따라서 아리스토텔레스에게 예술 활동을 통한 현실 세계의 모방이란 곧 질료(사물) 속에서 구현하고 있는 형상(본질)을 올바르게 파악한 후 이를 예술로써 재현하는 것이기에 그만큼 높은 가치를 지닌다. 그가 말한 모방은 사물의 모양 그대로를 재현하는 것이 아니라 예술가의 능동적인 구축을 전제한 것으로, 오늘날의 **'창조'** 개념과 유사하다.

아리스토텔레스는 예술은 감정을 선동한다는 플라톤의 생각에도 반대했다. 쾌감은 인간의 정서를 '정화(카타르시스)'하는 자연스러운 본성이기에 이것을 억누르지 말아야 한다고 주장하면서, 쾌감을 통한 미적 만족은 인류의 건강하고 조화로운 발전을 촉진한다고 생각했다.

02 플로티노스의 통일성 미학: 예술은 사물 본래의 결함까지도 메울 수 있다.

플로티노스는 고대와 중세의 경계에 서 있는 신비주의 철학자로, 신플라톤학파의 창시자이다. 플로티노스 사상의 핵심은 '유출론(流出論)'으로, 그는 감각계의 근원으로 정신세계가 있다는 플라톤의 사상을 신비주의의 방향으로 한층 밀고 나가, 세계의 정점에는 모든 존재와 모든 사고를 초월한 절대적이고 성스러운 '유일자'가 있다고 보았다. 궁극적인 근원인 '일자(一者, The One)'에서 우주의 모든 것이 흘러나왔고 그 일자가 바로 '신(神)'이라는 것이다.

플로티노스에 따르면 일자로부터 최초로 유출되는 것은 '누스(nous, 지성)'로, 시간과 공간 속에 존재하지 않는 초감각적 존재이다. 누스는 '일자'와 가장 가깝지만, 일자처럼 단일한 하나는 아니면서 세계 속 모든 것들의 근원이 된다는 점에서 플라톤의 이데아와 같다. 다음 단계는 일자로부터 나와 누스를 거쳐 유출되는 영혼으로, 개별 사물의 정신적 형상이나 인간 영혼의 원천이다. 일자와 누스와 영혼은 시간과 공간의 제약을 받지 않는 영원불변한 것이고, 세계를 이루는 근본 존재이자 기본 원리라는 점에서 공통적이다. 그의 이런 생각은 중세 신학의 기독교 이론에서 성부와 성자와 성령을 동일한 신격으로 보는 '삼위일체설'로 정리됐다.

플로티노스는 그의 유출론의 철학 이론을 미학에 적용하면서, 미학 사상 최초로 미와 예술을 하나로 연결했다. 다시 말해, 모든 아름다움의 근원에 '일자'가 있고, 일자의 빛이 유출되어 감각계인 개별 사물의 아름다움이 이루어진다고 보았다. 일자로부터 나온 정신적인 미의 형상이 누스와 영혼을 거쳐서 감각계의 사물에 반영된다는 것이다. 이 점에서 그는 조화와 균형이 아름다움을 만든다는 플라톤의 시각에 동의하지 않았다. 비례나 조화는 그 자체로 아름다운 것이 아니라 일자로부터 흘러나온 미의 형상이 감각계에 반영된 하나의 방식에 불과하다면서, 비례나 조화보다는 **통일성**이 미의 보다 근원적인 조건이라고 생각했다.

예술은 이데아의 세계를 모방한 환영의 환영이라면서 이를 저속하게 본 플라톤과 달리, 플로티노스는 예술이란 이데아의 모방 그 자체이기에 사물의 본래 결함까지도 메울 수 있다고 생각했다. 예술은 눈에 보이는 것 외에도 자연의 사물에서 생성되는 이념(이데아)까지도 모방할 수 있다는 것이다. 예술 자체의 아름다움이 사물의 결함을 채울 수 있기에, 많은 예술작품은 예술가의 독창성에 의해 탄생한다고 생각했다.

플로티노스에 따르면 예술이란 예술가가 작품의 형태에 통일성을 구현하는 것이며, 이런 통일성의 결과로 아름다움이 드러난다. 그에 따르면 예술작품의 창작이란 예술가가 대상의 영혼을 파악하는 행위와 작품에 통일성으로 구현하는 행위의 결합이다. 예술은 예술가의 마음속에 떠오른 심상이 작품에서 구체적으로 구현된 것으로, 예술가는 일자로부터 유출된 대상의 영혼을 파악하는 정신 능력을 갖추고 있다고 보았다. 이를 근거로 플로티노스는 예술이 더는 대상을 '재현'할 필요가 없다고 주장했다. 그에게 예술은 감각적 대상의 겉모습을 단순 모방하는 것이 아니라, 내면의 정신적인 것을 담아 이를 밖으로 드러내는 것이다. 예술은 모방을 통해 정신의 원리로 복귀하는 것이며, 만물의 출처인 일자로 되돌아가려는 시도이다. 플로티노스에 의해서 이제 예술은 대상의 겉모습인 물질적인 것을 모방하는 것이 아니라 대상의 본모습인 정신적인 것을 모방하는 의미로 전환되었고, 예술작품은 감각적 현실 세계를 초월하여 눈에 보이지 않는 관념적 세계로 향할 수 있다는 생각의 근거가 마련되었다.

03 바움가르텐의 에스테티카: 미학의 대상은 감성적 인식 그 자체다.

바움가르텐은 라이프니츠의 이성주의 철학을 체계화한 후, 미학을 '에스테티카'라고 명명하면서 미학이라는 독립적인 학과를 창립했다. 따라서 바움가르텐의 미학 사상을 이해하기 위해서는 먼저 라이프니츠 이성주의 철학 체계, 특히 인식론적 사유를 이해할 필요가 있다.

라이프니츠는 독일 이성주의 철학을 이끈 사상가로, 그의 이성주의는 데카르트의 전통을 따랐다. 라이프니츠는 우리가 인식을 통해 얻는 관념에는 명석하고 판명한 관념(이성적 인식), 명석하지만 혼연한 관념(감성적 인식), 명석하지 않은 관념 등 다양한 단계가 있다고 보았다. 라이프니츠는 미적 취향 또는 감상력(감성적 인식)은 바로 '혼연한 인식'으로 구성되었고, 혼연하기에 '이유를 충분히 설명할 수 없다'라고 주장했다. 가령 화가나 음악가와 같은 예술가는 작품이 좋은지 그렇지 않은지는 정확히 판단하지만 정작 그 판단의 근거가 무엇이냐고 물으면 대답하지 못한 채, 그저 '말로 하기 어려운 그 무엇'이 빠져있기 때문이라고 말할 뿐이라는 것이다. 이처럼 라이프니츠는 심미적 활동을 감성적 인식의 영역으로 국한한 후 이를 선천적 인식 능력인 '이성'의 활동과 대립적인 위치에 두면서, 예술의 인식 역시 인식의 한 단계로서 다만 그 미적 실체를 명확하게 인식하지 못할 뿐이라고 보았다.

바움가르텐은 라이프니츠의 사상을 받아들여 이를 한층 더 체계화하는 한편, 감성, 즉 '혼연한' 감성적 인식을 연구하는 **'에스테티카**'라는 새로운 학과를 설립할 것을 제안했다. 그는 명석하지만 혼연한 인식을 이루는 마음의 능력으로서의 '감성'은 단지 수동적인 능력이 아닌, 올바른 것과 잘못된 것을 구별할 수 있는 **능동적 판단 능력**이라고 보았다. 데카르트는 감성은 올바른 인식 능력이 아니라고 보았지만, 바움가르텐은 감성은 감각과 관련을 맺지만 인식 능력도 있는 '유사 이성'이라는 자격을 부여했다. 바움가르텐은 라이프니츠의 '혼연한 인식'과 그의 제자 볼프의 '미의 완전성'을 결합하여 미학을 '감각기관을 통해 인식할 수 있는 완전성'으로 정의하면서, 미적 완전성은 사물의 속성으로서 이성적으로 인식할 수도 있고 감성적으로 인식할 수도 있다고 보았다.

바움가르텐은 '예술은 자연을 모방한다'라는 미학의 전통적인 원칙에 대해 다른 관점을 보였다. 그는 미의 개념을 **미적 완전성의 감성적 표현**이라고 주장했다. 아름다운 예술작품은 구성 요소들의 연관 관계가 논리적으로 설명되지도 않고 판명하게 파악되지도 않지만, 자체의 통일성을 지니며 완전한 조화를 이루고 있다고 보았다. '가장 좋은 것'은 바로 '가장 완전한 것'이고 또 가장 많은 다양성을 조화시켜 가장 완전한 통일성을 이루는 것으로, 예술은 감성적 인식에서 보이는 자연의 완전성을 모방해야 한다고 주장했다. 따라서 미학적 관점에서 볼 때 아름다움은 이성적 인식을 통해 분석해서 얻는 것이 아니라, 감성적 인식이 그것을 하나의 감성적 이미지로 감지하는 것이라 할 수 있다.

바움가르텐 미학의 가장 큰 의미는 신고전주의에서 낭만주의로의 변화이다. 그는 신고전주의자들이 표방하는 이성 외에도 상상력과 감정, 그리고 개별 사물의 구체적 형상을 최우선의 자리에 놓으면서, 훗날 서양 미학 사상의 발전에 큰 영향을 끼쳤다.

칸트에게 있어서 미(아름다움)란 목적과 이해관계를 떠난 순수한 아름다움 그 자체이다. 즉, 아름다움이란 미적 대상이 내포하는 일체의 내용과 이해관계로부터 독립하여, 인간의 보편적 이성 능력에 의해 선험적으로 인식되는 공통된 감각으로서의 쾌감을 의미한다.

칸트의 미학은 다분히 관념론적 관점에 따라 '예술을 위한 예술'만이 참다운 예술이라고 하여, '목적 없는 합목적성'으로서의 '순수미'를 지향한다. 칸트는 미적 대상을 규정하는 모든 감각적 · 정신적 만족을 배제하고 주관적이면서도 무관심한 만족감과 즐거움을 주는 것을 '아름다운 것(미적인 것)'이라고 규정함으로써, 미의 기본 요소는 '내용', 즉 숭고한 아름다움으로 보았다. 칸트는 또한 대상의 내적 이미지와 예술의 외적 형식이 **조화**를 이룰 때 사람들은 즐거움을 느끼고 미적 판단을 한다고 말하면서, 예술에서의 엄격한 '형식미'를 추구했다. 아울러 어떠한 대상의 규칙성도 강조하지 않는, 즉 일체의 개념이 개입되어 있지 않은 자유로운 상상력으로서의 미적 취미판단을 중시함으로써 예술가의 자유로운 예술 활동을 강조했다.

칸트는 예술의 **독자성**과 **자율성**을 강조했다. 예술의 본질은 어디까지나 예술성과 자연의 결합에 있으며, 그렇기에 '**순수미**'를 예술미보다 우위에 두고 자연을 충실히 재현함으로써 예술적 과제는 완결된다고 보았다. 이처럼 칸트는 예술에 대한 사회적 연관성을 철저히 배제함으로써, 미적 대상의 사회적 연관성이나 역사적 발전을 고려하는 것이 아닌 예술 그 자체로서 독자성과 자율성이 강조되어야 한다고 주장했다.

헤겔의 미학 사상은 '미는 이념의 감성적 표현이다'라는 말로 집약된다. 헤겔에 따르면 이념은 곧 진실이고, 플라톤이 말하는 '이데아'이며, 예술의 본질인 '내용'이다. 헤겔은 예술의 감성적 요소를 인정함과 동시에 이성적 요소도 갖추어야 하며, 무엇보다 양자가 적절히 결합하여 완벽한 조화를 이루어야 한다고 강조했다.

헤겔은 칸트의 형식주의를 비판하면서, 예술에서의 이성과 감성의 통일은 또한 내용과 형식의 **통일**로, 특히 내용의 결정적인 작용이 중요하다고 보았다. 칸트에 따르면 '순수한 아름다움'은 '직접 드러나는' 외적 요소, 즉 예술의 외적 형식이라 할 수 있다. 이에 비해 헤겔은 예술에서의 내용은 **이성적** 요소이고 형식은 감성적 이미지로, 예술작품의 표현(형식)이 아름다울수록 그 내용과 사상도 더욱 깊이 있는 내재적 진실이 된다고 보았다.

헤겔의 미학은 사회적 · 정치적 맥락에 따른 순수한 예술 이외의 그 어떤 합목적성으로서의 '**예술미**'를 지향한다. 예술은 그 시대를 반영하는 진정한 사회적 · 역사적 가치를 지닌 이념적 욕구를 내용에 담아 창조함으로써, 절대정신으로서의 인간의 정신 활동을 예술로 구현하는데 그 지향점을 둔다. 이처럼 헤겔은 예술의 **합목적성**을 강조했다. 헤겔은 예술의 독자성이란 무의미하며, 예술이 예술 이외의 어떠한 목적, 즉 인간의 절대정신으로서의 진리를 감성적으로 표현하는 목적을 따라 통일성을 내포해야 한다고 보았다. 이러한 헤겔의 관점에서 볼 때, 예술미는 인간의 정신으로부터 태어난 '미'로서, 미의 본질은 그것이 인간에게 미치는 미적 대상으로 작용하기 때문이라고 하여, 예술미가 갖는 정신의 우월함을 강조했다. 예술작품은 자연적인 산물이 아니고 인간 활동을 통한 창작물이며, 따라서 예술작품은 근본적으로 인간의 감성에 맞춰 생산되고, 또한 그 자체에 일련의 목적을 지니고 있어야 한다는 것이다.

05 고전주의 미술과 낭만주의 미술: 이성적 아름다움 vs. 감성적 아름다움

고전주의는 고대 그리스 · 로마의 예술작품을 모범으로 삼는 일체의 예술적 경향을 말한다. 좁은 의미로는 낭만주의와 대립하는 개념으로, 17 · 18세기 유럽 전역에 걸쳐 전개됐던 특정 현상으로서의 예술 사조를 지칭한다. 고전주의는 균형 · 질서와 명확성을 지향하고, 정돈된 형식과 엄격한 구성을 중요시하는 예술 사조이다.

고전주의는 무엇보다 '이성'에 기초한다. 예술 창작의 목적을 진실 포착에 두고서 이를 예술적 형상 속에서 표현하고자 시도했다. 이를 위해 자연을 존중하고 따랐으며, 도덕적 이상을 추구했고, 미적 형상의 통일성을 지향했으며, 수학의 특징인 이론화, 정확성, 예외 없음, 형식성을 고전주의의 규칙으로 채택했다. 이러한 입장은 인간의 독자성에 대한 자각과 인간의 발전 근거를 고대 그리스 · 로마의 작품과 예술론에서 찾으려 했던 것이기에 다분히 휴머니즘적인 성격을 띤다.

고전주의자들은 예술은 이성적 규범에 따라 자연을 충실히 모방할 때 미적 완전성에 이를 수 있으며, 자연 속에 내포된 보편적인 것을 나타낼 수 있다고 주장했다. 그들은 예술도 과학과 마찬가지로 인간의 이성을 통한 합리적인 활동이라고 여겼고, 모든 사람이 동의할 수 있는 예술의 보편 규범을 만들어내려고 했다. 17세기에 들어와 고전주의는 특히 프랑스를 중심으로 발전했는데, 사회적으로는 절대 군주제의 성립 과정에서 고전주의 예술 사조가 나타나면서 부르주아 계급의 사회적 요구를 반영하는 데 치중했다. 그 과정에서 고전주의는 **형식주의**에 빠지면서 19세기 초에 이르러 쇠퇴하고 말았는데, 그 까닭은 부르주아 사회가 지닌 본질적 모순이 빈부격차로 인한 계층 대립과 불평등 심화와 같은 다양한 양상으로 나타나면서 사회적인 반발을 불러왔기 때문이다.

고전주의에 반발한 19세기 초 낭만주의는 이런 배경에서 등장했다. 낭만주의는 18세기 말부터 19세기 초에 걸쳐서 계몽주의와 고전주의에 대한 반동으로 일어나 유럽 전역을 풍미했던 문예사조 및 그러한 예술 현상에 근거를 이루었던 사상적 경향을 지칭한다. 낭만주의 미학은 이성적인 고전미를 추가하기보다는 비합리적인 예술적 창조 동인(動因)에 의해 주관적이고 초월적인 미를 구사하고자 시도했다. 이러한 낭만주의 예술은 **상상력**을 통한 인간 정신의 초월 가능성을 타진코자 했던 시도라 할 수 있다.

고전주의가 예술적 완전성을 추구하고 자연 그대로의 아름다움을 중시했다면, 낭만주의는 현실에서 드러나는 다양성의 가치와 자연 그대로의 분위기를 중요시했으며, 개성의 자유로운 표현을 지지했다. 낭만주의는 예술 경향에서는 정신적 내지는 감정적인 것을 존중했으며, 고전적인 형식성을 멀리했다. 미술에서는 통일적인 구도보다는 격정적인 표현을 중시했고, 문학에서는 완성된 구성보다는 오히려 무한하게 전개되는 불명료함을 추구했다.

낭만주의 정신의 본질은 자아의 탐구로, **자유**와 **개성**을 강조하고, 현실보다는 이상을 추구하며, 개인의 풍부한 감정을 표출하는 것을 특징으로 한다. 낭만주의자들은 예술가의 감정이나 성향에 따라 주제나 방법이 선택될 수 있고, 그에 따라 다양한 예술미가 나타날 수 있다고 보았다. 예술가가 어떻게 느끼고 나타내느냐에 의해서 다양한 예술적 가치가 발견될 수 있으며, 예술이 미뿐만 아니라 숭고, 추, 골계미 등의 미적 가치와도 관련될 수 있다고 보았다.

06 니체의 실존주의 미학: 예술은 삶의 긍정적 기제로 작용한다.

니체는 근대철학이 추구해왔던 관념론 체계를 비판하는 한편, 인간의 존재 문제를 실존적 관점에서 숙고했다. 이성 중시의 서양철학 체계를 비판한 니체의 철학은 현대 미학적 사유에 큰 영향을 미쳤으며, 현대의 존재론, 특히 **실존주의**와 깊은 관계가 있다.

니체는 서양 사상의 전통에 의해서 가려져 있던 고대 그리스 비극을 해석하여, 인간 본성으로서의 감정과 그 자연스러운 감정의 표현이라고 할 수 있는 예술의 진정한 가치를 재발견했다. 그리고 예술은 인간에게 긍정적인 힘과 생명력을 불러일으키는 중요한 수단이라고 보았다.

니체는 그리스 비극의 기원을 통해 예술 창작의 원천과 충동의 본질을 밝힌 결과, 비극은 인간 본성의 깊숙한 곳에 있는 두 개의 강렬한 충동, 즉 '**아폴론적인 것**'과 '**디오니소스적인 것**'의 결합에서 비롯된 것이라고 보았다. 그러면서 아폴론적인 것과 디오니소스적인 것을 서로 환원될 수 없는 예술의 근본 두 범주로 설정했다. 그리고 모든 예술을 하나의 유일한 원리 속으로 끌어들이는 것에 반대하면서, 그것에 대한 비판으로 이 개념을 사용했다.

그리스의 신 아폴론은 직관이나 꿈과 같은 환영 및 개별성 원리의 예술을 위해 존재하는데, 아폴론적인 예술은 중용을 갖추고 있으며 조화롭고 투명한 맑기를 지닌다. 이와 달리 디오니소스 신은 열광적인 엑스터시의 예술을 위해, 그리고 모든 현상의 근저에 있는 맹목적 삶의 의지를 따르는 충동적 예술을 위해 존재한다. 디오니소스적 예술은 탈경계의 예술이자 힘의 예술이며 파괴의 예술이다.

이와 같은 니체의 구분은 예술계를 두 개의 영역으로 분리했다. 아폴론적인 예술에는 무엇보다도 조각과 회화 및 서사시가 속하고, 디오니소스적인 예술에는 열광적인 무용과 음악 및 서정시가 속한다. 예술(그리스 예술)의 역사는 하나의 원리에 대해 다른 하나의 원리가 그 지배권을 교체함으로써 이룩되는데, 결국에는 이들을 종합한 것으로서의 비극이 생성됐고, 근대에 들어서는 바그너의 가극이 출현했다. 그 결과, 니체에 의해서 그동안 이성에 의해 철저히 소외를 받아왔던 디오니소스가 재발견되었고, 고대 그리스 비극의 디오니소스는 예술적 가치의 근원으로서 재해석 되었다. 이렇게 니체의 공헌으로 디오니소스적인 가치가 인정되면서 미학은 근대철학으로부터 벗어나 홀로서기를 시작할 수 있게 되었다.

니체에 따르면, 예술은 무의미하고 부조리한 현실 속에서 우리가 무너지지 않도록 해주는 힘이 있다. 현실 극복을 위해 인간은 그 도피처가 필요한데, 예술은 실제 세계가 아닌 허구 세계를 창조하는 역할을 한다고 보았다. 여기서 '허구'란 누군가를 속인다는 의미가 아니라 현실을 변형시켜 새롭게 만들어낸다는 뜻으로, 예술가는 넘쳐나는 생명력으로 세계의 의미를 새롭게 하면서 세계에 아름다움을 부여하고, 세계를 살만한 곳으로 만든다.

니체에 따르면 모든 위대한 예술의 효과는 감상자에게 생명의 기운을 불어넣는데, 이런 의미에서 모든 예술작품은 삶을 **긍정적**으로 만드는 기제라고 주장했다. 니체의 미학 이론은 상호 모순적임에도 불구하고 예술가나 미학자에게, 그리고 예술 프로그램에 많은 영향을 끼쳤다.

07 하이데거의 존재의 미학: 예술은 다른 세계를 열면서 존재의 의미를 드러낸다.

하이데거는 현상학적 방법으로 존재의 진리를 탐구했다. 그는 예술에 대한 기존의 형이상학적이고 관념적인 의미 부여를 모두 배제하고, 겉으로 드러나는 예술작품의 존재론적 특성을 살피면서 예술의 근본 문제를 고찰했다.

하이데거는 예술작품에서 '존재는 **스스로 드러나는**' 것이라면서, 이를 반 고흐의 그림 〈구두 한 켤레〉를 예로 들어 설명했다. 그는 끈이 달린 한 켤레의 낡은 구두를 농촌 아낙네가 신었던 구두라고 가정했다. 농촌 아낙네는 이 구두를 신고 밭에서 일하는데, 그녀가 구두를 신고서 불편함 없이 농사일에 전념할 때 구두는 참다운 '도구'가 되고, 그녀는 "구두가 있다."라는 사실을 까마득히 잊어버린다. 구두의 용도에 의해서 구두의 존재가 잊히는 바로 그때, 구두는 구두로서 가장 참다운 사물로서 존재한다. 즉 구두는 도구로서 가장 참다운 것이다.

이때, 우리는 고흐의 〈구두 한 켤레〉를 통해서 구두의 여러 가지 참된 존재가 드러남을 확인한다. 고흐의 그림에서 당시 사람들이 주목하지 않았거나 놓쳤던 농촌 아낙네 구두의 여러 참된 모습이 드러난다. 구두라는 도구는 고흐의 그림을 통해 자신의 존재를 발견하게 되는 것으로, 예술작품은 다른 세계를 열어주면서 존재의 의미를 드러내는 것이다. 하이데거는 그런 존재의 드러남을 **진리**라고 보았는데, 진리는 숨어 있지 않고 존재의 의미가 **드러남**을 통해 구현된다. 다시 말해, 예술작품은 예술가가 작품 안에서 설립한 존재 진리를 담아내고, 작품 속 존재자들의 갖가지 참된 모습인 '존재자의 진리'를 드러낸다. 이를테면 늘어지고 해진 가죽에서 농촌 아낙네의 고단한 발걸음을 느낄 수 있고, 잘 익은 곡식을 수확하기를 기대하면서 느꼈을 기쁨도 상상할 수 있다. 평소 우리가 잘 주목하지 않고 외면했거나 살피지 못했던 존재자의 참된 모습인 '존재 진리'가 예술작품과 마주하는 과정에서 드러나고 보이는 것이다.

이처럼 하이데거에 따르면 예술의 본질은 '존재자의 진리가ㅡ작품 속에서ㅡ스스로 드러냄'으로써 나타나는 것이다. 이는 '예술은 현실을 모방하여 묘사하는 것'이라는 미학의 오랜 전통(미메시스론)을 되풀이하는 것으로 보일 수 있다. 예술작품에서 드러나는 진리는 묘사 대상인 존재자와 일치하는 '**재현으로서의 진리**'를 의미하는 것으로 인식될 수 있다. 하이데거는 이런 오해를 불식하기 위해 그리스 신전 건축을 예로 들어 설명했다. 그에 따르면 신전은 단순한 사물이 아니라 다른 세계를 보여주는 건축 작품으로, 예술은 단순한 '재현'이 아니라 '세계'를 건립하는 **존재의 구현 방식**이다. 예술작품은 존재자의 '은폐'를 걷어냄으로써, 그것이 어떤 존재인지를 보여주는 것이다. 하이데거의 이러한 통찰은 인간은 예술작품을 통해 세계와 관조적으로 대면하는 존재가 아니라, 작품 속에 존재를 불러와 세계 속에서 환히 비춤으로써 존재의 의미를 밝히는 존재, 즉 세계 내에서 진리를 드러내는 생동하는 존재라는 점을 의미한다.

이처럼 하이데거에 따르면 예술작품의 창작은 대상의 재현도 아니고 예술가의 주관적 표현도 아니다. 작품의 창작은 존재자의 진리를 작품 속으로 밀어 넣어 형상화한 것이라 할 수 있다. 작품의 감상 역시 작품 안에 재현된 내용을 확인하거나, 예술가의 생각과 의도를 파악하는 것에 있는 것이 아니다. 감상은 우리를 작품 속으로 밀어 넣는 것이고, 우리가 일상적·습관적으로 머물던 곳과 전혀 다른 세계를 접하면서 그동안 놓쳐버린 사물과 존재의 폭넓은 관계를 깨닫게 하는 것이다.

반 고흐의 〈구두 한 켤레〉

08 베르그송의 직관의 미학: 사물의 본질은 예술적 직관을 통해 드러난다.

　베르그송은 인식 방법으로서 '직관'을 중시하고, 생명의 흐름으로서 '지속'을 강조했다. 그는 어떤 철학적 선입견도 없이 순수한 직관을 통해 사물의 본질을 인식하려고 했다. 예술의 영역에서 예술가의 직관은 **창조적 생명력**을 보여주며, 이때 예술적 직관은 세계를 받아들이는 수단의 역할을 하는 것이라고 보았다.

　베르그송의 미학적 관심은 '직관'에 있다. 베르그송은 '순수 지속'을 핵심으로 하는 직관과 창조를 중시하면서, '미적인 것'을 파악하는 본질적 수단은 **'직관'**이라고 보았다. 직관은 대상의 가장 중요한 특질을 통찰하게 하는 것으로, 대상에 대한 지적 공감이자 정신적 관조 활동이다. 예술가는 사사롭게 대상에 얽매이지 않는 무관심한 관조자로, 예술가가 대상을 관조하면서 직관적으로 파악할 때 사물의 질적 차원은 드러난다. 베르그송은 미적인 것을 파악하는 본질적 수단은 '직관'이며, 예술은 직관의 힘으로 생생한 실재를 파악할 수 있게 한다고 보았다.

　베르그송에 따르면, 우리는 어떤 대상이 고유하게 지닌 것과 합일하기 위해 그 대상 속으로 들어가게 된다. 이때, 직관을 통한 대상의 인식 가능성을 '증명'하는 것이 바로 우리 안에 있는 '미적 능력'이다. 예컨대 화가가 어떤 대상을 묘사하기 위한 선을 그을 때, 그는 그 대상 속에 자신을 가져다 놓고, 자신과 모델 사이에 가로놓인 장벽을 직관의 노력으로 깨뜨린다. 이로써 화가는 대상 속에 있는 생명의 움직임 그 자체를 직관할 수 있게 된다. 이렇듯 예술가는 이성으로는 다가갈 수 없는 실재를 직관을 통해 추체험하게 하는데, 이는 예술작품의 관람자인 우리에게 있어서도 마찬가지이다.

　직관을 중시하는 베르그송 미학은 대상으로서의 예술작품에 중점을 둔 기존 재현론에서 벗어나, 자연의 내적 구조나 사물의 작동 원리를 새롭게 보는 시각의 전환을 가져왔다. 그 결과, 주체와 대상의 상호작용을 중시하는 그의 미학적 관점은 퍼포먼스나 행위 예술과 같은 **'실천'**으로서의 예술을 철학적으로 깊게 파악할 수 있는 토대를 마련했다는 점에서 의의가 있다.

✚ 베르그송과 인상주의 미술

미술사에서 베르그송의 '직관'의 철학과 유사성을 가진 사조가 **인상주의**이다. 인상주의자들은 색을 혼합하는 방법을 즐겨 사용했다. 인상주의자들은 서로 다른 색들을 합치는 대신 각각의 이질성을 살리면서 색들의 경계를 흐리게 표현했다. 한 가지 색이 다른 하나의 색으로 감상자의 눈에 의해 분절됨이 없이 계속해서 섞여 들어가도록 표현했다. 또한 평면의 그림판에 그려진 그림이 3차원적 입체감을 지니도록 개발한 원근법과 같은 기법을 자제하고 색채를 중심으로 표현했다. 더불어 인물화 속에 지성을 통해 포착된 인물의 위대함이나 교훈을 담으려 했던 고전주의와 달리 대상의 인상을 표현하려 했다. 예를 들어 마네의 〈풀밭 위의 점심 식사〉에는 등장인물들에 대한 어떤 이야기도 의미도 없다. 오로지 검은색과 흰색의 대비라는 색채의 미적 효과를 위해 '검은 양복을 입은 남자'와 '나체의 여자'를 그렸다. 고전주의에서는 풍경이 인간과 인간 행위의 배경에 불과했다. 하지만 인상주의 회화에서는 인간도 독점적 지위 대신 배경의 일부로서의 의미만을 지니거나 아예 사라지기도 했다. 심지어 대상에게 받은 인상에 집중시키기 위해 배경이 존재하지 않는 경우도 있었다. 왜냐하면, 인상주의 화가들에게 중요한 것은 대상에게 받은 인상을 전달하는 것이었지, 그 대상이 인간인지 풍경인지가 중요한 것이 아니었기 때문이다. (출처: 2018, 고2 9월 모평)

09 메를로퐁티의 현상학적 미학: 예술은 '몸'을 통해 체화된 의식의 반응이다.

메를로퐁티는 관람자의 지각을 강조하고 예술작품의 완결된 의미를 부정하는 현대 미술의 특징을 '신체(몸)'에서 찾고자 했다. 메를로퐁티 철학의 궁극적인 목표는 데카르트의 이성 중심주의를 넘어서는 것이었다. 이를 위해 그는 후설의 현상학을 자신의 철학적 토대로 받아들여 지각의 세계, 현상의 세계에 주목할 것을 주장했다. 그는 세계에 대한 근원적 지식이 '지각'이라는 원초적 경험을 통해서 얻어질 수 있다고 보았다. 메를로퐁티에 따르면 지각은 단순히 신체의 감각을 통해 이루어지는 것 또는 이성적 인식을 위한 자료가 아니라 우리 몸에 '체화된 의식'으로, 의식하는 주체가 세계와의 공존 속에서 이루어내는 능동적이고 생동적인 행위이다.

메를로퐁티는 "의식은 신체, 즉 몸 안에 있다. 의식은 신체 없이는 존재할 수 없다."라는 데카르트의 생각을 이어받아 신체(육체)는 '객체이면서 동시에 주체'라는 의미로 생각했다. 그는 신체를 '주관으로서 지각하기도 하고, 객관으로서 지각하기도 하는 것'이라고 표현했다. 신체가 있어야 우리는 세계를 지각할 수 있으며, 세계는 우리에게 '지각될' 수 있는 것이다. 우리 의식은 신체를 통해 세계와 만나는 것이다. 퐁티는 신체와 세계가 접촉하는 부분을 세계의 '몸'이라고 불렀다. 따라서 사물은 나의 몸과 나의 실존에 관계하며, 건강한 몸 구조하에서만 존재한다고 생각했다.

신체의 지각을 통해 원초적 세계로 향하려는 메를로퐁티의 철학적 시도는 예술론을 통해 구체화된다. 메를로퐁티에 따르면 예술은 과학으로 망각하게 된 우리 삶의 원천인 원초적 세계와 접촉하게 만든다. 그는 예술 가운데 특히 회화에 주목하면서, 있는 그대로의 세계를 지각을 따르는 화가의 신체가 받아들여 표현한 것이 '회화'라고 보았다. 사물의 구조가 '봄'을 통해 화가의 신체 안에 반영되고, 그것이 그림의 가시적인 형태로 나타나는 것이 곧 회화인 것이다. 그는 세잔과 클레를 예로 들면서, 예술가는 기존의 규범화된 사고에서 벗어나 각기 다른 지각적 표현 방식으로 세계의 근원적인 모습을 보여주고자 노력하는데, 이를 '스타일'이라고 불렀다. 예술가는 스타일을 통해 대상을 자기 안에 들어오게 하고 또 대상 속으로 들어가면서, 화가 자신이 보는 세상 사물을 있는 그대로 바라보고 또 그려내는 것이다.

신체 지각에 의한 예술작품의 의미작용에 관한 메를로퐁티의 입장은 현대 미술의 특징에서 두드러지게 나타난다. 1960년대 일어난 미니멀리즘과 그 이후의 설치미술은 예술작품의 의미가 관람자의 경험으로 발생한다고 보는 미술 형식으로, 특정 공간과 시간의 흐름 속에서 관람자의 신체적 지각으로 매 순간 새로운 의미를 형성한다. 메를로퐁티의 관점에서 설치미술은 관람자의 신체 지각을 유도하는 환경을 조성하고, 작품을 바라보는 주체가 보이는 대상이 되기도 하는 가역성을 드러낸다.

현대 미술에서 나타나는 관람자의 지각 경험의 활성화는 작품을 감상하는 것이 신체 지각을 통한 능동적 참여임을 보여준다. 지각을 통해 신체와 세계가 근원적으로 연결되면서 관람자들을 지각이라는 원초적 경험으로 이끈다. 그럼으로써 관람자들이 작품을 하나의 독립된 대상으로 바라보도록 하는 것이 아니라, 작품들과 얽혀있는 스스로를 인식하도록 만든다. 이것은 더는 예술작품이 작가만의 창작물이 아니라는 점을 일깨우는 한편, 예술작품의 의미는 완결된 것이 아니고 계속해서 새롭게 생성·변형되는 것임을 보여준다.

10 콜링우드의 표현의 미학: 예술은 상상력을 통한 감정의 표현이다.

이탈리아의 역사철학자이자 미학자인 크로체에 따르면, 예술은 '직관'의 표현이다. 표현은 '직관'으로 파악 가능한 개별 사물에 대한 이미지로, 지각이나 상상으로 얻을 수 있는 것이다. 영국의 철학자 콜링우드는 직관과 상상력을 중요시했던 크로체 미학의 영향을 강하게 받았다. 그는 예술 활동의 본질은 논리적 판단에 선행하는 **상상력**으로, 예술작품은 예술가의 창조적 상상력의 표현이라고 보았다. 예술작품은 상상력의 창조물로, 상상력의 기능은 의식에 앞서 있는 감정을 불러일으키며, 감정을 통해서 상상력이 발휘되고 예술작품은 창조된다는 것이다. 콜링우드에 따르면 예술은 '상상력에 의한 자발적인 내적 이미지의 생성' 그 자체라 할 수 있다.

콜링우드에 따르면, '재현'은 대상의 개별성에 대한 모방일 뿐만 아니라, 보편적인 것을 담아내는 역할을 하는데, 후자가 진정한 예술과 관련한 재현이라고 보았다. 그 점에서 콜링우드는 플라톤과 아리스토텔레스의 '모방' 개념을 재현의 의미와 동일시했다. 그는 보편적인 것을 담아 표출하는 예술적 재현은 진정한 예술가에 의해서만 가능하며, 그럴 때만이 예술은 참된 의미를 갖추는 질적 수준에 도달하게 된다고 생각했다.

그렇기에 콜링우드에 따르면 진정한 예술은 '재현'을 통해 구현하는 것이 아니다. 예술의 진정한 기능은 '표현', 특히 '**감정**'의 표현이다. 표현이란 예술가가 그들이 느끼는 감정의 본질을 스스로 구체화하는 것을 목적으로 하는 마음의 인지 과정으로, 예술작품은 상상적인 심적 영역에 속한다. 표현의 목표는 예술가의 감정을 다른 사람에게 전달하고자 하는 것이 아니라, 상상력에 의한 자발적인 내적 이미지 생성인 것이다.

콜링우드는 예술은 감정의 환기가 아닌 감정의 '**표현**'이라고 보았다. 감정의 환기는 단지 개별적인 것을 목표로 하지만, 감정의 표현은 보편적인 것을 지향한다. 예술작품은 정해진 유형의 감정이 아닌 예술가의 개별적인 체험에서 나오는 유일무이한 감정의 표현으로, 예술적 표현은 예술가의 고유한 개성을 통해 보편적인 것을 드러내는 것이다. 이것은 예술가가 일반적·보편적인 것을 표현하더라도 개별적 존재의 개성을 표현하는 것을 의미한다. 따라서 진정한 예술가는 자신의 개별적인 감정을 표현하려고 노력하면서 그 감정을 명확하게 만들려고 애쓴다. 그리고 자신만이 표현할 수 있는 독특한 감정을 표현할 때 예술적 독창성으로 이어진다.

콜링우드는 진지한 관념이나 감정과 같은 예술가의 마음을 예술의 조건으로 규정하는 '**표현론**'을 제시했다. 그는 예술과 감정의 긍정적 연관성에 주목하면서 예술의 가치를 옹호했다. 콜링우드에 따르면, 언어가 한 개인의 생각을 정리하는 수단이듯이 예술은 한 개인의 감정을 정리하는 수단이다. 베토벤이 인생의 파란만장한 곡절을 〈운명〉 교향악을 통해 때론 용솟음치듯이 때론 진저리치듯이 굽이굽이 정리하며 체계화했듯이, 예술가는 자신의 감정을 표현하면서 우리가 스스로 감정을 표출하도록 만드는 사람이다. 따라서 예술을 감정 표현의 활동으로 보면, 작가뿐만 아니라 독자도 예술가라 할 수 있다. 즉 감상자는 표현된 감동을 이해하는 제2의 창조자로, 예술가와 비예술가의 구분이 필요없다는 것이다.

콜링우드는 감정 표현을 감정의 누설과 혼동해서는 안 된다고 주장했다. 진정한 예술적 표현은 대상을 명료하게 드러내고 대상의 이해를 명확히 해야 하는 것으로, 예술가는 독자에게 자신이 표현하고자 하는 내용이 무엇인지 분명히 알 수 있도록 만들어야 한다고 보았다.

11 라캉의 시각예술론: 예술은 대상의 시각에서 주체의 욕망을 해체하는 것이다.

라캉은 우리 삶의 원동력은 '욕망'에서 나온다고 보았다. 라캉이 말하는 욕망은 집착이나 탐욕의 의미가 아니라, 결핍을 채우기 위해 무한 반복되는 욕망을 말한다. 우리는 타자로 인해 무의식적으로 욕망하는데, 그 과정에서 욕망이 허구라는 사실을 알게 되면서 또 다른 욕망을 일으킨다. 그 점에서 라캉에게 주체는 '사유하는 주체'가 아니라 '욕망하는 주체'라 할 수 있다.

라캉은 욕망을 주체와 연결하여 주체의 의식을 이중적으로 파악했다. 주체는 자신을 의식할 뿐만 아니라 내가 타인에 의해 보인다는 사실도 의식한다. 보는 주체와 보이는 주체는 동일한 주체이다. 따라서 우리의 시각은 보기만 하는 것이 아니라 '보임'이 함께하는 이중의 특성을 띤다. 여기서 보임을 강조하는 것이 라캉의 욕망하는 주체로, 예술작품은 욕망을 바탕으로 보는 주체의 시선을 유혹하여 보이는 대상에 대해 되묻게 한다. 예를 들어 '그림'이란 단순히 대상의 재현이 아니라 화가의 욕망이 투영된 대상의 이미지로, 우리는 끊임없이 대상(그림)을 욕망하지만, 대상은 결코 주체의 욕망을 충족하지 못한다. 라캉에게 주체, 즉 보이는 주체인 예술가와 보여지는 주체인 독자는 명확한 의식을 지닌 이성적 주체가 아니라 끊임없이 되풀이하며 무언가를 욕망하는 주체이기 때문이다.

라캉은 '눈'과 '응시'라는 개념의 대비를 통해 시각예술이론을 전개했다. 그는 메를로퐁티의 주장처럼 주체인 우리가 세계를 보고 있는 것이 아니라 세계 내에 존재하는 것이라고 보았다. 주체는 세계를 보는 동시에 세계에서 보이는 존재로, 이런 '보임'에 대한 의식을 '응시'라고 보았다. 응시가 먼저 존재하기 때문에 우리 눈에 보이는 것은 누군가의 눈이 우리를 보고 있는 것과 마찬가지로 작용한다. 그렇더라도 그것이 명료한 의식 차원에서 이루어지는 것은 아니다.

라캉은 지각하는 주체의 위치를 우위에 두는 사고가 시각에 대한 몰인식을 초래했다고 보았다. 이와 달리 응시는 '보다'라는 지각 행위와 관계하지 않는 영역으로, 무의식적 주체와 관계하는 것이다. 라캉에 따르면, 응시의 구조는 우리가 타인(타자)의 현존을 의식하고 있는 것에서 비롯된다. 응시의 핵심은 본래 나를 바라보는 타인(대상)의 실존과 주체(나)와의 관계 속에 있으며, 욕망하는 주체를 바탕으로 한다. 예컨대 그림(대상)은 주체의 욕망을 따라 응시를 불러일으키며, 주체는 끊임없는 욕망을 일으키는 대상(그림)을 응시하기를 무의식적으로 종용받는다. 따라서 라캉에게 있어서 예술이란 근본적인 결여 대상에 대한 응시에 주체가 응답하는 것으로, 진정한 모방이란 실재의 재현이 아니라 실재를 어떤 다른 것으로 '새롭게' 만드는 것이다. 즉, 그림에서 대상은 사물과의 관계 속에서 새롭게 나타나면서 다른 그 무엇을 향한 가능성을 열어준다.

라캉은 그림의 기능을 '응시-길들이기'라는 용어로 정의했다. 그림을 볼 때 우리는 눈과 응시의 분열로 인해 시각적 영역의 차원에서 욕망이 드러난다. 대상과 우리의 관계 속에서 드러나는 욕망은 시각을 통해 구성되고, 재현의 형태 속에서 정리된다. 응시는 단지 바라보는 것뿐만 아니라, 그것이 무엇인지 알려준다. 우리는 대상(그림)을 응시하면서 욕망을 객관화하고 또 욕망을 내려놓는다. 욕망의 객관화는 주체의 객관화와 맥락을 같이 하며, 주체는 욕망을 내려놓음으로써 내가 무엇을 욕망하고 있는지를 인식하는데, 그것이 허구임을 깨닫고는 그 욕망을 내려놓는다. 이렇듯 대상을 객관화하는 관조하는 마음인 '타자의식(새롭게 하기, 낯설게 하기)'이 자아를 해체함으로써, 우리는 예술의 '실재'에 다가서는 것이다.

12 에코의 해석기호학적 미학: 예술적 가치는 수용자가 미적 측면에서 어떤 의미를 부여하는가에 따라 결정된다.

이탈리아의 기호학자이자 미학자이며 소설『장미의 이름』으로 유명한 움베르토 에코는 현대 예술작품의 열린 구조와 수용자에 의한 해석의 중요성을 강조했다. 에코의 해석기호학은 수용자가 미적 측면에서 어떻게 의미 부여를 하는가를 중요시했다. 특히 그는 예술작품의 해석에서 '미적 코드'의 역할을 중시했다.

에코는 문화를 기호학의 주된 연구 대상으로 삼았는데, 이것은 그가 기호학적 관점에서 문화를 탐구하면 좀 더 완전하게 문화를 이해할 수 있다고 보았기 때문이다. 에코에게 문화는 기호 작용의 한 유형이며, 문화적 실재는 '**기호**'로 대치된다. 그의 해석기호학적 관점은 수용자의 역할이 증대된 현대 미술 해석에 타당한 관점을 제공한다.

에코는 퍼스와 모리스가 규정한 도상 기호의 개념을 수정하고 보완했다. 도상(圖像, icon)은 퍼스가 생각한 것처럼 자연스럽게 유추할 수 있는 기호가 아니라 다분히 자의적인 성질을 지닌다. 에코는 도상 기호의 특징인 '유사성'이라는 개념의 모호함을 지적하면서 도상 개념을 수정했다. 즉, 도상 기호는 재현하는 대상의 시각적 특징과 규약적 특징을 동시에 지니며, 도상 기호가 갖는 대상과의 유사성은 외형이 아닌 '**구조**'에 있다고 보았다. 그리고 이 구조로부터 기호의 특정한 표현 체계가 나온다고 보았다. 예를 들어 재현된 기법의 회화를 볼 때 우리는 그 예술가 특유의 기호 세계를 이해하고 어떤 기대감을 품으며, 예술가의 회화 기법적 표현을 경험의 표현으로 감지한다.

에코는 도상 기호의 '**코드화된 성격**'을 강조했다. 에코에 따르면 모든 시각적 상징은 코드화된 언어로, 체계와 코드라는 근본 문제를 떠나서 시각기호를 생각할 수 없고, 미적 가치 또한 체계와 코드를 통해 생성된다고 보았다. 따라서 모든 시각적 상징은 코드화된 언어인 것이다. 코드는 수용자가 작품을 해석하는 전제 조건으로, 어떤 그림을 볼 때 우리는 시각적 자극을 받고 그로부터 받은 정보들을 지각된 구조로 배열한다. 그리고 우리는 마치 느낌이 제공하는 경험 정보를 다루듯이 그러한 그림이 제공하는 경험적 정보를 다룬다. 수용자는 기존의 경험에 근거하는 기대와 상징체계에 따라 시각 정보들을 선별하고, 수용자가 경험을 통해 배운 기술이나 '코드'에 따라 그것들을 다른 체계로 묶는데, 이는 작품 해석의 전제 조건이 된다.

개별 코드는 현대 미술을 해석하는 데 필요하다. 현대 미술은 작품마다 개별적인 코드를 정립하는 경우가 많기에, 작품이 지닌 커뮤니케이션의 구조와 특수 언어로서의 코드를 해독하는 것은 작품의 이해에 꼭 필요하다. 예술 해석에서 중요한 역할을 하는 것은 미적인 '코드'로, 어떤 특정한 시대의 예술은 특정한 관습 및 스타일, 모드를 갖는데, 이것이 미적 코드를 형성한다.

에코의 관점에 의하면 예술작품은 기본적으로 '다의적'인 메시지로, 현대 미술의 중요한 흐름의 하나인 비구상 미술 내지는 추상미술은 본질적인 면에서 불확정적이기 때문에 **다양한 해석**이 가능하도록 시각적 자극을 형상화하며, 수용자가 여러 방식으로 작품과 관계를 맺을 수 있게 다양한 요소를 '배치'한다. 이런 이유로 추상미술은 포괄적인 해석 가능성을 제시하면서 작품의 의미를 불확정한 것으로 남겨놓는 경향이 강하다. 즉 현대 비구상 미술은 해석학적으로 의미가 열려 있는데, 이는 관객이 적극적으로 작품의 다면적 성격에 참여할 것을 요구하는 의도가 깔려 있음을 함축한다.

13 루카치의 리얼리즘 미학: 예술은 삶의 참된 의미를 찾아가는 과정이다.

헝가리 출신의 문학비평가인 게오르크 루카치는 '모방'을 예술의 본질로 간주한 아리스토텔레스의 사상을 계승하면서도, 독일 관념론 미학, 특히 헤겔 미학의 전통을 인간 중심적인 시각에서 새롭게 해석·종합하려고 시도했다.

루카치는 예술작품은 모방이라는 예술적 형상화를 통해 참된 진리를 담을 수 있다고 생각했다. 루카치에 따르면 모방은 현실의 반영이 실천, 즉 창작 활동으로 전환된 것으로, 모방에 의한 현실의 재생산물이 곧 예술작품이다. 이러한 모방의 재생산과 수용에 중요하게 작용하는 것이 인간의 '감정'이다. 예술작품 속에서 환기되는 감정은 미적인 것을 구성하는 핵심 요소로, 예술은 모방이라는 미적 형상화를 통해 현실의 '일상생활'을 반영함으로써 수용자의 정서에 호소한다. 따라서 루카치에게 있어서 리얼리즘 예술은 **현실**을 객관적으로 반영하며, 인간의 삶에 의미를 부여하는 가치 있는 실천 활동이다. 이처럼 루카치는 인간이 인간에 대해 참된 인식을 할 수 있는 길은 유일하게 예술을 통해서만 가능하다고 보고, 예술이 현실에서 갖는 역할에 절대적 의미를 부여했다.

루카치의 리얼리즘 예술론은 형식보다는 **내용**을 중시한다. 그렇다고 루카치가 형식을 간과한 것은 아니지만, 형식은 마치 그릇과 같은 것으로 내용을 효과적으로 전달할 수 있을 때 의미가 있다고 보았다. 여기서 내용이란 인간과 관련된 현실의 가장 본질적 요소, 곧 **삶의 의미**를 환기하는 것들로서, 그는 현실 세계에서 의미를 추구하는 태도가 중요하다고 생각했다. 인간은 사회적 관계 속에서 자신의 개별성을 극복하면서 존재를 확인하려 드는데, 특히 예술을 통해 자신만의 삶의 체험을 넘어 다른 사람의 삶을 간접적으로 체험하고 공감해야 한다고 보았다. 또 자기 자신과 타인의 삶을 포괄하는 인류의 삶과 운명에 대해 깊이 자각하고 새롭게 인식해야 한다고 생각했다. 따라서 루카치에게 있어서 예술은 인류의 기억이자 '자기의식'으로, 예술은 현실을 미적으로 반영한 리얼리즘을 통하여 발현하며, 이를 표현하려는 것이 바로 예술가의 궁극적인 '예술 의지'로서의 자기의식이다. 그는 예술의 **자율성**을 중시하면서 예술을 인간이 추구하는 최고의 가치를 표현하는 활동으로 보았던 헤겔의 견해를 보다 인간 중심적인 관점에서 해석했다.

리얼리즘 예술은 현세적 세계관 속에서 의미를 찾는다. 루카치는 초월적이거나 내세적인 것보다는 현실 세계에서 의미를 추구하는 미적 태도를 중요하게 보았다. 그는 르네상스 이후의 서구 미술사를 리얼리즘적인 관점에서 조망하면서 종교에서 벗어나 자신의 고유한 자율성을 찾아 나아가는 예술의 행로를 주목했다. 그는 이를 예술이 외부로부터의 속박을 벗어나 자신의 고유한 자율성을 찾는 길이라고 생각했다. 역사적으로 볼 때 종교는 오랫동안 예술을 지배하였고 예술에 과제를 부여해 왔다. 그러므로 그는 종교의 구속에서 벗어나 예술의 자율성을 회복하기 위해서는 종교와 결부된 예술의 내세적이고 초월적인 세계관을 떨쳐버리고 현세적 세계 속에서 인간 삶의 의미를 되찾아야 한다고 생각했다. 루카치는 리얼리즘적 구상을 통하여 예술작품과 현실의 긴밀한 연관성, 예술적 형상화 방식의 고유성, 그리고 삶 속에서 예술이 갖는 의의 등을 통합적으로 강조했다.

14 사실주의 미술과 인상주의 미술: 사실적 묘사 vs. 독창적 묘사

사실주의는 현실이나 사물을 있는 그대로, **객관적**으로 묘사하고 재현하려는 예술 사조를 말한다. 주관에 의한 변용과 장식을 배제하므로 고전주의와 낭만주의, 추상 예술에 반대되는 개념이라 할 수 있다. 사실주의의 본래 의미는 단순히 자연을 정확히 묘사하는 데 있는 것이 아닌, 현실 그대로의 일상생활을 주제로 삼는 것이다. 좁은 의미로는 신고전주의나 낭만주의를 대신하여 19세기 중반 쿠르베, 도미에 등에 의해 일어난 프랑스 미술 운동을 말한다. 넓은 의미로는 추상에 반대되는 개념인 구상과 거의 같은 의미로 사용된다. 표현 면에서는 그리스미술이나 르네상스 시기에서 19세기에 이르는 대다수 회화와 조각에서의 현실 재현 기법을 일컫는다.

사실주의 예술가들은 고전주의와 낭만주의의 인위성을 거부하면서, 예술작품이 대중에게 감동을 주기 위해서는 **시대 의식**이 필요하다고 역설했다. 그들은 역사나 알레고리, 미적 대상 등 전통적인 주제에서 탈피하여, 그때까지 무시당했던 중하층 서민의 생활상과 평범한 일반 시민의 모습과 가치관 등, 동세대의 삶과 사회 현실을 재현하는 작업에 몰두했다.

사실주의를 대표하는 화가인 쿠르베는 그림의 창작이란 구체적 현실을 직접 경험한 그대로 나타내는 것이어야 한다고 보았다. 예술가는 추상적인 미의 이념보다는 구체적인 대상이나 눈앞의 현실을 직시해야 하며, 아름다운 대상이라는 구체적인 것을 목표로 해야 한다고 주장했다. 고전주의에서 추구한 미의 규범이나 형식이라든지 낭만주의의 상상력이나 감정에 의한 표현이 아니라, 현실 자체를 있는 그대로 보고 있는 그대로 나타내야 한다고 보았다. 이런 점에서 그는 "나는 천사를 그릴 수 없다. 그것을 한 번도 본 적이 없기 때문이다."라는 말을 남겼다. 쿠르베는 산업혁명으로 인한 빈부격차의 심화와 소외 계층의 양산을 불러온 사회 현실에 주목했고, 그때까지 예술에서 소외됐던 노동자와 서민의 삶을 그림의 소재로 다뤘다.

인상주의는 19세기 후반에서 20세기 초 프랑스를 중심으로 일어난 근대 예술운동의 한 갈래이다. 인상주의 미술은 전통적인 회화 기법을 거부하고 색채, 색조, 질감 등 빛과 색상이 만들어내는 순간적인 작용과 변화에 집중했다. 인상주의를 추구한 화가들을 '인상파'라고 하는데, 이들은 빛과 함께 시시각각으로 움직이는 색채의 변화 속에서 자연을 묘사하고, 색채나 색조의 순간적 효과를 이용하여 눈에 보이는 세계를 정확하고 세밀하게 기록하려고 했다. 대표적인 인상파 화가로는 모네, 마네, 르누아르, 드가, 세잔, 고갱, 고흐 등을 들 수 있다.

인상주의가 미술사에 남긴 의의는 소재나 주제보다 **방법**을 강조한 점이다. 인상주의자들은 대상 자체보다 대상의 시각적 인상을 나타내려고 했다. 그림의 주제인 '무엇'보다는 방법인 '어떻게'를 더 중요하게 생각했는데, 이는 이후 현대 미술에 크게 영향을 미쳐 다양한 방법의 현대 미술 양식으로 이어졌다. 빛과 색의 조화, 대상과 면의 다양한 구성은 고갱과 고흐, 세잔 등의 탈인상주의로 이어져 프랑스의 야수파와 독일의 표현주의 등 현대 미술의 형성에 결정적인 영향을 끼쳤다. 세잔이 선보인 물체 중심의 조형 세계와 다시점의 공간 구성은 '입체파'에 직접적인 영향을 주었다. 세잔이 선, 색, 면을 형태와 양감과 무게감 등의 형식적인 요소로 사용한 점은 이후 그림의 형식과 구성 방법을 강조하는 20세기 현대 미술의 다양한 형식 실험을 불러일으키면서, 새로운 예술론인 형식주의 예술론의 등장을 불러왔다.

15 벤야민의 알레고리 미학: 예술은 재현 방식의 알레고리를 통해 작가의 의도나 관념을 드러내는 것이다.

독일 출신의 유대계 철학자이자 문예 비평가인 발터 벤야민은 논문「기술 복제 시대의 예술작품」에서 사진 복제품의 일회성과 아우라의 상실에 대해 말했다. 벤야민은 사진이나 영화와 같이 복제 기술이 등장한 이후 예술작품에서 발생한 가장 큰 변화를 아우라의 소멸로 이해했다. 예술작품을 사진 촬영하여 인쇄한 복제물은 매우 정교하게 만들어졌지만, 그렇다고 유일무이한 진본은 아니다. 그는 '지금, 여기에' 없는 진본 작품에만 들어있는 그 무엇도 흉내 낼 수 없는 고고한 분위기이자 쉽게 다가갈 수 없는 이미지를 '**아우라**'라고 불렀다. 벤야민은 아우라의 개념을 '가깝고도 먼 어떤 것의 찰나적인 현상'이라고 표현했다. 최근 들어 예술작품은 기술적으로 복제하기란 무척 쉬워졌다. 그렇더라도 실물에 들어있는 유일성과 역사성은 복제물에서 찾아볼 수 없다. 영화·사진 등 복제 예술의 등장은 원본과 구별되지 않는 이미지를 대량으로 복제하기 때문에 하나라는 희소성이 주는 원본의 신비감을 없앴지만, 그 대신 예술 개념을 '숭고'에서 '희소'로, '친근함'에서 '신선함'으로 변화시켰다.

벤야민은 복제 기술 진보에 의한 아우라의 상실을 탄식했다. 하지만 다른 한편으로는 그 어떤 권력도 예술·표현·정보 등을 관리 및 규제할 수 있게 됨으로써 복제 기술 진보는 예술과 표현에 대한 권력으로부터의 해방을 불러왔다고 생각했다. 벤야민은 복제품에는 아우라(권위, 권력)가 없는 대신 더 특별한 가치가 있다고 보았다. 그것은 누구나 손에 넣고 즐길 수 있다는 의미에서의 **예술의 대중화**로, 복제품은 현대사회의 대중화에 크게 공헌했다고 주장했다. 이처럼 벤야민은 아우라의 붕괴를 부정적인 현상으로 보지 않고 오히려 **긍정적**으로 보았다.

벤야민은 알레고리 개념을 갖고서 '기술'이 예술적 생산에 끼치는 영향력에 대한 물음을 던지면서 미학의 탈근대화를 추구했다. 이때의 '기술'은 '복제 기술'을 이르는 것으로, 그가 복제 기술에서 진보성을 찾는 것은 그것이 '아우라'의 붕괴를 촉발했기 때문이다. 아우라의 붕괴가 재현에서의 '감각적 유사성'을 확장하면서 예술의 대중화를 촉발했듯이, 알레고리는 보이는 것 '너머'의 의미를 재현함으로써 예술적 진리의 미적 가치를 드러낸다. 알레고리는 '눈에 보이지 않는 것'을 '눈에 보이는 것'의 형상을 빌려 표현하는 것으로, 작품에서 보이는 것을 통해 직접 드러나는 의미보다는 숨은 의미를 중요시하는 재현 방식을 말한다. 알레고리는 겉으로 드러난 표현 대상보다는 그 배후에 숨겨진 작가의 의도나 관념을 더 중요하게 생각한다.

벤야민은 미적 '진리'를 알레고리 개념과 관련짓는 한편, 알레고리를 '**상징**' 개념과 대비하여 설명했다. 상징은 뚜렷한 의미를 지닌 대상화이다. 예를 들어 비둘기는 평화의 상징이며, 한식은 한국의 상징이다. 반면, 알레고리는 상징과 달리 애초에 대상화할 수 없는 것을 대상화하고자 하는 것이기에 매우 역설적이다. 벤야민이 보기에 진리란 상징화할 수 있는 것이 아니며 역설적인 방식으로 알레고리화 할 수 있을 뿐이다. 예술은 이미지로서 이념(진리)을 구현하지만, 그것을 총체적으로 드러내는 것이 아니기에 상징이 아닌 알레고리로서 파악되는 것이다. 따라서 알레고리는 총체성으로 대표되는 상징과 달리 파편화된 것들을 '**직관**'으로 재구성하는 것으로서, 가상의 논리적 일관성을 위해 억압된 것들을 드러내는 작업이다. 미적 진리란 상징으로 구현될 수 있는 것이 아니라, 알레고리로서 파편적으로 드러날 뿐이다. 벤야민의 알레고리 미학은 바로 이러한 파편을 끊임없이 생산하면서 의미의 다양성을 열어놓는다. 그리고 독자는 자신의 상상력을 통해 퍼즐 조각 맞추듯 파편을 모아 유의미한 결론을 이끌어낸다.

16 아도르노의 부정의 미학: 예술은 삶의 구체적이고 생생한 체험을 통해 구현된다.

독일의 비판이론 사상가 아도르노는 예술이야말로 계몽주의의 비합리성에서 벗어날 수 있는 최상의 출구라고 생각했다. 그는 계몽이란 신화로부터 깨어나는 것이라고 보았다. 신화는 자신이 설명할 수 없는 어떤 초자연적이고도 비이성적인 힘이나 존재를 상정하고, 이를 통해 세상을 설명하려는 것에서 비롯된다. 그가 계몽과 대립하는 것으로 상정한 신화는 그것이 지닌 부정적인 모습, 즉 설명되지 않는 어떤 외부의 것을 절대적인 것으로 받드는 태도를 의미한다.

아도르노는 동료 호르크하이머와 함께 저술한 『계몽의 변증법』에서 이르기를, 계몽은 신화에서 벗어나는 것을 의미하지만, 거꾸로 계몽이 신화로 되돌아가고 있다고 주장했다. 계몽은 미성숙의 상태에서 벗어나 인간이 스스로 주인이 되는 것을 의미하는데, 역설적으로 계몽을 통해 인간은 스스로 주인이 되기는커녕 거대한 권력의 노예가 되어버리고 만 것이다. 스스로 신화가 되어 광신적 숭배의 대상이 된 계몽적 이성의 실체는 다름 아닌 인간의 '이성'으로, 계몽적 이성은 궁극적으로는 인간의 정신을 사물처럼 취급하면서 세계를 동일성의 논리에 가둔다.

아도르노는 사물화가 만들어낸 동일성에 갇히지 않는 사고의 가능성을 예술에서 찾고자 했다. 그는 예술적 인식이 갖는 고유성에 절대적인 역할을 부여하면서, 예술이 현실 속에서 큰 의미를 지닌다고 보았다. 아도르노가 보기에 예술작품은 **비동일성**의 논리를 함축하고 있으므로 동일성의 논리에 갇힌 개념적 사고보다 훨씬 우월하다. 위대한 예술작품은 곧 사물화의 동일성 논리에 대한 '부정'을 의미한다. 여기서 부정이란 현실을 있는 그대로 받아들이지 않고 그 이상의 것이라고 보는 태도로, 예술은 불가피하게 현실에 대한 부정의 사유로 이어진다.

따라서 아도르노는 예술이 현실 세계와 타협하지 않고 예술 그 자체의 길을 모색할 때, 예술은 비로소 자율성을 갖는다고 생각했다. 아도르노에 의하면, 현대 음악의 진정한 본질은 급진적 경향의 모더니즘 음악에서 찾을 수 있는데, 이를테면 '불협화음 12음 체계'는 현대사회의 모순 구조와 일치하면서 우리가 처한 현실 세계의 상황을 반영한다. 이때 예술은 '미메시스'로 현실 세계를 표면적으로 묘사하는 것이 아니라, 그 본질적인 것을 반영함으로써 참된 인식을 가능하게 한다. 그러한 본질 반영은 모순된 현실 사회와 결탁한 상태를 통해 이루어지는 것이 아닌 저항을 통해서 이루어지며, 예술은 자신의 내면적 독자성에 현실을 담을 때 비로소 미학적이며 사회적인 것이 된다. 즉, 작품의 사회성은 순수 내적 형식에서 도출되며, 예술의 사회 비판이나 부정은 주관적인 계기가 아니라 예술 자체의 객관적인 계기가 된다.

아도르노는 '불협화음'을 모든 현대 미술의 특징으로 파악했다. 예술에서 불협화음 요소는 감각적인 아름다움을 배제하며, 이를 통해 보이지 않는 현상의 본질을 드러낸다. 그는 현대 미술에서 감각적인 아름다움보다는 사회와 타협하지 않는 정신적인 것을 드러내는 것이 궁극적으로 중요하다고 보았다. 예술작품에서 정신은 감각적인 소재를 통해 매개되기에, 정신을 환기하는 것은 '**감각적**'인 것으로, 정신 자체에 의해 매개되지 않은 감각적 요인은 예술적인 것이 되지 못한다. 예술작품에서 정신은 감각적인 소재에 의해 매개되는데, 예술의 진정한 가치는 소재나 대상의 허구적 혹은 현실적 중요성에 좌우되지 않는다. 예술의 진정한 가치는 예술가가 표현하는 감정의 내용으로, 기존의 통념이나 법칙을 거부하고 사물화에 끊임없이 저항하면서 새로운 것을 추구하는 변증법적 정신 활동을 통해 구현된다.

17 푸코의 상사의 미학: 예술은 상사(相似)의 관계를 통해 의미의 자유를 획득한다.

프랑스의 구조주의 철학자 푸코는 회화에서 전통적 재현(미메시스)의 '해체'를 일관되게 강조했다. 재현의 해체에 대한 그의 생각은 벨기에의 초현실주의 화가 르네 마그리트의 작품을 철학적으로 분석한 『이것은 파이프가 아니다』라는 저작에서 잘 나타나 있다.

푸코에 따르면, 이미지가 실재하는 사물을 충실히 재현한다는 유사성 기반의 '미메시스' 개념은 더는 성립하지 않는다. 르네상스에서 19세기까지 유럽의 전통회화는 '자연의 모방', 원본인 자연을 보이는 대로 복제하는 재현을 추구했지만, 오늘날의 회화는 재현의 의무(유사, 類似)를 따르지 않는다. 푸코는 이것을 '**상사(相似)**'라는 개념으로 설명했는데, 상사는 '복제와 복제 사이의 닮음 관계'로 정의되는 반면, '유사'는 '원본과 복제 사이의 닮음 관계'로 지칭될 수 있다. '상사'는 들뢰즈의 '시뮬라크르'(원본과의 일치가 중요하지 않은 복제)의 다른 이름으로, 푸코는 원본과 직접 연결되지 않는 복제물의 자율성을 강조했다.

〈이것은 파이프가 아니다〉

푸코는 마그리트가 〈이것은 파이프가 아니다〉라는 작품에서 있을 수 없는 닮음(상사)의 방식을 통해 실재와의 닮음(유사)을 해체했다고 보았다. 즉, 작품에서 실재와 재현의 관계를 혼돈으로 만드는 파이프 이미지는 실제 세계로 환원되지 않는 '상사'로, 마그리트는 작품 속 캘리그램(작품 주제에 맞도록 도형화한 문장)에서 언어는 확언을 통해 이미지가 원본으로 회귀하는 것을 막는다고 보았다.

푸코는 작품 안에 그려진 파이프의 예에서처럼 '상사'는 우리가 아는 대상과 유사한 외관을 보이지만 실재 세계로는 환원될 수 없는 그러한 닮음으로 보고 '유사'와 구별했다. 그림에서 진짜 파이프는 그 어디에도 없으며, 단지 파이프와 비슷하게 보이는 '**이미지**'가 있을 뿐으로, 상사란 복제와 복제 사이의 '**닮음**'을 가리킨다. 푸코에 따르면 '유사'는 원본의 존재를 전제로 원본과의 관계 하에서 중심을 향해 위계적으로 정돈된다. 반면, '상사'는 원본이 필요하지 않고, 중심을 향해서 정돈하지 않는다. 주인이 있는 유사는 근원적인 요소로부터 출발하여 연속해서 복제 가능하며, 그 과정에서 사물은 근원에서 멀어질수록 점점 더 약해지고, 그 근원 요소를 중심으로 위계화 된다. 반면, 비슷한 것, 즉 상사는 시작도 끝도 없고, 어느 방향으로도 나아갈 수 없으며, 어떤 서열에도 복종하지 않고 또 차이를 달리하면서 퍼져나간다. 그 결과, 다양성과 차이의 철학이 주체로의 환원을 거부하면서 사유의 지평을 넓혀나가듯이, 상사의 이미지는 실재와 연결되지 않으면서 미적 의미로부터 자유를 획득한다.

푸코는 상사를 통해 '**이미지의 자율성**'을 보여주고자 했다. 그에 따르면, 마그리트는 전통적 재현의 해체를 통해 사물에 대한 우리의 고정관념을 '**해체**'한 것이다. 상사는 원래 이미지와는 다른 닮음이며 진리나 실재 개념과는 무관한 환영(幻影)이다. 푸코는 상사를 자유롭게 풀어놓으며 유사에 의한 재현의 질서를 파괴함으로써 이미지의 자율성을 이끌려고 했다. 그렇게 해서 그림의 의미는 어느 하나로 고정되지 않으며 무한히 다양하게 해석되고, 작품은 재현이 해체된 공간에서 실재로부터 자유로운 제3의 공간을 열어준다. 이를 통해 우리는 새로운 세계 속에서 새로운 대상과 만나 새로운 의미와 맞닥뜨린다.

18 리오타르의 숭고의 미학: 예술은 숭고의 감정을 환기하는 것이다.

프랑스 구조주의 철학자 리오타르는 숭고의 미학을 현대 모더니즘 추상 예술을 통해 설명했다. 그는 낭만주의 예술에는 이미 추상 예술을 예고하는 정신이 숨어 있다고 보았다. 20세기 초엽의 아방가르드 예술가들은 회화란 무엇인가라는 근본 물음을 제기하면서 예술적 감수성의 새로운 변화를 추구했다. 그들은 어떤 형식을 통해서든 예술의 새로운 규칙을 고안함으로써 발생하는 기쁨과 환희를 표현하고자 했고, 예술에서 혁신적인 '숭고'를 추구하려 들었다.

아방가르드 예술에서 중요한 것은 대상을 있는 그대로 '재현'하는 것이 아니라, 지각을 통해 완전히 드러나지 않는 보이지 않는 무언가를 그 순간 그 장소에서 드러내는 것이다. 리오타르는 이를 '**현존(現存)**'이라고 했다. 현존하지만 보이지 않는 실재에 대한 암시는 우리가 그것을 명확하게 파악할 수 없기에 모호한 감정을 불러일으킨다. 이러한 감정은 지금, 이 순간 어떠한 실재가 숨어 있는 듯한 느낌, 다시 말해 무언가 일어나고 있음을 느낄 수 있으나, 이를 표현하거나 재현할 수는 없다는 것에서 비롯된다. 그리고 우리의 감각기관이 그것을 파악하기에는 무력하다는 데서 '**숭고(崇高)**'의 느낌을 받는다. 숭고는 어떤 것을 받아들이고 이해하여 그것으로부터 어떤 대상을 떠올릴 수 있을 때 느끼는 즐거움인 '취미'와는 다른 감정으로, 개념과 일치하는 대상을 상상력으로 '현시'할 수 없을 때 나타난다.

리오타르는 감각적으로 현시될 수 없는 이념은 숭고한 감정을 일으킨다고 보았다. 리오타르의 숭고 미학에서 현존의 문제는 현시(顯示) 불가능한 것의 현시, 즉 나타내기 어려운 것을 나타내고자 하는 투쟁을 배경으로 깔고 있다. 숭고에 관한 그의 구상은 표현 불가능한 것들이 현존한다는 것을 알리는 것을 목표로 하며, 신비적이고 신성한 것을 대상 자체에 간직하고 있다. 이런 의미에서 리오타르의 숭고론은 현존을 표현하기 위한 예술은 무능력하다는 것을 보여주려는 것이라 할 수 있다.

리오타르의 숭고 미학은 감성이 초감성적인 것들에 종속되고, 질료가 잠재적 형식으로 머물러 있음에 주목한다. 현존을 향한 욕구로서의 불확정적인 것, 형태를 갖추지 않는 질료로서의 현존이 바로 숭고한 것이다. 이러한 미학은 정의하거나 표현하기 어렵고, 볼 수 없는 존재를 주장하는 일종의 '**부정적 미학**'이라고 볼 수 있다. 현대 예술은 재현을 부정하며, 이해되어야 할 작품의 의미도 거부한다. '재현의 부정'으로 인해 예술에서 의미의 이해는 중요하지 않다. 미적 구성물의 의미는 이해를 통해 해명될 수 있는 범위를 벗어나 버렸다는 것이다. 이런 이유로 리오타르에게 숭고의 미학은 절대적인 것에 대한 기대와 신비주의를 동시에 내포한다.

리오타르는 이러한 숭고 미학을 통해 현대 예술의 의미가 다시 종교적인 것으로 회귀하는 길을 열어놓았다. 그의 의도는 기술 문명이 지배하는 사회와 그 문화적 소산이 몰아낸 모든 것에 대한 기억의 목소리를 되살리고자 하는 것이다. 이처럼 리오타르에게 있어서 숭고한 것은 표현 불가능한 것의 문제로부터 발전했다. 그것은 비록 규정되지 않았지만, 규정되길 원하는 투쟁을 내포하고 있다. 이러한 현존은 신비적인 것과 성스러운 것을 자체 안에 숨기고 있다. 중요한 것은 감각적 매체를 통해 표현된 것이 아니라 그것이 암시하는 신성한 현존이며, 그렇기에 그의 숭고론의 내용은 결국 질료를 초월하여 보이지 않는 정신적인 것을 지향하는 관조적인 미학의 성격을 띤다.

19 데리다의 해체의 미학: 예술은 주체 중심의 전통적 재현관을 해체하여 사물의 본모습을 드러내는 것이다.

데리다는 해체론을 전개한 프랑스 구조주의 철학자로, 서양 근대 철학 체계에 자리 잡은 이분법적 사고를 해체하고자 했다. 그것은 '탈구축'이라는 개념으로, 그 핵심은 단순히 기성 고정관념을 해체하는 것뿐만 아니라 이를 발전적으로 다시 구축하는 것이다. 데리다는 의미는 기호 안에서 현전하지 않는다고 보고, 텍스트 바깥에는 아무것도 없다고 보았다. 그는 텍스트 바깥의 관념적 실재를 가정하는 것을 허구로 보면서, 이를 바탕으로 기존 서구 철학사의 음성 중심주의 형이상학 토대의 해체를 시도했다.

데리다는 문자는 음성을 정확히 복사하지 못한다고 생각했다. 음성이 문자로 전환된다는 것은 곧 동적 존재로부터 정적 존재로의 형태 변화를 뜻한다. 이때 전환되기까지의 시간 차이가 발생한다. 음성과 문자는 일치하지 않는다. 데리다는 음성에서 문자로 전환할 때 원본과 복사본이 차이를 함유하면서 변화하는 것을 '차연(差延)'이라고 불렀다. 문자와 음성이 일치하지 않는 이상, 문자는 음성을 대신하는 것이 아니라 둘을 동시에 품는 것이다. 데리다에 의하면, 음성은 완전한 원본이 아니다. 인간은 자신이 알고 있는 언어 가운데 타당한 것들을 선택하여 생각하게 된다. 지금껏 어딘가에서 본 문자가 차연되어 음성으로 될 가능성 또한 충분하다. 데리다에 의하면 사물은 '원본 → 복사본 → 원본 → 복사본 →'으로 영원히 차연된다. 따라서 둘 간의 우열은 없다. 데리다는 끝도 없이 차이를 일으키는 차연 작용이야말로 사물의 근원이자, 모든 텍스트와 모든 통일된 체계를 해체하는 원동력이라고 주장했다.

데리다는 탈구축과 차연의 개념을 사용하여 그동안 예술의 자율성을 억압해 왔던 형이상학 관념의 '해체'를 시도했다. 그는 예술에서 중요한 것은 재현된 것 안에서의 원본이 아니라 과정과 운동, 생성과 사건이라고 보면서, 전통 미메시스 관점을 부정했다. 기존의 예술론은 언제나 의미와 형식, 내부와 외부, 기의와 기표라는 이분법적 논리에 매달려 왔다고 생각하면서, 안과 밖의 그 어떤 것도 특권적 가치를 갖고 있지 않다고 보았다. 가상과 실제의 구분이 없는 매트릭스의 세상에서 그것들의 가치를 만들어주는 것을 경계선(파레르곤)이라고 불렀는데, 파레르곤은 예술은 안과 밖의 경계를 나눌 수 없고, 의미 또한 결정 불가능하며, 끊임없이 삶 속에 유동하면서 스스로 드러내고 있다는 의미다. 데리다는 안과 밖이 나누어지기 어려운 '파레르곤'을 통해 예술의 해체를 시도했다.

경계선의 사유, 불확정성의 사유가 미학을 규정하는 시대에서, 데리다는 예술에 간섭하는 철학적 이론화 작업의 모순을 지적하면서 관념론적 미학의 체계를 허물고자 했다. 이성 중심의 사고를 기반으로 '이것은 무엇이다'라고 규정하는 방식을 해체하여, 예술은 인간의 소유욕과 독점욕으로부터 해방하고, 이론적 체계 속에 길들기 이전의 원시적 예술의 모습을 되찾아서 '숭고'의 체험을 복원하고자 했다.

데리다에 따르면 예술의 진정한 목적은 미학적 담론의 배후에 숨겨진 관심과 동기를 드러내는 것이다. 그런데 예술작품 속 진리는 작품 속에 현전하는 것이 아니다. 그것은 작품 속에 존재하면서 동시에 부재한다. 따라서 예술의 진정한 의미를 깨닫기 위해서는 예술을 특정 시각에서 바라볼 것을 강요하지 말고 독자 스스로 의미를 발견하도록 조처할 필요가 있다. 데리다는 '예술작품의 진리'로서의 의미를 규정하기보다는, 예술작품이 열어주는 다양한 해석의 가능성에 주목할 것을 강조했다.

20 보드리야르의 이미지의 미학: 예술은 '기호'라는 상징적 이미지로 복제되면서 도구화된다.

장 보드리야르는 대중문화와 미디어, 소비사회를 분석하는 이론을 펼친 프랑스 구조주의 철학자이다. 그는 기호는 리얼리티와는 어떠한 연관성도 없다고 보면서, 모사된 이미지가 현실을 대체하는 '시뮬라시옹 이론'을 제시했다.

보드리야르는『소비의 사회』에서 소비의 진정한 주체는 개인이 아니라 기호의 질서라고 보았다. 현대 소비사회에서 인간은 상품(물건뿐만 아니라 정보·문화·서비스 등을 포괄)을 구매하는 것이 아니라 타인과의 '차이'를 만들어내는 '기호'를 구매하는 것이라고 말했다. 소비사회에서 중요한 것은 상품의 사용 가치나 교환가치가 아니라 사회적으로 의미가 부여된 '기호 가치'이다. 현대 소비사회는 상품을 계속해서 만들어내고, 이는 소비 욕구를 끊임없이 이끈다.

그 결과 사람들은 소비에 점점 더 예속된다. 이제 상품의 역할은 본래의 사용 목적으로부터 자신의 개성을 뽐내고 타인과의 차이를 드러내는 기호(이미지)로 전환된다. 소비는 곧 **기호(記號)**를 소비하는 것으로, 기호는 **차이**를 만들고, 그 차이는 사회 지위와 권위를 나타내는 **상징**으로 뒤바뀐다. 그렇게 해서 현대사회에서 소비는 곧 **권력**이 된다. 무엇을 소비하느냐에 따라 그 사람의 계급이 그대로 드러난다. 상품은 효용성으로 평가되는 것이 아니라 자신의 권위와 성공을 드러내는 '기호'로서 자리 잡게 되는 것이다. 보드리야르는 이를 '차이의 원리'라고 불렀다. 현대 소비사회에서 개인의 실체는 상품 소비를 통해 다른 사람과의 차이를 기대하는 **욕망**인 것이다. 이것이 보드리야르가 현대 소비사회를 보는 시선이다.

보드리야르는 팝아트를 이르기를 소비사회의 현실을 가장 충실히 반영하는 예술이라고 보았다. 팝아트는 예술이 지금까지 추구해왔던 진지함, 독창성, 유일무이성 등의 가치를 부정한다. 대표적인 팝아트 예술가인 앤디 워홀이 반복적으로 만들어낸 대중스타나 유명 인사의 이미지는 실재와는 아무런 상관없는 **시뮬라크르**다. '모방'을 의미하는 시뮬라크르가 보통의 '모방'과 다른 점은 '원본이 없다'는 것이다(완벽한 원본이자 실재인 이데아는 관념으로만 존재한다). 오늘날 매체의 발달로 이미지의 무한 복제가 가능하고 더는 지시 대상이 없는 이미지가 제작되는 현실에서, 시뮬라크르의 이미지는 원본을 대체한다. 복사본이 원본에 기반한 논리적인 재현의 모든 체계는 원본 없는 복사물의 무한한 자기 증식 속에서 점차 사라지게 된다면서, 전통적 재현관을 완전히 바꿔 놓았다.

보드리야르는 오늘날 모든 것을 이미지로 재현하면서 나타나는 리얼리티의 실종을 우려했다. 오늘날 이미지는 현실의 사용 목적에 맞게 왜곡되고 변형되어 활용됨으로써 이미지로서의 고유한 존재를 상실하게 되는데, 그는 이를 이미지에 가해진 폭력으로 규정했다. 시뮬라크르인 가상의 실재가 진짜 실재를 지배하고 대체하는 **하이퍼리얼**한 사회에서, 진짜가 존재하지 않기 때문에 각 사물은 의미를 상실하고, 시뮬라크르가 오히려 우리 일상을 규제하게 된다. 디지털과 대중매체 속에서 이미지의 세계가 실재로부터 끊임없이 멀어지면서, 현실과 가상의 경계는 점점 모호해지고, 미디어는 권력에 의해 조작되며, 이미지는 왜곡되고 날조된다. 실재를 파악하기 어렵고 실재를 재현할 수 없는 위기 상황에서, 보드리야르는 예술이 우리 삶의 의미와 가치 형성에 도움을 주기보다는 오히려 인간성을 해치고 인간 존재를 해체하는 **부정적인 기제**로 작용할 수 있음을 경고했다.

2

현대 윤리학의 핵심 키워드 10

01 메타 윤리학: 도덕 판단을 담은 언어의 의미를 논리적으로 분석하는 윤리학

메타 윤리학은 20세기 초 논리실증주의와 언어분석철학의 발전과 더불어 본격적으로 논의되었는데, 영국의 분석철학자 무어가 이들 사상을 좇아 **'선(善)'**이라는 개념의 의미를 탐구하면서 시작되었다. 논리실증주의자들은 오직 자연과학만이 우리에게 세계에 관한 지식을 제공할 수 있으며, 경험적으로 검증 가능한 명제(즉, 과학적 명제)만이 유의미하다고 보았다. 그들은 도덕적 언명은 무의미하다는(즉, 인식론적 의미를 지니지 않는다는) 결론에 이르렀고, 결국 도덕적 언명은 어떤 종류의 지식도 전달하지 못한다는 주장에 이르렀다. 이런 측면에서 논리실증주의자들은 이른바 **'비인지주의'**라고 불리는 이론을 전개했는데, 이는 도덕적 지식과 같은 명제는 존재하지 않는다고 보는 입장이다. 그들은 도덕 판단은 감정이나 태도를 표현하거나, 아니면 다른 사람에게 어떻게 행위를 할 것인가를 규정하는 '명령'의 표현으로 간주했다. 감정의 표현이나 명령은 어떤 '진리치'도 지니지 않으므로(즉, 참도 거짓도 아니므로), 세계 안의 사실을 기술하는 참된 진술이 될 수 없다고 보았다.

무어는 논리실증주의자들의 이러한 생각을 토대로, 우리가 윤리적 문제를 다루기에 앞서 윤리적 용어의 의미를 분명히 해야 한다고 강조했다. 그 가운데에서도 윤리학의 토대인 '선'의 개념을 명확히 이해할 필요가 있다고 주장했다. 우리는 도덕적 선에 관해 설명할 수 없으며, 오직 **직관**으로 그것을 인식할 수 있을 뿐이라고 주장했다. 이처럼 무어는 선을 다른 개념이나 자연적 사실과 구분함으로써 그 고유성을 주장하면서 도덕적 진리성을 옹호했다. 이러한 무어의 지적에 따라 기존의 도덕적 지식은 경험적인 것으로서 자연 현상과 관련한 것이거나, 또는 도덕적 지식은 선험적인 것으로 자연 현상과 무관하게 독자적인 직관 능력을 통해 파악되는 것으로 인식되었다. 전자는 **'자연주의'**를 뜻하고, 후자는 **'비자연주의'**를 지칭하는데, 이 두 견해는 20세기 현대 도덕 실재론 논쟁을 일으켰다.

메타 윤리학은 도덕 판단을 인지설과 비인지설, 실재론과 비실재론 같은 구분으로 분석해 들어간다. 예를 들어 직관주의와 자연주의는 비자연적 실재론과 자연적 실재론이라는 대립하는 형태로 정리된다. 그렇게 해서 메타 윤리학은 한편으로는 '실재론과 반실재론', '인지주의와 비인지주의', '자연주의와 비자연주의'라는 상반된 입장을 따라 도덕적 지식, 도덕적 사실, 도덕적 언어의 의미와 성격을 분명히 함으로써 윤리학의 논의를 학문적으로 한 차원 높였다. 하지만 그와 동시에, 다른 한편으로는 지나치게 논리적·과학적 분석에 치우침으로써 도덕의 고유한 특성을 무시하거나 간과한 측면이 있다는 비판을 받고 있다.

현대 윤리학 분야

메타윤리	– 자연주의: 생물학적 진화와 생존본능을 따르는 것을 '선'으로 보는 과학적 사고		
	– 직관주의: 도덕(선)은 과학으로는 불가능하며, 직관으로밖에 파악할 수 없다는 입장		
	– 비인지주의: 윤리적 정서주의(정동주의), 규정주의(지령주의)		
규범윤리	– 결과주의	– 공리주의: 사회 이익을 높이는 것을 '선'으로 보는 입장	
		– 이기주의: 자기 이익을 극대화하는 것을 '선'으로 보는 입장	
		– 복리주의: 다수의 복리를 높이는 것을 '선'으로 보는 입장	
		– 상황윤리: 처한 상황에 맞게 좋음을 가져오는 것을 '선'으로 보는 입장	
	– 의무론: 정언명령이라는 도덕법칙에 따르는 것을 '선'으로 보는 입장		
	– 덕 윤리: 실제 행위에 주목하기보다는 내면의 '선'한 특성을 실천해야 한다는 입장		
	– 배려윤리: 타인을 보살피고 배려하는 관계 속에서 '선'을 실천해야 한다는 입장		
응용윤리	– 생명윤리: 인간 존엄성을 중시하는 윤리적 사고		
	– 환경윤리: 인간과 자연의 공존을 도모하는 윤리적 사고		

02 무어의 직관주의 윤리: 도덕은 직관으로만 파악할 수 있다.

벤담과 밀은 공리주의 입장에서 '선(善)'은 곧 '쾌락'이라는 말로 정의했다. 공리주의에 따르면 '선'은 사회 전체의 쾌락 증대와 고통 감소를 기준으로 판단 가능하며, 질적으로도 계량화할 수 있다. 그러나 일상언어학파 학자인 무어는 '선과 '쾌락'이 같음을 증명한다는 것은 결코 해결할 수 없는 문제로, 둘이 반드시 같다고는 정의할 수 없다고 주장했다. 무어는 선악에 따라 도덕을 자연과학적 사실과 동일하게 분석하는 것은 잘못됐다고 말하면서 그러한 잘못을 **'자연주의적 오류'**라고 불렀다.

무어에 따르면, 우리는 '선'이라는 속성의 존재를 마치 그것이 어떤 사건의 상태에 내재하는 듯이, 그리고 직접 지각하듯이 통찰할 수 있는 능력을 지닌 듯이 생각한다. 그가 말하는 선이라는 속성은 단순하고, 분석 불가능하며, 비자연적인 것이다. 무어는 선(善)은 **비자연적**인 것이라고 말함으로써, 선은 과학적으로 관찰 불가능하기에 어떤 속성으로도 환원할 수 없다고 주장했다. 그는 선을 세계의 어떤 자연적 특성과 동일시하려고 시도하는 모든 이론은 이른바 '자연주의적 오류'를 범하고 있기에, 선이 지닌 도덕적 특성은 비자연적인 것이라고 주장했다. 즉, 자연주의적 오류를 범한 모든 이론은 선을 다른 어떤 것, 이를테면 '쾌락'과 혼동하고 있다는 것이다.

이처럼 무어는 '선'은 가장 순수한 개념으로 이를 과학적으로 분석 · 해석하는 것은 불가능하다고 보았다. '좋음', '쾌락' 등 다른 언어로 바꿔 말할 수도 없다고 생각했다. '선'은 물질이 아니며, 우리의 **'직관'**으로밖에는 파악할 수 없는 것이라고 보았다. '인간이 직관으로만 파악할 수 있는 것', 이것이 무어가 말하는 도덕의 본질인데, 이를 **'직관주의'**라고 한다. '공리주의'의 윤리와 대립하는 직관주의 윤리는 자연주의 윤리 역시 과학적 사실과 도덕적 사실을 혼동한다고 비판한다. 과학의 언어는 명제로 전환 가능하지만, 도덕의 언어는 명제로 전환할 수 없는 것이어서 본질을 달리한다는 것이다. 무어의 직관주의는 다분히 이상적 공리주의 입장에서 제시한 이론이라 할 수 있다. 하지만 직관주의 윤리는 무어와 같이 공리주의적 사고에 의존하지 않는 방향으로 전개되었으며, 이에 많은 직관주의자가 옳음과 의무의 개념은 선으로부터 도출될 수 없다고 주장하는 '의무론적' 윤리관을 펼치기 시작했다.

그 대표적인 사상가인 로스와 프리처드는 매우 큰 영향력을 발휘한 대표적인 '의무론적 직관주의자'이다. 로스는 우리가 직관적으로, 즉 다른 아무런 것의 매개를 직접 거치지 않고도 어떤 의무의 규칙이 우리에게 구속력을 지닌다는 점을 인식할 수 있다고 주장했다. 프리처드는 의무와 옳은 행위가 자기 이익이나 욕구하는 목적과 관련해서 정의될 수 있다는 생각을 강하게 비판했다. 그런 점에서 로스와 프리처드가 생각한 직관의 개념은 '이성'에 기초한 양심론을 펼친 버틀러의 '양심' 개념과 유사하다. 그리고 '당위'가 선을 추구하는 데 도움되는 어떤 것으로 정의될 수 있음을 거부한다는 측면에서도 이들 모두는 동일하게 공리주의에 반대하면서 자신들의 '의무론적 직관주의' 입장을 드러내고 있다.

03 에이어의 윤리적 정서주의: 도덕은 사실이 아니라 정서다.

논리실증주의자들은 어떤 명제가 의미가 있는지 없는지를 가리는 기준으로 '검증 원리'를 제시한다. 검증 원리에 따르면, 모든 유의미한 문장은 동어 반복이거나 경험적으로 검증 가능한 것, 둘 중 하나여야 한다. '검증 원리'에 비추어 볼 때, '거짓말은 나쁘다'와 같은 명제는 동어 반복도 아니고 경험적으로 검증 가능한 진술도 아니기 때문에 무의미하다. 이는 선과 악, 옳음과 그름, 좋고 나쁨과 같은 도덕적 개념을 포함한 모든 도덕적 명제는 그 참과 거짓을 가릴 수 없기 때문에 무의미하다는 결론을 함축한다. 논리실증주의 입장에서 보면 '좋다', '나쁘다'와 같은 가치 판단은 객관적으로 검증할 수 없는 개인적인 심리 진술에 불과한 것이다. 그렇다면 우리가 알고 있는 모든 도덕 언어는 무의미한 헛소리에 불과한 것일까?

영국의 논리실증주의자 에이어는 논리실증주의 입장에서 윤리를 고찰했다. 그는 이를테면 '소는 여물을 먹는다'는 주장은 사실이지만, '거짓말은 나쁘다'라는 주장처럼 입증할 수 없는 것의 진위를 논리적으로 정할 수는 없다고 보았다. 세상에 소가 여물을 먹는다는 '사실'은 있지만, 거짓말은 나쁘다는 '사실'은 없기 때문이다. 에이어에 따르면, 도덕적 명제는 비록 어떤 사실을 전달하는 것은 아니지만, 그 대신 우리의 감정을 표현한다고 보았다. 예컨대 '거짓말은 나쁘다'라는 말은 우리가 "거짓말은 정말 나빠!"라고 외칠 때와 같이 거짓말에 대한 우리의 부정적인 감정을 표현한다는 것이다. 이처럼 도덕 판단은 '정서적' 의미만을 지닌다고 보는 비인지주의 메타 윤리학 이론을 **정서주의(이모티비즘)**라고 한다. '정동주의'라고도 부른다. 정서주의는 도덕은 사실이 아니라 그 도덕을 주장한 사람의 감정, 표정, 행동과 같은 '정서'에 입각한 것이라는 입장이다.

정서주의에 따르면 도덕 판단은 발화자 자신의 태도를 표현하는 것이며, 비록 복잡한 심리 과정을 거치기는 하지만, 그것을 듣는 사람에게 유사한 태도를 일으키려고 하는 발화자의 시도이다. 이러한 정서주의적 분석 결과의 하나는 도덕적 논증의 타당성과 같은 것은 존재할 수 없다는 사실이다. 우리는 기껏해야 설득의 방법을 통해 다른 사람에게 우리의 태도를 전달하는 정도만을 성공적으로 수행할 수 있다. 에이어는 실증에 의해 진위를 물을 수 없는 '거짓말은 나쁘다'는 문장은 올바르게 언어를 사용한 것이 아니라고 말했다. 그러나 '나는 거짓말에 반대한다'라든가 '나는 거짓말이 싫다'라고 한다면 올바르게 언어를 사용한 것이라고 보았다.

전통 규범 윤리는 어떤 명제의 참이나 거짓 여부를 판단할 수 있으며, 자신의 진술이 모두 유의미하다는 '인지주의'적 입장을 보인다. 하지만 정서주의에 따르면 모든 인지주의적 도덕 이론은 잘못된 것이다. 그들이 제시하는 도덕적 명제들은 검증 원리를 충족하지 못하기 때문이다. 이처럼 도덕적 명제들을 비인지적인 것으로 보는 견해를 **'비인지주의'**라고 하는데, 따라서 윤리적 정서주의는 비인지주의 입장이라 할 수 있다. 비인지주의는 도덕에 대한 이성적 인식의 가능성을 포기함으로써 보편적이고 객관적인 도덕적 진리의 존재를 부정한다. 정서주의는 도덕 판단을 단지 개인의 주관적 감정이나 태도의 표출로 간주함으로써 윤리적 상대주의와 윤리적 회의주의를 대표하는 이론으로 자리매김했다.

헤어의 보편적 규정주의 윤리: 도덕 언어는 명령으로서의 규정적 가치를 지닌다.

비인지주의는 도덕은 '사실'이 아니기 때문에 도덕의 지식이란 것은 존재하지 않는다고 보는 입장이다. 비인지주의자에게 도덕은 과학과 같은 사실에 대한 지식이 아니라 뭔가 다른 것이다. 비인지주의에 속하는 '**규정주의**' 역시 도덕 판단을 명령문과 같은 것을 함축하는 것으로 해석하면서, 이러한 규정적 특성 때문에 도덕 판단은 단지 사실의 기술로부터는 도출될 수 없다고 주장한다. 즉, 사실의 기술(記述) 자체는 명령을 함축하고 있지 않다는 것이다. 대다수 규정주의자는 일종의 타당한 도덕적 논증이 존재할 수 있지만, 이러한 논증은 그 자체만으로는 참이라고 증명할 수 없는 어떤 궁극적인 도덕 원리를 전제하고 있다고 생각한다. 따라서 서로 다른 궁극적인 도덕 원리를 받아들이는 사람들 사이에는 합리적으로 해결될 수 없는 어떤 불일치가 존재할 가능성이 있다고 보았다.

영국의 윤리학자이자 공리주의자인 헤어는 도덕 판단이 감정이나 태도의 반영이라는 '정서주의'의 주장에 기본적으로 동의하면서도, 도덕 판단에는 규정적 요소도 내포되어 있다는 점에 주목했다. 규정적 요소란 다른 사람으로 하여금 우리의 가치나 태도를 받아들이도록 명령하거나 권유하는 성질을 가리킨다. 예컨대 '거짓말은 나쁘다'는 도덕 판단은 '거짓말은 고통을 증가시킨다'와 같은 **기술적(사실)** 요소와 더불어, '너는 거짓말을 해서는 안 된다'와 같이 다른 사람이 우리의 태도를 받아들이도록 권유하는 **규정적(가치)** 요소를 동시에 가지고 있다는 것이다. 헤어는 도덕을 주장하는 말은 그럴 생각이 없어도 모두에게 '그렇게 하라'고 강요하는 것과 같으며, 따라서 도덕적인 말을 할 때는 신중할 필요가 있다고 주장했다. 헤어의 규정주의는 도덕 판단에 내포된 인지적 요소를 어느 정도 인정함으로써 도덕을 이성적으로 다룰 수 있는 여지를 남긴 셈이다.

헤어에 따르면 보편적 규정주의 도덕적 추리 방법은 '**공리주의**'를 산출한다. 우리가 기꺼이 보편적으로 규정하고자 의욕할 수 있는 도덕 원리는 관련된 당사자 모두를 위해서 전체적으로 선호와 만족을 극대화하는 원리이기 때문이다. 헤어의 규정주의는 칸트가 생각한 보편화 가능성의 개념에 크게 의존하면서, 도덕적 추론에 관해서 매우 영향력이 큰 규정주의 이론을 제시했다. 헤어는 도덕 판단을 내리는 데 있어서 우리는 동일한 상황에 있는 모든 사람에게 동일한 형태의 행위를 할 것을 규정하는 보편적인 명령을 기꺼이 받아들여야만 한다고 주장했는데, 여기에는 공리주의 정신이 분명히 드러나고 있음을 확인할 수 있다. 헤어는 도덕적 개념의 논리와 사실에 기초해서 황금률 논법을 발전시킴으로써 자연주의의 오류와 직관주의의 순환 논증의 오류를 피할 수 있는 반직관주의·비인지주의 도덕 추리론이 가능하다는 것을 보여주면서, 도덕적 추리의 중립성과 객관성의 토대를 제공하고자 했다.

헤어는 메타 윤리학, 규범 윤리학, 응용 윤리학 세 분야 모두에서 기여한 20세기의 유일한 인물이다. 헤어는 지난 세기의 많은 도덕 철학자들이 잘못된 도덕 철학의 방법에 매달림으로써 윤리적 비합리주의와 상대주의에 빠지고 말았다고 진단했다. 그래서 그는 무엇보다도 합리적인 도덕적 사유의 방법을 정립하는 것이 중요하다고 주장했다. 그 핵심은, 도덕적 물음을 (그 사실이 자연적 사실이건 도덕적 사실이건) 사실의 물음으로 만들어서는 도덕적 사유의 객관성을 담보할 수 없다는 것이다.

05 매킨타이어의 덕 윤리: 행위자 중심의 실천 윤리

덕 윤리는 근대 윤리학의 한계를 극복하기 위한 대안으로 탄생했다. 덕 윤리는 아리스토텔레스의 사상으로부터 나온 것으로, '덕(德)'이라고 부르는 개인의 내적 특성 혹은 성품이 가장 커다란 도덕적 중요성을 띤다고 주장하는 이론이다. 덕 윤리는 행위 중심의 근대 윤리학과 달리 '한 개인이 어떤 종류의 사람인가?' 혹은 '어떤 종류의 삶을 살아야 하는가?'에 관심을 가지는 **행위자 중심**의 윤리 사상이다.

현대 덕 윤리는 아리스토텔레스의 덕 윤리와 다음과 같은 공통된 특성을 보인다. 덕은 자신이 속한 공동체의 도덕적 모범을 본받으려는 지속적 노력을 통해 길러지며, 덕의 함양에 있어 도덕적 감정 계발이 중요하다고 본다. 또 도덕적 판단을 내릴 때 보편적 도덕 원리를 일률적으로 적용하기보다는 각각의 구체적 상황에서 무엇이 적절한지 유연하게 파악하는 **실천적 지혜**를 강조한다. 이처럼 덕 윤리는 '행위'에 주목하기보다는 '행위자'에 주목하며, '무엇이 의무이고, 무엇이 허용될 수 있으며, 무엇이 옳고 그른지'보다는 '무엇이 훌륭하고, 무엇이 칭찬할 만하고, 무엇이 좋고 나쁜지'에 대해서 생각한다는 점에서 기존 규범 윤리학과 차이 난다.

이성이 탁월하게 기능할 때 덕이 형성된다고 보는 아리스토텔레스와 달리, 덕 윤리를 주도하는 대표적인 철학자인 매킨타이어는 **사회적 맥락**과 전통과의 관련성 속에서 덕을 파악해야 한다고 주장했다. 또 아리스토텔레스의 목적론적 관점과는 달리 인간이 추구해야 할 목적은 정해져 있는 것이 아니라 인간의 계속되는 역사를 통해 형성되고 드러나는 것이라고 보았다.

매킨타이어에 따르면 덕(德)은 우리 삶을 구성하는 많은 관행, 예를 들어 가족과 관련된 관행, 사업상의 관행, 종교적 관행, 지역 및 국가와 관련된 관행 등에 내재해 있으며, 또한 이것들로부터 발생하는 여러 가치를 성취할 수 있도록 해주는 일종의 특징적인 성향이라고 간주했다. 덕이 있는 사람은 좋은 아버지, 어머니 또는 자식이며, 좋은 상인이고 법률가이며, 좋은 교사이며, 좋은 정치가라 할 수 있다. 그런 점에서 덕 윤리는 관계성을 중시하는 우리의 전통 유교와 매우 유사한 면이 있다. 우리가 이미 다른 사람들과 관계하거나 집단 활동에 참여함으로써 일어나는 구체적인 가치에 주목한다는 점에서, 매킨타이어는 구체적인 윤리적 삶을 강조하는 헤겔의 관점을 반영한다고도 말할 수 있다.

✚ 배려윤리

덕 윤리와 함께 근대 윤리학의 한계를 비판하며 등장한 배려윤리는 도덕적 삶에 있어서 인간관계라는 구체적인 맥락을 중시하고, 보살핌의 태도가 중요한 의미를 지닌다는 사상이다. 배려윤리는 '**여성주의 윤리**'의 영향을 받아 전개됐다. 여성주의 윤리는 기존의 윤리가 자율성, 공정성, 개인의 권리 등을 강조하는 남성 중심적 가치관을 반영하고 있으며, 인간적 유대, 희생과 헌신 등 여성이 중요하게 생각하는 도덕적 가치를 무시해 왔다고 비판했다. 배려윤리는 이러한 여성주의 윤리의 관점을 바탕으로 여성의 도덕적 특성을 긍정하는 새로운 윤리 기준을 제시했다. 그럼에도 불구하고 배려윤리는 다음과 같은 한계를 안고 있다. 즉 배려윤리는 도덕성의 영역의 다양한 측면을 배려나 사랑과 같은 감정 혹은 정서에만 국한시킬 수 있으며, 또한 보편성을 획득하지 못하고 **윤리적 상대주의**로 흐를 위험이 있다. 대표적인 학자로 길리건과 나딩스가 있다.

06 싱어의 실천 윤리: 동물도 인간처럼 도덕적 배려의 대상이 되어야 한다.

현대 공리주의는 고전적 공리주의의 핵심 원리를 계승하는 흐름과 고전적 공리주의의 한계를 극복하려는 흐름으로 나눌 수 있다. 공리주의 윤리의 목표는 "고통의 최소화, 쾌락의 최대화"이다. 공리주의는 '누구의 이익인가'와 무관하게, 감각 능력이 있는 '모든 존재'에게 쾌락과 고통에 관한 이익은 동등하게 고려되어야 한다는 도덕적 입장을 내포하고 있다. '모든 존재'라는 범주 속에는 인간은 물론 동물도 포함된다. 이러한 공리의 윤리를 계승하고 확장함으로써 새로운 윤리 사상을 전개하려는 현대 공리주의자이자 실천 윤리학자로 피터 싱어를 들 수 있다.

싱어는 감각을 지닌 모든 개체의 이익은 동등한 고려의 대상이 되어야 한다는 **'이익 동등 고려의 원칙'**이라는 실천 윤리를 제시함으로써, 인간뿐만 아니라 감각을 지닌 모든 동물에게까지 공리의 원리를 확장할 것을 주장하였다. 쾌락과 고통에 대한 감각을 가진 모든 개체가 쾌락을 늘리고 고통을 줄이는 방향으로 행동하는 것, 즉 이익을 추구하는 것은 개체의 기본적인 권리라는 것이다. 따라서 그는 인간뿐만 아니라 감각을 가진 동물까지도 도덕적 배려의 대상이 되어야 한다고 주장하였다. 싱어의 입장은 '공리주의론' 혹은 **'동물복지론'**이라고 불린다.

싱어에 따르면, 쾌락과 고통을 느끼는 감각 능력이 있는 모든 존재의 이익을 고려하는 것은 인간의 최소한의 의무이다. 인종차별주의자와 성차별주의자들은 자신이 속한 인종과 성별의 이익을 우위에 둠으로써, 공리주의의 평등 원리와 '이익 동등 배려의 원칙'을 위반한다. 싱어는 종차별주의 역시 동물을 대상으로 평등의 원리와 이익 동등 배려의 원칙을 위반한다고 주장했다. 여기서 동물이 이성을 가진 존재인지, 언어를 사용할 능력이 있는지는 고려 대상이 되지 않는다. 고려의 대상은 '감정을 가진 동물이 쾌락과 고통을 느끼는가'의 여부다. '이익 동등 배려의 원칙'을 동물에게 적용하는 것에 동의한다면, 인간이 야기하고 있는 동물의 고통은 근절의 대상이 된다.

그러나 싱어는 종차별을 거부한다는 것이 곧 인간과 동물의 "완전한 평등"을 의미하는 것은 아니라고 말한다. 그는 또한 모든 생명의 가치가 동등한 가치를 지니고 있다고도 주장하지 않는다. 그의 주장의 핵심은 신체적 고통을 피하고자 하는 인간의 이익과 동물의 이익이 비슷할 경우, '이익 동등 고려의 원칙'에 입각해 사고하고 판단하여야 한다는 것이다. 이러한 싱어의 입장은 다른 존재의 이익을 무시하거나 경시해서는 안 된다는 것으로, 제한적이고 합리적인 주장이라는 평가를 받는다. 싱어의 동등 고려, 동등 배려의 원칙은 모든 종에 해당하는 도덕적 가치이다. 그러나 동시에 싱어의 도덕적 가치는 동물 그 자체의 본원적 가치에 집중하기보다, '고통의 감소' 측면을 강조함으로써 동물에 대한 인간의 시혜를 부각한 측면이 강하다.

싱어는 도살 자체보다 동물에 가해지는 고통을 강조하고, 인간이 동물을 착취할 수밖에 없는 현실이라면 그에 상응하는 혜택을 주어야 한다고 주장했다. 그는 고통을 없애거나 최소화하는 방식의 사육과 도축을 통해 얻을 수 있는 '육식'을 용인했다. 이러한 이론적 바탕 위에서 그가 제안할 수 있는 대안은 동물을 학대하는 '공장식 축산업'을 규제하고, 윤리적 채식주의를 실현하여 동물의 고통을 최소화하는 것이다. 싱어의 접근 방식은 공장식 축산업의 종식을 주장하기보다, 공장식 축산업 안팎에서 자행되고 있는 동물에 대한 잔혹한 학대의 종식을 강조하게 되는 측면이 있다.

07 리건의 동물권: 모든 생명체에는 고유의 가치가 있다.

동물권에 관한 영향력 있는 또 다른 사상가로 미국의 철학자 톰 리건이 있다. 리건은 싱어가 주장하는 동물에 대한 '시혜적 철학'을 현실에 적용하는 것이 인간에 예속해 있는 '동물의 해방'과는 무관하다고 지적했다. 리건은 동물도 타고난 생명의 가치를 실현할 '도덕적 권리'를 가지고 있다고 주장했다. 인간은 동물의 권리를 빼앗아선 안 되며, 동물들이 그들의 가치를 스스로 실현할 수 있도록 기회를 보장해야 한다고 주장했다. 리건의 입장은 '**의무론적 권리론**' 혹은 '**동물 권리론**'이라 부른다.

리건은 하나의 생명체로서 본원적인 가치를 가지는 동물에 대해 '어떠한 고통도 허용될 수 없다'는 입장을 견지하면서, '모든 생명체는 고유한 생명체로서의 가치를 존중받아야만 한다'고 주장했다. 인간과 마찬가지로 감정이 있고, 고통과 쾌락을 느끼는 의식이 있는 모든 생명체가 인간에 의해 고통을 받거나 살해당해서는 안 된다고 주장했다. 생명의 위협이 없는 안락한 삶이 중요한 가치라면, 동물에게도 마찬가지로 생명체의 본원적 가치는 훼손되어서는 안 될 기본적인 권리라고 생각했다. 이는 모든 생명체의 생명권은 어떤 종인지 여부와 무관하게 그 자체로 존중되어야 할 기본권이라는 의미이다. 따라서 리건의 입장에서 보면, 동물을 감금하고 살해하는 모든 행위는, 그것이 식생활을 포함한 인간의 생명 유지를 위한 행위일지라도 동물의 기본권인 "생명권"을 박탈하는 행위로, 결코 도덕적으로 합리화할 수 없는 일이다.

싱어가 중요하게 보았던 '동물의 고통을 유발하느냐, 그렇지 않으냐'의 문제는 리건의 철학에서는 의미가 없다. 그에 따르면 인간에게는 육식, 동물실험을 포함한 동물의 사용을 중단해야 할 도덕적 의무가 있을 뿐이다. 동물의 기본권은 인간의 도덕적 의무 이전에 존재하는 것으로, 양보할 수 없는 도덕적 권리가 된다. 리건의 '의무론적 권리론'은 성차별을 폐지하지 않으면서 성 평등을 논하거나, 인종차별을 폐지하지 않으면서 인종차별 금지를 논하는 것이 지니는 한계와 마찬가지로, '종차별에 있어서도 생명권 자체의 권리를 고려하지 않을 수 없다'라는 입장이다. 이를 위해 그는 동물의 학대를 종식하려면 노예해방 같은 급진적인 전략과 장기적인 목표를 설정해야 한다고 주장했다.

✚ 동물윤리

우리가 어떠한 대상을 도덕적으로 고려하게끔 하는 것을 '도덕적 지위'라고 하는데, 도덕적 지위를 가지는 대상에게 우리는 도덕적으로 대해야 하는 도덕적 의무를 진다. 동물과 관련된 다양한 윤리적 화제들을 묶어서 '동물윤리'라고 칭할 수 있다. 그중 '동물을 도덕적으로 어떻게 대할 것인가'에 대한 논쟁은 동물윤리의 시작이며, 끝나지 않는 핵심 쟁점이다. 아이러니하게도 이러한 면에서 동물윤리는 '인간이 동물을 어떻게 바라볼 것인가'에서 시작하는, 결국 인간에 대한 학문이기도 하다.

우리가 어떤 행위를 할 때, 그 행위가 선한 행위인가 아닌가를 판단하는 데 사용되는 도덕적인 기준들을 '도덕 원리'라고 한다. 동물윤리에서도 보편적인 도덕 원리를 이용하여 동물의 도덕적 지위를 주장하는 이론이 큰 부분을 차지하고 있다. 이러한 이론으로는, 공리주의에 근거하여 '쾌락이나 통증을 느낄 수 있는 지각력을 가진 존재는 인간과 같은 선상에서 이익의 평등을 고려해야 한다'라는 것이 골자인 피터 싱어의 '동물해방론'과, '동물 역시 본래적 가치를 지닌 자기 삶의 주체로 인정하여야 한다'는 톰 리건의 '동물권'이 대표적이다.

08 윤리적 자연주의: 도덕 판단은 객관적으로 검증할 수 있다.

비자연주의 입장에서 직관주의 윤리를 지지하는 무어와 달리, **자연주의 윤리(도덕적 자연주의)**는 경험 과학에서 사실을 판단하는 방식과 동일한 방법으로 인식론적으로 도덕 판단의 옳고 그름을 설명하고자 한다. 자연주의 윤리는 도덕 판단이 사실에 관한 과학적 진술과 마찬가지로 경험적 방식에 의해 검증될 수 있다고 주장한다. 그래서 자연주의는 **경험론**을 따르며, 도덕 판단은 일종의 사실에 관한 판단과 동일 하다고 본다. 벤담과 밀의 공리주의가 대표적이다.

도덕 판단은 사실적 명제를 표현하지 않으며, 단지 우리의 느낌과 정서, 욕구의 산물에 지나지 않는다 고 생각하는 견해를 거부하는 몇몇 사상가들은 도덕 판단이 행위자가 속한 공동체의 정서적 상황과 감 정을 '기술(記述)'하고 있다고 주장한다. 이런 견해는 최근에는 그리 폭넓게 받아들여지지 않고 있지만, 이런 주장은 '자연주의'의 한 형태로서 오랫동안 유행했다. 자연주의의 기본적인 주장은 도덕 판단은 자 연 세계에서 일어나는 어떤 것에 관한 진술이라는 것이다. 감정에 대한 진술 역시 비록 주관적이기는 하 지만, 어쨌든 자연적 사실에 관한 진술이라는 것이다.

이와 관련해서 20세기 초반에 등장했던 몇몇 미국 철학자들은 어떻게 가치가 이익이나 욕구로부터 생 겨날 수 있는가라는 문제를 집중적으로 탐구했다. 이런 형태의 자연주의는 특히 무어가 제기한 비판, 즉 '자연주의적 오류'를 범하고 있다는 것과 더불어, 비인지주의와 메타 윤리학이 등장한 결과로 호소력을 상당 부분 잃게 되었다. 최근에 일었던 자연주의는 도덕 판단을 진화론적 관점에서 인간 생존에 도움이 되는가 아니면 이를 위협하는가에 대한 진술로 해석하기도 했다.

공리주의와 같은 도덕 이론을 주관적이고 정서주의적인 체계 안에서 재구성할 수 있는 것과 마찬가지 로, 도덕 판단을 과학적 판단의 한 종류라고 생각하는 자연주의자나 최대다수의 최대행복을 추구하면서 어떤 방식을 통해서든 **객관주의**에 도달하려는 사상가들은 그 누구라도 공리주의를 선택하려고 들 것이 다. 따라서 많은 위대한 윤리학자들은 어떻게 도덕적 지식이 가능한지, 아니면 합리적으로 정당화할 수 있는 도덕적 신념이 가능한지를 보여주는 도덕적 인식론을 채택하려고 노력하고 있다. 물론 이들은 도 덕 판단의 인식론적 지위를 서로 다른 방식으로 규정하기도 하지만, 이들 모두는 '회의주의'를 거부한다 는 점에서 일치한다.

✤ 자연주의/비자연주의, 도덕 실재론/도덕 반실재론, 윤리적 인지주의/윤리적 비인지주의 구분

- **자연주의 윤리**: 도덕 판단은 객관적 도덕 속성을 따라 경험적으로 검증할 수 있다. (공리주의)
- **비자연주의 윤리**: 도덕 판단은 선험적인 것으로, 독자적인 직관 능력을 통해 파악되는 것이다. (무어의 직관주의)
- **도덕 실재론**: 도덕 속성은 우리의 생각이나 감정과 무관하게 존재한다. (대부분의 규범 윤리)
  - 자연주의적 도덕 실재론: 아리스토텔레스, 공리주의
  - 비자연주의적 도덕 실재론: 플라톤, 비인지주의(직관주의, 정서주의, 규정주의)
- **도덕 반실재론**: 도덕적 사실이나 도덕적 속성은 실제로 존재하지 않는다.
  - 인지주의적 도덕 반실재론: 도덕 회의주의, 윤리적 주관주의
  - 비인지주의적 도덕 반실재론: 논리실증주의를 따르는 메타윤리
- **윤리적 인지주의**: 도덕 문장은 참이나 거짓인 진릿값을 가질 수 있다. (도덕 실재론, 도덕 상대주의)
- **윤리적 비인지주의**: 도덕은 '사실'이 아니기에, 도덕에 관한 주장은 진위를 판단할 수 없다. (직관주의, 정서주 의, 규정주의)

09 도덕 실재론과 도덕 반실재론: 도덕 개념은 실재한다. vs. 실재하지 않는다.

비인지주의 담론에서 논의의 초점은 '**객관성 문제**'라 할 수 있다. 다시 말해, 윤리적 개념이 자연 세계의 실제 속성(실재)을 나타내는 것이냐, 아니면 단지 인식 주관의 생각이나 **감정**의 산물이냐 하는 것이다. 이른바 도덕 실재론 논쟁은 바로 여기에서 시작한다. 메타 윤리학에서 도덕 실재론과 도덕 반실재론은 '옳음'과 '옳지 않음'의 의미를 이해하는 방식과 도덕적 진리의 존재 여부에 대해 상반된 주장을 펼친다.

도덕 실재론은 도덕적 사실이나 도덕적 속성이 우리의 생각이나 감정과 무관하게 세계 안에 실제로 존재한다고 본다. 도덕 실재론의 예로는 도덕은 사실이 아니라 그 도덕을 주장한 사람의 정서에 의한 것이라는 '**정서주의**'와 '**규정주의**'가 있다. 반면, 도덕 반실재론은 도덕적 사실이나 도덕적 속성은 실제로는 존재하지 않는다고 본다. 반실재론의 예로는 도덕적 가치가 객관적으로 사실적이라는 점을 부인하는 '**도덕 회의주의**'가 있으며, **논리실증주의**에서 주장하는 것 역시 이와 크게 다를 바 없다. 즉, 도덕은 과학적 방법으로 검증될 수 없다는 것이다.

도덕 실재론에서는 도덕적 판단과 도덕적 진리를 과학적 판단 및 과학적 진리와 마찬가지라고 본다. 즉, 과학적 판단이 '참' 또는 '거짓'을 판정할 수 있는 명제를 나타내고 이때 참으로 판정된 명제를 과학적 진리라고 부르는 것처럼, 도덕적 판단 역시 참 또는 거짓으로 판정할 수 있는 명제를 나타내고 참으로 판정된 명제가 곧 도덕적 진리라고 규정하는 것이다. 그런데 도덕 실재론에서 주장하듯, '도둑질은 옳지 않다'가 도덕적 진리라면, 그것이 참임을 판정하기 위해서는 도덕적으로 옳지 않음이라는 객관적으로 실재하는 성질을 도둑질에서 찾아낼 수 있어야 한다. 한편 도덕 반실재론에서는 어떤 도덕적 행위에 대해 도덕적으로 옳음이나 도덕적으로 옳지 않음이라는 성질은 객관적으로 존재하지 않는 것이고 도덕적 판단도 참 또는 거짓으로 판정되는 명제를 나타내지 않는다. 따라서 도덕 반실재론에서는 '옳다' 혹은 '옳지 않다'는 도덕적 판단을 내리지만 도덕 실재론과 달리 과학적 진리와 같은 도덕적 진리는 없다는 입장을 보인다. 그렇다면 도덕 반실재론에서는 옳음이나 옳지 않음의 의미를 무엇으로 볼까? 도둑질과 같은 구체적인 행위에 대한 감정과 태도가 곧 옳음과 옳지 않음이라고 한다. 즉 '도둑질은 옳다'는 판단은 도둑질에 대한 승인 감정을 표현한 것이고, '도둑질은 옳지 않다'는 판단은 도둑질에 대한 부인 감정을 표현한 것으로 이해한다.

한편, 도덕적 가치와 도덕적 사실의 존재를 긍정하는 도덕 실재론은 도덕적 사실의 '실재'에 대한 **검증 방법**을 놓고 '**자연주의적 도덕 실재론**'과 '**비자연주의적 도덕 실재론**'으로 나눈다. 자연주의적 도덕 실재론은 도덕적 사실이 과학적 방법으로 검증할 수 있는 자연적 사실과 같은 형태로 존재한다고 주장한다. 도덕적 속성을 행복이나 쾌락 같은 자연적·경험적 사실과 관련된 것으로 파악하는 아리스토텔레스나 **공리주의** 입장이 여기에 속한다. 한편, 비자연주의적 도덕 실재론은 단지 우리가 만들어 낸 가상의 존재로 여기지 않으면서도 동시에 과학적 방법으로 검증될 수 있는 것도 아니라고 주장한다. 도덕적 속성을 자연적·경험적 속성과 확연히 구별되는 독자적인 실재로 파악하는 플라톤이나 무어의 **직관주의**가 여기에 속하며, 도덕적 사실은 자연적 사실과는 다른 고차원적 영역에 속한다. 그리고 이것은 우리의 독특한 능력에 의해 감지될 수 있으며, 이를 토대로 우리는 현실 세계에서 도덕법칙을 적용할 수 있다.

10 인지주의와 비인지주의의 도덕 추론 가능성: 도덕의 진위는 판단할 수 있다. vs. 없다.

인지주의는 도덕적인 문장이 참 또는 거짓이라는 입장으로, 도덕적인 문장을 참이나 거짓으로 만드는 것이 무엇인가에 따라 '주관주의'와 '객관주의'로 나뉜다. 먼저, **주관주의**에 의하면, 도덕적인 문장을 참이나 거짓으로 만드는 것은 그 문장을 진술하는 사람의 심리적 상태에 달렸다. 예를 들어 철수가 "남의 물건을 훔치는 것은 옳지 않다."라는 도덕적인 문장을 진술했다고 하자. 주관주의자에 의하면 이 문장은 "나는 남의 물건을 훔치지 않는다."를 의미한다. 다시 말해서 남의 물건을 훔치는 태도를 거부하는 태도를 지닌다는 자신의 마음 상태를 철수가 기술한 것으로, 결국 그 말을 하면서 실제로 철수가 그것을 승인하는 태도를 지니고 있다면 그 문장은 참이지만 그렇지 않다면 거짓이 되는 것이다. 한편, **객관주의**에 의하면 도덕적인 문장을 참이나 거짓으로 만드는 것은 그 문장을 진술하는 사람의 심리적 상태가 아니라 객관적인 그 '어떤' 것이다. 어떤 사람은 사람마다 도덕적 견해가 다르기에 결코 객관주의를 옹호할 수 없다고 주장하지만, 객관주의자들은 단지 사람들이 어떤 도덕적 주체에 대해 다른 견해를 가지고 있다는 것 자체가 도덕에 대한 객관주의를 논박하지는 못한다고 주장한다. 객관적으로 도덕적인 문장에 대해 사람들이 잘못된 인식을 하는 것은 얼마든지 가능하기 때문이다.

비인지주의는 도덕적 문장은 참도 아니고 거짓도 아니라는 입장이다. 인지주의에 따르면, 도덕적인 문장은 어떤 현상을 기술하는 것이 아니라 다른 기능을 한다. 비인지주의의 한 분파인 '정서주의'에 의하면 도덕적인 문장의 기능은 감정을 표현하는 것으로, 도덕적인 문장은 대개 서술문으로 되어 있지만, 실제로는 감탄문으로 표현되는 것이 옳다고 이해한다. 앞서 예로 든 "남의 물건을 훔치는 것은 나쁘다."라는 문장을 다시 생각해 보자. 이 문장은 남의 물건을 훔치는 것은 '나쁘다'라는 속성을 지니고 있음을 기술하는 것이 아니다. '남의 물건을 훔치는 것'에 대해 이를 말하는 사람의 부정적인 느낌을 표현하는 것으로, 어떤 끔찍한 장면을 보았을 때 '아이고!', '어머니!' 같은 감탄사를 내뱉는 것과 같다고 본다. 다른 유형의 비인지주의로 '극단적 규정주의'가 있다. 이 입장에 따르면 도덕적 문장의 기능은 권유나 명령을 하는 데 있다. 그래서 도덕적인 문장은 대개 서술문으로 되어 있지만, 실제로는 명령문으로 표현되는 것이 옳다고 본다. 가령 "약속을 지키는 것이 도덕적으로 올바르다."라는 문장은 사실 알고 보면 "약속을 지켜라."라는 명령문이라는 것이다.

인지주의자에 의하면 도덕적인 문장은 참, 거짓의 진릿값을 가지는 명제를 나타내기 때문에, 도덕 추론이 가능하다. 그러나 비인지주의자에 의하면 도덕적 논증은 그것을 구성하는 도덕적인 문장이 참이거나 거짓일 수 없는 문장이기 때문에 도덕 추론은 불가능하다. 그런데 정서주의나 규정주의를 옹호한다고 하더라도, 도덕 추론이 완전히 불가능하다고 보는 것 또한 아니다. 극단적 정서주의에 의하면 도덕적인 문장은 단지 감정을 표현하는 것이고, 극단적인 규정주의에 의하면 도덕적인 문장은 어떤 행위를 하라고 명령하는 것이다. 그러나 온건한 형태의 정서주의나 온건한 규정주의는 이와는 조금 다르다. 온건한 정서주의는 도덕적 문장을 이해하는 데 정서가 개입되어 있음을 고려하지 않는다면, 이는 도덕적인 문장을 제대로 이해하지 않는 것으로 본다. 이 입장은 도덕적인 문장이 어떤 명제를 내용적으로 포함하고 있다는 입장과 양립 가능하므로, 도덕 추론이 불가능함을 함축하지 않는다. 온건한 규정주의 또한 도덕적인 문장이 어떤 명제를 내용적으로 포함하고 있다는 입장과 양립 가능하다. 도덕적인 문장에 행동을 지시하는 기능이 있으므로 이것을 고려하지 않으면 도덕적인 문장은 제대로 이해한 것이 아니다. (출처: 『비판적 사고를 위한 논리』, 김희정 · 박은진, 아카넷)

3

언어철학과 논리학의 핵심 키워드 20

01 언어적 전회: 이성 중심의 사고에서 언어 중심의 사고로 전환

철학은 전통적으로 '진리', '정의', '신'과 같이 자연과 인간에 관한 탐구를 주로 다룬다. 현대 들어 정통 철학처럼 '신'이란 무엇인가를 고찰하는 것이 아니라, '신'이란 언어는 어떤 의미로 사용되고 있는가를 분석하면 신과 관련한 문제를 해결할 수 있다는 생각을 한 철학자들이 있었다. 철학의 역할은 '~은 ~인가'를 고찰하는 것이 아니라 언어의 의미를 분석하는 데 있다는 철학 사조를 '**분석철학**'이라고 한다.

무어, 프레게, 러셀 등 20세기 영국과 미국을 중심으로 사상을 펼친 분석철학자들은 언어 분석을 통해 진리를 탐구할 수 있다고 생각했는데, 대표적인 분석철학자 비트겐슈타인은 철학은 언어를 분석하는 것이라고 주장했다. 그 이전의 철학은 인식한 내용을 언어로 표현하는 형태를 취했지만, 언어에 따라 내용이 달라지기 때문에 혼란이 일어났다. 이에 분석철학자들은 독단적이고 주관적인 철학을 객관적인 언어 문제로 전환하려 들었는데, 이를 '**언어적 전회**'라고 부른다. 언어론적 전회는 언어와 사고 그리고 세계에 대한 전통 서양철학에서 당연시 여겨져 왔던 기본 개념을 뒤집어야 한다는 생각에서 일어난 사고의 전환이라 할 수 있다.

언어적 전회(轉回)에 따르면, 실재는 언어에 의해 포착되고 인식되는 것이 아니라, 언어를 통해 생산되고 구성되는 것이다. 실재가 먼저 있고 그것이 언어로 표현되는 것이 아니라, 언어에 의해 실재가 특징지어지므로 존재의 인식은 언어라는 수단을 통해서만 접근 가능하다. 언어가 사유에 앞서 존재하는 것이고, 우리는 그 언어가 제공하는 조건에 따라서, 즉 그것을 이용해서 사유를 드러낼 수밖에 없다. 이것이 현대 언어학이 발견한 논리로, 우리가 주체적으로 생각해서 언어를 활용하는 것이 아니라, 이미 존재하는 언어의 한계 속에서 사유 작용을 할 수밖에 없다는 사고다. 비트겐슈타인의 언어적 전회는 이런 언어관에 기초해 있다. 철학은 사유에 관한 것이 아닌 '사유를 표현하는 문제'로, 결국 언어적 문제라는 것이다.

분석철학은 프레게, 러셀, 무어의 철학에서 유래하여, 비트겐슈타인을 거쳐 현대 영미 철학의 주류로 발전했으며, 미국을 중심으로 한 '**인공언어학파**'와 영국을 중심으로 한 '**일상언어학파**'를 중심으로 발전했다. 인공언어학파는 카르납, 전기 비트겐슈타인 등 빈학파를 중심으로 한 논리실증주의가 주류를 이루었으며, 이후 콰인의 네오프래그머티즘이나 포퍼의 비판적 합리주의로 대표되는 '**과학철학**'으로 발전했다. 인공언어학파에 따르면, 일상 언어는 은유적인 표현이 많아 과학적으로 분석하기 어렵기에, 모순 없는 기호와 같은 엄밀한 언어(인위적인 언어 또는 이상적인 언어)를 사용하여 내용을 파악해야 한다. 이를테면 기호 논리학에서 사용하는 인공 언어체계를 사용하여 과학 이론에서의 개념 · 법칙을 찾아내야 한다는 것이다.

한편, 라일, 오스틴, 후기 비트겐슈타인으로 대표되는 일상언어학파는 철학적인 문제를 과학적으로 분석하려는 측면은 인공언어학파와 같지만, 인위적인 언어를 만들어 그것을 분석하는 것은 의미가 없다고 보았다. 그보다는 일상 언어로 철학적인 문제를 고찰해야 한다고 생각하면서, 일상 언어의 모든 표현이 진실로 의미하는 바를 언어 사용에 관한 분석을 통해 명확히 하는 것이 철학의 임무라고 보았다. 예를 들어 '선(善)'이라는 윤리 개념의 의미가 일상생활에서 어떠한 문맥 속에서 사용되고 있는가를 분석함으로써 그 의미를 명확히 하고자 했다.

02 라이프니츠의 삼단논법: 불명료한 일상어의 표현을 보편 기호로 체계화

논리란 인간이 어떻게 사고하는가를 표현하는 생각의 규칙을 말한다. 인간의 사고가 논리적인지를 판단하는 것은 사고하는 사람이 어떤 주어진 문제를 객관적이고 명확하게, 그리고 사고의 법칙을 체계적으로 추구하여 분석할 수 있는가로 결정된다. 논리에 있어서 **명제**는 가장 기본적인 개념이다. 명제란 어떤 사고를 나타내는 문장 중에서 참이나 거짓을 객관적이고 명확하게 구분할 수 있는 논리적 문장이나 수학적 식을 말한다.

논리는 일반적으로 명제 논리와 술어 논리로 구분된다. 명제 논리는 주어와 술어를 구분하지 않고 전체를 하나의 식으로 처리하여 참 또는 거짓을 판별하는 법칙을 다루고, 술어 논리는 주어와 술어로 구분하여 참 또는 거짓에 관한 법칙을 다룬다. 논리를 펼치는 데 있어서 아리스토텔레스의 **삼단논법**은 무척 중요하다. 예를 들어 "인간은 모두 죽는다. (대전제), 소크라테스는 인간이다. (소전제), 따라서 소크라테스는 죽는다. (결론)"라고 하는 논법이다.

아리스토텔레스가 삼단논법을 고안한 이후, 논리학자들은 두 개 이상의 전제를 지닌 명제를 포함하여 수많은 삼단논법을 만들어냈고, 마침내 라이프니츠에 의해 체계가 잡혔다. 흔히 현대 논리학을 연역 논증에 기반을 둔 **기호 논리학**이라고도 하는데, 라이프니츠는 연역 추론 과정을 명확히 하기 위해 '기호'를 사용하는 것을 고안해냈다. 그는 명제들을 대수학의 방정식처럼 처리할 수 있다는 생각을 해냈다. 방정식은 좌측과 우측이 동일한 수치를 가져야만 한다는 것을 나타내기 위해 등호(=)를 사용하는데, 예를 들면 '$X^2 + Y^2 = Z^2$'와 같은 식이 그것이다.

이러한 이론을 '**라이프니츠의 법칙**'이라고 한다. 그는 이 법칙을 "a는 b이다."와 "b는 a이다."라는 분리할 수 없는 두 명제로 분석했는데, 이러한 명제는 곧 "모든 a는 모든 b다."와 "모든 b는 모든 a다."가 성립함을 의미한다. 예를 들어 "모든 총각은 결혼하지 않은 남자이다. 그리고 모든 결혼하지 않은 남자는 총각이다."와 같은 것이다.

여기서 a와 b가 명백히 일치한다면, 진술의 참을 그대로 유지하면서 동시에 상징 'b'가 들어있는 어떤 진술에도 상징 'a'를 바꾸어 넣을 수 있다. 예를 들어 "소크라테스는 결혼을 하지 않은 남자이고, 결혼하지 않은 남자는 총각이다. 그러므로 소크라테스는 총각이다."와 같은 문장을 만들 수 있다는 의미이다. 이러한 논법은 처리할 수 있을 만큼의 단계를 거침으로써 무한한 문장의 '**진리치**'를 논증할 수 있게 한다는 점에서 그 의미가 있다. 라이프니츠의 논증은 다음 4단계를 거쳐 이뤄진다.

1. "a=a" (예: "소크라테스는 소크라테스다.")
2. 만약 "a는 b고, c는 a라면, c는 b다." (예: "모든 사람은 죽는다. 소크라테스는 사람이다. 그러므로 소크라테스는 죽는다.", 여기서 "a는 b다"라고 말하는 것은 "모든 a는 b다."라고 말하는 것과 같다.)
3. "a는 (a가 아닌 것은) 아니다." (예: "만약 소크라테스가 죽는다면 소크라테스가 죽지 않는 것은 아니다.")
4. "'a는 b다'='b가 아닌 것은 a가 아니다.'" (예: "소크라테스는 사람이라는 명제는 만약 당신이 사람이 아니라면, 당신은 소크라테스가 아님을 의미한다.")

이러한 간단한 법칙을 통해 어떤 삼단논법이라도 논증을 통해 증명할 수 있는데, 라이프니츠는 동일한 상징(동의어)을 서로 대체함으로써 어떤 경우에도 성립하는 법칙에서 결론을 도출하는 **진리 이론**을 최초로 고안해냈다.

03 프레게의 양화사: 뜻과 지시의 의미를 논리적으로 명확히 한다.

논리학에서 양화사(量化詞)는 특정 술어를 만족하는 대상이 주어진 논의의 영역에 얼마나 존재하는지를 알려주는 양적 개념의 단어로, 명제의 양을 한정한다는 의미가 있다. 즉, 명사 앞에 쓰여서 명사의 양을 나타내는 역할을 하며, 일종의 '**수량형용사**'라고 보면 된다.

독일의 수학자이자 논리학자인 프레게가 논리학에 끼친 가장 큰 공헌은 '양화사'의 개념을 창안한 것이다. 양화사는 '모든'이나 '많은'과 같은 단어를 말하며, 양화사로 인해 "몇몇 사람은 대머리다."와 같은 진술이 가능해졌다. 아리스토텔레스는 이러한 양화사를 서술적 주어로 간주했는데, 이것 때문에 말도 되지 않는 결과를 불러오게 된다. 루이스 캐럴의 『이상한 나라의 앨리스』에 나오는 "'길에 없는 사람(nobody 또는 아무도)을 봐요.' 앨리스가 말했다."와 같은 문장이 그런 예라 할 수 있다.

프레게는 양화사를 논리적으로 개별적인 실체로 간주함으로써 이러한 논리적 오류를 피하고자 했다. 그는 '모든'과 '적어도 하나는 있다'라는 두 양화사를 사용했다. 이렇게 함으로써 그는 "길에 없는 사람이 보여요."라는 문장을 "길에서 모든 사람을 볼 수는 없어요." 또는 "길에서 볼 수 있는 사람이 적어도 한 사람도 없어요."의 두 가지로 해석할 수 있게 된다. 이러한 해석이 완전한 해결책이 되지는 않지만, 『이상한 나라의 앨리스』에 나타나는 유형의 글처럼 논리적으로 말이 되지 않는 문장은 피할 수 있다. 즉, "길에 없는 사람을 본다."라는 문장이 "길에서 혼령을 본다."라는 문장과 어떤 이유 때문에 실제로 그렇게 다른지 알 수 있다.

프레게는 전통적인 '주어-술어' 논리학으로는 설명할 수 없는 언어의 논리적인 성격을 양화 논리학을 이용해서 설명했다. 이를 위해 그는 논리학에 양화사('모든'과 '어떤')와 변수라는 새로운 개념을 도입했다. 일상 언어에서 보편성에 해당하면 '모든'이라는 개념을, 특수성에 해당하면 '어떤'이라는 개념을 사용했다. 또 특정 개념의 위치에 x, y와 같이 대체될 수 있는 변수를 도입했다. 예를 들어 '인간은 이성적이다'라는 기존의 철학적 문장을 수리적 · 논리적으로 표현하면, '모든 x는 y다'라는 식으로 **진위**를 따지는 수학 공식으로 만들 수 있다. 이처럼 그는 수학의 엄격한 연역적 구조와 추론 과정이 그 자체로서 완결된 기초 전제로 작용한다고 보았다. 마찬가지로 언어의 의미에도 이런 형식적 법칙이 적용될 수 있고, 이를 통해 어떤 형이상학도 배제한 논리 분석철학이 성립할 수 있다고 생각했다. 프레게로 말미암아 논리학은 변수를 도입함으로써 처음으로 '**존재**'를 이해할 수 있게 된 것이다.

프레게는 논리학이 다룰 수 있는 최소한의 단위는 '주어-술어' 진술, 또는 명제라는 '**맥락 원리**' 이론으로서의 양화 논리학을 펼쳤다. 그 이론의 핵심은 오로지 명제 전체의 맥락을 통해서만 명제를 구성하고 있는 단어의 의미를 알 수 있다는 것이다. "나는 춥다."라는 문장을 예로 들 경우, 이 간단한 문장은 다양한 상황에서 다양한 사람들에 의해 쓰일 수 있다. 다시 말해 "나는 춥다."라는 문장에 똑같은 단어가 쓰이고 있더라도 그 단어는 상황에 따라 전혀 다른 명제를 표현하는 데 쓰일 수 있다는 뜻이다. 기존의 아리스토텔레스 논리학과 달리 양화사를 사용한 '양화 논리학'으로 언어를 확장함으로써 인류는 한 단계 높은 사고의 도약을 할 수 있게 되었다. 프레게의 새로운 논리학이 없었다면 괴델의 불완전성 정리도, 지금의 컴퓨터도, 비트겐슈타인의 철학도, 러셀의 기술 이론도 존재하지 않았을 것이다.

04 러셀의 기술이론: 명제의 외견상의 논리적 형식이 반드시 그것의 실제 형식은 아니다.

명제는 논리적으로 진위(의미) 판단이 가능한 문장으로 이루어져 있다. 명제의 진위는 그 명제의 주어가 술어의 집합에 포함되느냐 여부에 따라 결정된다. 예를 들어 '인간은 포유류다'라는 명제는 인간은 포유류 집합에 포함되어 있어야 참이다. 하지만 철학에서는 명제의 주어가 우리로서는 있는지 없는지를 알 수 없는 대상(존재)인 경우가 있다. 그러한 상황에서는 당연히 주어의 술어로의 포함 여부는 알 수 없으며, 따라서 명제의 진위 판단은 불가능하다. 예컨대, '신은 존재하지 않는다'라는 명제가 참인지 거짓인지 우리는 알 수 없다.

이러한 어려움을 러셀은 '**기술이론(記述理論)**'이라는 독특한 이론으로 간단히 풀어 버렸다. 언어를 분석해서 명제 속에 담긴 존재(대상)에 관한 기술을 드러냄으로써 명제의 진위를 판단하는 방법을 '기술이론'이라고 한다. 그는 '현재 프랑스 왕은 대머리다'라는 널리 알려진 명제를 예로 들었다. 이 말은 사실, '프랑스 왕이 있다'와 '그는 대머리다'라는 두 명제가 결합한 것이다. 여기서 앞 명제의 주어는 대상의 존재를 나타낸다. 이것이 참이어야만 전체 명제가 의미 있을 수 있다. 그런데 '현재' 프랑스 왕은 없으므로 명제 전체는 거짓이다.

러셀은 기술이론을 설명하기 위해 먼저 '고유명사'와 '기술(記述)'을 구분했다. 예를 들어 '소크라테스'라는 단어는 고유명사로 특정 대상을 지시하면서 그 자체의 의미를 함축하고 있다. 그래서 우리가 어떤 대상을 고유명사로 표현하면, 그 고유명사가 표현하는 의미는 곧 표현의 대상이 된다. 그렇다면 기술은 어떨까? '현재 프랑스 왕'이란 말을 이해하기 위해 우리는 먼저 '프랑스 왕'이라는 말을 생각할 것이다. 이 말은 마치 고유명사처럼 들리지만, 사실 이 말은 특정 대상을 '지시'하는 것이 아니라 **설명**'하는 것이다.

그 의미를 좀 더 쉽게 예로 들면 다음과 같다. 예를 들어 '시간이 간다'라고 말하게 되면, 이때 '시간'은 마치 우리 곁에 있는 철수처럼 '살아서 두 발로 걸으면서 어디론가 가는 존재'로 이해되는 것이다. 즉, '시간'이라는 특정 대상이 마치 존재하는 것처럼 이해되면서, '철수가 간다'라는 표현처럼 '시간이 간다'라고 쓰이는 것이다. 그렇더라도 '시간이 간다'라는 말은 '철수가 간다'라는 말을 지시하는 것과 같은 의미가 아니라, 단지 '설명'의 기능만 지닐뿐이다.

러셀에 따르면 고유명사의 대상은 그 자체로 특정한 의미를 지니지만, 기술적(記述的) 대상은 하나의 불완전한 기호에 불과하다. 따라서 그 자체로는 문장으로부터 분리하여 특정 의미를 지닐 수 없다. 이렇게 되면 '있는 것'의 대상은 '있는 것'이지만, '있지 않은 것'의 대상은 있지 않은 것의 대상이 아니고 '있지 않은 사태'를 설명하는 '**표현**'으로 분류된다. 러셀은 이러한 과정을 기호 논리학으로 풀이하여 설명했다.

기술이론 설명에서 알 수 있듯, 러셀은 전통적으로 이해되어 온 문법적인 '주어—술어' 구조가 논리적인 분석에는 적용되지 않는다고 보았다. 즉, 문법적인 주어라고 해서 그것이 반드시 논리적인 주어가 되는 것은 아니다. 그는 어떤 표현이 논리적인 주어가 되기 위해서는 그것이 **독립적**인 의미를 지녀야 한다고 보았다. '현재 프랑스 왕'과 같은 한정 기술은 술어로 재구성할 수 있기에 반드시 존재해야 하는 실체라고 할 수 없고 또 직접 지칭될 수 없더라도, 언어를 논리적으로 명료하게 분석하면 기술적으로 충실히 그 의미를 전달할 수 있다고 보았다.

05 비트겐슈타인의 그림 이론: 언어는 세계를 모사한 것이다.

비트겐슈타인은 언어를 세계에 대한 그림으로 보면 언어와 논리, 그리고 세계의 관련성을 알 수 있다고 보았다. 세계에 존재하는 어떤 형태의 것이든, 그림이 '실재'를 재현하기 위해서 그 실재와 공유하고 있어야만 하는 것은 언어의 논리적 형식이다. 비트겐슈타인에게서 논리는 세계와 언어가 공통으로 가져야만 하는 그 무엇이다. 세계를 그림으로 표현하기 위해 논리가 사용될 수 있는 것은 언어가 세계와 공통적인 무엇인가를 가지고 있기 때문으로, 우리가 사용하는 문장이 의미를 갖추는 것은 오직 논리 때문이다. 이에 비해 논리적인 형식을 갖고 있지 않은 그림은 단순히 아무것도 표현하지 않는다. 마치 잭슨 폴락의 추상 그림이 '실재'를 그리지 않은 것과 마찬가지다.

비트겐슈타인은 언어와 세계의 구성원을 각각 명제와 사실이라는 말로 표현했다. 즉, 명제가 모여서 언어를 이루고, 사실이 모여서 세계를 이룬다는 것이다. 그에 따르면, 현실 세계는 개별 **사실**이 모인 것이다. 언어는 과학적 문장이 모인 것이다. 과학적 문장은 '새가 나무에 앉아 있다'와 같이 하나의 사실을 모방한 문장이라고 할 수 있다. 과학적 문장은 사실과 1대1로 대응하므로, 과학적 문장과 사실은 같은 수만큼 존재한다. 이를 '**그림 이론**'이라고 한다.

과학적 문장(명제)은 현실 세계를 모방하고 있는 것이기에, 과학적 문장을 전부 분석하는 것은 곧 세계 전체를 분석하는 것과 같다. 과학적 문장은 이론상 이를 일일이 확인하기 어렵다. 어떠한 긴 문장도 '~는 ~이다'라는 접속사가 없는 문장으로 만들 수 있다. 예를 들어, '새가 나무에 세 마리 앉아 있다'라는 문장은 '새가 세 마리 앉아 있다'와 '새가 나무에 앉아 있다'라는 문장으로 되어 있는데, 이를 한 문장으로 만든 것이다. 그런데 이 두 문장은 각각의 사실과 1대1로 대응하고 있다. 따라서 나무에 새가 세 마리 앉아 있는 사실과 '새가 나무에 세 마리 앉아 있다'라는 문장은 그것의 진위를 반드시 확인할 수 있다고 말할 수 없다. 반대로, 이론 측면에서 볼 때 확실하지 않은 문장은 사실과 대응하지 못한다. 그렇기에 그 내용이 정확하든 그렇지 않든 언어를 잘못 사용하고 있는 것이라고 할 수 있다. 예를 들어 철학에서 '신은 죽었다'라든가 '도덕은 알 수 있다'처럼 확인할 수 없는 명제(문장)는 언어의 정확한 사용법이라 할 수 없다. 이것들의 문제는 언어(명제)로 사용 불가능한 것을 언어로 사용한 때문이다. 언어 사용법을 위배하는 것은 그것에 답할 수 없다. 사실과 대응하지 않는 것은 언어화가 불가능하다. 언어가 의미하고자 하는 대상(사실)이 세상에 없기 때문이다.

비트겐슈타인에 따르면, 명제와 사실은 논리적 형식을 공유하고 있기에 명제가 사실을 대리하여, 다시 말해 명제가 사실을 재현하여 사람들로 하여금 실제 세계에서 벌어지는 일을 이해하고 의사소통할 수 있도록 한다. 여기서 중요한 것은 논리적 동일성을 공유하는 관계는 **명제**와 **사실**에 국한한다는 것이다. 즉, 명제가 사실을 재현할 수 있는 이유는 명제와 사실 사이에 논리적 동일성이 있기 때문이고, 사실이 아닌 것에 관해서는 그러한 동일성을 찾을 수 없기에 재현할 수 없다는 것이다. 결국, 명제가 그림 그릴 수 있는 것은 사실에 국한된다. 비트겐슈타인에 의해 기존 철학은 바야흐로 언어의 오용으로부터 만들어진 학문이 되고 말았다. 그는 철학의 참된 역할은 언어로 말할 수 있는 것들과 말할 수 없는 것들을 확정하는 것으로 생각하면서, "언어로 말할 수 없는 것에 대해서는 침묵을 지켜야 한다."라고 말했다.

카르납의 논리적 통사론: '세계의 원리는 물이다.'라는 말은 아무것도 말
하지 않는다.

오스트리아 출신의 분석철학자 카르납은 비트겐슈타인과 마찬가지로 과학적으로 증명할 수 없거나 논리 법칙이 아닌 것까지도 철학에서 분리해내려고 했다. 그는 철학, 특히 형이상학의 문장이 무의미한 언어로 이루어져 있다고 생각하면서, 무의미한 언어로 이루어진 형이상학은 쓸모없는 것이기에 제거해야 한다고 주장했다. 그는 경험이 뒷받침되지 않은 형이상학적 논의가 마치 의미 있는 것처럼 느껴지는 것은 일상 언어의 애매함에 그 원인이 있다고 보았다.

카르납은 어떤 문장이 무의미한 표현임을 드러내기 위해 순수한 기호 차원의 분석으로서의 통사론적 연구를 꾀했다. 그는 자신의 분석 방법을 '**논리적 통사론**'이라고 불렀는데, 연구에서 그는 문법적으로는 별 하자 없이 잘 정돈된 듯하지만 실제로는 눈에 띄지 않는데도 논리적 하자라 할 수 있는 통사론의 규칙을 위반하는 문장에 주목했다. 예를 들어, "x는 물이다."라는 문장은 이른바 명제함수로 보면 문법적으로나 논리적으로나 큰 하자가 없어 보이지만, 카르납은 'x'에 대입할 수 있는 것과 대입할 수 없는 것을 구분하지 못하는 문제가 있다고 보았다. 이른바 '**사용**'과 '**언급**' 사이의 구분인데, 이를테면 "물이라는 단어는 한 글자로 이루어진 단어."에 대해 카르납은 물이 단어가 아니라는 이유로 사이비 문장에 속한다면서, 그러한 멍에에서 벗어나기 위해서는 "'물'이라는 단어는 한 글자로 이루어진 단어."라고 써야 한다고 주장했다. 이처럼 카르납은 x와 'x'를 완전히 다른 것으로 보면서, x는 단순한 대상인데도 그 x를 지칭하거나 언급하고자 한다면 그것은 x 자체가 아니라 x의 이름이 되는 것이므로, x와는 다르게(즉, 'x') 표시해야 한다고 주장했다. 이것은 어떤 사람과 그 사람의 이름의 관계를 생각하면 쉽게 이해된다. 누구에게나 이름이 있는데, 이때 이름은 사람이 아니라 특정 사람을 지칭하거나 언급하기 위해 편의상 지어 낸 언어적 도구에 불과하다. 우리는 이름과 사람이 같지 않다는 것을 알고 있으며, 그 누구도 어떤 사람과 그 사람의 이름을 혼동하지 않는다.

카르납은 철학에서 다루는 형이상학의 문장은 거의 대다수가 사이비 문장으로 이루어져 있으므로 진정한 논의의 영역에서 배제해야 하며, 자신이 논리적 통사론에서 말하는 순수하게 기호적인 차원의 분석만이 의미가 있다고 생각했다. 예를 들어, "물은 산소 분자와 수소 분자로 이루어진다."라는 진술은 아무 문제가 없는 의미 있는 문장인 데 비해, "물은 자연적 대상이다."라는 진술은 단어의 수준 혹은 범주가 같지 않으며, 따라서 "'물'은 자연적 대상을 지칭하는 기호다."라는 통사적 문장으로 바꿔 진술하는 것이 바람직하다.

따라서 문제가 되는 것은 "물은 자연적 대상이다."와 같은 형태의 문장으로, 철학에서 문제를 일으킨다. 예를 들어 "인간은 자유의지를 지닌 존재다."라는 진술은 눈에 보이지도 않고 과학으로 입증할 수도 없는 자유의지의 문제를 다루고 있기에, 이 문장이 맞는지 틀리는지를 가리기 위해 철학자들은 많은 혼란스러운 문장을 만들어내지만, 그렇더라도 경험적으로 진위를 가릴 수도 통사적 문장으로 변환하기도 어렵다. "'물'이라는 단어는 한 글자로 이루어진 단어."와 "물은 산소 분자와 수소 분자로 이루어진다." 처럼 카르납이 의미 있는 진술이라고 보는 문장은 각각 분석명제와 종합명제임을 알 수 있다. 즉, **분석명제**는 논리적으로 분석 가능한 통사적 명제이고, **종합명제**는 관찰과 실험을 통해서 입증 가능한 과학의 명제이다. 하지만 카르납에 따르면 형이상학 명제는 분석명제와 종합명제 어느 것에도 속하지 않으며, 또한 통사론의 규칙을 위반하고 또 경험적으로 어떤 내용을 가지고 있지 않은 사이비 문장인 것이다.

칸트는 『순수이성비판』에서 진리를 '분석적 진리'와 '종합적 진리'로 구분했다. 분석적 진리란 단어의 의미에 의해서 참이 되는 진리로, 칸트는 하나의 진술에 대해서 만약 그 술어가 그 진술의 주어에 포함되어 있으면 분석적이라고 보았다. 칸트는 라이프니츠의 견해를 이어받아 하나의 진리는 만약 그것을 부정했을 때 모순이 된다면 분석적이고, 그렇지 않으면 종합적이라고 생각했다. 그리고 분석적 진리는 필연적으로 참이 되는 것이고 종합적 진리는 우연적인 것으로 보았다. 예를 들어 "정삼각형은 삼각형이다."는 분석적 진리이자 필연적으로 참이 되는 명제이고, "지구는 태양 주위를 돈다."는 종합적 진리이자 우연적으로 참이 되는 명제다.

논리실증주의자들 역시 칸트의 생각을 따라 언어의 의미와 개념으로 진위를 판단하는 **'분석적 진리'**와 실제 확인하지 않고는 진위 판단이 불가능한 **'종합적 진리'**의 두 가지로 진리를 나누어 살폈는데, 이 둘의 명확한 구분이 곧 논리실증주의의 기반이라 할 수 있다. 분석적 진리(**이성의 진리**)는 언어의 의미와 개념에 따라 결정되는 것이기에 실험이나 경험으로 이를 변경할 수 없다. '모순율·동일률·배중률' 등 분석철학이 다루는 문제이다. 종합적 진리(**사실의 진리**)는 실험이나 경험으로 파악하지 않으면 안 되는 진리로, 과학이 다루는 문제이다. 분석적 진리는 과학에 의한 실험이나 경험으로 바뀌는 것은 없다는 믿음을 갖고 있다.

하지만 미국의 철학자이자 논리학자인 콰인은 이러한 논리실증주의의 생각을 거부하고, 실험 결과가 이치에 맞지 않으면 분석적 진리인 모순율·배중률과 같은 논리 법칙으로 변경할 수 있다고 보았다. 분석적 진리가 실험으로 변경될 경우, 그 진리는 이제 종합적 진리라 할 수 있다는 것이다. 콰인은 철학의 특권을 부정하고 (경험)과학을 철학(인식론)에 도입해야 한다고 생각했는데, 이러한 사고를 **'자연주의'**라고 부른다. 콰인은 『경험주의의 두 가지 도그마』라는 글을 통해서 논리실증주의를 비판했는데, 여기서 '경험주의'란 바로 논리적 경험주의라고도 불리는 **논리실증주의**를 지칭하는 것이다.

경험주의 철학의 두 가지 도그마란 다음을 말한다. 그 하나는 '분석적 진리와 종합적 진리는 명확히 구분된다.'라는 생각이다. 분석적 진리는 이성으로 증명하는 진리로, '사각인 삼각형은 존재하지 않는다'처럼 언어의 의미로 참·거짓을 알 수 있는 진리다. 종합적 진리는 '지구는 둥글다'처럼 관찰과 실험 등 경험으로 증명하는 진리를 말한다. 논리실증주의자 카르납도 비판적 합리주의자 포퍼도 종합적 진리와 분석적 진리의 구별을 의심하지 않았다. 콰인은 이것이 첫 번째 도그마(독단·독선)라고 보았다. 분석적 진리는 실험·관찰 등 경험으로 변경될 수 있으며, 그러한 진리는 종합적 진리이다. 이를테면 '사각인 삼각형'의 존재를 과학적으로 증명할 가능성도 있다는 것이다. 다른 하나는 '명제와 사실은 일대일로 대응한다.'라는 주장이다. 콰인은 이러한 주장 역시 단지 독단에서 비롯된 것으로 생각했다. 과학 이론이 '사실(관찰 결과)'이 되기 위해서는 이론(명제)과 관찰된 결과 사이에 일대일의 관계가 성립하지 않으면 안 된다는 생각이 그것이다. 이론은 다른 많은 이론으로부터 성립된다. 이론과 관찰 결과가 일치한다고 해서 그 이론이 진실이라고 말할 수는 없다. 과학(관찰과 경험)은 반드시 진실을 밝혀내기 위한 것은 아니다. 중요한 것은 이론의 진위가 아니라 그 이론이 인간에게 얼마나 '유용한가, 무용한가'에 달렸기에, 종합명제의 진위는 과학적으로 밝힐 수 없다고 결론 내렸다.

러셀의 기술이론에 따르면, 이를테면 '현재의 프랑스 왕'과 같은 한정 기술(記述)은 어떤 개별 대상을 지시하는 단칭 명사가 아니며, 우리가 고유명사(예를 들어 이순신은)라고 부르는 것들도 사실은 어떤 대상을 직접 지칭하지 않는다는 점에서 고유명사가 아니라 그 이면에 감추어진 **한정 기술**(조선을 구한 명장이다)의 생략된 형태에 불과하다.

　미국의 논리학자 크립키는 러셀의 생각에 반대하면서, 일상적 고유명사는 한정 기술과는 성격이 다르다고 보았다. 그는 한정 기술과 고정 지시어의 차이를 설명하기 위해 '**가능 세계**'라는 개념을 도입하면서, '우연적 진리'와 '필연적 진리'의 차이를 규명코자 했다. 예를 들어 "영화 '기생충'은 아카데미 작품상을 받은 최초의 한국 영화이다."라는 문장은 이미 일어난 역사적 사실이지만, 아카데미 작품상을 받은 최초의 한국 영화가 '기생충'이 아닌 상황을 상상할 수 있기에 이 문장은 필연적으로 참이 되는 진리는 아니다(**우연적 진리**=현실 세계에서는 참이고, 가능 세계에서는 참 또는 거짓인 명제). 하지만 "아카데미 작품상을 받은 최초의 한국 영화는 아카데미 작품상을 받은 최초의 한국 영화가 아닐 수도 있다."라는 문장에서 '기생충'이라는 고유명사를 '아카데미 작품상을 받은 최초의 한국 영화'라는 문장으로 바꾼 기술(記述)은 '기생충'이든 '미나리'든 '오징어 게임'이든 아니면 그 어느 것이든 아카데미 시상식에서 작품상을 수상한 최초의 한국 영화를 지칭한다(**필연적 진리**=모든 가능 세계에서 참인 명제). 따라서 '기생충'이 가장 먼저 아카데미 작품상을 수상한 현실 세계에서는 기생충을 지칭할 것이다. 그와 달리 '미나리'가 가장 먼저 수상한 가능 세계에서는 미나리를 지칭할 것으로, 이것은 참인 문장이지만 그 기술이 지칭하는 대상은 가능 세계마다 다를 수 있으며 유동적이다.

　이처럼 한정 기술은 어떤 대상이 되었든 그 세계에서 그 기술에 대응하는 대상을 지칭하는 것이며, 가능 세계가 달라짐에 따라서 그것에 대응하는 대상(따라서 지칭하는 대상)도 달라진다. 그러나 고유명사는 언제나 같은 대상을 지칭하며, 다른 가능 세계에서 사용된다고 하더라도 동일한 대상을 지칭한다. 크립키는 한정 기술과 달리 고유명사는 모든 가능 세계에서 동일한 대상을 '지칭'하고, 고유명사가 지칭하는 대상이 가능 세계에 따라 유동적이지 않고 고정되어 있다는 점에서 '**고정 지시어**'라고 불렀다. 이처럼 한정 기술은 다른 가능 세계에서 다른 대상을 지칭하고, 고유명사는 모든 가능 세계에서 동일한 대상을 지칭한다면, 고유명사가 한정 기술과 '의미'에서 동등하다는 러셀의 생각은 틀린 것이 된다. 더불어 이러한 크립키의 생각은 '필연적 진리'에 대한 다른 관점을 제시하고 있는 점에서 중요한 의미를 지닌다.

　이처럼 크립키는 이름(고유명사)과 한정 기술의 차이에 주목하면서, 이름은 한정 기술을 뜻하지 않으며, 단지 하나의 대상을 나타낼 뿐이라는 의미에서 '고정 지시어'라고 보았다. 그리고 이름 사용의 분별력을 '고정 지시성'에서 찾았다. 예를 들어 개그맨 신동엽을 놓고서 "신동엽은 소설가나 시인이다."라고 말하는 사람들이 있다고 하자. 이때 러셀 같은 기술론자들은 사람들이 (고유명사와 한정 기술과 '의미'에서 동등하다고 생각하면서) 이름을 잘못 지칭하여 사용하고 있다고 보는 데 비해, 크립키에 따르면 사람들은 (고유명사와 한정 기술은 '지칭'하는 대상이 가능 세계마다 다를 수 있다고 생각하면서) 이름을 올바로 지칭하여 사용하고 있고 또 타자와 소통하는 데 문제가 없다고 생각하는 것이다. 사람들이 부분적 지식이나 잘못된 지식을 가지고 있는데도 불구하고 그러한 이름을 사용해 대상을 올바르게 지칭했다고 본 것이다.

09 퍼트넘의 쌍둥이 지구 사고 실험: 단어의 의미는 머릿속에 있지 않다.

과학적 실재론의 입장을 표방한 미국의 철학자 퍼트넘은 어떤 단어의 의미가 인간의 마음 안(또는 두뇌 내부)에 있을 수 없음을 보여주기 위해 '쌍둥이 지구 사고 실험'을 펼쳤다. 퍼트넘은 실험에서 다음 셋을 가정했다. 사람들은 '물'이라는 단어를 사용하고 있음에도 물의 화학 구조인 'H₂O'를 알지 못하고, 지구를 똑같이 복제한 쌍둥이 지구가 존재하며, 쌍둥이 지구에서의 '물'의 화학 구조는 'XYZ'이라고 가정했다.

쌍둥이 지구에는 지구에 사는 사람들과 분자 단위에서 동일하게 복제한 완벽히 같은 사람들이 살고 있고 또 같은 언어를 사용하기에, 지구에서의 '물'을 쌍둥이 지구에서도 '물'이라 지칭한다. 다만 그들이 지칭하는 '물'은 화학 구조가 H_2O와 XYZ로 각각 다르기에 서로 다른 외연을 갖는 자연물이다. 그러나 쌍둥이 지구인은 지구인의 분자 단위 복제물로서 같은 심리 상태에 있고, 두 액체는 똑같은 주관적 현상을 일으키기에 두 부류 인간의 마음속에서 벌어지는 생각은 동일하다. 즉 각자의 액체에 대한 '기술(記述)'도 같다. 그러나 두 액체는 실제로 다른 것이고 의미는 개체를 적절히 식별해낼 수 있는 조건을 충족시켜야 하는데, 각자의 심리와 그것에 기반한 기술은 다른 대상에 동일한 표현을 만들어내므로 이 조건에서 어긋나게 된다. 그렇다면 다른 것을 다르게 여길 수 있게 하는 것은 오직 지시하는 대상의 차이에 달려있다. 즉, 지구에서의 '물'은 H_2O를 지칭하는 고유 이름이고, 쌍둥이 지구에서의 '물'은 XYZ를 지칭하는 고유 이름이라는 설명에서 둘의 의미 차이는 확보되며, 이 설명은 지시 대상의 차이에 기반한다. 그렇기에 퍼트넘에게서 **'의미'**는 외부에서 결정되는 것이다.

퍼트넘의 쌍둥이 사고 실험은 지구인의 두뇌 내부와 쌍둥이 지구인의 두뇌 내부가 완전히 일치한다고 해도, 각자 사용하는 단어, 가령 '물'의 외연적 의미는 다를 수 있다는 결과를 보여준다. 즉, 각자 서로 다른 환경에 있으면, 개인의 물의 개념에 대한 인식 역시 넓은 내용에 있어서 달라진다는 것으로, 사람의 두뇌 속의 내용은 사람이 사용하는 단어의 지시 대상을 결정하기에 충분하지 않다. 따라서 우리는 어떤 사람이 어떤 단어를 습득하게 된 인과적 역사까지도 조사해 보아야 한다. 이를테면 지구인은 H_2O로 가득 찬 세계에서 '물'이라는 단어를 배웠고, 쌍둥이 지구인은 XYZ로 가득 찬 세계에서 '물'이라는 단어를 배웠다고 생각할 수 있다.

단어의 의미는 머릿속에 있을 것 같지만, 퍼트넘의 견해에 따르면 '의미'는 머릿속에 있지 않다. 지구의 언어사용자들과 쌍둥이 지구의 언어사용자들은 완전히 동일한 언어를 사용하지만, 그렇더라도 그들이 사용한 단어 '물'의 의미는 다르기 때문이다. 즉, 물이 무엇인가와 관련한 문제는 일반인이 알고 있는 내용에 의해서 결정되는 것이 아니다. 우리가 물에 대해 가지고 있는 일상적 개념은 단지 **고정관념**에 불과하며, 물의 본성에 대해서는 과학자들이 알아낸 지식이 가장 중요하다. 그리고 무엇보다 중요한 것은 물의 본성은 저절로 알려진 것이 아니라 과학자들이 관찰과 실험 등 경험을 통해 알아낸 것이다. 이처럼 단어의 의미는 크립키가 말한 것처럼 후험적이면서 필연적인 진리를 담은 것이며, 기술(記述)과 무관하게 대상을 직접 지칭한다는 점에서 '고정 지시어'라 할 수 있다.

10 증명 이론: 논리 언어와 추론 규칙의 정합성을 찾아 밝히는 이론

현대 논리학은 수학적 논리학과 기호 논리학, 그리고 철학적 논리학으로 나뉜다. 수학적 논리학은 수학과 집합론을 한데 묶는 연구를 수행하며, 증명을 형식적인 수학적 개체로 표상하여 수학적 기법으로 이용하여 증명을 객관적으로 분석한다. 기호 논리학은 정의를 내림으로써 그 상호작용을 표현할 수 있는 추상적 실재인 기호의 조작과 관련한 순수한 질문을 다룬다. 철학적 논리학은 논리를 개념에 적용하는 것으로, 순수한 기호 체계 대신에 개연성이나 믿음과 같은 실제 개념의 상호작용을 다룬다.

이 세 갈래 논리학의 공통적인 특징은 어떤 진술로부터 도출되는 것인지를 알 수 있게 하는 **증명 이론**에 의존하고 있다는 점이다. 증명 이론은 논리적 구문론에 따라 연결해 있는 일련의 기호인 논리적 명제 또는 '공식'으로부터 어떤 결론이 도출되는지를 보여주는 다양한 방법을 포함한다. 그리고 이러한 증명은 다양한 논리적 구문론을 엄격히 규정함으로써 이루어진다. 예를 들어, "하늘은 흐리다. 그리고 비가 오고 있다."라는 명제에 들어있는 논리적 연결 기호 '그리고(&)'는 "하늘이 흐리다."와 "비가 오고 있다."라는 두 개의 단순명제가 참일 때만 참이 된다.

증명 이론은 아리스토텔레스로부터 출발한다. 아리스토텔레스 논리학의 핵심은 **연역 추론**이다. 아리스토텔레스는 연역을 '옳다고 가정된 것'으로부터 필연적으로 따라오는 것을 밝혀내는 과정이라고 정의했다. 여기서 '옳다고 가정된 것'은 전제, '필연적으로 따라오는 것'은 결론이라고 한다. 이와 같은 아리스토텔레스의 연역에 대한 정의는 이후 삼단논법이라고 하였고 논증의 타당성을 평가하는 기준으로 활용되었다.

증명 이론은 프레게를 기점으로 논리학과 집합론의 범위를 뛰어넘었다. 독일의 수학자이자 논리학자인 프레게는 논증 과정 자체를 구체적인 언어로 표현하고 다루는 방법인 **개념 표기법**을 제시했다. 특히 수학적 증명에서 필요한 논증 규칙이 몇 개의 규칙만으로도 충분함을 주장했는데, 1929년 괴델의 '완전성 정리'에 의해 그의 주장이 입증되었다. 이는 20세기 중반 이후로 급속하게 발전한 컴퓨터와 컴퓨터를 이용한 증명 도구의 활용에 관한 연구의 시발점이 되었다. 프레게 이후 증명론의 기초를 다지고 발전시킨 대표적인 학자들은 다음과 같다.

러셀은 화이트헤드와 함께 완성한 『수학 원리』에서 수학이 순수논리로 환원될 수 있음을 보이고자 했다. 그는 **유형론**을 최초로 수학의 기초론 연구에 명시적으로 활용하면서, 힐베르트의 형식주의 프로그램과 함께 20세기 초반 증명론이 수리논리학의 중심으로 자리 잡는 데 많은 영향을 주었다. 힐베르트는 1899년에 발표한 『기하학 기초론』에서 **기하학**의 공리 체계를 제시했으며, 이후 아커만과 함께 저술한 『수리논리학 원리』에서 형식주의 프로그램의 대상을 기하학에서 정수론과 해석학으로 변경했다. 독일 빈학파 출신의 논리학자 괴델은 수학기초론이나 논리학의 방법에 결정적인 전환점을 가져온 '괴델의 정리'를 발표했다. 특히 유명한 것이 1931년 발표한 **괴델의 불완전성 정리**로, 당시의 힐베르트나 러셀과 같이 공리적인 방법에만 의존하여 수학의 체계를 세우려는 확신을 좌절시켰다. 튜링은 프로그래밍이 가능한 가설적 기계 장치인 '튜링 머신'을 구상하여 제시함으로써 컴퓨터 과학의 토대를 마련했으며, 또한 이와 관련해 그가 제시한 **튜링 테스트**는 아직도 인공지능의 기본 개념이 되고 있다.

11 괴델의 불완전성 원리: 체계의 무모순성은 그 체계 안에서는 증명할 수 없다.

현대 논리학에 가장 큰 영향을 미친 것은 괴델의 '불완전성 원리', 특히 '제2의 불완전성 정리'이다. 제1의 정리는 술어 논리의 항진식은 모든 술어 논리의 정리이고, 역으로 술어 논리의 정리는 모든 술어 논리의 항진식이라고 하는 술어 논리의 정리로, 이는 의미론과 구문론을 연결하는 중요한 정리로서 '괴델의 완전성의 정리'라고 한다. 제2의 정리는 자연수론을 포함하는 술어 논리의 정리로, 기술된 공인 체계에서는 공리와 규칙을 어떻게 선택해도 만약 그 체계가 모순이 없다면 증명할 수 없다는 정리이다. 쉽게 말해, 인간이 참인지 거짓인지 알 수 없는 수학 명제가 존재하며, 수학에 모순이 없다는 명제 자체를 증명할 수 없다는 것이다.

괴델은 논리학과 수학의 명제를 숫자로 기호화하는 독창적인 생각을 해냈다. 그는 러셀의 논리에 나오는 모든 기호에 수(數)를 부여하여, 수학적 공식에 그 수를 대입해 넣었다. 그렇게 해서 그가 만든 수학적 공식은 논리학에서 만들 수 있는 일련의 모든 상징 기호를 나타낼 수 있는 독특한 수를 만들어냈다. 괴델의 체계에서는 예를 들어 다음과 같이 기호를 수로 옮길 수 있는데, 이러한 방법을 통해 괴델은 논리식을 위한 독특한 수를 만들었다.

p	v	ㄱ	p
112	2	1	112

이러한 논리식에 도달하게 되면, 두 가지 방법 가운데 하나를 선택할 수 있다. 일단 이 명제는 참이라고 추정하는 것이다. 그러면 우리는 증명할 수 없는 러셀의 논리 체계(참인 유일한 명제를 만들 수 있는 수학 체계) 안에서 '참'인 명제를 갖게 된다. 다음으로, 이 명제가 거짓이라고 한다면, 이것은 이 명제가 증명 가능하다는 것을 의미한다. 그러나 그렇게 되면 러셀의 논리 체계 안에서 거짓인 명제가 증명 가능하며, 이것은 논리에 맞지 않는다. 괴델은 이런 방법을 사용함으로써 특정한 수가 러셀의 논리 체계 안에 등장하는 논리식과 일치할 것이라는 사실을 보여 주었는데, 그것은 바로 "이 논리식은 증명 불가능하다."라는 논리식이었다.

괴델의 정리는 다른 명제들 사이에 어떤 '질서'가 있는 굉장히 복잡한 형식 언어도 처리할 수 있게 일반화할 수 있다. 괴델은 산술의 모든 진리를 설명할 수 있는 공리는 없으므로, 수학은 본질적으로 불확실하다는 이론을 증명하려는 작업을 계속 추진했다. 증명할 수는 없지만 참인 수학적 명제가 있다고 하는 괴델의 결론은 수학의 기초를 확고히 세우는 일에 관심을 기울였던 학자들에게는 참으로 큰 충격이었다. 괴델의 불완전성 원리는 수학자들에게 좌절을 안긴 반면, 컴퓨터 프로그래밍 언어가 발전하는 계기가 됐다. 괴델은 불완전성 원리를 증명하기 위해 기계식으로 계산 가능한 범위를 정의했다. 이때 기계식 계산 과정을 표현하는 '재귀 함수'라는 개념을 도입했는데, 이 재귀 함수는 프로그래밍 언어의 초기 모습이라고 할 수 있다.

1936년 앨런 튜링은 괴델의 불완전성 원리를 괴델과는 다른 방법으로 정의하고 증명했다. 튜링은 증명을 위해 간단한 장치로 구성된 '튜링 머신'이라고 불리는 기계식 계산 장치를 정의했다. 괴델이 재귀 함수라는 표현법을 만들었다면, 튜링은 튜링 머신이라는 계산 기계를 만든 것이다. 튜링은 튜링 머신을 이용해 괴델과 같은 결론에 도달했다. 그 결과 괴델의 재귀 함수로 표현된 문제는 모두 튜링 머신으로 계산할 수 있었으며, 반대로 튜링 머신으로 계산할 수 있는 문제는 모두 재귀 함수로 표현할 수 있었다. 프로그래밍 언어와 이를 처리할 수 있는 기계가 만들어진 것이다. 이 때문에 튜링 머신을 현대 컴퓨터의 이론 모형이라고 한다.

12 더미의 역설과 연쇄 논법: 진리는 마치 하나의 연속적인 범위와 같다.

한 톨의 밀알이 곡식더미를 이루는가? 아니다. 두 톨이면? 역시 아니다. 세 톨은? ……. 그렇다면 1만 톨은? 밀알이 충분히 많이 쌓이면 곡식더미를 이룬다. 하지만 한 톨만으로 더미가 안 된다면, 거기에 한 톨 더 보탠다 한들 여전히 더미로 보기는 어렵고, 이런 식이라면 만 톨이라도 더미라고 보기 어렵지 않겠는가? 이는 기원전 4세기 에우불리데스가 고안했다고 전하는 '**더미의 역설**(paradox of heap)'이다.

'비자기 지시적' 연쇄 논법의 하나인 더미의 역설은 우리가 사용하는 언어 가운데 어떤 단어, 예컨대 '더미'와 같은 단어가 모호하다는 사실에서 시작됐다. 이런 모호한 단어 가운데는 어떤 경우에 사용해야 그 단어를 정확하게 사용하는 것인지에 대한 잣대가 되어 줄 명확한 규칙이 없는 것도 많다. 꼬리에 꼬리를 무는 논증인 연쇄 논법은 어느 만큼의 모래가 쌓여야 모래 더미라고 할 수 있는지를 결정하는 규칙이 없다는 사실을 이용한다. 이것은 우리에게 매번 던져지는 질문에 '참'이라고 동의하면서 논증 과정을 따라 들어간 결과, 단 한 톨의 모래는 더미일 수도 아닐 수도 있다는 모순에 부딪히게 된다는 점에서 진정한 역설이라고 할 수 있다.

'더미의 역설'은 '**모호성**'이라는 매우 일반적인 언어적 현상과 관련되어 있을 뿐 아니라, 비(非) 고전논리학의 매우 중요한 동기 중 하나이다. 연쇄 논법은 어떤 것이 더미인가 하는 점에 대해서 언제나 의문의 여지가 있다는 사실에 주목한다. 따라서 더미의 역설에 조금만 변화를 줄 수 있다면 연쇄 논법은 언어철학, 논리학뿐 아니라 형이상학을 비롯한 다양한 영역에 걸쳐 적용할 수 있다. 특히 자연언어에 효과적으로 적용 가능한 논리적 형식을 체계적으로 이해할 수 있다. 철학자들은 언어 분석을 위한 집합과 논리학의 결합에서 언어와 술어가 집합과 일치한다는 사실, 다시 말해 술어 '더미이다'는 모든 더미의 집합과 일치한다는 사실에 주목했다. 일상생활에서 사용하는 말들, 가령 '조금, 많이, 큰, 작은'과 같은 말들이 연쇄 논법과 같은 역설을 만들어내면서 심원한 의미를 만들어내기 때문이다.

연쇄 논법은 더미라고 할 수 있는 어떤 것이 동시에 더미가 아닐 수도 있다는 결과를 내놓을 수 있다는 점에서 '**동일률**'의 법칙에 문제를 제기하며, **무모순율** 또한 문제가 된다. 연쇄 논법에 의해 제기된 이러한 문제에 대해 여러 해결책이 제시됐다. 일부 학자들은 연쇄 논법이 제기하는 문제가 발생하는 이유는 세상에 모호한 개념을 적용하기 때문으로, 그 모호함은 단지 표면적일 뿐이라고 생각했다. 그래서 이 문제를 해결할 수 있는 최선의 해결책은 명제 계산과 술어 계산이라는 논증 방법에서 벗어나는 길뿐이라고 보았다. 또 다른 현대 사상가들은 모호함을 부정하는 쪽을 선택하거나 모호함이란 오로지 지식의 결핍 때문이라고 주장하면서, 문제는 세상을 표현하기 위해 우리가 사용하는 단어와 개념에 있다고 보았다. 따라서 단어와 개념의 의미를 명확히 하면 연쇄 논법의 역설에 대한 해결책을 찾을 수 있다고 보았다. 한편, 역설에 대한 해답을 얻기보다는 연쇄 논법의 결과를 받아들인 학자들도 있었는데, 그들은 모든 명제는 참이냐 거짓이냐 하는 두 개의 진리치 중 어느 하나로 귀결되어야만 한다는 오래된 개념을 포기했다. 대신, 명제의 진리를 '아주 참된', '무척 참인', '적당히 거짓인', '완벽히 거짓인' 등으로 결론지으면서, 애매함과 모호성을 표현하거나 논리에 상대적인 진리치를 첨가할 수 있다는 논리학 분파가 형성됐는데, 그들이 펼친 논리를 종합적으로 '**퍼지 논리**'라 한다.

13 브라우어의 직관주의 논리: 수학적 직관주의에 근거하여 귀류법을 배척하는 논리 체계

논리학의 주류를 이룬 세 학파는 '논리주의·형식주의·직관주의'로, 상호 대립하면서 발전했다. 먼저, **논리주의**는 모든 것을 논리적으로 설명할 수 있다는 입장이다. 형식논리학으로 해석하려는 것과 인식론의 근거를 논리에서 찾아보겠다는 것 등 여러 사고방식이 있다. 논리주의는 프레게에서 비롯된다. 프레게는 라이프니츠를 따라 계산을 논리적 추론으로 자리매김하고 수를 집합 개념을 사용하여 논리적으로 정의했다. 논리학에서 **형식주의**는 수학의 기초 확립에 관하여 독일의 수학자 힐베르트가 제창한 입장이다. 수학의 이론 체계를 논리기호로써 철저하게 형식화한 후, 이 형식화된 체계를 기호 배열의 변형 과정으로 본다. 그리고 그 과정에서 어떠한 특정의 기호 배열이 나타나는지 어떤지에 주목하는 메타 수학적인 논리 추론 방법이다.

직관주의는 비고전 논리학의 하나로, 수학은 정신적 활동이라는 입장인 직관주의 수학을 토대로 하며, 배중률과 이중 부정 제거의 원칙을 거부한다. 직관주의 논리학을 처음으로 제시한 사람은 독일의 논리학자 브라우어다. 그는 수학을 논리학의 틀 속에 제한하려는 프레게와 러셀의 생각에 반대했다. 브라우어는 수학은 수나 선과 같은 어떤 기본적인 대상이 무엇인지에 대해 우리가 가지고 있는 기초적인 '**직관**'에 의존하고 있다고 생각했다.

브라우어에 따르면, 수학이란 칸트가 주장한 '시간에 대한 직관'의 산물이며, 따라서 순수하게 인간 정신의 사고능력의 산물이다. 바꿔 말해 인간의 정신 밖에 수학적 진리가 있는 것이 아니며, 이른바 수학적 존재, 예를 들어 '수(數)'와 같은 것이 플라톤주의자들의 주장처럼 이데아의 세계에 존재하는 것이 아니다. 그는, '수'라는 존재는 인간의 정신 외부에 있는 것이 아니라 직관에 주어졌으며, 이렇게 놓고 볼 때 수학적 주장의 참과 거짓은 오로지 인간 정신이 그 진위 판단을 경험할 수 있을 때나 도입 가능하다고 생각했다.

브라우어는 수학적 증명 방법의 일부는 논리학과는 전혀 다르게 작용한다는 사실을 증명해 보고자 했는데, 오히려 수학의 어떤 분야는 지금까지와는 전혀 다른 논리 체계를 따라 작용할 수 있음을 보여주는 계기가 됐다. 그의 주장에서 실마리를 얻은 일부 학자들은 이러한 새로운 논리 체계를 개발하려고 나섰고, 그것이 사실상 모든 수학의 논리임을 증명해 보이려고 노력했다. 이러한 부류의 논리학 분파를 '**직관주의 논리**'라고 한다.

직관주의 논리의 중요한 특징은 그 논리 체계에서는 라이프니츠의 귀류법이 성립되지 않는다는 사실이다. 귀류법은 전통 형식논리학에서 어떤 판단의 모순 판단을 참이라고 할 경우에 부조리에 빠지는 것을 밝힘으로써 전자가 참임을 증명하는 방법으로, 어떤 수학적 명제의 부정 명제를 추론하여 모순에 봉착함으로써 그 명제를 증명한다. 그렇기에 귀류법은 "그 명제의 부정은 거짓이다."로부터 "그것은 참이다."로 전환하는 것은 중간 혹은 제3자는 배제된다는 법칙인 '**배중률**'에 의존하고 있다. 이렇게 보면 귀류법은 수학이 작용하는 원리에 따라 수학의 다른 분야에서 정립해 놓은 공리로부터 수학적 명제를 만든다는 뜻이 된다.

따라서 직관주의에 따르면, 수학의 개념은 그 체계 내부에서는 영원히 참이지만 이것을 실제 세계에 반드시 적용할 수 있는 것은 아니다. 브라우어는 수학이란 논리 법칙에 따라 추리하는 것이 아니라 수학적 직관을 따라 진행되어야 하며, 논리 법칙은 직관에 의해 귀납적으로 반증되어야 한다고 주장한다는 점에서 프레게와 러셀 등의 논리주의와 날카롭게 대립했다.

14 양자 논리학: 세계는 일상생활의 익숙한 논리와는 전혀 다른 논리에 따라 움직인다.

양자(Quantum, 量子)는 1900년에 플랑크가 발견하고 제창한 물리량의 최소단위다. 플랑크는 "눈에 보이는 빛의 파동이나 눈에 보이지 않는 열복사 모두에 속하는 전자기파의 에너지는 불연속의 덩어리 형태로만 존재한다."라고 말하면서, 이 불연속의 작은 덩어리에 양자라는 이름을 붙였다. 이 양자 개념은 '플랑크의 두 번째 발견'으로 일컬어졌던 아인슈타인의 등장과 함께 현대 물리학 시대를 열었다. 이후 보어, 슈뢰딩거, 드브로이, 마이트너, 그리고 불확정성 원리를 창안한 하이젠베르크 등의 천재들을 거치면서 그 이론 체계인 양자역학, 양자물리학, 양자 논리학으로 발전했고, 그 응용범위는 모든 자연과학을 망라하게 됐다.

양자역학은 원자 분자 등 미시적인 물질세계를 설명하는 현대 물리학의 기본 이론으로, 빛과 물질이 가진 입자의 성질과 파동의 성질을 상보적으로 기술함으로써 미시세계의 모든 현상을 밝히려는 보편적인 이론 체계이다. 양자역학은 말하자면 띄엄띄엄 떨어진 양으로 있는 것이 이러저러한 힘을 받으면 어떤 운동을 하게 되는지 밝히는 이론이라 할 수 있다.

논리학과 양자역학에서, **양자 논리**는 양자역학에 관련된 논리를 지칭하는 것이 아니라 전체를 하나의 유기적인 연결체로 생각하면서 논리적으로 해석하는 이론이다. 양자 논리는 고전 논리와 여러 특성을 공유하지만, 동일률·모순율·배중률과 같은 고전 논리의 분배 법칙이 양자 논리에서는 일반적으로 성립하지 않는다. 20세기 들어 퍼지 논리와 양자 논리에서는 개념이 갖는 경계의 불확정성과 함께, 양자역학 내에서 대상의 위치와 운동량을 동시에 측정할 수 없다는 인식의 불확정성을 통해 배중률과 모순율, 배분법칙 등의 타당성에 대해 문제가 제기되었다. 양자 논리학은 과학자들이 아직도 이해하고 표현하기 힘들어하는 양자 우주는 그것만의 논리에 따라 움직이고 있다는 사상에 기반한다.

양자 논리학은 인간의 언어와 추론에서 나온 고전논리학과는 전적으로 다르다. 고전논리학과 마찬가지로 양자 논리학에서도 모든 명제는 두 개의 진리치를 갖는다. 하지만 양자 논리학은 논리학의 가장 기본적인 법칙이 배중률이나 무모순율을 따르지 않는다. 가령 고전논리학의 법칙 가운데 하나인 배중률에 따르면, 어떠한 진술이든 간에 참이 아니면 거짓이다. 따라서 배중률이 성립한다면, 참인 동시에 거짓인 문장은 존재할 수 없다. 그러나 **양자 논리학**은 이러한 문장이 존재할 수도 있다는 점을 시사한다. 가령, 전자만큼 작은 팽이가 원자 세계에서 돌고 있다고 가정해 보자. 만약 우리가 살고 있는 거시 세계에서 큰 팽이를 돌린다면, 그 팽이는 시계 방향으로 돌거나 반시계 방향으로 돌 것이다. 그러나 전자만큼 작은 팽이는 관찰 이전에 시계 방향으로 돌면서 동시에 반시계 방향으로 돈다. 따라서 관찰 이전의 팽이에 대해 "이 팽이는 시계 방향으로 돈다"라는 문장은 참인 동시에 거짓인 문장이 되는 것이다.

양자 논리학의 탄생을 계기로 학자들은 논리학이 세상에 대해 던지고 있는 질문은 경험적인 것으로, 오직 실험에 의해서만 그 해답을 구할 수 있다고 주장했다. 하지만 퍼트넘은 실험 결과의 이해와 그것의 논리성을 파악하기 위해서는 어떤 종류의 추론을 '이미 시작'해야만 한다는 사실을 뒤늦게 인식했는데, 이는 모든 논리가 관찰을 통해서 얻어지는 것은 아님을 의미한다. 세상에는 어떤 경우에 어떤 논리가 적용되어야 하는지를 결정하는 사실이 있으며, 또한 그 적용 가치에서는 여러 갈래 논리학 사이의 어떤 우열이 있을 수 없다고 보았다.

15 헴펠의 까마귀 역설: 세상의 모든 문제를 인과관계로 검증할 수는 없다.

독일의 과학철학자 헴펠이 가설의 귀납적 입증에 관하여 제시한 **'까마귀의 역설'**은, 어떠한 명제를 귀납법으로 입증하는 것과 그 명제의 대우를 귀납법으로 입증하는 것이 동일한 것인지 아닌지에 대해 다루는 역설이다.

헴펠은 어떤 명제에 대한 증거는 그와 동치인 명제의 증명에 기인한다고 주장했다. 그러나 이는 검지 않고 까마귀가 아닌 것을 관찰한 것이 모든 까마귀는 검다는 증거라는 결론을 주게 되어, 상식에 어긋나는 문제를 일으킨다. 만약 '소크라테스(a)는 사람이다(b)'라는 형태의 명제(전제1)와 '사람(b)은 죽는다(c)'라는 일반 규칙(전제2)이 있다면, 우리는 '소크라테스(a)는 죽는다(c)'라는 결론을 얻을 수 있다. 이러한 형태의 법칙은 "c가 아닌 것은 b가 아니다(죽지 않는 것은 사람이 아니다)"라는 법칙과 논리적으로 동치가 된다. 동치 조건을 따르면, 어떤 사례가 명제(사람은 죽는다)를 입증할 경우 그 사례는 그 명제와 동치인 다른 명제(죽지 않는 것은 사람이 아니다)도 모두 입증할 수 있어야 한다. 이때, 만약 죽는 사람을 찾아냄으로써 이 법칙이 확증된다면, 사람이 아니면서 죽지 않는 그 무엇인가를 찾아내는 것 또한 이 법칙을 확증해주는 방법이 된다. 이러한 이론으로 무장한 헴펠은 '까마귀의 역설'이라고 알려진 문제를 내놓으면서 논리적으로 동치임에도 결과가 다르게 나올 수 있다는 사실을 입증했다. 이를 설명하면 다음과 같다.

'모든 까마귀는 검다'라는 주장 A가 맞는지 확인하려면 실제로 검은 까마귀를 발견하면 된다. 검은 까마귀를 많이 발견할수록 주장 A에 대해 우리가 갖는 신뢰도는 높아질 것이다. '모든 까마귀는 검다'라는 주장 A는 '검지 않은 그 어떤 것도 까마귀가 아니다'라는 주장과 같다. A와 동일한 그 두 번째 주장을 A*라 하자. 두 주장이 같다는 것은, A가 참인데 A*가 거짓인 경우가 없고, A가 거짓인데 A*가 참인 경우도 없다는 것이다. 다시 말해, 두 주장 모두 동시에 참이거나, 모두 동시에 거짓이 되는 것이다. '검지 않은 어떤 것도 까마귀가 아니다'라는 주장 A*가 맞는지 확인하려면, 마찬가지로 실제로 검지 않고 까마귀도 아닌 대상을 발견하면 된다. 마찬가지로 그런 대상을 많이 발견할수록 주장 A*에 우리의 신뢰도는 높아질 것이다.

위 사례에서 우리는 놀라운 결과를 깨닫게 된다. A*는 A와 같은 주장이다. 따라서 실제로 검지 않고 까마귀도 아닌 대상을 발견한다면, 그 발견은 주장 A*뿐 아니라 주장 A에 대한 우리의 신뢰도도 높일 것이다. 실제로 검지 않고 까마귀도 아닌 대상은 무엇인가? 헤아릴 수 없이 많다. 예를 들어 흰 운동화도 그런 대상이다. 그렇다면 흰 운동화가 '모든 까마귀는 검다'라는 주장 A를 입증하고, 우리의 신뢰도를 높이게 된다. 그러나 흰 운동화는 주장 A와 관련이 없다. 흰 운동화가 주장 A를 반박하지는 않지만 입증한다고 볼 수는 없다.

이 결과를 통해, 어떤 주장에 대한 우리의 신뢰도는 주장과 그 주장을 입증할 사례의 관계로만 이해해서는 안 된다는 사실을 알 수 있다. 주장에 대한 우리의 신뢰도는 그 주장과 그 주장의 입증 사례, 그리고 배경 정보의 관계에 달려있다. 헴펠의 까마귀 역설은 우리가 기존에 답습하던 생각에서 벗어나려면 우리에게 현재 주어진 배경 정보만을 상대로 세상을 바라봐서는 안 된다는 사실을 일깨운다.

16 촘스키의 보편 문법: 인간에게는 선천적으로 언어를 구사하는 능력이 있다.

세계적인 언어학자 촘스키에 따르면, 모든 인간은 천성적이고 생득적인 인지능력을 갖추고 있는데, 먼저 단순하고 추상적인 원리부터 터득한 후 이를 조합하여 언어를 학습하고 또 사용한다고 주장했다. 인간의 두뇌는 무엇을 인식하고 판별하는 인지능력이 있고 그 능력에 따라서 언어를 습득하고 구사한다는 것이다.

생득적인 문법에 따르면, 단어는 여러 가지 체계적인 범주로 나뉜다. 아이들은 이러한 범주를 가지고 태어나고, 아이는 한 언어의 어휘를 습득하는 동시에 그 어휘가 어떤 범주에 속하는지를 습득하게 된다. 몇 가지 간단한 통사론 규칙과 함께 이러한 범주는 문장을 형성하기 위해서 단어를 어떻게 결합해야 하는지를 결정한다. 보편 문법에 있어서 가장 중요한 두 가지 범주는 명사와 동사다.

'보편 문법'은 모든 언어에 적용되는 보편적인 문법 구조를 말하며, 소문자로 보편 문법(universal grammar)이라고 쓴다. 이와는 달리 생득적이거나 본능적이며 보편적인 원리가 있다는 의미의 대문자 보편 문법(Universal Grammar, UG)이 있다. 촘스키가 말한 대문자 보편 문법은 단순하고 추상적인 문법인데 여러 형태의 결합을 통하여 실현되는 수학적 규칙과 원리다. 이 보편 문법(UG)은 어린이가 짧은 기간에 언어를 습득하는 것과 한정된 단어만으로 무한할 정도의 문장을 만드는 변형과 생성의 능력에서 입증된다. 그렇기에 단어나 어절은 문장을 중심으로 변형된다는 문장 의존성과 더불어 핵심 단어가 반복되는 것 역시 촘스키가 말하는 보편 문법의 특징이다.

보편 문법 구조의 규칙은 순환적이다. '순환적'이라는 말은 규칙과 정의 또는 절차를 연속적인 결과에 반복적으로 적용한다는 의미다. 촘스키는 순환적인 적용만이 잠정적으로 무한대의 길이를 가진 문장을 설명할 수 있는 유일한 방법이라고 보았다. 그러나 이런 설명만으로는 충분하지 않다. 언어는 셀 수 없이 다양한 언어적 구조를 지니고 있으며, 이러한 구조의 상당수는 새로운 조합 규칙이 필요하기 때문이다. 결국 더 많은 규칙을 부가적으로 더하게 된 결과, 촘스키는 자신의 이론을 지지할 수 있는 심층 구조가 필요하게 되었다. 이 구조를 이루는 기본 패턴을 알아냄으로써, 한층 단일하면서도 더욱 추상적인 문법과 관련지을 수 있다.

촘스키는 보편 문법이 소수의 자료를 바탕으로 무한대의 새로운 문장을 생성해 내는 규칙을 만들어갈 때 뇌에서 일어나는 작용을 설명하기 위해 **변형생성문법**을 주장했다. 변형생성문법은 뜻이 통하는 문장을 만들어내기 위한 생성 규칙과 더 적은 수의 규칙을 사용해 더 많은 수의 문장을 만들어내기 위한 변형 규칙을 결합한 개념이다.

변형생성문법의 핵심은 인간의 '언어능력'이 실제 발화에서 수행되는 언어의 화용적 국면의 기저에 존재하는 **실체**라는 점을 논증한 데 있다. 언어능력은 생득적으로 습득된 언어 규칙 체계로서 발화상의 다양한 변칙과 변용, 탈락과 왜곡, 실수와 오류 등 실제로 드러나는 언어 수행의 제 양상에 존재론적으로 앞서는 언어적 **본질**이다. 따라서 언어 현상의 다양체는 촘스키 안에서 항상 자기동일성을 갖는 실체로 환원된다. 촘스키는 언어는 인간이 설계하는 도구가 아니라 척추나 다리처럼 '생물학적인 실체'라고 규정하면서, "언어의 기능과 목적이 오직 의사소통이라고 보는 것은 도그마와 다름없다."라고 생각했다.

17 퍼스의 기호학: 인간은 '기호'적 존재다.

실용주의의 창시자 퍼스는 모든 인간의 사고는 **'기호'**를 통해서 이루어진다고 보았다. 인간을 둘러싸고 있는 모든 현실 세계는 기호체계로 이루어져 있기에, 인간은 어떤 사물이나 대상을 언제나 기호를 통해서 간접적으로 인식한다. 인간은 기호로 지각하고, 생각하고, 말하는 일종의 기호적 존재라는 것이다.

퍼스는 기호를 '표상체(약호=기호)-대상체(대상)-해석체(의미)'의 삼항 구조로 이해했다. 퍼스는 "기호(표상체)는 그것을 해석하는 사고(해석체)와 연관되며, 또한 기호를 대상(대상체)에 결부시키는 질적 해석을 통해 대상의 기호가 된다."라면서, 모든 사고의 의미는 사고의 대상을 규정하는 기호(=약호)의 삼항 관계에 의해 확립된다고 보았다. 우리에게 익숙한 음료 코카콜라를 예로 들면, 코카콜라 '로고'가 약호라고 한다면, 그 약호가 지시하는 톡 쏘는 흑갈색의 '음료'가 대상이 된다. 그리고 약호를 바라보는 사람의 의식에 생기는 '개념'이나 '의미(정열·갈증·달콤함 등)'가 해석체다.

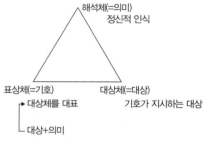

〈퍼스의 3항 모델〉

퍼스에 따르면, 기호의 삼항 관계는 기호의 삼항 조건, 즉 '재현적, 표상적, 해석적' 조건을 통해 분명해진다. **재현적 조건**이란 기호는 자기 자신을 드러내는 것이 아니라 특정 대상을 드러내는 것을 말한다. 예를 들어, 단어 예수 그리스도는 실제 '예수 그리스도'를 재현한다. 표상적 조건이란 기호가 대상을 재현하는 데 있어서 대상 전체가 아닌 특정한 측면을, 하나의 관점에서 대상을 부분적으로 표상한다. 예를 들어, 예수님을 '어린양'이라고 할 때, 이는 '어린양'의 측면(희다·순결하다)에서 예수님을 드러내는 것이다. 그런 점에서 약호는 대상을 재현할 뿐만 아니라 대상을 제한한다. 해석적 조건이란 기호가 기호로 기능하기 위해서 기호는 해석되어야 한다는 것이다. 다시 말해서 기호는 해석의 과정을 통해서 번역되어야 한다. 예를 들어, 교회의 타종 소리에 예배자들은 '예배의 시작'이라는 의미로 해석하고 머리를 숙이게 된다. 퍼스에 따르면, 기호의 삼항 구조는 결코 이항 구조로 환원될 수 없다. 즉, 기호는 그 해석에 의해서도 규정되며, 따라서 존재하는 것의 모든 인식은 '주어진 것(소여, 대상)'과 그것의 의미를 규명하는 의식에 의한 **'해석'**의 협동이다.

퍼스는 또한 기호의 작용 방식을 '도상(icon), 지표(index), 상징(symbol)'의 셋으로 나누었다. **도상**은 초상화나 지도처럼 기호가 나타내고자 하는 대상과 닮은 것으로서의 '유사성'을 지니며, **지표**는 도로 표지판이나 교복처럼 기호가 나타내고자 하는 것과의 '인과성 또는 관련성'을 지닌 것을 가리킨다. **상징**은 단어·숫자·국기처럼 유사성이나 관련성은 없지만 '자의적'으로 만들어진 기호를 말한다. 퍼스는 이처럼 기호를 세 가지로 분류하면서 현실에서 기호가 갖는 지시성과 일치 관계에 주목했다. 소쉬르의 기호학에서처럼 기표와 기의 간에 일어나는 불일치를 강조하는 것이 아니라, 실제 우리 삶에 영향을 미치는 기호 작용을 분석하고 각각의 기호 작용에 대해 어떻게 올바른 해석을 이끌 수 있는지에 관심을 두었다.

이처럼 언어의 근본은 '도상(이미지)'이란 퍼스의 생각은 들뢰즈에게 깊은 영향을 주었다. 그는 퍼스의 기호학에서 착안하여 문자언어와 영상 언어는 모두 **'이미지'**의 운동이라고 생각하면서, 이로부터 문학을 영화로 확대하거나, 문학과 영화를 하나의 사유로 통합하고자 했다.

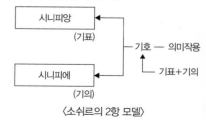

〈소쉬르의 2항 모델〉

18 들뢰즈의 사건 의미론: 사건이 곧 의미이고, 의미가 곧 사건이다.

프랑스 구조주의 철학자 들뢰즈는 '사건'과 '의미'를 연결함으로써 새로운 의미론을 제시했다. 일반적으로 '의미'는 명사나 형용사 '구조'로 표현된다. 동사로 표현되는 '사건'은 그다지 많은 주목을 받지 못했다. 왜냐하면 동사, 즉 사건은 움직이고 지나가 버리는 것이기에 지속성이 없으며, 고정불변의 실재인 '이데아'와는 반대되는 의미이기 때문이다.

그러나 들뢰즈에 따르면 기존의 전통적인 의미론, 즉 실증주의 철학에 입각한 의미론인 지시이론, 현상학에 입각한 의미론인 현시이론, 그리고 구조주의 철학에 입각한 의미론인 기호 작용론은 사건을 제대로 포착하지 못한다. 기존 의미론에서는 플라톤적 사유의 영향으로 동사로 표현되는 '사건'은 지속성이 없어서 그다지 많은 주목을 받지 못했다. 사건은 '무의미'가 아니고 의미를 지니는데 기존 의미론에서는 사건을 포착하지 못한다고 보았다.

들뢰즈에 따르면 언어의 의미는 비물체적인 사건이며, 사건은 **시뮬라크르(재현, 모방)**와 같다. 의미는 사건과 동시에 발생하는데, 이 사건들을 다루는 것이 사건의 존재론, 즉 시뮬라크르다. 들뢰즈는 사건들이 계열화가 되어야 의미가 생긴다고 보았다. 의미가 본격적으로 성립하려면 사건들 사이의 계열화가 되어 있어야 하는데, 이때 같은 사건이더라도 그것이 어떻게 계열화되느냐에 따라 그 의미가 달라진다.

들뢰즈는 **의미**를 '명제 안에 존속하는 순수 사건'이라고 정의했다. 순수 사건이란 잠재적 사건, 아직 현실화가 되지 않은 사건이다. 순수 사건이 현실화가 되면 그 사건은 명제로 표현된다. 이때 순수 사건이 사라지는 것이 아니라 명제 안에 존속하게 된다. 지시 작용, 현시 작용, 기호 작용은 이런 과정 이후의 일이다.

들뢰즈는 의미를 사건과 **동일시**하면서, 사건이 발생할 때 의미 또한 동시적으로 발생하는 것으로 보았다. 의미는 순수한 사건이라는 특이성이 계열을 이루면서 생산되는 것으로, 우발적인 것의 상호 접속 및 계열 분리가 무한한 차이로서 나타난다. 사건을 정해진 의미가 아닌 다른 시각으로 바라보는 것은 곧 '**차이**'를 통해서 대상을 구별하는 것이다. 사건을 통해 대상을 구별한 결과를 '차이'라고 한다면, 의미는 사건의 반복되는 차이를 통해 생성 가능하며, 따라서 사건의 생성은 정해진 의미가 아닌 차이를 통해 이루어낸 변화인 것이다. 사건은 곧 의미 자체로, 의미는 주어진 상황에서 있는 그대로의 차이를 받아들이는 것이다.

들뢰즈는 의미는 주체로부터 구성되는 것이 아닌 '**존재**'로부터 발생한다고 보았다. 사건은 그것이 발생하는 순간 계열화되고 방향이 정해지면서 의미화된다. 사건의 의미에 대한 '의미'를 생각할 때 또 다른 의미가 발생하는 것이다. 그렇더라도 처음 생성된 의미를 고수하는 것은 곧 그 의미의 도덕성을 지키는 것과도 같기에, 의미는 질과 양 그리고 관계와 양상의 측면에서 서로 대립하는 명제들 사이에 정확히 동일한 의미를 지닌다. 의미란 '존재'로부터 나오는 것이며, 주체의 의미 구성은 그다음 문제인 것이다.

들뢰즈는 세계에서 일어나는 사건들은 계열화됨으로써 일정한 의미 체계를 형성하며, 인간·주체는 이렇게 형성된 계열의 그물 안에서만 사고할 수 있다고 보았다. 그 점에서 들뢰즈의 사유는 주체가 의미를 '구성한다'고 보는 주체·내면의 철학을 강력하게 비판하면서, 역동적 구조주의 관점에서 '생성'과 '변화' 즉 탈주하는 사유를 중심으로 사유할 것을 강조했다.

19 바르트의 텍스트론: 텍스트의 의미는 작가가 아닌 독자가 구성한다.

기호학은 연구의 대상이 되는 문화적 상징체가 어떤 구조로 만들어져 있는지를 분석함과 동시에 그것이 어떤 의미를 지니고 있는지를 살펴보는 학과이다. 후기 구조주의 철학자 바르트는 소쉬르의 기호학을 이어받아 자신만의 독특한 논리를 펼쳤다. 소쉬르는 기호를 '기표'와 '기의'로 구분한 반면, 바르트는 1차 기호체계와 2차 기호체계로 구분하여 해석했다. 기표와 기의가 결합하여 새로운 기표가 형성되며, 이것은 곧 **'의미작용'**이라 할 수 있다.

바르트의 이론과 소쉬르의 이론의 차이점은 다음과 같다. 소쉬르가 기표와 기의라는 일대일 대응 관계를 주장했다면, 바르트는 기표와 기의가 결합함으로써 새로운 의미를 창출하고, 그 의미는 서로 다른 다양한 의미를 산출할 수 있다고 주장했다. 즉, 소쉬르가 제시한 기표와 기의가 결합하여 새로운 1차 의미작용을 형성하고, 새로운 기표와 기의가 결합하여 2차 의미작용을 만들어낸다는 것이다. 여기서 1차 의미작용은 외연적·지시적 의미, 2차 의미작용은 내포적·함축적 의미로 설명된다. 다음은 바르트의 '기호의 2단계 의미작용'을 설명하는 표이다.

외연적·지시적 의미
(1차 의미작용)

내포적·함축적 의미
(2차 의미작용)

바르트는 단어나 문장의 보편적이고 고정된 의미를 부정했다. 기표와 기의로 이루어진 단어나 문장(이하 '기호'로 통일)이 1차적 의미뿐만 아니라 2차적 의미도 가질 수 있기 때문이다. '개'라는 단어를 예로 들면, '다리가 넷인 개(犬)과 동물'이라는 1차적 의미도 있지만, 맥락이나 경우에 따라서는 '성질이 나쁜 사람' 혹은 '충성스러운 사람'이란 2차적 의미로도 사용되기 때문이다. 그래서 바르트는 모든 기호의 **'다의성'**을 주장했다.

바르트는 단어로 이루어지는 텍스트에도 마찬가지 생각을 적용했다. 바르트에게 텍스트, 즉 글을 읽는다는 것은 기호 생산의 권리와 의미 생산의 자유를 복원하는 과정이다. 바르트는 의미 체계 속으로 들어오지 못하는 것을 드러내는 과정을 독서의 과정이라고 보았다. 바르트가 말하는 독서는 결국 "쓰여지지 않은 것을 읽어내는 것"이며, 기호 시스템이 만들어내고 있는 의미 관계 사이의 틈새를 발견하는 과정이기도 하다.

이런 이유로, 바르트는 텍스트는 보편적이고 고정된 의미가 있다는 주장을 부정하였고, 또한 작품의 의미를 저자의 의도에 두려는 입장에도 반대했다. 이른바 바르트가 말하는 '저자의 죽음'인데, 저자와 저자가 창조한 작품이라는 전통적인 '저자―작품'의 통합체에서 '독자―텍스트'로의 변화가 이루어졌다고 보았다. 저자의 죽음이 독자의 탄생이 됐고, 이제 독자는 수동적인 소비자가 아니라 텍스트 안에서 **적극적·능동적**으로 의미를 구성해나가는 생산적 읽기를 해야 한다고 주장했다.

달리 말해, 텍스트로서 작품이 정해진 의미로 고착되지 않고 개방됐다는 뜻이다. 텍스트가 고정된 의미로 환원되지 않고 종결됨이 없이 분산되며, 확정된 읽기가 존재하지 않기 때문에 텍스트의 즐거움이 생겨난다고 바르트는 말했다. 그런데 이것은 즐거움 자체로만 그치지 않는다. 바르트는 '생산적 읽기'와 '텍스트의 즐거움'이 독자의 역사적·문화적·심리적 가정들을 뒤흔들고, 그가 처한 현 상태로부터의 탈피를 가져다주면서 현실 변형의 힘을 발휘하게 된다고 보았다.

20 타르스키의 의미론적 진리론: 진리는 실질적으로 적합하면서도 형식적으로 올바른 '참'된 의미다.

진리는 무엇을 참이라고 진술할 때 관련되는 개념이다. 군이 증명하려 들지 않아도, 맞으면 참, 그렇지 않으면 거짓이다. 이것은 수동적인 의미에서 참과 거짓을 가리는 기준이라 할 수 있다. 진리를 탐구하는 논의는 크게 다음 둘로 구분된다. 하나는 진리는 실질적이지만 정의 불가능한 속성을 담은 것이라고 주장하는 입장으로 **'진리 조건적 의미론'**을 펼친 데이비슨의 견해가 이에 해당한다. 다른 하나는 진리는 실질적인 개념이 아니며 논리적이고 수사적인 목적을 위한 편의적 수사에 불과하다는 입장으로 타르스키가 고안한 **'의미론적 진리론'**이 이에 해당한다.

미국의 언어철학자 타르스키는 일상 언어에서 사용하는 '참'이라는 관념을 차용하여 **진리 개념**을 확립하고자 했다. 고전적인 의미에서 진리는 사실과 표현, 혹은 진술의 적합한 일치인데, 어떠한 진술이라도 사태를 정확하게 기술하여 표현한다면 참으로 본다. 타르스키는 고전적 진리 개념을 따라 일상 언어에서의 '참'의 관념을 형식 언어를 통해 명료화를 꾀했다. 눈이 올 때, 만약 "눈이 온다"라고 발화하였다 해 보자. 이것의 언어 형식은, " '는, 만약 그리고 오직 만약 ' '이면, 참이다"가 된다. 이때 앞의 따옴표에는 **'내용'**이 들어가고, 뒷 따옴표에는 **'진술'**에 상응하는 사태의 기술이 들어간다. 이것이 형식화된 언어 안에서 명사와 기술로 해명되는 진리 개념으로, 이러한 진리 개념은 길거리에서나 공공기관에서나 사람들이 만나는 어느 곳 어디에서든 널리 활용된다. 이처럼 타르스키는 우리가 진리를 만족스럽게 정의하려면 실제로도 '적합'하고 형식상으로도 '올바른' 조건을 갖추어야 한다고 보았다.

타르스키는 참이거나 거짓일 수 있는 명제, 판단, 주장, 진술, 신념, 견해 등은 다양한 언어 그룹에서 가능하기에, 하나의 언어(L−논리식)에서 참이 될 수 있는 이론을 창안했다. 어떤 진술을 형식화된 언어에서 표현하려면, 'x'는 만약 그리고 오직 만약 p이면, 언어(L−논리식)에서 참이라고 규정하므로 사용한 말의 의미론을 확정할 수 있다. 여러 사람이 모인 장소에서 누군가 대상에 관한 사태로서 모든 사람이 이해하는 영어로 "비가 온다"라고 말하면 그것은 대상언어지만, 만약 그 진술을 독일어로 표현한다면 그것은 언어를 분석하여 이를 범주화하거나 규칙화하여 기술하는 데 사용하는 언어인 메타언어가 된다. **메타언어**는 '진리 조건'을 정의하기 위해 제시될 뿐, '증명'이나 '증명 가능성 조건'과는 무관하다. 따라서 대상언어와 메타언어를 구분할 경우 진리 개념의 손상 없이 한 명제에 대한 진위를 결정할 수 있다. 만약 이런 구분이 불가능할 경우 우리는 해외여행에서 많은 어려움을 겪을 것이다.

타르스키의 진리론은 사실에 대한 일치로서 진리(참)에 대한 설명으로서는 가장 뛰어나다는 평가를 받으면서 이후의 언어 분석 이론에 영향을 미쳤다. 하지만 그와 동시에 '참'이라는 진리 술어를 과잉으로 사용한다는 비판을 받았다. 뻔히 보이는 들판에서 "'풀은 푸르다'는 참이다."를 매번 말하거나, 교황이 말하는 모든 것은 '참'이라고 말한다면, 진리 개념을 헤프게 사용한다는 것이다. 이것은 타르스키의 진리론이 진리의 본성에 대한 일반적 설명으로 의도된 것이라기보다는, 형식 언어 내에서 적용되는 진리 술어를 정의하는 한 가지 방식으로 제안된 것이기 때문이다. 즉, 어떤 언어가 모든 문장에서 적용할 수 있는 '참'인 조건을 제시하려면, 진리의 정의는 술어들의 외연적 의미에만 의존할 수밖에 없다는 것이다.

4

동양 사상의 핵심 키워드 40

01 동양 사상의 핵심: 정치적 · 세속적 · 현실적 · 관계 지향적 사유

철학이란 말은 서양의 Philosophy란 원어를 일본 메이지 유신 말기의 사상가 니시 아마네(西周)가 번역한 용어이다. 그 후 중국에서 이 용어를 그대로 사용하였다(그 점에서는 우리나라 역시 마찬가지다). 중국에도 사물의 원리를 탐구하는 사상은 예전부터 있었다. 그러나 서양과는 달리 그 사상이 철학과 종교를 명확히 구분하는 준거는 아니었으며, 그렇다고 종교적 개념도 아니었다. 사고 방법의 준거가 다르기에 서양에서 발생한 개념인 '철학'을 중국 사상에 적용하기에는 무리가 따른다.

동양에서는 가족 단위의 공동체를 기반으로 인간과 사회의 본질 및 그 관계와 관련한 다양한 사상적 흐름을 형성하면서 발전해 왔다. 이는 서양과는 다른 다음과 같은 '사유체계'의 차이를 가져왔다. 첫째, 자연에 대한 이해의 차이다. 동양의 **자연**은 완전한 존재이자 닮고 싶은 존재로, 인간은 자연과 하나가 되는 것을 이상으로 삼았다. 그러나 서양의 자연은 '다듬어지지 않은 미개 · 원시'의 의미로, 인간의 손길을 통해서만 완성될 수 있는 존재이다. 이처럼 동양은 자연을 '합일(合一)'의 대상으로 보았던 반면, 서양은 자연을 극복의 대상으로 보았다는 점에서 차이가 난다. 둘째, **가족** 또는 **사회**에 대한 관점의 차이다. 농업 기반의 동양은 노동력의 효율적 통제를 위한 연장자 중심의 대가족제도가 발달했고, 이것이 사회와 국가에 그대로 적용되면서 종적 가치를 중시하는 집단주의 사상으로 발전했다. 이에 비해 유목문화가 발달한 서양은 부부 중심의 횡적 가치에 기초한 소가족제도로 나타났고, 이것이 사회와 국가에 그대로 적용되면서 개인 중심의 사상으로 발전했다. 셋째, 자연과 인간을 하나로 보는 **관계** 지향의 유기체적 사고와 자연과 인간을 별개로 보는 **실체** 중심의 기계론적 사고의 차이다. 동양의 유기체적 세계관은 인간을 자연을 구성하는 일부로서 자연과의 조화를 중요시하며, 자연의 가치를 인정하는 생태 중심주의 태도를 보인다. 반면, 서양의 기계론적 세계관은 자연은 인간을 위한 도구로 극복해야 할 대상으로 보면서, 인간의 이성에 대한 믿음을 바탕으로 개념을 중시하는 인간 중심주의 태도를 보인다.

이와 같은 동서양 사유체계의 차이점에 근거할 때 동양 사상, 특히 유교 사상의 핵심은 **정치적**, **세속적**, **현실적**, **관계 지향적**이란 단어로 집약된다. 즉, 동양 정치사상은 종법 제도를 바탕으로 한 강력한 신권주의 사상을 토대로 백성의 경제적 삶을 보장하고 더 나은 사회를 만드는 현실적인 필요를 목표로 했고, 이를 위한 도덕성 함양과 덕의 실천을 강조했다.

이러한 동양 사상의 대표적인 것으로 유교 사상, 불교 사상, 도교 사상이 있다. 특히 중국을 중심으로 한 유교 사상은 동양철학의 핵심으로, 그 옛날 중국에는 유가 사상의 시조인 공자와 도가 사상의 시조인 노자를 비롯한 **제자백가**라고 부르는 수많은 학자와 다양한 학풍이 존재했다. 그들은 서양과는 다른 유형의 언어와 사상으로 세계와 인간의 근원적인 것들을 고찰했다. 그것들을 가리켜 중국 독자의 '철학'이라 할 수 있는데, 중국 사상의 원류에는 제자백가의 사상이 있다. 유교 사상은 공자, 맹자, 순자와 같은 유가 사상가들을 통해 본격적으로 형성되었다. 당시 유가 사상가들은 사회적 혼란에 대한 고민을 바탕으로 인간과 사회의 본질을 성찰하기에 이르렀으며, 이는 훗날 주자학(우리나라에서는 성리학이라 부른다)과 명리학의 뿌리가 되어 동양 사상 전반에 큰 영향을 미쳤다.

02 중국 사상의 특징: 天(정치)·易(사회)·民本(통치)

중국의 문예 비평가 임어당(林語堂)은 이르기를, 중국 민족은 "문화적으로는 유교적이나 본질상으로는 도교적이다."라고 했다. 이는 그만큼 중국에서 유가와 도가의 사상이 거대한 사상적 양대 산맥을 이루면서 중국인의 의식 속에 잠재하고 있다는 사실을 보여 준다. 유가의 사상이 현실적이고 세속적이라면, 도가의 사상은 이상적이고 초월적이다. 그렇다고 유가의 사상이 이상을 추구하지 않고 현실 안주만을 지향한다거나, 도가의 사상이 인간의 실존을 거부하며 현실도피를 추구한다는 뜻은 아니다. 양자는 어디까지나 인간의 본질적인 문제를 서로 다른 관점에서 해결하려고 시도한 점에서 사상적으로 통한다.

중국에서는 유가나 도가를 막론하고 인간의 본질을 담은 과제로써 '도(道)'와 '덕(德)'을 탐구해 왔다. 물론 유가의 관점과 도가의 해석은 서로 다르다. 유가의 도와 덕이 인륜의 실천을 핵심 과제로 다루었다면, 도가의 도와 덕은 자연의 궁극 원리를 터득하려는 것이었다. 그렇더라도 인간의 존재가치를 자연과의 합일에서 찾으려고 했던 점에서 양자는 또한 같다.

중국 사상의 핵심을 집약하면 '천(天)'의 관념과 '역(易)'의 원리, 그리고 '민본(民本)' 의식이라 할 수 있다. 이를 간략히 설명하면 다음과 같다.

먼저, '천(天)'은 지극히 높아 더는 오를 수 없는 최고이자 최상의 존재로, 초월적인 동시에 내재적인 개념이기에 쉽게 규정할 수 없다. 그렇더라도 '천'의 관념은 다음과 같이 정리될 수 있다. 첫째, 객관적 대상 세계로서의 '자연' 자체를 지칭하며, 이는 '천리(天理)'라는 우주 자연의 질서 정연한 법칙성으로 규정되면서 인간의 사고를 지배한다. 둘째, 신앙적 대상으로서의 초월적 인격성을 지니면서 인간 사회의 모든 길흉화복과 사회적 지위를 결정하는 주재자로 작용하며, '천명(天命)'이라는 절대명령으로 규정된다. 셋째, 인간의 올바른 삶과 관련한 최상의 도덕적 의지를 함축하며, '천도(天道)'라는 인간의 마땅한 도리를 실천하는 윤리적 가치로서의 의미를 지닌다.

다음으로, '역(易)'은 도덕적 행위의 당위적 실천을 모색하는 방법론으로, 우주 만물의 변화 원리를 파악하는 것을 핵심 해결 과제로 삼는다. '역'의 기본 사상은 '천도(天道)'를 헤아려 인간사를 밝히는 것을 주된 관심으로 하면서 인간의 도리에 대한 참된 실천을 모색하는 데 있다. 그리고 중용(中庸)의 핵심인 '중정(中正)'의 논리를 그 중심 사상으로 하면서, 시간의 때맞음과 위치의 알맞음이라는 순리(順理)를 따르며, '음양(陰陽)'의 변화를 통해 우주 자연의 질서에 순응하는 것을 목적으로 한다.

끝으로, '민본(民本)' 의식으로, 유가의 기본 원리인 '천인합일(天人合一)' 사상을 정치사상으로 하여 '천(天)·왕(王)·민(民)' 삼위일체를 통치 원리로 삼는다. 이것은 『서경(書經)』의 주서(周書)에서 "하늘이 보고 듣는 것은 백성이 보고 듣는 그 자체이다."와 "백성이 하고자 하는 바는 하늘이 반드시 따른다."에 의거한다. 민본사상은 결국 민심(民心)을 근본으로 하는 사상으로, 고대 중국의 정치사상은 무엇보다 백성을 가장 중요한 존재로 파악해 왔음을 알 수 있다.

03 중국 사상사: 유학 사상의 형성, 전개, 발전 과정

중국의 철학은 오랫동안 국가 교학(敎學)으로 군림한 '**유교**'를 중심으로 전개됐다. 유교의 정치·도덕 사상의 원천은 고대 주나라 시대의 종교 사상에서 찾을 수 있다. 은왕조를 폐한 주왕조는 선왕이 상제(上帝: 天)로부터 명(命)을 받았다면서 상제신과 씨족 조상신을 함께 제사 지내는 '**천인합일(天人合一)**'의 종교 사상을 펼쳤는데, 그 핵심인 경천(敬天)과 숭조(崇祖)의 개념이 윤리적인 의미로 승화되면서 덕(德)과 효(孝)라는 도덕관념으로 바뀌었다. 그리고 춘추시대(BC 8~5세기)에 이르러 공자(孔子)가 이를 인간(君子)의 도덕 및 정치사상으로 완성했다.

전국시대(BC 4~3세기)에는 '여러 학자, 수많은 학파'를 뜻하는 '**제자백가(諸子百家)**'가 나타났으며, 이 시기에 맹자(孟子)는 성선설(性善說)과 사단설(四端說)을 통해 도덕을 더욱더 발전시켜나갔다. 같은 시기에 무위자연(無爲自然)을 추구하는 도가(道家)가 나타나 '도(道)'와 '무(無)'를 '천(天)'과 '유(有)'보다 근원적이라고 주장했다. 유가의 사상과 도가의 사상이 철학적으로 관념론적 사상을 따르는 데 비해, 묵자·순자·한비자 등은 유물론적 세계관을 전개했다. 특히 천(天)과 인(人)을 분리하여 인간의 천(자연)에 대한 능동성을 설명한 순자의 자연관과 더불어 묵자의 제자들이 세운 논리학은 후세의 유물론 사상에 영향을 끼쳤다.

한대(漢代, BC 3세기~AD 3세기)는 무제 때 유교 **경학(經學)**을 국가 교학으로 선포하는 한편, 유학의 성현으로서 공자의 권위를 절대화시켰다. 위진남북조(3~6세기)에 들어서면서 노장사상이 다시 유행하고 또 불교 철학이 유입하면서 관념론이 힘을 얻었지만, 그와 함께 불교의 유신론(有神論)을 부정하는 무신론의 조류가 형성되기도 했다. 수당(隨唐) 시기(6~10세기)에는 불교의 화엄종이 번성하였고, 한유(韓愈)와 이고(李翶)가 관념론의 새로운 사상을 선보이면서 이후 송학(宋學)의 선구자가 되었다. 유물론에는 유종원의 『천설(天說)』과 유우석의 『천론(天論)』이 있다. 당의 귀족층을 대신하여 신흥 지주층이 송대(宋代, 북송·남송을 합해 10~13세기)의 지배계급이 되면서 전호(佃戶, 농노) 지배의 철학으로서 주희의 주자학(朱子學)이 수립됐고, 이는 봉건사상의 기반을 이루면서 이후 명(明)·청(淸) 시대까지 사상의 주류로써 군림했다.

명대(明代, 14~17세기)에 이르러 봉건사회의 중앙집권화가 더욱 강화됐고, 여기에 왕양명이 양명학(陽明學)을 수립하면서 관념론은 맹자 이래 최고의 단계에 이르렀다. 이와 함께 유교 교학의 해체 과정도 나타났으며, 송대의 장횡거(張橫渠)가 확립한 **기(氣)** 철학의 발전을 가져왔다. 청대(淸代, 17~20세기 초)에 들어서면서 왕선산(王船山), 고염무(顧炎武), 황종희(黃宗羲) 등 명대의 3대 학자에 의해 실증적인 연구가 이뤄지면서 고증학(考證學)을 낳았다.

✿ 중국 고대 통치 사상의 변천

공자(유가)	맹자(유가)	순자(유가)	한비자(법가)
덕치주의	**왕도정치**	**예치주의**	**법치주의**
덕(德)을 통한 나라의 통치	인의(仁義)의 강화로 나라를 통치	예(禮)로 나라를 통치	법률로 나라를 통치

04 공자의 인의(仁義): 인간다움의 가치

유가(儒家)의 창시자인 공자 사상의 출발점은 '인(仁)'이다. '인'은 공자 사상의 핵심으로 유가의 도덕을 지탱하는 근간이자, 군자가 갖추어야 할 최고의 덕목이다. 공자의 사상을 집약한 『논어』에서 '인(仁)'은 공손함, 관대함, 자애로움, 지혜로움, 용기, 효성, 공경, 충서(忠恕) 등의 의미로 다양하게 쓰이고 있다.

공자는 당시 사회적 혼란의 근본 원인이 개개인의 도덕적 타락에 있다고 보았다. 따라서 사회 혼란을 해결하고 도덕적인 사회를 만들기 위해서는 타고난 내면의 도덕성, 즉 '인(仁)'을 회복해야 한다고 강조했다. 인은 크게 두 가지 의미를 지니고 있다. 하나는 인간됨의 본질을 이루고 있는 사랑의 정신이며, 다른 하나는 사회적 존재로 완성된 인격체의 인간다움이다. 이때 공자가 말하는 '인'으로서의 사랑은 선(善)을 좋아하고 악(惡)을 미워하는 사랑을 의미하며, 사랑의 범위를 가까운 것에서 넓게 확장해야 한다는 의미를 담고 있다. 따라서 공자에게 있어서 '인'은 무차별적인 사랑(겸애)을 주장한 묵자의 겸애와는 그 의미가 다르다. 공자는 인간이 하늘의 도를 본받아 사람을 사랑하고 어질게 행동하는 인을 베푸는 것이 바람직한 삶이라고 강조했다.

공자의 '인'에 대해 가장 잘 알려진 설명이자 인간다움이 무엇인지를 찾는데 공통의 실마리가 되는 것은 '애인(愛人)', 즉 다른 사람을 사랑하라는 개념이다. 공자에게 인간다움이란 개인이 타인과 무관하게 개인적으로 지닌 속성이 아니라, 타자와의 관계 속에서 성립하는 윤리적 덕목임을 알 수 있다. 인간다움이란 나 자신을 돌보는 것에만 몰두하지 않고, 다른 사람들도 나와 똑같은 인간이라는 동류의식 하에서 그들을 나처럼 아끼고 배려하는 윤리적 행위로부터 생겨난다.

한편, 유교의 도덕 범주 가운데 하나로 행동의 올바름을 나타내는 '의(義)'가 있다. 의란 어떤 행위의 당위성을 뜻하는 무조건의 명령으로, 유가에서는 의(義)와 이(利)는 상반된 개념이다. 공자는 이를 두고 "군자는 의미에 밝고 소인은 이익에 밝다."라고 하여, 도덕적으로 옳지 못한 행위는 비록 그 행위가 좋은 결과를 가져왔더라도 결코 옳지 못하다고 말하면서 의리와 이익을 명확히 구분했다(義利之分). 공자는 '인(仁)'과 '의(義)'의 덕을 함께 강조했는데, '인'이 의무의 당위성을 규정하는 구체적인 지침인 데 비하여, '의'는 행위의 실천성을 규정하는 형식적인 지침이라 할 수 있다. 이러한 관계로 '인'을 인간이 갖추어야 할 모든 덕목을 포괄하는 의미에서의 완전한 '덕(德)'이라고 보아도 무방할 것이다.

공자는 이러한 인을 실천하는 기본적인 덕목을 효제(孝悌)라 했으며, 인을 실천하는 구체적 방법으로 충(忠)과 서(恕)를 제시했다. 공자는 인과 더불어 '예(禮)'를 또한 강조했다. 인이 내면적 도덕성이라면, 예는 외면적 규범을 지칭한다. 공자는 당시의 예가 지나치게 형식화된 것을 비판하면서, 인을 바탕으로 예를 실천할 것을 주장했다. 예는 사람들이 질서를 유지하는데 필요한 외적인 사회 규범을 말한다. 공자는 인을 실천하기 위해 각 개인이 자신의 사욕을 극복하여 진정한 예를 회복할 것(극기복례, 克己復禮)을 강조했으며, 이를 실천하는 사람을 **군자(君子)**라고 불렀다.

05 묵자의 겸애(兼愛): 차별 없는 사랑의 실천

묵가(墨家)는 춘추전국시대 제자백가의 한 학파로, 묵가의 창시자인 묵자는 당시 사회를 지배했던 유교 이념에 반대했다. 유가 사상을 좇아 형식적 의식과 예절을 중시하려 드는 것은 국고를 낭비하는 어리석은 짓이라며 비판했다. 묵자는 생산 활동과 함께 절약을 강조하였고, 가족이나 국가 경제를 초월한 겸애의 정신을 역설했다. 묵자는 예의와 음악을 낭비로 보고 배척했으며, 유가의 차등적인 사랑(仁)에 반대하여 평등한 **사랑(兼愛)**을 가르쳤다.

묵자 사상의 핵심은 '**겸애(兼愛)**'다. 겸(兼)이란 말은 '겸하다' 또는 '널리'의 뜻으로, 겸애란 모든 인간을 '차별 없이' 사랑한다는 뜻이다. 애(愛)를 중시한 점에서는 공자의 인(仁)과 유사한 듯하지만, 양자는 본질적인 면에서 차이 난다. 묵자에 의하면 공자의 인은 '별애(別愛)', 즉 '차별적 사랑'을 의미하기에, 인의 사랑은 평화는커녕 도리어 분쟁을 일으킨다고 보았다.

묵자는 그 이유의 하나가 공자의 인(仁)은 '가족애'를 출발점으로 하기 때문이라고 보았다. 인은 무엇보다도 먼저 내 부모와 형제를 사랑하는 것에서부터 시작한다. 이 가족에 대한 사랑을 국가에 대한 사랑으로, 그리고 국가의 집합인 천하로 넓혀간다는 견해가 유학이 추구하는 이상(理想)이다. 하지만 묵자는 인류애는 가족애나 애국심과 같은 특정 집단에 대한 사랑을 확대하는 것으로는 얻을 수 없고, 도리어 그것에 대한 완전한 '부정(否定)'을 토대로 성립하는 것으로 생각했다. 그것이 '겸애(兼愛)'로, 하늘의 뜻에 순종하면서 조건 없이 사람들을 사랑하고 서로 이롭게 하는 것이다. 자기 자신, 자기 가족, 자기 국가를 사랑하듯이 다른 사람, 다른 가족, 다른 나라도 사랑할 줄 알아야 한다는 것이다.

묵자의 겸애는 특정 공동체의 이해와 이익을 근간으로 하는 유학의 인(仁)과는 사상 면에서 이질적일 뿐 아니라, 이것에 대한 부정을 기반으로 한다. 유학의 인(仁)에서 말하는 사랑은 평등한 인간관계에 의한 보편적인 사랑이 아니며, 어디까지나 예(禮) 질서, 즉 인륜적 신분 질서 하에서의 통치자의 피치자에 대한 계급적이고 차별적인 사랑을 말한다.

묵자는 부모와 가족에 대한 사랑과 다른 사람에 대한 사랑을 구별한 유학의 인(仁) 사상에 반대하면서, '**보편적 사랑**', 즉 차별 없는 사랑을 실천해야 한다고 주장했다. 이는 신분 계급이 엄격했던 당시로는 충격적인 주장이었다. 유가에 대한 비판과 도전은 유가 사상가들, 특히 맹자로부터 맹렬한 공격을 받았다. 맹자는 겸애의 사상은 어디까지나 '**공리주의**'적인 생각으로, 인간 본질을 어지럽히는 것이라고 보았다.

✚ 국가의 기원

묵자는 〈상동편(尙同篇)〉에서 국가의 기원에 관한 이론을 전개했다. 그에 따르면 국가 통치자의 권위는 두 가지 원천, 즉 백성의 뜻(民意)과 하늘의 뜻(天志)에서 유래한다. 그러므로 통치자의 주요 임무는 백성의 행위를 잘 살펴서 '**겸애**'를 실천하는 자는 상을 주고, 그렇지 않은 자는 벌을 주는 일이다. 이 임무를 효과적으로 수행하기 위하여 통치자의 권위는 절대적이어야 한다. 묵자에 따르면 국가의 통치자는 무정부적인 자연 상태에서 벗어나기 위하여 백성의 뜻에 따라 추대된 자로, 그 점에서 홉스의 사상과 상통한다. 국가와 통치자는 하늘의 뜻(天志)에 의한 것으로, 이를 뒷받침하는 전체주의적 국가체제와 통치자의 절대적인 권위를 인정했다.

06 양주의 위아(爲我): 내 인생은 나의 것

묵자와 더불어 고대 중국의 독특한 사상가로 양주(楊朱)가 있다. 전통 사회에서 양주는 사회적으로 금기시되는 이단의 사상가로 비판받아 왔다. 하지만 그가 제창한 사상은 근대 사회 사상의 토대가 되는 '**개인주의**'와 '**이기주의**'의 원리와 유사하며, 오늘날 개인의 행복을 긍정하고 우선시하는 사고의 원류로 간주된다.

양주의 사상은 위아(爲我), 즉 "나 자신을 위하여 산다."라는 주장으로 요약된다. 양주의 **위아주의(爲我主義)**는 사회의 모든 제도와 문화를 인위적인 허식으로 보고 자신의 생명을 완전하게 지키며 사는 것이 인생에서 가장 중요하다는 생각이다. 얼핏 보면 양주의 이러한 사상이 극단적 이기주의로 보일 수도 있으나, 이는 군주를 정점으로 하는 국가체제를 부정하고 개인의 중요성을 강조하였다는 점에서 의미가 있다. 일반적으로 무질서한 사회의 원인을 국가나 국가 지향적 이념의 부재로 여기는 데 반해, 양주는 '바람직한 사회를 위해 개인의 삶을 희생하라'는 국가 지향적 이념을 문제 삼은 것이다.

양주는 국가와 같은 외적 존재가 개인의 삶에 개입하는 것을 부정했다. 그는 강력한 공권력을 독점한 국가에 의해 개인의 삶이 일종의 수단으로 전락할 수 있다는 점을 통찰하고, 개인은 사회 규범이나 국가 지향적 이념에 사로잡혀 개인을 희생하지 말고 자기 삶의 절대적 가치를 자각해야만 한다고 역설했다.

하지만 이러한 양주의 개인주의 사고는 공동체적 가치를 강조하는 묵자의 '겸애'와는 반대되는 것이자, 인간은 사회관계망 속에서 일정한 '지위(名)'를 갖는 관계적 존재임을 강조하는 유가의 입장에서는 도저히 받아들일 수 없는 것이었다. 맹자는 양주의 핵심 사상인 위아(爲我), 즉 나를 가장 우선시해야 한다는 주장이 결국 사람과 짐승(동물)의 경계를 허물게 될 것으로 보면서 이를 강하게 비판했다. 맹자는 이런 입장에 서있기에 양주를 극단적인 이기주의자 또는 정당화될 수도 허용될 수도 없는 혹세무민의 사설(邪說)로 보았다.

♧ 양주(楊朱)의 평등주의

양주에 따르면 인간의 삶에는 세 가지가 있다. 온전한 삶, 모자라는 삶, 죽는 것보다 못한 핍박받는 삶이 그것이다. 사람이라면 누구나 타고나는 욕망이 제대로 충족되거나 혹은 부분적으로라도 충족되는 삶을 살아야 그나마 사는 것이다. 양주는 그런 욕망이 전혀 충족되지 못하는 핍박받는 삶을 사느니 차라리 죽느니만 못하다고 보았다. 그 점에서 양주는 동양에서 '**평등**'한 인간의 개념을 처음으로 제시한 사상가라 할 수 있다. 물론 맹자가 인간은 덕(德)을 쌓으면 누구나 성인이 될 수 있다면서 '**도덕적 평등주의**'를 주장했지만, 양주처럼 철저히 **인간 본성**에 기반한 평등의 개념을 주장한 사상가는 없었다. 양주는 인간의 본성인 '정욕'과 '욕망'은 신분이나 지위에 상관없이 그 누구나 타고나는 것이라고 보았다. 인간은 사회적 신분이나 지식의 차이에 상관없이 동등한 욕구와 감정을 지닌 존재로서, 개인은 자신의 생명을 보전하고 행복한 삶을 꿈꾸는 존재라는 것이다. 그는 인간은 '욕망하는 존재'로, 개인의 삶은 자신의 욕망을 어느 정도까지 충족할 수 있느냐에 따라 온전한 삶, 모자라는 삶, 죽는 것보다 못한 핍박받는 삶으로 갈라서는 것이기에, 본성을 따르는 '삶'에 충실할 것을 주장했다.

07 맹자의 성선설: 인간은 본성적으로 선하다.

전국시대에 활동했던 맹자(孟子)는 공자의 학문을 계승하여 유교 사상을 발전시킨 사상가이다. 맹자는 개인의 이기적 욕심이나 의로운 일 앞에서 주저하는 두려움이 선한 마음을 가리기 때문에 사회 혼란이 발생한다고 보았다.

맹자는 이러한 사회 혼란을 해결하기 위해서 인과 의를 강조했다. '인'이 따뜻하고 포용적인 사랑이라면, '의'는 옳고 그름을 분명하게 구분하는 사회적 올바름을 말한다. 당시의 사회적 혼란을 해결하기 위해 공자가 인을 강조한 데 비해, 맹자는 '의(義)'를 더욱 강조했다. 맹자는 혼란한 시대에도 불구하고 인간의 도덕적 본성에 대한 신뢰를 강조했던 사상가로서, 인간의 본성이 선하다는 '성선설'을 주장했다.

맹자는 모든 사람이 다른 사람의 고통을 차마 그대로 보아 넘기지 못하는 마음을 가지고 태어난다고 보았다. 그에 따르면 이러한 마음은 남을 불쌍히 여기는 마음(측은지심惻隱之心), 자신의 잘못에 대해 부끄러워하는 마음과 불의에 대해 미워하는 마음(수오지심羞惡之心), 겸손하며 양보하는 마음(사양지심辭讓之心), 옳고 그른 것을 가리고자 하는 마음(시비지심是非之心) 등의 네 가지 마음, 즉 '사단(四端)'을 통해 드러난다.

맹자는 사단이 인간이 선천적으로 타고나는 것으로, 본래부터 자기 안에 있는 사단을 확충할 때 인의예지(仁義禮智)라는 '네 가지 덕(四德)'이 된다고 보았다. 따라서 인간은 본능적·생득적으로 선하게 될 가능성을 지니며, 그 본성은 선한 것으로 생각했다. 이러한 맹자의 관점은 인간의 본성은 악하다고 하여 '성악설'을 주장한 순자의 사상이나, 인간의 본성에는 선이나 악이 없다는 고자의 '성무선악설'과는 차이가 있다. 공자는 인간 본성에 대해 말하지 않았는데, 이를 정의한 점에서 맹자의 '성선설'은 독자성을 갖는다.

그렇다면 선한 본성을 지닌 인간이 때로는 악행을 저지르는 이유는 무엇일까? 맹자에 따르면 인간은 자신이 처한 열악한 환경, 귀와 눈 같은 감각기관의 욕망, 그리고 사람이 갖추어야 할 물질적 욕구가 충족되지 않을 때 악행을 저지른다. 이를테면 빈궁한 환경이 본성적으로 선한 인간의 눈과 귀를 멀게끔 하여 악행을 저지르게 만든다는 것으로, 맹자는 경제적 조건을 좋게 하거나 인륜 교육에 힘을 쏟으면 인간은 저절로 선하게 된다고 보았다.

맹자는 그 해결 방법으로, 즉 악(惡)을 제거하는 방법으로 사사로운 것에 마음이 동요되지 않는 마음 자세인 '부동심(不動心)'을 강조했다. 맹자가 말하는 부동심은 도덕적 본성으로 자신을 안정시키고, 외부와의 접촉에서 일어나는 욕망을 억제하는 것이다. 맹자는 어떤 일에 대해 의혹이 없으면 그것에 대한 동요가 없는 '불혹(不惑)'의 자세로 동심에서 벗어나야 한다면서, 그 실천 방법으로 '양기(陽氣)'와 '지언(知言)'의 수양을 강조했다.

그렇더라도 이와 같은 이유 역시 인간성 속에 악으로 향하는 기질이 잠재하고 있음을 전제한다. 만일 인간이 악을 행하는 성질을 전혀 숨기고 있지 않다면, 어떤 환경 어떤 상황에 놓여 있다 할지라도 인간은 악행을 저지를 리 없기 때문이다. 이 질문에 대한 해답을 맹자에게서 찾을 수 없는데, 결국 맹자의 성선설은 악의 기원에 대해서는 충분히 설명할 수 없는 한계를 보인다. 이 때문에 송대의 주자(朱子)는 맹자의 성선설을 계승하면서도 인간의 본성을 '본연의 성(本然之性)'과 '기질의 성(氣質之性)'으로 구분하여 이 난점의 타개를 시도했다.

08 유가와 묵가의 사상적 차이: 차별적 사랑 vs. 보편적 사랑, 왕도정치 vs. 패도정치

유가(儒家)와 묵가(墨家)는 '사랑(愛)'의 실천과 '정치철학'의 실현 측면에서 근본적으로 차이를 보인다. 먼저, '사랑의 실천'에 있어서, 묵가는 남을 사랑하는 데 있어서 '**동등성**'을 강조하지만, 유가는 '**차등성**'을 주장한다. 차별 없는 사랑을 뜻하는 묵가의 '겸애' 사상은 차등적 사랑을 강조하는 유가의 '효(孝)' 사상과 대비된다. 물론 유가의 사상 역시 사랑의 외연을 확산하면서 인류애로 나아갈 것을 강조했다.

자기 가족에 대한 사랑을 남의 가족에까지 넓히는 것은 곧 공자가 제창한 '**충서(忠恕)**'를 실천하는 것이다. 이것은 결국 '인(仁)'을 실천하는 것으로, 이 실천에 강제가 있을 수 없다. 맹자에 따르면 모든 사람은 그 본성에 측은한 마음을 가지고 있는데, 이는 남의 고통을 차마 보지 못하는 것에서 비롯된다. 이 '측은지심'을 '선(善)'으로 계발하면 인간은 자연스럽게 남을 사랑하게 된다. 그렇더라도 인간이 남보다 자기 부모를 더 사랑하는 것은 자연스러운 인정(人情)인데, 이것이 바로 유가의 견해이다. 유가는 인(仁)을 인간 본성에서 자연적으로 촉발되는 덕목으로 간주하면서, 사랑의 실천은 인간 내면의 덕(德)의 실현 그 자체를 위한 것이어야 한다고 보았다. 한편, 묵가는 남과 자기 부모를 동등하게 사랑해야 한다고 주장했는데, 이것은 유가의 차등적인 사랑이 아닌 보편적인 사랑을 강조하는 의미라 할 수 있다. 대표 사상가인 묵자는 겸애를 외적 조건이 인간에게 인위적으로 부여한 것으로 보고서, 백성이 겸애를 실천하도록 권유 및 강요하기 위해 정치적인 제재를 가하여야 한다고 보았다.

다음으로 정치사상에 있어서, 묵가의 국가기원론은 '공리주의'적인 데 비해 유가의 이론은 '**인륜주의**' 성향을 보인다. 묵가에 의하면 국가는 유용하기 때문에 존립하는 것이지만, 유가에 의하면 국가는 인간의 본성상 필연적으로 존재해야 하기에 존립하는 것이다. 묵가에 의하면 국가는 사람들 사이의 시비의 기준이 혼란하여 생긴 무질서를 종식하기 위해 만들어진 인위의 조직체로, 절대적 권위를 지닌 통치자는 겸애의 도를 실천하기 위해 백성에게 정치적 제재를 가할 수 있다. 반면, 유가에 따르면 국가는 인륜(人倫)에 기원을 둔 도덕 조직체로, 인간을 지탱하는 도덕 원리인 인륜(人倫)은 국가와 사회 안에서 완전하게 발휘될 수 있다. 도덕 조직체인 국가의 통치자는 도덕적인 지도자여야 하기에, 오직 성현만이 참된 군주일 수 있다.

유가를 대표하는 맹자의 정치사상과 묵가를 대표하는 묵자의 정치사상은 이후 두 가지 정치 형태로 나아가는 토대가 됐는데, 하나는 '왕도정치(王道政治)'이고 다른 하나는 '패도정치(覇道政治)'이다. 이 양자는 완전히 다른 차원의 정치 형태라 할 수 있다. **왕도정치**는 백성에 대한 도덕적 교화를 통해 정치적 이념을 실현하지만, **패도정치**는 백성을 무력과 강압으로 통제하면서 정치적 신념을 실현한다. 그렇기에 왕도정치의 힘은 도덕적 감화에서 나오는 반면, 패도정치의 힘은 물리적 강제력에서 나온다. 왕도정치는 이익에 집착하지 않고 옳음(義)을 기반으로 덕(德)을 실현하는 정치를 지향하며, 패도정치는 현실을 중시하며 현실의 결과에 주목하는 정치를 지향한다. 즉, 왕도와 패도는 각각 과정을 중시하면서 덕을 실현코자 하는 정치와 결과적으로 현실의 이익을 얻어내려는 정치로 구분할 수 있다. 이를 현대 정치 용어로 말하면, 민주정치는 국민의 자유로운 의사를 대변하기에 왕도정치라 할 수 있고, 전제정치는 물리적인 강압을 통해 국민을 다스리기 때문에 패도정치라 할 수 있다.

09 공손룡의 보편자론: 모든 보편자는 분리된 독립적 존재다.

제자백가의 하나인 명가(名家)는 이름(名)과 실재(實)의 관계에 대한 논리적 분석을 시도했다. 그리고 이를 통해 인간 인식의 상대성과 제한성을 강조하여 상식과 경험에 기초한 고정관념과 편견을 극복하려 했는데, 그 과정에서 궤변처럼 보이는 주장도 나타나 비판을 받기도 했다. 특히 공손룡의 '**백마비마론(白馬非馬論)**'은 후세까지도 궤변의 대명사처럼 여겨진다. 명가를 대표하는 사상가인 공손룡은 이름(名)과 그 이름에 대응하는 실제 사물(實)에 대해 고찰했다. 그는 '이름(名)'은 절대적이고 불변적이라고 강조했는데, 이는 서양철학의 핵심 담론인 '**보편자**' 문제와 서양철학의 사상적 근간이라 할 수 있는 '이데아' 개념을 다룬 것이기도 하다.

공손룡에 따르면, '말'은 말의 모습을 지칭하는 개념을 갖고 있고 '하얗다'는 색상의 개념을 갖고 있다. 공손룡은 말을 지칭하는 개념과 이것과 색상의 복합개념인 '백마'와는 개념적으로 다르다고 생각했다(백마론白論: 흰말은 말이 아니다, 白馬非馬). 그는 '하얗다'나 '견고하다' 등의 개념은 '실재'한다고 주장했다(견백론堅白論: 굳은 것과 흰 것의 분리, 離堅白). 이러한 주장은 플라톤의 '이데아론'과 동일한 논리라고도 볼 수 있다. 그는 "하얗고 단단한 돌은 손으로 만질 때는 하얗다는 것이 이해되지 않고, 눈으로 볼 때는 단단하다는 것이 이해되지 않는다."라면서, "하얗다는 개념과 단단하다는 개념은 양립하지 않는다."라는 '**견백동이론(堅白同異論)**'을 주장했다. 이것은 인간의 인식은 경험적 감각기관에 따라 제한되므로 결국 서양철학에서 칸트가 말하는 '물자체(物自體)'의 전체 속성을 이해할 수는 없으며, 기준과 층위에 따라 개념을 엄격히 구분해서 사용해야 한다는 것이다(지물론指物論). 공손룡에 의하면, '물'(物)은 구체적이며 특정한 사물을 뜻하고, '지(指)'는 추상적 보편자를 뜻한다.

공손룡의 '백마비마론'은 이러한 '지물론'과 '견백론'의 연장에서 나타난다. 공손룡은 백마는 빛깔을 가리키는 개념이고 말은 형체를 가리키는 개념이므로 백마는 백마이지 말이 아니라고 주장했다. 빛깔을 가리키는 개념과 형체(모습)를 가리키는 개념은 엄격히 구분된다는 뜻이다. 그리고 말에는 백마뿐 아니라 흑마, 황마 등도 있지만 백마는 흑마나 황마가 아니므로 백마는 백마이지 말이 아니라고 주장했다. 백마와 말이라는 개념 사이에는 큰 차이가 있어서 일치하지 않으므로, 백마를 말이라 할 수 없다는 것이다. 또 공손룡은 여러 빛깔의 말에서 빛깔을 빼 버린 것이 말이고, 백마는 그러한 말에다가 흰 빛깔을 더한 것이므로 백마는 백마이지 말이 아니라고 주장했다. 곧 말이라는 일반개념과 백마라는 특수개념을 동일시해서는 안 된다는 것이다. 이처럼 공손룡의 백마비마론은 기준과 층위에 따라 개념과 사물의 관계가 엄격히 구분된다는 것을 강조하기 위해 나타낸 비유적 표현이라 할 수 있다. 공손룡은 **명분(名)**과 **실재(實)**를 혼동해서는 안 되며, 그 관계를 바로잡아야 한다는 사실을 말하려 다분히 궤변적인 논리를 펼친 것이다(명실론名實論).

공손룡을 비롯한 명가의 철학자들은 이름(名)을 분석하고, 명실(名實)의 관계와 그 차이점을 분석함으로써 '형상(刑相, 본질)을 초월한 경지'를 발견했다. 공손룡이 논한 보편자는 경험의 대상이 될 수 없는 형이상학(名)의 경지이기도 하다. 그는 세상의 모든 보편자는 단독으로 존재하며, 그것이 정상적인 상태라고 말하면서, "명실(名實) 관계를 똑바로 잡아 천하를 교화시켜야 한다."라고 주장했다.

10 노자의 소국과민: 무위(無爲)의 도(道)를 통해 실현하는 이상 국가

춘추전국시대에 등장한 제자백가 중 도가는 유가와 더불어 가장 영향력이 큰 학파이다. 노자에 의해 주창되었으며 이후 사상을 발전시킨 것이 장자이다. 이런 이유로 도가 사상을 '노장사상(老莊思想)'이라고 부른다. 노자는 유가의 인간 중심인 '인의 도덕'을 반대하고 '우주 자연'을 본위로 삼은 '도(道)'의 사상을 일으켰다.

노자에 따르면 도(道)는 어떤 것에도 의존하지 않고 독자적으로 존재할 수 있는 실체이고, 따라서 '자연'이라 할 수 있다. 그러나 이 자연은 어떤 것도 간섭 또는 지배하지 않는다는 점에서 '무위(無爲)'하다. 노자는 도가 현실 속에서 구체적으로 드러난 것을 '덕(德)'이라고 했다. 덕에는 자연의 도와 합치하는 무위(無爲)의 덕과 의식적으로 노력하는 유위(有爲)의 덕이 있는데, 노자는 무위의 덕을 따르는 것, 즉 '무위자연(無爲自然)'을 이상적인 삶의 모습으로 보았다. 무위는 인위를 가하지 않는 것이고, 자연은 스스로 그러하다는 의미다. 따라서 무위자연의 삶이란 사람의 힘이 더해지지 않고 자연 그대로의 질서를 따르는 것, 또는 그런 이상적인 경지를 뜻한다. 노자는 어떠한 것에 간섭하거나 지배하지 않고, 그들의 자발성에 맡긴다면 세상은 저절로 좋아질 것이라고 보았다.

이처럼 노자는 '무위(無爲)' 정치의 실현을 그 목표로 삼았는데, 그는 자신이 이상 세계로 그린 국가관을 '소국과민(小國寡民)'으로 표현했다. 노자가 말한 소국과민이라는 이상 국가에서 삶의 주체는 백성들이다. 백성들은 통치자가 존재하는가, 그리고 나라의 규모에 아무런 관심이 없다. 노자는 나라가 크고 사람이 많을수록 인위적인 제도와 규범이 만들어져, 백성이 무위자연의 삶을 살아가기 어렵다고 보았다. 따라서 규모가 작고 적은 수의 백성으로 이루어진 나라야말로 이상적인 사회라고 보았다. 노자에 따르면, 성인(聖人)이 정치할 때는 자신만 무위(無爲)하는 것이 아니라 백성들 역시 무위의 삶을 살게 된다. 그래서 노자는 성인의 정치를 "백성들로 하여금 아는 것도 없고(無知), 욕망도 없게 만드는 것(無慾)이다."라고 했다. 이것이 노자가 주장하는 다스림 없는 다스림, 즉 무위의 다스림(無爲之治)이다. 노자는 이것을 '최상의 다스림(太上)'이라고 표현했는데, 이것이 노자 철학의 궁극적인 목적이다. 노자는 이러한 다스림이 이루어지는 '소국과민(小國寡民)'의 사회를 이상적인 사회라고 생각했다.

소국과민이라는 이상 국가에서 백성들은 통치자의 존재마저도 잊고 하늘이 자신에게 부여한 삶을 살아간다. 이것은 만물이 '저절로 각각의 존재 양식에 따라 개성 있게 자라면서 존재'하는 세계이다. 이 세계를 우리는 '무위자연'의 세계라고 말할 수 있다. 그런 까닭에 비록 이 이상 세계에 통치자와 백성이 존재한다고 하더라도 그 차이는 거의 무의미하다고 할 수 있다. 이 세계의 통치자는 노자가 말하는 성인으로, 무위의 덕을 완벽하게 체현하는 인물이다.

노자가 제시한 소국과민이라는 이상 세계에서 천지 만물은 온전하게 조화로운 세계를 형성한다. 노자는 가장 훌륭한 위정자는 백성들에게 어떤 일을 강요하지 않을뿐더러, 자신의 은덕을 자랑하지도 않는다고 생각했다. 백성들은 다만 그의 존재를 알고 있거나 혹은 존재하는 것조차도 모를 뿐, 그의 존재를 이해할 필요도 없고, 더욱이 그의 위대함을 칭송하거나 감사할 필요가 없다. 그 세계에서 백성들은 자신에게 주어진 삶을 성실히 살아가고, 또 그렇게 죽어갈 것이다. 그러므로 성인의 도는 백성들이 잘살 수 있도록 위할 뿐이지 다투지 아니한다.

11 장자의 상대주의: 옳음과 그름, 진실과 거짓의 가름은 무의미하다.

노장사상을 대표하는 사상가 장자(莊子)는 상대주의 관점에서 절대적인 옳고 그름의 기준은 없다고 보았다. 그의 이런 생각은 〈제물론(齊物論)〉 편에서 잘 드러난다. 장자는 세속적인 차별의식에서 벗어나 '도(道)'의 경지에서 모든 것은 한결같다는 **'제물(齊物)'**의 경지를 제시했다. 제물의 관점에서 보면 선악, 미추, 빈부는 상대적인 것에 불과하며, 따라서 모든 사물의 차별이 사라진다. 우리는 보통 좋은 직업이나 돈의 많고 적음과 같은 세속적인 조건에 얽매여 자신을 구속하지만, 장자에 따르면 이러한 판단은 상대적일 뿐 절대적이지 않다.

장자는 자신의 상대주의 시각을 '호접지몽(胡蝶之夢)'의 우화로 표현했다. 장자가 하루는 꿈을 꾸었는데, 자신이 나비가 되어 꽃들 사이를 즐겁게 날아다녔다. 그러다가 잠에서 깨니, 다시 장자가 되어 있었다. 장자는 대체 자기가 꿈속에서 나비가 된 것인지, 아니면 나비가 꿈에 장자가 된 것인지를 구분할 수 없었다. 꿈이 현실인지 현실이 꿈인지, 그 사이에 어떤 구별이 있는지를 생각하던 장자는 자신과 나비 사이에는 피상적인 차이만 있지, 절대적인 변화는 없으며 물아의 구별이 없는 절대적인 경지에서 보면 장자도 나비도, 꿈도 현실도 구별이 없다는 것을 깨달았다. 흔히 **'물아일체(物我一體)'**의 경지를 의미하는 말로 쓰이며, 인생의 덧없음을 비유하는 말로 사용되기도 하다.

장자의 상대주의 사상은 '무용지용'의 도(道)에서도 드러난다. 무용지용(無用之用)이란 아무 쓸모없는 것처럼 보이는 것의 쓸모를 말한다. 아무런 쓸모가 없는 것처럼 보이는 것이 실제로는 쓸모 있는 게 되는 것이 무용지용이다. 장자는 유용한 것은 무용한 것이 있어야 성립하고, 무용한 것은 유용한 것이 있어야 한다고 생각했다. 만물은 유용하든 무용하든, 다른 것과 비교할 수 있는 성질의 것이 아니며, 각자 절대적 가치가 있다고 보았다. 이를 **'무용(無用)의 용(用)'**, 즉 '쓸모없음의 쓸모 있음'이라고 한다. 우리 인생에서 일어나는 사건들은 가치와 우열을 매길 수 있는 성질의 것이 아니다. 장자는 우리 인생에서 일어나는 사건들을 운명으로 받아들이고, 즐거운 마음으로 살아가라고 강조했다. 장자는 사람들에게 무위자연의 도에 살아야 하며, 잘나고 못나고, 쓸모가 있고 없고 하는 것을 초월해야만 자연을 온전히 받아들일 수 있다고 했다.

이와 같은 장자의 상대주의 사상은 **'만물제동(萬物齊同)'**으로 축약된다. '만물은 도(道)의 관점에서 본다면 같다.'라는 사상으로, 세상 사물은 동일한 가치가 있는 것이기에 차별 없는 시각에서 바라봐야 한다는 것이다. 장자는 사물의 진실한 도에 이르는 것이 **'덕(德)'**이라고 여겼다. 사람은 습관적으로 시비와 선악 같은 것에 분별 지식을 쓰려고 하지만 그 판단의 정당성은 결국 알 수 없다. 또 어느 한쪽이 소멸하면 다른 한쪽도 존립하지 않는다. 시비선악은 존립의 근거가 똑같이 동질적이며, 그것을 하나로 이루는 절대적인 것이 곧 '도(道)'이다. 이러한 관점으로 본다면, 귀천 따위의 현실 사회에 있는 예법 질서도, 모든 사람의 분별 지식 소산에 따른 편의적인 구별에 불과하다. 그뿐만 아니라 생사조차 동일하며, 삶도 죽음도 도의 한 모습에 지나지 않는다. 장자의 만물제동 사상에 따르면 만물은 다른 사물들과 견주어 **'상대적'**으로 결정되고, 그러한 결정에서 절대적 진리도 절대적 오류도, 우월도 열세도 없다. 장자는 모든 것을 고정된 시각에서 보는 편협한 사고에서 벗어나 새로운 관점에서 세상 만물을 바라보는 한편, 타인과의 소통을 통해 옳고 그름의 기준을 새롭게 창조해나가야 한다고 보았다.

12 순자의 인성론: 이기심을 추구하는 인간의 자연스런 본성을 교육으로 바로잡아야 한다.

다른 유가 사상가들과 마찬가지로 순자(荀子) 역시 도덕적 인간의 완성을 궁극적 목적으로 보았다. 하지만 공자나 맹자가 하늘을 도덕의 근원으로 보았다면, 순자는 인간을 하늘로부터 독립된 존재로 보았다. 또 인간 본성이 원래 선하다고 보는 맹자와 달리 인간 본성이 악하다는 '성악설'의 관점을 제시했다. 순자는 인간은 태어날 때부터 이익을 좋아하고 본능적인 욕구를 따르는 존재라고 생각했다. 인간이 자신의 이익을 탐하고 이익을 차지하기 위해 서로 싸우기 때문에 악해진다고 보았다. 따라서 본성이 교화되지 않으면 아름다워질 수 없다고 주장하며 인위적이고 후천적인 노력을 중시했다. 즉, 인간은 실천적 노력을 통해 자신의 악한 본성을 변화시켜 선하게 만들어야 한다는 것이다.

순자는 인간은 선천적으로 선한 본성을 가지고 태어나지는 않지만, 그렇더라도 인의(仁義)를 알 수 있는 능력과 그것을 행할 수 있는 능력을 지니고 있다고 보았다. 순자는 그것들에 의해 인간 본성이 교화될 수 있다고 보고, '예(禮)'를 통해 이를 실천하고자 했다. 순자에게 있어서 예란 '인위(人爲)'로, 인간의 본성을 교화하고 규제하는 외면적인 도덕규범이다. 예의 · 의식 · 사회규율 등의 의미를 함축하는 '예'는 순자에게 있어서 인간의 행위를 규제하는 기능과 인간의 감정을 순화하고 정화해 주는 기능을 지닌다.

순자는 '예'를 통해 인간의 악한 본성을 적극 교화함으로써 '인의'의 도덕을 구현할 수 있다고 보았다. 그는 "인간의 성품은 악하다. 선한 것은 인위적인 노력의 결과다."라고 말하는 한편, "성품(性)은 본래 바탕으로서 가공되지 않은 것인데 반해, 착하게 보이는 것을 의미하는 '위(僞)'는 인위적인 노력에 의한 것을 말한다. 성품이 없으면 인위적인 노력을 가할 곳이 없으며, 인위적인 노력이 없으면 성품이 저절로 아름다워질 수 없다."라고 했다. 이는 인간 내면에 있는 인의의 도덕을 바깥으로 확충해야 한다고 생각했던 맹자와는 다른 관점이다. 하지만 개인이 원하기만 하면 누구나 성인이 될 수 있다고 말한 점에서는 맹자의 견해와 일치한다.

그렇다면 인간은 어떻게 도덕적으로 선하게 될 수 있을까? 순자는 인간 본성이 똑같이 나쁨에도 불구하고 우리가 인간으로서 힘써야 할 덕목인 '예'를 기준으로 삼아 자기 수양의 길을 계속 걷는다면, 누구나 자신의 나쁜 본성을 교정하고 변화시킬 수 있다고 확신했다. 이러한 관점에서 그는 군주가 예를 통해 사회를 다스려야 한다는 '예치주의(禮治主義)'를 주장했다. 즉 모든 도덕적 행위의 기준이 되는 외면적 사회 규범인 예를 통해 질서 있는 사회를 만들어 가고자 했다. 좋은 나라란 군주의 권력이 아니라 예에 따라 살아가려는 나라로, 순자는 군주가 백성을 다스림에 있어서 반드시 예를 준수하여 덕과 능력에 따라 지위와 재화를 공평무사하게 분배해야 한다고 주장했다.

공자 · 맹자 · 순자의 사상 비교

구분	공자	맹자	순자
인(仁)의 실현	인(내면)과 예(행위)의 조화를 통해	의(義-내면)의 실천을 통해	예(禮-행위)의 실천을 통해
인의 구체적 실천 방안	충과 서	사덕(인의예지)	인위(예)
실천 노력	극기복례	호연지기	화성기위(化性起僞)
인간 본성	–	성선설	성악설
이상적 인간상	군자	대장부, 대인	지인, 신인

13 공자의 정명론과 순자의 정명론: 윤리적 접근 vs. 인식론적 접근

통치 철학으로서의 유가 사상의 핵심은 '**정명 사상**'이다. 공자는 질서 있고 안정된 사회를 이룩하는 데 가장 중요한 것은 이른바 '정명(正名)'의 확립이라고 생각하면서, 모든 사람은 각자의 위치에서 각자의 할 일에 최선을 다해야 한다고 말했다.

공자의 사상을 집약한 『논어』에 이르기를, "반드시 명분을 바로 세워야 한다. 명분이 바로 서지 못하면 말이 올바르지 못하고, 말이 올바르지 못하면 일이 성사되지 않는다.", "임금은 임금다워야 하고, 신하는 신하다워야 하며, 아비는 아비다워야 하고, 자식은 자식다워야 한다(君君, 臣臣, 父父, 子子)."라고 했다. 이처럼 공자에게 정명(正名)은 '~다움'이다. 이름에 걸맞은 본질을 갖추고 있을 때, 그 이름(名)이 진정한 의미를 지니게 된다는 것이다.

공자가 이 가르침을 통해 전하려는 메시지는 다음과 같다. 사람들이 자신의 본분을 지키지 않으면 말이 혼란스럽게 되고, 말이 혼란스럽게 되면 나라의 모든 일에 혼란이 야기된다. 그리고 결국에는 백성이 살아갈 수 없는 나라가 되고 만다. 따라서 군자는 반드시 명분을 지켜서 바른말을 행하고 실천할 수 있어야 하고, 그래야 백성들의 신뢰를 얻어 나라를 바르게 이끌어갈 수 있는 것이다.

공자는 군자의 역할에 대해서도 중요하게 생각했다. 『중용』에서 "군자는 현재 있는 위치에서 할 일을 행할 뿐 그 밖의 일은 바라지 않는다.", "군자는 어떤 처지에 처해도 스스로 얻지 않음이 없다. 높은 자리에서는 아랫사람을 업신여기지 않고, 아래에 있을 때는 윗사람을 끌어내리지 않는다."라고 하여 군자는 어느 곳에 있어도 반드시 본분을 지켜야 한다고 말했다.

순자 역시 〈정명편〉에서 공자의 정명론(正名論)에 바탕을 둔 '**명실론(名實論)**'을 펼쳤다. 그는 지(知)와 지(智)를 구분하면서, 전자는 사람들이 가지고 있는 앎의 능력을 지칭하는 데 썼고, 후자는 사람이 안 것과 실제 대상이 들어맞았을 때 쓰는 용어로서 그 의미를 부여했다. 순자에 따르면 인식 대상을 구분하면서 생기는 것이 명(名)인데, 이는 약속이고 따라서 다른 것이면 다른 이름을 붙여야 한다고 보았다.

순자는 이름의 기원과 그 용법에 대해 이르기를, "이름(名)이란 사물을 지시하기 위해 만들어졌다. 그리하여 위로는 귀하고 천함을 밝히고 아래로는 다르고 같음을 가려낸다."라고 했다. 말하자면 **이름(名)**은 한편으로는 윤리적인 이유에서 또 다른 한편으로는 논리적인 이유에서 유래됐다고 하여, 공자의 정명론을 비판적으로 수용 및 종합하여 실천적인 측면과 논리적인 측면을 모두 집대성한 정명론을 제시했다.

순자는 '정명'은 사회 질서를 실현하는 필요조건이라고 생각했다. 따라서 그는 이름을 바로잡아야 하는 목적과 어떻게 이름을 바로잡을 수 있는지, 그리고 이름을 바로잡을 수 있는 근거가 무엇인지 등과 같은 현실적인 문제에 관심을 두었다. 순자는 성인의 위(僞)인 예의를 통해 명(名)을 바르게 하고, 또한 자질과 능력에 따라 사람들의 분수를 확정함으로써 사회적 분별과 조화가 확립될 때 도덕적 '이상사회'는 실현 가능하다고 보았다. 그는 그러한 이상사회를 천자·제후·관리·백성이 직분에 따라 일하고 각각 그 '직분'에 만족하는 질서를 형성하는 대동 사회인 '**군거화일(群居和一)**'이라고 불렀다. 이처럼 순자는 정명의 시행을 '예치(禮治)'의 본질로 간주하면서, 정명론에 입각한 예치로 세상의 안정을 이루어야 한다고 주장했다.

14 | 법가와 도가, 법가와 유가 사상 비교: 법치 vs. 순치 vs. 덕치

법가(法家)는 전국시대에 한비자(韓非子)의 제창한 학파이다. 한비자는 인간은 본래 이기적이고 미래를 예측할 수 없는 한계를 지닌 존재라고 보았다. 그러므로 백성은 통치자가 덕으로 통치한다고 해도 사회 질서는 유지되지 않으며, 오직 국가의 강력한 통제와 권위에 대한 절대적인 복종을 통해서만 사회적 안정과 질서를 유지할 수 있다고 생각했다. 그는 인간의 행위에 대한 엄격한 평가를 통하여 상벌을 내리는 법률 체계를 통해서 사회 질서를 유지할 것을 강조했다. 엄격한 국가 법률을 세워 거기에 대한 복종을 강요하고 그 복종으로부터 군주의 권위를 유지하여 사회 질서를 유지할 수 있다고 생각했다.

한비자는 인간은 불완전한 존재여서 개인의 이기심을 완전히 없앨 수 없다고 생각했다. 그는 개인이 잘한 일에 대해서는 상을 주고 죄를 지으면 벌을 주는 신상필벌의 원칙에 따라 국가를 통치해야 한다고 보았다. 이러한 사상을 **'법치주의'**라고 한다. 법치주의는 예치주의와 사상적으로 비슷한 면에 있지만, 예(禮)라는 모호한 규칙이 아닌 확실하게 문서로 제정된 규칙으로 백성을 통치해야 한다는 점에서 차이를 보인다.

이상의 내용을 염두에 두고 법가와 도가, 법가와 유가 사상을 비교하면 다음과 같다. 먼저 도가, 유가, 법가 사상은 모두 혼란한 현실 상황을 해결하기 위한 대안 찾기에 노력했다는 점에서 공통된다. 도가는 현실에 맞지 않는 자연적인 질서를 추구하는 **'이상주의'**를 표방했다. 유가 사상은 **'현실'**에 대한 분명한 인식과 구별을 갖고 이에 부합하는 대안으로서 **'덕치주의'**를 제시했다. 법가 사상은 도덕으로 나라를 다스린다는 공자와 맹자의 덕치(德治)를 부정하고 순자의 성악설을 이어받아 강제적인 **법치주의**를 내세웠다.

도가와 법가는 중국 사상의 양극단을 대표한다. 도가는 인간은 본래 순박한 품성을 지녔다고 보는 데 비해, 법가는 인간은 전적으로 악한 성품을 지녔다고 보았다. 그리하여 도가는 인간의 절대적 **'자유'**를 옹호하는 데 비해, 법가는 국가권력에 의한 개인의 **'통제'**를 주장했다. 그럼에도 불구하고 두 학파는 **'무위(無爲)'**를 공통된 기반으로 한다는 점에서 서로 통하며, 군주의 통치 방법은 '무위'로 천하를 다스리는 것이라고 보았다.

한편, 법가의 법치와 유가의 덕치는 공통적으로 **'예(禮)'**를 기반으로 한다. 유가는 덕치(德治)를 토대로 신분에 따라 예(禮)와 형(刑)이라는 이원화된 규범을 적용했지만, 법가 사상가들은 신분 고하를 막론하고 모든 사람이 법의 적용을 받아야 한다고 주장했다. 그 점에서 법가 사상은 법적 평등의 측면에서 유가 사상보다 진일보한 이론이라 할 수 있다. 한편, 법가 사상은 통치자 개인의 자질에 영향을 받지 않는 안정된 정치 시스템을 구축하는 것이 중요하다고 보았지만, 유가는 '인(仁)'이라는 덕목을 실천하는 군자의 덕치를 통해서 이상 국가를 만드는 것을 정치의 목표라고 보았다. 유가의 군자와 소인에 대한 구분은 세습적인 계급 차이가 아닌 도덕적 수양으로 결정되었으며, 그 점에서 혈통이라는 우연성을 따라 구분되는 계급 서열을 중시하지는 않았다. 법가의 사상 역시 계급의 구분이 없었으며, 법과 군주 앞에서 만인은 평등했다. 법가의 사상가들은 백성을 교화하여 군자로 이끌려고 애쓰는 대신에 예의를 폐지하는 한편, 모든 사람에게 똑같이 상벌을 적용함으로써 계층 갈등을 줄이려고 했다. 그렇기에 유가 사상이 **'이상주의'**를 지향한다면, 법가 사상은 다분히 **'현실주의'**를 따랐다고 할 수 있다.

15 동중서의 천인감응설: 수직적 사회체계 구축을 위한 이론적 기반

동중서(董仲舒)는 한 무제 시대에 유교를 중국의 국교로 만들고 유학을 관학으로 지정하는데 결정적인 공헌을 한 유학자이다. 그는 중국 전통의 음양 사상과 유교 사상을 통합하여 '음양(陰陽)'의 원리를 도덕 원리로 해석하고 이를 정치에 적용했다. 특히 그는 '사람은 하늘을 근본으로 하여 만들어졌으며, 하늘은 사람의 증조부'라고 하는 '천인감응설(天人感應說)'을 통해 하늘이 최고의 신이며 인간은 하늘이 창조했다고 주장했다. 천인감응설은 기존의 천인합일 사상에서 한 걸음 나아가 천을 인격적으로 해석한 것으로 후대의 중국 사상에 큰 영향을 끼쳤다.

천인감응설(天人感應說)은 인간(人)과 자연(天)은 하나라는 기본적 사고에서 나온 이론으로, 두 가지의 면을 동시에 가지고 있었다. 하나는 '왕권신수설'을 따라 임금이 되는 것은 곧 하늘이 인정한 것이라는 입장이며, 다른 하나는 임금이 정치를 잘못하면 하늘이 재앙을 일으켜 벌한다는 '재이설(災異說)'을 통해 왕권을 견제하려는 입장이다. 이렇듯 천인감응설은 마치 양날의 칼처럼 통치계급을 지지하는 주장과 절대 권력을 견제하는 주장을 동시에 담고 있었다.

천인 관계 즉, 인간과 자연의 문제를 어떻게 보느냐 하는 것은 중국철학사에서 매우 중요한 문제이다. 대표적인 것이 하늘과 인간을 하나로 이어진 것으로 보는 '천인합일(天人合一)' 내지는 '천인상관(天人相關)'의 입장으로, 특히 맹자에 의해 강조되었으며, 그의 사상을 이어받아 보다 체계화 및 이론화한 것이 동중서의 '천인감응설'이다.

동중서는 음양가의 '음양오행설'을 끌어들여 이를 유가 사상과 결합했다. 음양(陰陽)은 만물을 형성하고 움직이는 상반되지만 상호 보완 작용을 하는 두 가지 기운(氣)을 뜻하고, 오행(五行)은 사물의 운동과 변화에 관계하는 다섯 종류(木火土金水)의 기운 내지는 속성을 말한다. 동중서는 음양설과 오행설을 합쳐 이를 '음양오행설'이라는 하나의 학설로 정립했다. 이를 통해 알 수 있듯이, 인간이나 자연은 모두 '기(氣)'에서 나온 것으로, 동중서는 이것을 천인감응설(천인상감설)에 적용하여 정치사상에 목적론적이고 기계론적인 해석을 가하였다. 요컨대 동중서의 천인감응설은 하늘과 군주와의 감응 관계를 통해 군주의 권력을 신격화하고, 상서(上瑞)·재이(災異) 같은 하늘의 경고를 통해 군주를 경계함으로써 실책을 저지르지 않도록 유도한다는 것이다.

이렇게 본 동중서의 천인감응의 정치론은 다음 두 측면에서 이해될 수 있다. 먼저, 군주의 통치권과 통치 이념에 대한 정당화이다. 동중서의 천인감응론은 피지배자에게 '군주=하늘', '군주의 권능=하늘의 권능'으로 인식하게 만듦으로써, 하늘의 권위를 빌려 군주 지배체제에 복종하도록 군주의 지위를 신격화했다. 다음으로, 천인감응설은 상서·재이를 통해 하늘의 의지를 확인하도록 함으로써, 권력을 견제하는 장치로써 이해되었다. 결과적으로 동중서의 천인감응설은 지배자의 권능을 신격화하는 반면 피지배자의 위상을 철저히 축소하는 수직적 이론 체계를 구축함으로써, 지배계급의 통치 이념을 정당화하는 사상적 기반을 제공했다.

동중서의 천인감응설은 정치론과 결합하면서 당시의 봉건적 사회구조를 합리화하는 결정적인 토대를 제공했다. 동중서의 음양론은 군신·부자·남녀의 수직적 위계질서를 정립하고 지배자의 정치적 입장을 강화하려는 의도가 강하게 내포되어 있었는데, 그는 음양을 범주화하듯이 계층을 범주화함으로써, 지배자 중심의 가치 형성과 신분 질서 확립에 결정적인 역할을 했다.

16 왕충의 자연철학: 인간은 결정론적 운명론을 따라 자연에 순응하는 존재다.

후한 시대의 왕충(王充)은 자연무위설(自然無爲說)과 더불어 마음(心)의 의미를 탐구한 사상가였다. 왕충의 철학은 당시의 목적론적 세계관에 대한 비판과 밀접한 관계가 있다. 왕충보다 200여 년 앞서 활약한 동중서는 음양오행설과 유가의 사상을 결합하여 '천인감응설'을 제기했는데, 그의 이론은 절대군주를 견제하기 위해 제기되었을 뿐만 아니라, 참위설(讖緯說)·재이설(災異說) 등을 통해 허망한 미신을 추구하는 사회 풍조를 조성하게 되었다.

이에 왕충은 천인감응설에 맞서 천도(天道)의 '자연무위(自然無爲)'를 주장했다. 왕충은 현재까지 전해지는 그의 유일한 철학적 저작인 『논형(論衡)』에서 "선(善)하면 길(吉)함을 만나고 악(惡)하면 흉(凶)함을 만나는데, 그것은 천지자연이지 사람 때문에 그러한 것은 아니다."라고 말했다. 여기에는 천인감응설(천인상관설)에 반대하는 그의 생각이 매우 분명히 드러나 있다.

왕충은 하늘의 신성함을 인정하지 않았다. 그에게 하늘은 사람과 감응할 수 있는 그 어떤 체계도 갖추고 있지 않다. 하늘은 감각도 의지도 없는 무위(無爲)와 무목적(無目的)의 물질적 실체일 뿐이다. 그가 보기에 만물의 생성은 천지(天地)의 어떤 목적 때문이 아니라 '저절로 그러한 것(自然)'이다. 왕충에 따르면 하늘은 자연 이상의 다른 것일 수가 없다. 하늘은 사랑이나 증오, 분노와 같은 감정을 가질 수 없다. 따라서 하늘이 특정 목적을 갖고 만물을 탄생시켰다는 것은 사실이 아니며, 사람 역시 여타의 생물과 같이 우연히 생겨났을 뿐이다. 인간은 특별한 존재가 아닌 '우연의 존재'일 뿐이다. 하늘이 만물을 의도적으로 만든 것이라면 인간은 마땅히 서로 사랑하도록 해야지, 결코 서로 해치거나 죽여서는 안 된다. 이렇듯 왕충에게 천지는 그저 자연일 뿐으로, 그는 하늘에 대한 모든 초월적이고 신비적인 논의를 과감히 부정했다. 그런 점에서 그의 자연주의적 사유는 도가(道家)에 근거를 둔 것으로 봐야 할 듯하다.

이러한 왕충의 자연주의 철학은 초월적인 의미를 지닌 유학을 현실의 경험적인 차원으로 끌어내리는 데 결정적으로 기여했다. 왕충은 유학의 변용 과정에서 부분적으로 수용되었던 천인감응·재이·참위 같은 초월적이고 미신적인 논의를 **자연주의** 관점에서 강하게 비판했다. 그런 점에서 왕충 사상의 정수는 비판 정신에 있다고 할 것이다. 왕충의 비판적 합리주의 정신은 옛 성인들이 알을 깨고 나왔다는 등의 기록이 모조리 거짓이라고 갈파하는가 하면, 그토록 존경해 마지않은 공자에 대해서도 심지어는 조롱에 가까운 비판까지 서슴지 않았다.

왕충은 다른 한편으로 인간을 여타의 생물과 다를 바 없는 존재로 규정하면서, 인간에게 배타적인 우월성을 부여하는 태도에서 벗어나고자 했다. 그는 **명정론(命定論)**, 즉 결정론적 운명론을 주장하면서, 사람의 운명은 태어날 때부터 하늘에 의해 미리 결정되어 있다고 주장했다. 그는 인간의 수명과 부귀와 귀천은 처음 태어날 때 결정되어 있으며, 결코 노력으로 바꿀 수 있는 것이 아니라고 보았다. 이는 개인의 능동적인 도덕 행위를 강조하는 유가의 사상과는 거리가 있다. 왕충은 맹자와 순자의 인성론은 인간 본성에 대한 일면적 규정이기에, 본성 그 자체보다는 본성의 변화 가능성에 주목하여 교화를 강화할 것을 주장했다. 왕충의 명정론은 인간을 운명에 무조건 순응하고 살아야 하는 존재로 규정하지 않으며, 인간은 교화를 비롯한 후천적 노력을 통해 감정과 욕망을 조절하여 본성을 선하게 바꿀 수 있다고 보았다.

17 송대의 우주론 철학자 - 주돈이, 소옹, 장재: 유불선(儒佛仙) 사상의 통합과 절충

북송대 초기에 유학의 바탕 위에 불교와 도교의 내용을 흡수한 새로운 사상 문화 운동이 전개됐는데, 이를 '신유학'이라고 한다. 신유학의 흐름을 주도한 학자들은 사문(斯文, 유학의 道)의 전통에서 유학적 진리를 추구한다는 점에서 자신들의 학술을 '도학(道學)'이라고 명명했는데, 후에 '도학파'라고 불리게 되었다. 도학파를 이끈 주요 인물로는 주돈이(周敦頤), 소옹(邵雍), 장재(張載), 정호(程顥), 정이(程頤) 등이 있다. 특히 주돈이, 소옹, 장재는 성리학적 관점에서 '우주론'을 펼치면서 사상의 지평을 넓혔다.

우주론적 철학의 창시자는 주돈이(周敦頤)다. 주돈이는 역학(易學)에 조예가 깊어 『태극도설(太極圖說)』, 『역통(易痛)』 등의 저술을 남겼다. 그는 『태극도설』을 통해 우주와 인간에 대한 형이상학적 체계를 완성했다. 태극도설에서는 인간의 자기 변형 즉, 내적 수양을 통해 우주의 본원을 직접 체험하는 것에 기반하여 인간성을 완성하는 것을 지향하고 있는데, 이것이 바로 '인간의 극치(人極)'를 세운다는 사상이다. 주돈이는 그의 또 다른 저서인 『통서(通書)』에서 우주와 인생을 논하면서, 인간과 사회에 대한 포괄적 해석을 해나갔다. 그에 의하면 인간의 삶의 완성은 우주의 본원에 대한 인식과 유기적으로 연관되어 있다.

도가적 우주론의 영향을 받은 주돈이의 『태극도』가 성리학적 이론 정립의 기초로 자리매김할 수 있었던 것은 남송의 주희가 『태극도』의 '무극(無極)', 태극(太極)'에 대한 해석을 통해 성리학 이론의 핵심이라고 할 수 있는 '이기(理氣)의 세계관'을 정립했기 때문이다. 주희는 태극과 무극을 각각 기(氣)와 이(理)의 원초적인 발현 상태로 대체함으로써, 태극에서 발현되는 기의 운동·생성 및 그 근원으로의 이의 개념을 정립했다.

소옹(邵雍)은 선천역학(先天易學, 선천상수학)과 만물일체(萬物一切)의 사유로 북송 도학의 심원을 넓힌 학자이다. 소옹은 『주역』의 선후천론(先後天論)에 근거하여 우주의 개벽설을 주장하면서, 만물의 생성과 변화를 『주역』의 괘도(卦圖)와 수리(數理)로써 해명했다. 우주 자연이 변화하는 원리와 역사 변천의 법칙성을 수(數)를 통해 파악하고, 이를 '이(理)' 개념과 연결하여 북송 초기 도학의 토대를 건립하는데 기여했다. 소옹의 도와 태극, 그리고 수로부터 발견되는 '리(理)'에 대한 사유는 주희(朱熹)에 이르러 이기론적 세계관과 우주론으로 통합되었다.

장재(張載)는 중국의 문화적 전통에서 상식적으로 받아들여졌던 '기론(氣論)'을 자신의 철학의 핵심 개념으로 설정하여 만물의 근원과 현상 사물의 변화 운동을 설명하는 한편, 공(空)과 무(無)를 주제로 한 불교와 도교를 강력하게 비판하는 '기철학'을 체계화했다. '기(氣)'를 중심으로 유가 사상을 재해석하는 장재의 철학은 우주 자연의 근거와 변화 현상, 그리고 인간의 규범적 원천에 대해 일관되고 통일적인 설명을 시도했다. 그 점에서 장재의 기 철학은 이(理)를 우주 생성의 근원으로 보는 주희의 사상과 다른 독특한 특징을 지닌다.

장재는 '심통성정(心統性情)', 즉 마음은 성(性)과 정(情)을 통괄한다고 주장했는데, 이는 이후 주희에 의해 불교의 심성론이나 육상산(陸象山)의 심학(心學)과 구별되는 성리학의 인간관과 도덕관의 근거로서 수용되었다. 또 장재가 성(性)을 '천지지성(天地之性)'과 '기질지성(氣質之性)'으로 이원화시킨 것이나 기질의 변화 가능성을 제시한 것 등도 주희에게 수용되면서 이후 성리학적 인성론의 골격을 이루는 개념으로 발전했다.

18 정호의 천리와 정이의 성즉리: 리(理) 사상의 이론적 근거 확립

주돈이, 장재와 함께 북송대 성리학의 태두로 일컬어지는 이들이 바로 정호(程顥)·정이(程頤) 형제이다. 정호·정이 형제의 학문에서 나타나는 가장 큰 특징은 '**도덕주의**' 사고다. 정호는 "군주의 도리는 지성(至誠)과 인애(仁愛)를 근본으로 삼아야 한다."라고 말했으며, 정이 역시 "욕심을 구하는 마음을 버리지 않으면 비록 부국강병을 달성한다고 하더라도 그것은 실패한 것"이라고 주장했는데, 그만큼 위정자의 덕성 확립을 정치의 제일 요체로 강조했다. 정호·정이 형제의 도덕주의 성향은 철학적인 면에서 '천리(天理)', '성즉리(性卽理)'와 같은 이(理)에 대한 강조로 나타났다.

정호는 북송 초기 도학의 기론(氣論)의 경향을 이론(理論)으로 전환하는 데 결정적인 영향을 끼쳤다. 정호의 '천리(天理)'는 기존의 유학에서 '天의 理(하늘의 이치)'라고 보았던 개념에서 '**天은 理다**(하늘은 세계의 구성 원리)'로의 사고의 전환이라 할 수 있다. '천의 리'라고 할 경우에는 천(하늘)으로 지칭되는 우주 자연의 이치나 원리, 법칙을 의미하지만, 정호는 '천은 리'라고 하여 '이'의 개념을 '천'과 동일시했다. '이'는 단순히 우주 자연이 작동하는 원리성이나 법칙성을 의미하는 것이 아니라 '이' 자체가 우주 자연과 동일한 것으로 간주된다. '이'의 개념적 근거를 '천' 혹은 '우주 자연'과 동격으로 위치시킴으로써 비로소 천은 만물의 주재 능력을 지닌 존재론적 근거를 확보할 수 있게 된 것이다.

따라서 정호의 '천리' 개념에는 천(하늘)을 의지적·의존적 존재에서 자연적·법칙(理)적 존재로 인식하는 북송대 천관(天觀) 사상의 변화가 반영되어 있는데, 이를 통해 북송의 도학은 우주 자연과 인간을 '이(理)'와 '기(氣)'의 개념 체계로 일관되게 설명할 수 있는 이론적 기틀을 마련하게 되었다. 이처럼 정호는 '천리'를 철학의 핵심 개념으로 설정하고, '이(理)'를 '천(天)'과 동일한 지위에 위치시켰다. 다시 말해 '천(天)' 개념을 '이(理)'로 설정하면서, 이후 송대 유학은 우주 자연이 곧 '이(理)'라는 개념으로 정립됐다.

한편, 정이는 형인 정호가 제시한 천리 개념을 철학적으로 심화하여 우주 자연과 인간 그리고 사회를 통합할 수 있는 형이상학 체계로서 '**이일(理一)**'의 철학(理氣論)을 제시했다. '이일'은 객관적 자연 세계의 법칙성과 인간의 도덕·규범을 구성하는 근거가 다르지 않다고 보는 인식으로, 그러한 점에서 삶의 의미를 추동하는 근거로서의 '이(理)'의 지위가 확보된다. 정이는 세계와 인간이 통일적이고 합리적인 질서속에서 연계되어 있음을 '이일(理一)'을 통해 확보하고, 이것으로부터 '천인합일'이 가능함을 자신의 철학을 통해 가시화했는데, 이는 곧 안과 밖을 통일적으로 파악하려는 시도이다.

정이는 '성은 곧 이(**性卽理**)'라는 명제를 정확히 제시하면서, 그의 '이(理)' 철학의 입장을 강화했다. '성즉리'는 『중용』의 "사람이 하늘로부터 부여받은 것이 성(性)이다."라는 사상에 기반하여, '천이 곧 이'이므로 사람이 하늘로부터 부여받은 '성(性)' 또한 '이(理)'가 된다는 논리이다. 그리고 하늘에서의 '이'가 우주·자연의 변함없는 질서인 것처럼 사람에게 '性(=理)'은 사회에서 반드시 지켜야 하는 인륜의 도리가 되며, 구체적으로는 인의예지신(仁義禮智信)과 오륜(五倫)을 의미한다. 정호와 정이가 구축한 신유학의 우주론적 심성론(心學)은 이후 주희에 의해 계승되면서 새로운 철학인 주자학(朱子學)으로 발전했다.

19 주희의 이기이원론: 이(理)가 기(氣)를 결정한다.

이기론(理氣論)은 존재의 근원을 탐구(人性論: 존재론)하는 것에서부터 인간 행위의 근거를 밝히는 가치론(心性論: 윤리학), 학문 방법론(修養論: 인식론)에 이르기까지 거의 모든 분야에 걸쳐 탁월한 설명력을 지닌 이론 체계이다. 주희는 '이(理)'와 '기(氣)'라는 두 가지 중요한 개념적 범주를 사용하여 우주의 법칙과 인생의 원리를 설명했다.

주희에 따르면, 천지(天地) 사이에는 이(理)가 있고 기(氣)가 있다. **이(理)**는 '정신, 본질, 이성, 목적'에 해당하며, 사물(物)을 일으키는 근본 '원인'이다. **기(氣)**는 '신체, 물질, 감각, 수단'에 해당하며, 사물(物)을 일으키는 '작용'이다. 알고 있어야 할 것은, 이기론에서 말하는 '기'의 개념은 서양철학에서 말하는 '질료'처럼 고정된 실체(物)로서의 의미가 아니라, '이'처럼 본체를 이루는 것이되 욕망이나 감정과 같이 '형이하(形而下)'의 형태를 지칭하는 의미를 지닌다.

이(理)는 만물의 원리이자 본질이고, 기(氣)는 만물의 물질을 형성하는 기체(氣) 입자이다. 세계는 응고 확산을 반복하는 원자와 같은 기체 입자(氣)로 채워져 있으며, 기(氣)가 모여 개체의 재료를 구성하는데 이를 '물질'이라고 한다. 세상 만물은 '기'라는 물질로 이루어져 있다. 우리 눈에 보이고 지각되는 모든 것은 '기'의 작용으로, 손으로 만져지는 것도 '기'이고 인간의 마음에서 일어난 욕망이나 경험 또한 '기'에 해당한다. 한편, 이(理)란 하늘이 정한 자연의 법칙을 뜻하며, 만물의 본질을 담당하는 근본 원리이다. '이'는 모든 것이 '그 자체'이기 위해 만물에 부여된 원리로, 인간이 인간답게 살기 위해 지켜야 할 도덕과 질서를 의미한다. 구체적으로는 인(仁: 배려하는 마음), 의(義: 정의감), 예(禮: 예의범절), 지(智: 바른 지식), 신(信: 신뢰하는 마음)의 오상(五常)을 가리킨다.

'기(氣)'는 음양, 오행, 만물 등 다양한 모습과 형태를 지니면서 차별적인 모습으로 나타난다. 물리적으로 존재하는 세상의 모든 사물은 '기'의 응집 또는 변형일 뿐이며, 만물의 생성 또한 '기'의 이합집산에 지나지 않는다. '기'가 모이면 사물은 생성하고 흩어지면 사물은 소멸하는 것이다. 그런데 만물이 저마다 다른 모습으로 나타나는 이유는 '기'가 다르기 때문으로, '기'는 만물의 **차별성**을 설명하기 위한 추상적 개념이라 할 수 있다. 하지만 이를테면 사람은 저마다 생김새가 다르지만 모두 사람이라는 동일성을 지니고 있는데, 이 **동일성**을 설명하는 것이 '이(理)'라는 개념이다. 모든 사물은 '기'에 의해 설명될 수 있지만, 그것들은 제멋대로 있는 것이 아니라 일정한 질서를 갖추고서 있어야 할 모습으로 있는 것이다. '이'는 곧 개개의 사물이 개개의 사물다운 특징을 갖게 하는 보편 원리이자 사물의 본질이라 할 수 있다.

주희는 '이'와 '기'의 관계 규정에 있어서, '이'가 앞서 있고 '기'가 뒤에 있으며, 그렇더라도 '이'와 '기'는 따로 떨어져 존재할 수 없다고 보았다. 이는 얼핏 논리적 모순처럼 보이는데, 그는 이런 난점을 해결하기 위해 "이와 기는 떨어지지도 않고 또 섞이지도 않는다(이기불상리 불상잡(理氣不相離 不相雜)"라는 명제를 제시했다. 이는 '이'와 '기'는 개념적으로 분명히 구별되면서 동시에 사물에 함께 내재하고 있다는 뜻으로, '이'는 현상인 '기'의 배후에 존재하면서 현상의 근거가 되는 그 어떤 원리로서 작동한다는 의미이다. 즉, '이'가 '기'를 직접 일으키는 것은 아니지만, '이'가 없으면 '기'는 존재할 수 없음을 의미한다. 따라서 주희의 이기론은 **주리론적 이기이원론(主理論的 理氣二元論)**을 따른다고 할 수 있다. 주희에 따르면, '이(理)'는 만물(인간)의 존재 근거이면서 동시에 물적(인간) 행위(氣)의 근거인 것이다.

20 주자학의 핵심 사상: 경학(經學) 중시의 사유체계에서 도학(道學) 중시의 사유체계로 전환

주자학(朱子學)은 송대에 일어났다고 하여 '송학(宋學)'이라고도 하고, '이(理)'를 중시한다고 하여 **성리학(性理學)**'이라고도 하며, 유학의 도(道)를 중시한다는 의미에서 '도학(道學)'이라고도 부른다. 이 사상을 집대성한 철학자가 바로 주희(朱熹: 朱子)로, 송학을 주자학이라고 부르는 까닭이 여기에 있다. 성리학의 이론 체계는 크게 이기론(理氣論: 존재론), 심성론(心性論: 규범윤리), 거경궁리론(居敬窮理論: 실천윤리), 경세론(經世論: 정치철학)으로 나눌 수 있다.

이기론(이기이원론)은 우주 만물의 구조를 이(理)와 기(氣)라는 두 가지 개념으로 설명하는 이론이다. 이기론에 따르면 우주 만물은 이와 기가 결합하여 나타나는데, 여기서 이는 만물을 낳는 근본 원리이자 하늘(天)이 정한 자연의 법칙을 말하며, 기는 만물이 생성하는 재료를 말한다. 주자는 모든 사물이 이와 기의 결합으로 되어 있기에 이와 기가 서로 떨어질 수 없으며, 동시에 원리로서의 이와 재료로서의 기의 역할이 분명히 다르기에 서로 뒤섞일 수 없다고 보았다. 주자에 따르면 모든 사물은 '이'를 갖추고 있기에 '이'의 측면에서는 똑같지만, 현실에 존재하는 만물이 서로 다른 것은 '기'의 맑고 흐림 혹은 바르고 치우침의 차이가 있기 때문이다. 주자는 인간의 '이'는 곧 (칸트의 정언명령처럼) 자연법칙으로, 객관적이고 고정적으로 존재한다고 생각했다. 그에게 인간의 '이(理)'는 인간을 인간답게 만드는 것, 곧 도덕과 질서라 할 수 있다. 구체적으로는 '인·의·예·지·신'의 오상(五常)이다. 주자는 인간이 도덕과 질서를 지키기 위해서는 오상을 지켜야 한다고 생각했다.

'성즉리'는 인간과 우주 만물의 본성은 곧 하늘이 부여한 이치(理)라는 사고로, 이러한 입장은 맹자의 성선설을 계승한 것이다. 주자에 따르면 '성(性, 마음의 본질)'은 '이(理: 인간과 사물의 독특한 본성·원리·이치)'로 이루어져 있는데, 기(氣: 물질)가 모여서 만들어진 형태인 개별 사물 속에는 반드시 이(理)가 들어 있다. 이는 개별 사물이 어떤 모습으로 이루어져 있는지를 결정한다. 다시 말해, '이'는 개별 사물의 본질을 결정한다. 주자는 '이'로 이루어진 사물의 본질은 선(善)한 것으로 생각했다. 인간에게도 태어날 때부터 '이'를 갖추고서 개인 심성(마음)의 본질을 결정하는 '성(性)'이라는 요인이 있으며, 이를 **성즉리(性卽理)**'라고 했다.

성즉리설은 심성론(心性論)이라는 윤리학적 물음의 핵심 명제이다. 심성론은 이기론을 바탕으로 인간의 내면적 구조와 본질을 규명하고자 하는 이론이다. 심성론에 따르면 심(心)은 성(性)과 정(情)을 통괄한다. 성이란 하늘로부터 부여받은 이치로, 본연지성(本然之性)과 기질지성(氣質之性)으로 나눌 수 있다. 본연지성은 기질의 영향을 받기 이전의 순수한 성질의 것이고, 기질지성은 기질의 영향을 받아 나타나는 성질의 것이다. 모든 사람의 본연지성은 동일하지만, 기질은 사람마다 다르기에 기질지성이 달라지는 것이다. 또 '정(情)'은 '성(性)'이 외부의 사물에 감응하여 나타난 감정으로 **사단(四端)**과 **칠정(七情)**을 말한다.

거경궁리론은 도덕을 실천하여 인격적으로 완성된 군자나 성인이 되는 방법에 관한 이론이다. 주자에 따르면 순수하고 선한 본연지성이 온전히 드러나기 위해서는 수양이 필요하며, 먼저 인간 자신을 포함한 세계의 참모습을 밝게 알아야 한다. 이를 위해 사물의 이치와 도리를 먼저 알아야 그에 맞는 올바른 행동을 할 수 있다는 **선지후행(先知後行)**'의 사고를 가져야 하며, 선한 본성을 보존하고 함양하여 잘못된 길로 빠지지 않도록 살펴 경계해야 한다. 이런 노력을 통해 인간은 천리(天理)를 보존하고 이기적 욕망을 제거하여 이상적 인간이 될 수 있다.

21 왕수인의 심즉리: 마음이 곧 이치다.

주자학을 '이학(理學)'이라고 말하는 데 비해, 양명학은 **심학(心學)**으로 불린다. 육구연(陸九淵, 육상산)은 주희(朱熹)와 더불어 송대를 대표하는 신유학자이며 심학(心學)의 창시자이다. 그는 주자학의 '성즉리(性卽理)'에 반대하고 **'심즉리(心卽理)'**를 주창함으로써 양명학(陽明學)의 선구자가 되었다. 주자와 육구연 모두 '이(理)'를 최고의 범주로 여겼다는 점에서는 일치한다. 그러나 주자가 '인간의 본성은 理다(性卽理)'라고 보았던 것과는 달리, 육구연은 '마음이 곧 이(心卽理)'라고 하여 마음을 우주의 보편적인 이치라고 보았다. 주자가 마음(心)은 성(性)과 정(情: 욕망과 감정)이 일체가 된 것으로서 궁극적으로는 이(理)에서 유래한다고(理가 氣를 일으킨 것으로) 보았던 반면, 육구연은 심성(心性)의 구분이란 표현상의 차이일 뿐이며 하늘에서 부여받은 마음을 본성에 따라 활동하는 것 그 자체가 곧 '이(理)'라고 보았다. 육구연은 우주의 보편 법칙(理)과 내 마음의 도덕법칙(心)을 같은 것으로 인식한 것이다.

명대 중기의 대표적인 사상가이자 양명학의 창시자인 왕수인(王守仁)은 주자학을 비판하면서 자신의 독자적인 유학 사상을 내세웠는데, 특히 육구연의 사상을 계승했다. 양명학의 핵심 키워드는 '양지', '심즉리', '지행합일'이라 할 수 있다. 왕수인은 지식만을 강조하는 주자학에 대해 회의를 느끼고, 성즉리설과 격물치지를 비판했다. 그는 배우지 않고도 알 수 있는 양지(良知)를 주장하면서, 양지를 깨달아야 사람들은 옳고 그름을 가릴 수 있다고 보았다. 또 성리학의 성즉리를 비판하면서 심즉리(心卽理), 그리고 지식의 실천을 강조하는 **'지행합일(知行合一)'**을 강조했다. 왕수인은 심즉리로 시작되어 지행합일에 도달하고 **'치양지(致良知)'**를 통해 완성되는 것이 도덕적 삶의 완성 과정이라고 보았다.

왕수인은 본래 타고난 인간의 마음이 곧 우주 자연의 이치라는 **'심즉리(心卽理)'**를 사상적으로 더욱 발전시켰다. 이러한 관점에서 왕수인은 "마음 밖에 이치가 없고, 마음 밖에 사물이 없다."라고 했다. 즉, 이(理)는 사물의 존재나 세상의 이치는 처음부터 마음속에 있다는 것이다. 왕수인은 인간은 누구나 심즉리에 따라 윤리적으로 착한 사람이 될 수 있는 순수한 양심을 갖고 태어나기 때문에, 굳이 이론적인 학습 과정을 거치지 않더라도 순수한 양심으로부터 인간의 본성이 구현될 수 있다고 보았다. 왕수인은 심즉리를 바탕으로 **'치양지(致良知)'**를 주장했다. 양지(良知)란 시비와 선악을 즉각 가려내고 이에 따라 행할 수 있는 능력으로, 선천적으로 타고나는 것이다. 양명학에서는 모든 사람이 양지를 가지고 있기에 이론적 학습 과정을 거치지 않아도 자신의 도덕성을 실현할 수 있다고 보았다. 왕수인은 마음속에 있는 양지를 자각하고 실천해 나간다면, 세상의 이치를 알 수 있고 올바른 행동을 하게 된다고 보았다.

왕수인은 성리학의 선지후행(先知後行)을 비판하면서 **'지행합일(知行合一)'**을 강조했다. 왕수인은 "지는 행의 시작이고, 행은 지의 완성이다."라고 하여 인식으로서의 지와 실천으로서의 행은 별개가 아니라 본래 하나라고 봤다. 즉 지(知)는 이미 마음속에 내재하고 있으므로 행위는 그 표현에 지나지 않는다는 것이다. 양명학 또한 성리학과 마찬가지로 인격적으로 완성된 인간을 추구하며, 인격적으로 완성된 인간으로 나아가는 데 방해가 되는 것이 바로 '사욕'이라고 보았다. 따라서 양명학에서도 성리학과 마찬가지로 이(天理)를 통해 기(사욕)를 제거할 것을 강조했다. 지행합일의 태도로 사욕을 극복하고 순수하고 선한 마음을 유지한다면 누구나 지선(至善)의 경지에 도달할 수 있다는 것이다.

22 조선의 성리학 발전 과정: 성리학의 수용, 발전, 쇠퇴 과정

1392년 출범한 조선왕조가 '주자학(성리학)'을 통치 이데올로기로 채택하면서, 유학은 사상적으로 발전하기 시작했다. 조선 초기의 탁월한 철학자인 김시습은 유물론적인 '기철학'을 바탕으로 세계와 인간에 대한 새로운 해석을 제시했으며, 서경덕이 이를 계승 발전시켰다. 서경덕은 송학(宋學)을 절충하여 독자적인 유물론적 세계관을 담은 '기일원론(氣一元論)'을 체계적으로 정리했다. 기일원론은 조선 후기 실학에서 다시금 본격적으로 논의되기 시작했다.

한편, 조선왕조의 지배이념인 주자학은 '관학(官學)'으로는 발전하지 못하였고, 유학적 명분을 따랐던 사림학파에 의해 '사학(私學)'으로 발전했다. 사림파 주자학자들은 16세기부터 과거를 거쳐 중앙 정계에 대거 진출했는데, 이때부터 대토지 소유자인 훈구파와 토지 문제로 갈등을 빚게 되었다. 그 과정에서 주자학은 사림이 훈구파의 현실 권력에 대항하는 이념적 토대로 활용되었는데, 이는 군주의 절대 권력을 상대적으로 약화할 수 있는 보편 가치를 지닌 규범(仁)과 이것의 형이상학적 실체(理)를 중심으로 이루어졌다. 사림은 주자학을 근거로 왕에게 수기치인(修己治人)을 강조함과 동시에 인의예지(仁義禮智) 중에서도 보편적인 가치 척도라 할 수 있는 '인(仁)'을 '의(義)'보다 더 강조했다. 주자학의 득세 과정에서 사림파와 훈구파가 치열하게 갈등하면서 여러 차례의 사화(士禍)가 일어났는데, 이는 사림에게 더욱더 인간 내면의 수양과 관련한 이론적 심화를 촉구한 계기가 되었다.

16세기에 이르면서 사림파는 자신들이 추구하는 보편 가치를 이론적으로 실현하기 위한 '주리철학(主理哲學)'을 완성해나갔다. 이때부터 중국의 주자학은 조선에서 성리학으로 거듭났다. 성리학의 보편 가치인 이(理), 즉 인의(仁義)의 사상을 따르면서, 유학의 본래 이념에 부합하는 통치를 꿈꾸었다. 이 시기의 대표 사상가인 이이와 이황은 서경덕의 기일원론과 왕양명의 주관적 관념론을 극복하고 주자학의 보편 가치인 '이(理)'를 중심으로 사상 체계에 대한 정비를 시도했다. 그 과정에서 인간의 욕망(人慾)과 도덕성(天理)의 관계에 대한 미묘한 시각 차이를 보였는데, 그 결과 보편적 윤리 규범의 절대 우월성을 주장하는 '주리론(主理論)'과 인간의 본능적 욕구를 어느 정도 인정하는 '주기론(主氣論)'으로 갈라서게 되었다. 여기서 이황과 기대승의 '사단칠정(四端七情) 논쟁', 이이와 성혼의 '인간 본성 논쟁', 그리고 '호락논쟁(湖洛論爭)' 등의 철학적 토론이 활발하게 전개되면서 조선의 주자학은 정점에 이르렀다. 18세기에 들어 임성주는 주리와 주기의 논쟁을 정리하고, '기일분수설(氣一分殊說)'을 바탕으로 한 **기일원론적 유물론** 체계를 확립함으로써 조선 후기 주자학사에 새로운 이정표를 세웠다.

17~18세기 양란(兩亂) 이후, 중국으로부터 서학(天主教)과 고증학을 받아들이는 한편, 반주자학적인 입장에서 실질적인 학문 연구에 착수하는 사상의 흐름이 일어났다. **실학(實學)**이 그것으로, 실학자들은 주자학의 문제점을 비판적으로 검토했지만, 주된 관심사는 현실 개혁과 관련한 문제였다. 실학사상은 일반적으로 기(氣)를 중시하고 인간의 욕망을 긍정하며, 형이상학적인 탐구와 더불어 자연에 관한 연구를 실증적으로 병행한다는 공통점을 지녔다.

토지개혁을 중시한 유형원, 이익 중심의 경세치용학파, 상공업 발전을 중시한 박지원, 유교 경전에 관한 고증에 주력한 김정희 등 실사구시학파를 중심으로 활발한 연구와 논의가 이루어졌으며, 정약용은 실학사상을 집대성하여 전반적인 제도 개혁안을 수립했다. 그와 함께 최한기는 **경험주의적 유기론(唯氣論)**을 제시하여 실학사상을 체계적으로 정리했다.

23 서경덕의 기일원론: 이와 기는 분리될 수 없는 하나다.

서경덕(徐敬德)과 이언적(李彦迪)은 조선 성리학 학풍의 독자성과 정통성을 수립하는 데 크게 공헌한 인물이다. 이언적은 주희의 학설을 대부분 수용한 데 비해, 서경덕은 북송대의 주돈이 · 장재 · 소옹 · 정호 · 정이 등의 학설을 두루 섭렵한 후 스스로 앎을 추구하여 이치를 구하는 '자득(自得)'을 학문의 방법으로 삼았다. 서경덕과 이언적은 모두 노 · 불(老佛)과 구별되는 성리학의 본체론(本體論)을 확립하는데 크게 기여했다. 서경덕은 '이기불상리(理氣不相離)'와 '기(氣)'의 실재성을 밝히고자 했고, 이언적은 '무극(無極, 太極)'이 허리(虛理)가 아닌 실리(實理)임을 밝히는 데 주력했다. 서경덕의 사상은 이이에게 비판적으로 계승되었고, 이언적의 사상은 이황에게 높게 평가받았는데, 이들의 사상은 조선 성리학이 본격적으로 심화 · 발전하는 계기가 됐다.

서경덕은 '자득'의 과정에서 어떤 사물이나 사건을 두고서 끝없이 의문을 품으며 사색하는 '관물(觀物)'을 중시했다. 그는 천지 만물에 내재해 있는 원리와 법칙을 깨우쳐 나가는 과정을 통해 우주의 근원과 자연의 질서를 관통하는 '이기론(理氣論)'을 내세웠다. 서경덕은 인간은 자연의 일원이기에 궁극적으로 자연계의 물리 법칙에서 벗어날 수 없다고 보고 자연 세계를 중심으로 인간 세계를 설명했다. 그의 이기론에서 인간 고유의 주체성과 맞닿아 있는 '이(理)'보다 '기(氣)'가 강조된 것은 이 때문이다. 그는 "기 바깥에 이가 없다."라며 '기일원론(氣一元論)'의 입장에서 만물의 운동과 변화를 설명했다. 그는 세계의 근원을 '태허(太虛)'라고 했는데, 태허를 '하나의 기(一氣)'로 보았으며 시간과 공간 안에 있는 이 세계를 넘어서는, 즉 시간과 공간의 제약을 벗어나 있는 것으로 간주했다.

그렇다면 시 · 공간의 한계를 넘어서 있으며 물질이라고 하기도 어려운 태허가 어떻게 이 세계의 근원이 될 수 있을까? 서경덕은 태허의 기가 아직 발하지 않아 형체를 갖추지 않은 상태를 '선천(先天)'이라 하고, 이미 발하여 만물로 형상화된 상태를 '후천(後天)'이라 했다. 그에 따르면 인간을 포함한 모든 사물의 생명과 변화는 선천에서 후천으로, 후천에서 선천으로 옮겨 가는 '기(氣)' 운동으로 이루어진다. 선천의 기는 본래 하나이지만, 그것이 모이고 흩어짐에 따라 사람이 생성하기도 하고 소멸하기도 하는 등 천지 만물의 변화가 나타난다. 선천의 기는 형체를 갖추지 않아 감각을 느낄 수 없지만, 후천의 기는 형체를 갖추어 감각을 느낄 수 있다. 그러나 기가 새롭게 생겨나거나 없어지는 것이 아니며, 또한 기는 소멸하지도 않는다.

서경덕은 기(氣)가 그 자체에 '변화한다. 운동한다'라는 속성을 지녔다고 보았다. '기'가 스스로 작용해 만물로 형상화한다고 본 것이다. 이러한 관점에서 보면, 어떠한 것도 기보다 앞서 존재할 수 없으며, 이(理)는 단지 기의 작용으로 형상을 갖춘 후천의 질서를 표현하고 있을 뿐이다. 이는 기의 운동을 법칙화한 것으로, 기와 서로 분별하는 것이 아니다. 그에게 있어서 이(理)의 존재가 부정되는 것은 아니다. 이(理) 자체만으로는 현실 세계를 구성하는 구체적인 질료가 없으므로 공허하다. 반면에 기(氣) 자체만으로는 질서와 체계가 없으므로 거칠고 혼란하다. 반드시 이 양자가 합쳐져야만(합일) 현실 존재가 이루어진다. 이같이 서경덕은 이 세계는 '태허'라는 근원에서 시작되어 기의 작용으로 형성되고 전개된다고 설명했는데, 이러한 그의 유물론적 이기론은 조선 중기 이후에 전개되는 인간과 자연에 대한 논의의 중요한 토대가 되었으며, 조선 말기의 정약용 등 진보적 실학자들에게 계승 발전되었다.

24 이언적의 태극 논변: 태극은 일리(一理)다.

송대 주자학의 이기(理氣) 철학은 조선 중기의 성리학에서 이언적(李彦迪)의 이(理) 철학과 서경덕(徐敬德)의 기(氣) 철학으로 구별되면서 전개됐다. 특히 이언적은 주자의 견해를 따르는 '태극(太極)' 개념을 제시하면서, 이를 성리학 논쟁의 핵심 개념으로 끌어들였다.

중종 12년, 영남 지방의 유학자 손숙돈과 조한보 사이에 성리학의 기본 쟁점인 **무극태극(無極太極)**에 대한 논쟁이 벌어졌는데, 이언적은 약관의 나이에 이 논쟁에 뛰어들었다. 그는 주희의 주리론적 견해를 바탕으로 두 학자 모두를 비판하면서 자신의 학문적 견해를 밝혔다. 그가 벌인 태극의 개념에 관한 논쟁은 조선조 성리학사에서 최초의 본격적인 개념 논쟁으로, 조선 시대에 노·불(老佛)과 구별되는 성리학적 본체론과 수양론을 확립하는 데 크게 기여했다. 이후 이황과 기대승의 '사단칠정 논쟁' 및 이이와 성혼의 '사단칠정 논쟁'의 신호탄이 되었다.

주자학에서 '이(理)'는 모든 만물이 다른 어떤 것이 아니라 바로 그 자신으로 존재할 수 있게 하는 근본 이치다. 사람이 다른 동물과 구분되는 것은 사람을 사람으로 존재하게 하는 근본 이치인 '사람의 이(理)'가 있기 때문이며, 소나무가 다른 나무와 구분되는 것 역시 소나무를 소나무로 존재할 수 있게 하는 '소나무의 이(理)' 때문이다. 요컨대, 어떤 사물을 그 사물답게 하는 이치가 곧 '이(理)'인 것이다. 태극은 이런 모든 사물의 개별적 이치들의 근원이 되는 궁극의 이치를 가리킨다.

'무극·태극' 논변의 핵심은 이러한 태극의 위상을 어떻게 볼 것인가 하는 문제다. 이에 대해 조한보는 태극은 모든 개별적인 '이(理)'의 근본에 해당하기 때문에 초월적이고 고차원적이어야 한다고 보았다. 이 때문에 태극인 '이'를 체득하기 위한 공부 역시 마음의 본 자리를 중시하는 내면 공부를 통해 가능하다는 주장을 폈다. 하지만 이언적은 조한보의 이런 생각은 살아가는 일상 속에서 이치를 깨우칠 것을 요청하는 주자학의 근본정신을 왜곡하는 것이라 여겼다. 이언적에 따르면, 세계의 궁극적 이치인 태극은 초월적이고 고차원적인 것이 아니라 사람다움을 실천하고자 하는 우리들의 구체적인 일상들을 통해 구현된다. 세상과 떨어져 존재하는 것이 아니라, 군주답고 신하답고 부모답고 자식답고자 하는 우리들의 도덕적 행위 하나하나 속에 태극이 들어있다는 것이다. 그러므로 이(理)를 체득하기 위해서는 내면 공부에만 집중하면 안 되고 '다움'을 구현하려는 일상의 구체적인 도덕적 행위들을 병행해야 한다. 이처럼 이언적은 태극의 초월적 측면과 내재적 측면 양자를 동시에 품으려는 세계관을 보였다.

이언적은 논쟁을 통해 태극을 **'일리(一理)'**로 파악하여 이(理) 철학의 입장을 선명하게 밝혔다. 그는 모든 현상의 변화는 근원을 이루고 있는 이에서 전개되어 나오는 것이라고 보면서 이기론(理氣論)의 주리론적 견해를 펼쳤으며, '이'가 '기'보다 우선한다는 이선기후설(理先氣後說)과 이기불상잡설(理氣不相雜說)을 강조했다. 이러한 이기(理氣) 논쟁에서 이의 우위를 주장한 **이우위설(理優位說)**의 견해는 주자의 이(理) 철학을 조선 유학의 기본 사상으로 천명한 것으로서, 이황에게 계승되어 '이'의 능동성을 중시하는 영남학파 성리학의 전통을 이루게 되었다. 이황은 무극·태극 논변에 비친 이언적의 입장을 유학적 진리의 참모습을 밝히고 거짓된 학설을 물리친 쾌거라고 높이 평가했다.

25 이황의 이기심성론: 이는 기를 주재하는 도덕적 본성이다.

퇴계 이황은 조선 성리학을 확립한 학자로, 서경덕의 '기일원론'에 반대하면서 '**이기이원론**'을 펼쳤다. 이황은 주자와 마찬가지로 이 세상의 모든 존재가 이(理)와 기(氣)로 구성되어 있다고 보았다. 주자는 이와 기의 관계에 대해, 이와 기는 서로 떨어지지 않는 동시에 서로 뒤섞이지 않는다고 했다. 이에 대해 이황은 "이는 기의 주재자로서 기를 명령할 뿐 기에 구속되지는 않는다. 그러므로 이와 기를 섞어서 일물(一物)이라고 할 수는 없는 것이다."라고 보았다. 이러한 이황의 시각은 근본적으로 주자의 이기론을 계승한 것이다. 그는 원리적인 개념인 이가 기보다 우위에 있어 귀하다고 보는 '**이귀기천(理貴氣賤)**'의 입장에서 이기이원론을 전개했다.

이황은 이기이원론의 입장에서 '**이기심성론(理氣心性論)**'을 주장했다. 그에 따르면 이(理)의 근본인 '인(仁)'은 모든 생명의 근원이며, 천지 만물은 본래 나와 일체라는 것을 체득함으로써 나의 심덕(心德)을 온전하게 하는 것이다. 천리(天理)가 인간에 내재한 것이 '인성(人性)'으로, 인이라는 본성이 어떻게 '측은지심'으로 드러나 사람을 사랑하고 물(物)을 이롭게 할 수 있는가는 결국 심(心)의 체(體)와 용(用)을 포괄하는 개념인 '**심덕(心德)**'의 성취에 달린 것이다.

이황의 '이존설(理尊說)' 사상은 그의 사단칠정론에 그대로 반영되어 있다. 사단(四端)은 이(理)가 발한 것으로서 지극히 선하지만, 칠정(七情)은 기(氣)가 발한 것으로서 악에 빠지기 쉬운 것이다. 이(理)는 퇴계학의 핵심 개념으로, 그에 따르면 이는 오행 만물의 근본이 되면서도 그 가운데 구속되지 않는다. 이는 기의 주재자로서, 기를 명령할 뿐 기에 구속되지 않는다. 그러므로 이와 기를 섞어서 일물(一物)이라고 할 수 없다고 보았다. 즉, 이(理)는 형이상자(形而上者)로서 하나이자, 편재하며, 영원히 존재하기에 증감이 없는 것이다. 반면에 기(氣)는 생극(生剋), 승강(昇降), 왕복(往復), 내거(來去), 왕쇠(旺衰)의 운동을 통해 천차만별하게 되는 것으로, 불선(不善)으로 타락할 가능성이 항상 존재한다. 그러므로 이황에게 있어서는 이가 기보다 우위이며 귀한 것이다. 그는 이를 따르면 성인이 되고, 기를 따르면 중인이 된다고 보았다.

이황은 인간의 도덕적 본성을 '이(理)'로 설명했다. 이황은 기대승과의 '사단칠정 논쟁'을 통해서 '**이기호발설(理氣互發說)**'을 발전시켰다. 이기호발설이란 "사단은 이가 발하고 기가 이를 따르는 것이고, 칠정은 기가 발하고 이가 그 위에 타는 것이다."라는 것으로, 이와 기가 모두 발할 수 있다는 것이다. 이에 따르면 사단은 마음의 이가 직접 발동한 것으로 순수한 선(善)이며, 칠정은 기가 발한 것으로 그 위에 올라탄 이가 주재 능력을 발휘하느냐 하지 못하느냐에 따라 선할 수도 있고 악할 수도 있다. 이처럼 사단과 칠정은 그 발하는 원천이 다르기에 서로 분명히 구별되어야 한다고 보는 점에서 그의 이러한 주장은 이의 운동성과 자발성을 인정하며 이를 우위에 놓는 이황의 독특한 시각이다.

이황은 인격 수양의 방법으로 '**거경궁리(居敬窮理)**'를 강조했다. 그는 사물의 이치를 궁구하여 지식을 넓히는 '궁리(=실천)'뿐만 아니라, '거경(=앎)'을 특히 강조했다. 즉, 기는 선할 수도 있고 악할 수도 있기에 기를 항상 선하게 만드는 방법으로 '경(敬)'의 실천을 중요하게 보았다. 천리를 보존하고 인욕을 제거하는 것은 오직 경의 실천으로 가능하다고 보았다. 그리고 경의 구체적인 실천 방법으로 마음을 한 군데에 집중하여 잡념이 들지 않게 할 것, 몸가짐을 단정히 하고 엄숙한 태도를 유지할 것, 항상 또렷한 상태를 유지할 것을 강조했다.

26 이이의 이통기국론: 이와 기는 상보적이다.

주희와 마찬가지로 율곡 이이(李珥) 역시 '이(理)'와 '기(氣)'는 개념적으로는 형이상과 형이하로 구분되지만(理氣不相雜), 사실적으로는 서로 떨어질 수 없다고 보았다(理氣不相離). 그는 이러한 관점에서 "이와 기는 하나면서 둘이고 둘이면서 하나이다(一而二, 二而一)."라고 했다. 그는 기본적으로 이는 무형무위(無形無爲)의 원리요, 기는 유형유위(有形有爲)의 현상이라고 보았다. 그의 이기론은 이러한 맥락에서 '이기지묘(理氣之妙)', '이통기국(理通氣局)', '기발이승일도(氣發理乘一途)' 등의 이론으로 전개되었다.

이이는 음양의 양극단은 순환하기를 그치지 않아 한 번은 음이 되고 한 번은 양이 되지만, '태극(太極)'이 그 가운데 있다고 보았다. 음양은 시작과 끝이 없이 순환하며, 태극은 항상 음양으로 순환하는 기와 더불어 있는 것으로 보았다. 같은 이치로, 기가 발할 때 별도로 존재하던 이가 기를 올라탄다는 의미가 아니라, 기와 본래 함께 있던 이가 기의 움직임 속에 그 기의 원인이나 조건으로 자리 잡게 된다는 **기발이승일도설(氣發理乘一途說)**을 주장했다.

이이는 또한 '이귀기천(理貴氣賤)'의 입장에서 '이기호발설'을 주장한 이황과는 다르게, '이기지묘'의 관점에서 이와 기의 상호 보완성을 강조하는 **이기겸발설(理氣兼發說)**을 주장했다. 그는 "발하는 것은 기요, 발하는 까닭은 이다. 기가 아니면 발할 수 없고, 이가 아니면 발할 까닭이 없다."라고 주장했다. 따라서 이와 기 중 어느 한쪽에 치우치지 않고 조화를 이루는 합일의 논리를 강조했다. 이것이 바로 이와 기의 상호 보완성을 강조하는 **이기지묘(理氣之妙)**의 관점으로, 이와 기가 서로 섞일 수 없음을 강조한 이황과 달리 이이는 이와 기가 서로 떨어질 수 없음을 상대적으로 강조한 것이다.

이이는 이와 기를 서로 분리해서 설명할 수 없는 것처럼 '사단'과 '칠정' 역시 분리될 수 없다고 보았다. 그에 따르면 사단과 칠정은 포함 관계로 칠정 중에서 순수하고 선한 부분이 사단이며, 따라서 사단과 칠정 모두 기가 발한 것이다. 이러한 관점에서 이이는 이황의 이기호발설을 비판하며, '기가 발하여 거기에 이가 타고 있다.'라는 명제는 맞지만 '이가 발하고 기가 이에 따른다.'라는 주장은 옳지 않다고 주장했다.

이이의 주장은 **이통기국론(理通氣局論)**을 통해 더욱 구체화 됐다. '이통기국'이란 이는 본체로서 시간과 공간의 제약을 받지 않는 보편적인 것이고, 기는 특수한 것으로 시간과 공간의 제약을 받는 국한된 것이라는 의미다. 모든 사물에는 보편적인 원리인 이가 들어있지만, 모양이나 내용이 서로 다르고 불완전한 것은 바로 기의 국한성 때문이라는 것이다. 이러한 맥락에서 이이는 인간이 도덕적으로 불완전한 것을 기의 국한성 때문이라고 보고 끊임없이 인격 수양에 힘쓸 것을 강조했다. 이를 위해 이이 역시 이황처럼 인격 수양에 있어서 경(敬)의 태도를 유지할 것을 주장했다. 하지만 이이는 경 못지않게 **성(誠)**을 강조했다. 여기서 성이란 참된 것, 진실한 것이자 우주적인 질서를 의미한다. 이이는 경과 성의 관계에 대해 "성이란 하늘의 참된 이치이자 마음의 본체이다. 그에 따르면, 사람이 본래 마음을 회복하지 못하는 것은 개인적이고 간사한 것을 가리기 때문으로, 경을 위주로 하여 개인적인 것과 간사한 것을 없애면 본체가 온전해진다. 이이는 경은 공부하는 요령이며 성은 공부의 결과가 이루어지는 곳이니, 경으로 말미암아 성에 이르는 것이다."라고 하여 경의 방법을 통해 성에 이를 것을 강조했다.

27 임성주의 유기론: 사물의 본질은 기(氣)다.

임성주(任聖周)는 조선 후기에 '유기론(唯氣論)'을 주장한 철학자이다. 그는 서경덕의 기일원론을 계승
발전시켜 객관적 관념론에 속하는 일체의 주자학적 조류(주리론과 주기론)를 비판함과 동시에 양명학의
주관적 관념론까지 거부하면서 철저히 기일원론(氣一元論)에 입각한 유물론적 사상을 펼쳤다. 임성주는
학통 면에서 율곡 이이의 계열에 속했음에도 불구하고, 이이가 주기론을 주장하면서도 이(理)의 기(氣)
에 대한 우월성을 주장한 것을 비판했다. 그는 이(理)는 단순한 기(氣)의 운동 법칙을 따르는 것이라고 규
정함으로써 주자학적 관념론의 핵심 사상인 이(理)가 보편적 '실재'라는 '이일분수설(理一分殊說)'을 근원
적으로 부정하고, 기(氣)만이 유일한 실재라고 하는 '기일분수설(氣一分殊說)'에 입각한 유물론적 유기론
을 주장했다.

임성주의 유기론 사상은 중국 송대 장재의 '기일원론(氣一元論)'과 명대 나흠순의 '이기일물설(理氣一
物說)'에서 많은 영향을 받았다. 그는 이(理)와 기(氣)가 이물(二物)이라는 것을 부정하면서, 우주에는 오
직 '기(氣)'만 있을 뿐이라고 보았다. 이(理)를 기(氣)의 의미에 내포된 '자연·당연'으로서의 '연(然)'의 뜻
으로 해석하여, 이를 기의 속성이나 법칙으로 격하시켰다. 기(氣)를 절대화하여 천지만상을 기의 조화로
보고, 그 본체, 즉 원기(元氣)를 '기일(氣一)'이라고 했다. 그는 기(氣)의 본원은 맑고 깊으면서 비어 있는
듯하나 존재의 근원인 기로서 항상성을 지닌다고 보았다. 그에 따르면 이른바 만상(萬象), 오행(五行),
음양(陰陽), 원기(元氣)라고 하는 것은 모두 기(氣)를 가리킨다.

임성주는 '이기동실(理氣同實)', '심성일치(心性一致)'의 입장에서 이이의 '이통기국설'을 비판했다. 이
기동실의 논리에서 볼 때, 이와 기는 근원적인 속성에서나 파생적인 속성에서나 모두 통일된 관계를 유
지하고 있어야 한다. 그러나 이통기국(理通氣局)은 이와 기의 동실(同實)한 관계를 이루지 않으며, 근원
적인 속성에서는 이(通理)에 치우치고, 파생적인 속성에서는 기(氣局)에 치우친 논리로 인식되었다. 그
는 이통기국설을 비판하고 기존의 이일분수론(원리는 하나이며, 理를 따른다는 사상)에 상응하는 기일
분수론(원리는 하나이며, 氣를 따른다는 사상)을 제창하여, 이일(우주의 본체·본질은 理)과 기일(우주
의 본체·본질은 氣)이 상응하고 이분수(개별 사물의 본질은 理)와 기분수(개별 사물의 본질은 氣)가 상
응하는 새로운 이론 틀을 제시했다.

임성주는 또한 심성론(心性論)에서는 '성(性)'이 곧 '기(氣)'임을 의미하는 성즉기(性卽氣)의 이론을 전
개했다. 그는 심(心)과 성(性)을 구분하지 않고 하나로 보았다. 즉, 성즉기(性卽氣)는 곧 심즉기(心卽氣)
라고 보고, 보편적이며 근원적인 일기(一氣)가 개체화되고 특수화하는 과정을 설명하면서 '사재(渣滓: 탁
한 인성론)'설을 내놓았다. 곧 기질이 탁한 것은 그 본체의 맑고 지순한 선(善)한 본성이 다르기 때문이
아니라, 다만 선천적으로 타고난 정기 가운데 찌꺼기(渣滓)가 있기 때문이라는 것이다. 그는 우주 만물
이 모두 일기(一氣)의 흐름으로 생성과 소멸을 하는데, 그 가운데 사람은 천지(天地)의 맑고 깨끗한 정기
를 받았다고 보았다. 간혹 그렇지 못한 사람이 있는 것은 찌꺼기가 섞였기 때문인데, 이 경우에도 담일
(湛一)한 본체는 동일하다고 보았다. 곧, 기(氣)는 기일(氣一: 사물의 본질)로서 보편성과 근원성을 지니
며, 분수(分殊: 개별 현상)로서 특수성과 개별성을 나누어 가진다는 것이다.

28 기정진의 유리론: 이와 기는 분리될 수 없는 하나다.

기정진은 자신만의 독특한 성리학 이론을 전개하여 그 누구도 넘볼 수 없는 학문 영역을 개척한 학자였다. 철저한 주리론(主理論)을 제창한 그는 견고한 일원론을 바탕으로 '**유리론(唯理論)**'의 체계를 확고히 정립했다. 그의 유리론은 세계의 모든 사물이나 만물 현상은 하나의 정신인 이(理)로 이루어졌다는 '**이일분수설(理一分殊說)**'의 입장을 따른다. 이일분수는 모든 사물에 내재한 개별적인 이(理)는 보편적인 하나의 이(一理)와 동일하다는 개념으로, 이일분수설은 자연 세계의 질서와 인간 사회의 마땅한 질서를 '이(理)'를 중심으로 설명하는 이론 체계이다.

기정진은 이일지리(理一之理)와 분수지리(分殊之理)의 개념을 새로운 시각에서 고찰하여 양자의 상보성을 지향하는 논리적 근거를 마련했다. 그는 당시 학계에서 제기됐던 이기 관계의 전도(顚倒), 그리고 이일지리(理一之理)와 분수지리(分殊之理)의 상호 분리(理分相離)라는 두 가지 문제점을 극복하기 위해 심혈을 기울였다. 그는 이일지리를 나눌 수 없는 것(無分之物)으로 파악한다든가, 또는 분수지리를 보편적 일리(一理)가 기(氣)에 제한을 받아 성립하는 것으로 이해할 때 다음 두 가지 문제가 발생한다고 보았다. 그 하나는, 현실 세계(현상계)에서는 다양성과 선악의 결정권을 기(氣)가 가짐으로써 이(理)가 기의 지배를 받게 되는 결과를 초래하여 '이기 관계'가 전도된다. 다른 하나는, '이일지리'는 형기(形氣)를 초월하게 되고 '분수지리'는 형기에 떨어진 뒤에 성립되는 것으로 설명되므로, 양자는 상호 매개하는 접점을 확보하지 못하여 서로 분리된다.

그는 이 문제를 해결하기 위해서는 '이일지리'에 **분수**(分殊: 현상계에 존재하는 각각의 사물마다 깃들어 있는 理로, 개별자나 개별 현상을 말한다. 상대 개념인 보편자는 '태극'이다)의 개념을 내포시켜야 하며, '이분수(理分殊)'의 원인을 '기'가 아닌 '이'에서 찾았다. 즉, 모든 현실 세계의 작용은 기(氣)에 의한 것이지만, 일체의 기의 작용은 이(理)의 사역에 의한 것으로 보았다. 현실 세계를 기에 의한 이의 실현이라고 보았을 때, 기의 모든 작용은 곧 이의 실현이라고 할 수 있으므로, 이분수가 설령 기에 의한 이의 제약이라 할지라도 기의 제약이라는 작용 그 자체가 이의 사역이라는 점에서, 결국 '이분수'의 근거는 이(理)에 있게 된다는 것이다. 만약 보편적인 일리(一理)를 기가 제약하여 분수지리로 구성한다면, 기는 이를 떠나 자율적이며 독자적인 영역을 갖게 되므로, 이와 기는 분리된다. 하지만 '이일지리'와 '분수지리'가 대립 관계를 갖는다면 양자는 상대방을 필연적으로 요구하기 때문에 분리되지 않을 뿐만 아니라 상통(相通)한다. 두 개의 톱니바퀴가 상대방의 톱니를 깊게 맞물림으로써 그 톱니를 매개로 하나의 움직임을 이루듯이 '이일지리'와 '분수지리'는 상통한다. 결국 이와 기는 서로 분리될 수 없는 일체(一體)이자 일물(一物)로, 이분수의 궁극적 원인은 '**이(理)**'에 있는 것이다. 분수(分殊)가 곧 이일처(理一處)인 것이다.

기정진은 이기론에서 호발설(互發說)을 부정하는 한편, 현상계를 이원적으로 설명하는 데서 오는 문제점을 제거하는 동시에, 기의 모든 작용의 근거를 이에 둠으로써 이와 기의 관계를 바로잡았다. 그는 우주의 본체 본원은 오직 이(理)이며, 인간 도리의 기본 근저에는 오직 이(理)가 있다고 보았다. 결과적으로 기정진은 존재론적 측면에서는 율곡의 이론을 지지하였고 가치론적 차원에서는 퇴계의 입장을 따라 두 학설의 종합을 시도했다. 이와 같은 기정진의 종합적이며 일원론적 학적 체계는 기존의 주자학과 구별되는 독창적인 것이라 할 수 있다.

29 사단칠정 논쟁: 주리론(主理論)과 주기론(主氣論)의 대립

사단(四端)이란 맹자(孟子)가 실천 도덕의 근간으로 삼은 측은지심(惻隱之心)·수오지심(羞惡之心)·사양지심(辭讓之心)·시비지심(是非之心)을 말하며, 칠정(七情)이란 『예기(禮記)』와 『중용(中庸)』에 나오는 희(喜)·노(怒)·애(哀)·구(懼)·애(愛)·오(惡)·욕(慾)을 말한다.

조선 성리학의 주된 관심은 사단과 칠정의 관계였는데, 사단칠정이 성(性)과 정(情)의 개념을 서로 달리하고, 또한 서로 다른 이(理)·기(氣)의 개념에 사단과 칠정을 나누어 붙이면서 많은 논쟁이 일어났다. 대표적으로 이황과 이이, 이황과 기대승의 논쟁이 유명하다. 이황은 '**이기호발(理氣互發)**'의 기본 전제에서 사단은 이(理)가 발현된 것으로 순수한 선(善)으로서 곧 '도심(道心)'이라고 하였고, 칠정은 기(氣)가 발한 것으로 선·악을 겸한 것으로서 곧 '인심(人心)'이라고 보았다. 이에 대해 이이는 '**기발이승일도(氣發理乘一途)**'의 기본 전제에서 사단과 칠정은 모두 '기(氣)'가 발하는 것이라고 했으며 또한 칠정이 사단을 포함한다고 주장했다.

이후 이황과 26살 연하인 기대승이 논쟁을 벌였다. 퇴계 이황은 사단(四端)과 칠정(七情)은 질적으로 다른 것이라고 보았다. 그는 '사단은 이가 발하는 것이고, 칠정은 기가 발한 것이다.'라고 하여 사단과 칠정을 **각각** 이와 기로 나누어서 생각했다. 인간 본성에서 우러나오는 착한 마음씨인 '사단'은 이(理)가 발한 것이며, 인간의 자연적인 감정을 뜻하는 '칠정'은 기(氣)가 발한 것이라 하여, 마음속의 이가 스스로 발한다고 보았다. 즉 사단은 본성에서 이가 직접 드러난 것으로 보았지만, 칠정은 본성과는 무관한 사적인 감정인 기가 드러난 것이라고 보았다.

그러나 기대승은 이와 기가 각각 독립적으로 발할 수 없다고 이의를 제기하면서, 이황의 견해 가운데에서 '기가 발한 것'만을 인정하고, 그것으로 사단과 칠정이 유래하는 바를 모두 설명했다. 그는 칠정 이외에 따로 사단의 정이 있는 것이 아니라 칠정 가운데 사단이 **포함**되는 것이라고 주장했다. 사람에게는 윤리적인 마음도 나올 수 있고 혹은 그렇지 않은 현실적인 마음도 나올 수 있지만, 어느 경우든 이와 기는 동시에 함께 고려해야 한다고 생각했다. 그래서 그는 본성을 발할 때 기가 잘못 작용하지 않아 본연의 선이 이루어지는 것을 '사단'이라고 이해했으며, 사단도 결국 '칠정'으로 대표되는 현실적인 마음들 가운데 특히 절도에 맞는 윤리적 마음을 가리키는 것이라고 주장했다. 이러한 그의 입장은 이이의 입장과 다를 바 없다.

이것에 대해서 고민하던 이황은 사단은 이가 발한 것이며 칠정은 이와 기가 함께 발한 것이라는 수정된 견해를 내놓았다. 여기서 중요한 것은 마음속의 이가 스스로 발한다는 '**이기이원론**'이 제기된 것이다. 하지만 기대승은 또다시 "이는 기를 통해서만 기능한다."라는 이기일원론적 학문적 견해를 이황에게 전달했다. 이에 대해 이황은 기대승의 비판을 일정 부분 수용하면서도 자신의 기존 입장을 고수하는 타협책을 제시했다. 사단과 칠정에 모두 이와 기라는 범주를 적용했지만, 사단에는 이가 중심 역할을 하고 칠정에서는 기가 중심 역할을 한다는 입장을 보였다. 이러한 생각을 그는 "사단은 이가 드러날 때 기가 따르는 것이고, 칠정은 기가 드러날 때 이가 타는 것이다."라는 말로 정리했다.

이후 사단칠정론은 주리파와 주기파의 양대 분파로 나뉘어 지속적인 논쟁을 거치면서 크게 발전했다. 조선의 유학자들은 학맥과 학파를 따라 수백 년 동안 이 문제를 둘러싸고 논의를 이어나갔으며, 조선 성리학이 중국 주자학보다 진일보한 결과를 이루었다는 평가를 받았다.

인심도심 논쟁: 도덕심(사단과 도심)이 욕망(칠정과 인심)을 … 다스린다 vs. 불가하거나 무의미하다.

율곡 이이(李珥)는 벗이었던 성혼(成渾)과 '인심도심(人心道心) 논쟁'을 전개했는데, 그 주제가 인간 본성을 다루었다는 점에서 사단칠정 논쟁과 비슷한 성격을 지녔다. 하지만 이황과 기대승이 논쟁 과정에서 점점 합의에 다가섰던 반면, 이이와 성혼은 끝까지 평행선을 유지했다. '인심(人心)'과 '도심(道心)'은 『서경』에 나오는 말로, **인심**은 '욕망'에 해당하며 **도심**은 욕망을 조절하려는 '도덕심'에 해당한다. 쉽게 말해, 인심은 하고 싶은 욕망을 그대로 따르고자 하는 마음이고, 도심은 그렇게 따르는 것이 올바른지를 헤아리는 마음이다.

성혼은 이이에게 인심과 도심에 관한 논의를 제기하면서 인심과 칠정(七情)은 기(氣)의 작용이고, 도심과 사단(四端)은 이(理)의 작용으로 보면서, 이황의 '**이기호발설(理氣互發說)**'을 지지했다. 성혼은 인심과 도심을 나누어 설명한 주희의 견해를 따라 사단과 칠정 또한 둘로 나누어 설명할 수 있다고 보면서, 사단은 이(理)가 발한 것이고 칠정은 기(氣)가 발한 것으로 분류하는 이황의 이기호발설이 가능하다는 견해를 제시한 것이다.

하지만 이이는 이(理)와 기(氣)는 서로 떨어질 수 없다는 '**불상리(不相離)**'를 강조함으로써 이황의 이기호발설을 부정했는데, 이것은 애초에 이(理)는 발동할 수 없고 기(氣)만 발한다고 주장했던 기대승의 견해를 계승한 것이다. 그러나 이이가 단순히 기대승의 견해를 답습한 것은 아니었다. 그는 이황처럼 이의 발동을 인정하게 되면 기가 필요 없어져서 이(理)를 기(氣)로 인정하는 오류가 일어난다고 비판하면서 이기호발설을 완전히 부정했다. '이가 직접 발하지는 않지만 '기'로 하여금 발하게 하는 것으로 설명했는데, 주재성(主宰性: 사물을 주관하는 원리)이라는 개념을 통해 이(理)의 무작용성을 밝힌 것이다. 비유하자면 배가 물 위에 뜨는 것은 기의 작용으로 나타나는 현상이고, 배가 물 위에 뜨도록 하는 근거 내지는 까닭은 이(理)라는 것이다. 또 말이 잘 달리는 것은 기(氣)에 의한 것이고, 말이 잘 달리게 하는 것은 이(理)에 의한 것으로, 모든 사물의 본체와 현상을 이런 식으로 설명할 수 있다고 보았다. 결국, 이이의 견해에 따르면 기가 아니면 사물은 발할 수 없으므로, 이와 기는 항상 함께 있어야 한다. 이런 논의를 통해 이이는 최종적으로 "이(理)와 기(氣)는 선후(先後)도 없고 이합(離合)도 없으므로 호발(互發)이라고 해서는 안 된다."라고 결론지으면서, '기가 발하고 이(理)가 타는 한 가지 경우만 인정하는 '**기발이승일도설(氣發理乘一途說)**'로 자신의 견해를 정리했다.

이이는 성현들이 마음(心)을 인심과 도심 두 가지로 나누어 설명하게 된 것은 본래 다 같이 이(理)에 근원하여 순선(純善)했던 인간의 심(心)이 기(氣)를 타고 유행하는 과정에서 선 또는 악으로 나누어지기 때문이라고 보았다. 즉, 발동 전의 상태와 발동 후의 상태가 각기 다르기 때문에 인식상의 혼란을 방지하기 위해 발동 전의 순선무악한 상태를 그대로 유지하는 것을 도심으로 규정하고 그 반대의 경우를 인심으로 규정했다는 것이다. 결국 인심과 도심은 두 개의 각각 다른 마음이 있기 때문에 붙여진 이름이 아니라, 동일한 심(心)의 두 가지 상태를 구분하지 않을 수 없기 때문에 편의상 붙여진 이름이라는 것이다. 그 때문에 그는 인심 또한 처음에는 선하지 않음이 없다고 파악했다(성선설). 인심에서 악이 발생하는 것은 인심 자체의 문제 때문이 아니라 어쩔 수 없는 상황과 심적 부조화, 곧 과불급이라는 과정상의 문제 때문이라고 보았다. 따라서 미발 상태에서는 인심과 도심의 구분이 무의미한 것이라고 주장했다.

31 호락논쟁: 인간 본성은 보편성을 따르는가, 개별성을 따르는가.

'호락논쟁(湖洛論爭)'은 18세기 조선의 노론 당파 내부에서 발생한 학술 논쟁으로, 사단칠정 논쟁과 더불어 조선 성리학의 양대 논쟁으로 꼽힌다. 18세기 초 조선 유학인 성리학이 관념론적 사고를 극복하려고 시도하는 과정에서 인간과 사물의 본성은 같은가, 다른가 하는 문제를 놓고 성리학 내부에서 논쟁을 벌였는데, 이를 **호락논쟁**이라고 한다.

호락논쟁의 호(湖)와 낙(洛)은 충청도와 서울을 가리키는 말로, 당시 학계의 주류였던 노론 학자들이 주로 충청도와 서울을 기반으로 학파를 형성한 것에서 유래한다. 충청도의 다른 이름이 호서(湖西), 서울의 다른 이름이 낙양(洛陽)이었으므로 두 진영은 각각 '호론'과 '낙론'으로 불리게 되었고, 그에 따라 '호락논쟁'이 되었다. 호락논쟁은 처음에는 권상하의 문하에서 수업하던 한원진과 이간이 '인물성동이(**人物性同異**)'에 대해 서로 다른 입장을 보이면서 촉발됐다. 그러나 나중에는 낙론의 권상하, 윤봉구 등이 한원진을 지지하고, 호론의 이재, 박주필 등이 이간을 지지함으로써 사단칠정 논쟁 이후 관념론 내부의 가장 큰 논쟁으로 발전했다.

호락논쟁의 핵심 주제는 크게 세 가지로, '미발(未發) 때의 마음의 본질'은 무엇인지, '인성(人性)과 물성(物性)이 서로 같은지 다른지', '성인(聖人)과 범인(凡人)의 마음은 같은지 다른지' 등 '마음(心)'과 관련한 문제가 그것이다. 이 가운데 호론과 낙론이 가장 치열하게 논쟁했던 주제는 **심성론**, 즉 '인성'과 '물성'에 관한 것이었다. 성선(性善)의 강조로 인해 발생하는 모순을 둘러싼 논박인 심성론(心性論)은 사람의 성(인성)과 사람 이외 존재의 성(물성)이 같은지 다른지가 골자로서 **인물성동이논쟁(人物性同異論爭)**이라고도 한다. 이는 유교적 주체인 '성인'과 보통 사람의 성이 같은지 다른지에 관한 논쟁으로 확장되었으며, 인간의 본성 그중에서도 특히 도덕성에 관한 논쟁으로서 정치와 관련된 주요 의제였다. 당시 노론 내부는 인간의 본성인 인성과 타 존재의 본성인 물성이 다르다고 주장하는 **인물성이론(人物性異論)**의 호론과 근본적으로 서로의 본성은 같다는 **인물성동론(人物性同論)**의 낙론으로 나뉘었다. 호론은 미발, 즉 희로애락의 감정이 일어나지 않은 마음 상태 안에 기질(氣質)이 섞여 있으므로 기질에 의해 좌우되는 인성과 물성은 다르다는 주장을 펼쳤다. 반면 낙론은 미발일 때에는 본연지성만이 있다고 보았다. 본연지성은 개별 사물에 속한 기본적인 속성인 '리(理)'가 만물에 두루 존재하는 것을 보여 주며, 그에 따라 인성과 물성은 동일하다고 보았다. 인물성동이논쟁은 결국 **보편주의**를 바탕으로 인성과 물성의 동일성을 강조하는 입장(낙론)과 **분별주의**에 입각해 인성 우위의 차별성을 강조하는 입장(호론)으로 나뉘어 벌인 치열한 관념론적 논쟁이라 할 수 있다.

호론은 불교·양명학 등이 불러일으키는 성선의 절대성 약화를 우려했다. 그래서 호론은 인성과 물성이 다르다는 입장을 기본으로 하여 인간 본성인 성선(性善)의 회복을 주창했다. 반면 낙론은 현실적 대응 방법이 호론과 달랐다. 낙론은 호론의 주장을 따를 경우 발생할 도덕적 규율에 의한 억압과 욕망의 질식 상태를 인정할 수 없었다. 즉 욕망은 부정되어야 하지만, 그럼에도 받아들여야 하는 엄연한 현실이라고 본 것이다. 욕망을 인간 본성의 또 다른 모습으로 인정함으로써 결국 낙론은 모든 사물마다 고유한 각각의 가치가 있음을 인정했다. 인간의 본성을 어떻게 이해하느냐에 따라 청나라 문물의 도입 문제로 연결되기도 하여, 홍대용·박지원 등의 북학파는 낙론으로서 호락논쟁에 깊이 관여했다.

이철영의 성삼양설: 인성과 물성의 근본적인 차이는 없다.

이철영(李喆榮)은 조선 말기 호락논쟁에 대한 반성과 통합의 움직임을 시도한 대표적인 학자이다. 그는 『사상강설(泗上講說)』에서 호락논쟁의 주요 문제를 분석하고 정리하면서, 호론과 낙론 양자는 다른 주장을 하고 있는 듯해 보이지만 실제로 그 차이는 극복될 수 있는 것임을 증명하고자 시도했다. 예를 들면 호론과 낙론은 각각 인성(人性)과 물성(物性)의 이론(異論)과 동론(同論)을 주장하지만, 양자의 주장이 근본적으로 다른 것은 아니라고 보았다.

이철영은 호론과 낙론의 통합을 위해 '**성삼양설(性三樣說)**'을 제시했다. 이는 한원진의 성삼층설(性三層說)을 참고하여 창안한 이론이다. 이철영의 성삼양설은 본연지성(本然之性), 기지본연지성(氣之本然之性), 기지기질지성(氣之氣質之性)으로 표현되는데, 기지본연지성을 줄여서 기본지성(氣本之性)이라 하기도 하고, 기지기질지성을 줄여서 기질지성(氣質之性)이라 하기도 한다. 그의 삼양설은 기존의 **기질지성**을 두 측면으로 나누어 본 것인데, 그 이유는 기는 국(局)한 것이자 시작과 끝이 있는 것이기 때문이다. 이철영은 사람과 동물의 기본지성이 모두 **선(善)**한 것이라고 보았다. 그런데 이 선한 기본지성이 사람과 동물이 다름에도 사람은 모두 같은 이유는, 사람의 정통한 기지 본연이 동물의 편협한 기지 본연과는 다르지만 이(理)와 기(氣)를 겸한 본체는 사람 모두에게 동일하기 때문이다. 기본지성이 바로 인간과 동물의 고유한 본성으로, 기본지성을 따르는 것이 곧 솔성지도(率性之道)인 것이다. 예컨대 개가 밤을 지키는 것과 소가 밭을 가는 것은 각각의 솔성지도이다. 그러나 개가 지킴을 잃어 밤을 맡지 않고, 소가 순선함을 잃어 밭을 갈지 않고, 사람이 선하지 않아 효제충신의 행실이 없는 것은 모두 기지기질지성(기질지성)의 악한 것으로서 자연의 성(性)을 따르는 도(道)가 아니다.

이철영은 한원진의 성삼층설에 대해, 일원지성과 본연지성을 합하여 이를 상층성으로 삼아서 이(理)만을 지칭하고, 기질지성을 중·하의 이층으로 나누어 이(理)와 기(氣)를 겸지(공유)하는 것으로 수정했다. 한원진의 초형기(超形氣)한 상층성은 만물의 이(理)가 동일한 것이고, 잡기질(雜氣質)한 하층성은 사람마다 다르고 동물마다 다른 것이다. 한원진은 인기질(因氣質)한 중층성을 사람과 동물의 고유한 본성으로 파악하여 '**인물성이론(人物性異論)**'을 주장했다. 따라서 겉으로 보기에는 한원진의 삼층설과 이철영의 삼양설이 동일한 듯 보이지만, 이 세 성(性)의 관계에 대한 이해는 서로 다르다. 즉 한원진은 중층성과 하층성의 관계(인성과 물성을 이루는 氣의 관계)를 동위 동시(같은 지위, 같은 관점)로 이해했던 반면, 이철영은 기본지성과 기질지성의 관계(이와 기의 관계)를 동위 동시로 파악했던 것이다. 또 한원진의 성삼층설은 초형기(만물의 理는 동일하다)·인기질(因氣質: 인물의 性은 다르다)·잡기질(雜氣質: 모든 개체의 性은 다르다)에 의한 분류이고, 특히 중층성은 단지(單指: 이와 기는 별개다)·겸지(兼指: 이와 기는 공유한다)로 표현 불가능한 것이어서, 사람과 동물의 같고 다름과 선악을 논할 때 논리적으로 애매하다. 이에 비해 이철영은 중저미발(中底未發: 진정한 氣의 미발)과 부중저미발(혈기가 뒤섞인 기의 미발), 단지와 겸지로 성삼양설을 말하기에 사람과 동물의 같고 다름과 선악을 논할 때 논리적으로 명확해진다. 이철영 사상의 논리적 근거는 율곡으로, 그는 호론과 낙론은 모두 율곡에게서 나온 것이기 때문에 그 근본적 논리와 목적은 같다고 보았다. 이철영의 학문적 성과는 율곡의 학설을 추종하면서도 호락 양자에 객관적인 태도를 유지하면서 설득력 있는 통합론을 창안함으로써, 양자가 충분히 통합될 수 있음을 보여 주었다는 데 있다.

정제두의 심물일원론: 지식과 행동은 하나로 통일되어야 한다.

하곡(霞谷) 정제두(鄭齊斗)는 양명학의 사상적 체계를 세우고, 이를 바탕으로 **'경세론'**을 전개한 조선 후기의 사상가이다. 정제두는 이론에만 치우친 주자학의 객관적 인식 방법에 회의를 느끼고는, 지식과 행동의 통일을 주장하는 양명학에 심취했으며, 당시 학계로부터 이단을 당하면서도 끝까지 학문을 연구 발전시켜 조선 최초로 양명학의 사상적 체계를 완성했다.

정제두는 학문적 근간에서는 정호 · 주희 · 왕수인의 사상을 받아들이고 사상을 극복하는 과정에서 자기만의 독특한 사상 체계를 수립했다. 그는 '마음이 곧 이(心卽理)'라는 입장에서, 사물에서 이를 구한 주희의 격물치지론(格物致知論)을 비판했다. 정제두는 이(理)를 '물리(物理) · 생리(生理) · 진리(眞理)'로 나누었다. 물리는 개개의 사물에 들어있는 조리(條理)로서, 만물에 일관된 흐름으로 작용하는 존재 법칙이다. 물리는 개체의 제한성을 넘어 모든 존재에 보편적으로 적용할 수 있는 것이 아니다. 생리는 이미 형체를 갖춘 구체적인 생명체 속에 깃들어 있는 이(理)로, **'기질지성(氣質之性)'**에 해당하는 것이다. 생리에는 참된 것과 망령된 것이 있는데, 그 참된 것을 진리라 한다. 참된 것과 망령된 것이 함께 들어있는 생리 가운데 참된 **'체(體)'**를 주로 삼는 것, 즉 진리를 추구하는 것이 정제두의 학문 목표였다. 생리 가운데 선한 부분인 진리가 바로 **'명덕(明德)'**으로, 외적 사물의 탐구를 통해 진리에 도달하는 것은 아니다. 정제두는 명덕에 담겨 있는 앎, 즉 **'양지(良知)'**를 닦아야 참된 진리에 이를 수 있다고 보았다. 사람의 생리는 측은 · 수오 · 사양 · 시비의 마음을 깨닫고 이를 능히 다스릴 수 있다고 하여, 지(知)와 능(能)을 일체로 이해했다.

정제두의 **이기일원론(理氣一元論)**은 주희의 이기이원론(理氣二元論)과 다음 면에서 차이를 보인다. 정제두에 따르면, 주희의 이기론의 문제점은 '이와 기를 둘로 보는(理氣爲二)' 것에 있는 것이 아니다. 성(性)은 이(理)이지만 심(心)은 이(理)가 아닌 것으로 되어, 심과 성이 둘이 되고, 심과 이가 둘이 된다는 데 있다. 이것은 맹자 · 정호 이래 '심(心) · 성(性) · 천(天)은 하나'라는 뜻과 부합하지 않는다. 정제두는 이것을 명확히 인식하고는 자신만의 독창적인 **생리설(生理說)**을 주장했다. 그는 천도의 생리(生理)를 생생불이(生生不二)한 '인(仁)'이라고 보고, 그것이 바로 인간이 하늘로부터 부여받아 타고난 '병이(秉彝) · 명덕(明德) · 선성(善性)'이라고 보았다.

주희는 인식론적 관점에서 심(心)과 물(物)을 '주관과 객관'의 이원론적 방식으로 맞대어 규정했지만, 정제두는 이를 거부하면서 **'심즉리(心卽理)'**, **'현상즉본체(現象卽本體)'**라는 입장을 견지했다. 그는 구체적인 계기에 대응하여 심(心)을 크고 넓게 발휘하는 것이 만물과 감응하는 기틀이라고 보았다. 또 명덕을 밝히면 천지 만물이 동체(同體)임을 깨달을 수 있다면서, 형이상과 형이하, 심과 물, 체와 용, 주와 객을 관통하는 **'심물일원(心物一元)'** 사상을 주장했다.

이러한 사상적 기반을 바탕으로 정제두는 '지식이 선행되고 실천이 뒤따른다(先知後行)'는 주희의 방법론을 배척하고 **'지행합일(知行合一)'**로 지식인의 적극적인 실천을 유도하는 학문을 수행할 것을 주장했다. 그는 양지(良知)의 '치(致)'가 곧 '행(行)'이라고 보고, 이것은 '격물 · 치지 · 성의 · 정심 · 수신'의 일체의 공부와 수행 과정을 포괄하는 것이라고 보았다. 이 본연의 양지를 따라서 지식을 확충한다면 지(知)에 이미 행(行)이 들어있게 마련으로, 양지가 행(行)으로 드러나게 하는 '지행합일'의 실천을 통해 사변적이고 관념적인 학풍에서 벗어날 것을 주장했다.

34 이익의 실학사상: 한전제를 중심으로 한 중농주의 경제 사상

성호(星湖) 이익(李瀷)은 해박한 지식과 타고난 소양을 바탕으로 조선 후기 '실학'의 토대를 탄탄하게 구축한 실천적 인물이다. 이익은 유학은 물론 경제, 풍속, 문화, 천문, 지리, 문학, 종교, 음악, 과학기술 등 학문의 전 분야에 걸쳐 아주 다양하고 풍부한 저술과 기록을 남겼다. 그의 이러한 백과전서 학풍은 18세기 실학과 경제학의 발전에 깊고 넓은 영향을 끼쳤다.

이익은 유형원의 농업 경제 체제를 기반으로 한 **중농주의** 사회 개혁론을 계승하여 이를 경제 사상으로 발전시켰는데, 이는 크게 '한전론과 상공업 억제 그리고 화폐 철폐'로 요약된다. 이익은 유형원의 균전론(均田論)을 바탕으로, 대토지 소유의 폐해를 막기 위한 토지제도인 '한전제(限田制)'를 주장했다. 이익은 화폐 유통과 상공업의 발달을 농업 중심의 경제 체제를 파괴하는 원인으로 보면서, 상공업의 역할을 긍정적으로 보고 화폐의 유통을 적극적으로 주장한 유형원과는 반대되는 입장을 나타냈다.

이익의 경제 사상은 '농업을 중심으로 한 경제 체제'에 기반한다. 그는 국가의 경제적 시스템을 '농업을 중심으로 한 자급자족'에 두면서, '토지 문제'를 농업 중심의 경제 체제를 유지하는 데 있어서 가장 중요한 가치라고 인식했다. 그는 토지의 국가 소유가 '농업을 중심으로 한 경제 체제'의 대의(大義)라고 여기면서, 모든 토지의 국가 소유를 전제로 한 **정전제(井田制)**를 '농업 중심 경제 체제'의 이상으로 삼았다. 그러나 다른 한편으로 그는 정치적, 경제적 권력을 독점하고 있는 권문세가나 부유층의 세력을 무시한 토지개혁은 반드시 실패한다고 보았다. 그래서 그는 농민들이 소유할 수 있는 일정한 면적의 토지, 곧 영업전(永業田)을 정하는 한편, 권문세가나 부유층의 대토지 소유를 제한하는 토지개혁으로 빈부 격차를 줄여나가면서 점진적으로 균일(均一)하게 하자고 주장했다. 이익의 토지개혁론에서 영업전은 일체의 매매 행위가 금지된다. 그리고 영업전 이외의 토지는 자유롭게 매매하되 소유할 수 있는 토지의 상한선을 정해 대토지 소유로 인해 발생하는 폐단을 억제하고자 했다. 이렇듯 이익의 토지개혁안은 토지 소유의 상한선을 정해 농민이 먹고살 수 있고 나라에 세금을 바칠 수 있는 생계 기반을 확보하는 한편, 양반 사대부 혹은 지주 계층의 토지 강탈이나 편법 취득을 통한 대토지 소유를 막는 데 역점을 두었다고 해서 **'한전론(限田論)'**이라고 불린다. 이를 통해 알 수 있듯, 이익은 대토지 소유자의 땅을 빼앗아 농민 혹은 가난한 사람들에게 재분배하는 토지개혁에 대해 매우 부정적인 시각을 보이면서, 빈부 갈등과 분쟁을 일으키는 급진적인 방식의 토지개혁보다는 부자와 가난한 사람 모두가 받아들일 수 있는 점진적인 방식의 토지개혁을 추구했다.

이익은 상공업 발달과 화폐 유통을 가장 부정적인 시각으로 바라보았다. '농업을 중심으로 한 자급자족 경제 체제'를 이상으로 삼았던 그의 시각으로 볼 때 상업의 활성화나 상품 화폐 및 시장 경제의 발달은 곧 농업 경제의 황폐화를 뜻했다. 이익은 '시장'을 사치와 낭비 그리고 백성의 노동 의욕을 떨어뜨리는 온상으로, 화폐 유통을 상업을 활성화하는 근원으로 보았다. 이에 그는 화폐 유통을 철폐하고 시장을 축소하는 한편 시장을 여는 날도 대폭 조정해야 한다고 생각했다. 유형원에서 시작해 이익으로 계보를 이은 중농주의와 토지개혁의 경제 사상은 이익의 사후 그를 사숙한 정약용에 의해 계승·발전하면서 꽃을 피웠다.

북학파의 실학사상: 이용후생의 실사구시

북학(北學)은 청나라의 문물을 수용하여 부강한 조선과 잘사는 백성을 만들고자 하는 사회 개혁 운동이다. 북학파는 과거 경세치용학파와 '**이용후생(利用厚生)**'이란 점에서 공통점을 갖지만, 경세치용학파가 송대의 문화 경제적 융성을 이상향으로 삼는 복고적이었던 것과 달리, 당시 청나라의 상업과 수공업 발전상을 도입하고자 하는 '**실사구시(實事求是)**'의 진취적 성격을 지녔다. 북학파가 제기한 공통의 주제를 '이용후생(利用厚生)'이라 할 수 있는 것은, 생산기술의 도입으로 민생의 향상을 실현하고 이를 통해 국가의 부강을 이룰 수 있으며, 도덕적 교화도 실현할 수 있다는 방법적 공통성을 지니고 있기 때문이다.

■ 홍대용의 무한우주설

북학파의 선구자는 담헌(湛軒) 홍대용(洪大容)이다. 홍대용은 '이(理)'는 주재하는 것이 없이 일으키는 바에 따를 뿐이라고 하여, 이(理)를 사물에 내재한 법칙 내지는 속성으로 파악했다. 그러나 홍대용 사상의 특징은 이기론에 있는 것이 아니라, 당시 지식인들의 '허위의식'에 대한 비판이라 할 수 있다. 그는 긍심(矜心)·승심(勝心)·권심(權心)·이심(利心)의 네 가지 마음 때문에 사람들은 사회 현실을 직시하지 못하고 허위의식에 사로잡히게 된다고 보았다. 또 사물을 객관적으로 보지 않고 인간의 시각에서 사물을 보려고 하기에 가치의 차별이 생긴다고 보면서, '**이천시물(以天視物)**'의 관점에서 물성(物性)을 이용하여 가치를 판단해야 한다는 이론적 근거를 제시했다. 즉 사물을 생활에 유용하게 이용하기 위해서는 사람의 입장에서 이를 상대적으로 가치 없다 하여 폄훼할 것이 아니라, 하늘의 입장에서 사물을 보는 객관적 가치를 기준으로 세워야 한다고 주장했다.

홍대용은 또한 당시 뿌리 깊게 자리 잡은 중국 중심의 '화이론(華夷論)'적 세계관을 전면적으로 부정하고, '무한우주설'을 주장했다. 무한우주설에 근거한 지구중심설의 부정은 세상의 가치를 상대적으로 보려는 관점과 밀접한 관계가 있다. 홍대용은 그의 자연과학 사상을 바탕으로 '상대주의' 시각을 강조하면서, 당시 조선 사회에 팽배해 있던 소중화(小中華) 의식을 탈피한 새로운 세계관을 제시했다. 이러한 소중화 의식의 탈피는 주체성을 강조하는 역사의식으로 전환하여 '역외춘추론(域外春秋論)'으로 이어졌으며, 이를 통해 국가의 상대적 자기중심성을 인정함으로써 변방의식을 극복할 수 있는 자주 의식의 근거를 제시했다. 홍대용의 자연과학에 근거한 '소중화 의식의 탈피'와 이천시물(以天視物)에 의한 '**가치 상대론**'은 박지원·박제가 등에게 영향을 끼쳤을 뿐만 아니라 북학 사상의 이론적 근거가 되었다.

■ 박지원의 이용후생론

연암(燕巖) 박지원(朴趾源) 실학사상의 특징을 한마디로 요약하면 '**이용후생론(利用厚生論)**'이라 할 수 있다. 그는 "이용(利用)이 있고서 후생(厚生)이 있으며, 후생이 있고서 정덕(正德)이 있다."라고 하여, 윤리·도덕적 측면인 정덕보다 물질의 이용과 후생이 중요하다고 보았다. 그리고 이용후생을 위해서는 무엇보다도 청의 선진 문물을 받아들여야 한다고 주장했다. 우주론에서는 실증적 태도를 반영하여, 만물의 생성은 모두 기(氣)의 작용이라고 보고, 이(理)는 기(氣)의 운동에 내재하는 법칙으로 인식했다. 즉 물체가 형성될 때는 반드시 질(質)이 있게 되는데, 이러한 질에 영원성을 부여하고 티끌이라는 미립자가 응집 결합하고 운동 변화하는 과정에서 우주 만물이 생성된다고 보았다.

홍대용의 사상에 과학 정신이 깃들어 있다면, 박지원에게 있어서는 문학을 통한 현실 인식과 사회적 모순에 대한 비판 정신이 깃들어 있다. 그는 소설을 통해 당시 양반 계층의 도덕적 위선을 풍자함으로써 신분 계급에 사로잡힌 당시의 사회를 비판했다. 또 천하의 사람들이 세(勢)를 따르고 명예와 이익을 도모하면서 군자가 세와 명예와 이익을 말하는 것을 꺼리는 것은 그것을 독점하기 위한 심술(心術)이라고 지적했다. 그는 형식적인 도덕 질서를 타파하는 개혁 정신으로 양반의 허위의식에 기반한 당대의 모순된 사회 질서를 근본적으로 비판했다. 이러한 현실 비판 정신을 바탕으로 그는 당시의 통속적 관념 체계와 신분적 권위의식의 개혁을 추구했다.

■ 박제가의 통상론

초정(楚亭) 박제가(朴齊家)는 북학사상에 가장 철저했던 사상가였다. 그는 당시 사대부들이 '존왕양이(尊王攘夷)'에 매몰되어 있는 것을 비판하면서 북학 사상을 적극적으로 펼쳤다. 설령 청의 선진 문물이 오랑캐의 문물이라고 할지라도 그것이 진실로 백성에게 이로우면 이를 적극적으로 받아들여야 한다는 이용후생론의 입장을 피력했다. 박제가는 중국을 네 번이나 다녀온 후 『북학의(北學議)』를 기술했는데, 책에서 그는 조선에서 시행할 만한 것은 무엇이든 세밀하게 관찰하고 기록하여 백성의 삶을 윤택하게 하고 나라의 재정을 풍요롭게 하는 '이용후생(利用厚生)'을 꿈꾸었다. 특히 거름, 농기구 등 당시 한계에 다다른 조선의 농업생산력을 높이기 위한 다양한 선진 농업기술을 소개했다.

박제가는 조선의 실학자들 가운데 예외적으로 적극적인 **상업 진흥론**'을 제시했다. 박제가는 18세기 후반 조선의 경제 발전과 국민 후생을 위해 정부 정책의 전환을 주장했다. 그는 당시 집권 정치가들이 상업과 공업을 천시하고, 특히 상업이윤을 '말리(末利)'라고 하면서 억압하는 것을 격렬하게 반대했다. 박제가는 상업이윤이야말로 자원과 재화를 합리적으로 유통·분배함으로써 생산과 기술의 발전을 자극하여 국민과 국가를 부강하게 만드는 산업이라면서, 상업과 공업의 발전을 옹호했다. 이를 위해 그는 정부의 적극적인 지원정책을 주장하는 한편, 공업발전을 위한 기술혁신을 강조하였고, 서양 선진기술을 적극적으로 도입할 것을 주장했다.

〈조선 후기 실학의 계보와 사상의 흐름〉

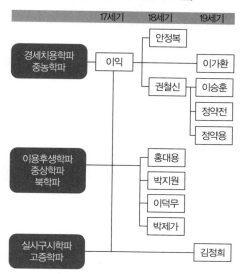

다산(茶山) 정약용(丁若鏞)은 5백여 권에 이르는 방대한 저술을 남긴 실학의 집대성자이다. 그는 유형원과 이익으로 이어지는 실학을 계승하고 북학파의 사상까지 받아들였으며, 경세치용(經世致用)과 이용후생(利用厚生)의 사상을 종합하여 실학을 집대성했다. 특히 수원화성 건립 시에 고안하고 설계한 거중기와 배다리는 그가 추구했던 실용적인 학문의 본체가 무엇인지를 잘 보여 준다. 정치 · 경제 · 사회 · 문화 등 역사 현상의 전반에 걸쳐 전개된 그의 사상의 핵심은 조선왕조의 기존 질서를 전적으로 부정하는 '혁명론'을 따르기보다는, 파탄에 이른 당시의 모순된 사회를 개량하여 조선왕조의 질서를 새롭게 강화하려는 의도를 띠고 있었다. 정약용은 조선에 왕조적 질서를 확립하고 유교적 사회에서 중시해 오던 왕도정치(王道政治)의 이념을 구현함으로써 '국태민안(國泰民安)'이라는 이상적 상황을 도출해 내고자 했다.

한편, 사상적 측면에서 성리학을 부정하는 정약용은 새로운 관점에서 '**심성론(心性論)**'을 전개했다. 성리학에서는 성(性)을 이(理)로 파악하여(性卽理) 궁극적인 존재인 이(理)가 인의예지(仁義禮智)의 인간 본성과 같다고 보았다. 하지만 정약용은 먼저 인의예지는 우리의 행위로 성취하는 덕목이지, 행위 이전에 마음속에 있는 본성이 아니라고 보았다. 그는 인(仁)을 인간의 선천적 본성으로 규정하는 성리학의 관점을 비판하고, 인간이 실천해야 할 후천적 덕목이라고 정의했다. 그는 그 근거를 맹자의 '**사단(四端)**'을 새롭게 해석하는 것에서 찾았다.

주희는 단(端)을 실마리로 해석하면서, 마음속에 존재하는 인(仁)의 본체, 즉 성(性)으로부터 나온 것이 '측은지심'으로, 측은지심은 인(仁)에 대한 '인식'의 근거를 제시할 뿐이라고 보았다. 반면, 정약용은 단(端)을 처음(始)이라고 해석하여 인(仁)을 '실천'하는 시초가 **측은지심**이라고 이해했다. 이러한 비판의 결과가 '**성기호설(性嗜好說)**'로, 정약용은 성(性)을 '기호'라고 정의하면서 인간은 선악을 스스로 결정할 수 있는 능력(自主之權)을 지니고 있다고 설명했다. 주희는 '마음은 내면의 인식을 따르는 것이다.'라고 하여 행위의 기준을 중시하는 규범 윤리를 강조한 반면, 정약용은 '마음이 행동을 결정한다.'라고 하여 행위의 결과에 책임을 지는 **실천윤리**를 강조했다.

정약용은 수신(修身)의 학문을 통해 자신의 실학사상의 근거를 설정했다면, 치인(治人)의 학문을 통해서는 민본사상을 계승한 구체적인 개혁안을 제시했다. 그는 민본사상을 바탕으로 당시 삼정(三政)의 문란과 토지 겸병으로 피폐해진 민생을 구제하기 위해 '**여전제(閭田制)**'와 '**정전제(井田制)**'라는 토지개혁을 주장했다. 여전론은 국가가 장기적으로 토지를 사들여 빈농에게 배분하고, 아직 사들이지 못한 토지는 농민들이 골고루 소작할 수 있도록 하자는 주장이다. 그러나 그는 유배 후 여전제가 지나치게 이상적임을 깨닫고는 중국식 정전제로 토지제도를 변경 · 개혁할 것을 주장했다. 정전제는 토지 소출을 잘할 수 있도록 경작지를 기준으로 노동력을 배치해야 한다는 전제 개혁으로, 국가의 역할은 토지 소유권을 직접 나눠주기보다는 백성들에게 적절한 일자리를 갖도록 전제와 조세를 운영하는 데 있다고 보았다.

정약용은 상공업의 발전에 대해서도 역설했다. 그는 특히 상업의 발전을 강조하되, 교역에서의 특권과 매점을 방지하는 한편, 세원 확대를 통한 부국강병을 주장했다. 이를 위해 구성원 모두는 맡은 바 직분에 충실하며, 열심히 노동하는 삶을 살아야 한다고 주장했다.

추사(秋史) 김정희(金正喜)는 조선 후기의 대표적인 실학자·고증학자·서예가·역사학자·금석학자이다. 그는 학문, 예술, 문학 등 다방면에서 천재성을 드러냈는데, 그의 학문은 한마디로 '박이약지(博而約之)'의 성격을 지녔다.

김정희는 '실사구시(實事求是)'의 학문을 추구했다. 실사구시는 사실에 토대를 두어 진리를 탐구하는 태도로, 아무도 부정할 수 없는 객관적 사실을 통해 정확한 판단과 해답을 얻고자 하는 학문적 태도이다. "실사에서 진리를 구하고 징험하지 않으면 믿지 않는다(實事求是無徵不信)"라는 학문 정신은 고증학의 높은 경지를 개척하려는 의지로 굳어지면서 스스로 금석문 연구에 몰두하도록 유도했다. 그 결과 북한산의 진흥왕 순수비를 발견하고『금석과안록(金石過眼錄)』같은 탁월한 저서를 남겼다.

김정희의 실사구시(實事求是) 학문은 문자학에 기초하여 경전의 본뜻을 이해하고, 이에 근거하여 실생활 및 예의 제례가 경전과 명실상부하도록 하는 데 있다. 그는 고증학을 바탕으로 한 실사구시의 학풍을 펼침으로써, 경세 위주의 학풍과는 또 다른 측면에서 실학을 펼쳤다. 김정희의 고증학은 단순히 실증에 그치는 것이 아니라, 끊임없는 비판 정신으로 사실을 추구하고 정통을 견주어 고찰하는 특징을 지녔다.

김정희의 학문 영역은 매우 넓지만 이를 '예(禮)'로 수렴하는 '박이약례(博而約禮)'의 특성이 있다. 그는 경학 중에서도 특히 역(易)과 예(禮)를 중시하여 양자를 겉과 속(表裏)의 관계로 이해했다. 역의 근본은 사람으로서 지켜야 할 떳떳한 도리를 삼가 실천하고, 언행을 조심하며, 예로써 행동에 최선을 다하는 데 있다고 보았다. 예에 한결같이 마음을 쓰면, 성(性)이 회복되고 인(仁)은 온전해지며, 그에 따라 몸가짐이 바로 서고 행동에도 변화가 일어난다고 보았다.

김정희는 예술에서도 뛰어난 업적을 남겼다. 조선 후기의 실학(實學)을 대표하는 인물이 정약용이라면, 조선 후기 문화 예술을 상징하는 인물은 김정희라고 해도 과언이 아닐 것이다. 그의 예술은 시·서·화 일치 사상에 입각한 고답적인 이념미(理念美)의 구현을 추구했으며, 이는 청나라 고증학에 바탕을 두고 있다. 이런 이유로 그는 기존 성리학을 바탕으로 독자적인 발전을 해온 조선 고유의 국서(國書)와 국화풍(國畵風)에 대해서는 철저하게 비판적인 태도를 보였다.

서예에서 김정희는 스승인 청나라 옹방강의 서체를 익힌 후 명나라 동기창과 문징명, 원나라 조맹부, 송나라 황정견과 소식, 당나라 안진경과 우세남 등 수많은 명필가의 글씨를 차례로 익혔다. 후에 제주도에서 귀양살이하던 추사는 고예체(광개토태왕비체)를 토대로 전서와 팔분예서(八分隷書)를 융합하여 자신만의 독특한 서체인 '추사체'를 완성했다. 이처럼 추사체는 수천 년 동안 이어온 서체를 모두 섭렵한 뒤 완성한 서체라 할 수 있는데, 자유로움과 순수함, 부드러움과 강인함이 동시에 함께 느껴지는 추사만의 고유하고 독특한 필체라 할 수 있다. 그리고 그림에서, 김정희의 고고한 기상과 정신세계를 집약해 놓았다고 평가받는 '세한도'는 그의 생애 최고 걸작품이었다. 제주도로 유배된 추사가 화제(畵題)를 곁들인 그림을 그려 제자 이상적에게 전한 '세한도'는, 당대 최고의 경지에 오른 대학자이자 예술가였던 추사의 학문 세계와 예술의 미학을 가감 없이 들여다볼 수 있는 명작으로 평가받고 있다.

38 최한기의 인식론: 인식의 본질은 기(氣)의 경험이다.

조선의 실학은 발전 과정에서 '기일원론(氣一元論)'에 기초한 독특한 철학적 사유의 발전을 시도했다. 혜강(惠崗) 최한기(崔漢綺)는 기일원론적 철학 사상과 실학자의 사회 개혁 사상에 영향을 받아 자신만의 독특한 인식론적 철학 체계를 세웠다. 그는 자신의 학문을 '기학(氣學)'이라고 부르면서 이(理)를 중심으로 한 성리학의 이선기후(理先氣後)의 논리에 맞서서 기(氣)를 중심으로 한 '이재기중(理在氣中)'의 논리를 제시했다.

최한기는 우주 만물의 생성 근원을 '기(氣)'의 조화에 두고, 기의 활동성을 '운화(運化)'라는 개념으로 표현했다. 이는 본래 하늘과 땅의 운행과 기상의 변화 등 자연의 움직임과 변화를 총괄하여 지칭한 말이다. 천지의 운화, 음양오행의 운화 등으로 쓰이다가 '기'로써 자연현상을 설명하는 성리학적 세계관이 보편화함에 따라 '기'의 유행 변화를 가리키는 말로 쓰이게 되었다. 이러한 '기'의 근본적인 성질을 '활동 운화'라고 말하면서 크고 작은 만물이 기의 활동으로 반응하여 '만물 운화'를 이루는데, 이를 통합한 것이 '운화기(運化氣)'라고 했다. 운화기는 이기론적 개념도 아니지만 그렇다고 단순히 자연과학적 물질 개념도 아니며, 자연과 인간을 소통하는 근본 존재로서 현실적 역동성이 돋보이는 개념이라 할 수 있다.

이처럼 최한기는 경험주의 철학을 바탕으로 우주 만물은 기(氣)에 의해 생성되고 존재한다는 '기일원론'을 펼쳤다. 그의 주장에 따르면 인식은 외부 사물과 감각기관이 접촉할 때만 발생하며, '경험'이란 곧 인식의 기초다. 경험에 의하지 않은 선험적인 지식은 본래 존재할 수 없다. 그는 인식 대상에 관한 내용이 선험적으로 구성된다는 사실을 인정하지 않음으로써 인식의 출발은 오직 경험에 의존한다고 주장했다. 그러면서 경험 이전의 대상 세계의 이치가 본성에 내재해 있다는 선험론을 부정했다. 그는 인간 본성은 선험적으로 마치 빈 거울과도 같다고 보면서, 경험을 통하지 않은 어떠한 인식도 인정하지 않았다. 그는 인간 내면에 치중했던 관심의 시선을 인간 외부로 돌려 세상의 모든 이치를 낱낱이 알고자 했다.

최한기는 이를 위해 먼저 인식 주관과 객관, 그리고 양자를 매개하는 감각기관을 인식 성립의 3요소로 제시하면서, 인식은 이들의 상호 작용으로 가능하다고 보았다. 이때 일차적으로 외부 사물과 접촉하여 감각과 경험이 발생하기 전에는 인간의 사유 활동이 일어나지 않으므로 인식은 성립할 수 없다. 즉, 인식은 궁극적으로 반성적 사유 활동을 통해 얻어지는 것이지만, 그렇더라도 외적 대상에 대한 경험적 추체험이 없다면 사유 자체가 불가능하다고 보았다. 경험을 통해 비로소 인식 주관에 지각이 생겨나고, 이것을 기초로 하는 반성적 사유 활동이 있게 되어 경험 외적인 것까지도 인식하게 된다는 것이다. 그는 이러한 사유 활동을 '추측(推測)'이라고 하면서, 사유하는 주체를 '신기(神氣)'라고 했다. 외부 자극으로 감각기관이 활동하면 자연히 신기에 작용이 생기고, 일단 신기에 각인되어 내재화한 정보가 외부 정황을 만났을 때 발화하게 된다는 것이다. 최한기는 모든 인식은 이와 같은 3단계 경로를 거친다고 보았다.

최한기는 경험적 인식의 개인적인 차이를 인정하면서도, 인식 주체인 '신기'는 보편성을 지향하는 까닭에 결국 참다운 지식에 도달할 수 있다고 보았다. 인식 주체인 신기는 타고난 감각기관의 온전성 여부와 상호 작용에 의한 경험의 폭에 따라 확대되기도 하고 편벽되기도 하는 것으로, 우리는 참된 지식을 얻기 위해 끝없이 경험적 인식에 의존해야 한다고 주장했다.

조선 말기 도학(道學)의 흐름은 존화양이(尊華攘夷)라는 대의에 의해 척양·척외를 주장한 위정척사 사상에 이어진다. 위정척사 사상은 서세동점(西勢東漸)의 과정에서 서양 세력의 도전에 대한 응전이라는 자구의 수단으로 일어난 것이라고 할 수 있다. 19세기 중엽 서세동점이 본격화되자 전통 성리학을 계승하는 대다수 유학자가 존화양이의 정신에 따라 위정척사론을 펼쳤다. 그 대표적인 인물로는 화서(華西) 이항로와 노사(蘆沙) 기정진을 들 수 있다.

위정척사(衛正斥邪)란 사(邪)를 물리치고 정(正)을 지킨다는 뜻이다. 여기서 지켜야 할 대상인 정(正)은 곧 정학(正學)인 성리학과 조선의 문화를 의미하며, 배척의 대상인 사(邪)는 이러한 조선의 성리학과 문화와는 다른 이질적인 사상이나 문화 체계를 의미한다. 따라서 위정척사론은 조선의 정체성과 주체성을 위협하는 요소에 대한 자기방어의 표현이라 할 수 있다.

이항로(李恒老)의 위정척사 사상은 '**이존기비(理尊氣卑)**' 사상에 기반을 둔 것이다. 이항로는 주자의 학설을 확고히 하고, 우암 송시열을 공자·맹자·주자를 뒤이은 도통의 계승자임을 주장하며, 송시열의 숭명배청론을 자신의 화이론(華夷論)과 연결했다. 그의 이기론은 이이와 성혼의 학설을 절충했는데, 이(理)와 기(氣)가 상호적 관계에 있음을 인정하면서도 **이(理)**가 기(氣)보다 중요하다는 것을 강조했다.

이항로에 의하면, 이(理)를 지향하면 중화(中華)가 되며, 이 중화 문화와 다른 이질 문화는 용납될 수 없는 사(邪)가 되는 것이다. 그러므로 서양의 이질적인 문화는 당연히 '사(邪)'로 규정된다. 그는 이기론을 바탕으로 이를 지향하는 문화는 중화의 문화임을 강조하고, 중국과는 다른 이질적인 문화는 이(理)를 따르지 않기에 사악한 것이라고 주장했다. 그는 서양의 학문을 인욕(人慾)의 핵심으로 파악했으며, 이를 추구하는 것은 오랑캐보다 못한 금수라고 주장했다. 이 주장은 위정척사파의 서양과의 통상 반대의 기반이 되었으며, 서양은 곧 물리쳐야 할 적이자, 척양(斥羊)이야말로 조선이 수행해야 할 최우선 과제로 인식되었다.

이항로는 서양에 대한 위기의식을 '**내수외양(內修外攘)**'의 방법을 통해 극복하고자 했다. 그는 서양의 물건들은 인간의 사치심을 유발하는 것이므로, 이에 대한 욕구를 다스리기 위해서는 수입을 금지하고, 더불어 서학에 동조하는 이들을 처벌할 것을 주장했다. 그러나 이항로는 단순히 척화론이 근본적으로 해결해 줄 수 없다고 보았다. 그가 바라본 근본적인 해결책은 성리학을 통해 사람의 마음에 있는 천리(天理)와 인욕을 분별하고 민생을 안정시키는 것이다. 이항로는 수신(修身)의 중요성을 강조하며, 백성을 다스리는 군주의 마음가짐 여하에 국가의 안위가 달려있음을 역설했다. 인(仁)을 바탕으로 군주가 덕치를 펼 것을 강조했으며, **덕치(德治)**를 확립하기 위한 방책을 제시하는 상소를 올렸다. 병인양요 이후에 올려진 이 상소에는 조정 내부의 문제를 해결하고, 무력 증강을 꾀하고, 인망 있는 자를 중용할 것을 요청했으며, 특히 여기에 쓰인 의려책(義旅策)은 이후 수많은 유림의 항일 투쟁의 실천적 단서가 되었다.

40 박은식의 유교구신론: 유교 개혁을 통한 자강불식

백암(白巖) 박은식(朴殷植)은 주자학과 위정척사 사상에 회의를 느끼고서는 '개화(開化)'가 필요하단 사실을 깨달았다. 그는 주자학이 지나치게 중국 중심적인 사고와 경직된 사문난적의 논리에 매몰되어, 새로운 사회 변화에 대처하지 못한다고 비판했다. 그는 조선 성리학이 백성을 위주로 하지 않은 채 쇄국적·독선적이며 공리공론만을 일삼았다고 비판하면서, 공자의 대동사상(大同思想), 맹자의 애민사상(愛民思想) 및 양명학(陽明學)의 치양지(致良知)와 지행합일(知行合一)로써 유학을 개혁해야 한다고 주장했다. 이를 위해 그는 실학자들의 사상을 배울 것을 주장했을 뿐만 아니라, 서양 사조를 폭넓게 수용할 것을 제안했다. 그와 함께 양명학을 근대적으로 해석함으로써 근대적 주체의 바람직한 정립과 근대 사회가 나아가야 할 바람직한 방향을 모색했다.

박은식은 국권을 빼앗기는 등 비참한 현실 속에서 '스스로 강해져야 한다.'라는 논리의 필요성에 따라 서구의 **'사회진화론'**을 받아들였다. 특히 서양이 종교개혁을 통해 근대국가로 발전했다고 인식한 박은식은 민족 내부에서 그와 비슷한 계기를 찾으려 했고, 이는 '유교를 개혁해야 한다.'는 **'유교구신론(儒教求新論)'**으로 발전했다. 흔히 동도서기(東道西器)라고 하면, 정신에 해당하는 동도는 그대로 두고 실용적인 서양 기술만을 그대로 받아들인다는 뜻이 강한데, 박은식은 서양의 종교개혁에 맞먹는 내부적인 사상의 혁신이 필요하다고 보고 유교구신론을 강조한 것이다.

박은식은 사회진화론의 영향으로 당 시대를 적자생존과 양육강식의 논리로 바라보았다. 그는 당시를 '외경(外競)의 시대'라고 진단했으며, 민족 성쇠와 국가 존망을 결정하는 것은 지식과 세력의 강약이라고 보았다. 따라서 제국주의의 침략에 직면하여 민족국가의 생존을 위해서는 자강의 힘을 기르는 것 외에 다른 방법이 없다고 보았다. 그는 국권 회복을 위해서는 **'자강부강(自强富强)'**이 절실히 필요하다고 보았다.

박은식은 우리가 시급히 배우고 발전시켜야 할 신학문으로 **'과학기술'**을 들었다. 그는 서양의 과학기술이 국가 발전을 위해 얼마나 유용한 것인가를 설명하면서, 서양 제국이 오늘날 부강을 이룬 기초가 바로 과학기술 지식 때문으로, 민족국가 간 경쟁에서 강자가 흥하고 약자가 쇠하는 것은 과학기술에 기초한 산업 발전의 우열에서 비롯된다고 보았다.

과학기술이 근대 사회 발전에 매우 중요한 요소이지만, 그렇더라도 그것이 전부는 아니라고 보았다. 물질문명 못지않게 도덕성의 함양 또한 중요하다고 생각했다. 이에 주자학과 유림의 현실 대응 자세를 비판하면서도, 전통문화와 정통 학문을 전부 버려서는 안 되고 현실에 맞게 취사선택해야 한다고 보았다. 이를 위해 그가 선택한 것이 바로 '양명학'으로, 도덕을 밝히고 인간의 도리를 유지하며, 백성에게 행복을 주려면 양명학의 **'양지(良知)'**를 따라야 한다고 주장했다. 양명학의 치양지설(致良知說)은 자강과 문명개화론이 초래할 수 있는 사상적·현실적 문제를 비판할 수 있는 도덕적 판단 기준을 제시하는 한편, 그 해결 방안인 **'지행합일론'**을 따라 이를 강력하게 실천할 수 있다고 보았다.

이기론(理氣論)의 핵심 사상 정리

동양 사상과 한국 사상의 핵심은
'이(理)와 기(氣)'의 관계를 따라 정리된다.

이기론(理氣論)

- 이(理)와 기(氣)는 세계를 구성하는 두 범주적 개념으로, 이기론은 성리학의 토대가 되는 존재론적 사유이다.
- 이(理)는 우주를 이루고 만물에 보편적으로 적용되는 절대적인 법칙 내지 변하지 않는 근본 원리로, 정신적 속성을 지닌다. 기(氣)는 변화하는 운동 작용을 통해 세계를 이루는 구성 요소이자 만물을 구성하는 재료로, 주로 물리적 속성을 지닌다.
- 예를 들어 물이 들어있는 그릇이 있다고 가정할 때, 물 그 자체는 '이'에 해당하고 물을 담고 있는 그릇은 '기'에 해당한다. 물이 어느 그릇에 담아도 변하지 않는 근본적인 물질이라면, 그릇은 그 모양과 넓이에 따라 달라지는 피상적인 물질이라 할 수 있다.
- 이기론에서, 이(理)는 **'체(體)'**, 곧 부동의 본체로서 형이상자(形而上者: 본질 · 원인)를 의미한다. 기(氣)는 **'용(用)'**, 곧 동(動)의 작용으로서 형이하자(形而下者: 기질 · 작용)를 뜻한다. 여기서 말하는 '형이상(形而上)'과 '형이하(形而下)'는 서양철학에서 말하는 '본체와 현상', '형상과 질료', '정신과 물질'처럼 고정된 개념이 아니고, 동(動)과 부동(不動)의 작용면을 가리켜 말하는 것으로, '이'와 '기'는 다 같이 **본체를 구성하는 실체**를 가리킨다.
- 심성(心性)을 논할 때, 이기론에서는 '성(性)=體로서의 理', '정(情)=用으로서의 氣'로 본다. 즉, '理=性', '氣=情'에 해당한다.

주자학에서의 理와 양명학에서의 理

■ 주자학

- 理는 하늘에서 유래하며, 만물에 공통되는 자연의 법칙이고, 사물에 앞서 객관적으로 존재하는 것이다.
- 性卽理, 즉 理는 性에 부여되어 있고, 性은 마음의 일부다.

■ 양명학

- 理는 마음 안에 있는 것으로, 개인의 마음이 理를 낳으며, 마음의 상황에 따라 늘 변한다.
- 心卽理, 즉 理는 마음에 부여되어 있으며, 마음이 理를 만든다.

주희의 이기론

■ 이기이원론(理氣二元論)

(1) 理와 氣는 별개이나, 理가 있어야 氣가 움직인다. (≒데카르트의 '심신 이원론')

      ┌ 사단(四端) · 칠정(七情)
(2) 心(마음)=理(=性)=氣(=情)
      └ 오상(五常): 仁, 義, 禮, 智, 信

■ 성즉리(性卽理)

(1) 性=理: 性은 곧 理다(理에는 性이 깃들어 있다).
- 마음은 성(性: 본성 · 정신)과 정(情: 욕망 · 감정=四端+七情)이 일체인 상태로, 마음의 본질은 '理'가 결정
- 理는 하늘이 부여한 것이기에 선(善)하다(맹자의 '성선설'을 수용).
- 성(性)=善, 이(理)=善, 정(情)=善도 惡도 아니다(좋게 움직이기도, 나쁘게 움직이기도 한다).
- 性에는 '본연지성(本然之性)'과 '기질지성(氣質之性)'이 있다.

(2) 理가 氣를 적절히 통제하면 …
- 理가 정한 '性(本然之性)'에 따른 선(善)한 삶을 통해 '성인(聖人)'에 도달한다.
(3) 氣가 理를 역행하여 자기 멋대로 발흥하면 …
- 육체를 형성하는 氣가 마음에 작용(氣質之性)하여 '정(情)'을 움직이면,
    (氣가 性을 덮어 가리면서 情을 움직이면), 四端과 七情이 준동하여 욕심(惡)을 낳는다.
(4) 聖人의 경지=心(마음)=性(=理: 善)=情(=氣: 善) … 理로 氣(情)를 눌러 善해야 성인이 될 수 있다.

왕수인의 이기론

■ 이기일원론(理氣一元論)
(1) 理와 氣는 하나로, 상즉(相卽: 융합)하는 관계다(理卽氣).
(2) 心(마음)=理(=性+情)

■ 심즉리(心卽理)
(1) 心=理: 理는 마음 그 자체이다.
- 마음을 구성하는 性과 情은 구별되지 않으며, 그 자체가 마음이자 理이다.
- 자신이 마음먹은 그 자체가 理이므로, 마음먹은 바를 행동으로 옮기면 거기에서 선(善)이 생긴다.
(2) 자신이 옳다고 생각한 것을 그대로 행동에 옮기면 그것이 곧 理를 따르는 것이다.
- 마음 밖에 理가 있는 것이 아니라, 마음속에 理가 부여되어 있는 것이기에, 인간은 마음을 바르게 가지면 자신의 理를 알 수 있다.
(3) 聖人의 경지=心(마음)=理(性+情) … 스스로 마음을 바르게 하면 누구나 聖人이다.

이황의 이기론

■ 이기이원론(理氣二元論): 호발설(互發說)
- 理와 氣는 별개로 이원적이며, 이발(理發)·이동(理動)·이도(理到)를 주장하여 理의 능동성을 강조
- 도심(道心)·사단(四端)·본연지성(本然之性)은 理發, 인심(人心)·칠정(七情)·기질지성(氣質之性)은 氣發
- 심득궁행(心得躬行): 궁극적 진리로서의 理는 나의 심성(心性)을 떠나 있지 않다.
- 위기지학(爲己之學): 도리(道理)를 알아 덕행을 실천하는 심득궁행의 학문
- 도덕적 원리와 인식에 뜻을 두고 본성(本性)을 중시

■ 이귀기천(理貴氣賤)
- 氣보다 理를 더 우위에 두는 사상으로,
    理는 氣의 주재자로, 氣를 명령할 뿐이며, 氣에 구속되지 않는다.
    그러므로 理와 氣를 섞어서 '일물(一物)'이라고 할 수 없다.
- 주희의 사상을 계승하되, 주희는 '理·氣의 관계는 하나이면서 둘이요, 둘이면서 하나'로 보았지만,
    이황은 '理와 氣를 하나로 보는 것에 반대하여 理·氣는 서로 섞일 수 없다고 보았다.
- '사단은 이가 발한 것이요, 칠정은 기가 발한 것이다(四端 理之發, 七情 氣之發)'이라고 하여,
    사단과 칠정을 이(理)와 기(氣)에 분속시켰다.
- 도덕심, 곧 도심(道心)이나 사단(四端)은 이(理)가 발동하여 나타난 것으로 순선(純善)하고,
    보통의 마음, 곧 인심(人心)이나 칠정(七情)은 기(氣)가 발동하여 나타난 것으로서 선악(善惡)이 있다.

■ 이기호발(理氣互發)

- "理가 발하면 氣가 理를 따른다."라고 하여, 理를 우선시
- 理, 곧 천리(天理)는 순수 · 고귀 · 존엄한 데 비해, 기(氣)는 항상 비천(卑賤)한 성질을 띤다.
- 사단의 發은 순리(純理)여서 불선(不善)이 없고, 칠정의 發은 겸기(兼氣)여서 선악(善惡)이 있다.
- "사단은 理가 발함에 氣가 이것을 따르며, 칠정은 氣가 발함에 理가 이것을 탄다."

이이의 이기론

■ 이기일원론(理氣一元論): 일도설(一途說)

- 理와 氣는 서로 분리될 수 없이 하나로 결합되어 있다.
- "理의 근원도 하나일 뿐이요, 氣의 근원도 하나일 뿐이어서 서로 떠날 수 없으니, 理와 氣는 하나다."
- 理는 생성(發)하는 힘을 가지고 있는 氣에 理가 올라타(乘) 하나를 이루고 있다(氣發理乘一途).
- 理와 氣의 분리불가능성은 본체의 원리와 현실의 변화를 통합한 실(實)의 개념(更張論 사상의 핵심)

■ 이기지묘(理氣之妙)

- 理와 氣의 상호 보완성을 강조하는 '理氣兼發'
- 氣는 발동하는 '것'(發者)이고, 理는 발동하는 '까닭'(所以發者)으로,
  기가 없이는 발동할 수 없고(不能發), 이가 없이는 발동이 없다(無所發)라고 하여,
  어느 한쪽이 결여될 수 없는 통일체이자 합일(合一)의 원리로 인식

■ 이통기국(理通氣局)

- "理는 통하고 氣는 국한된다.",
  즉, 理와 氣가 서로 의존 · 보완 관계를 유지해 조화를 이뤄야 한다.
- 사물의 본성인 理가 氣를 통해 변할 수 있다고 하여, 氣를 중시
- 밖으로 보이는 인간의 행동이 氣에 해당하며, 이 행동이 이념과 생각을 발현한다.
- 理에 해당하는 신분도 氣로 바꿀 수 있다는 유연하고 현실적인 사상을 견지

5

철학·심리·과학·경제 사고 실험 50

갈등은 일반적으로 양립할 수 없는 두 가지 조건이나 두 사람 사이의 이해가 충돌할 때 발생한다. 이때 갈등은 한쪽에 이득이 되면 다른 한쪽은 손해를 보는 '제로섬' 상황과 양쪽 모두에게 이득이 되는 '플러스 섬' 상황으로 구분된다. 플러스 섬으로 귀결되는 갈등의 경우, 언뜻 보기에는 제로섬 상황처럼 한쪽의 이득은 상대편에 손해가 되는 것 같지만, 사실은 양쪽 모두 이득을 얻는 방법이 존재한다. 인간 행동을 연구하는 게임이론의 하나인 '죄수의 딜레마 게임'은 사람들이 협력을 통해 모두에게 이로운 결과인 플러스 섬의 상황을 유지하는 것이 왜 어려운지를 설명해 준다.

'**죄수의 딜레마(Prisoner's Dilemma)**'는 협력을 통해 서로 이익이 되는 상황을 선택하지 못하고, 더욱 불리한 상황을 선택하는 문제가 발생할 수 있음을 보여주는 유명한 사례다. 상황은 다음과 같다.

구분	A가 자백	A가 부인
B가 자백	2명 모두 중죄	B는 가벼운 죄, A는 중죄
B가 부인	A는 가벼운 죄, B는 중죄	2명 모두 석방

두 명의 용의자가 체포되어 서로 다른 취조실에 격리된 채로 심문을 받으며, 이때 서로의 의사소통은 불가능하다. 이들에게는 자백 여부에 따라 다음의 선택이 가능하다.

- 선택 1 – 둘 중 하나가 배신하여 죄를 자백하면 자백한 사람은 가벼운 죄를 받고, 나머지 한 명은 중죄를 받는다.
- 선택 2 – 서로를 배신하여 죄를 자백하면, 둘 다 중죄를 받는다.
- 선택 3 – 둘 모두 죄를 자백하지 않으면, 둘 다 석방된다.

이 경우, 용의자 둘 다 계속해서 묵비권을 행사하면 두 명 모두 석방된다. 이것이 모두에게 가장 좋은 결과다. 하지만 결과는 전혀 다른 양상을 띤다. 이들은, 한편으로는 공범이 자수해버리면 자신의 죄가 무거워질 것이기에 두려워하고, 다른 한편으로는 자신이 먼저 자백하면 공범자보다는 형이 가벼워진다는 생각에 고민하다가, 결국에는 둘 다 모두 자백하고 만다. 두 명 모두 마지막까지 부인하면 석방될 수 있음에도 불구하고, 가장 좋은 결과를 낼 수 없는 것이 바로 이러한 불안심리 때문이다. 이처럼 죄수의 딜레마 이론은 함께 행동하면 모두가 이익을 볼 수 있음에도 불구하고 서로를 믿지 못하여 다 같이 손해를 보는 나쁜 결과를 선택하게 된다는 사실을 보여준다.

이때 두 전략인 묵비권을 '협력', 자백을 '배신'으로 바꾸면, 이를 갖고서 사회 내에서 일어나는 협력관계를 설명할 수 있다. 예를 들어 두 명이 협력해서 일하면 좀 더 높은 성과를 올릴 수 있지만, 두 명 모두 다른 사람의 일에 '**무임승차**'하면서 게으름을 피우더라도 오히려 더 많은 이익을 얻을 수 있기 때문이다. 따라서 경제적 인간이라면 당연히 배신을 선택할 것이다.

그러나 실험에 따르면 약 30~70%의 사람들이 '**협력**'하는 행동을 선택한다고 한다. 이는, 상대방의 선택을 단지 추측할 수밖에 없는 상황에서 사람들은 자기 보호를 위해 '경쟁'을 선택하기 쉽지만, 상대방의 우호적인 태도를 직접 확인할 수 있는 경우에는 서로 협력하려 든다는 사실을 보여 준다. 결국 갈등을 해소하고 협력을 유발하기 위해서는 상대방과의 의사소통이 중요한 요소로 작용함을 알 수 있다.

  죄수의 딜레마는 인간 사회에 관하여 시사하는 바가 큰 게임이론이다. 먼저, 개개인에게 최종적인 의사 결정권이 있는 한시적 이익에 맞지 않는 약속을 한다고 해도 이는 그리 실효성이 크지 않음을 암시한다. 또 사람들이 개별적 합리성을 추구하게 되면 사회 전체 차원에서의 집단적 합리성이 달성되기 어려움을 보여준다.

✚ 사슴 사냥 게임

'사슴 사냥 게임'은 조건을 달리하면 '협력'이 일어날 수 있다는 사실을 보여 준다. 이 게임에서 사슴을 사냥하기 위해서는 두 명의 사냥꾼이 힘을 합쳐야 한다. 하지만 토끼 사냥은 혼자 할 수 있다. 사냥꾼 A와 B가 함께 사슴을 사냥하기로 약속했는데, 갑자기 그 옆으로 토끼 한 마리가 지나간다. 이때 토끼와 사슴 중 무엇을 함께 잡아야 할까? 사냥꾼 A, B의 선택에 따른 결과는 다음과 같다.

구분	사냥꾼 A 사슴	사냥꾼 B 토끼
사냥꾼 A 사슴	(4, 4)	(0, 2)
사냥꾼 B 토끼	(2, 0)	(2, 2)

  함께 사슴을 잡으면 둘 다 4의 이득을 얻는다. 하지만 어느 한쪽이 배반하면, 배반하는 사람은 2를 얻는다. 둘 다 배반하면 각각 2를 얻는다. 둘이 협력하면 둘 다 4의 이익을 얻지만, 배반한다면 2밖에 얻지 못하므로 협력을 하게 된다. 이런 경우에 **사회적 협력**이 생기는 것이다. 게임이 반복되거나, 서로 협력을 할 수밖에 없는 구조가 만들어지면 이기적인 사람이라도 협력을 할 수밖에 없게 된다. 죄수의 딜레마와 공유지의 비극에서 벗어날 길이 보이는 것이다.

✚ 공유지의 비극

'공유의 비극(Tragedy of the Commons)'은 생물학자인 개릿 하딘이 과학 잡지인 『사이언스』에 실은 논문 제목에서 유래한 용어이다. 그는 논문에서 지하자원, 초원, 공기, 호수에 있는 물고기와 같이 주인이 없는 모두의 공동 소유인 공유자원을 사적 이익을 추구하는 시장이나 개인의 자율에 맡겨두면 결국 자원이 고갈될 위험이 있다고 주장한다. 왜냐하면 공유자원은 공공재처럼 소비에서의 '배제성'은 없지만 **경합성**은 갖고 있기 때문이다. 즉 원하는 사람은 모두 이를 공짜로 사용할 수 있지만, 한 사람이 공유자원을 사용하면 다른 한 사람은 사용을 제한받게 된다. 하딘은 개인이 이기심을 추구하는 과정에서 공유자원을 남획할 경우에 그것이 궁극적으로 사회적 자산인 공유재를 고갈시키는 문제점을 명확히 보여주었는데, 이는 애덤 스미스가 말한 개인의 이기심이 공동체 전체의 발전을 견인하는 동인으로 작동한다는 '건강한 이기심'과 정면으로 부딪힌다.

02 도박사의 오류: 나의 선택은 언제나 옳다고 믿는 착각

'도박사의 오류'는 모나코 몬테카를로의 한 카지노에서 벌어진 룰렛 게임에서 유래한 용어로, '몬테카를로의 오류'라고 불리기도 한다. 당시 룰렛 게임이 벌어지던 한 테이블에서 20번 연속으로 검은 구슬이 나오자, 그 다음번은 빨간 구슬이 나올 것으로 생각한 도박사들은 빨간 구슬에 돈을 걸었다. 하지만 빨간 구슬은 27번째가 되어서야 나왔고, 이에 많은 도박사가 큰돈을 잃게 되었다.

도박사의 오류에서 알 수 있듯이, 사람들은 확률적으로 독립적인 사건에 대해서 생각하기를, 이전 사건의 발생 확률에 근거하여 다음번에는 반대되는 결과가 나올 것이라고 착각한다. 앞에 일어난 사건과 그 뒤에 일어날 사건이 서로 연관성이 없음에도 마치 관계가 있다고 믿고 받아들이는 **심리적 오류**가 그 것이다. 예를 들어 도박에서 이길 확률과 질 확률은 각각 50%로, 확률의 원리에서는 앞에 벌어진 상황과 뒤에 벌어진 상황이 독립적이다. 그런데 도박사의 오류가 일어나는 이유는 서로 영향을 끼치지 않는 일련의 사건들이 독립적으로 발생한다는 것을 받아들이지 않기 때문이다.

도박사의 오류는 우리의 실생활에서도 자주 저질러지는 오류 중의 하나로, 특히 주식 투자자에게서 많이 나타난다. 어제와 오늘 떨어진 주식은 확률적으로 내일 오를 것이라고 믿지만, 오늘 떨어지면 내일도 떨어질 수 있는 게 주식이라는 생각을 하지 않으려고 든다. 주가가 왜 오르는지, 무엇 때문에 떨어지는지 그 원인을 찾아 대응하기보다는 도박사의 오류에 빠지는 경우가 많다. 일부 사람들이 '벼락 맞을 확률보다 낮은 복권'을 계속 사는 이유 역시 자신이 그 운마저 통제할 수 있다는 착각에 곧잘 빠져드는 통제의 오류가 작동하기 때문이다. 실험 결과, 순전히 운에 의해 결정되는 게임에서도 참여자들은 자신과 겨루는 상대방의 인상에 따라 거는 돈의 액수를 달리하는 것으로 밝혀졌다.

심리학자들에 따르면, 우리의 심리는 무작위 현상에 대한 왜곡된 기대 심리를 지니고 있다. 연이어서 동전 던지기를 할 때, 한 번 동전의 앞면이 나오면 응답자의 평균 70%는 다음번에는 뒷면이 나올 것으로 예상한다. 앞서 앞면이 계속해서 나왔던 횟수가 증가하면 할수록 더 많은 사람이 이번에는 뒷면이 나올 것으로 예상하는데, 이런 심리를 일반적으로는 '**평균의 법칙**' 또는 '**평균의 오류**'라고 한다. 평균의 법칙(평균의 오류)은 도박사의 오류가 평균으로의 회귀를 기대하는 인간의 편향된 사고에서 비롯된 것임을 보여준다. 다시 말해, 도박사의 오류는 평균의 법칙 속에 숨은 오류라 할 수 있다.

♻ 뜨거운 손 오류

'도박사의 오류'와는 다른 현상도 있다. 이른바 **뜨거운 손 오류**로, 도박이나 스포츠에서 어느 한 번 성공적인 성과를 보인 사람이 이후에도 계속 성공하리라고 믿는 것을 말한다. 예를 들어 프로야구 경기에서 해설가들은 속칭 "발동이 걸렸다"라는 표현을 사용하면서 안타를 친 선수에게 다음 타석에서도 큰 기대를 거는 말을 하는 경우가 많다. 경기 초반부터 '예상을 깨고' 안타를 치게 되면, 그 선수가 무언가 '감을 잡았다'라는 식으로 해석하면서 이어지는 타석에서 안타를 칠 기대감을 한층 높이려 드는 것이다. 그렇지만 연구자들은 '뜨거운 손' 현상은 연속 성공을 기억하는 편이 성공과 실패가 뒤섞인 경우보다 기억하기 쉬운 '**기억의 편향**' 때문이라고 본다.

03 최종제안 게임: 인간의 본성은 합리적이지 않다.

인간이 이기적인 태도를 보일 수 있는 상황에서 정말로 그런 행동을 하는가를 설명하는 대표적인 실험이 바로 최종제안 게임이다. 이 실험을 통해 현실적인 상황에서 사람들은 얼마나 이기적인 행동을 하는지 관찰할 수 있다.

'**최종제안 게임**(최후통첩 게임이라고도 한다)'의 실험 대상이 되는 두 사람은 예전에 단 한 번도 만난 적이 없는 낯선 이들이다. 실험을 주관하는 이는 이 두 사람에게 일정한 금액의 돈을 건네주고 일정한 절차에 따라 이를 나눠 가지라고 말한다. 이들은 낯선 관계이기 때문에 우정이나 체면 같은 것은 생각할 필요 없이 각자 원하는 대로 행동할 수 있다. 아무 거리낌 없이 이기적으로 행동해도 되는데, 이때 우리가 알고 싶은 것은 이런 상황에서 사람들이 정말로 '이기적'으로 행동하느냐 하는 점이다.

이 실험에서 어떤 한 사람에게 10,000원을 주면서 그 자신과 다른 사람이 이를 나누어 가질 것을 제안한다. 이때 상대방은 거부권이 있으며, 상대방이 제안을 거부할 경우에 두 사람 모두 한 푼도 받지 못하게 된다. 이 문제는 확실한 정답은 없다. 하지만 각자가 경제적·이기적 인간이라고 가정한다면, 제안자 자신이 9,900원을 갖고 상대방에게는 100원만 건네주면 그것이 정답이 된다. 상대방도 경제적 인간이기 때문에 0원보다는 100원이라도 받는 게 나을 것이다. 따라서 제안하는 금액이 100원이더라도 이를 거부하지 않을 것이다. 이기적인 제안자는 이 사실을 정확하게 예측을 하는 것이므로, 자신의 몫이 가능한 한 많아지도록 하려고 상대방의 몫으로 100원을 제시하고 9,900원을 수중에 넣을 것이다. 그 결과, 거의 모든 실험에서 이기적·경제적 인간처럼 행동(100원을 제안)하는 사람은 찾아볼 수 없었고, 사람들 대다수는 상대방에게 30~50%의 금액을 제안하는 것으로 나타났다. 40명의 학생을 대상으로 한 실험에서도 평균 제안 금액은 4,820원이었다. 이때 5,000원을 제안한 학생이 가장 많았고, 5,000원 미만을 제안한 사람은 4분의 1밖에 없었다. 최저액은 2,500원이었다. 즉 많은 사람이 상대방에게 최소한 **40% 이상**의 몫을 제안하는 관대함을 보였고, 심지어는 반반씩 나누자는 제안을 하는 사람도 생각 밖으로 많은 것으로 드러났다.

이 실험에서 드러난 또 하나의 흥미로운 점은 상대방이 보인 태도다. 그가 합리적인 사람이라면 0보다 더 큰 금액을 얻을 수 있는 모든 제안을 받아들일 것이라고 예상할 수 있다. 그러나 실험 결과는 예상을 크게 빗나갔다. 즉 자신이 생각하기에 너무 적은 금액밖에 얻지 못한다고 느끼면 그 제안을 서슴없이 거부해버리고 마는 것이었다. 대략 자기 몫이 20%에 미치지 못하는 경우 제안을 받아들이지 않는 것으로 나타났다.

일반인들은 주류 경제학 이론이 예상할 법한 이기적인 행동을 하지 않는다. 그렇다고 해서 "인간은 이기적이지 않다."라고 단순히 결론지을 수도 없다. 이 실험에서 명백하게 드러난 사실은, 인간은 개인적인 이익 못지않게 '**공정성**'의 가치를 매우 중요하게 생각한다는 점이다. 현실에서의 사람들은 자기 자신의 이익에만 연연하는 것이 아니라, 공정성이라는 중요한 가치를 위해 자신의 이익을 선뜻 포기하는 행동도 마다하지 않는다는 것이다. 이를 통해 알 수 있듯이, 인간은 기본적으로 이기적인 성향을 지녔다고 보는 경제이론만으로는 인간의 행동을 정확하게 예측할 수 없다.

04 전망 이론: 인간의 제한된 합리성

'**전망 이론(Prospect Theory)**'은 불확실한 조건에서 인간이 잠재적 손실과 이익을 평가하여 결정하는 행동 양식을 새로운 시각에서 설명한 이론이다. 아래의 도표는 가로축이 손실과 이익, 중앙이 준거점, 세로축이 주관적 평가이다. '주관적 평가'는 '효용' 또는 '투자 심리'라고 생각해도 무방할 듯하다. 투자자는 기본적으로는 이익을 내기 위해 투자한다. 따라서 이는 '손익=자신의 투자 심리에 따라 움직이는 효용 가치'로도 볼 수 있다. 이익이 상승하는 부분만큼 기분(즉 효용)이 좋아지는 반면, 손실을 내게 되면 그만큼 기분이 나빠지는 것은 당연하다. 이러한 효용선이 45도 기울기의 직선으로, 합리적인 투자 심리를 나타낸다. 하지만 실제로는 반드시 그렇지만은 않은데, 이는 도표로써 설명 가능해진다. 이를 '**전망 이론**'이라고 부른다.

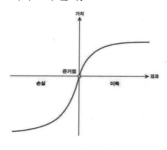

전망 이론은 간단히 말해, 사람들이 이익보다는 **손해를 더욱 크게 느낀다**는 이론이다. 그림을 보면, 손해의 기울기가 훨씬 아래로 처져 있다. 우리가 합리적인 사고를 한다고 치면, 좌우편이 대각선으로 대칭을 이루어야 하는데, 실제로는 그렇지 않다. 사람들은 손해 보는 것을 너무나 싫어하기 때문에, 의사결정 시에 이성적 판단보다는 감성적 판단이 앞설 수 있다는 얘기다. 결국 이익을 볼 수 있는 경우에는 상대적으로 손해가 없는 좀 더 안전한 선택을, 손해가 예상되는 경우에는 혹시 최소한의 이익이라도 낼 수 있는 위험한 선택을 선호하게 된다.

예를 들어, '1만 원의 이익 vs. 1만 원의 손실'과 '101만 원의 손실 vs. 99만 원의 손실'은 둘 다 차액이 2만 원이다. 그렇지만 효용의 움직임의 폭은 같지 않은데, 다시 말해 전자의 경우, 1만 원의 이익을 보는 때는 기분이 급격히 좋아지지만, 1만 원의 손실을 보게 되면 기분은 급격히 나빠지게 된다. 그러나 후자의 101만 원의 손실과 99만 원의 손실은 '같다'라고 생각하는 경향이 높다. 전자의 경우에 '**민감도 체감성**'이 크다고 하는데, 앞의 그래프가 급경사를 한 후에 완만한 추세를 보이는 것이다. 이처럼 전망 이론에서는 돈의 절대 금액보다는 '**소비자 준거점**', 즉 개인이 체감하는 마음속 판단 기준이 평가의 가치를 결정한다.

전망 이론의 가장 중요한 발견은 손실을 끔찍하게 싫어하는 인간의 행태에 관한 것이다. 손해를 볼 때의 괴로움이 이익을 볼 때의 기쁨보다 큰 경향인 '**손실 회피 성향**'이 그것이다. 일반적으로 사람들은 이익의 체감 가치보다 손실의 체감 가치를 두 배 정도 더 크게 느끼는데, 이는 "손실의 고통이 이익의 기쁨보다 두 배나 크다."라는 인간의 심리를 나타낸다. 손실 회피 편향은 주식 투자에서 자주 나타난다. 우리 주변에선 "절대 손해를 보지 않겠다."라면서 버티다가 더 큰 손해를 입은 사람들을 쉽게 만날 수 있다. 예컨대, 5,000만 원을 주고 사들인 주식이 계속 하락할 경우, 주식이 휴지가 될 위험을 피하려면 당연히 주식 가치가 반 토막이 난 시점이더라도 손절매를 해야 한다. 하지만 사람들은 주식을 구매할 당시의 가격 5,000만 원과 현재 가격 2,500만 원의 차이에 따른 손실(2,500만 원)을 좀처럼 인정하지 않다가 더 큰 손해를 입는 일이 비일비재하다. 손실에 특히 민감하게 반응하는 경향을 보이면서, 똑같은 크기의 이익에서 얻는 만족감보다 손실에서 느끼는 박탈감이 더 크기 때문이다.

05 프레이밍 효과: 구조적 사고가 행동을 결정한다.

사람들이 어떤 틀에 의해 상황을 인식하느냐에 따라 행동이 달라지는 것을 가리켜 **'틀 짜기 효과'**라고 부른다. 심리학자들은 사람들이 어떤 선택을 할 때 특정한 '결정 틀(프레임)'을 사용한다고 설명한다. 그 선택과 관련한 행동, 결과, 그리고 대상을 여러 가지 다른 시각에서 인식할 수 있듯이, 선택과 관련한 문제를 여러 가지의 다른 틀로 인식할 수 있으며, 그 가운데 어떤 틀에 의해 인식하느냐에 따라 행동은 달라질 수 있다는 것이다.

다음은 이것과 관련한 실험의 하나다. 어떤 나라의 방역 당국은 정글 모기가 퍼트리는 신종 전염병에 맞서고 있다. 이 병을 방치를 하면 600명이 목숨을 잃게 된다. 당국은 두 가지 전략을 마련했다. 예상되는 결과는 다음과 같다.

- A안에 따르면 200명이 살게 된다. B안에 따르면 600명이 다 살 확률이 1/3, 아무도 살지 못할 확률이 2/3다.

당신은 어느 쪽을 택할 것인가? 이 물음에는 응답자 대부분이 A안을 선호했다. 200명의 목숨을 확실히 구할 수 있는 A안보다는 결과가 불확실한 B안을 꺼리는 **'위험 회피'** 성향을 보인 것이다. 그러나 다음과 같이 말을 바꾸어 물어보면 어떨까?

- A안에 따르면 400명이 죽는다. B안에 따르면 아무도 죽지 않을 확률이 1/3, 600명이 다 죽을 확률이 2/3다.

이번에는 대부분 B안을 선호했다. 400명이나 확실히 목숨을 잃는 걸 지켜보는 것보다는, 가능성은 적지만 모두를 살릴 수도 있는 모험을 택하겠다는 것이다. 위험 회피적이던 응답자들이 갑자기 **'위험 추구'** 성향으로 바뀐 것이다.

이 사례에서 알 수 있듯이, 단지 대책 효과에 대한 설명을 바꿨을 뿐인데도 사람들의 선호가 뒤바뀌는 것은 심리학 실험에서 흔히 나타나는 현상이다. 문제의 핵심은 사람들이 대책 효과를 **어떤 틀에 의해 인식하느냐**에 있다. 첫 번째 물음에서는 '몇 명이 사는가'라는 틀로 인식하는 반면, 두 번째 물음에서는 '몇 명이 죽는가'라는 틀로 인식하는 차이가 있다. 각 대책에 대한 설명을 바꿈으로써 사람들로 하여금 다른 틀로 인식하게 만드는 효과를 가져왔고, 그에 따라 선호도가 뒤바뀌는 결과가 일어난 것이다.

이처럼 같은 문제이더라도 대안을 어떻게 제시하느냐에 따라 선택이 달라지는 것은 바로 **'프레이밍 효과'** 때문이다. 심리학자 대니얼 카너먼과 아모스 트버스키가 행한 이 실험은 사람들이 늘 합리적인 판단을 내리지는 않는다는 것을 보여준다. 첫 번째 물음에서 200명을 확실히 살리는 A안을 선택한 것이 합리적인 선택이었다면, 두 번째 물음에서도 같은 A안을 선택해야 합리적이라 할 수 있다. 하지만 결과는 그렇지 못했다.

06 페스팅거의 인지 부조화 이론: 인간은 합리화하는 존재다.

미국의 유명한 사회심리학자 레온 페스팅거는 '**인지 부조화**' 이론을 체계화하고 여러 기발한 실험을 통해 이를 검증하였다. 인지 부조화란 '자신의 행동, 태도, 신념 간에 어떤 불일치가 일어나고 있음을 인식할 때 생기는 불편한 마음 상태'를 지칭하는데, 사람들은 이를 줄이기 위해 자신의 행동, 태도, 신념을 변경하여 이들 간의 일관성을 회복하도록 노력하고, 이를 통해 자신을 정당화하려 든다는 것이다. 이를 관련한 실험 사례를 통해 설명하면 다음과 같다.

페스팅거와 동료들은 한 연구에서 피험자들에게 다이얼 손잡이를 계속 방향을 바꿔가며 돌려야 하는 과제를 내주었다. 이는 결코 재미있다고는 할 수 없는 과제였다. 피험자들이 지겨워할 무렵이 되었을 때, 실험자는 피험자들에게 다음과 같이 부탁했다. 그것은, 밖에서 기다리고 있는 다음번 피험자들이 실험에서 해야 할 과제는 아주 재미있는 일이라고 얘기하라는 것이었다. 실험자는 한 집단의 피험자에게는 그 부탁을 들어준 대가로 1달러를 지불하겠다고 말하는 한편, 다른 집단의 피험자에게는 20달러를 주겠다고 제안했다. 모든 피험자가 실험자의 요청을 들어주었다. 실험자의 요청에 따라 실행된 후, 피험자들에게 앞서 실행했던 다이얼 손잡이 돌리기 과제가 실제 어느 정도 재미있었는지를 보고하도록 했다. 그렇다면 실험에서 1달러를 받은 집단과 20달러를 받은 집단의 반응은 어떠했을까?

실험 결과, 누가 더 자신이 한 거짓말을 적극 정당화할까? 1달러를 받은 사람은 자신이 한 거짓말이 들통 나도 단지 1달러만 손해 보는 것이기에 쉽사리 거짓말을 시인할 것이지만, 그와는 달리 20달러를 받고 거짓말한 사람은 좀 더 적극적으로 자신의 거짓말을 옹호할 것이라는 게 일반인으로서 갖는 상식적인 생각이다. 그런데 놀랍게도 거짓말에 더 적극적인 사람은 1달러를 받은 사람이었다.

20달러를 받은 사람은 돈을 받고 거짓말을 한 사실을 순순히 시인하려 드는 반면, 1달러를 받은 사람은 적극적으로 거짓말을 부인하고, 심지어 거짓말을 사실인 양 믿으려 했다. 이유가 뭘까? 이는 단 돈 1달러에 거짓말을 했다는 사실이 심히 부끄럽고, 자신이 바보 같은 인간이 되는 것처럼 보이는 게 싫어서라고 말한다. 그래서 자신이 원하는 쪽으로 믿음을 가져가 버린다는 것이다.

■ 인간은 합리화하는 존재다

이처럼 인지 부조화 이론에서는, 자신의 믿음 또는 신념과 일치하지 않는 행동에 관여하여 그 대가로 받은 보상이 미미할수록, 사람들은 자신의 믿음을 바꿀 가능성이 크다고 말한다. 스스로 사소한 보상에 반응하여 행동하는 멍청이로 느끼지 않도록 생각하려 든다는 것이다. 자신이 꾸며낸 거짓말을 돌이킬 수 없다면 아예 자신의 믿음 자체를 바꿈으로써 더는 생각과 행동 간의 부조화를 겪지 않으려 들고, 그렇게 해서 바보 얼간이가 된 것 같은 불편한 마음에서 벗어나려 든다는 것이다.

인지 부조화 현상은 이렇듯 심리적으로 모순되는 '인지(생각, 태도, 신념, 의견 등)'가 마음속에서 일어날 때 발생하는데, 이때 사람들은 그러한 부조화를 떨쳐내고 싶어 하면서 심적 불편함을 느낀다. 따라서 페스팅거는 사람들이 인지 부조화라는 불협화음을 겪는 것은 그것에 어떠한 심리적 동인(動因)이 작동하고 있기 때문이라고 말한다. 즉 인간은 자신의 믿음과 일치하는 정보에만 관심을 기울이고, 주변에 자신의 믿음을 지지하는 사람만 두려 들며, 자신이 이미 저질러놓은 것들을 의심하게 만드는 모순된 정보는 애써 무시해버리는 성향을 보인다.

그러한 생각에서 벗어나기 위해 사람들은 자신의 행동을 **정당화**하는 방법을 찾아내고, 이를 통해 인지 부조화에 따른 불편함을 떨쳐버리려 든다. 예를 들어 차를 탈 때 안전벨트를 매는 것이 안전하다는 사실을 잘 알고 있지만, 그런데도 안전벨트를 선뜻 매려고 들지 않는 사람들이 있다. 이때 그는 생각과 행동 간의 부조화를 줄여나가기 위해 아마도 안전벨트를 매는 것이 불편하다고 말한다거나, 혹은 자신의 뛰어난 운전 실력이 위험한 상황으로부터 스스로 지켜줄 것이라고 주장할 것이다.

이런 이유로 페스팅거는 인간은 이성적인 존재가 아니라 **합리화하는 존재**라고 하여, 인간 본성을 긍정적으로 바라보지 않았다. 양립 불가능한 생각들이 심적으로 대립할 때, 사람들은 적절한 조건에서 자신의 믿음에 맞추어 행동을 바꾸려 들기보다는, 반대로 자신이 한 행동에 따라 믿음을 조정하려 든다고 생각했다.

✛ 제한된 합리성

주류 경제학에 따르면, 사람들의 마음을 움직이는 핵심 동인은 개인의 이익이다. 그러나 현실에서 사람들은 자기 자신의 이익에만 연연하지 않는다. 공정성이라는 중요한 가치를 위해 자신의 이익을 선뜻 버리는 행동도 마다하지 않음이 종종 목격된다. 그렇기에 인간이 기본적으로 (합리적인 방향으로) 이기적이라고 보는 경제이론만으로는 인간의 행동을 정확하게 예측할 수 없다. 행동경제학·인지심리학은 인간 행동의 불합리성을 강조하는데, 허버트 사이먼은 '사람들이 언제나 옳게 행동하는 것은 아니다.'라는 인식의 오류 가능성을 '**제한된 합리성(bounded rationality)**'이란 용어로 설명했다. 우리의 일상에서 나타나는 갖가지 편향적인 사고들은 인간이 반드시 합리적으로만 행동하는 것은 아님을 보여준다.

✛ 확증 편향과 현상 유지 편향

제한된 합리성을 드러내는 '편향'된 사고로 '확증 편향'과 '현상 유지 편향'이 있다. **확증 편향**은 보고 싶은 것만 보고, 듣고 싶은 것만 듣는 심리를 말한다. 사람들은 자신의 입맛에 맞는 정보는 쉽게 받아들이지만, 그렇지 않은 정보는 애써 무시하려 드는데, 이러한 경향을 '확증 편향'이라고 한다. 즉 확증 편향은 믿고 싶은 것만 믿으려는 선택적 지각 현상에 따른 결과다. 참고로 '**편향(bias)**'은 확률이론이나 통계이론에서 제시하는 기준에서 벗어나는 판단을 말한다.

현상 유지 편향은 '닻 내림 효과'라고도 하는데, 닻을 내린 곳에 배가 머물듯이 사람들이 자신에게 친숙한 기억 체계를 반복적으로 활용하려 드는 현상 또는 그러한 심리를 일컫는다. 즉 어떤 사항에 관한 판단을 내릴 때, 최초 단계에 제시된 기준에 영향을 받아 판단을 내리려고 드는 현상을 말한다. 사람들 대다수는 제시된 기준을 그대로 받아들이지 않고 나름의 기준점을 토대로 그것에 약간의 조정 과정을 거쳐 의사결정을 하게 되지만, 그러한 조정 과정 역시 불완전하므로 최초 기준점에 영향을 받아 결정을 내리는 경우가 많다. 이처럼 사람들은 현재의 상황에서 좀체 벗어나려 하지 않는 습성을 갖고, 현재 상황이 유지되기를 바라는 성향을 지니고 있는데, 이를 '현상 유지 편향'이라고 한다.

07 몬티홀 딜레마: 합리적 선택의 어려움

세 개의 문 가운데 어느 하나를 선택하면 그 문 뒤에 있는 선물을 가질 수 있는 게임쇼에 참가했다. 한 문 뒤에는 자동차가 있고, 나머지 두 문 뒤에는 염소가 있다. 이때 예를 들어 어떤 사람이 A문을 선택했을 때, 게임쇼 진행자는 C문을 열어 문 뒤에 염소가 있음을 보여주면서 A 대신 B를 선택하겠냐고 물었다. 참가자는 원래 선택했던 문을 바꾸는 것이 유리할까?

이 문제는 미국의 인기 쇼 프로그램 '거래를 해 봅시다'와 매우 흡사해서 프로그램의 사회자 이름을 따서 **몬티홀 딜레마**라고 부른다. 이 문제에 대한 많은 사람의 대답은 '자신의 선택을 바꾸지 않는다'이다. 그 근거는 진행자가 염소가 있는 선택지(문) 하나를 제거했기 때문에 자동차를 맞힐 확률이 1/3에서 1/2로 커졌다고 생각하기 때문이다.

하지만 통계학에서는 이런 추론이 잘못되었다고 보는 것이 정설이다. 즉 선택을 바꾸는 것이 처음 선택을 유지하는 것보다 '이론상' 유리하다. 우선 A문이 당첨될 확률은 1/3, B문 또는 C문이 당첨될 확률은 2/3이다. 그리고 C문이 당첨이 아닌 것을 안다면 B문이 당첨될 확률이 2/3가 되므로 선택을 바꾸는 것이 맞다. 이것을 다음 표를 통해 확인할 수 있을 것이다.

구분	A	B	C
①	당첨	비당첨	비당첨
②	비당첨	당첨	비당첨
③	비당첨	비당첨	당첨

발생 가능한 경우의 수는 위의 ①~③ 가운데 하나로, 원래 선택했던 번호를 변경하는 경우부터 생각해보자. A문을 선택한 경우, 나머지 2개 문 가운데 당첨되지 않을 1개의 문은 알 수 있다(사회자가 알려주므로). ①번 상황에서는 선택을 변경하면 떨어진다. ②번 상황에서는 선택을 변경하면 당첨되고, ③번도 변경하면 당첨된다. 그러므로 3가지 상황 중 2가지는 선택을 변경하면 당첨되기 때문에 당첨 확률이 2/3가 된다.

반대로 **변경하지 않는** 경우를 생각해 보자. ①번 상황에서는 선택을 변경하지 않아야 당첨된다(변경하지 않았을 때의 당첨 확률 1/3), ②번과 ③번의 경우에는 선택을 변경하지 않으면 당첨되지 않는다(변경했을 때의 당첨 확률 2/3). 처음 1/3의 확률에서 자신이 이미 하나의 문을 선택하였고, 나머지 문 가운데 하나를 열었는데, 이것은 1/3의 확률을 사회자가 당신에게 준 것이나 다름없다(사회자는 당연히 비당첨 문을 열 수밖에 없음을 전제한다). 따라서 당첨 확률은 2/3로 늘어난 것이다. 참고로, 몬티홀 딜레마는 '조건부 확률'을 묻는 것이어서, 자칫 '선택 후 공개, 이후 변경할 것인가'라는 조건을 '공개 후 선택, 이후 변경할 것인가'라는 조건으로 착각함으로써 당첨 확률을 잘못 판단하는 실수를 불러올 수 있다.

이 문제는 겉보기보다 간단하지 않으며, 다양한 해석의 여지를 남긴다. 당시 미국에서는 통계학자는 물론 뉴욕타임스까지 가세해서 그 해석을 두고 논쟁을 거듭하였다. 결국 여러 해석을 정설로 받아들이지만, 상황이나 가정의 일부를 약간만 달리 해석해도 선택을 바꾸지 않는 것이 확률상 더 유리하고, 심지어 판단 불가능하다는 결론도 타당한 것으로 해석될 수 있다. 그래서 '몬티홀 문제'라기보다 '몬티홀 딜레마'로 불리는 것이다.

08 프로세스 이론: 주먹구구식 사고가 일어나는 이유

'**휴리스틱(Heuristics)**'은 행동경제학이나 인지심리학에서 자주 쓰는 용어다. 그 뜻은 시간이나 정보가 충분하지 않아 합리적인 판단을 할 수 없을 때, 혹은 굳이 합리적 판단을 할 필요가 없을 때 사람들이 신속하게 사용하는 '**어림짐작**' 내지는 '**주먹구구식 사고**'를 말한다. 사람들이 매 순간 모든 정보를 활용해 판단하고 선택해야만 한다면 인지적 부담감이 클 수밖에 없다. 그래서 그럴 필요가 없는 순간이라면 저마다 머릿속 직관 도구를 꺼내 빠른 판단을 하곤 한다.

행동경제학자 카너먼은 이런 머릿속 정보처리 과정을 '시스템 1'과 '시스템 2'로 설명했는데, 이를 행동경제학에서 '**이중 프로세스 이론**'이라고 한다. **시스템 1**은 별 노력 없이 자동으로 신속한 결정에 이르게 하는 심리 기제이고, **시스템 2**는 고도의 집중을 요구하는 판단을 위한 심리 기제다. 어떤 판단을 해야 할 때 두 시스템은 동시에 작동하지만, '무의식적 영역'인 시스템 1이 먼저 발동할 때가 많다. 인지 부담을 덜어주는 휴리스틱이 나도 모르게 먼저 가동되는 것이다. 시스템 1은 특정한 상황에서 더 잘 가동하곤 한다. 예컨대 수치 비교에서 특정 기준 숫자를 가지고 있다면 시스템 1이 먼저 도와준다. 또 여러 사건 가운데 구체적 상황을 잘 떠올릴 수 있는 일이 섞여 있으면 시스템 1이 쉽게 가동한다. 특히 자주 접해 낯익은 게 있으면 인지적으로 편안함을 느끼는데, 이런 상황에도 시스템 1이 잘 발동해 무의식적 선택을 유도한다.

카너먼은 휴리스틱에 의한 판단은 시스템 1에 의해 직감적으로 이루어진다고 말한다. 이런 휴리스틱을 이용하여 판단을 내릴 때의 특징은 대상이 되는 특성(이를 '목표 속성'이라 한다)을 곧바로 마음에 떠오른 다른 성질(이를 **휴리스틱 속성**이라 한다)로 바꿔서 판단한다. 즉 휴리스틱에 따른 판단은 이러한 '**속성 바꿔치기**'라는 프로세스로 진행된다. 휴리스틱 속성이 직감적으로 마음에 곧바로 떠오를 때 속성 바꿔치기가 발생하는 것이다.

✚ 린다 실험

휴리스틱이 사용될 때 '**속성 바꿔치기**'라는 프로세스가 발생하는 전형적인 예로서 '**린다 문제**'를 들 수 있다. 실험은 피험자들에게 가공의 인물 '린다'에 관한 다음 기술, 즉 '린다는 솔직하고 총명한 31세의 독신 여성으로, 대학에서 철학을 전공했다. 학창 시절에 차별이나 사회 정의 문제에 관심이 컸고 반핵운동에도 참여했다.'를 읽고 질문에 답하도록 하는 것이었다. 먼저 8가지 직업(예를 들면 초등학교 교사, 보험 판매원, 은행 창구 직원 등)에 대해 살펴본 후, 피험자들에게 린다가 어느 분야에 가장 잘 맞을지 순위를 매기도록 했다. 피험자 집단은 두 그룹으로 나누어져 있다. 한 그룹은 예시한 직업을 가진 사람들의 전형적인 모습과 어느 정도 닮았는지를 토대로 순위를 매기도록 하고, 또 한 그룹은 린다가 각각의 직업을 가질 경우를 예상하여(확률에 기초하여) 순위를 매기도록 했다. 그 결과, 두 그룹이 적은 순위의 평균치는 거의 일치했다. 그리고 유사성을 토대로 한 순위를 가로축, 확률을 토대로 한 순위를 세로축으로 삼아 그래프를 그려보았더니 거의 45도 직선이 되었다. 즉 두 그룹에서 사용한 기준을 기초로 한 순위 매김(의 평균치)이 거의 동일했다. 이는 확률의 판단이 유사성에 따라 이루어지면서 '속성 바꿔치기'가 발생했음을 의미한다.

09 엘스버그의 역설: 사람들은 모호함을 피하려 든다.

사람들은 얼마나 모호함을 싫어할까? 이를 '불확실성'에 대한 연구 결과인 '엘스버그의 패러독스' 현상을 갖고서 설명할 수 있다. 실험 내용은 다음과 같다.

90개의 공이 담겨 있는 불투명한 항아리가 있다. 그 안에는 30개의 빨간 공이 들어있으며, 나머지 60개는 까만 공이거나 노란 공이다. 그 비율은 알 수 없다. 색을 선택한 후 꺼낸 구슬의 색과 맞으면 상금을 받을 수 있는데, 빨간 공과 까만 공을 선택할 수 있다. 사람들은 빨간 공에 걸까? 아니면 까만 공에 걸까? (질문 1)
다음에는 미리 두 가지 색을 선택하고 어느 쪽이든 해당하는 색깔의 공이 나오면 상금을 받을 수 있다. ① 빨간 공 또는 노란 공, 혹은 ② 까만 공 또는 노란 공의 조합 중에서 선택할 수 있다. 빨간 공 또는 노란 공에 걸까? 까만 공 또는 노란 공에 걸까? (질문 2)

실험 참가자 대부분은 '질문 1'에서는 빨간 공을, '질문 2'에서는 '까만 공 또는 노란 공'을 선택했다. 이는 전통 경제학에서 말하는 '기대효용 이론'의 전제에 어긋나는 행동이다. 왜냐하면 '질문 2'에서 노란 공은 공통으로 존재하므로 선택에 영향을 주지 않아 무시할 수 있기 때문이다. 나머지 부분은 '질문 1'과 '질문 2'에서 완전히 같기에 선택은 일관되어야 한다. 그러나 실험 참가자의 선택은 모순을 드러냈다.

엘스버그는 그 이유를 '모호성'이라는 말로 설명했다. 사람들은 단지에 노란 공과 까만 공이 함께 담겨 있는 것은 확신할 수 있지만, 각각 공이 몇 개인지는 모르기 때문에 '모호성에 대한 두려움'을 느낀다는 것이다. '알지 못하는 것'보다 '아는 것'에 더 안심하듯이, 사람의 심리는 '불확실'한 것을 피하는 방향으로 움직인다는 것이 '엘스버그의 역설'이다. 엘스버그에 의하면 사람들은 자신의 선택이 비합리적이었음을 알고 난 뒤에도 처음의 생각을 고집하는 경향이 있다고 했는데, 이는 '사람들이 항상 옳게 판단하는 것은 아니다'라는 행동경제학의 주장을 뒷받침한다.

✚ 심슨의 패러독스

확률 및 통계와 관련된 유명한 역설의 하나가 '심슨의 패러독스'이다. 심슨의 패러독스란 통계 분석에서 각각의 변수에 대한 가중치나 특성을 고려하지 않고 전체 통계 결과를 유추하다 보면 발생할 수 있는 오류를 뜻한다. 심슨의 역설은 통계 자료에는 자료 제공자가 특정 이해관계자에 유리하게 해석함으로써 사실을 왜곡하고 조작하는 경우가 적지 않음을 보여준다. 예를 들어 다음 질문을 해보자. "A와 B 고등학교가 있다. A고의 대입 합격률은 77%이고, B고의 합격률은 55%이다. 학부모들은 어디로 아이들을 보내고 싶어 할까?" 당연히 A 고등학교일 것이다. 이제 "A고의 이른바 명문대 합격률은 15%이고, B고는 51%이다."라는 새로운 정보를 보여주면서 다시 물었다. 내 아이를 어디로 보내고 싶겠냐고? 그 대답이 어떨지를 짐작하는 것은 그리 어렵지 않을 것이다. 심슨의 역설은 '상관관계'를 '인과관계'로 오인 또는 혼동하는 데서 오는 인간 행동의 제한된 합리성을 표현하는 개념이라 할 수 있다.

10 스키너의 조작적 조건화: 인간은 주무르는 대로 만들어진다.

미국의 대표적인 행동주의 심리학자 B. F. 스키너는 동물실험을 통해 **보상 강화**가 행동 형성 과정에 크게 영향을 끼친다는 사실을 보여 주었다. 그는 음식과 지렛대, 그 밖의 환경 자극을 이용하여 일련의 실험을 전개해나갔다. 그리하여 언뜻 보기에 자율반응처럼 보이는 것들이 실제로는 어떤 자극에 의해 유도된 것임을 실험으로 증명함으로써, 오랫동안 지지해온 인간의 '**자유의지**'라는 개념에 의문을 제기했다.

스키너는 인간과 동물을 대상으로, 어떤 행동(반응)에 대해 이를 선택적으로 보상하거나 처벌함으로써 그 행동(반응)이 일어날 확률을 높이거나 낮추는 '**조작적 조건화**'를 연구 · 발전시켜나갔다. 그는 이른바 유심론(唯心論)의 관점, 즉 인간의 '마음'은 아예 존재하지 않거나 전혀 의미가 없다고 주장하면서, 심리학은 오로지 구체적이고 측정 가능한 행동에만 집중해야 한다고 강조했다. 당시 그가 추구한 이상 세계는 조건반사를 이용하여 시민들을 착한 로봇군단처럼 훈련할 수 있게끔 하기 위해서, 행동주의 심리학자들로 정부를 구성하여 획일화된 전 세계 커뮤니티를 구축하는 것이었다. 조작적 조건화 실험을 통해 도출한 인간의 **기계론적 본성**에 대한 거부감으로 스키너는 다른 어느 심리학자보다 가장 심하게 비판받고 있지만, 그의 행동심리학 분야에서의 뛰어난 업적은 날로 기술이 진보하는 오늘날 시사하는 바가 무척 많다.

스키너는 동물의 행동을 단순하면서도 이해하기 쉽도록 상황을 설정한 상자(이를 '스키너 상자'라고 한다)를 만들고 쥐의 행동을 구체적으로 관찰하였다. 이를 통해 스키너는 쥐에게 음식을 보상으로 줄 경우에 쥐들이 지렛대를 누르는 방법을 빨리 배운다는 것을 알아냈다. 그리고 쥐들이 지렛대를 밟으면 음식이 생긴다는 사실을 우연히 알고 나면, 그 보상을 토대로 그 우연한 일을 의도적으로 만들어낸다는 사실을 알게 됐다. 보상을 주지 않거나 그 횟수를 바꾸는 실험을 통해 오늘날까지 유효한 보편적 행동 법칙을 발견했다. 그 핵심은 보상이 비정기적으로 이루어질 때 행동을 소멸하기 가장 어렵다는 것이다. 이를 통해 그는 비로소 인간이 저지르는 어리석은 행동의 많은 부분을 체계적으로 설명할 수 있었다. 즉 보상이 지속해서 발생하지 않는데도 인간이 어리석은 행동을 계속하는 이유가 무엇인지를 밝혀냈는데, '**간헐적 강화**'가 그것이다. 스키너는 그것의 메커니즘과 우연성이 지닌 강박을 통해 인간 행위의 자주성을 부정하는 한편, 우리가 마음을 쓰지 않고 훈련을 받으면 인체의 한계와 경계를 뛰어넘어 얼마든지 앞으로 나아갈 수 있다고 주장했다.

스키너는 자신의 실험 결과에서 도출한 것을 토대로 하여 인간 중심적인 사회정책을 제안했다. 그는 환경이 우리에게 가하는 엄청난 통제력 또는 영향력을 제대로 평가해야 하며, 모든 시민에게 '**긍정적 강화**', 즉 창의적이고 적응력 있는 환경을 만들어주어야 한다고 주장했다. 그리고 우리에게 좌절감을 주는 대신 우리 안에서 가장 훌륭한 자아를 이끌 수 있는 신호를 보내라고 사회에 요청했다. 즉, 인간은 **처벌보다 보상에 더 잘 반응**하기에, 처벌을 중단하는 한편 그들에게 더는 굴욕감을 주지 말라고 주장했다. 이것이 우리가 마음이 아닌 행동에 집중해야 한다는 그의 주장이자, 세간으로부터 비난받게 된 反 유심론(唯心論)의 총체다.

스키너의 행동 기법은 수많은 불안장애 환자가 공포를 극복하거나 없애도록 도움을 주었는데, 이는 그가 강조하는 긍정적 강화의 힘에서 알 수 있듯이 행동 형성에 있어서 처벌보다 보상이 더 많은 작용을 한다는 것을 입증한다. 스키너의 행동주의가 사회적으로 지대한 역할을 담당해 온 것은 분명하지만, 그와 동시에 인간은 아무런 자유의지도 없는 일개 자동장치에 불과한 존재라면서 인간 행동을 지나치게 조작적으로 몰고 간 점에서 많은 비판을 받고 있다.

✚ 파블로프의 개 실험

러시아 생리학자 파블로프는 배고픈 개에서 먹이를 줄 때마다 종소리 울리기를 반복했다. 이후 개는 종소리만 들어도 침을 흘렸다. '파블로프의 개'의 종소리와 침처럼 원래 무관한 자극과 반응 사이에 의도적으로 관계를 만드는 것을 '**조건 형성**'이라고 한다. 그리고 이 실험과 같은 무조건 반사(타액 분비 등)에 의존하는 조건 형성을 보상이나 처벌 등의 자극을 줌으로써 자발적으로 행동하도록 가르치는 조건 형성인 '조작적 조건화'와 대비하여 '**고전적 조건화**'라고 한다. 파블로프의 연구는 사람이나 동물의 행동은 자극에 대한 생리적 반응에 지나지 않는다고 하는 '행동주의' 이론의 사상적 토대를 마련했다.

✚ 손다이크의 시행착오 학습

행동주의 심리학자 손다이크는 사람이 어떤 문제에 직면했을 때 그 해결 방법을 어떻게 배울 것인가를 고양이를 활용한 실험으로 확인했다. 손다이크는 배고픈 고양이를 창살이 있는 상자에 넣고 상자 밖에 먹이를 두었다. 상자 안에는 끈을 매달아 놓아 당기면 문이 열리도록 했다. 고양이는 끈을 만지거나 끈 끝에 부착된 발판에 올라서기도 하면서 우연히 문을 여는 데 성공했다. 그리고 고양이가 상자 밖으로 나오면 바로 다시 상자에 넣었다. 이것을 반복하면 고양이는 불필요한 행동은 하지 않고, 즉시 끈을 당길 수 있다. 손다이크는 사람도 고양이처럼 실제 행동과 그 결과를 결합하면서 학습한다고 생각했다. 이처럼 어떤 문제에 대해 시도(행동)와 실패(결과)를 반복하면서(시행착오) 적절한 해결책을 학습하는 것을 '**시행착오 학습**'이라고 한다. 손다이크는 또한 이 실험에서 사람들은 만족을 얻을 수 있는 행동은 반복하고 만족을 얻지 못하는 행동은 반복하지 않는다는 '**효과의 법칙**'을 도출했는데, 이는 나중에 스키너를 비롯한 많은 행동주의 심리학자의 '조작적 조건화'의 학습 방법에 이용되었다.

✚ 학습된 무기력

행동주의 이론에 따르면, 사랑하는 사람을 잃거나 직장이나 학교에서 좌절을 거듭하게 되면 그만큼 긍정적인 강화를 받을 기회가 감소하고, 그 결과로 점차 매사에 수동적이며 위축될 수 있다. 일단 수동적 태도를 견지하게 되면 대인 관계에서 긍정적 경험을 할 기회는 더 줄어들게 되어 더더욱 우울해지고, 그에 따라 마음은 더욱 위축되는 등 악순환이 시작된다. 이때 우울증 증상을 호소함에 따라 일시적이나마 주위의 관심과 동정을 끌면서 수동적 태도가 '강화' 받게 되면, 그러한 행동은 더욱 빈번하게 발생한다. 이처럼 사람들은 무기력하고 수동적인 행동과 같은 회피할 수 없는 불쾌한 상황을 경험하면서 수동적이고 위축된 감정을 강화하게 되는데, 이를 '**학습된 무기력**'이라고 한다. 셀리그먼의 실험 결과에 따르면, 피할 수 없도록 묶어 놓은 개에게 전기 충격을 주었을 때, 개는 무기력, 식욕 감퇴 등 우울한 사람과 유사한 증상을 보였다. 이것은 인간에게 있어서도 마찬가지로, 사람들은 자신에게 일어나는 중요한 일들이 자기 통제 밖에 있다고 느낄 때 학습된 무기력과 유사한 상태를 겪으면서 우울 증세를 보인다.

11 스탠리 밀그램의 권위에의 복종 실험: 악의 평범성

미국의 심리학자 스탠리 밀그램은 남들에게 고통을 가하라는 명령을 사람들이 얼마나 잘 따르는지를 알아보기 위해 일련의 연구를 착수했는데, 그 대표적인 것이 권위에 대한 복종 실험이다. 실험 내용은 다음과 같다.

밀그램은 실험 참가자들에게 처벌이 학습에 미치는 영향을 알아보기 위한 실험이라고 속이고, 선생 역할을 맡은 사람들(실제로는 실험을 당하는 피험자)로 하여금 피험자인 학생들에게 기억해야 할 단어를 읽어주도록 지시했다. 그리고 학생이 착오를 일으킬 때마다 그에게 전기 충격을 가하도록 지시했다. 실험이 시작되기 전에 선생 역할을 맡은 사람들은 고통스럽고 강한 전기 충격을 직접 경험했는데, 실험자는 한술 더 떠 그 정도의 충격은 학생들이 겪게 될 전기 충격에 비하면 약한 것이라고 설명해 주었다. 실험이 시작되자 학생들은 몇 단어를 제대로 기억하지 못했다. 이에 선생 역할을 맡은 피험자들은 학생들에게 틀렸다는 말을 하고 전기 충격을 가하기 시작했다. 그러자 학생들은 투덜거리기 시작했고, 전기 충격의 정도가 커질수록 학생들의 반응은 더욱 거칠어졌다. 충격을 멈춰달라고 사정도 하고, 탁자를 두드리고 발로 벽을 차기도 했다. 실험이 진행될수록 학생들은 소리조차 지르지 못했고 결국에는 말도 제대로 하지 못했다. (학생 역할을 하는 사람들은 실제로는 실험자와 사전에 짜고 피험자인 선생들이 누르는 전기 충격 강도에 따라 연기를 하는 것이었으나, 선생 역할을 맡은 피험자들은 그것을 전혀 모르는 상황이다). 학생들이 전기 충격을 받고 고통을 호소하자 피험자인 선생들은 손에 땀이 나서 안절부절 못하고, 더러는 실험을 거부하기도 했다. 그러나 실험자는 옆에서 계속 충격을 가할 것을 요구했다. 그러면서 실험에 관한 모든 책임은 실험자인 자신이 질 것이므로, 선생 역할을 하는 피험자들은 전혀 책임질 필요가 없다고 말해주었다.

과연 피험자들은 어느 정도의 전기 충격을 학생에게 가했을까? 즉 사람들은 얼마나 잔인해질 수 있을까? 실험 결과는 매우 충격적이었다. 실험에 참여한 모든 피험자가 300V의 전기 충격을 학생에게 가했다. 그리고 절반이 넘는 65%(40명의 피험자 중 26명)의 피험자가 450V의 전기 충격을 가했다. 가정용 전압인 110V 또는 220V에만 감전되어도 위험한데, 하물며 300V 심지어는 450V의 전압이 얼마나 위험한지를 그들이 쉽사리 짐작할 수 있음에도 불구하고 학생에게 충격을 가한 것이다.

이 실험은 합법적인 권위 앞에 놓여 있는 상황이라면, 정상적인 사람일지라도 타인에게 심한 위해를 끼칠 수 있는 명령에 얼마든지 '**복종**'할 수 있음을 보여 준다. 신뢰할 수 있는 권위와 마주했을 때 무려 65%에 달하는 사람들이 타인에게 치명적인 위해를 가할 정도로 권위에 순종하는 태도를 보였고, 반항적인 성향은 발견되지 않았다.

이는, 우리의 행동은 내면화되고 고착된 기호로서의 신념과 가치보다는, 기후나 바람처럼 쉽게 변할 수 있는 외적 영향력으로서의 그 무엇에 더 크게 영향을 받는다는 사실을 보여준다. 즉 사람들은 개인적인 성격보다는 각자가 처한 **사회적 상황**에 더 크게 영향을 받는데, 사람들이 강압적인 권위에 쉽게 복종하려 드는 이유가 여기에 있다. 외적 권위에 단단히 설득당하는 상황이 발생하면 아무리 이성적인 사람일지라도 도덕 규칙을 무시하고 명령에 따라 잔혹한 행위를 저지를 수 있다는 것이다.

12 애쉬의 동조 실험: 자기에 대한 불신과 외톨이가 되는 두려움

동조 행동에 관한 연구에서 가장 전형적인 것은 미국의 사회심리학자 애쉬의 실험이다. 그는 7~9명의 대학생을 의자에 나란히 앉힌 후 아래 그림과 같이 선이 그려진 카드를 보여주었다. 그리고 세 개의 비교 선분 중에서 표준 선분과 길이가 같은 것을 고르도록 했다. 이 실험에서 나란히 앉은 7~9명 중 나중에 앉은 한 사람만이 진짜 피험자였고, 나머지는 실험자와 짜고 피험자 역할을 하는 실험 협조자들이었다. 이 실험의 협조자들은 사전에 실험자와 약속한 대로 오답(그림의 경우에는 'A' 선분)을 응답하도록 되어 있었다. 응답은 피험자 순서대로 하도록 했는데, 진짜 피험자는 맨 나중에 응답하도록 했다.

애쉬는 이 실험을 시작하기 전에 인간은 자기의 소신을 굽혀서 다른 사람의 의견에 쉽게 굴복하지 않을 것으로 생각했다. 그러나 실험 결과는 예상했던 것과 달랐다. 이렇게 집단 상황이 아닐 때, 즉 혼자 판단했을 때에는 100%의 피험자들이 정답인 'C' 선분을 골랐다. 그러나 실험에서와 같이 집단 속에서 판단했을 때에는 67%만이 정답을 골랐고, 나머지 33%는 다른 사람들을 좇아서 틀린 응답을 했다. 즉 이들 33%의 피험자들은 다른 사람의 행동에 '동조'했던 것이다.

이 실험에서는 물론 33%의 사람들만이 다른 사람을 좇아 행동했으므로, 동조하지 않은 사람보다는 분명 적은 수다. 그러나 논리적으로만 본다면, 아무도 이러한 분명한 상황에서 다른 사람의 틀린 의견에 따라가지 않을 것으로 생각할 수 있다. 이 실험의 실시자인 애쉬도 처음에는 그렇게 생각했다. 그리고 정답이 분명하지 않은 상황에서는 다른 사람의 행동에 동조하는 경향이 더 늘어날 수 있다는 점에 주목할 필요가 있다.

이렇게 인간의 행동은 논리적으로만 설명될 수 있는 것은 아니다. 그렇다면 이러한 **동조 행동**이 나타나는 까닭은 무엇인가? 이는 우리가 자기 자신의 의견보다는 집단의 의견을 더 신뢰하기 때문일 수 있다. 우리는 다른 사람들이 자기와는 다른 의견을 가지고 있을 때, 혹시나 자신의 의견이 틀렸을지 모른다고 생각하는 것이 일반적이다. 사람들로부터 격리되어 있거나 사람에게서 멀어지게 되면, 그들로부터 비난을 받거나 자신만 외톨이가 될지도 모른다는 두려움을 가지기 때문으로도 볼 수 있다. 실험은 집단 의견에 대한 신뢰가 커질수록, 그리고 집단으로부터 이탈되는 것에 대한 두려움이 커질수록 동조 행동은 늘어난다는 사실을 보여 준다.

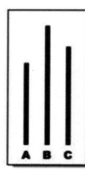

13 로젠탈의 피그말리온 효과 실험: 칭찬은 고래도 춤추게 한다.

미국 하버드대 심리학 교수 로젠탈은 피험자인 초등학교 교사들에게 거짓으로 다음과 같이 말했다. 실험은 어린이 지능 향상을 파악하기 위한 것이라고 설명한 후, 아이들을 대상으로 지능 검사를 실시했다. 그런 후에 전체에서 20%의 아이들을 무작위로 뽑아, "이 아이들은 앞으로 지적 발달이 빠르고 학업 성적도 높아질 것입니다."라고 선생님에게 지능 검사 결과를 거짓으로 알려주었다. 그리고 8개월이 지난 후에 다시 예전과 비슷한 지능 검사를 실시했다. 그 결과, 앞으로 잘할 것이라고 말하면서 선생님에게 기대를 심어주었던 20%의 아이들의 지능은 다른 80%의 아이들의 지능보다 뚜렷하게 향상되었다.

실험 결과는 교사가 학생에게 거는 긍정적인 기대가 실제로 학생의 성적 향상에 효과를 미치고 있음을 보여준다. 이처럼 타인이 상대를 존중하고 긍정적으로 기대하는 태도를 보일 경우, 상대는 그 기대에 부응하는 행동을 하면서 만족스러운 결과를 가져오는 현상을 '피그말리온 효과(Pygmalion effect)'라고 한다.

피그말리온 효과는 그리스신화에 나오는 조각가 피그말리온의 이름에서 유래한 심리학 용어다. 조각가였던 피그말리온은 아름다운 여인상을 만들고는, 그 여인상을 진심으로 사랑하게 되었다. 이에 미의 여신 아프로디테는 그의 사랑에 감동하여 여인상에게 생명을 주었다. 이처럼 타인의 기대나 관심으로 인하여 뛰어난 성과가 나타나거나 좋은 결과를 만들어내는 현상을 일컬어 피그말리온 효과라고 한다.

피그말리온 효과를 교육학에 접목한 것을 '로젠탈 효과(Rosenthal effect)'라고 하는데, 이는 교사가 학생들을 교육할 때, 능력 있는 학생으로 기대하고 인정하는 태도를 보이면 그 학생의 능력은 더욱 신장하지만, 그와 반대로 능력이 없는 학생으로 기대하고 대하면 그들의 능력은 신장하지 못하는 현상을 말한다. 이는 교사가 학생 개개인을 어떤 관점으로 대하느냐에 따라 학생의 학업 성취도가 달라진다는 것으로, '할 수 있다'라는 기대치를 가지고 아이들을 바라보는 것이 얼마만큼 중요한가를 보여 주는 사례이다.

✙ 피그말리온 효과와 낙인 효과

피그말리온 효과와는 반대되는 현상으로 '낙인 효과(Labelling effect)'가 있는데, 이는 다른 사람들에게 무시당하고 부정적으로 낙인찍히면 행동이 나쁜 쪽으로 변화하는 현상을 말한다. 사회심리학에서 일탈 행동을 설명하는 이론의 하나인 낙인 효과는, 남들이 자신을 긍정적으로 대하면 그 기대에 부응하려고 노력하지만, 반대로 부정적으로 평가해 낙인을 찍게 되면 나쁜 행태로 나타나는 경향성을 말한다. '스티그마 효과(Stigma effect)'라고도 한다.

14 제논의 역설: 극한의 한계는 존재하는가.

대표적인 딜레마의 상황을 나타내는 용어로 '**제논의 역설**'이 있다. 제논의 역설에는 여러 사례가 있는데, 그 가운데 '아킬레우스와 거북이의 역설'을 설명하면 이렇다. 아킬레우스가 거북이보다 10배 빨리 달릴 수 있다고 가정하고, 거북이를 아킬레우스보다 100m 앞에서 출발시킨다. 아킬레우스가 100m를 달려가면 거북이는 10m를 가고, 따라잡기 위해 아킬레우스가 10m를 가면 그동안 거북이는 앞으로 1m를 나아간다. 아킬레우스가 거북이를 따라잡기 위해 달린다 해도 그 시간 동안 거북이도 움직이므로 아킬레우스는 영원히 거북이를 따라잡을 수 없다.

제논의 역설은 고대 그리스 엘레아 학파의 철학자 제논이 스승 파르메니데스의 사상을 옹호하기 위해 사용한 논법이다. 제논은 아킬레우스와 거북이의 역설을 통해 움직임이 불가능한 것임을 증명해 보이고자 했다. 무엇인가가 움직이는 것을 볼 때마다, 그 대상이 움직이는 것처럼 보이는 것은 감각이 우리를 속이기 때문이라는 것이다. A에서 B까지 가기 위해 먼저 그 거리의 반을 움직여야만 한다는 사실은, 우리의 감각은 우리가 언제나 그것에 가 닿았고 또 그곳을 지나쳐 갔음을 말해준다. 그래서 제논은 우리의 감각이 우리를 속이는 것이라고 결론 내렸다. 제논은 역설을 통해 존재(존재자)는 유일한 것이 아니고 또 움직이는 것이라는 주장의 논리적 모순을 지적하면서, 일원성과 불변성에 대한 파르메니데스의 견해를 합리화시켰다. 일원론을 주장한 파르메니데스에 따르면, 세계를 이루는 '모든 것은 하나'이며, 모든 실체는 단순하고, 균일하며, 불변하고, 영원한 존재이다. 우주 속에서 볼 수 있는 변화와 다양성이라는 외형은 허상이자 '비존재'의 형식에 불과한 것이기에, **변화와 움직임은 불가능**하다.

그렇더라도 제논이 펼친 움직임의 역설에서 주목할 것은, 이것이 시간과 공간을 무한히 분할하는 것이 가능하다는 가정을 전제로 한다는 점이다. 다시 말해, 시간과 공간을 점점 더 크기가 줄어드는 조각으로 쪼갤 수 있다는 가정을 논파하는 것이다. 수학에서는 이런 종류의 수열을 '무한수열'이라고 하는데, 무한수열의 개발은 미적분학과 운동에 관한 학문으로 가는 문을 열었던 혁명적인 사건이었다. 이런 이유로, 제논의 논증은 후대 사상가들의 동의와 비판을 함께 받았다. 그러나 그의 역설은 방식의 옳고, 그름을 떠나 당연하고 상식적이라고 생각했던 것들에서도 논리적 허점을 발견할 수 있음을 보여줬다는 점에서 의의가 있다. 한편, 제논의 역설은 논리학과 철학뿐만 아니라 과학, 문학, 예술, 교육 등 다양한 분야에서 폭넓게 응용되고 있다. 특히 시공간의 상대성 이론에 중요한 기원으로 평가받으며 과학철학 및 물리학, 수학 등에서 비중 있게 다뤄지고 있다.

✤ 딜레마

딜레마(Dilemma)는 두 가지 옵션 중 각각 받아들이기 어렵거나 불리한 상태를 말한다. 딜레마는 그리스어 di(두 번)와 lemma(제안, 명제)의 합성어로 된 '**두 개의 제안**'이라는 뜻으로, '진퇴양난'의 의미다. 딜레마는 선택해야 할 길은 두 가지 중 하나로 정해져 있는데, 그 어느 쪽을 선택해도 바람직하지 못한 결과가 나오게 되는 곤란한 상황을 가리킨다. 어느 한쪽을 선택하는 순간 동시에 다른 한쪽은 포기해야 하기 때문이다. 그렇다고 둘 다 선택하거나 둘 다 포기할 수도 없는 곤란한 상황이다.

15 갈릴레이의 자유낙하 실험: 동등성의 원리

사고 실험은 머릿속에서 생각으로 진행하는 실험으로, 실제의 실험 장치를 쓰지 않고 이론적 가능성을 따라 마치 실험을 한 것처럼 머릿속에서 결과를 유도한다. 실험실에서 실제로 하는 실험에는 여러 가지 오차가 포함되지만, 사고 실험에서는 실험을 단순화하여 이상적인 결과를 얻을 수 있다. 갈릴레이는 순수하고 추상적인 추론이 지식과 진리로 가는 유일한 길이라고 보았던 중세 스콜라 철학의 아리스토텔레스주의를 정면으로 반박하면서, 현실 세계에 대한 관찰과 실험으로부터 배워야 한다고 생각하면서 여러 사고 실험을 고안했다.

아리스토텔레스는 모든 현상의 배후에는 최초의 원인이 있다고 주장했다. 그는 "움직이고 있는 모든 것은 다른 어떤 것에 의해 움직여져야만 한다."라고 주장하면서, 모든 운동은 거슬러 올라가면 결국 그 최초의 '원인'이 나타난다고 보았다. 아리스토텔레스는 또한 자연의 다른 측면을 설명하기 위해 원소들의 '자연스러운' 성질이나 경향에도 의존했다.

아리스토텔레스에 따르면, 모든 것에는 그것이 위치하고자 하는 자연스러운 장소가 있다. 무거운 물체는 아래로 내려가려는 성질이 있는데, 무거운 물체는 가벼운 물체보다 더 빠르고 더 자연스러운 자리로 되돌아가려고 하기에 낙하가 일어난다고 보았다. 다시 말해, 더 무거운 물체라면 더 빠르게 추락할 것이라고 본 것이다. 아리스토텔레스의 '무거울수록 낙하 속도가 빠르다'는 이론에 의하면 두 물체를 묶은 합체 AB는 무거운 물체 A보다 더 무거우므로 더 빨리 떨어져야 한다. 그의 이론에 의하면 물체의 낙하 속도는 질량에 비례한다. 이를테면 10kg짜리 쇠구슬은 1kg짜리 쇠구슬보다 10배의 빠른 속도로 낙하한다.

갈릴레이는 아리스토텔레스의 이 같은 주장을 반박하는 기막힌 방법을 떠올렸다. 무거운 물체와 가벼운 물체를 묶어서 높은 곳에서 떨어뜨리는 상상을 했다. 바로 '두 물체를 묶은 낙하 사고 실험'으로, 무거운 물체 A와 가벼운 물체 B를 한데 묶어 높은 곳에서 떨어뜨리는 것이다. 갈릴레이는 물체가 낙하하는 속력과 그 물체의 무게가 연관되어 있다는 아리스토텔레스주의의 도그마를 반증하기 위해 공 또는 돌을 사용하는 간단한 사고 실험을 고안한 것이다.

이 사고 실험에 아리스토텔레스 이론을 적용하면, 가벼운 물체 B는 무거운 물체 A에 의해 속도가 조금 더 빨라지고, 무거운 물체 A는 반대로 가벼운 물체 B에 의해 속도가 더 느려지게 된다. 즉 두 물체를 묶은 합체 AB는 처음 무거운 물체 A보다 더 느려져야 한다. 그런데 아리스토텔레스의 '무거울수록 낙하 속도가 빠르다'는 이론에 의하면 두 물체를 묶은 합체 AB는 무거운 물체 A보다 더 무거우므로 더 빨리 떨어져야 한다. 결국 아리스토텔레스의 이론은 무거운 물체 A와 가벼운 물체 B를 묶은 합체 AB의 낙하 속도는 무거운 물체 A보다 느리면서 동시에 A보다 빨라야 한다는 모순적인 예상을 내놓게 되고, 따라서 아리스토텔레스 이론은 틀렸다는 결론에 도달한다.

갈릴레이의 사고 실험은 경험과 분리된 순수한 추론에 전적으로 의존하는 과학적 사고방식과 깊이 결부되어 있다. 그의 **자유낙하** 실험은 아리스토텔레스의 주장이 가진 논리적 모순과 내적 불합리성을 전적으로 보여주는 방법으로, 관측과 실험 등 경험적 검증을 거쳐야 하는 자연과학, 특히 물리학이 사고 실험과 더불어 발전했다는 사실은 역설적이어서 더욱 흥미롭다.

16 라플라스의 악마: 수학적 결정론

근대 들어 뉴턴의 역학 체계가 완성된 이후 현실 세상의 움직임뿐 아니라 신비롭던 천체의 움직임까지 정확히 예측하게 되자, 인간 '이성'이 모든 것을 해결할 수 있다는 자신감이 시대를 풍미했다. 그 시기의 프랑스 물리학자 라플라스는 '만일 우주의 모든 원자의 정확한 위치와 운동량을 알고 있는 존재가 있다면, 현재의 모든 물리현상을 해명하고 미래까지 예측할 수 있다.'고 보았다. 그 모든 것을 알고 있다는 초월적 존재를 '**라플라스의 악마**'라고 하며, 운명을 수치화하여 예측할 수 있다는 사고이다. 이 초월적 존재를 신이 아니라 '악마'라고 부르는 까닭은 그것이 과학의 산물이자 인간 이성의 창조물이기 때문일 것이다.

라플라스의 악마라는 상상 속 존재는 '**결정론**'이라는 철학적 입장 또는 그러한 믿음의 논리적 결과라고 볼 수 있다. 미래 상태는 과거의 상태에 따라 결정되기 때문에, 원인에 의한 결과는 예측 가능한 범위 내에서 결정된다. 즉, 연관성이 크든지 작든지 미래는 결정되어 있다는 것이다. 물리적 결정론, 다시 말해 자연법칙이 규칙적이고, 결정되어 있으며, 예측 가능하다고 보는 믿음은 과학 혁명기의 시계 장치 발전에 크게 공헌했다.

그렇다면, 원자의 정확한 위치와 운동량을 알 수가 있는 것일까? 독일의 물리학자 하이젠베르크는 어떤 물체의 위치와 속도를 동시에 정확하게 측정하는 것은 이론적으로 불가능하다고 주장했다. 전자와 같은 원자를 구성하는 입자의 속도를 정확하게 측정하려면 예측 불가능한 방향으로 입자들이 튀어나오기 때문에 입자의 위치를 동시에 정확하게 측정하는 것은 의미가 없다는 것이다. 결국 하이젠베르크의 '**불확정성 원리**'와 미래의 일은 확률로만 존재한다는 '**양자역학**'의 입장은 '라플라스의 악마'에게 사망 선고를 내렸다.

그렇더라도 만일 라플라스가 옳다면, 그의 결정론적 사고는 사람들이 품고 있는 수많은 믿음에 엄청난 영향을 미치게 될 것이다. 예를 들어 우리 우주에서 미래에 일어날 모든 사건이 결정되어 있다면, 인간은 대체 어떻게 '자유의지'를 가질 수 있는 것일까? 또 신의 선택이 역사에서 미리 정해진 것에 의해서 제한되어 있다면, 대체 어떤 의미에서 신이 전능하다고 말할 수 있는가? 이러한 질문은 '가상의 증강현실과 실제 현실 세계'의 경계의 모호성, 그리고 '기계 같은 인간, 인간 같은 기계'의 출현 등으로 대표되는 카오스적 상황에서는 더욱 그렇다.

실제, 오늘날 라플라스의 악마의 희미한 그림자가 우리 눈앞에 어른거리는 것 같은 느낌을 받는다. 현실에서 라플라스의 악마를 꼽자면 슈퍼컴퓨터와 인공지능(AI)을 생각해 볼 수 있다. 날씨를 예보하기 위해선 온도와 습도, 풍속, 풍향, 기압, 강수량 등 다양한 변수를 포함하는 미분방정식을 세워 정보를 입력한 후 슈퍼컴퓨터로 계산한다. 일기예보의 정확도를 높여주는 슈퍼컴퓨터가 지금까지는 인류에게 라플라스의 악마가 아닌 '**라플라스의 천사**'로 기능하고 있다. 슈퍼컴퓨터는 물론, 한시도 쉬지 않고 스스로 기계학습과 딥러닝을 통해 진화하는 인공지능도 아직은 천사인 것처럼 보인다. 그러나 천사의 얼굴을 하고 있는 슈퍼컴퓨터와 인공지능이 언제 악마의 모습으로 변할지 모를 일이다. 따라서 약한 인공지능을 넘어서는 강한 인공지능의 대두 등 과학기술의 발전 가능성과 한계를 윤리적 측면에서 진지하게 고민해 봐야 할 것이다.

17 맥스웰의 악마: 엔트로피는 한 방향으로만 흐른다.

맥스웰의 악마는 열역학 제2법칙인 '엔트로피 증가'의 역전 현상을 다루는 사고 실험이다. 엔트로피는 열역학에서 에너지 흐름을 설명한다. 즉, 열이 뜨거운 곳에서 차가운 곳으로만 흐르는 상황을 표현한다고 볼 수 있다. 열역학 제2법칙에 따르면 엔트로피는 언제나 증가하며, 특히 '무질서의 정도'가 높을 때 더욱 증가한다.

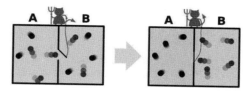

맥스웰은 열역학에 관한 연구를 하다 문득 가상의 악마를 떠올렸다. 어떤 전능한 존재가 있어 물체의 중간을 가로막고 선 다음 문을 만들어 뜨거운 분자만 통과시키고 반대 방향으로 차가운 분자만 통과시킨다면, 한쪽은 뜨거워지고 반대쪽은 차가워지지 않겠냐는 것이었다. 이를 신의 섭리를 거스르는 존재, 즉 '**맥스웰의 악마**'라고 한다. 이것을 설명하면 다음과 같다.

어떤 방이 빠르게 움직이는 뜨거운 기체와 느리게 움직이는 차가운 기체의 두 종류로 가득 차 있다. 간단하게 구분하기 위해 빨간 기체와 파란 기체라고 부르자. 이 방을 정확하게 반으로 나누는 벽이 가운데 있고, 벽에는 문이 달려 있다. 악마는 벽의 문을 여닫을 수 있고, 매우 뛰어난 시력을 가져 두 기체 분자를 쉽게 구분할 수 있다. 나뉜 두 방에 대한 출입을 통제할 수 있는 악마는 오른쪽 방에 있는 빨간 기체가 문 쪽으로 다가오면 얼른 문을 열어 왼쪽 방으로 보내고, 왼쪽 방의 빨간 기체가 접근하면 문을 절대 열지 않는다. 반대 경우도 마찬가지다. 이렇게 해서 왼쪽 방에는 빨간 기체로만 가득 채우고, 오른쪽 방에는 파란 기체만 남길 것이다. 결국 시간이 지나면 뜨겁고 빠른 기체와 차갑고 느린 기체는 서로 완전히 분리되고, 초기 상태와 비교하면 엔트로피가 감소한다고 볼 수 있다. 두 종류의 기체가 잘 정리되면서 무질서도가 낮아졌기 때문이다. 이것은 오랜 기간에 걸쳐 자리를 잘 잡은 열역학 제2법칙을 대놓고 부정하는 결과를 초래한 것이다. 외부로부터 고립된 방에서 어떠한 일도 해주지 않았지만, 방의 엔트로피가 감소할 수 있다는 건 당시 학계에서 볼 때는 큰 충격이었다.

다행히 해결책이 등장했다. 악마는 단순히 지켜보기만 하는 것 같았지만, 실제로 기체 분자에 대한 '**정보**'를 얻고 기체를 분리하기 위해 방 내부와 상호 작용을 한다는 것이다. 기체를 제대로 이동시키기 위해 양자역학의 관측과 유사한 측정 행위가 일어나며, 이러한 과정은 기체 분자에 영향을 미친다. 따라서 악마가 만들어내는 엔트로피 변화를 고려하면 총 엔트로피는 절대로 감소하지 않는다. 여기서 감소한 기체 분자의 엔트로피를 상쇄시키며 증가하는 엔트로피를 '**정보 엔트로피**'라고 부르는데, 악마가 측정을 통해 정보를 얻는 과정에서 증가하는 엔트로피는 얻은 정보를 이용해서 감소시킨 계의 엔트로피와 정확하게 같다. 따라서 두 가지는 상쇄되고 전체 계(界)의 엔트로피는 줄어들지 않지만, 이것은 이상적인 경우이고 실제로는 줄어드는 엔트로피보다 늘어나는 엔트로피가 많다. 즉, 열역학 제2법칙은 분명 성립한다.

18 아인슈타인의 빛의 속도: 시간은 동시적이지 않다.

아인슈타인은 특수상대성이론과 일반상대성이론을 설명하기 위해 여러 사고 실험을 사용했다. '느려지는 시간'이랄지 '휘어진 시공간'과 같은 현대 물리학과 우주론의 패러다임을 바꿔놓은 개념이 사고 실험에서 빚어졌다.

아인슈타인은 사고 실험을 통해 우주 공간 속에 존재하는 가상의 물질인 에테르의 존재를 부정하면서, 빛은 관측자에 대해서 일정한 속도(초속 30만 킬로미터)로 움직인다는 사실을 알아냈고, 이 가정을 토대로 특수상대성이론을 발전시켰다. 아인슈타인이 특수상대성이론을 내놓기 전까지 시간과 공간은 '누구에게나 언제 어디서나 변함없이 일정한 절대적 개념'이었다. 17세기 뉴턴이 정식화한 절대 시간과 절대 공간을 허물어뜨린 인물이 아인슈타인으로, 그 결과로 나타나는 여러 현상에 관한 이론이 바로 **특수상대성이론**'이다. 그의 사고 실험은 다음과 같다.

정지한 기차에서 승객이 동전을 떨어뜨리면, 동전은 자유낙하를 한다. 이때 승객이 보기에 동전은 직선으로 떨어진다. 기차 밖 사람에게도 동전 궤도는 승객이 본 것과 같다. 이번에는 '등속'으로 움직이는 기차에서 '승객이 동전을 떨어뜨리면, 승객 눈에 동전 궤도는 직선이다. 하지만 기차 밖 사람이 동전 궤도를 보면, 동전은 포물선을 그리며 떨어진다.

그렇다면, 동전의 진정한 궤도는 어느 것일까? 직선 궤도와 포물선 궤도 가운데 어느 것이 진짜일까? 승객은 직선, 기차 밖 관찰자는 포물선이라 답할 것이다. 하지만 아인슈타인은 "동전이 그리는 단 하나의 궤도란 가능하지 않다. 관측자와 상관없이 어디에나 존재하는 절대 위치란 없으며, 오로지 처한 상황에 따라 위치를 평가할 수 있는 상대적 위치만이 가능하다."라고 결론 내렸다. 아인슈타인에 따르면, '위치'에는 거리 개념이 포함돼 있고, 위치와 거리는 다시 공간 속에서 정의되는 물리량인 까닭에 관측자와 상관없이 항상 일정한 절대 거리와 절대 공간은 존재하지 않는다.

이어서 아인슈타인은 '등속'으로 움직이는 기차에 탄 승객과 기차 밖 관찰자라는 '생각 실험'을 통해 시간의 상대성 개념을 이끌었고, 이로써 시간의 '동시성'은 깨졌다. 아인슈타인에 따르면, 항상 똑같은 시각으로 측정되는 절대적 시간은 존재하지 않으며, 시간이란 단지 관측자의 상대 운동에 따라서 다양하게 받아들여지는 물리량이다.

✚ E=mc²의 c에서 벗어난 속도

사고 실험을 통해, 시공간의 상대성이 지닌 여러 다른 귀결을 밝혀낼 수 있다. 예를 들어, 공간은 운동의 방향으로 수축하지만, 질량은 속도가 증가할수록 확장한다. 또 어떤 관찰자에게는 동시에 일어나는 것처럼 보이는 사건이 다른 관찰자에게는 동시에 일어난 것처럼 보이지 않을 수 있다. 하지만 인간의 경험 속에서 통상 마주치게 되는 속도 대역에서 이와 같은 변화 수준은 극히 미약한데, 그 이유는 'E=mc²의 c', 그러니까 특수상대성이론을 설명하는 **질량 에너지 등가 법칙**'에서 오직 c(빛의 속도)에 근접한 속도에서만 상대성 효과가 의미 있는 수준만큼 일어나기 때문이다.

19 슈뢰딩거의 고양이: 관찰자의 중요성

오스트리아의 물리학자 슈뢰딩거가 고안한 사고 실험인 '**슈뢰딩거의 고양이**'는 양자역학의 불확실성을 보여주는 대표적인 사례이다. 파동함수의 통계적 해석으로 노벨물리학상을 수상한 독일의 물리학자 막스 보른이 자신이 고안한 파동함수의 解(파동함수)가 확률을 뜻한다고 주장하면서 물리학에 불확정성 개념을 도입하자, 슈뢰딩거는 이에 반발하면서 '슈뢰딩거의 고양이'라는 사고 실험을 제안했다.

이 실험이 유명해진 이유는 양자역학의 특징을 비판하는 대표적인 예시가 되었기 때문이다. 양자역학에 따르면 미시적인 세계에서 일어나는 사건은 그 사건이 관측되기 전까지는 확률적으로 밖에 계산할 수 없으며, 서로 다른 상태가 공존하고 있다고 본다. 이런 내용을 담은 것이 '**코펜하겐 해석**'인데, 이에 따르면 모든 계(界)에 대한 정보를 실험을 통해 측정할 수 있는 값들을 이용하여 **파동함수**로 변환하여 생각한다. 이때 특정 물리량을 측정하기 전까지는 해당 물리량을 확정할 수 없고, 관측 가능한 물리량을 측정하는 순간 파동함수가 붕괴하면서 특정한 값으로 물리량이 결정된다. 양자역학에서는 어떤 물리량을 특정할 때 해당 물리량이 가질 수 있는 값의 가능성을 확률로 나타낼 수 있으며, 중첩이 가능하다. 따라서 파동함수의 붕괴가 일어나기 전 해당 물리량은 발생 가능한 모든 결과값이 특정 확률만큼 중첩해 있는 상태로 존재한다고 가정할 수 있다.

'슈뢰딩거의 고양이'는 이러한 '코펜하겐 해석'을 반박하기 위해 고안된 사고 실험이다. 실험의 내용은 이렇다. 내부를 볼 수 없는 상자 안에 고양이 한 마리와 청산가리가 들어있는 병, 방사선을 측정할 수 있는 가이거 계수관과 연결된 망치, 우라늄 입자가 들어있다. 우라늄 입자가 붕괴하여 방사선이 가이거 계수관에 감지되면 망치가 움직여 병을 깨게 되고 이 경우 새어 나온 청산가리로 인해 고양이는 죽게 된다. 우라늄 입자가 1시간에 50%의 확률로 핵붕괴를 일으킨다고 가정하였을 때 1시간 후 고양이가 존재하는 상태에 대해 알아보는 것이 사고 실험의 목적이다. 외부와 차단된 상자 안에서 2분의 1의 확률로 상자 안의 고양이가 죽는다면 1시간 후 상자 속 고양이의 생존 여부는 어떻게 될지를 알려 준다. 이는 우연성을 갖고서 일어나는 미시적인 사건이 거시적 세계에 영향을 미칠 때 어떻게 되는가를 보여주는 것으로, 이에 관한 정확한 대답을 할 수 없기에 하나의 역설로 받아들여진다.

이 실험을 양자역학 관점에서 생각해 보면 1시간 후의 고양이는 삶과 죽음이 공존하는 상태, 즉 살아있으면서도 죽어있는 상태로 존재한다는 결과가 나온다. 즉, 1시간이 지난 후 원소가 붕괴할 확률이 50%이므로 고양이가 죽을 확률과 살아있을 확률 모두 50%가 되고, 결국 고양이는 상자의 뚜껑을 열기 전까지 삶과 죽음이 '중첩'된 상태라고 볼 수 있다.

하지만 실제 세계에서 이 실험을 진행한다고 생각해 보면 1시간 후 고양이의 상태는 무조건 살아있거나 죽은 것 둘 중 한 가지로 정해지게 된다. 다만 상자를 열어 내부를 확인하기 전까지는 정확한 결과를 알 수 없을 뿐이다. 실제 세계에서는 죽어있으면서도 살아있는 고양이가 절대 존재할 수 없다. 사고 실험의 결론은 이렇다. 우리의 직감은 여러 가지 상태가 중첩된 상태가 있을 수 없다는 것을 명확하게 알고 있음에도 불구하고, 실험 속 고양이가 코펜하겐 해석을 따라 여러 가지 상태의 중첩으로 나타난다고 주장하는 것은 명백한 오류라는 것이다.

20 위그너의 친구: 객관적 현실은 존재하지 않는다.

헝가리 출신 물리학자 유진 위그너는 '양자 역설'의 하나를 보여 주는 사고 실험을 제시했다. '위그너의 친구' 사고 실험은 우주의 이상한 본질이 어떻게 위그너와 그의 친구 간에 다른 현실을 경험하게 하는지를 보여 준다. 그 이후 물리학자들은 사물의 본질을 규정하는 객관적인 사실이 존재하는지를 밝히기 위해 '**위그너의 친구**' 사고 실험을 사용했다.

위그너는 측정으로 인한 파동함수 붕괴는 관측자의 의식에 의해 일어나며, 관측자의 의식적인 인지가 계(界)의 변화에 중요한 역할을 한다는 양자역학에 대한 새로운 해석을 제시했다. 그 점에서 '위그너의 친구' 실험은 '슈뢰딩거의 고양이 실험'의 확장판이라 할 수 있다.

사고 실험은 간단하다. 실험에는 두 명의 관찰자가 등장하는데, 한 명은 실험실 안에 있는 위그너의 친구이고, 다른 한 명은 실험실 외부에 있는 위그너이다. 실험실 내부에 있는 관찰자인 위그너의 친구가 슈뢰딩거의 고양이 실험을 한다. 친구는 상자를 열어 고양이의 상태를 관측하고 그 결과를 기록한다. 위그너는 고양이를 관찰하지 않았으므로, 고양이는 여전히 (살아있는 상태인 동시에 죽어있는 상태처럼, 동시에 두 가지 상태가 존재하는) '**중첩**'된 상태에 머물러 있어야만 한다. 고양이의 중첩된 상태는 이미 붕괴하여 있는 것일까? 아니면 위그너가 그 결과를 알게 된 그때서야 붕괴하는 것일까? 위그너의 관점에서는 자신이 실험 결과를 알게 되었을 때 파동함수가 붕괴하고, 위그너 친구의 관점에서는 상자를 열어 볼 때 파동함수가 붕괴한 것이므로, 파동함수가 붕괴한 시점이 언제인지 모호해지는 문제가 발생한다.

이에 대해 위그너는 관측자의 의식에 의해 파동함수가 붕괴한다는 가설을 제안했다. 물리법칙을 따르는 어떤 물리계도 중첩된 상태의 파동함수가 붕괴하여 특정한 결과를 얻지 못하며, 붕괴는 관찰자의 의식 속에서만 일어난다고 보았다. 즉, 원칙적으로 양자론은 중첩상태의 붕괴를 위해서는 의식적인 관측, 곧 **의식(인식)**을 필요로 한다고 결론지었다. 관측 행위의 물리적 흐름에서 뇌가 최종 도달 지점이기 때문이다.

그렇다면, 파동함수 붕괴에 따른 인식의 역설을 해결하는 방법이 있을까? 그 하나의 방법은 **유아론(唯我論)**, 즉 나 외에 다른 모든 것을 인정하지 않는 관점이다. 다시 말해 위그너의 친구는 중첩상태에 있고 위그너가 그를 확인할 때 중첩이 깨지는 거라고 보는 관점이다. 위그너는 유아론적 관점을 주장했다. 이를 두고 위그너는 "궁극적인 진리는 우리의 의식에 담겨 있다."라면서, "외부의 물리 세계는 우리의 의식에 인식론뿐만 아니라 존재론적으로 뿌리내리고 있다."라고 주장했다.

거듭해서 그렇다면, 내가 무언가를 관측했을 때, '나'의 상태를 결정하는 요인은 또 무엇인가? 나의 상태가 '지금의 나'로 결정되려면 다른 누군가가 나를 관측해야 한다(물리학자들은 '무언가를 관측하고 있는 나'를 관측하는 또 다른 인물을 '위그너의 친구'라고 부른다). 위그너의 친구는 '위그너의 친구의 친구'에 의해 관측될 수도 있고, 이 사람은 또 '위그너의 친구의 친구의 친구'의 눈에 관측될 수도 있다. 그렇다면 이러한 관측의 연결 고리를 결정하는 우주적 의식이 따로 존재하는 것일까? 친구의 친구의 친구…는 끝없이 계속되는 것일까? 우주와 우리는 의식의 세계 속에 하나로 존재하는 것일까? 양자역학에서는 '중첩'이라는 개념 자체에는 애매한 것도 없고 모호한 것도 없다고 했는데, 이것이 양자역학의 패러독스라 하겠다.

21 파스칼의 도박: 결정 이론

파스칼은 도박을 통해 신을 믿어야만 하는 이유에 대해 논증하고자 했다. 만약 당신이 내기에 참여한다면, 당신은 어느 쪽에 걸 것인가? 이성적으로 생각하면 당신은 양쪽 모두에 내기를 걸 수 없다. 실제 이성적으로 양쪽 모두가 그릇된다고 판단할 수도 없다. 그렇다면 어느 한쪽을 선택한 사람을 잘못이라고 힐난해서는 안 된다. 이 경우 도박을 하지 않을 수 없다. 여기에는 선택의 여지가 없는 것이다.

그렇다면 어느 쪽을 선택할 것인가? 파스칼에 따르면 우리가 신이 존재하는 쪽에 내기를 걸었을 경우에 정말 신이 존재한다면, 우리는 신을 믿었기에 영생과 지복을 얻게 된다. 만약 우리가 신이 존재하지 않는 쪽에 내기를 걸었을 경우에 정말 신이 존재한다면, 그때는 신의 심판을 피할 수 없을 것이다. 그런데 우리가 신이 존재하는 쪽에 걸었는데도 정말 신이 존재하지 않는다면, 어떠한 일이 벌어질까? 파스칼은 이렇게 대답했다. 신이 존재하지 않는다면, 우리에게 아무런 영향도 없을 것이다. 따라서 신을 안 믿을 이유가 없다. 신을 믿는다고 해서 손해 볼 것이 전혀 없고, 오히려 영생과 지복이라는 대박을 기대할 수 있기 때문이다.

그렇다면 파스칼은 신을 믿어야 하는지, 말아야 하는지의 문제를 왜 도박의 내기로 비유한 것일까? 그에 의하면 신이 있는가, 없는가 하는 물음에 대해 우리 인간의 이성은 전혀 대답할 수 없다. 이성이 도달할 수 있는 최고 단계는 기껏해야 이성이 대답할 수 없는 무한한 것들이 존재한다는 인식이기 때문이다. 인간의 이성을 초월한 신의 존재를 인간의 이성이 어떻게 설명할 수 있겠는가?

파스칼이 생각하는 하나님은 합리적으로 설명 가능한 신, 즉 '철학자의 신'이 아니다. 오히려 인간이 이해하기 어려운, 신비스러운 신이다. 그 신은 성경에서 말하는 신이다. 그러기에 파스칼은 신의 존재 문제를 '도박판에서의 내기'를 통해 설명했다. 그런데 파스칼이 이 '내기'에서 신이 존재하는 쪽을 선택해야 한다는 논증 과정만을 놓고 보면, 그가 매우 합리적인 사람이라는 것을 알 수 있다.

파스칼의 도박은 오늘날 **'게임 이론'**, 다시 말해 결과를 수량화할 수 있는 의사결정에 관한 선구적인 연구로 알려져 있다. 파스칼의 논증은 다음 도식, 즉 '결정 행렬'로 표현할 수 있다. 아래 도식은 합리적 선택, 말하자면 최선의 결과 또는 최대 효용을 내놓는 선택이 곧 신의 존재에 판돈을 거는 것이라는 점을 명확히 보여준다.

구분	신이 존재한다	신이 부재한다
신의 존재에 판돈을 건다	내세에서 영원한 행복을 이룬다	어떠한 이득도 손실도 없다
신의 부재에 판돈을 건다	내세에서 영원한 고통을 겪는다	어떠한 이득도 손실도 없다

22 몰리뉴의 맹인을 눈뜨게 만들기: 관념은 후천적 경험으로 만들어진다.

인간은 누구나 자신의 의식 안에서 특정한 표상을 만나는데, 로크는 그런 표상을 '**관념(idea)**'이라고 불렀다. 로크는 관념은 모두 경험에서 나온다고 주장하면서, 인간은 본유관념, 즉 경험하지 않은 것들에 관한 관념을 타고난다는 데카르트의 견해를 부정했다. 로크는 오로지 경험만이 정신에 관념을 선사한다고 보았다. 경험을 통해 얻는 관념의 하나는 '보다, 듣다' 등 감각을 통해 얻는 관념이고, 다른 하나는 '사고, 믿음' 등 여러 가지 정신 과정에서의 반성을 통해 얻는 관념이다. 이를 갖고 그는 관념을 다시 '단순 관념'과 '복합 관념'으로 구분했다. 여기서 단순 관념이란, 다른 감각으로는 대체할 수 없는 하나의 감각에 의존하는 관념을 의미한다. 이에 따르면 맹인은 결코 색깔의 관념을 발달시킬 수 없다.

아일랜드 출신의 과학자 몰리뉴는 로크의 이런 주장에 영감을 받아, 관련한 사고 실험을 했다. 그는 "맹인으로 태어나 평생 촉각으로 구와 육면체를 구별해온 사람이 시력을 갖게 되었을 때, 그는 오직 시각만으로 구와 육면체를 구별할 수 있을까?"라고 물었다. 몰리뉴는 그렇지 않을 것으로 생각했으며, 로크 역시 몰리뉴의 생각에 동의했다. 경험론자 로크는 눈을 막 뜬 사람은 완전히 새로운 경험을 하게 되므로, 두 입체를 알아보지 못할 것이라고 보았다. 하지만 이 문제는 그렇게 쉽게 해결되지 않았다. 경험론자들은 대체로 몰리뉴와 로크의 견해에 동의했으나, 여기에 반대하는 논증도 많았다. 그 일례로 라이프니츠는 과거에 맹인이었던 사람에게 시각적 이미지를 보여 주는 맥락이 중요하다고 보았다.

'몰리뉴의 질문'으로 알려진 이 화두는 우리에게 공감각(감각 전이, 감각 유추)의 실체에 대한 물음을 던진다. 실제로 로크가 세상을 떠난 뒤인 1782년 백내장 수술로 선천적 시각장애를 극복한 한 소년은 자기가 보는 것들의 이름을 제대로 대지 못했다. 고양이를 보고도 고양이인지 개인지 구분하지 못하고 만져본 다음에야 고양이임을 알아차렸다. 이 소년에게 몰리뉴 검사를 시행했고, 소년은 구와 육면체를 정말로 구분하지 못했다. 1716년 사망한 라이프니츠는 마치 이 같은 사례를 예상했다는 듯, 다음과 같은 반론을 준비해 둔 상태였다. 반론의 초점은 이전에 시력을 잃은 상태였던 사람이 겪게 될 '눈부심'과 회복 시력이 '생경하게 느껴져 겪을 수 있는 혼동' 때문에 그가 즉각적으로 몰리뉴 검사를 통과할 수 있을 것으로 보기 어렵다는 데 맞춰져 있다.

하지만 또 다른 실험은 이와 상반된 결과를 산출했다. 태어날 때부터 시력을 잃은 상태였던 인도인 아이에게 개안 수술을 한 후 실험이 수행되었다. 이 실험에서, 선천적 맹인이었다가 수술로 눈을 막 뜬 아동은 구와 직육면체를 알아보지 못했다. 막 개안 수술을 받은 아동은 화살표 방향에 따라 동일한 길이의 두 직선 중 하나가 더 짧고 다른 것이 길어 보이는 '뮐러-라이어 착시'를 처음부터 경험했다. 경험론에 부합하는 하향 이론은 시각적 배경지식이 누적되어 이 착시가 발생한다고 설명한다. 그렇다면 아직 시각 경험이 없는 아동들은 착시를 겪지 않아야 할 것이나 실제로는 착시를 경험했다. 이렇듯 눈을 뜬 아동에 대한 두 실험 중 하나는 경험론을 지지하지만 다른 하나는 경험론을 오히려 약화하는 결과를 가져왔다. 이 결과는 감각 사이에는 생득적인 연결 고리가 없다는 뜻으로, 이는 형태에 대한 촉각적 지식을 시각적 지식으로 변환시키는 배선이 우리 두뇌 속에 마련되어 있지 않다는 뜻이기도 하다. 후속 실험은 아이가 아주 빠르게 두 감각 사이를 연결하는 능력을 확보했다는 사실도 보여 주었다.

당신은 게임을 제안받는다. 당신 앞에는 투명한 상자 A와 불투명한 상자 B라는 2개의 상자가 있다. A 상자에는 1만 달러가 들어있다. B 상자에는 100만 달러가 들어있거나, 혹은 비어 있다. 당신은 두 상자를 전부 들고 집에 가거나, 또는 상자 B만을 들고 갈 수 있다. 당신은 상자 B에 들어갈 돈은 거의 완벽하게 미래를 예견하는 점성술사가 정한 것을 알고 있다. 그는 만일 당신이 상자 두 개를 전부 가져갈 것으로 예측했다면, B 상자에는 돈을 담지 않고 비워 둔다. 그러나 그가 만일 당신이 상자 B만 가져갈 것으로 예측했다면, 그는 B 상자에 100만 달러를 담는다. 당신이 게임을 위해 방에 들어갔을 때 점성술사는 이미 예측을 마치고 떠났고, 상자 B에 담긴 액수는 이미 정해져 있게 된다. 이 게임에서 당신이 택할 수 있는 최선책은 무엇인가? 당신은 두 상자 모두를 선택해야 할까, 아니면 불투명 상자만을 선택해야 할까?

위 질문은 물리학자 윌리엄 뉴컴이 제안한 사고 실험이자 유명한 역설을 담은 내용이다. 직관적으로 보면, 이 질문을 받은 사람 가운데 대부분은 자신이 불투명 상자만을 선택할 것이라고 답한다. 이런 답변 패턴은 게임 이론에서 말하는 효용 극대화 전략을 따라 분석하면 문제의 상황을 분명하게 이해할 수 있다. 만일 당신이 두 상자를 모두 선택하는 한편, 점성술사가 정확하게 예측할 경우, 당신이 최종적으로 얻게 될 돈은 1만 달러뿐이다. 하지만 점성술사의 예측이 잘못됐을 경우, 당신이 얻게 될 돈은 101만 달러다. 만일 당신이 불투명한 상자인 B를 선택한다면, 당신은 100만 달러를 얻거나 아무것도 얻지 못할 것이다.

게임 이론의 효용 극대화에 기반한 논증을 따를 때, 우리는 각각의 선택에 따라 예상되는 효용의 크기를 계산하여 어떤 상자를 택하는 것이 좋은지 판단해 볼 수 있다. 만약 점성술사가 오류를 범할 수 있으며, 100회 예측에 99회 정도 옳은 결과를 산출할 수 있을 것으로 예측해 보자. 이때, 두 상자를 모두 선택했을 때 기대되는 효용은 [(0.99×1만)+(0.01×100만)=101만 달러]이다. 따라서 효용 극대화 이론에 기반한 논증은 불투명 상자를 선택하는 것이 적절하단 점을 확인시켜 준다.

하지만 다른 유형의 추론 방법을 택하는 것 역시 타당할 수 있다. 당신이 상자를 선택할 때는 이미 상자의 내용물이 결정된 상태다. 따라서 당신의 선택은 결정에 영향을 미치지 않는다. 만일 불투명 상자가 텅 비었다면, 이 상자는 이미 당신이 결정하기에 앞서 비어 있는 것이고, 당신은 아무것도 들어있지 않은 결과를 맞이할 것이다. 하지만 당신이 두 상자를 모두 집에 들고 간다면, 당신은 적어도 1만 달러를 손에 넣을 수 있을 것이다. 불투명 상자가 돈으로 가득 차 있다면, 당신은 101만 달러를 손에 넣을 수 있기에, 두 상자를 모두 다 들고 가는 것이 좀 더 나은 결과를 불러올 수 있는 셈이다. 이 때문에 서로 모순적인 결론으로 이어지는 두 가지 타당한 논증이 성립하게 된다.

뉴컴의 역설은 **결정 이론**의 철학적인 부분, 다시 말해 결정론과 자유의지의 측면에서 많이 논의된 문제이다. 이 문제가 역설일 수 있는 것은, 두 선택이 모두 논리적으로 보기에 합리적임에도, 선택은 서로 다르다는 점 때문이다. 이 역설의 분명한 해답은 없다고 알려져 있으나 이론의 바탕을 기반으로 합리적 선택을 제시하는 논문들이 여럿 있다. 일반적으로 불투명한 B 상자만 선택한다는 해답이 둘 다 선택한다는 해답보다 약간 더 많았다고 한다.

24 하이젠베르크의 현미경 사고 실험: 결정론적 세계관을 무너뜨린 불확정성 원리

독일 물리학자 하이젠베르크는 양자역학을 수리적으로 증명하기 위한 연구 과정에서 **'불확정성 원리'**라는 개념을 제시했다. 불확정성 원리는 위치와 운동량에 대한 불확실성을 나타내는 것으로, 입자의 위치와 운동량을 동시에 정확히 측정할 수 없다는 것을 뜻한다. 위치가 정확하게 측정될수록 운동량의 퍼짐(또는 불확정도)은 커지게 되고, 반대로 운동량이 정확하게 측정될수록 위치의 불확정도 역시 커지게 된다는 것이다. 이 말을 쉽게 풀어쓰면 관측을 하는 그 순간에도 물체는 운동하고 있기에, 우리가 관측한 값은 불확정한 값이 된다는 의미이다.

하이젠베르크는 자신이 제안한 불확정성 원리를 **'현미경 사고 실험'**을 통해 설명했다. 전자를 관찰할 수 있는 현미경이 있다고 가정해 보자. 이 현미경으로 전자를 관측하기 위해서는 전자에 충돌한 빛이 현미경으로 들어와야 한다. 전자의 위치를 정확하게 측정하기 위해서는 파장이 짧아서 에너지가 큰 빛을 사용해야 한다. 이런 빛으로는 전자의 위치를 작은 오차로 측정할 수 있지만, 측정 과정에서 전자의 운동량을 크게 변화시킨다. 반대로 운동량의 변화를 최소로 하여 운동량의 오차를 줄이려고 하면, 빛의 긴 파장 때문에 위치에 오차가 커질 수밖에 없다. 따라서 위치와 운동량을 동시에 정확하게 측정하는 것이 불가능하다는 것이다.

그러나 이러한 설명은 불확정성의 원리를 입자의 기본 성질이 아니라, 측정 과정 때문에 나타나는 효과라고 생각하게 하기 쉽다. 하이젠베르크는 이를 논리적인 인식론의 철학적 체계 안에서 설명했다. 논리적인 인식론에서는 어떤 계의 물리적 성질은 측정 가능한 가장 정확한 측정값에 의해 나타나는 것이라 본다. 이것을 다르게 표현하면 만약 어떤 측정값이 이론적으로 어떤 오차보다 더 작아질 수 없다면, 이러한 한계는 물리적 성질 때문이지 측정 장치나 측정 기술 때문이 아니라는 것이다. 다시 말해 불확정성 원리는 측정 때문에 생기는 것이 아니라, 측정하고자 하는 입자 자체가 가지고 있는 물리적 성질에 기인한다는 것이다. 즉, 하이젠베르크의 불확정성의 원리는 측정 때문에 생기거나 어떤 입자의 운동을 정확히 확인할 길이 없는 데 기인하는 것이 아니라, 측정하고자 하는 입자 자체가 가지고 있는 **물리적 성질**에 불확정성이 존재한다는 것이다. 이러한 불확정성의 원리는 위치와 운동량뿐만 아니라 시간과 에너지 사이에도 존재하는 것으로 나타났다. 이러한 불확정성의 원리는 '파동-입자 이중성'에 적용되어 최근에는 NASA의 양자컴퓨터 개발에도 큰 기본 원리로 활용되고 있다.

불확정성 원리는 양자역학의 세계에만 적용되는 것이기에, 언뜻 보기에 중요한 개념이 아닌 것으로 비추어질 수 있다. 그런데 별것 아닌 듯한 이 사고가 물리학의 패러다임을 통째로 바꿔놓았다. 불확정성 원리가 등장하기 전 물리학의 세계에서는, 우리가 입자의 정확한 위치와 궤적을 동시에 알고 있으면 이 입자가 어떤 위치에 있을지 추측할 줄 알아야 한다고 보았다. 이것이 이른바 뉴턴으로 대변되는 결정론적 세계관이었다. 그런데 하이젠베르크의 불확정성 원리가 등장하면서 뉴턴의 결정론적 세계관은 뿌리째 흔들리기 시작했다. 그가 입자의 위치와 궤적을 정확하게 아는 것이 불가능함을 증명했기 때문이다.

25 보렐의 무한 원숭이 정리: 결론은 없고, 선택만 있다.

무한히 많은 원숭이를 특별히 튼튼하게 만들어진 타자기 앞에 앉혀놓고 멋대로 자판을 치도록 한다면, 그것들 중 하나가 '일리아스'를 한 글자도 틀리지 않게 써내는 일이 가능할까? 이 물음은 『블랙 스완』의 저자로 유명한 나심 니콜라스 탈레브가 '행운에 속지 마라' 편에서 꺼낸 것이다. 이 사고 실험에 대해 탈레브는 '가능하다'라고 주장했다. 그는 '확률은 우스꽝스러울 정도로 낮다'라면서도 무한대 원숭이 중 하나가 일리아스의 정확한 버전을 들고 나올 것은 확실하다고 말했다.

사실 이는 확률적으로 일어나기 어렵다. 확률이 일어나는 스펙트럼의 한쪽 끝은 '확률이 극도로 미미하지만 가능하긴 하다'이고, 반대편 끝은 '가능하기야 하지만 확률상으로 보면 0이나 마찬가지이다'다. 따라서 확률이 낮은 사건은 발생하기 어렵다. 확률이 어느 한계를 넘어 극도로 낮은 수준이라면 그런 일은 발생하기 어렵다고 보는 편이 합리적이다.

이 질문의 원형은 프랑스의 수학자 에밀 보렐이 제시한 것이었다. 보렐은 확률론 입문서 『확률과 삶』에서 "원숭이들이 타자기를 아무렇게나 두드린 결과 셰익스피어의 모든 작품이 타이핑되는 경우가 발생할 수 있을까?" 하고 물었다. 그는 이런 유형의 사건은 그 불가능성을 합리적으로 증명할 수 없더라도, 사리 분별이 있는 사람이라면 누구나 현실적으로 불가능하다고 단언할 것이라고 주장했다. 그는 "누군가가 이런 사건을 목격했다고 주장한다면 우리는 그가 우리를 속이고 있거나 아니면 그 역시 사기를 당했다고 확신할 것"이라고 덧붙였다.

보렐은 어떤 사건이 인간의 관점에서 발생 확률이 워낙 낮다면 언젠가 일어나리라고 예상하는 것은 비합리적이라고 보았다. 그는 그런 사건은 불가능하다고 간주해야 마땅하다고 주장한다. 요컨대 확률이 아주 낮은 사건은 절대로 일어나지 않는다는 것이다. 이를 **'보렐의 법칙'**이라고 하는데, 이것의 대척점에 **'도박사의 오류'**가 있다.

보렐의 법칙에 대한 간단한 증명이 있다. 두 가지의 사건이 확률적으로 독립이라면(두 가지 사건은 서로의 결과에 영향을 주지 않는다), 두 가지 사건이 동시에 일어나는 확률은 두 가지 확률의 곱과 같다. 타자기에 50가지 키가 있다고 하고 입력되어야 하는 단어는 'banana'라고 할 때 b를 칠 확률은 '1/50'이며, 2번째에 a를 칠 확률은 역시 '1/50'이고, 나머지 다른 문자도 이와 같다. 따라서 'banana'라는 단어를 입력할 확률은 $(1/50)^6 = 1/50^6$이다. 반면 단어 'banana'를 입력하지 못할 확률은 $1-1/50^6$이다. 각 사건은 독립이기 때문에, 글자 n개를 연속으로 치고 'banana'를 한 번도 입력하지 못할 확률은 $X=(1-1/50^6)^n$이다.

위 산식을 통해 알 수 있듯이, n이 커질수록 X는 작아진다. n이 백만일 때 $X \fallingdotseq 99.99\%$이지만, n이 백억이 되었을 때는 $X \fallingdotseq 53\%$이며, 천억이 되었을 때는 $X \fallingdotseq 0.17\%$이다. 위와 같이 n이 무수히 커질수록 X의 값은 0에 근접한다. 위의 증명과 같이 무한히 많은 원숭이가 최소한 1단어를 칠 수 있다는 의견이 있다. n마리의 원숭이가 6개의 알파벳으로 구성된 특정 단어를 하나도 입력하지 못할 확률은 $X=(1-1/50^6)^n$이다. 천억 마리의 원숭이가 있다고 할 때 확률은 $X \fallingdotseq 0.17\%$로 떨어지며, 원숭이의 숫자인 n이 무수히 커질 경우에는 원숭이가 목표하는 단어를 입력하지 못할 확률은 0에 가까워진다.

콩도르세의 역설: 다수결의 역설

프랑스 수학자 콩도르세가 주장한 '**콩도르세의 역설**'은 일상에서 흔히 성립하는 '**추이율**'이 확률·통계에서는 성립하지 않음을 보여 준다. 추이율은 등호에 관한 기본 법칙의 하나로, 갑과 을이 같고, 을이 병과 같으면 갑은 병과 같다는 법칙을 말한다. 선호도 조사를 예로 들면 콩도르세의 역설은 어떤 선거에서 세 후보 A, B, C에 대해서 유권자들이 A보다 B를 선호하고 B보다 C를 선호할 때, A보다 C를 더 선호한다고 할 수 있는 추이율이 반드시 성립하는 것은 아니다. 다시 말해 세 명의 후보 A, B, C에 대한 유권자 7명의 선호도 순위가 아래 〈표〉와 같다면, 다수결에 의해 당선자를 결정할 때 첫 번째 선호도가 가장 많은 후보자 A가 당선된다. 그렇지만 이 투표의 결과는 최선이 아닌 최악의 결과일 수 있는데, 유권자의 세 번째 선호도가 가장 많은 후보자도 역시 A이기 때문이다. 또 두 후보자만을 대상으로 유권자의 선호도에 따른 당선 가능성을 통계적으로 확인해 보면, 후보자 A와 B에서는 B가 당선되고 후보자 B와 C에서는 후보자 C가 당선되지만, 후보자 A와 C에서는 추이율에 따라 C가 당선되지 못하고 후보자 A가 당선되는 것을 알 수 있다.

〈표1〉 선호도 순위

유권자＼후보자	A	B	C
(가)	2	1	3
(나)	1	2	3
(다)	1	3	2
(라)	1	3	2
(마)	3	1	2
(바)	3	2	1
(사)	3	2	1

수학적으로 어떤 관계 R에 대해서 x R y, y R z이면 x R z가 성립할 때, 관계 R은 '추이적'이라고 한다. 현실에서 추이율은 '~보다 큰', '~보다 무거운', '~보다 빠른' 등의 관계에서 성립하지만, 콩도르세의 패러독스는 '~을 ~보다 선호한다'라는 일상적인 관계가 추이적이지 않다는 것을 확률·통계적 상황을 통해 제시한다. 이와 같은 역설적 현상은 다음과 같은 '**게임의 공정성 문제**'에서도 발생할 수 있다.

⚐ 게임의 공정성 문제

세 학생 A, B, C가 〈그림〉과 같은 원판을 돌려서 큰 숫자가 나오는 사람이 이기는 게임을 할 때, 이 게임은 공정하다고 할 수 있는가? 이 문제에서 두 학생 A와 B가 게임을 한다면 이길 확률은 두 학생 모두 1/2이므로 공정한 게임이라고 할 수 있다. 또 두 학생 B와 C가 게임을 하는 경우에도 이길 확률은 두 학생 모두 1/2이므로 공정한 게임이다. 그렇지만 두 학생 A와 C가 하는 게임은 공정할 수 없다. 직관적으로는 추이율이 성립하여 공정할 것으로 보이지만, 두 학생 A와 C가 하는 게임은 〈표 2〉와 같이 네 가지의 가능한 경우가 나타난다. 따라서 학생 A가 이길 확률은 3/4이다.

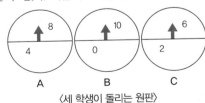

〈세 학생이 돌리는 원판〉

〈표2〉 A와 C의 경우의 수

경우의 수＼학생	A	C
1	8	6
2	8	2
3	4	2
4	4	6

27 튜링 테스트: 기계는 인공지능을 갖추었는가.

튜링 테스트는 기계(컴퓨터)가 인공지능을 갖추었는지를 판별하는 실험으로, 인공지능 연구에서 기계의 독자적인 사고를 판별하는 주요 기준으로 사용되고 있다. 1950년 영국의 컴퓨터 과학자 앨런 튜링은 "기계가 생각할 수 있을까?"라는 도발적인 질문을 던졌다. 튜링 테스트의 상황은 다음과 같다.

칸막이를 사이에 두고, 한쪽에는 지능 테스트를 치르는 사람과 컴퓨터가 있고, 다른 한쪽에는 심사위원들이 있다. 모든 테스트의 질문과 대답은 목소리가 아닌 문자를 통해 주고받는다. 테스트가 끝나면 심사위원들은 누가 사람이고 컴퓨터인지 판정한다. 여기서 잘못 판정을 내린 심사위원 수가 많으면 컴퓨터가 이기는 것이자, 컴퓨터가 지능을 갖고 있는 것으로 간주된다.

1950년 당시의 테스트를 통해 튜링은 컴퓨터는 우리와 동일하게 마음(지능)을 갖고 있다고 주장했다. 이후 2014년 실시됐던 테스트에서 우크라이나 국적의 13세 소년으로 설정된 컴퓨터 프로그램 '유진'과 대화를 나눈 심사위원 25명 가운데 33%가 진짜 인간이라고 판단했다. 오늘날 튜링처럼 컴퓨터는 인간처럼 마음을 갖고 있다고 생각하는 **강한 인공지능** 지지자들과, 그들과는 달리 컴퓨터는 마음을 갖고 있지 않으며 단지 마음을 연구하는 데 필요한 역할을 담당할 뿐이라는 **약한 인공지능** 지지자들로 나뉘어 활발한 논의가 진행되고 있다.

물론 튜링 테스트에 대한 비판도 있다. UC 버클리 철학과 교수 허버트 드레이퍼스는 "디지털 용어로 인간의 지적 행위에 대한 적절한 분석이 가능한가?"라는 질문을 던지며 "아니다"라고 결론 내렸다. 또 같은 대학의 동료인 존 설은 인공지능이 무엇인가를 수행했더라도 그것은 수행한 것처럼 보이는 '모사'에 불과하다고 보았다.

튜링 테스트는 우리 실생활에서도 쉽게 찾아볼 수 있다. 인터넷 가입 절차에서 흔히 볼 수 있는 CAPTCHA(캡차: 사용자가 실제 사람인지 컴퓨터 프로그램인지 판별하는 기술)가 그것이다. 컴퓨터가 구별하기 어렵게 의도적으로 비틀어 놓은 그림 또는 문자에 대한 대답을 요구함으로써 자동화된 기기의 접근을 방지하는 방법이다. 이는 그만큼 프로그래밍 된 인식 모듈과 모델이 인간과 유사한 해석 능력을 갖추기 어렵다는 반증이기도 하다.

✚ 존 설의 중국어 방

UC 버클리 철학과 교수 존 설은 **'중국어 방 논증'**을 제시하며 튜링 테스트의 문제를 제기했다. 방에는 중국어를 모르는 사람이 있다. 방에는 준비된 질문과 답변의 리스트가 있다. 밖에 있는 중국인 심사관이 질문지를 방에 전달한다. 방안에서는 질문지를 보고 리스트에서 적당한 답변을 적어서 내놓는다. 심사관은 답변을 보고 중국어를 잘 안다고 생각한다. 그러나 설은 답변이 리스트를 대조하여 쓰인 것인지, 정말 이해하고 쓴 것인지 알 수 없기에 튜링 테스트로 지능을 평가하기 어렵다고 주장했다. 설에 따르면 인공지능은 이를테면 중국어 방에 있는 영국인 같은 것이며, 자신의 행동을 사고를 통해 이해하지 않는다는 것이다.

네이글의 박쥐가 된다는 것은 어떤 것일까?

: 타인의 주관을 자신의 주관처럼 인식할 수 없다.

당신이 캄캄한 동굴의 천장에 거꾸로 매달려 있는 박쥐라고 상상해 보자. 당신은 당신의 감각과 사유를 기술할 어떠한 낱말도 가지고 있지 않다. 또 당신은 매달려 있던 자리를 떠나 공중으로 날았으며, 암흑 속에서 비행해 나아가기 위해 음파로 주변을 탐지하고 있다. 그렇다면, 당신은 이러한 경험을 박쥐가 하고 있는 것과 동일한 방식으로 상상할 수 있을까?

미국의 철학자 토마스 네이글은 『박쥐가 된다는 것은 어떤 것일까?』라는 저서에서 '**의식**'과 관련한 사고 실험을 제시했다. 이에 따르면, 아무리 물리학이 박쥐의 두뇌와 감각의 구조를 밝힌다고 해도, 박쥐의 주관을 우리가 경험하기는 어렵다. 박쥐는 레이더로 먹이인 나방을 포착하고, 초음파로 공간을 파악한다. 박쥐의 세계관과 '나'의 세계관은 전혀 다른데, 왜냐하면 '나'는 내 머리로밖에 세계를 파악할 수 없기 때문이다. 우리는 박쥐의 의식과 사고가 어디까지일지 모르며, '나'는 박쥐의 주관이 될 수 없다. 이것은 인간과 박쥐뿐만 아니라 '나(1인칭)'와 '타인(3인칭)'과의 관계에서도 마찬가지다. 나의 주관(1인칭)은 경험도 뇌의 구조도 다른 타인(3인칭)의 주관이 될 수는 없기 때문이다.

네이글에 따르면, 우리가 인식하는 세계와 그렇게 해서 인식된 세계는 우리의 인식 구조를 떠난 것이 아니다. 감각의 주관성을 인정한다는 것은 세계의 인식 및 인식된 세계와의 불가분리성을 인정한다는 의미다. 세계의 인식이 주관적인 만큼, 인식된 세계 역시 주관적일 수밖에 없다. 인식하는 주체에 따라 인식된 세계가 다를 수 있기에, 인간이 본 세계와 박쥐가 본 세계는 완전히 다른 세계일 수 있는 것이다.

그렇다면 어느 세계가 진짜 세계일까? 인간의 시각에서 박쥐를 인식하는 것에 한계가 따르듯이, 인간에게 인식된 세계만을 세계 자체의 모습으로 간주할 수는 없다. 네이글은 우리가 인식한 세계만을 갖고서 이를 전체 세계인 양 간주할 수 없으며, 인간 인식과 **독립적으로** 존재하는 객관적 세계 자체를 인정해야 한다고 주장했다. 그러함에도 불구하고 박쥐가 인식한 세계와 인간이 인식한 세계의 배후에 하나의 공통된 객관 세계가 존재한다면, 그 근거는 무엇일까? 인간이 본 세계와 박쥐가 본 세계가 완전히 다르면서, 또한 그 세계 자체가 박쥐가 본 세계와 같은 세계라면, 지금 우리가 인식하는 이 세계는 존재하지 않는 세계라 할 수 있다. 이런 의미에서 물리주의자가 말하는 물리적 세계 역시 존재하지 않는 세계일 수 있다.

여기서 쟁점은 주관적인 것과 객관적인 것의 차이다. 네이글은 단순히 타자의 경험이 가진 주관적 성격에 접근할 수 없다는 이유에서 "우리는 타자의 경험이 그와 같은 주관적 성격을 가진다는 믿음을 가지게 되는 일을 막을 수는 없다."라고 했다. 여기서 문제는 주관적 경험과 관련된 사실, 다시 말해 "박쥐가 된다는 것은 대체 무엇과 같은가?"라는 물음과 관련한 사실이 곧 '본성에 따라 우리가 결코 상상할 수 없는' 사실이라는 데 있다. 주관적(1인칭) 경험은 객관적(3인칭) 분석을 통해 기술할 수 없다. 그리고 마음(인식, 의식)을 객관적으로 해명할 수 있다고 보는 물리주의적인 접근은 이러한 차이를 포착하지 못한다. 다시 말해, "나는 이러저러하게 느낀다."라는 진술은 "그는 이것을 이러저러하게 느낀다."라는 말로 기술할 수 없다. 우리가 의미 있게 '있다' 또는 '없다'라고 말할 수 있는 것은 내가 인식한 세계에 국한된다.

29 잭슨의 메리의 방: 마음은 물리적으로 기능하지 않는다.

마음의 철학(정신철학)에서 가장 중요한 쟁점 가운데 하나는 바로 '퀼리아(qualia)', 곧 '어떤 경험을 하게 된다는 것은 어떤 느낌일까'에 대한 것이다. 퀼리아는 어떤 것을 지각하면서 느끼게 되는 기분이나 떠오르는 심상으로, 말로 표현하기 어려운 특질을 가리킨다. '감각질'이라고도 부른다. 일인칭 시점으로 주관적 특징이 있으며, 객관적 관찰이 어렵다. 퀼리아는 의식에 관한 문제 가운데 설명하기 어려운 문제, 다시 말해 '설명의 간극'이 큰 문제를 일컫는 것이기 때문에 철학자들 사이에서 논쟁의 대상이 되고 있다.

심신 문제에 대한 물리주의적 접근을 유지하려면 퀼리아는 반드시 물리적 사실이어야 한다. 그렇다면 다른 물리적 사실과 마찬가지로, 퀼리아 역시 그것에 대해 알 수 있어야 한다. 이러한 지식은 무언가를 읽거나 배워서 얻을 수 있어야 하지만, 이러한 방식으로 퀼리아에 대해 알 수 없다면 물리주의는 결국 실패할 것이다. 호주의 철학자 프랭크 잭슨의 '메리의 방'은 성격 이원론의 하나인 '수반 현상설'의 입장에서 물리주의, 특히 **기능주의**를 비판하는 개념으로 많이 쓰이는 사고 실험을 했는데, 그 핵심은 다음과 같다.

메리는 유능하지만, 어떤 이유에서인지 흑백 모니터를 통해 흑백 방에서 세계를 탐구하도록 강제된 과학자이다. 메리는 인간이 색을 바라볼 때 무슨 일이 일어나는지에 관한 모든 물리적 정보를 획득한 상태이다. 메리가 자신의 흑백 방에서 풀려나거나, 컬러 모니터를 받게 되었을 때 대체 무슨 일이 일어날까? 그녀는 무언가를 배우게 될까, 더는 아무것도 배우지 못할까?

이 질문에 대해 잭슨은 "메리는 분명 세계와 우리의 시각 경험에 대해서 무언가를 배울 것이다."라고 명확하게 대답했다. 그 이유를 다음 논증을 통해 입증할 수 있는데, 이는 퀼리아에는 물리적 사실을 넘어서는 무언가(이를 미국의 철학자 조지프 르바인은 '설명의 간극'이라고 했다)가 존재하며, 결국 물리주의는 거짓임을 보여준다는 것이다.

전제 1: 메리가 흑백의 방을 떠나기 전, 그녀는 색과 색 지각에 대한 모든 물리적 사실들에 대해 알고 있었다. (그녀는 모든 물리적인 사실을 알고 있다.)
전제 2: 그녀가 아직 알지 못하는 색에 대한 다른 사실(붉은 대상들이 특정한 방식으로 보이는 사실)이 존재한다. (그러므로 그녀가 모든 사실을 알았던 것은 아니다.)
결론: 따라서 물리적이지 않은 사실, 즉 '비물리적'인 것이 존재한다.

이에 물리주의자들은 잭슨의 전제와 결론을 논박하려 들었다. 미국의 철학자 대니얼 데닛은 '파란 바나나 트릭'을 고안해 냈다. 메리가 파란 바나나를 보았다고 해보자. 그리고 메리가 파란색을 보는 경험이 무엇과 같은지에 대해 이미 알고 있지만, 파란색을 결코 본 적이 없다고 해보자. 그녀는 이것이 잘못된 색상임을 알고 있을 것이다. 오히려 그녀는 그와 같은 색상 경험을 실제로 해보기 전에는 색상 경험과 관련한 모든 물리적 사실을 배울 수 없을 것이다. 데닛은 경험의 감각적 측면은 물리적일 것이라면서 잭슨의 주장을 반박했는데, 결국 잭슨은 물리주의와 지식 논쟁에 대한 타협으로 자신의 주장을 '과학과 함께 하는' 것으로 바꾸었다.

차머스의 철학적 좀비: 외면상으로는 보통 인간과 같지만, 의식(퀄리아)을 갖고 있지 않은 인간

물리주의에 따르면, '의식'은 비물질적이고 비인과적인 성질을 띤다. 다시 말해, 의식은 물리 세계에서 행동과 같은 효과를 일으키는 데 어떠한 역할도 수행하지 않는다. 의식은 두뇌 상태와 행동을 일으키지는 않지만, 그것으로부터 일어난다. 의식은 물리적 과정의 부수 현상으로, 일종의 2차 현상이라 할 수 있다. 따라서 부수 현상은 1차 현상과 동반해서 나타나지만, 그것을 직접 일으키지는 않는다.

호주의 철학자 데이비드 차머스는 **성질 이원론**의 입장에서 이러한 물리주의(또는 유물론)의 입장을 반박했다. 차머스는 '감각질(퀄리아)'을 설명하기 위한 사고 실험에서 새로운 용어를 사용했는데, 좀비의 개념을 이용하여 물리주의를 비판하는 이 논증을 좀비 논변 또는 상상 가능성 논변이라고 부른다. 철학적 좀비는 '물리적·화학적·전기적 반응에는 일반 인간과 완전히 동일하게 작용하지만, 의식(감각질)을 전혀 가지고 있지 않은 인간'이라고 정의된다. 공포영화에 나오는 좀비와 구별하도록 **현상학적 좀비**라고 불린다. 좀비와 인간의 차이는 마음을 갖고 있는가, 그렇지 않은가 여부이다. 차머스는 이를 차용하여 '마음'이 비물질적 감각으로 세계 안에 존재할 수 있다고 보았다. 그리고 인간의 본질은 '마음(의식, 퀄리아)'이라고 결론 내렸다.

철학적 좀비는 '의식을 갖지는 않지만, 겉으로 드러나는 행동에서는 인간과 구별되지 않는 존재'로 정의된다. 이를 '철학적 좀비'라고 한다. 인간은 고통을 느끼지만, 철학적 좀비는 고통을 느끼지 못한다. 즉 고통에 대한 의식을 가질 수 없는 존재라는 것이다. 그러나 철학적 좀비도 압정을 밟으면 인간과 마찬가지로 비명을 지르며 상처 부위를 부여잡을 것으로, 행동 성향에서는 인간과 차이가 없다. 그렇기에 겉으로 드러나는 모습만으로는 철학적 좀비와 인간을 구별할 수 없다. 그렇더라도 인간과 철학적 좀비는 동일한 존재가 아니다. 인간이 철학적 좀비와 동일한 존재라면 인간도 고통을 느끼지 못하는 존재여야 한다.

물론 철학적 좀비는 상상의 산물이다. 그러나 우리가 철학적 좀비를 모순 없이 상상할 수 있다는 사실은 마음에 관한 이론인 **행동주의**에 문제가 있다는 점을 보여 준다. 행동주의는 마음을 행동 성향과 동일시하는 입장이다. 이에 따르면 마음은 특정 자극에 따라 이러저러한 행동을 하려는 성향이다. 행동주의가 옳다면 인간이 철학적 좀비와 동일한 존재라는 점을 인정할 수밖에 없다. 그러나 인간과 달리 철학적 좀비는 마음이 없어서 어떤 의식도 가질 수 없는 존재라는 점에서 행동주의는 옳지 않다.

✦ 자연주의적 이원론

차머스는 자신의 입장을 **자연주의적 이원론**에 위치시켰다. 그는 이원론의 입장에서 마음(의식)은 현대 물리학으로는 설명할 수 없다고 생각했다. 그렇다고 물체와 분리된 마음을 정신적 실체로 파악하는 데카르트의 심신 이원론을 전적으로 따르지도 않았다. 그는 정신과 영혼 같은 초자연적인 언어로서의 의미가 아니라 자연적(그리고 과학적) 언어의 의미로써 생각하면서, 물질인 뇌로부터 왜 의식이 일어나는지에 대해 골몰했다. 그의 자연주의적 이원론은 마음(의식)의 문제는 결코 물리학으로 환원할 수 없다는 '이원론적' 관점을 기반으로 하되, 과학적 접근 방식을 따라야 한다는 **자연주의** 사상을 더한 것이라 할 수 있다.

31 톰슨의 의식을 잃은 바이올리니스트: 산모의 권리를 우선할 것인가, 태아의 지위를 우선할 것인가.

미국의 철학자 주디스 자비스 톰슨은 낙태와 안락사 등 뜨거운 사회적 이슈들의 윤리적 난제에 적극적으로 개입한 도덕 철학자이다. 톰슨은 낙태에 대한 전면 반대가 옳지 않듯이, 전면 허용도 윤리적으로 타당하지 않다고 생각했다. 그녀는 '의식을 잃은 바이올리니스트'라는 사고 실험을 통해, 수정된 순간부터 태아를 사람이라고 인정하더라도 어떤 경우 낙태는 허용될 수 있다는 주장의 윤리적-논리적 정당성을 입증하려고 했다. 그 내용은 이렇다.

어느 날 아침잠에서 깨어보니 당신은 의식을 잃은 어떤 바이올린 연주자와 병원 침대에 같이 등을 맞대고 누워 있다. 당신을 납치한 '음악애호가협회'는 신장 질환으로 죽어가는 바이올린 연주자를 살리기 위해, 그와 꼭 맞는 유형의 혈액을 소유한 당신을 납치해다가 하나의 관으로 두 사람의 순환계를 연결시켰다. 의사는 이렇게 경고한다. "당신이 이 관을 뽑으면 바이올린 연주자는 죽습니다. 딱 9개월 정도만 이러고 있으면 그의 병이 다 나을 테니, 그때 안전하게 관을 뽑읍시다." 자, 당신은 이제 어떻게 할 것인가? 그가 병에서 낫게 될 9개월 동안 그 상황을 감내하는 게 당신의 도덕적 의무인가? 당신의 몸에 대한 결정권은 물론 당신에게 있지만, 생명권이 더 중하므로 관을 뽑아선 안 된다고 말할 수 있는가? 그것을 법으로 강제할 수 있는가?

위 사고 실험을 '임신'의 상황에 대입한다면, 당신이 처한 상황은 강간 임신과 유사하다. 톰슨은 "그 경우 예외적으로 낙태를 허용한다면, 강간으로 인해 수정된 태아(사람)의 생명권은 다른 사람의 생명권보다 가벼운가"라고 다시 묻는다. 나아가 톰슨은, 산모의 목숨이 위험한 경우, 또는 강간은 아니지만 원치 않는 임신을 한 경우 등 낙태의 정당성을 옹호할 수 있는 다양한 상황을 입증하기 위해서, '환기하려고 열어둔 창문으로 절도범이 들어왔다고 그에게 집을 사용할 권리가 있는가'라는 등의 다양한 비유를 들면서 논리적 설득력을 강화해 나갔다.

톰슨은 이 사고 실험을 통해 묻고자 하는 것은 '**생명권**'의 기반은 무엇인가 하는 것이다. 그녀는 생명권은 목숨을 지속하는 데 필요한 최소한의 요구를 보장받을 권리가 아니며, 그 누구에 의해서도 살해당해서는 안 된다는 권리 또한 아니라고 주장했다. "생명권은 살해당하지 않을 권리가 아니며, 단지 정당하지 않게 살해당하지 않을 권리다."라고 생각했다. 그렇기에 비록 바이올리니스트가 당신의 행동으로 살해당할 수 있다 하더라도, 당신의 행동이 부당한 것이 아니며, 따라서 그의 생명권은 당신이 계속해서 그에게 묶여 있어야만 한다는 도덕적 책무를 당신에게 부여하지 않는다고 보았다. 마찬가지로, 임산부 역시 계속해서 품고 있어야만 하는 도덕적 의무를 지니고 있지 않으며, 태아의 생명권은 산모로부터 '떼어냄'으로써 일어날 수 있는 죽음에는 적용되지 않는다고 주장했다.

톰슨이 던지고자 한 궁극적인 질문은 사실 단순하다. 우리가 다른 누군가에게, 바이올린 연주자를 살리기 위해 9개월 동안 관을 뽑지 않고 견디는 '**선한 사마리아인**'이 되라고 강제할 수 있느냐다. 우리가 물어야 하는 것은, 누군가가 '선한 사마리아인'이 되라는 법의 강제를 받아야 하는지가 아니라, 누군가가 '선한 사마리아인'이 되도록 강제되는 상황에 우리가 어떻게 대응해야 하는지다. 톰슨의 논쟁은 '**태아의 지위**'를 둘러싼 낙태 논쟁의 돌파구를 여는 한편, 여성(산모)의 권리에 대한 새로운 이해의 계기를 제공했다는 평가를 받고 있다.

32 퍼트넘의 통 속의 뇌: 세상은 진정 실재하는 것인가.

'데카르트의 악마'란 사악한 악마가 개인에게 영향을 주어 그 사람의 모든 감각기관이 잘못된 정보를 받아들인다는 사고 실험이다. 데카르트는 어떤 강력한 능력을 지닌 악마가 자신에게 개입하여 나의 모든 감각기관이 잘못된 정보를 제공하고 있을 경우를 상정하는 사고 실험을 진행했다. 이를 통해 데카르트가 얻은 결론은 자신의 모든 감각기관으로부터 얻은 정보가 거짓일지라도, 강력한 악마에게 '감각이 속고 있는 나'라는 존재는 있을 수밖에 없다고 보았다. 그리하여, 악마가 나를 속이고 있다 할지라도 그 '사유하는 나'라는 존재가 사유하고 있고, 그렇기에 '나'가 존재한다는 것만은 의심할 여지없이 진실이라는 결론을 얻게 된다. 이를 '**데카르트의 악마 논증**'이라고 한다.

이러한 데카르트의 '사악한 악마 사고 실험'을 현대적으로 재구성한 것이 미국의 분석철학자 퍼트넘이 제시한 사고 실험인 '**통 속의 뇌**'이다. 여기서 주인공은 사악한 악령이 아니라 모종의 비열한 계획을 준비하는 사악한 과학자이다. 그는 운 없는 희생자들을 슈퍼컴퓨터가 가동하는 가상현실 시뮬레이션 속에 가둬 놓는다. 희생자들은 영양액이 담긴 통 속에서 떠다니는 적출된 두뇌로 전락을 당하지만, 자신이 몸 속에 있지도 않고, 현실 세계를 경험하는 것도 아니라는 점을 결코 깨닫지 못한다. 이에 퍼트넘은 "이러한 희생자가 자신이 통 속의 뇌라고 말하는 글을 읽는다면, 그는 이 글의 주장이 흥미롭지만 그렇더라도 사실은 말도 안 되는 상상이라고 생각할 수 있을 것이다."라고 지적했다.

'통속의 뇌'는 외부 세계에 대한 본인의 모든 믿음이 전부 **가짜**일 가능성을 피력한다. 데카르트의 지식의 확실성을 의심하는 철학의 입장인 **회의주의**를 현대적으로 재해석한 '통 속의 뇌' 논증은 우리가 경험하고 있는 모든 것은 사실 컴퓨터로 만들어진 것이라는 사고로부터 출발한다. 데카르트의 회의주의 논증에서는 전능한 악령이 우리를 속이고 있다고 가정했다면 '통 속의 뇌'에서는 우리가 모두 컴퓨터로 연결된 통 속에 갇힌 뇌이고, 모든 외부 경험이 컴퓨터로 인해 조작된 것이라고 가정한다. 이 경우 본인의 뇌 스스로가 통 속의 뇌가 아니라는 사실을 확신할 수 없는데, 그렇다면 외부 세계에 대한 본인의 모든 믿음이 전부 가짜일 가능성 또한 배제할 수 없다는 회의론에 이르게 된다.

하지만 퍼트넘은 애초에 진짜 통 속의 뇌가 자신이 통 속의 뇌인지 의심하는 것 자체가 불가능하다고 주장하면서, '통 속의 뇌'라는 회의주의 사고 실험 자체를 '회의'하는 입장을 견지했다. 참고로, 퍼트넘은 초기에는 과학적 탐구를 위한 이론적 대상은 실재한다는 **과학적 실재론**을 주장했지만, 후에 이를 부정하면서 이론적 대상은 실제 현상을 설명하기 위한 편의적 장치에 지나지 않는다는 **반실재론**으로 자신의 주장을 바꾸었다.

데카르트와 퍼트넘이 가져온 두 이론은 그것이 속임수를 잘 쓰는 악마이든, 사악한 과학자이든 우리의 현실을 의심하게 하는 무서운 이야기다. 퍼트넘은 이 무서운 이야기가 실현될 수 없다고 했지만, 이런 퍼트넘의 생각에 대해서도 확신할 수 없다. 우리가 '자신이 통 속의 뇌인지 의심하라'는 전기신호가 입력된 통 속의 뇌일지도 모르기 때문이다. 그렇기에 우리는 의심을 멈출 수 없으며, 우리의 현실이 진짜인지 가짜인지 알아낼 수 있는 실마리를 찾기 위해 노력할 필요가 있다. 통 속의 뇌에서 착상한 영화 〈매트릭스〉는 그 예라 할 수 있다.

33 테세우스의 배: 동일성의 문제

'**동일성**'은 사물 변화와 그 정체성의 지속에 관한 형이상학의 난제 가운데 하나이다. 아래 사례인 '테세우스의 배'에 관한 사고 실험은 영국의 철학자 홉스가 제기한 것으로, "우리에게 '본질'이라는 것이 있는가?"라고 묻는다.

테세우스의 배가 있다. 단 한 번 수리한 그 배에 다른 판자를 바꿔 끼운다고 하더라도 큰 차이 없이 여전히 같은 배로 남아있을 것이다. 하지만 그렇게 계속 판자를 바꿔 끼우다 보면 어느 시점부터는 원래의 배의 조각은 하나도 남지 않을 것이다. 그렇다면 그 배를 테세우스의 배라고 부를 수 있는가?

위 사례가 '테세우스의 배'의 역설로, 이러한 발상은 어떤 것의 변화와 그 '정체성'의 지속에 대해 다루고 있다. 고대 그리스 자연 철학자 헤라클레이토스는 "사람은 같은 강물에 두 번 발을 담글 수 없다."라고 말했다. 이는 흐르는 강물은 물론이고 사람도 사물도 이 세계도 시간의 흐름과 함께 끝없이 변화한다는 의미로, 헤라클레이토스는 만물에는 '변화'라는 원리(판타 레이)가 있다고 생각했다. 모든 것은 언제나 변화하며 '동일성'의 연속은 모든 구성 요소들의 연속성에 의존하지 않는다는 것이다.

하지만 이러한 입장은 역설적인 귀결을 불러왔다. 고대에 제기된 이러한 문제는 17세기 영국의 철학자 홉스에 의해 매우 흥미롭게 변형됐다. 다음은 홉스가 제기한 물음이다.

홉스가 테세우스 배의 목재를 교체할 때 헌 널빤지를 빠짐없이 다 모아서 다시 조립하여 배를 만들었다고 가정하자. 그렇게 완성 조립된 배는 테세우스의 배인가?, 아니면 홉스의 배인가? 같은 의미로 원래의 테세우스의 배는 새로 다 교체되었기에, 이 배는 새로운 테세우스 배, 즉 전혀 다른 배라고 할 수 있는가? 정작 이 배는 원래의 테세우스의 배로서의 존재를 유지하면서 그저 조금씩 조금씩 오랜 세월 변해왔을 따름인데 말이다.

홉스에 따르면, 배란 그 물리적 모습(형상)과 그 모습에 기초한 항해 능력이 본질이다. 그는 만약 배의 본질(형상, 항해 기능)이 유지되고 있다면, 부분적으로 변화가 있다 하더라도 그것의 동일성이 유지된 것이라고 보았다. 헤라클레이토스의 주장을 반박한 것이다.

그렇더라도 현대 과학에서는 물리적 동일성에 네 번째 차원인 '**시간**'을 추가함으로써 사물은 동일성을 유지할 수 있다고 본다. 만일 어떤 물체가 시공간(물리적인 3차원에 시간이라는 네 번째 차원을 더한 조합의 결과)을 관통하는 연속적인 경로를 따라가는 경우, '동일성'은 지속한다고 말할 수 있다. 이 경로의 각 단면은 특정한 시점을 통과 중인 어떤 물체를 보여 준다. 이 물체는 하나의 단면에서 다른 단면으로 이행하는 변화의 과정을 보여 줄 수도 있으나, 만일 시공간적 연속성, 다시 말해 시공간을 관통하는 연속적 경로를 따라가는 모습을 가지고 있다면, 그 물체는 동일성을 유지하고 있다는 것이다.

34 데이비슨의 스윔프 맨: 동일성은 유지되는 것인가, 소멸하는 것인가.

'**동일성**' 문제와 관련한 또 다른 사고 실험으로 미국의 언어철학자 도널드 데이비슨의 '스윔프 맨'이 있다. 데이비슨은 스윔프 맨(늪에서 나온 남자)이라는 사고 실험에서 홉스와는 조금 다른 시각에서 동일성을 고찰했다. 내용은 다음과 같다.

사람 A가 연못 옆을 지나가다 낙뢰에 맞아 죽었다. A의 시체는 연못 속으로 빠졌는데, 그와 동시에 연못에도 낙뢰가 떨어졌다. 그리고 엄청난 우연으로 어떤 화학작용이 발생해 그 죽은 사람 A와 완전히 똑같은 사람 B가 연못의 진흙으로부터 걸어 나왔다. 이 늪에서 나온 사람 B, 즉 스윔프 맨은 죽은 사람 A와 외모와 뇌가 원자 수준으로 완전히 똑같은 인물이다. 스윔프 맨 B는 같은 기억을 지니고 있어서 자신을 A라고 믿고 있다. 사람들도 다들 스윔프 맨 B를 A라고 생각한다. 스윔프 맨 B는 다음 날부터 A처럼 회사에 가서 이전과 같이 생활한다. 세상은 변한 것이 아무것도 없다.

다시 살아난 스윔프 맨 B는 죽은 A와 동일한 인물이라고 할 수 있을까? 가령 내가 정보통신 기술을 사용하여 서울에서 뉴욕으로 순간 이동했다고 하자. 이 경우, 내가 순간 이동했다고 생각하면 문제는 없다. 그렇지만 이동한 것이 아니라, 사실 나는 소멸하고 뇌 속의 기억을 포함하여 나와 원자 수준으로 동일한 인물이 뉴욕에 새로 태어났다고 생각하면 어떨까? 물론 나의 순간 이동을 의심하는 사람은 아무도 없다.

이 경우, 순간 이동을 단순히 '이동'이라고 생각하면, 나의 '동일성'은 유지된다. 즉 내가 서울에서 뉴욕으로 순간 이동했다고 생각하면 뉴욕에 나타난 인물은 확실히 '나'다. 하지만, 순간 이동을 '소멸과 새로운 탄생'이라고 생각하면, '나'는 동일성을 유지할 수 없다. 나는 소멸해 버리고, 뇌 속의 기억을 포함하여 원자 수준으로 나와 동일한 인물이 뉴욕에 새로 태어났다면, 그 사람은 '나'라고 볼 수 없다. 새로 태어난 인물은 자신을 '나'라고 생각할 것이다.

✚ 동일설

마음(정신)과 몸(두뇌=육체)은 같은 물질로 이루어져 있으며, 마음(정신) 상태는 뇌(육체)의 상태에 달렸다고 보는 생각을 '**동일설**'이라고 한다. 구름이 물 분자와 같은 것처럼, 이를테면 통증을 느끼는 마음 상태는 몸 안의 어느 부분의 신경세포 발화로 감지된 뇌의 상태와 동일하다는 생각이 그것이다. 동일설과 '**심신 병행설**'은 다음 면에서 차이 난다. 심신 병행설은 뇌 상태와 마음 상태는 마치 동전의 앞뒷면처럼 하나의 실체를 놓고서 두 측면의 성질을 파악한 것이라 할 수 있다(뇌≒마음). 그에 비해 동일설은 뇌 상태와 마음 상태는 호칭은 다르지만, 실은 둘은 전적으로 같다고 본다(뇌=마음). 즉 동일설은 라일이 데카르트의 심신 이원론을 비꼬듯이 표현한 것처럼, 마음은 '기계(뇌) 속의 유령(정신)'이 조작한다는 입장에 반대한다.

35 파핏의 전송기 사고 실험: 자아 정체성은 유지될 수 있는가.

만일 둘 또는 그 이상의 개인이 과거의 개인과 동일한 심적 연속성을 가지도록 만들어질 수 있다면, 이들에 대해서도 동일한 **'자기 정체성'**이 지속한다고 말할 수 있을까? 영국의 철학자 데릭 파핏은 순간 이동 장치라고 부르는 원격 이동 장비를 갖고서 이를 설명하는 '전송기 사고 실험'을 전개했다. 파핏은 다음과 같은 시나리오를 제시했다.

지구에서 화성으로 순간 이동시킬 수 있는 전송기가 있다고 해보자. 나는 전송기 안으로 들어간다. 버튼을 누르면 나는 의식을 잃었다가 나중에 깨어나지만, 순식간의 일처럼 느껴진다. 장치는 내 몸에 관한 모든 세포 정보를 스캔하여 저장하면서 세포를 파괴해나간다. 그 정보는 화성에 있는 장치로 전송된다. 그 장치는 이 정보를 따라 내 몸을 완전하게 복제한다. 화성에서 눈뜬 나는 지구에서 버튼을 누르던 순간까지의 기억을 지니고 있다. 따라서 내가 순간적으로 지구에서 화성으로 이동한 것으로 볼 수 있을 것이다. 지구에 있던 나와 화성에서 생성된 나는 기억이 완전히 같고, 심리적인 연속성이 유지되고 있기 때문이다. 그리고 지구에 있던 나는 더는 존재하지 않는다.

사고 실험에 따르면, 화성인 '나'는 스스로 의식적 연속성을 경험하고 있으며, 따라서 지구인 '나'와 동일하다고 생각할 것이다. 하지만 장치 안에 들어가 정신을 잃은 나는 곧바로 살해되고, 나의 정체성은 거기서 끝나고 만 것이기에, 실제로는 완전히 새로운 존재이다. 따라서 화성인 '나'는 복제에 불과할 뿐 '나'와 동일하다고는 볼 수 없는 것이다. 그렇더라도 대다수 사람은 화성의 '나'와 지구의 '나'가 동일한 인격이라는 사실을 직관적으로 받아들이면서 나에게 의식적 연속성을 부여할 것이다.

파핏은 첫 번째 사고 실험의 설정을 약간 바꿔서 두 번째 실험을 내놓았다. 전송기가 개량되어 이제 새로운 스캐너는 신체를 파괴하지 않고서도 신체 정보를 스캔할 수 있게 되었다. 따라서 화성과 지구에서 완전히 동일한 몸과 정보를 지닌 인물인 '나'가 존재하게 된다. '나' 자신은 물론이고 사람들도 '나'를 동일한 인물로 간주할 것이다. 그렇다면 이제 우리는 지구의 '나'와 화성의 '나'가 모두 '나'라는 역설적 결론을 받아들일 수밖에 없게 된다. 이에 파핏은 "인격적 동일성이 시간을 뚫고 지속하는지가 중요한 게 아니라, 심적 혹은 신체적 속성들이 살아남는다는 사실이 중요하다."라고 주장했다.

'복제의 역설'을 설명하는 파핏의 전송기 사고 실험의 결론은 다음과 같다. **자아 동일성**에 대해서는 신체 지속 이론, 다시 말해 자기동일성을 어떤 물리적 신체와 연결하는 이론을 받아들여야 한다는 것이다. 하지만 이러한 입장은 곧바로 '테세우스의 배'와 유사한 구도의 문제에 빠지게 된다. 당신의 두뇌가 새로운 몸에 이식되었을 때 상황은 어떻게 되는가? 자기동일성이 지속한다고 보기 위해, 당신의 몸 가운데 얼마만큼이 유지될 필요가 있는가? 이러한 질문에 대응하는 해결책 역시 '테세우스의 배'에 적용했던 것처럼 인격적 동일성을 4차원적 속성으로 간주하는 것이다. 그렇더라도 순간 원격 이동을 할 때 인격의 자아 동일성이 유지된다고는 볼 수는 없다. 순간 원격 이동은 사람을 시공간적으로 불연속적으로 만들기 때문이다.

36 라일의 기계 속 유령: 기계(물질)인 몸을 마음이라는 유령이 조종할 수 있는가.

데카르트는 마음을 정신적인 것, 몸을 물질을 이루는 기계라고 생각했다. 이런 생각을 일반적으로 '심신 이원론'이라고 하는데, 마음의 철학(정신철학)에서는 이를 '실체 이원론'이라고 한다. 영국의 철학자 길버트 라일은 마음과 몸은 서로 다른 실체라고 하는 데카르트의 실체 이원론에 의문을 가진 철학자 중 한 명이다.

라일은 기계(물질)인 몸을 마음이라는 유령이 조종한다고 하는 데카르트의 구도를 **기계 속 유령**'이라고 경멸적으로 표현했다. 마음의 작용은 육체의 행위로 모두 설명될 수 없으며, 다른 사람의 마음을 완전히 이해하는 것도 불가능하다. 우리가 타인의 경험을 있는 그대로 공유할 수 없는데도, 심신 이원론에서는 마음을 육체와 같은 범주로 봄으로써 마음을 다 이해할 수 있고, 육체의 행위를 마음으로 설명할 수 있다는 '**범주의 오류**'를 범하고 있다고 보았다.

일본 만화·애니메이션《공각기동대》의 영어 번역 제목 'Ghost in the shell'은 라일의 기계 속 유령(Ghost in the shell)에서 유래했는데, 이는 영화의 모티브를 기계 속 유령에서 착안했음을 보여준다. 《제5원소》, 《매트릭스》등 SF 명작으로 손꼽히는 다양한 할리우드 작품에 영감을 주었고, 소설·게임 등으로 제작되면서 지금까지도 널리 회자되고 있다.

《공각기동대》의 주제는 "나란 무엇인가?"에 관한 것으로, 인간과 인공지능이 결합해 탄생한 특수 요원인 '나'는 분명히 현실을 느끼고 있지만, 현실을 느끼는 '나' 자체가 가짜라면 현실마저도 가짜일 수 있다면서 번민한다. 영화의 주인공은 자신의 존재에 대한 의문을 갖는다는 점에서, 라일의 '기계 속 유령'과 같은 상황이라고 볼 수 있겠다. 참고로, 영화《공각기동대》의 대략적인 내용은 다음과 같다.

가까운 미래에는 인간과 로봇의 경계가 무너진다. 인간과 인공지능을 결합하여 특수 요원을 만들고, 강력 범죄와 테러 사건을 담당하는 엘리트 특수부대 '섹션 9'를 그 특수 요원인 메이저(여배우, 스칼렛 요한슨)가 이끈다. 기억이 지워진 메이저는 세계를 위협하는 음모를 지닌 범죄 조직을 저지하라는 임무를 받지만, 사건을 파고들수록 자신의 과거와 존재에 대한 의문을 품는다. 그리고 스스로 존재를 찾기 위해, 세계를 구하기 위해 거대 조직과 전투를 벌인다.

✛ 카테고리 착오

라일에 따르면 데카르트의 실체 이원론은 언어의 사용방법 차이에서 비롯된 것일 뿐이다. 예를 들어 서울의 어느 대학에 다니는 손자가 시골에서 올라온 할머니에게 학교 내의 이곳저곳을 보여줬는데도 불구하고 정작 할머니는 "네가 다니는 대학은 언제 구경시켜 줄 거야?"라고 말하는 경우가 이에 해당한다. 라일은 이러한 상황이 벌어진 것은 '**카테고리 착오(범주 오류)**' 때문이라고 했다. 이를 마음과 몸의 관계에 적용하여 설명할 수 있다. 라일에 따르면 마음은 눈물을 흘리거나 웃는 표정을 하는 등 여러 신체 행동이 모여 이루어진 것이기에 그 실체를 알 수 없다. 라일은 데카르트의 실체 이원론은 카테고리 착오를 마음과 행동의 관계에 적용해 사용하여 착오를 일으킨 것이라고 주장했다.

37 노직의 경험 기계: 자유의지의 가치

미국의 자유주의 정치철학자 로버트 노직은 '쾌락의 감각 경험'을 극대화하라는 공리주의 이론이 타당한지 살펴보기 위해, 일련의 가상의 시나리오를 설정하고 안에 들어가면 실제 삶이라고 착각하게 만드는 **경험 기계**에 들어갈 것이냐를 묻는 사고 실험을 제시했다.

경험 기계는 당신이 원하는 대로 인생을 가상의 세계에서 보낼 수 있는 기계이다. 그러나 이 기계는 한 번 들어가면 자신이 기계 안에 있다는 것을 알 수 없다. 가상 세계를 현실이라고 생각하면서 평생을 보내게 된다. 당신은 행복과 쾌락이 보장되는 이 기계에 들어가고 싶은가? 만약 들어가고 싶지 않다면 행복과 쾌락보다 더 중요한 뭔가가 현실 세계에 있는 것일까? 노직은 공리주의로는 해결할 수 없는 문제를 이 사고 실험에서 제시했다.

노직의 지적처럼, 대다수 사람은 이 제안 앞에 주저했고 기계에 들어가길 거부했다. 대다수 사람은 기계 속에 들어가 가상 인생을 산다는 생각 자체에 몸서리를 친다는 것이다. 노직은 이런 결과에는 다음 세 가지 이유가 있다고 보았다. 사람들은 무언가를 실제로 하기를 원하지 단지 그것을 경험하는 것만을 원하지 않으며, 또한 어떤 종류의 인간이 되기를 원한다. 그리고 사람들은 진짜 현실에 더 큰 가치를 두려 들기 때문에 가상의 현실에 자신을 가두고 싶어 하지 않는다. 노직은 이 사고 실험을 통해 사람들은 가상현실이 주는 경험이 우리가 추구할 유일한 가치라고 생각하지 않는다고 주장했다. 사람들은 아무리 행복할지언정 그것이 '진짜' 삶이 아니라면 가치가 없다고 생각한다는 것이다. 노직은 "우리는 경험 기계를 상상하면서, 우리가 그것을 사용해서는 안 된다는 점을 깨달음으로써 경험 이상의 무언가가 있다는 점을 배운다."라고 결론을 내렸다.

노직의 말대로 삶에는 행복하다는 느낌 이상의 것이 있다. 우리는 무엇이 사실인가에 관심을 기울인다. 우리는 망상 속에서 살지 않고 실재와 중요하게 연결되어 있기를 원하기 때문이다. 경험 기계라는 행복 상자 속에서 실재가 아닌 행복을 느끼느니 차라리 현실이 불만족스럽다고 해도 내가 처한 현실에서 행복을 향해 나아가길 바라는 것이다.

그렇다면 경험 기계 안에서 살 기회를 거부할 때 우리가 행복보다 우위에 두는 것이 무엇일까? 가장 그럴듯한 대답은 우리가 **진정성**이라는 말로 요약할 수 있는 가치들을 소중하게 여긴다는 사실이다. 영국의 철학자 줄리언 바지니는 경험 기계 사례로부터 인생에서는 행복보다 더 중요한 가치가 있는데, 그것은 '진정성'이라고 주장했다. 진정성은 참되게 살고자 하는 의지의 표현이고, 현혹되지 않고 세상을 있는 그대로 보는 능력이다. 이것은 또한 자기 삶의 주인공이 되는 것이고, 자기의 성취가 자신의 진정한 노력과 능력의 결과이길 바라는 것이며, 진정으로 사람과 소통하는 것이다.

바지니에 따르면, 우리는 행복을 인생의 목적 그 자체라면서 비판 없이 받아들이고 있지만, 실제로는 행복 이외의 다른 가치를 무의식적으로 함께 고려하고 있다. 행복은 인생의 의미로서 과대평가된 가치의 하나일 뿐이며, 진정으로 행복하기 위해서는 자기 삶을 욕망할 수 있는 **자유의지**가 더 중요하다. 바지니는, 자유의지는 우리가 스스로 자신의 미래를 설계할 수 있다는 의식을 갖추게 하고, 자신의 삶에 대한 통제력과 책임의식을 발휘하기 위한 신념으로, 경험 기계를 거부하고 진정 행복한 삶을 이끄는 동인으로 작용한다고 주장했다.

38 리벳의 자유의지 실험: 뇌과학적 관점에서 본 자유의지 문제

인간의 '자유의지'를 문제 삼는 뇌신경 과학 실험 중 대표적인 것으로서 리벳의 실험이 있다. 리벳 실험의 방식은 간단하다. 피실험자의 머리에 뇌파를 측정하는 장치를 부착하고, 바로 앞에 놓인 버튼을 손가락으로 누르기만 하면 된다. 다만, 피실험자는 자신이 버튼을 누르고 싶다는 생각이 들 때 특수한 타이머에서 점의 위치가 어디인지 보고해야 한다. 그리고 그가 버튼을 실제로 누르면 타이머의 점은 자동으로 표기된다. 리벳은 '버튼을 눌러야지'라는 생각이 시간상 가장 먼저 나오고, 그 후 뇌파가 감지되고, 실제로 버튼을 누르는 사건이 가장 나중에 나올 것이라고 예상했다. 이런 예상은 우리의 상식에 부합하기 때문이다. 일상에서 누구나 자신이 뭔가를 하려는 생각을 시간상 먼저 했기 때문에 그 일을 하게 된다고 생각한다.

그러나 실험 결과는 달랐다. 뇌파가 먼저 감지되고, 버튼을 누르려는 생각이 따라 나오고, 버튼을 실제로 누르는 사건이 나온 것이다. 즉, '버튼을 눌러야지'라고 생각하기 전에 이미 두뇌는 활동하기 시작한 것이다. 이 시간 차이는 평균 0.5초 정도 된다. 이는 내가 뭔가를 하려고 생각하기 약 0.5초 전에 내 두뇌가 먼저 활동한다는 것이다. 간단히 말하면, 무의식의 뇌가 우리 의식을 조종한다는 의미다.

신경과학자 벤저민 리벳은 이 실험을 통해 우리의 결정이 무의식적으로 이루어지며, 자유의지가 별로 작용하지 않는다고 결론을 내렸다. 우리에게 자유의지가 없다는 학자들은 리벳의 실험 결과를 즐겨 인용했다. 그들은 우리가 자유롭다는 생각은 착각이며, 실제로는 물리 법칙에 따르는 물질 덩어리인 두뇌 활동의 인과적 결과만 있다고 보았다.

하지만 리벳의 결론은 뇌과학계에서 의견이 분분했다. 결정과 뇌 활동을 연결하는 지극히 짧은 시간 간격 때문에, 결정 전의 뇌 활동은 결정을 위한 준비일 뿐이라는 반박이 제기되었다. 신경과학자들은 리벳의 주장을 입증하기 위해 후속 연구에 도전했고 수많은 관련 논문이 쏟아져 나왔다. 그 결과, 리벳의 연구는 잘못된 해석이며, 인간의 자유의지에 관한 연구 내용이 부족하다고 결론지었다.

그런데도 우리가 리벳의 실험 및 이어지는 연구결과에 주목해야 하는 이유는, 인간에게 자유의지 문제는 무척이나 중요하기 때문이다. 뇌가 인간의 자유의지 대신 결정을 내린다는 것을 받아들여야 한다면 대단히 많은 현실적인 문제들이 뒤따르게 된다. 그중에서도 가장 큰 문제는 바로 책임 소재와 관련한 것이다. 뇌가 행동을 결정하는 기관이라면 인간은 더는 도덕적 책임을 질 필요가 없게 된다. 어떤 행위에 대한 책임을 개인이 아닌 그의 뇌가 져야 한다면 우리는 이제까지 존재해온 법을 완전히 새로 써야 한다. 그리고 더 나아가 인간 존재 자체를 완전히 새롭게 정의 내려야 한다. 이제까지 우리가 알고 있었던 '스스로 판단하고 결정하고 책임지는 자아'는 더는 존재하지 않을 것이기 때문이다.

바로 이런 문제 때문에 많은 신경과학자가 뇌 결정론을 수용하면서도 개인의 책임을 결단코 부정하지 않는다. 이를테면 신경 윤리학계의 선구적인 연구자인 가자니가 교수는 뇌의 중요성을 전적으로 인정하면서도 책임은 뇌에 있는 것이 아닌 개인에게 있다고 강변했다. 결론적으로 리벳 실험은 단순한 행위만을 다뤘으므로 자유의지의 허구성을 보여 주기에는 대표성이 부족하다고 보아야 할 것이다.

39 가브리엘의 '나'는 뇌가 아니다: 인간은 뇌의 꼭두각시가 아니다.

사고 실험은 아니지만 리벳의 자유의지 실험을 반박하는 주장으로 마르쿠스 가브리엘의 **신실재론(새로운 실재론)**이 있다. 뇌 혹은 중추신경계의 작동 방식을 다루는 신경과학자들은 우리의 감정·행동과 관련한 뇌의 위치와 신경전달물질의 작용을 밝혀냄으로써 '뇌가 바로 나'라고 주장한다. 뇌가 없으면 정신도 없다는 얘기다. 신경중심주의에 따르면, 우리는 진화, 유전자들, 신경전달물질 등에 의해 조종되는 '통 속의 뇌'다. '나'는 입증될 수 없고 뇌가 산출하는 일종의 시뮬레이션일 뿐이다. 그러나 예를 들어, 만약 '나'가 정말로 뇌이고, 누군가 '나-뇌'에게 '물'이란 단어를 묻는다고 할 때, 신경중심주의 입장에 서면 '물'의 의미를 알 수 없다. 나는 진짜 물을 한 번도 본 적이 없고 오직 전기 자극을 통해 물을 안다고 생각할 뿐이기 때문이다. 그러나 물을 아는 건 단지 뇌의 화학작용으로 환원할 수 없다는 건 상식이다. 우리는 물을 직접 만지고 보고 마셔봤기 때문에 물을 안다.

현대철학의 새로운 흐름을 선도하는 젊은 철학자 가브리엘은 이런 **신경중심주의 이데올로기**를 비판하고 인간은 정신적 자유를 지녔다고 주장했다. 가브리엘은 우리 자신을 거론할 때 사용하는 의식, 정신, 나, 자유라는 개념을 하나하나 꼼꼼하게 따져가면서 이것들이 어떻게 연결되고 우리의 어휘 안으로 들어왔는지 살폈다. 이를 위해 그는 의식을 '지향적 의식'과 '현상적 의식'으로 나누어 설명했다. 이는 인공지능과 인간이 갈라지는 지점이다. 즉 미래의 인공지능 로봇이 포도주의 맛을 설명한다고 해보자. 로봇은 포도주의 당도와 신도 같은 객관적 평가를 정확하게 서술할 수 있다. 이는 **지향적 의식**이다. 하지만 로봇의 내면에는 인간 개개인이 느끼는 고유한 주관적 체험은 없다. 바로 이 고유한 체험이 **현상적 의식**이다. 인간은 내면에 고유한 감각을 갖고 있으며 대상에 대해 비합리적인 감정 역시 갖는다. 무언가를 착각하고 욕망하고 환상을 추구한다. 지향적 의식만을 가진 로봇이 인간이 될 수 없는 이유다.

가브리엘은 '자유의지'에 대해서도 **인간의 고유성**을 강조했다. 뇌 과학자들은 의식적으로 체험되는 우리의 결정 중 다수가 뉴런 층위에서 무의식적으로 준비된다고 본다. 또 모든 사건은 자연법칙에 따라 일어나며 매 순간 그 자연법칙들은 다음에 일어날 일을 확정한다고 주장한다. 그러나 가브리엘에 따르면, 어떤 사건이 일어난다면 이를 충족시키는 이유들에서 '엄격한 원인'과 '이유'를 구분하는 게 필요하다. 가브리엘은 사건 발생에 관여하는 조건이 모두 '엄격한 원인'인 것도, 모두 '이유'인 것도 아니라면서, 그 목록은 열려 있고 그 조건 중 일부가 구속적이지 않은 데 우리의 '자유의지'가 있다고 보았다. 이처럼 궁극적으로 가브리엘이 목표하는 바는 인간 정신의 자유, 즉 자유의지를 옹호하는 데 있다.

가브리엘은 이런 신경중심주의를 쇼펜하우어의 '형이상학적 비관론'의 연장선으로 해석했다. 쇼펜하우어는 모든 외견상의 호의적 행동은 적나라한 생존 의지나 번식 의지로 이해했다. 가브리엘은 이런 비관론은 전혀 근거 없는 추측이며 "자기와 모든 타인을 원리적으로 불신한다는 점에서 사이비 과학에 기댄 일종의 편집증"이라고 비판했다. 가브리엘에게 인간 정신은 자유의 개념과 동일시된다. "인간은 자기 자신의 상(像)을 스스로 만들어 보유해야 비로소 누군가이고, 그런 한에서 인간은 자유롭다." 가브리엘은 이를 **신실재론(신 실존주의)**으로 명명했다. 가브리엘의 통찰은 과도한 뇌과학의 결정론에 빠진 우리 시대에 새로운 통찰을 제공했다.

40 데넷의 데카르트 극장: 의식은 진화한다.

데카르트는 정신적인 존재인 마음(정신, 의식)은 물질인 몸과 별도로 존재한다는 '심신 이원론'을 주장했다. 이에 물리주의자로 인지과학과 심리철학 분야의 세계적 석학인 대니얼 데넷은 마음과 같은 물질 이외의 존재를 받아들이지 않으면서, 이런 데카르트의 사고를 '**데카르트 극장**'이라고 부르면서 비난했다.

데카르트 극장은 나의 뇌 속에 사는 '나'라는 사람이 지각으로 얻은 감각이나 감정을 신체 행동으로 연결한다고 보는 구도이다. 그런데 뇌신경 과학의 연구결과에 따르면 뇌에는 정보를 하나로 통합하는 중심이 없으며, 뇌의 각 부위가 각 역할을 담당하고 있다. 그리고 뇌의 각 부위는 중심을 통하지 않고 네트워크상으로 연결되어 있어서 직접 연락을 주고받으며 신체 행동을 연결한다. 데넷은 이 시스템을 모방하면 **인공지능**을 만들 수 있다고 생각했다.

이런 사고에 기반해서 데넷은 극장 객석 한가운데 앉아 영화를 감상하듯이 뇌 속에서 일어나는 모든 일을 관찰하고 통제하는 '작은 존재' 같은 것이 바로 '**의식**'이라는 데카르트식의 통념을 비판했다. 의식은 심리 상태의 다른 모든 속성과 명확히 구분되면서 분명히 파악되는 '감각질(퀄리아)'이 아니라고 보았다. 뇌신경 과학의 연구 결과에 따르면, 나의 의식이 나의 행동을 결정한다는 것은 착각이며, 의식은 행동 직후에 나타난다. 덧붙여 인간에게 자유의지가 있는지 없는지에 대하여는 알려진 것이 없다고 하였다.

데넷은 의식 이론을 설명할 때 '다중 원고' 모형을 제시했다. 뇌 속에는 지각과 인식과 사고가 모두 의식 작용을 위해 한곳으로 모이는 극장 같은 것은 없다고 주장했다. 의식 작용은 단일한 흐름이 아니라, 온갖 지각과 사고와 정신 활동이 뇌 여러 곳에 분산되어 처리되는 병렬 과정이라고 보았다. 뇌가 다양한 메커니즘을 통해 동시에 분산적으로 정보를 처리하기 때문에 의식이 발생한 순간과 공간을 꼭 집어서 이야기할 수 없다. 그래서 그는 인간의 의식에 접근하려면 과학적 접근 방법인 '**타자 현상학**'을 따라야 한다고 강조했다. 마음을, 성찰하듯 관찰하지 말고 자연현상을 대하듯 3인칭 시점으로 접근하라고 주장했다.

✛ 물리주의

일원론적 관점은 크게 '관념론'과 '유물론'으로 나뉜다. 정신철학에서는 유물론을 '**물리주의**'라고 부른다. 극단적 관념론에 따르면, 세계는 의식 속에 있으며, 실체라는 것도 마음(의식)에 지나지 않다(버클리). 하지만 물리주의는 유물론의 입장에서 세계는 물질로 이루어져 있고 마음(의식)도 뇌의 움직임에 관계하는 한갓 물질에 불과하다고 본다. 세계의 궁극적 요소가 물리적이며, 이 세계에 대한 인식 역시 물리적으로 이해될 수 있다는 입장이다. 행동주의, 기능주의, 동일설을 지지하는 물리주의 학자의 다수는 마음(의식)은 뇌의 기능에 관계하므로 마음의 구조는 뇌 과학의 입장에서 물리적으로 규명될 수 있을 것으로 생각한다. 물리주의는 현대 심리철학에서 주목받고 있다. 물리주의가 심리학에 적용된 것이 바로 '행동주의'다. 행동주의 학자들은 관찰에 의해서 공통 주관적인 방법으로 확인된 대상이나 특성만이 의미 있는 것이라고 전제한다.

41 트롤리 딜레마: 윤리적 판단의 딜레마

트롤리 딜레마는 도덕철학에서 가장 유명하고 널리 연구된 사고 실험이다. 이 사고 실험은 윤리적 딜레마와 관련하여 좋은 결과의 크기를 최대화해야 한다는 **'공리주의 원리'**에 대한 문제를 다루고 있다. '소수를 희생해서 다수를 구할 것인가'를 묻는 아래 두 사례에서 서로 다른 대답이 나왔기에, 이를 '트롤리 딜레마'라고 한다. 그 예시는 다음과 같다.

〈사례 1〉 트롤리 전차가 철길 위에서 일하고 있는 다섯 명의 인부들을 향해 빠른 속도로 돌진한다. 당신은 이 트롤리의 방향을 오른쪽으로 바꿀 수 있는 레일 변환기 옆에 서 있다. 당신이 트롤리의 방향을 오른쪽으로 바꾸면 오른쪽 철로에서 일하는 한 명의 노동자는 죽게 된다. 이러한 선택은 도덕적으로 허용될 수 있는가?
〈사례 2〉 트롤리가 철길 위에서 일하고 있는 노동자 다섯 명을 향해 빠른 속도로 달려간다. 당신은 철길 위의 육교에서 이 상황을 바라보고 있다. 당신이 트롤리를 세우기 위해서는 큰 물건을 열차 앞에 던져야 한다. 마침 당신 앞에 몸집이 큰 사람이 난간에 기대 아래를 보고 있다. 당신이 트롤리를 세우기 위해서는 그 사람을 밀어야 한다. 떨어진 사람 때문에 트롤리가 멈추고, 철길에서 일하는 노동자 다섯 명의 목숨을 구할 수 있다. 이러한 선택은 도덕적으로 허용될 수 있는가?

진화심리학자 마크 하우저는 트롤리 딜레마를 바탕으로 통계 심리 실험을 했다. 그는 도덕적 판단은 이성의 결과이므로 실험 참가자들의 나이와 문화에 따라 답이 다를 것으로 보았다. 그러나 〈사례 1〉 실험의 결과 참가자들의 인종, 나이, 학력, 종교, 문화적 차이를 막론하고 85%의 참가자가 도덕적으로 허용할 수 있다고 답했다. 그러나 〈사례 2〉 실험에 대해서는 12%의 참가자들만이 몸집이 큰 사람을 떨어뜨리는 것을 도덕적으로 허용할 수 있다고 답했다. 실험 결과에 대해 하우저는 한 사람의 목숨을 희생해 다섯 사람의 목숨을 구하는 것은 두 사례 모두 같지만, 목적을 위해 수단과 방법을 정당화해서는 안 된다는 도덕 가치로 인해 이와 같은 차이가 발생한다고 보았다.

실험 결과를 통해 알 수 있듯이, 다수를 위해 소수를 희생하는 것이 때로는 합리적으로 보일 때가 있지만, 단순히 생명의 숫자를 기준으로 도덕적 판단을 내리긴 어렵다. 딜레마 상황에서 윤리적 결정을 할 때는 옳고 그름의 판단과는 별개로 뇌의 이성적 판단 중추와 정서적 판단 중추 중 활성화된 쪽을 선택할 가능성이 있다.

최근의 활성화된 뇌 과학의 연구는 트롤리 딜레마를 **결정론적' 시각'**에서 바라본다. 즉, 위와 같은 '트롤리 딜레마'가 생기는 원인은 각각의 상황에 있어 뇌의 다른 부분이 활성화됐기 때문이다. 뇌 과학에 따르면, 〈사례 1〉에서는 응답자들의 합리적, 이성적인 의사결정에 관여하는 전전두엽 부위가 활성화됐고, 〈사례 2〉에서는 편도체를 포함한 정서와 관계된 뇌 부위가 활성화됐다. 이렇듯 '트롤리 딜레마'는 우리가 윤리적 결정을 할 때 옳고 그름의 판단과는 별개로 뇌의 이성적 판단 중추와 정서적 판단 중추 중 활성화된 쪽을 선택할 가능성이 있다는 사실을 알려 준다.

42 카르네아데스의 판자: 긴급피난이냐, 정당방위냐

윤리와 법의 영역에서 오랫동안 뭇사람들의 입에 오르내린 문제 중에 '카르네아데스의 판자'라는 것이 있다. 고대 그리스의 철학자 카르네아데스가 제시한 문제이다. 여러 사람을 태운 배가 암초에 걸려 난파하게 되었고, 승무원 전원이 바다에 빠졌다. 혼자만이 매달릴 수 있는 널빤지 한 조각을 붙잡고 간신히 살아난 사람이 있었는데, 거기에 다른 한 사람이 나타나 그 판자에 매달리려고 했다. 매달려 있던 사람은 두 사람이 매달리면 널빤지가 가라앉아 둘 다 죽게 된다고 판단하고는, 그 사람을 밀어내 빠져 죽게 했다. 이후 그는 구조되어 재판을 받게 되었는데, 무죄를 선고받았다. 이 경우에 그는 살인자로 비난받아야 하는가?

이 사고 실험은 훗날 영국 법정에서 실제로 구현되었다. 1884년 일어난 더들리와 스테픈스 사건으로, 난파선 미뇨넷호의 세 선원이 망망대해에서 살아남기 위해 잡무원이었던 고아 리처드 파커를 살해하고 먹어버린 사건에 대한 재판이었다. 한 명을 희생하지 않고서는 모두가 죽을 수밖에 없는 절박한 생사의 기로에서 자신의 생명을 구하기 위해 파커를 죽인 행위가 정당화될 수 있는가?

당시 법정은 살인과 식인에 대해 일단 유죄를 선고했으나 선원들이 처했던 절박했던 상황을 고려해서 피고인들을 특별사면으로 풀어주었다. 법과 규율 이전에 생존을 추구하는 인간의 기본적인 요구를 인정할 수밖에 없다는 취지에서였다. 절체절명의 위급한 상황에서 품위를 지키거나 거룩한 희생정신을 발휘하기를 바라기 어렵다는 것이 재판부의 판단이었다.

'**카르네아데스의 판자**'는 형법에서 정한 위법성 조각 사유 가운데 하나인 '**긴급피난**'의 본질을 논할 때 자주 인용된다. 위법성은 범죄의 성립 요건 중 하나로, 어떠한 행위가 법규에 반해 허용되지 않는다는 성질을 의미한다. 그러나 어떤 행위가 범죄의 구성요건에 해당하지만 위법성을 배제함으로써 적법하게 되는 사유를 '위법성 조각 사유'라고 한다. 우리나라 형법은 위법성에 관하여 적극적인 규정을 두지 않고 위법성이 조각되는 사유만 두고 있다. 형법에서 정한 위법성 조각 사유에는 정당방위, 긴급피난, 자구행위, 피해자의 승낙, 정당행위의 다섯 가지가 있다. 이 가운데 '긴급피난'은 위난 상태에 빠진 법익을 보호하기 위해서는 다른 법익을 침해하지 않고는 달리 피할 방법이 없을 때 인정되는 정당화 사유의 하나로, '카르네아데스의 판자'의 사례가 이에 해당한다.

카르네아데스와는 반대의 성격을 지닌 경우로 '**착한 사마리아인의 법**'이 있다. 착한 사마리아인 법은 자신에게 특별한 위험을 발생시키지 않는데도 불구하고 곤경에 처한 사람을 구해 주지 않는 행위를 처벌하는 법을 말한다. 이는 『성서』에 나오는 비유로서, 강도를 만나 죽게 된 사람을 제사장이나 레위 사람도 그냥 지나쳤으나 유대인과 적대 관계였던 사마리아 사람만은 성심껏 돌보아 주었다는 데서 비롯되었다. 이처럼 착한 사마리아인 법은 도덕적인 의무를 법으로 규정하여 강제하는 것을 말한다.

우리나라에는 응급의료와 관련된 법률에 착한 사마리아인 법과 비슷한 법이 있지만, 그 취지는 조금 다르다. 응급의료에 관한 법률 제 5조 2항을 보면, 선의에 의한 응급의료 행위 도중 상대가 더 큰 손상을 입는다고 해도 면책하는 법이 있다. 이는 말하자면 돕지 않았다고 처벌하는 법이 아니라, 돕다가 잘못했다 하더라도 용서해 준다는 것이 법의 취지라 할 수 있다.

43 로프터스의 쇼핑몰 미아: 기억의 저편

미국의 인지심리학자로 기억 연구의 대가인 미국 UC 어바인대의 엘리자베스 로프터스 교수는 인간 기억의 유연성에 관한 실험적 연구를 지속해서 수행해 왔다. '오정보 효과'와 '목격자 기억', '오기억의 본질', '아동 성 학대의 회복 기억'에 관한 연구로 잘 알려져 있다.

우리가 기억에 관해 가지고 있는 개념은 상당 부분 플라톤과 프로이트의 사상을 토대로 형성된 것이라 할 수 있다. 플라톤은 절대적이고 이상적인 형태의 기억이자 우리의 모든 과거가 완벽하게 보존되는 도달 가능한 영역이 있다고 믿었다. 프로이트는 꿈과 현실이 뒤죽박죽된 것이 기억이라고 주장하면서 모호한 태도를 보였지만, 마치 영화 필름이 돌아가듯 자유 연상을 통해 두뇌의 일부분을 재생할 수 있다고 주장했다.

로프터스는 두 사상가의 이런 생각을 연장하여, 우리의 기억이 사실인지 허구인지를 밝히는 철학적으로 심오하고 놀라운 실험을 고안했다. 기억의 불확실성을 보여 주는 대표적인 사례가 **가짜 기억**으로, 그 대표적인 것이 '쇼핑몰 미아 사고 실험'이다. 내용은 다음과 같다.

실험실에서 열네 살 소년 크리스에게 어릴 때 쇼핑몰에서 미아가 된 일이 있다는 거짓 정보를 일러주었다. 그런 기억이 없다는 크리스에게 곰곰 기억을 잘 더듬어 보라고 했다. 그러자 며칠 지나 진행한 인터뷰 때부터는 상황이 달라졌다. 길을 잃은 것 같다고 기억을 되살리더니 시간이 지남에 따라 그 기억에 대한 확신도 커졌다. 몇 주 뒤에는 점점 더 기억에 살이 붙어 그 당시 세부적인 상황을 묘사하기까지 했다.

실험은 '가짜 기억'이 만들어지는 과정을 보여준다. 특히 어린아이 시절의 기억은 어른이 된 뒤의 기억보다 특히나 더 쉽게 오도될 수 있다. 시간의 흐름에 따른 망각 말고도 '아동기 기억상실'이라는 특수한 현상을 보이는 아이들은 어른들의 암시적 유도에 잘 따라가는 취약함이 있기 때문이다. 로프터스에 따르면, 아주 어린 시절을 떠올리는 기억은 실제 있었던 일, 다른 사건과 어딘가 뒤죽박죽 섞여버린 일, 그리고 무의식중에 상상한 일이 한데 뒤섞여 있다.

가짜 기억에 대해 여러 가지 실험을 진행한 로프터스 교수는 다음과 같이 말했다. "우리의 기억이란 녹화 장치라기보다 당신을 비롯해 다른 사람들도 계속 바꿀 수 있는 위키피디아에 더 가깝다." 위키피디아가 생성하는 정보의 유연성처럼, 사람들은 같은 사건을 목격했더라도 서로 다르게 기억할 수 있다. 사람의 뇌는 추리와 상상을 하기에 누구나 가짜 기억이나 거짓 기억이 생기며, 특히 사람은 다수 의견을 따라가려는 경향이 있기에 기억은 왜곡될 수 있다.

그렇다면 가짜 기억은 어떻게 해서 우리 뇌에 진짜 기억처럼 똬리를 틀게 되는 걸까? 과학자들이 기능성 자기공명영상(fMRI)을 이용해 연구한 결과, 가짜 기억은 진짜 기억에 의미를 부여하는 과정에서 서로 뒤섞여 생성되는 것으로 밝혀졌다. 기억이 뒤섞여 회로를 새로 짜는 과정에서 어릴 적 기억 가운데 일부는 완전히 사라져버리고, 남아있는 기억도 왜곡되고 뒤틀려 엉뚱하게 남기도 한다. 복잡하고 역동적인 뇌의 성장과 그 과정에서 사라지고 뒤죽박죽된 기억을 뚫고 남아있는 기억 가운데 일부는 실제로 그 오래전에 일어난 사실이지만, 나머지는 어쩌면 완전히 조작된 기억일 수도 있다는 것이다.

44 반두라의 보보인형 실험: 아이들은 어른의 행동을 보고 배운다.

캐나다 출신 미국 심리학자 사회학습 이론의 대가인 앨버트 반두라는 사회학습이론을 통해 사람의 행동은 타인의 행동이나 주어진 상황을 관찰하고 모방함으로써 이루어진다고 주장했다. 그는 유명한 '보보인형 실험'을 통해 어린이는 모방을 통해 많은 것을 관찰하면서 이를 학습한다고 분석했는데, 이 실험은 이후 엄청난 파장을 불러왔다.

보보인형이란 플라스틱으로 만든 눈사람처럼 생긴 인형으로, 아래쪽을 무겁게 하고 위쪽을 가볍게 하여 손으로 넘어뜨려도 오뚝이처럼 곧바로 일어나도록 만든 인형이다. 반두라는 유치원 아이들을 두 그룹으로 나누어 '관찰 학습' 실험을 진행했다. 한 그룹에는 어른이 보보인형을 발로 차고 넘어뜨리는 폭력적인 동영상을, 다른 그룹에는 어른이 보보인형을 소중히 어루만지고 다정스럽게 말을 거는 동영상을 보여 주었다. 그 후 실제 인형이 있는 방에 아이들을 두고, 인형을 어떻게 다루는지 관찰했다.

반두라는 이 실험을 통해 보보인형을 때리고 고함을 치는 공격적인 행동과 언어를 화면으로 보여 주었을 때, 그것을 본 아동들이 방에서 인형을 가지고 놀면서 인형을 때리고 괴롭히는 행위를 한다는 충격적인 결과를 얻었다. 특이한 점은 남자아이는 공격적인 남성 성인을 보았을 때, 여자아이는 공격적인 여성 성인을 보았을 때 폭력적인 행동을 더 많이 따라 했으며, 남자아이는 행동적 모방을 여자아이는 언어적 모방을 많이 한 것으로 나타났다.

실험 결과에 따르면 아이들은 직접적인 경험(강화나 보상) 없이 **단순히 관찰**하는 것만으로도 타인의 행동을 '**모방**'한다는 것을 보여 주었다. 아이가 성인을, 그것도 자신의 성별과 같은 성인을 모방하는 경향이 크다는 것을 증명했다. 이는 모든 행동이 직접적인 강화나 보상으로 만들어진다는 기존의 주류 학풍이었던 스키너와 왓슨의 '행동주의'에 도전하는 새로운 관점이었다.

그렇다면 사람들은 왜 폭력적이고 자극적인 영상에 끌리는 것일까? 이것을 프로이트의 '**타나토스**' 개념으로 설명할 수 있다. 프로이트의 저서 『쾌락원칙을 넘어서』에는 그의 손자 에른스트가 부모님이 둘 다 바빠서 집에 혼자 있던 장면이 나온다. 그런데 그 아이는 가지고 놀던 인형을 침대 밑으로 밀어 넣고 다시 끄집어내는 행동을 반복했다. 그 모습을 보고 프로이트는 그 장면이 부모가 없는 상실감을 표현한 것으로 해석했다. 그것은 분명 유쾌하지는 않은 상징적 행동이었음에도 아이는 이를 반복함으로써 집착하는 모습을 보였다. 그는 후에 이 관념을 발전시켜 "인간은 때로는 자기 파괴적인 동기에서 어떤 행동을 하기도 한다."라고 확신했다. 그리고 인간은 스스로 파괴함으로써 타인을 통제하려는 경향이 있으며, 또한 생존을 위해 다른 동물을 공격해야 하는 경우가 있다고 보았다. 그래서 인간은 폭력적인 것에 대한 카타르시스를 느끼는 것일 수 있다고 보았는데, 프로이트는 이러한 파괴 또는 죽음으로의 본능을 '타나토스'라고 했다.

한편, 보보 실험과는 반대인 '**인내와 끈기 실험**'도 있다. 줄리아 레오나르드 미국 MIT 뇌인지과학과 교수 연구진은, 노력하는 어른을 본 생후 15개월 된 아기들의 인내와 끈기력이 향상된 것을 관찰했다고 밝혔다. 연구진은 "아이들에게 포기하지 않고 열심히 하는 어른들의 행동을 보여 주면, 아이들 역시 어른을 따라서 열심히 하는 행동을 보일 수 있다."고 말했다.

45 비트겐슈타인의 상자 속 딱정벌레: 언어의 의미는 해석되지 않으면 무의미한 기호 덩어리에 불과하다.

모든 사람이 저마다 상자를 하나씩 가지고 있으며, 그 안에 들어있는 것을 '딱정벌레'라고 부르기로 하자. 아무도 다른 사람의 상자 안을 들여다볼 수 없기에, 사람들은 자신의 상자 안을 들여다봄으로써만 '딱정벌레'가 무엇을 의미하는지 알 수 있다. 다른 사람의 상자에 든 딱정벌레를 직접 볼 수는 없지만, 자기 상자에 든 딱정벌레를 보고 다른 사람들의 딱정벌레가 어떻게 생겼는지 아는 것이다. 요컨대 '딱정벌레'라는 낱말이 어떤 쓰임을 갖는다고 해도 그것은 상자 안에 있는 것과 아무 연관이 없는 것이다.

비트겐슈타인의 사고 실험은 다른 사람의 마음 문제를 잘 보여 준다. 사람들 모두 딱정벌레가 있다고 하지만, 남의 상자를 들여다볼 수 없으니 서로 완전히 다른 곤충을 보고서 이를 딱정벌레라고 말하는지, 아니면 곤충이 아니라 장난감과 같은 다른 사물을 보고서 이를 딱정벌레라고 말하는지, 도무지 알 길이 없다. 내가 확인할 수 있는 것은 단지 내 상자 안의 딱정벌레와 함께 다른 사람들이 "내 상자 안에는 딱정벌레가 들어있어"라고 말한 것을 들은 것밖에 없다. 마찬가지로 나는 다른 사람의 느낌이 나와 같은지 알 수 없다. 내가 확인할 수 있는 것은 내 느낌과 다른 사람의 행동 또는 말밖에 없으며, 나는 다른 사람의 느낌을 직접 경험할 수 없기 때문이다. 나는 내 마음속에서 무슨 일이 일어나는지만 알 수 있고, 다른 사람의 마음에 대해서는 아무것도 알 수 없다.

비트겐슈타인은 **언어**로 표현되는 인간의 감각 역시 이와 다를 바 없다고 생각했다. 전통 인식론에 따르면, 우리는 상대의 상자를 보지 않아도 상자 속 딱정벌레를 언어로써 발화하면서 생각을 공유할 수 있다. 딱정벌레의 등껍질은 어떤 색깔이고, 더듬이는 어떤 모양이고, 날개가 있으며, 어떤 냄새가 난다는 식으로 대화할 수 있다. 언어로 감정과 감각을 공유하면서 대상을 인식한다고 생각하는 것이다. 이를테면 '나는 아프다', '나는 기쁘다'와 같은 발언처럼, 우리는 각자의 내적 정서나 감정 또는 감각된 것을 따라 문장을 발화하며, 언어적 규칙을 통해 '상자 속 딱정벌레'로 비유되는 내면의 생각과 감각을 '알고' 있다고 인식한다.

비트겐슈타인은 이런 전통적 견해에 대해 비판적이다. 우리의 정서나 감정에 관한 문장들을 우리 내면의 풍경에 대한 보고나 사실의 기술로 해석하는 경우, 우리는 슬픔이나 기쁨 등의 정서 자체가 존재한다고 상정해야 한다. 하지만 우리는 슬픔이나 기쁨과 같은 내적 존재를 상정한다고 해도, 그것의 존재 여부나 그것들의 실체, 그리고 내가 과연 그것을 내적으로 직관을 했는지를 타인에게는 물론 나 스스로에게도 확인할 길이 없다. 그것에 관해서는 아무런 객관적인 언명도 할 수 없으며, 그것은 형식적으로는 어떤 것이지만 사실상 아무것도 아니다. 나는 다른 사람의 느낌이 나와 같은지, 도대체 그 사람의 느낌이 있기나 한지 알 수 없다. 내가 확인할 수 있는 것은 나의 느낌이고, 다른 사람의 느낌을 직접 경험할 수 없기 때문이다.

이른바 **개별 감각**이란 나만 들여다볼 수 있는 '상자 속 딱정벌레'와 같다. 그 속에 들어있는 것이 무엇인지 타인들은 알 수 없으며, 바로 이런 이유로 인해 나도 모른다. 그래서 감각 언어의 문법을 대상과 지시 모델에 준거하여 이해하려고 할 때, 그런 대상은 쓸모없는 것이 되어 언어 게임의 장에서 퇴출할 수밖에 없다. 비트겐슈타인은 이를 두고 "말할 수 없는 것에 대해서는 침묵하라."라고 말했다.

46 켈로그의 침팬지와 아이: 유전자가 먼저냐, 환경이 먼저냐

인간의 본성은 유전적으로 정해지는 것인가, 아니면 사회성에 의해 정해지는 것인가를 연구한 실험이 있다. 미국 컬럼비아대 심리학 교수 윈드롭 켈로그는 아내의 동의하에 아들과 침팬지를 함께 키우는 기상천외한 실험을 했다. "인간을 동물의 세계에서 자라나게 하는 대신 동물을 인간의 세계에서 키우면 어떨까?"라는 질문과 함께 '침팬지 키우기'에 나선 것이다.

이들은 인간과 유전자가 98% 유사한 침팬지 한 마리를 집에 데려다 키우기 시작했다. 7개월 된 암컷 침팬지 한 마리와 10개월 된 인간 남자아이가 함께 남매처럼 '양육'되기 시작했다. 침팬지와 인간 아이는 함께 식사했고, 함께 산책과 놀이를 했으며, 함께 잠자리에 들었다. 얼마 지나지 않아 침팬지는 숟가락으로 이유식을 떠먹고 자기 힘으로 신발을 신는 등 인간인 아들보다 '행동'에 있어서 우위를 보였다. 그런데 얼마 지나지 않아 침팬지의 학습 능력에 한계가 드러나기 시작했다. 인간 아들은 주의 깊게 엄마 아빠의 행동을 보고 따라 했는데, 침팬지는 몇 분 만에 흥미를 잃고 다른 놀이에 열중했다. 언어 학습도 생각보다 느리게 진행됐다.

반면 '인간 오빠'는 여동생 침팬지를 흉내 내는 데 열중했다. 계속 어딘가 올라가려는 기어오르는 행동을 하고, 걸음마를 배운 후에도 네발로 기기 시작했다. 침팬지 특유의 꿀꿀거리는 소리와 후음을 사용해 동생 침팬지와도 소통했다. 심지어 인간 아이는 침팬지처럼 부모의 어깨를 강하게 깨물기 시작했다. 친자식이 이상하게 클 것을 우려한 켈로그 부부는 1년여 동안 진행한 실험을 중단했다. 그들은 '인간 아이가 약간 서툰 침팬지 아이로 변해가는 것'을 보면서, 인간이 유아기와 청소년기에 특히 더 적응력이 강하며, 주위 환경에 더 유연하고 신속하게 반응한다는 사실을 깨달았다.

켈로그 교수와 비슷한 실험이 있었다. 미국의 인류학자 새러 하디 박사는 세 살배기 아이와 다 성장한 침팬지, 오랑우탄을 대상으로 지능검사를 실시했다. 그 결과 일부 기억력 테스트에서 침팬지가 인간을 능가하기도 했지만, 대부분의 이해력 항목에서 큰 차이가 없었다. 단 하나, 아이가 침팬지와 오랑우탄을 능가한 것은 '**사회적 지능**'이었다.

하디는 인간 아기의 사회적 지능이 뛰어난 까닭을 **공동육아** 덕분이라고 보았다. 인간은 영장류 중 유일하게 공동육아를 하는 존재다. 침팬지의 경우 어미만 새끼의 양육을 책임지는 데 비해 인간은 엄마 이외에 가족이나 친척, 친구, 이웃 등이 모두 육아에 참여한다. 이런 환경 속에서 자라야 하는 인간 아기는 이른 시간에 타인의 기분과 욕망을 파악하고, 주위 환경에 적응하는 법을 익히다 보니 사회 지능이 발달할 수밖에 없다는 것이다.

하디에 의하면, 인간이 다른 유인원과 구분되는 '**협업**' 능력을 갖추게 된 이유는 바로 아이의 양육과 관련해서였다. 다른 유인원은 생모만 아기를 돌보므로 아버지나 할머니 등 다른 유인원은 아기와의 유대 관계 자체가 없다. 이에 비해 인간은 엄마를 비롯해 아버지, 조부모, 심지어 혈연관계가 없는 이들도 아기를 돌보는 공동육아를 한 덕분에, 다른 유인원은 전혀 갖고 있지 않은 협업 능력을 발전시켰다는 것이다. 하디는 아기가 주변의 여러 사람으로부터 오랫동안 돌봄을 받으면 공감 능력을 발달시킬 수 있다고 보면서, '알로마더(allomother)'나 '알로페어런츠(alloparents)'처럼 **확대가족**의 가능성을 문화 인류학적으로 탐색하는 새로운 개념을 제시했다.

47 로젠한의 정신병원에서 정상인으로 살아가기
: 인간의 정신 상태를 올바르게 진단할 수 있는가.

스탠퍼드 대학의 심리학과 교수 데이비드 로젠한의 '정신병원에서 정상인으로 살아가기 실험'은 인간의 정신 상태를 진단하는 것이 과연 가능한지, 또 얼마나 타당한지를 알아보려는 실험이다. 로젠한은 정신과 의사들이 정신병 환자와 정상인 사람들을 얼마나 잘 구별하는지를 실험해보기로 했다. 그의 목표는 정상인이 제정신인지 아닌지를 정신분석의들이 알아볼 것인가, 아니면 의사들의 판단이 애초에 내려진 전제 조건에 의해 흐려져 있는가를 살펴보는 것이었다.

로젠한은 여덟 명의 사람을 모집하여 정신병 환자인 것처럼 가장시킨 후, 여러 곳의 정신병원에 나누어 들여보냈다. 물론 그 자신도 함께였다. 이들은 각기 다른 자신만의 증상을 만들어 진단을 받은 뒤 정신병원에 입원했으며, 정신 병동에 일단 들어가고부터는 정상인과 똑같이 행동했다. 이들은 법적 조언, 환자 도와주기, 글쓰기 등 일상에서 본다면 지극히 정상적인 활동을 하였으나, 정신과 의사들은 이들의 행동 중 일부를 정신병적인 증세로 치부했다. 오히려 입원해있던 '진짜' 환자들이 그들이 '가짜' 환자라는 것을 눈치챘다. 결국 그들은 일시적 정신 회복이라는 진단을 받아 정신병원을 나오게 되었다.

1년 후 로젠한 교수는 이들의 진술과 경험을 일종의 실험으로 정리해서 저명 학술지 〈사이언스〉에 '정신병원에서 제정신으로 지내기'라는 제목으로 발표해 큰 파장을 불러일으켰다. 로젠한 박사의 이러한 시도는 의사가 환자를 정신 의학계에서 설정한 잣대로 임의로 진단하고 규정하면서 환자의 인권과 자유를 속박한다는, 이른바 **반정신의학**의 입장을 반영한 것이었다. 그는 정신과적 진단체계가 객관적 기준이나 검증체계 없이 비과학적인 시스템으로 운영되기 때문에 환자의 말만 믿고 진단 기준에 맞춰 자의적으로 진단해 버린다며 통렬히 비판했다.

로젠한의 실험은 의사들이 정신병원에 들어와 있는 정상인을 제대로 구분해 내지 못한 점, 평범한 행동을 정신병적 증세로 오인한 점 등을 근거로 '환자와 비환자를 일정한 기준으로만 가려내는 것이 과연 정당한 것인가'라는 의문을 제기했다. 실험 결과는 정상과 비정상을 분류할 수 있다는 확신에 대해 새로운 경종을 울린 것이자, 투과하는 렌즈에 따라 세상은 왜곡될 수 있다는 사실을 보여 주었다. 또 인간이 얼마나 복잡한 내면을 가진 존재이고 또 주관성에 사로잡혀 있는지를 암시했다. 로젠한 박사의 실험 이후 미국 정신과학회는 훨씬 객관적이고 엄밀하게 진단하고 평가할 수 있는 진단체계를 만들어내기 위해 노력했다.

✚ 도식

일반적으로 우리는 어떤 특정한 인물 또는 일반인에 대해, '그 또는 그런 부류의 사람은 이런 사람이다.'라는 생각을 품고 있다. 이렇게 어떤 일 또는 사람에 대해 가지고 있는 일정하고 구조화된 지식 체계를 **도식 (scheme)**이라고 한다. 예를 들어 '외향적인 사람'에 대한 우리의 도식에는 '활발하다', '사교적이다'와 같은 특성이 서로 관련을 맺고서 함께 어우러져 있는 것으로 받아들인다. 그리고 이러한 사람 도식 중에는 특정 집단 또는 특정인에 대한 도식이 있을 수 있는데, 이를 '고정관념', '선입견', 내지는 '편향'이라고 한다. 우리 사회에서 문제가 되는 여성 편견과 인종 편견, 지역 편견은 모두 여성, 특정 인종 및 특정 지역 사람들에 대한 잘못된 고정관념과, 이에 의한 도식적 정보처리의 단점으로부터 나오는 경우가 많다. 로젠한의 실험에서 의사들이 보인 태도 역시 '도식'이 내면화되어 **선입견**으로 표출된 것이라 할 수 있다.

48 제임스-랑게의 정서 이론: 슬프기 때문에 우는 게 아니라, 울어서 슬픈 것이다.

일반적으로 마음의 움직임을 통칭해서 '감정'이라고 하는데, '기분'과 '정서'가 이에 해당한다. 기분은 '즐겁다', '우울하다' 등 비교적 오랫동안 지속하는 감정이다. 이에 비해 정서는 '기쁨', '공포', '분노' 등 돌발적이고 강한 감정으로, 급격하게 일어났다가 단시간에 끝나는 강력한 마음의 작용이다.

심리학에서는 정서를 주된 주제로 다루는데, 인간 정서에 관한 이론으로 **제임스-랑게설**'이 있다. 미국의 심리철학자 윌리엄 제임스는 정서와 행동의 관계를 연구했다. 만약 길에서 맹견을 만나면 겁이 나서 떨리거나 심장이 크게 뛴다. 의식이 공포를 느끼는 게 원인이 되어 몸을 떠는 신체 반응(행동)을 일으키기 때문이다. 제임스는 이 경우에 우리는 실제로는 무의식적으로 떨기 시작하고, 그 후에 의식이 공포를 느끼는 것으로 생각했다. 심장이 요동치는 신체 반응(행동)이 단지 공포라는 정서로 번역되는 것일 뿐이라고 보았다. 이를 두고 제임스는 "슬프기 때문에 우는 것이 아니라 울기 때문에 슬픈 것이다."라는 말로 표현했다(**신체 변화 후 정서를 경험한다**). 제임스는 인간 행동은 '자극-정서-신체 변화'의 순서가 아니라 '자극-신체 변화-정서'의 순서라고 주장했다. 정서적 경험은 외부 자극에 대한 신체 반응을 지각한 결과로 생긴다는 이론을 '제임스-랑게설(제임스-랑게 정서 이론)'이라고 하는데, 미국의 철학자 제임스와 덴마크의 심리학자 랑게가 거의 동시에 제창했다고 해서 그렇게 명명된 것이다.

제임스-랑게설에 대해 미국의 생리학자 캐논과 그의 제자 버드는 고양이의 교감신경을 모두 제거하는 실험으로 강하게 반박했다. 제임스의 이론에 의하면 고양이의 교감신경이 활성화되지 않았기에 감정을 느끼는 것이 이론적으로 불가능해야 한다. 하지만 실험에 따르면 고양이는 교감신경이 있거나 없거나 똑같은 감정적인 행동, 예를 들어 고양이를 향해 짖는 개가 있을 때, 같이 이빨을 드러내고 으르렁거리는 반응을 보였다. 실험을 통해 캐논과 버드는 하나의 신체 반응이 항상 같은 정서를 일으키는 게 아니라고 보았다. 공포로도 떨고 추위로도 떨린다는 것이다. 이들은 맹견을 보면 뇌를 통해 공포라는 정서 경험과 떨리는 신체 반응이 동시에 일어난다고 주장했다. 이를 '**캐논-버드 정서 이론**'이라고 하는데, 이론에 따르면 '울어서 슬픈' 것이 아니라 '우는 동시에 슬픈' 것이다(**신체 변화와 정서 경험은 동시 관계다**).

후에 심리학자 샤흐터와 싱어는 '아드레날린 주사 실험'을 통해 '인지'의 중요성을 강조하는 '**정서의 2요인 이론**'을 발표했다. 이들의 주장은 인간은 생리적인 반응이 일어났을 때 그 원인을 해석하면서 정서를 느낀다는 것이다. 맹견이 달려드는 것을 보고 심장이 빨리 뛰고, 그런 다음에 심장이 빨리 뛰는 이유를 주어진 상황에서 분석한 후, 이어서 개가 그 원인이라는 것을 알게 되면서 그때 두려움의 정서가 형성된다는 것이다. 즉, '우는 이유를 알아서 슬픈' 것이다(**생리적 각성의 원인을 추론 후 정서를 경험한다**).

♣ 자극과 신체 반응 비교
- **상식적인 생각**: 자극의 지각 → 정서의 지각(의식적) → 신체 반응(무의식적)
- **제임스-랑게설**: 자극의 지각 → 신체 반응 → 정서
- **캐논-버드설**: 자극의 지각 → 뇌의 흥분 → 신체 반응
- **정서의 2요인 이론**: 자극의 지각 → 신체 반응 → 뇌에 의한 상황 판단 → 정서

49 할로의 원숭이 대리모 실험: 모성애의 위대함

행동주의 심리학의 '조작적 조건 형성'의 기초를 이루는 이론으로 '2차 요인설'이 있다. 아이는 1차 요인인 생리적 욕구를 어머니가 충족시켜 주기 때문에 2차 요인인 어머니의 애정을 추구하는 욕구가 생긴다는 이론이다.

왜 아이는 어머니(또는 어머니를 대신하는 인물)에게 사랑받고 싶어 하는 걸까? 미국의 심리학자 로버트 시어즈는 굶주림과 추위, 더위를 완화하고 싶은 유아의 욕구를 어머니(또는 어머니를 대신하는 인물)가 채워주기 때문에 유아는 어머니에게 사랑받고 싶어 한다고 생각했다. 이처럼 생리적 욕구(1차 요인)를 충족해 주기 때문에 2차로 어머니에 대한 애정 욕구가 생긴다는 이론을 '2차 요인설'이라고 한다.

그러나 이 이론은 발달심리학의 발전과 함께 로렌츠와 할로 등에 의해 반론이 제기되었다. 오스트리아의 동물학자 콘라트 로렌츠는 오리와 집오리 새끼가 알에서 깨어난 직후에 보는 것을 자신의 부모라고 인식한다는 것을 밝혀냈다. 특정 시기에 주어진 자극이 반복적인 학습을 거치지 않고 반영구적으로 사라지지 않는 것을 '각인'이라고 한다. 각인 현상을 인간에게 적용하면 특정 시기(민감기)까지 자신의 부모가 누구인지가 각인되고 동시에 부모에 대한 애착이 생겨난다. 로렌츠에 따르면, 순식간에 일어나는 각인 현상은 자극과 반응을 반복함으로써 학습하는 조작적 조건 형성 이론으로 설명할 수 없는 것으로, 어머니가 먼저 아기의 욕구를 채워주기 때문에 2차로 어머니에 대한 애착이 생긴다는 시어즈의 '2차 요인설'을 뒤집었다.

미국의 심리학자 해리 할로도 '2차 요인설'에 의문을 제기했다. 이를 위해 할로는 '대리모 인형'을 통한 새끼 원숭이의 반응을 통해 스킨십과 애착 행동의 관련성을 증명하는 실험을 했다. 할로는 실험을 통해 유아가 어머니(또는 어머니를 대신하는 인물)에게 애착을 갖는 것은 스킨십이라는 신체 접촉에 의한 영향이 크다는 것을 증명했다. 실험 내용은 이렇다.

할로는 2가지 형태의 대리모를 설계했다. 한쪽 대리모는 철사로 된 몸통에 우유통이 달려 있고, 다른 쪽 대리모는 부드러운 담요로 몸통을 덮었다. 실험이 진행되는 동안, 일단 새끼 원숭이는 우유를 먹기 위해 철사 어미에게 달려갔다. 하지만 우유를 먹고 나자 재빨리 담요로 덮인 어미에게로 갔다. 그리고 하루 종일 부드러운 천이 덮인 어미에게만 붙어 있었다.

이처럼 새끼 원숭이는 먹을 것을 주는 것만으로는 철사 어미와 아무런 관계도 형성하지 않았다. 철사 어미에게서 우유가 뚝뚝 떨어지든, 철사 어미가 우유에 발을 담그든, 새끼 원숭이는 반응을 보이지 않았다. 새끼 원숭이는 하루 시간의 대부분을 담요 대리모 위에서 잠을 자거나 대리모를 꼭 껴안고 생활했다. 뭔가 놀랐을 때 담요 대리모에게 자신의 몸을 바짝 밀착시켜 심리적 안정을 얻었다.

할로는 이것을 '접촉 위안'이라고 하면서, 모든 생명체는 부드러운 신체 접촉을 할 때 성장하고 행복할 수 있다고 보았다. 할로에 따르면, 따뜻하고 부드러운 피부 간의 접촉은 안정감을 통해 위안을 찾기 위해서다. 할로의 실험은 생애 초기 '부모-자녀' 관계에서 중요한 것은 단순히 충분한 음식 제공이 아니라 따뜻한 접촉 위안임을 강하게 시사한다.

50 포러 효과: 자신의 성향과 경험을 확신하는 심리 기제

사람들이 보편적으로 지닌 성격이나 심리적 특징을 자신만의 특성으로 여기는 심리적 경향을 '**바넘 효과**'라고 한다. 바넘 효과는 미국의 '서커스의 제왕'이라 불리는 바넘이 종종 서커스 관람객들의 성격을 알아맞히는 묘기를 선보이면서 탄생하게 된 말이다. 바넘은 자신의 이름을 딴 곡예단에서 사람의 성격을 맞히는 일로 큰 인기를 누렸다.

미국의 심리학자 버트럼 포러는 바넘 효과를 자신의 성격 진단 실험에 적용했다. 포러는 자신이 가르치는 UCLA 심리학과 학생들을 대상으로 성격 테스트를 받게 했다. 검사 결과와 상관없이 모두 똑같은 결과지를 나눠 주고, 검사 결과가 얼마나 자신의 실제 성격을 잘 묘사했는지를 물어보았다. 동일한 성격 검사 결과임에도 불구하고, 놀랍게도 전체의 80%에 해당하는 학생들이 자신의 성격과 일치한다고 대답했다. 과연 그 이유가 뭘까?

포러는 학생들에게 나눠준 성격검사 결과 내용에 주목했다. 성격검사 결과 내용은 모호하여 귀에 걸면 귀걸이 코에 걸면 코걸이 격의 내용이었다. 예를 들어 "타인에게 부당한 대우를 받았거나 옳은 일이라고 생각하면 쉽게 자신의 주장을 굽히지 않는 편이다."라는 식이었다. 이를 접한 학생들은 이러한 모호한 성격 특성 중에서 자신에게 딱 들어맞는 부분을 선택해 받아들였고, 일치하지 않는 부분은 각자 다양한 이유로 선택에서 배제했다.

포러는 이런 결과를 통해, 인간은 모호한 자극 상황에서 무언가 의미 있는 내용을 찾고 설명하려 든다는 사실을 발견했다. 사람들이 보편적으로 가지고 있는 성격이나 특성을 자신만의 것으로 생각하려 드는 경향을 실험으로 증명했다. 이처럼 누구에게나 맞는 성격 내용을 자신에게만 적용되는 것이라고 생각해버리는 것을 '**포러 효과**'라고 한다. 포러에 따르면, 사람들은 객관적 기준에 근거하여 정확한 판단을 하기보다는, 자신이 사실이었으면 하고 생각하는 의견을 받아들이려고 한다. 사람들은 자신에게 긍정적인 표현이라든가 듣기 좋은 의견이라면, 설령 그것이 좀처럼 믿기 어렵고 혹은 완전히 틀린 의견이라도 기꺼이 받아들이려는 경향이 있다는 것이다.

포러 효과와 비슷한 개념으로 '**확증 편향**'이란 개념이 있다. 확증 편향은 자신이 믿고 있는 것에 대해 유리한 정보만을 모아 불리한 정보를 무시하는 인간 심리를 말한다. 확증 편향은 자신이 믿고 싶은 것만을 믿으려는 선택적 지각 현상에 따른 결과라 할 수 있다. 참고로 '편향(bias)'은 확률이론이나 통계이론에서 제시하는 기준에서 벗어나는 판단을 말한다.

포러 효과는 또한 어림짐작 사고인 '**휴리스틱**'과도 밀접하게 관계한다. 휴리스틱이란 현실의 상황을 판단하는 일이 너무 복잡하기에 이를 단순화하기 위해 사용하는 '주먹구구식 사고'를 말한다. 즉 이것저것 꼼꼼히 따져가며 판단한 후 의사결정을 내리기보다는, 자신이 잘 알고 있는 것이나 과거의 선험적 경험에 따라 대충 판단하고 의사결정을 내리는 성향을 일컫는다. 이러한 사고는 지적 능력의 결함과 정보 부족을 메워주는 긍정적인 측면과 더불어, 사물에 대한 객관적 인식을 방해하는 부정적인 측면을 동시에 갖고 있다. 하지만 이와 달리 포러 효과는 자신에게 유리한 정보만을 믿고 받아들이면서 그것이 옳다는 착각에 빠질 수 있는 것이기에, 휴리스틱의 부정적 측면을 좀 더 드러낸 사고 실험이라 할 수 있다.

6

꼭 알아야 할 과학의 법칙·이론·원리 80

01 파스칼의 원리: 자동차 브레이크의 원리

밀폐된 용기 속에 담겨 있는 액체의 한쪽 부분에 압력을 가하면 그와 똑같은 크기의 압력이 유체 속 모든 부분에 골고루 전달된다는 원리를 말한다. 치약의 끝을 누르면 내용물이 나오는 것도 이러한 원리로 나타나는 현상이다.

파스칼의 원리는 일상생활에서 쉽게 체험할 수 있다. 예를 들어 고무풍선에 바람을 넣으면 동그란 공 모양으로 부풀어 오른다. 공기를 불어 넣는 압력이 풍선 전체에 똑같이 전달되어 벽을 일제히 밀기 때문에 풍선이 공 모양으로 부푸는 것으로, 그 속에는 파스칼의 원리가 숨어 있다. 고무풍선 안에 공기가 아닌 액체가 채워진 경우일지라도 파스칼의 원리가 적용된다. 고무풍선 혹은 비닐봉지에 물을 가득 채운 다음 바늘로 몇 군데에 구멍을 뚫고, 아무 곳이나 손가락으로 누르면 구멍마다 다 같은 세기로 물이 나온다. 손가락으로 누르는 힘이 모든 구멍에 똑같은 압력을 전달해 물을 밀어내기 때문이다.

파스칼의 원리를 응용한 장치로 대표적인 것이 '**유압 장치**'다. 유압 장치는 자동차 브레이크에 쓰이는데, 빠른 속도로 달리는 무게 1톤짜리 승용차를 한쪽 다리 힘만으로도 쉽게 멈춰 세울 수 있는 것은 바로 이 장치 덕분이다.

유압 장치는 파스칼의 원리를 〈그림〉과 같이 응용하고 있다. 만약 단면적이 1인 피스톤 A용기에 1만큼의 힘을 준다면, 이때 파스칼의 원리에 의해 유체의 다른 모든 방향에도 동일한 압력이 가해진다. 이때 피스톤 B용기의 경우 유체의 압력에 의해서 움직이는데, 파스칼의 원리에 의해 1의 힘을 가한 단면적에 비해 면적이 10배라면 10의 힘을 얻을 수 있다. 이런 방법으로 단면적의 크기를 조절하여 원하는 비율의 힘을 확대 또는 축소할 수 있다. 이렇듯 유압 장치는 파스칼의 원리에 근거하여 손쉽게 힘을 전달하고, 힘의 크기를 변화시킬 수 있다. 이를 응용한 것이 바로 유압잭으로, 불도저나 크레인에도 이 장치가 설치되어 있다. 파스칼의 공식은 힘(F)= 압력(P)×면적(A)으로 통용된다.

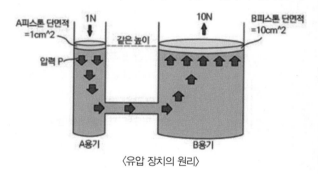
〈유압 장치의 원리〉

♧ 돔 지붕에 숨어 있는 파스칼의 원리

파스칼의 원리는 **돔 모양의 지붕**에도 이용된다. 돔 모양의 지붕은 공기의 힘이 떠받치고 있는데, 이 힘도 파스칼의 원리에 따른 것이다. 돔 모양의 지붕은 보통 수백 톤에 이르는데, 공기압이 이 어마어마한 무게를 떠받치고 있다. 이는 돔 안에 공기를 넣을 때 바깥보다 0.3%만큼 더 많이 주입했기 때문에 가능한데, 이때 안과 밖의 기압 차는 빌딩 1층과 10층 사이의 기압 차와 같다. 우리 몸은 거의 느끼지 못하지만, 출입구에 문이 달려있어서 공기가 빠져나가지 못하고 밀봉 상태를 유지하고 있다. 결론적으로 이 공간에는 파스칼의 원리가 성립하고, 지붕 전체에 0.3%의 기압 차라는 힘이 작용한다. 지붕의 면적은 광대하므로 공기압은 지붕 전체에 아주 커다란 힘이 된다. 이 힘이 수백 톤이나 되는 지붕을 밑에서 떠받쳐 준다.

〈돔의 구조〉

02 데카르트의 운동 법칙: 관성과 충돌

데카르트는 운동의 문제를 철학적 토대에서 과학의 중심 주제로 부각한 철학자였다. 데카르트의 역학은 **'관성의 원리'**를 기초로 한다. 특히 직선 관성 운동의 개념을 명확히 제시했는데, 이는 그의 기계론적 철학에 바탕을 둔 것이다. 우선 데카르트는 자연 세계의 모든 현상의 근원인 물질 운동의 원인을 찾으려 했다. 그러나 물질은 그 자체로서 아무런 성질이나 활성을 지니지 않았으므로 물질 자체가 운동의 원인이 될 수는 없었다. 데카르트는 결국 '신'을 물질 운동의 기원으로 보게 되었다. 즉, 신이 물질을 창조하고 운동하도록 해주었다고 보았다.

이 과정에서 데카르트가 가지게 된 의문은 운동을 지속시켜 주는 것이 무엇이냐 하는 것이었다. 데카르트의 관성의 개념은 이 문제에 대해 답하는 과정에서 나타났다. 운동을 지속시켜 주는 것이 아무것도 없다면 운동은 물질이 처하는 하나의 상태이고, 외부의 작용이 없는 한 물질은 자신의 운동 상태를 그대로 지속하려는 경향, 즉 관성을 지닌다고 보았다. 데카르트는 이 관성의 원리를 신의 영원불변성과 연결했다. 영원불변인 신은 자신이 창조한 물질에서 자신이 부여한 운동도 불변하도록 유지하리라는 것이었다.

데카르트가 명명한 '자연법칙'은 다음과 같다. 첫째, 모든 물체는 다른 것이 그 상태를 변화시키지 않는 한 똑같은 상태로 남아 있으려고 한다. 둘째, 운동하는 물체는 직선으로 그 운동을 계속하려 한다. 셋째, 운동하는 물체가 자신보다 강한 것에 부딪히면 그 운동을 잃지 않고, 약한 것에 부딪혀서 그것을 움직이게 하면 그것에 준 만큼의 운동을 잃는다.

처음 두 법칙은 **'관성의 법칙'**이고, 세 번째 법칙은 데카르트가 '운동의 양'이라고 부른 **'질량의 보존을 나타내는 법칙'**이다. 한편, 운동하고 있는 물체에 외부에서 작용이 가해지면 그 운동 상태는 변화한다. 그러나 사실은 이러한 변화도 아무렇게나 일어나게 하는 것이 아니라 작용을 가하는 물체와 작용을 받는 물체의 운동의 합을 일정하게 유지되도록 일어나는 것이다. 이를 위해 데카르트는 '운동의 양'이라는 양을 정의해서 운동의 척도로 사용했다. 그 크기는 운동하는 물체의 물질의 양, 즉 질량과 속력의 곱(mv)으로서 나타내고, 이 새로운 양을 사용하면 데카르트의 제3법칙은 **'운동량의 보존 법칙'**이 되는 것이다. 이와 같은 과정으로 갈릴레이에서 등속 원운동에 제한되어 있던 관성의 개념은 데카르트에 의해 오늘날의 관성 개념처럼 직선 운동에 적용되었다.

데카르트는 모든 움직임을 '운동'이라는 관점에서 동일하게 취급하면서, 운동의 정의도 명확하게 **'상대적'**이 되었다. 절대적인 운동이란 존재할 수 없고, 한 물체가 다른 물체에 비해 상대적인 위치가 달라지는 것을 운동으로 본 것이다. 예를 들어 물체 A와 B의 상대적 위치가 달라지면 A는 B에 대해, B는 A에 대해서 운동을 한 것이다. 그러나 이때 B가 정지해 있고 A가 운동한 것인지, A가 정지해 있고 B가 반대 방향으로 운동한 것인지, 또는 A와 B가 둘 다 운동한 것인지를 알 수 없다. 이와 같이, 운동이 상대적으로 되면서 운동과 정지의 엄격한 구별은 더는 생각할 수 없게 되었다. 물체는 운동을 위해 동인(動因)을 필요로 하고, 동인이 없으면 정지한다는 아리스토텔레스의 역학과는 완전히 다른 역학 체계가 형성된 것이다. 데카르트의 운동에 관한 논의에서 가장 중요한 것은 **'충돌'**의 문제로, 그는 물체의 운동을 변화할 수 있는 방법은 외부의 작용에 의해서이고, 그러한 외부 작용은 물체의 직접 충돌에 의해서만 일어날 수 있다고 보았다.

03 뉴턴의 운동 법칙: 물체의 운동에 관한 기본 법칙

물체에 힘(단위: 뉴턴, N)이 작용하면 물체에서는 변형이 일어나거나, 운동 상태가 변하거나, 변형과 운동 상태의 변화가 같이 일어난다. 물체의 운동에 영향을 주는 힘에 대해 뉴턴은 세 가지 법칙을 발표했는데, 이는 뉴턴 사후(1727년) 4세기가 지난 지금에도 물체의 운동을 설명할 때 사용되고 있다. 외력이 작용하지 않으면 물체는 처음의 운동 상태를 유지한다.

■ 뉴턴 운동 제1법칙

처음에 정지해 있던 물체는 계속 정지해 있고 운동하던 물체는 등속 직선 운동을 하는데, 이를 제1법칙인 '**관성의 법칙**'이라고 한다. 뉴턴 운동 제1법칙인 관성의 법칙에 의한 현상은 우리 주위에서 많이 일어난다. 예를 들어 자동차가 급정거할 때 사람의 몸이 앞으로 쏠리게 되는데, 이것은 자동차와 같이 일정한 속도로 움직이고 있던 몸이 자동차가 급정거할 때 관성의 법칙에 따라 계속 앞으로 진행하려고 하기 때문이다.

■ 뉴턴 운동 제2법칙

속도의 변화는 질량이 일정할 때 작용하는 힘의 크기에 비례하고 작용하는 힘의 크기가 일정할 때 물체의 질량에 반비례하는 것을 제2의 법칙인 '**가속도의 법칙**'이라고 한다(가속도 a=힘 F÷질량 m, 힘=질량×가속도=운동 방정식). 뉴턴 운동 제2법칙은 힘을 받는 물체가 가속도를 가지고 움직이는 운동을 설명해 준다. 물체에 주어진 힘을 알면 가속도를 알게 되고, 이렇게 구한 가속도를 통해 물체의 시간별 속도나 위치 등과 같은 운동 과정을 구체적으로 알 수 있다.

■ 뉴턴 운동 제3법칙

A, B 두 물체 사이에서 A가 B에 힘(작용)을 가하면 B도 A에 크기는 같고 방향은 반대인 힘(반작용)을 가하는 것을 제3법칙인 '**작용·반작용의 법칙**'이라고 한다. 뉴턴 운동 제3법칙은 두 물체 사이에 작용하는 힘에 대한 법칙이다. 예를 들어 벽에 대고 있는 책을 떨어뜨리지 않으려면 책을 눌러야 한다. 그러면 책도 책을 누른 힘과 크기는 같고 방향이 반대 방향인 힘을 가한다. 만일 책을 누르는 힘과 반대 방향으로 책이 손에 힘을 가하지 않는다면 누르는 손은 책을 뚫고 지나가야 할 것이다. 이처럼 반대 방향으로 서로 힘을 주고받는 두 물체에 작용하는 힘의 쌍을 '작용—반작용'이라고 한다.

작용 – 반작용과 힘의 평형의 공통점과 차이점

구분	작용과 반작용	두 힘의 평형
공통점	• 작용하는 두 힘의 크기가 같고, 방향이 정반대이다. • 두 힘의 작용선이 동일 작용선상에 놓인다.	
차이점	• 두 힘이 서로에게 엇갈리면서 서로에게 작용한다. • 작용점이 각각 두 개가 존재하는 쌍힘이다.	• 두 힘이 어느 한 점 또는 한 물체에 집중적으로 작용한다. • 두 힘의 작용점이 같기 때문에 작용점은 한 개만 존재한다.
실례	만유인력, 로켓이나 포탄 발사 시 반동력 등	줄에 매달린 진자에 작용하는 중력과 장력 등

04 운동량 보존 법칙: 충돌 전후에도 운동량은 항상 보존된다.

운동량은 물체의 운동 규모와 관련된 물리량으로서, 질량이 m이고, 속도가 v인 물체의 운동량은 $p=mv$로 정의하고, 단위로는 $kg \cdot m/s$를 사용한다. 만일 물체가 운동하는 동안에 질량이 변하지 않는다면 뉴턴의 운동 법칙은 힘 F가 일정한 경우, $[F=ma=m \times \Delta v/\Delta t=\Delta p/\Delta t]$로 나타낼 수 있다. 즉, 물체에 작용한 힘은 그 물체의 운동량의 시간에 따른 변화율이다. 따라서 물체에 알짜힘이 작용하지 않는다면 그 물체의 운동량은 항상 같다. 이를 '**운동량 보존 법칙**'이라고 한다.

두 물체 사이에 힘이 작용하면 속도가 변해 운동량은 달라질 수 있지만 다른 외력이 작용하지 않는다면 두 물체 사이에 힘이 작용하기 전후 운동량의 총합은 항상 일정하게 보존된다. 운동량 보존의 법칙은 힘이 서로 작용하는 두 물체뿐만 아니라 셋 이상의 물체에서도 성립하며, 완전 탄성 충돌뿐만 아니라 **비탄성 충돌**일 경우에도 항상 성립한다.

〈그림〉에서 (가)와 같이 대포가 포탄을 발사하기 전에는 정지하고 있으므로 운동량이 0이다. 그림 (나)와 같이 포탄을 발사하면 포신이 뒤로 약간 물러나게 되어 포탄과 반대 방향의 운동량을 갖게 된다. 따라서 포탄의 운동량과 포신의 두 운동량을 합하면 발사 이전과 같이 0이 된다. 즉, 운동량이 보존된다.

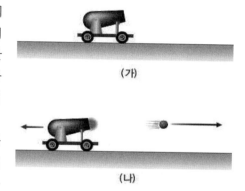

(가)

(나)

한편, 위 식의 양변에 Δt를 곱하면, $[F \Delta t=m \times \Delta v]$를 얻을 수 있다. 이 식에서 $F \Delta t$는 물체에 작용한 힘과 시간을 곱한 양으로 '충격량'이라고 하고, 단위로는 $N \cdot s$를 사용한다. 만일 물체가 운동하는 동안에 질량이 변하지 않는다면 $[\Delta t=m \times \Delta v]$이므로 이 식의 우변은 운동량의 변화량이라 할 수 있다. 결국 이 식은 물체에 가해진 충격량은 물체가 가진 운동량의 변화와 같음을 말해주고 있다.

운동량이 보존되는 기본 원리는 망망한 우주에 놓인 우주인을 상상해 보면 짐작이 갈 것이다. 이 우주인은 아무리 발버둥을 쳐도 자기가 있는 자리에서 꼼짝도 할 수가 없다. 우주 공간이 공기나 물로 채워져 있다면 헤엄치듯이 나아갈 수도 있겠지만 우주는 텅 비어있다. 우주인이 몸을 오른쪽으로 움직이려고 하면 그와 똑같이 몸의 일부는 항상 그 반대쪽으로 향하게 마련이다. 이 우주인이 자기가 원하는 방향으로 움직이려면 그 반대 방향으로 뭔가를 내버려야만 한다. 몸에 지닌 장비든 소변 같은 배설물이든 무언가가 반대 방향으로 운동량을 갖고 자기 몸을 떠나가야만 한다.

✤ 운동량 보존과 뉴턴 운동 제3법칙

운동량 보존 법칙은 **작용 · 반작용의 법칙**에 따라 성립한다. 두 물체의 충돌, 한 물체로 합쳐지는 융합, 한 물체가 두 개 이상의 물체로 되는 분열(폭발) 등과 같이 짧은 시간 힘을 작용하는 순간적인 현상에서 마찰력이나 중력 등의 외력이 작용한 충격량이 무시될 때 항상 성립한다. 즉, 힘의 작용 시간이 매우 짧고 마찰력, 중력이 무시될 때 성립한다. 물체계 내의 물체들 사이에 '작용–반작용'으로 짝을 이룬 내력은 각 물체의 운동량을 변화시키지만 물체계 전체 운동량의 통합은 보존된다. 운동량은 크기와 방향성의 '**벡터량**'으로 나타낸다.

05 각운동량 보존 법칙: 피겨스케이팅 고속 스핀의 비밀

운동량 보존 법칙은 직선 운동의 물리량으로, 공간이 균질하다는 대칭성에 상응하는 보존량이 바로 선운동량이다. 이에 비해 회전하는 물체는 '**각운동량(角運動量)**'이라는 물리량을 갖는다. 각운동량은 물리학에서 어떤 원점에 대해 선운동량이 돌고 있는 정도를 나타내는 물리량을 말한다. 어떤 물체가 회전할 때의 각운동량은 그 물체의 질량과 선속도와 회전반경의 곱으로 주어진다. 지구나 인체처럼 수많은 입자가 모인 물체가 회전할 때는 그 모든 입자의 효과를 모두 더해야 한다. 외부에서 힘이 작용하지 않으면 회전하는 물체의 각운동량은 보존된다. 이것을 '**각운동량 보존 법칙**'이라고 한다.

팽이치기를 생각하면 이해하기 쉬울 것이다. 우리는 팽이를 빠르게 돌리기 위해서 끈 등으로 만든 채로 팽이 옆면을 빠르게 쳐서 회전력을 가하고 이에 비례해서 팽이는 빠르게 회전한다. 이것은 바로 팽이에 회전력을 가하여 팽이의 각운동량을 증가시키는 것이다. 여기서 각운동량은 물체의 운동량(질량과 속도의 곱)과 반지름(물체와 회전축 사이의 거리)을 곱한 값이다.

각운동량이 중요하게 다루어지는 이유는 돌림힘이 작용하지 않으면 각운동량은 보존되는 양이 되기 때문이다. 미분 가능한 계의 작용에 연속적인 대칭성을 지니면 이에 대응하는 보존량이 존재한다는 '뇌터의 정리'에 의하면, 각운동량의 보존은 공간의 '**회전 대칭성**' 때문이다. 이러한 각운동량의 보존은 공학뿐만 아니라 여러 자연현상을 기술하는 데에도 유용하게 사용된다. 우리 주위의 회전과 관련된 현상들을 각운동량 보존을 이용하여 쉽게 이해할 수 있다.

✛ 사례 1: 케플러의 제2법칙

태양 주위를 도는 지구의 운동에서도 지구의 각운동량은 보존된다. 지구는 태양과 중력을 주고받지만 이를 하나의 고립된 계로 보면 외부에서 돌림힘이 작용하지 않기 때문이다. 케플러 시절에 이미 지구는 태양 주변을 타원 궤도로 돈다는 사실이 관측으로 확립되었다(**케플러 제1법칙**). 태양은 그 타원 궤도의 한 초점에 있다. 그래서 지구는 태양에 가까워지기도 하고 멀어지기도 한다. 만약 지구가 태양에 가까워지면 (이때는 지구의 북반구가 겨울이다.) 돌림힘이 작아지므로 회전관성이 줄어든다. 그렇게 되면 각운동량 값을 일정하게 유지하기 위해 각속도 값이 커져야만 한다. 즉, 회전 속도가 빨라지는데, 그렇게 해서 지구는 태양에 가까워질수록 회전 속도가 빨라지고 상대적으로 멀어지면 회전 속도가 느려진다. 좀 더 엄밀하게 말하면, 지구가 타원 궤도를 돌 때 매 순간 훑고 지나가는 넓이는 항상 일정하다. 이것을 면적속도 일정의 법칙(**케플러 제2법칙**)이라고 부른다.

✛ 사례 2: 피겨 스케이트 선수의 점프

김연아 선수가 빙판에서 힘껏 뛰어올라 공중에서 회전하는 경우, 공중에 날아오른 김연아 선수는 빠르게 회전하기 위해 '**각운동량 보존의 법칙**'을 이용한다. 각운동량 보존의 법칙에 따르면 외부에서 물체에 힘이 작용하지 않는다면 물체가 가진 운동량은 항상 변함없이 일정한 값으로 보존된다. 반대로 물체에 회전력을 가하면 그만큼 물체의 각운동량은 증가한다. 김연아 선수가 이미 공중에 솟아오른 상태에서는 회전력을 가할 수 없기에 각운동량은 보존된다. 이때 김연아 선수는 공중에서 어깨, 팔, 발을 최대한 회전축 중심으로 모아 붙인 동작을 통해 빠른 회전 속도를 얻는다. 즉, 각운동량은 운동량과 반지름의 곱이므로, 반지름을 최소로 만들어 최대의 회전 속도를 낼 수 있도록 하는 것이다.

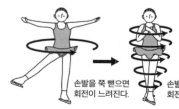

고속 스핀의 비밀
각운동량 보존 법칙을 활용한다.

손발을 쭉 뻗으면
회전이 느려진다.

손발을 움츠리면
회전이 빨라진다.

06 역학적 에너지 보존 법칙: 운동에너지와 위치에너지의 합은 보존된다.

물체에 일을 가하면 그 물체는 운동을 하거나, 위치가 바뀐다. 물체는 운동함으로써 운동에너지를 가지며, 위치가 달라짐으로써 위치에너지(**퍼텐셜 에너지**)가 달라진다. 역학적 에너지는 운동에너지와 위치에너지의 합으로 정의된다. 운동에너지와 위치에너지는 운동하는 동안 서로 전환된다. 그러나 그 합, 즉 역학적 에너지는 늘 일정한데, 이것을 '**역학적 에너지 보존 법칙**'이라고 한다.

예를 들어, 아래 〈그림〉과 같이 운동하는 진자의 질량을 m, 속력을 v, 기준면으로부터의 처음 높이를 h라고 할 때, A → O, B → O로 내려올 때는 위치에너지가 운동에너지로 전환되며, O → A, O → B로 올라갈 때는 운동에너지가 위치에너지로 전환된다. 이처럼 위치에너지가 운동에너지로, 또는 운동에너지가 위치에너지로 전환되지만, 그 합은 늘 일정한 값으로 보존된다.

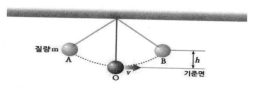

구분	내려올 때(A → O, B → O)	올라갈 때(O → A, O → B)
위치에너지	감소	증가
운동에너지	증가	감소
에너지 전환	위치에너지 → 운동에너지	운동에너지 → 위치에너지
역학적 에너지	일정	

✥ 롤러코스터의 역학적 에너지 보존과 전환

롤러코스터에는 엔진이 없다. 처음에 외부 모터를 이용해서 롤러코스터를 가장 높은 곳까지 끌어올리면, 그 이후에는 롤러코스터가 저절로 움직인다. 바로 여기에 역학적 에너지 전환과 보존이 적용된다. 높은 곳으로 끌어올리면 롤러코스터는 아주 큰 위치에너지를 가진다. 이 롤러코스터가 밑으로 내려오면서 위치에너지가 줄어들고, 이 줄어든 위치에너지만큼 운동에너지가 증가한다. 즉, 롤러코스터가 내려올 때는 위치에너지가 운동에너지로 변하면서 롤러코스터의 속력이 증가한다. 그렇다면 롤러코스터가 가장 빠를 때는 언제일까? 속력이 가장 빠르다는 것은 운동에너지가 가장 크다는 것이고, 이것은 또 위치에너지가 가장 작다는 것을 의미한다. 즉, **바닥에 있을 때** 롤러코스터의 속력은 가장 빠르다.

이것은 바이킹 놀이기구에서도 같다. 바이킹 놀이기구는 끝에서 가장 높이 올라가 있고, 바닥에서 가장 빠르다. 역시 모든 지점에서 운동에너지와 위치에너지는 한쪽이 줄어들면 반대쪽이 늘어난다. 두 에너지의 합인 역학적 에너지는 항상 **같은 값**을 유지한다. 하지만 엄밀히 말해서, 우리가 사는 세상에서 역학적 에너지가 보존되는 예는 찾아보기 힘들다. 바로 공기의 저항이나 마찰 때문이다. 아주 높은 곳에서 떨어지는 빗방울을 역학적 에너지 보존으로 생각하면 무시무시하게 빠른 속도가 되어 빗방울에 의해 건물이 파괴될 수 있을 것이다. 물론 실제로는 마찰로 인해 그런 일이 일어나지 않는다.

07 코리올리 효과: 태풍이 시계 반대 방향으로 도는 이유

북반구에서 적도 쪽으로 포탄을 발사하면 포탄은 목표 지점보다 오른쪽으로 휘며, 남반구에서 적도를 향해 포탄을 발사하면 왼쪽으로 휘어 나간다. 그러나 실제로 발사체의 진로가 휘는 것은 아니며, 발사체가 지상을 떠나 공중을 비행하는 동안 지구가 서쪽에서 동쪽으로 돌아가기 때문에 나타나는 상대적인 현상에 불과하다. 이렇게 포탄의 방향을 바꾸는 힘을 '**코리올리의 힘**'이라고 하고, 이 힘이 작용하는 것을 '코리올리 효과'라고 한다. 지구의 자전 때문에 생기는 코리올리의 힘은 물체의 진행 방향에 대해 직각으로 작용하여 물체의 운동이 북반구에서는 오른쪽으로 편향되고, 남반구에서는 왼쪽으로 편향된다.

직선 운동의 방향을 바꿔버리기 때문에 '**전향력**'이라고도 부른다. 코리올리 힘은 물체의 운동 속도에 비례하고, 좌표계의 회전 방향에 따라 운동 방향에 90° 방향으로 작용한다. 지구는 자전을 하기 때문에 '회전좌표계'이며, 태풍 내부 구름의 시계 반대 방향의 회전, 세면대 배수의 시계 반대 방향의 회전 모두 코리올리 힘을 받아 회전하는 것이다.

코리올리 효과는 대기의 순환과 해류의 흐름을 결정하는 데 중요한 역할을 한다. 태풍의 소용돌이에도 '코리올리의 힘'이 작용한다. 태풍은 북반구에서 시계 반대 방향으로 돌면서 이동한다. 태풍 중심의 강력한 저기압으로 주변 공기가 빨려 들어갈 때 시계 반대 방향으로 회전하는 공기 흐름이 형성되기 때문이다. 진행 중인 태풍의 오른쪽 회전력은 더 강해지고 왼쪽은 약해진다. 태풍의 회전 속도가 시속 100km이고 진행속도가 시속 30km일 경우 태풍의 오른쪽 바람은 시속 130km로 강력해지고 왼쪽은 시속 70km로 약해진다. 그만큼 태풍 오른쪽 지역의 피해가 크다.

✚ 화장실 변기에 작용하는 코리올리 힘

화장실 변기의 물이 소용돌이를 치면서 내려가는 현상은 '코리올리 효과' 때문이다. 우리가 변기의 물을 내리면 소용돌이가 생기면서 구멍으로 빠져나간다. 그런데 이때 생기는 소용돌이의 방향이 북반구에서는 시계 반대 방향, 즉 물이 내려가는 것을 위에서 보았을 때 왼쪽으로 흘러 빠져나가는데, 이것이 지구의 반대편인 남반구에서는 북반구와는 반대로 시계 방향, 즉 오른쪽으로 물이 흘러 빠져나간다. 이 반대 현상을 설명하는 힘이 바로 '**전향력**'이다.

실제, 변기에서 작용하는 코리올리의 힘은 미미하다. 변기에서 일어나는 작은 소용돌이는 지구의 자전보다는 다른 요소의 영향을 받을 가능성이 크다. 예를 들어, 변기의 좌우 높낮이가 비대칭일 경우 물이 내려가면서 작용하는 힘이 달라진다. 영국의 수학자 커밍은 배수 파이프를 위쪽으로 구부려 물을 저장하는 방법을 생각해냈다. 변기 안에는 진공 곡관이 숨어 있는데, 물의 높이에 의해 기압차가 발생하여 물이 위쪽으로 흐르게 한다. '**사이펀 관**'이 물 표면보다 아래에 있으면 수면에 작용하는 대기압으로 인해 관 안으로 밀려 올라가, 물이 굽은 곳을 돌아서 다른 쪽 관으로 통과만 하면 공기의 압력 때문에 남아 있는 물은 관을 따라 계속 흐른다. 변기 밸브를 누르면 변기 물탱크 속 물이 밀려 내려와 곡관을 넘게 되고 변기 속 물이 빨려 내려가고, 다시 곡관 높이까지만 물이 차게 된다.

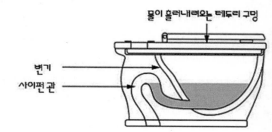

물이 흘러내려오는 테두리 구멍

변기
사이펀 관

08 베르누이 정리: 비행기가 나는 원리

열역학 제1법칙에 의하면 형태만 변할 뿐 에너지의 총량은 일정하다. 스위스의 수학자이자 과학자인 베르누이는 여기서 한발 더 나아가 유체(기체와 액체의 합)가 가진 에너지의 총량 역시 일정하다는 것을 수식으로 정리했다. 유체동역학에서 베르누이 방정식은 유체의 속도와 압력, 위치에너지 사이의 관계를 나타낸 식이다. 베르누이 방정식은 흐르는 유체에 대하여 유선상에서 모든 형태의 에너지의 합은 언제나 일정하다는 것으로, 완전유체에 대한 역학적 에너지 보존 법칙이라 할 수 있다.

유체가 가지는 에너지의 총량은 흐르는 '속도+압력'으로 표시된다. 강물의 흐름을 보자. 강폭이 넓은 곳은 강물의 흐름이 완만하고 강폭이 좁은 곳에서는 흐름이 빨라진다. 강폭이 넓은 곳이나 좁은 곳이나 단위 시간당 흘러가는 물의 양은 같아야 하기 때문이다. 마찬가지로 흐름의 속도가 빠른 곳에서는 압력이 낮아야 하고, 속도가 느린 곳에서는 압력이 높아야 한다. 이처럼 유체의 속도가 빨라지면 압력은 낮아진다는 것을 '베르누이의 정리'라고 한다.

베르누이의 정리에 의하면, 유체의 흐름 내에서는 유속이 빠를수록 정압(유체의 흐름과 평행인 면에 수직으로 작용하는 압력)은 낮고, 유속이 느릴수록 정압은 높아진다. 따라서 정압을 측정하면 유속을 알 수 있는데, 이러한 원리를 유량계에 적용한 것이 '차압식 유량계'로, 관로 내 유량의 크기에 따른 압력 차이인 '차압'을 측정하여 유량을 구하는 기계라 할 수 있다.

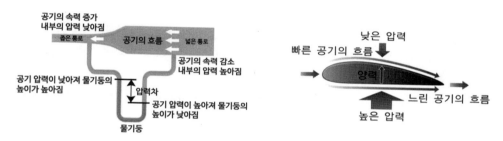

〈베르누이의 정리를 응용한 차압식 유량계의 원리〉

✚ 비행기가 나는 원리

베르누이의 원리를 이용한 것이 **비행기의 '양력'**이다. 비행기의 날개 구조를 보면 위쪽은 활 모양으로 휘어져 있고 아래쪽은 평면으로 되어 있다. 즉, 윗면의 넓이가 더 넓다. 비행기의 윗면이나 아래 면이나 공기의 양은 동일하다. 그렇다면 날개 윗면, 즉 더 넓은 면적을 통과해야 하는 공기의 속도는 아래 면을 흐르는 속도보다 빨라진다. 베르누이의 정리에 의하면 공기의 속도가 더 빨라지면 압력은 낮아져야 한다. 이것이 비행기를 뜨게 하는 양력의 이치로, 베르누이 정리에 따라 위쪽은 압력이 내려가고 결과적으로 날개에 양력(유체 속의 물체가 수직 방향으로 받는 힘, 즉 비행기를 뜨게 하는 힘)이 작용하게 된다.

참고로, 베르누이의 정리로 나타나는 현상을 **'마그누스 효과'**라고 한다. 유체 속에서 물체가 회전하면서 특정 방향으로 운동할 때 물체가 그 이동속도의 수직 방향으로 힘을 받아 경로가 휘어지는 현상을 마그누스 효과라고 부른다. 야구 선수가 공을 던지면서 시계 방향으로 스핀을 걸면, 공이 회전할 때 위쪽이 아래쪽보다 유체의 속도가 빨라진다. 그래서 베르누이의 정리에 따라 아래 압력이 상대적으로 커지고 공이 힘을 받아 커브를 그린다.

09 도플러 효과: 다가오는 소리가 갑자기 멀어지게 느껴지는 현상

오스트리아 빈 대학의 물리학 교수 도플러는 기차가 관찰자에게 다가올 때의 기적소리와 지나가면서 내는 기적소리, 또는 정지된 상태에서 내는 기적소리가 모두 다르다는 사실을 발견했다. 도플러는 이런 현상을 수학적으로 규명하는 연구에 매달렸는데, 그 결과 소리의 크기, 파동의 주파수는 파원(波源)과 관측자의 상대적인 속도에 따라 다르게 관측된다는 사실을 확인했다. 예를 들면, 기차가 달려오면서 울리는 기적소리는 연속된 음파들의 간격이 조밀해지면서 멈춰 있는 기차가 내리는 기적소리보다 훨씬 더 크게 들린다는 것이다. 반대로 기차가 멀어져 갈 때는 연속적인 음파들의 간격이 성기어지면서 낮은 소리로 들리게 된다. 이는 관측자가 움직이는 경우도 마찬가지다.

〈도플러 효과로 나타나는 파원의 움직임〉

도플러는 소리의 고저에 대한 수학적인 관계식을 완성하여 이를 자신의 이름을 딴 '**도플러 효과**'로 이름 지었다. 도플러 효과는 소리, 빛 등의 파동을 나타내는 물체에 대하여 움직이고 있는 관측자에게는 원래 파동과는 다른 진동수의 파동이 관측되는 현상을 이른다. 관측자가 파동에 대해 멀어지면(다가가면) 더 낮은(높은) 진동수의 파동을 관측하게 된다. 이는 파동에 대해 다가가면 밀려서 촘촘한(따라서 고음 또는 고주파) 파동을, 파동에서 멀어지면 늘어져서 느슨해진(저음 또는 저주파) 파동을 얻는다고 생각하면 쉽게 이해할 수 있다.

도플러 효과를 이용한 것이 **자동차 속도 측정계(스피드건)**이다. 지나가는 차의 속도를 측정할 경우, 측정자 쪽으로 다가오는 차를 향해 일정한 주파수의 초음파를 발사해 차에 반사된 후 다시 스피드건으로 되돌아오게 한다. 이때 반사돼 돌아온 초음파의 주파수는 도플러 효과에 의해서 애초에 발사했던 초음파의 주파수보다 높게 나타난다. 스피드건은 이때의 주파수 변화량을 측정해 속도를 계산한 후 계기판에 표시해 준다.

도플러 효과는 파동의 성질을 가진 빛이나 전자파에도 적용된다. 멀어져 가는 광원에서 방출된 빛은 도플러 효과에 의해 진동수가 낮아져 붉은색으로 보이는 데 비해, 그 반대의 경우에는 푸른색으로 보이게 된다. 붉게 변하는 현상을 적색편이라고 부르고, 푸르게 변하는 것을 '청색편이'라고 부른다. 이 원리를 이용하여 은하계를 관측한 결과 멀리 있는 은하계일수록 적색편이 현상이 더욱 강하게 나타났다. 즉, 멀리 있는 은하계일수록 지구로부터 더 빨리 멀어진다는 사실을 발견한 것이다. 이것은 '**허블의 법칙**'으로 우주 팽창의 이론적 근거가 되었으며, 이로 인해 우주가 고정되어 있을 것이라던 종래의 우주관은 깨지고 말았다.

✚ 도플러 레이더

기상 예보를 할 때 어떤 지점을 중심으로 직선이 돌아가면서 구름의 모양을 입체적으로 보여 줄 때가 있는데, 이것이 바로 도플러 효과를 응용한 도플러 레이더의 생성 자료이다. 도플러 레이더는 레이더의 전파를 구름 속 물방울에 발사한 뒤, 충돌해 되돌아오는 반사파의 주파수가 변화된 정도를 분석해 강수량을 알아낸다. 레이더 쪽으로 다가오는 물방울의 주파수는 증가하며, 멀어지는 물방울의 주파수는 감소한다. 주파수의 변화량은 물방울의 이동속도에 비례하므로, 이를 계산하여 이동속도를 계산할 수 있을 뿐만 아니라 강수의 움직임도 관측할 수 있다. 도플러 레이더를 통해 상층의 바람이 움직이는 방향과 속도도 측정할 수 있고, 강수량뿐 아니라 태풍과 같은 급격한 기상 현상을 포착할 수 있다.

10 호이겐스 원리: 광학의 원리를 설명하는 기초 이론

빛의 파동설에 근거하여 빛이 어떻게 전파하여 나가는지를 기술하는 원리로, 네덜란드의 과학자 호이겐스는 파동성에 근거하여 빛의 반사·회절·굴절을 설명했다. 호이겐스의 원리를 알려면 우선 파면, 평면파, 구면파라는 용어부터 이해해야 한다. 파동의 마루 부분, 골 부분을 이으면 직선이나 평면, 구 등의 도형이 그려지는데, 이를 '파면'이라고 한다. 파면이 평면이거나 직선인 것을 평면파, 구나 원 모양을 구면파라고 한다.

    호이겐스 원리에 따르면, 어느 시각에 파면의 각 점에서 구면파가 발생하고, 그것이 겹쳐져 다음 시각에 새로운 파면이 만들어진다. 이를테면 파동은 '구면파라는 아이를 낳아 세대를 잇는' 것과 같은 이치라고 보면 된다. 아래 〈그림〉에서, 평면파가 그림의 왼쪽에서부터 A점까지 진행하였을 때, A점으로부터 오른쪽의 파동은 AA 위의 각 점을 파원으로 하는 구면파의 합으로 나타난다. 이 점을 중심으로 구면파가 퍼져 나가면서 새로운 파면이 만들어진다.

    빛의 회절을 호이겐스 원리로 설명할 수 있다. 진행하는 파동이 장애물을 만났을 때, 장애물 뒤쪽(그림자 부분)으로 돌아 들어가는 현상을 **'파동의 회절'**이라고 하는데, 이 회절 현상은 벽의 가장자리에서 새로운 구면파가 발생하기 때문에 일어나는 것이다. 문을 열고 있으면 사람이 보이지 않아도 그 사람의 목소리가 들리는 것도 공기의 파동인 목소리가 문에서 '회절'된 때문이다.

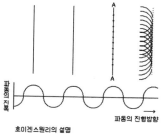

호이겐스원리의 설명
AA 위의 가상적인 파원으로부터 구면파가 복사되고 있다.

✚ 호이겐스 원리를 응용한 파면 합성기술

전자통신연구원은 UHD 방송에 대비해 삼성전자와 함께 10.2채널을 한국정보통신기술협회(TTA) 표준으로 등록했다. 기존 5.1 채널에 좌우 2개, 전면 2개, 천장에 1개의 스피커를 더 배치하고 우퍼도 1개 추가하는 형태다. 그러나 일반 가정에서 10.2 채널이나 STA32/16 시스템을 설치하기는 쉽지 않다. 가정용 티브이에 적용하려면 여러 대의 스피커를 일렬로 배열하는 스피커 어레이 기술이 필요하다. 기반이 되는 것은 **파면 합성기술(WFS)**이다. WFS는 "주 음원에서 발생한 음파를 음파의 전면에 배치된 여러 음원을 이용해 재구성할 수 있다."라는 호이겐스의 원리를 바탕으로 스피커를 여러 개 배치한 사운드바를 이용해 음장(소리가

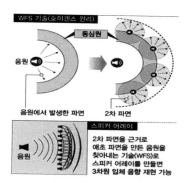

발생한 현장의 느낌)을 재현해 준다. 연구원은 "물결파와 같은 음파 동심원의 한 지점을 2차 음원으로 삼아 동심원을 그리면 이 동심원들로 만들어지는 공통면이 2차 파면을 형성하고, 이 파면을 보면 원래의 음원을 알 수 있게 된다."라고 설명했다. 곧 파면 합성기술은 전달된 소리 정보를 이용해 가상의 음장을 만들어 내 실감나는 음향을 생성하는 기술이다. 현재도 텔레비전이 얇아지며 나빠진 음향을 보완하려 사운드바를 설치하기도 하지만 파면 합성기술이 적용된 것은 아니어서 음장을 재현해 주지는 못한다. 파면 합성기술은 독일, 네덜란드, 스페인 등 유럽을 중심으로 개발 중이며 우리나라에서는 전자통신연구원과 서울대, 카이스트 등이 연구하고 있다.
(출처: 한겨레신문 2015. 2. 8)

01 쿨롱의 법칙: 전자기학의 기본 법칙

지구(달)가 달(지구)을 잡아당기는 것처럼, 모든 물체 사이에는 만유인력이 작용한다. 이와 마찬가지로 전하를 띤 입자끼리도 인력이나 반발력이 작용하는데, 같은 부호끼리의 전하는 반발하고 다른 부호끼리는 서로 끌어당긴다. 이 작용 방법을 설명한 법칙이 '**쿨롱의 법칙**'으로, 전기는 전기끼리, 자기는 자기끼리 작용하는 힘(이를 '**정전기력**'이라고 한다)의 법칙을 말한다.

쿨롱의 법칙에서 인력(반발력)의 크기는 각각의 입자가 가진 전기량(입자가 띠고 있는 전하의 크기)의 곱에 비례한다. 그리고 두 입자 사이 거리의 제곱에 반비례해 약해진다. 이것이 '**역제곱 법칙**'이다. 역제곱 법칙은 빛의 세계나 힘의 세계에서 모두 공통으로 적용한다. 가장 생각하기 쉬운 역제곱 법칙은 '빛의 역제곱 법칙'으로, 광원으로부터의 거리의 제곱에 반비례해 밝기가 어두워진다.

아래 〈그림〉에서, B는 A보다 광원으로부터 2배 멀리 떨어져 있어 A가 받는 광량의 1/4만을 받아들인다. C는 A보다 3배 멀리 떨어져 있으므로 A가 받는 광량의 1/9만을 받아들인다. 한편 A와 B의 거리와 B와 C의 거리가 같지만, A에서 B로 멀어질 때의 광량 감소가 B에서 C로 멀어질 때의 광량 감소보다 훨씬 크다. 즉, 광원에서 이미 멀리 떨어져 있고 여기서 다시 멀어지는 경우 광량 감소가 급격하게 떨어지지 않는다. 결국 빛의 밝기는 광원으로부터의 거리의 제곱에 반비례하는 셈이다. 쿨롱의 법칙의 경우는 이 광선을 '**전기력선**'으로 바꾸어 생각할 수 있다. 역제곱 법칙은 만유인력의 법칙에도 적용된다. 물체끼리 만유인력에 의해 서로 끌어당길 때, 그 인력의 크기를 구하는 식은 쿨롱의 법칙과 아주 비슷하다. 인력은 그 물체 사이 거리의 제곱에 반비례해 약해지며(역제곱 법칙), 그들 물체가 가진 질량의 곱에 비례한다.

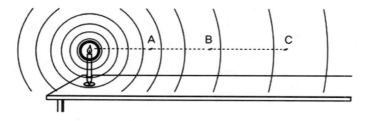

전하를 띤 2개의 입자 사이에 작용하는 전기적인 인력(반발력)의 크기는 '쿨롱의 법칙'에 따른다. 쿨롱의 법칙에 따르면, '전기적인 인력(반발력)은 두 입자 사이 거리의 제곱에 반비례하고(역제곱 법칙), 두 입자가 가진 전기량의 곱에 비례한다. 이를 식으로 정리하면 전기력을 F(단위는 N), 비례 상수를 k, 입자 1의 전기량을 q_1(단위는 C), 입자 2의 전기량을 q_2(단위는 C), 입자 사이의 거리를 r(단위는 m)이라고 하면, [F=k×(q_1×q_2)÷r^2]이 된다. 이 식의 비례 상수 k는 '**쿨롱 상수**'이다. 쿨롱 상수의 단위는 'N×m^2 ÷C^2'이며, 그 값은 전하를 가진 두 입자 주위의 물질에 따라 달라진다. 쿨롱의 법칙이 이 식으로 구하는 전기력의 값은 인력이면 음수, 반발력이면 양수의 값이 된다. 이는 입자의 전하 부호가 같은 부호라면 그 곱은 양수가 되지만, 다른 부호끼리라면 음수가 되기 때문이다.

$$F=k\frac{q_1 q_2}{r^2}$$

02 옴의 법칙: 회로 설계의 기본 법칙

독일의 물리학자 옴이 발견한 법칙으로, 전기가 잘 통하는 물질인 도체에 흐르는 전류의 양은 도체의 양 끝에 걸리는 전압에 비례하고 도체의 저항에 반비례한다는 것이다. 식으로 정리하면, '전류=전압/전기 저항(Ω), 전압=전기 저항×전류, V=R·i)이 된다. 이 공식은 다르게 바꿔서 여러 형태로도 사용할 수 있다. **옴의 법칙**은 전기회로 내의 전류, 전압, 저항 사이의 관계를 나타내는 매우 중요한 법칙이다. 전기 저항이 같은 도선에 전기를 흐르게 할 경우는 전압을 높일수록 큰 전류가 흐른다. 한편, 걸리는 전압이 같을 경우는 전기 저항이 큰 도선일수록 흐르는 전류가 작아진다.

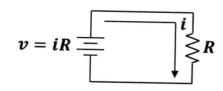

여러 개의 부하가 직렬로 연결된 직렬회로에서는 저항을 통과하는 전류가 같으므로, 각각의 부하에 걸리는 전압이 전기 저항에 비례한다. 병렬회로에서는 부하에 걸리는 전압이 같으므로, 각각의 부하에 흐르는 전류가 전기 저항에 반비례한다. 예를 들어, 직렬회로에 흐르는 전류가 10A라면 5Ω의 저항의 양 끝에 걸린 전압은 50V다. 10Ω의 저항에는 100V의 전압이 걸린다. 병렬회로에서 전압이 100V라면, 10Ω의 저항에 흐르는 전류는 10A고, 20Ω의 저항에는 5A의 전류가 통과한다. 다음은 옴의 법칙과 관련한 법칙들이다.

✚ 전기량(전하) 보존의 법칙

원자는 양의 전하를 가진 양성자와, 음의 전하를 가진 전자로 구성되어 있다. 원자에 들어 있는 양성자와 전자의 수는 같으며, 각각의 입자가 가진 전기량의 절댓값은 같다. 이 때문에 원자는 전기적으로 중성인 입자로, 원자로 이루어진 물체도 기본적으로는 중성이다. 하지만 중성의 물체끼리 서로 마찰시키면 한쪽의 물체에서 다른 쪽의 물체로 전자가 이동한다. 그 결과 이동해 온 물체 쪽은 음전기를 띠고, 전자를 잃은 쪽의 물체는 양전기를 띠는데, 이것이 '**정전기**'이다. 이때 한쪽의 물체만 주목하면 전자의 이동으로 전기량이 변한 셈이지만, 두 물체를 함께 생각하면 물체 사이에 전자의 이동이 일어났을 뿐이며, 결국 전기량의 총량은 변함이 없다. 이처럼 전자의 이동이 일어난 전후 등의 경우 전기량의 합계가 변하지 않는다는 법칙을 '**전기량 보존의 법칙(전하 보존의 법칙)**'이라 한다.

✚ 키르히호프의 법칙

독일의 물리학자 키르히호프가 발견한 법칙으로, 전류에 관한 법칙과 열복사에 관한 법칙 두 가지가 있다. 전하 보존의 법칙에 의하면 회로의 중간에 전하가 생기거나 사라지는 경우가 없다. 즉, 회로의 어느 한 점에 흘러드는 전류의 합과 흘러나가는 전류의 합은 거의 같은데, 이것이 키르히호프 제1법칙인 '**전류에 관한 법칙**'이다. 한편, 안정된 전류가 흐르는 회로에서 전위는 회로 속의 위치로 정해지는 것으로, 회로 속의 어느 한 점에서 회로를 일주해 원래의 위치로 돌아왔을 때는 전위도 원래의 전위로 돌아온다. 결국 회로 속에 존재하는 기전력(전위를 높이는 작용)의 합과 전위 강하(전위를 낮추는 작용)의 합은 같은데, 이것이 제2법칙인 '**열복사에 관한 법칙**'이다.

✚ 줄의 법칙

저항이 있는 도체에 전류를 흘리면 열이 발생하는데, 이 열량은 '흐르는 전류의 제곱과 도체의 저항 및 전류가 흐른 시간의 곱에 비례한다'는 것을 '**줄의 법칙**'이라고 한다. 전류의 세기 I, 저항을 R로 하면, 발열량의 크기는 '발열량=전류의 제곱×전기 저항, $Q=I^2R$'이라는 식으로 구할 수 있다.

03 전기장 중첩의 원리: 두 힘은 독립적으로 전해진다는 우주 법칙

어떤 힘을 매개하는 물리적 공간을 **장**(場, field)이라고 한다. 전기장은 전기력을 매개하는 공간이고, 자기장은 자기력을 매개하는 공간이다. 다시 말해, 전기장은 '한 전하의 전기력이 미치는 공간', 자기장은 '한 공간의 자기력이 미치는 공간'이라고 생각하면 된다. 장(場)은 한 개의 점이 아니므로 공간의 각 지점마다 작용하는 물리량의 크기가 다를 수 있다.

전기장이 있는 공간에 작은 전하를 가졌다고 가정해 보자. 그러면 힘이 느껴진다. 그 작은 전하가 느끼는 힘은 공간의 각 점마다 크기와 방향을 가진 화살표로 표시할 수 있다(수학에서 말하는 벡터다). 그래서 작은 전하가 어느 점에서 느끼는 힘을 그 전기량으로 나누어 얻어지는 벡터(즉, 단위 전하에 작용하는 힘의 벡터)를 '**전기장**'이라고 한다. 공간에 한 전하를 놓으면 그 전하는 다른 전하에 전기력을 미칠 수 있는 전기장을 형성한다. 그러므로 한 전하에 의해 형성된 전기장 속에 다른 전하를 놓게 되면 그 전하는 전기력을 받게 된다. 전기장은 크기와 방향을 가지며, 통상 E로 표시한다. 이 정의에 따라 그 점에 전하 q를 두면, [$F=qE$ (전하가 받는 힘= 전하량×전기량)]의 힘을 느낄 수 있다.

전기장과 자기장은 벡터 미적분 공식을 사용하여 표현된다. 벡터는 물리량의 크기와 방향 성분을 함께 나타내는 수학 표현 도구이다. 미분은 선, 면적, 부피 등의 물리량을 아주 잘게 썰어서 생각하는 수학법이고, 적분은 잘게 썰어서 조각낸 대상을 다시 합쳐서 면적이나 부피 등을 계산하는 수학법이다. 예를 들어 둥글게 생긴 치즈 덩어리의 부피를 통째로 계산하기는 어려우므로, 치즈 덩어리를 작은 사각형 조각으로 썰어서 한 개당 부피를 측정한 후(미분), 다시 그 조각들의 부피 총합을 구하여(적분) 부피를 산출하는 방식이 미적분이다.

본론으로 돌아와서, 두 점 전하가 만드는 전기장을 살피면, "두 전하가 만드는 전기장은 각각의 전하가 만드는 전기장의 벡터 합이다."라는 법칙이 성립한다. 이것을 '**전기장의 중첩 원리**'라고 하는데, 점 전하에 의한 전기장은 중첩의 원리를 이용하여 각 전하에 대한 전기장을 모두 합해서 구한다. 전기장의 중첩 원리는 전기력의 독자성에서 유래하며, 우주의 기본 법칙 중 하나다. 이 법칙은 3개 이상의 전하가 만드는 전기장에도 적용된다. 즉, 어느 시점에서 전하의 분포를 알 수 있으면 임의의 점의 전기장을 쿨롱의 법칙과 벡터 합의 계산 규칙에 따라 산출할 수 있다.

✤ 파인만 도형

전기력선과 자기력선 개념의 기본 바탕에는 공간이란 '텅 빈' 것이 아니라, 힘을 전달하는 물질을 지닌 '무언가'라는 인식이 깔려 있다. 이것을 '장(場, field)'이라고 부르며, 현대물리학에서는 전기와 자기의 경우, 공간에 힘을 전달하는 '무언가'를 **광자(光子)**라고 생각한다. 광자란 '빛의 입자'를 말하는데, 가상의 광자가 두 개의 전하 혹은 자하(磁荷) 사이를 중재하며 서로 힘을 미친다고 생각한 것이다. 예를 들어 옆 그림은 '**파인만 도형**'으로, 전하끼리 상호 작용하는 모습이다. 전하를 지닌 입자(오른쪽 그림은 전하)가 광자(γ)를 방출하고, 전하를 가진 다른 입자가 그것을 흡수함으로써 상호 작용하고 있다는 것이다.

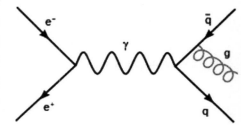

04 가우스 법칙: 쿨롱 법칙을 근접 작용의 관점으로 파악한 법칙

가우스의 법칙은 전기장, 자기장 및 중력장의 속성을 설명하는 데 있어서 매우 중요한 법칙이다. 쿨롱 법칙은 원격 작용의 관점으로 설명되지만, 반대로 쿨롱 법칙을 근접 작용의 관점에서 장(場)을 인식하는 방법으로 다시 설명한 것이 **가우스 법칙**이다.

유리막대로 명주 천을 문지르는 실험을 하면, 유리막대의 전자 일부가 명주 천으로 옮겨 가 유리막대는 +전기를 갖고 명주 천은 −전기를 갖게 된다. 이때 유리막대와 명주 천은 '전하(電荷)'를 가졌다고 말하는데, 이렇듯 물체는 종류에 따라 +전하를 갖기도 하고 −전하를 갖기도 한다. 그렇게 해서 물체가 전하를 가진 것을 '대전(帶電)'을 했다고 하고, 대전된 물체를 '대전체'라고 한다. +전하를 가진 대전체와 −전하를 가진 대전체를 가까이하면, 마치 자석의 N과 S처럼 전하는 서로 미는 힘(척력, 斥力)이 작용하고, 서로 다른 전하는 당기는 힘(인력, 引力)이 작용한다. 이런 현상을 '기전력'이라 한다. 전기력선은 마치 자석 주변에 자력선이 있는 것과 같은데, 이런 전기력의 선(다발)을 **'전기선속'** 또는 '전기선 다발'이라고 한다.

가우스는 "어떠한 폐곡면을 통과하여 밖으로 나가는 전기력선(전기선속)의 총수(전기장)는 폐곡면 내의 모든 전하량의 합과 동일하다."라는 법칙을 발견했는데, 이것을 '가우스 법칙'이라고 한다. **전기선속의 법칙**이라고도 한다. 만약 폐곡면 안에 전기장이 주어졌을 때 전하의 수를 구할 수 있고, 반대로 전하의 수가 주어졌을 때 전기장을 구할 수 있다. 즉, 우리가 전기장을 알고 있다면 폐곡면 안에 얼마나 많은 전하가 있는지를 알 수 있다.

가우스의 법칙은 쿨롱의 법칙과 유사하다. 쿨롱의 법칙은 두 전하 사이의 상호 작용을 설명하는 반면, 가우스의 법칙은 표면 내부에 둘러싸인 속성으로부터 닫힌 표면 위의 플럭스(중성자선속)를 설명한다. 가우스의 법칙으로 쿨롱의 법칙을 유도할 수 있고, 그 반대도 가능하다. 쿨롱 법칙은 전기장에만 적용되는 반면, 가우스 법칙은 전기장, 자기장 및 중력장에 적용된다. 가우스의 법칙 중에는 '자력에 관한 가우스 법칙'도 있고, '중력에 대한 가우스 법칙'도 있다. 가우스 법칙과 쿨롱의 법칙은 전자기장 이론에서 사용되는 두 가지 매우 중요한 법칙으로, 앙페르의 법칙과 함께 맥스웰 방정식으로 이어진다. **맥스웰 방정식**은 전자기 이론의 모든 현상을 설명하는 네 가지 방정식의 집합이라 할 수 있다.

✤ 가우스 법칙의 응용

축전기(콘덴서)란 전기회로에서 전기 용량을 전기적 퍼텐셜 에너지(위치에너지)로 저장하는 장치이다. 두 개의 단자가 있는 수동소자이다. 축전기 내부는 두 도체판이 떨어져 있는 대칭 구조로 되어 있다. 두 도체판 사이에 전압을 걸면 음극에는 (−)전하가, 양극에는 (+)전하가 유도되는데, 이로 인해 전기적 인력이 발생하게 된다. 이 인력에 의하여 전하들이 모여있게 되므로 에너지가 저장된다. **가우스 법칙**에 따르면, 전기선속을 구할 때 전기장과 단면적에 대한 벡터 내적은 전하량을 진공 상태의 유전율로 나눈 값과 같은데, 이를 콘덴서에 응용할 수 있다. 콘덴서의 면적을 S_0라고 하고, 그림과 같은 폐곡면으로 감싸면 '가우스 법칙'에 따라 k를 상수로 하여, $[S_0 \times E = kS_0\delta$ ($S_0 \times E$는 전기력선의 총수, $S_0\delta$는 총 전하량)]이 되고, 따라서 '$E = k\delta$'가 된다. 이를 통해 전기장의 크기는 쌓인 전기량의 밀도 δ에 비례하는 것을 알 수 있다.

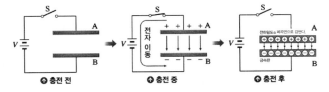

⊕ 충전 전 → ⊕ 충전 중 → ⊕ 충전 후

45

05 앙페르 법칙: 전류와 자기장의 관계를 나타내는 법칙

직선 전류가 흐르는 도선 주위에 〈그림〉의 (가)와 같이 나침반을 놓으면 나침반의 바늘이 도선을 중심으로 하는 동심원의 원주를 따라 정렬한다. 이것으로부터 직선 전류가 흐르는 도선에 의한 자기장은 도선을 중심으로 하는 원 모양이라는 것을 알 수 있다. 또한 두 직선 도선 사이에 작용하는 자기력을 계산해 보면 도선 주위의 자기장의 세기는 도선에 흐르는 전류에 비례하고 거리에 반비례함을 알 수 있다. 즉, 전류가 클수록, 그리고 도선에 가까울수록(동심원의 반지름이 작을수록) 자기장의 세기는 커진다. 이것을 '**앙페르 법칙**'이라고 한다.

한편, 자기장의 방향은 〈그림〉 (나)와 같이 오른나사의 진행 방향을 전류의 방향으로 할 때 나사가 회전하는 방향과 같다. 또는 (다)와 같이 오른손 엄지손가락을 전류의 방향으로 향하게 하고 나머지 네 손가락을 감아쥘 때 네 손가락이 가리키는 방향이 자기장의 방향이다. 이것을 '**오른나사 법칙**'이라고 한다.

앙페르의 오른나사 법칙을 이용하면 원형 전류가 만드는 자기장, 그리고 코일이 만드는 자기장의 방향을 알 수 있다. 앙페르는 오른나사의 법칙을 응용해 전류를 흐르게 하는 코일이 전자석이 되는 것을 밝혔다. 직선의 도선에 전류가 흐르면 동심원 모양으로 자기장이 발생한다. 이 도선을 고리 모양으로 하면 자기장이 발생한다. 그 결과 도선을 몇 겹 감은 코일에 전류를 흐르게 하면, 자기장이 겹쳐서 자기력선의 무리가 발생하고, 그리하여 강력한 자기력을 얻을 수 있다.

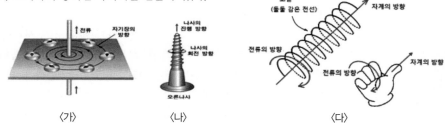

〈가〉　　　　〈나〉　　　　〈다〉

✛ 앙페르 법칙을 응용한 인덕션 레인지

인덕션 레인지는 앙페르 법칙을 응용했다. 인덕션 레인지의 구조는 간단하다. 기기 상판 아래 코일(둥글게 말아진 구리선)을 장착하고 전기를 흘려주면 자기장이 만들어진다. 이 상태에서 인덕션 상판에 냄비 등 용기를 올려 두면 자기장이 용기 하단 부분과 만나면서 높은 저항과 열이 발생한다. 단순히 코일에 전기를 흘려주는 것만으로도 세라믹 판 위에 올려진 금속 냄비는 순식간에 뜨거워지는데, 이 열로 용기가 뜨거워져 물도 끓이고 음식도 만들 수 있다.

뜨겁지도 않은 평평한 세라믹 판이 어떻게 금속 냄비를 순식간에 섭씨 100도로 끌어올리는 걸까? 여기에는 자기장을 이용한 '**유도가열**'이라는 과학적인 원리가 숨어있다. 유도가열이란 자기장을 이용해 열을 발생시키는 방식이다. 가열할 대상에 직접 열을 가해 에너지를 옮기는 것이 아니라, 자기장을 통해 대상에 전달된 전자가 열에너지로 변환되는 것이다. 이 유도가열의 원리에 **앙페르 법칙**이 적용된다. 앙페르 법칙에 따라 코일을 따라 흐르는 전류의 방향이 주기적으로 변하면, 이에 따라 형성되는 자기장도 주기적으로 방향이 변하게 된다. 즉, 가정용 전기를 코일에 연결하는 것만으로도 코일 주위에는 '변화하는 자기장'이 형성된다. 세라믹 판을 사이에 두고 코일 위에 위치한 냄비 바닥에는 코일에서 형성된 자기장이 통과한다. 이때 자기장은 코일 전체뿐아니라 각각의 구리선 주위에도 발생하기 때문에, 평평한 냄비 바닥에는 자기장이 촘촘하고 고르게 통과하게 된다. 패러데이 법칙에 따라 냄비 바닥에는 유도전류가 형성돼 수많은 소용돌이를 형성하고, 흐르는 전류가 도체의 저항과 부딪힐 때는 열이 발생한다는 '줄의 법칙'에 따라 금속 재질의 냄비는 순식간에 뜨거워진다.

06 패러데이의 전자기 유도 법칙: 발전기로 전기를 일으키는 원리

코일에 막대자석을 가까이하거나 멀리하면 코일에 전류가 발생한다. 그런데 코일에 전류가 흐르려면 코일 양단에 '기전력'이 있어야 한다. 따라서 자석을 코일에 가까이 하거나 멀리함으로써 코일 양단에 기전력을 발생시키면, 이렇게 발생한 기전력을 '유도 기전력'이라고 하며, 유도 기전력에 의해 코일에 흐르는 전류를 **유도전류**라고 한다. 이러한 결과는 회로에 전지가 연결되어 있지 않아도 그 회로에 유도 기전력에 의해 만들어진 전류가 흐르는데, 이러한 현상을 '전자기 유도'라고 한다. 전자기 유도 현상은 자기장이 변할 때에만 일어난다.

영국의 물리학자이자 화학자인 패러데이는 "전류가 자기를 만들 수 있다면 반대로 자기에서 전류를 만들 수 있지 않을까?"라고 생각했다. 패러데이는 고리 모양의 금속에 도선을 코일 모양으로 감아 실험했다. 코일 모양의 도선을 두 개 준비해 금속 고리 양쪽에 감고 코일 하나는 검류계(전류가 흐르는지를 측정하는 장치)에 연결하고 다른 하나는 전지에 연결했다. 〈그림 1〉처럼 연철 고리에 A, B 2개의 코일을 감은 장치를 만들고, 자석으로부터 전류를 만드는 실험을 반복했다. B코일 근처에는 자침을 놓아 전류가 흐르면 자침이 움직이게 되어 있다. 그랬더니 놀랍게도 전지가 연결된 회로가 닫히자마자 반대편의 코일에 연결된 검류계가 움직였다. 이는 반대편 코일에 전류를 흘렸다는 말이다. 두 코일은 물리적으로 떨어져 있으므로 검류계가 연결된 코일에 전류를 유도한 원인은 전지가 연결된 코일일 수밖에 없다.

패러데이는 실험을 통해 코일 안에서 자석을 움직이면 전류가 흐른다는 사실을 발견했다. 그것은, "코일을 관통하는 자기력선의 양이 변하면, 코일에는 전압이 발생해 전류가 생긴다."라는 것을 의미하는데, 이를 **전자기 유도 법칙**이라고 한다. 즉, 유도전류의 세기는 시간에 따른 자기장의 변화에 비례한다는 법칙으로, '패러데이 법칙'이라고도 한다.

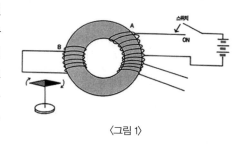

〈그림 1〉

✛ 패러데이 법칙을 이용한 변압기의 원리

전자기 유도 법칙을 응용한 예로 변압기가 있다. 변압기는 발전소가 보내는 고압 전류를 가정용인 작은 전압으로 변환해 주는 장치다. 〈그림 2〉에서처럼, 발전소에서 보내는 교류 전류는 1차 코일에 흘러 철심에 자기력선을 만든다. 그 자기력선은 철심을 1회 돌고 가정으로 이어지는 2차 코일을 관통한다. 전류는 교류이므로 자기력선은 시간에 따라 바뀌어 흐른다. 그러면 2차 코일 안에서 전자기 유도 법칙이 작용한다. 2차 코일은 1차 코일보다 감은 횟수가 적으므로 코일을 관통하는 자기력선의 총량(자속)은 1차 코일보다도 적고 그만큼 **유도 기전력**이 작아진다. 이런 식으로 고압 전류가 저압으로 변환된다.

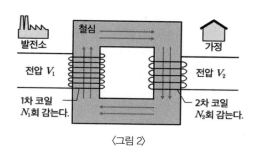

〈그림 2〉

07 렌츠 법칙: 유도전류의 방향을 결정하는 법칙

전기회로에서 발생하는 유도 기전력은 폐회로를 통과하는 자속의 변화에 반하는 유도 자기장을 만드는 방향으로 발생한다. 예를 들어, 폐회로를 통과하는 자속이 감소할 경우 이를 증가시킬 수 있는 유도 자기장을 만들기 위해, 유도전류가 그에 맞는 방향으로 흐르게 된다. 즉, 자석이 움직이는 것을 방해하는 방향으로 유도전류가 흐른다. 이렇게 유도전류의 방향을 결정하는 법칙을 '**렌츠 법칙**'이라고 한다. 즉, 유도 기전력이 만든 전류는 자기의 변화를 거스르는 방향으로 흐른다는 것이 렌츠 법칙으로, 그런 방향으로 힘이 작용하지 않으면 자연은 안정을 유지할 수 없다.

렌츠의 법칙은 **에너지 보존 법칙**의 한 예이다. 만일 〈그림〉에서 코일의 위쪽에 S극이 유도된다면 자석은 저절로 가속되어 역학적 에너지가 증가하는 동시에 코일에는 유도전류에 의한 전기 에너지가 생길 것이다. 이것은 에너지 보존 법칙을 위배하는 경우이다. 따라서 이와 같은 일이 일어날 수 없으므로 렌츠의 법칙과 같이 위쪽에 N극이 유도된다.

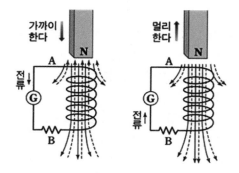

✚ 렌츠법칙을 응용한 자기부상열차

영화 '설국열차'에서처럼 열차가 17년 동안 달릴 수 있다면, 이는 엄청난 에너지를 만든 엔진이 있기에 가능하다. 이것을 가능하게 한 것이 바로 '자기부상열차'다. 자기부상열차는 자기력을 이용해 차량을 레일 위에 띄워 움직인다. 레일과 접촉이 없어 소음과 진동은 물론 마찰로 손실되는 에너지도 적다. 자기부상열차를 만드는 핵심 원리는 '**렌츠의 법칙**'이다. 자기부상열차는 자석이 도체 주변을 움직일 때 이 주변에는 변화에 반발하는 방향으로 자기장이 발생해 밀어내거나 당기는 힘이 발생한다는 전자기 법칙인 렌츠 법칙을 따라 제작된 것이다.

자기부상열차에 설치된 자석은 레일 밑에 설치된 전자석과 같은 극을 마주하게 되면서 뜨게 된다. 이후 레일에 설치된 선형 모터(일반적인 모터의 원형 코일을 선형으로 편 형태)에 흐르는 전류의 방향을 지속해서 바꾸게 되면 레일에서 일정 간격으로 설치된 N극과 S극이 주기적으로 바뀐다. 그러면 렌츠 법칙에 의해 **전자기 유도 법칙**이 작용하면서 열차와 레일 사이에는 인력과 척력이 빠르게 번갈아 작용하게 된다. 열차와 레일이 '밀고 당기기' 시작하면서 열차가 위쪽으로 끌려 올라가게 된다. 앞쪽의 레일이 당기고 뒤쪽의 레일은 밀어내며 열차는 뜬 상태로 앞으로 이동할 수 있게 되는 것이다.

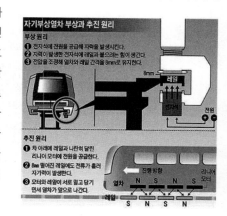

08 맥스웰 방정식: 전자기학 지식의 총정리

맥스웰 방정식은 모든 전기현상을 4개의 방정식으로 정리한 것이다. 맥스웰 방정식은 전자기현상을 설명하기 위해 패러데이가 도입한 것으로, 자기의 변동이 전기를 만들어 낸다는 '패러데이 전자기 유도 법칙', 전류가 흐르면서 자기가 생긴다는 '앙페르 법칙', 전하가 자기장을 만든다는 '쿨롱 법칙'을 수학의 미분법으로 표현한 것이다.

$$\nabla \cdot \mathbf{D} = \rho \qquad (1) \qquad \text{Gauss' Law}$$

$$\nabla \cdot \mathbf{B} = 0 \qquad (2) \qquad \text{Gauss' Law for magnetism}$$

$$\nabla \times \mathbf{E} = -\frac{\partial \mathbf{B}}{\partial t} \qquad (3) \qquad \text{Faraday's Law}$$

$$\nabla \times \mathbf{H} = \frac{\partial \mathbf{D}}{\partial t} + \mathbf{J} \qquad (4) \qquad \text{Ampère-Maxwell Law}$$

맥스웰 방정식은 흔히 '**전자기 방정식**'이라고도 하는데, 여기에서 전자기는 전기와 자기를 합친 말이다. 맥스웰은 이 방정식 속에 구현된 맥스웰의 장이론을 통해 물질의 근원인 원자를 만드는 기본적인 힘은 전기와 자기에 있는 것을 밝힘으로써, 19세기 전자기 이론을 마무리 지었고, 이후 20세기까지 영향력을 발휘했다. 아인슈타인은 맥스웰 방정식에서 공간과 시간의 개념을 과감하게 혁신할 실마리를 찾았고, 맥스웰의 전자기장 이론을 따라 자신의 일반상대성이론을 만들었다. 현대에 와서는 이것을 응용한 **양자 이론**이 입자물리학의 기둥이 되었다.

맥스웰 방정식을 풀면 전기와 자기의 파동 속도가 항상 일정하게 나타난다. 그리고 이 속도는 당시 측정되기 시작한 빛의 속도와 매우 유사하다. 이에 맥스웰은 빛이 전자기파의 일종일 수도 있다고 생각했다. 이처럼 맥스웰 방정식의 놀라운 결과 중 하나는 빛이 '전자기파'의 일종이라는 사실을 밝혀낸 것이다. 맥스웰 방정식을 이용하여 빛의 여러 성질을 규명할 수 있게 되었고 이 과정에서 맥스웰은 컬러 사진에 대한 아이디어를 떠올리기 시작하였다.

빛의 3원색은 맥스웰 이전 시대의 물리학자인 헤르만 폰 헬름홀츠와 토마스 영에 의해 제안된 이론이었다. 이들의 이론에 의하면 빨강, 파랑, 초록을 섞어서 모든 색을 표현할 수 있으며 이들을 모두 섞으면 백색이 된다. 맥스웰은 이 이론을 받아들여 빨강, 파랑, 녹색의 필터를 이용해 각각 사진을 찍은 뒤 해당 필름들을 섞어서 세계 최초로 보존되는 컬러 사진을 찍는 데 성공했다. 각각의 색상의 필터를 이용하여 사진을 찍으면 그 색으로 명암이 나타나는 3개의 필름이 생기고 이를 하나로 겹쳐버리면 명암 차이들이 섞여서 모든 색을 구현할 수 있다.

✛ 전자파의 발견

전자파의 특징을 나타내는 대표적인 공식이 4개의 미분 방정식으로 표현되는 '맥스웰 방정식'이다. 양자 전기역학의 영역에서는 더는 맥스웰 방정식을 쓰지 못하지만, 일반적으로 우리가 경험하는 전기 및 전자공학 범위에는 가장 잘 맞고 검증된 공식이다. 이를테면 안테나 설계에 필요한 이론은 모두 이 맥스웰 방정식이 제공한다고 보면 된다. 맥스웰 방정식에 의하면 전자가 있으면 전기장이 생기고, 전류가 흐르면 자기장이 생긴다. 전기장과 자기장이 교차하면서 발생하는데, 이 두 가지가 주파수를 갖고 시간에 따라 빠르게 변화한다. 이렇게 전기장과 자기장이 교차하면서 만들어지면 공간적으로 퍼져 나아가게 되는데, 이것이 '**전자파(전자기파)**'이다. 고주파 주파수를 가진 전류를 흘렸을 때, 전자파를 인위적으로 발생시키고, 효율적으로 공간으로 전파하는 구조를 안테나라고 한다. 안테나로부터 발생하고 전파하는 전자파는 공간으로 퍼져 나간다. 독일의 헤르츠는 맥스웰이 예언한 전자파의 존재와 더불어, 그 전자파의 속도가 빛의 속도와 같음을 실험으로 증명했다. 이로써 적어도 빛이 전자파(전자기파)의 일종이라는 것이 증명되었고, 빛 에테르와 전기, 자기 에테르는 하나로 통합될 수 있었다.

09 플레밍의 법칙: 자기가 전류에 미치는 힘의 방향에 대한 법칙

자기력이 작용하고 있는 공간을 '자기장'이라고 한다. 자기장에 1개의 도선이 있다고 할 때, 이 도선에 '전류'를 흘리면 도선에는 정해진 방향으로 '힘'이 작용한다. 이것을 **'앙페르 힘**(앙페르 법칙이 아니다)'이라고 하는데, 자석이 만드는 힘과 전류가 만드는 힘은 완전히 똑같다.

자기장의 방향, 전류의 방향, 힘의 관계를 왼손으로 나타낸 것이 **'플레밍의 왼손 법칙'**이다. 플레밍의 왼손 법칙은 자기장 속에 전류를 통한 도선을 둘 때 도선이 받는 힘의 방향을 나타내는 법칙으로, 전동기의 원리를 나타낸다. 전류가 흐르는 도선 하나하나의 부분이 자기장에 의해서 받는 힘은, 왼손의 중지를 전류가 흐르는 방향으로, 검지를 자기력선의 방향으로 향하게 하여, 이것들에 대해 수직으로 편 엄지가 가리키는 방향으로 작용한다. 다만, 전류와 자기장의 방향이 평행일 때는 이와 같은 힘은 작용하지 않는다.

'플레밍의 오른손 법칙'은 도체의 운동 방향과의 관계를 나타내는 법칙으로, 자기장 속을 움직이는 도체 내에 흐르는 유도전류의 방향과 N극에서 S극으로 향하는 자기장의 방향을 나타낸다. 자기장 속에서 자기력선에 놓은 도선을 자기장에 대해 수직으로 움직일 경우, 오른손의 엄지를 도선이 운동하는 방향으로, 검지를 자기력선의 방향으로 향하게 하면, 도선 속에 발생하는 유도전류는 이것들에 대해 수직으로 구부린 중지 방향으로 흐른다.

오른손 법칙	왼손 법칙
자기장 속에서 도선을 움직일 때 유도 기전력에 유도되는 전류의 방향을 나타낸다.	자기장 속에서 전류가 받는 힘의 방향을 나타낸다.
발전기의 원리	전동기의 원리

〈플레밍의 왼손 법칙〉　　〈플레밍의 오른손 법칙〉

✛ 교류 발전기 원리

발전소에서 전기 에너지를 생산하는 발전기는 전자기 유도를 이용하여 자석이나 코일의 회전에 의한 운동 에너지를 전기 에너지로 전환하는 장치이다. 발전기의 내부에는 매우 센 자석과 코일이 있다. 자기장이 형성되어 있는 자석 사이에서 코일이 회전할 때, 코일의 단면을 수직으로 통과하는 자기장이 시간에 따라 변한다. 이때 전자기 유도에 의해 전류가 유도되어 외부로 전류가 흐르게 된다. 〈그림〉과 같이 자석의 N극과 S극에 의한 자기장이 존재하는 공간에 코일을 직사각형 모양으로 둔다. 그런 다음, 코일을 오른손의 엄지손가락이 가리키는 방향(반시계 방향)으로 회전시키면, **플레밍의 오른손 법칙**에 의해 가운데 손가락이 가리키는 방향으로 기전력을 따라 전류가 흐른다. 이때 전류의 방향, 코일의 운동 방향, 자기장은 〈그림〉과 같다.

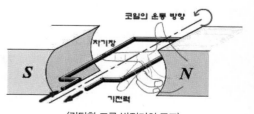

〈간단한 교류 발전기의 구조〉

10 로렌츠 힘: 하전입자가 자기장 속에서 받는 힘

로렌츠 힘은 자기장에서 전하가 받는 힘이다. 그 크기는 전하의 크기, 물체의 속도, 자기장의 세기를 곱한 값과 동일하며, 방향은 물체의 속도와 자기장의 방향 모두에 수직이다. 자기장에서는 전기장과 다르게 움직이는 물체에 관하여 힘이 적용되며, 항상 자기장과 수직한 성분에 대하여만 힘을 받는다. 로렌츠 힘은 쿨롱의 법칙처럼 **기본 힘**이라고 할 수 있다.

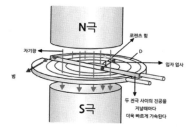

도선의 전류가 자석이나 다른 전류로부터 받는 힘을 '**앙페르 힘**'이라고 하는데, 그 방향에 대해서는 '플레밍의 왼손 법칙'이 성립한다. 앙페르 힘 공식은 거시적 세계에서 보았을 때 전류가 자기장에서 받는 힘을 나타낸 것이다. 그 전류를 구성하는 하전 입자 하나하나가 받는 힘을 식으로 표현한 것이 '로렌츠 힘'이다.

로렌츠 힘은 운동 방향에 수직으로 작용하고, 그것에 비례하는 힘의 크기를 가진다. 로렌츠 힘은 ① 하전 입자의 궤도를 휘게 하지만 속도의 크기를 바꾸지는 않으며, 또한 ② 속도에 비례하여 커지는 특성이 있다. 이 특성을 잘 이용한 것이 옛날 텔레비전 브라운관으로, 로렌츠 힘이 지닌 성질을 잘 이용해서 전자를 제어했다.

로렌츠 힘은 또한 '오로라'를 설명할 수 있는 근거가 된다. 지구에는 태양으로부터 빠른 속도로 날아온 하전 입자가 내리쬐고 있는데, 이것이 태양풍이다. 태양풍의 일부는 지구의 자기장에 붙잡혀 빠른 속도를 유지하며 대기의 분자와 충돌한다. 이때 운동 에너지가 빛으로 변환되는데, 이것이 '**오로라**'다. 이렇게 태양에서 온 고속 입자가 지구의 자기장에 붙잡히는 원인이 바로 로렌츠 힘의 특징 ①, ②에 따른 것이다. 속도는 유지되고, 속도와 수직 방향으로 힘이 작용하기 때문에 하전 입자는 나선 운동을 유지하며 지구로 향하는 것이다.

✚ 로렌츠 힘을 응용한 방사광가속기

단백질 분자와 세포의 반응처럼 순식간에 이루어지는 과정을 어떻게 관찰할 수 있을까? 방사광가속기에 그 해답이 있다. 가속기는 입자의 운동 속도를 빠르게 증가시키는 장비다. 가속기는 가속 원리에 따라 선형 혹은 원형 가속기로 명칭을 달리하며, 또한 가속되는 입자에 따라 양성자 또는 중성자 가속기 등으로 명칭을 달리하지만, 이름과 무관하게 모든 가속기의 주목적은 입자의 가속 및 충돌, 그리고 이때 발생하는 자연현상 연구로 동일하다. 이에 비해 전자를 가속시키는 방사광가속기의 경우는 좀 다르다. 빛의 속도에 가깝게 가속된 전자가 전자기장 내에서 '**로렌츠 힘**'이란 것을 받는데, 이로 인해 전자의 속력과 운동 방향이 변한다. 예를 들어 횡 방향으로 운동하던 전자는 로렌츠 힘 때문에 아래 방향으로 그 궤도가 휘게 되는데, 이때 X−선과 같은 방사광의 형태로 에너지 방출이 발생한다. 방사광가속기는 이 방사광을 모아 물질 분석 연구에 활용하려는 첨단 장비로, 다양한 파장의 빛을 만들어낼 수 있어 '**빛의 공장**'으로도 불린다.

01 질량 보존의 법칙: 화학 반응 전후의 질량은 불변한다.

17~18세기 화학자들의 관심 중 하나는 연소 현상이었는데, 그 당시 화학자들이 보편적으로 받아들였던 연소에 대한 설명은 '**플로지스톤설**'이었다. 플로지스톤설이란, 물질은 물질의 재와 플로지스톤(불꽃)으로 구성되어 있으며, 연소란 플로지스톤이라는 물질의 방출 현상이라는 견해이다. 플로지스톤설은 열을 물질로 보는 시각으로부터 출발한 개념으로, 당시 화학자들은 연소가 일어날 때 열이 발생하는 것은 무척 가벼운 물질인 플로지스톤이 온도가 높아지면 물질로 뛰쳐나가기 때문이라고 생각했다. 예컨대 나무가 불에 타는 현상은 '나무가 불에 타면 플로지스톤이 달아나고, 플로지스톤의 껍데기 재만 남는다'라고 보는 것이다.

그러나 플로지스톤설로 설명하기 힘든 것은 **무게**의 변화에 관한 것이었다. 독일의 화학자 슈탈은 무게의 반대 개념인 가벼움을 가정하면서, 플로지스톤은 '음의 무게'를 가지는 물질도 된다고 설명했다. 즉, 플로지스톤이 금속으로부터 도망갈 때는 금속에서 가벼움이 줄어들어, 결과적으로 도망간 양만큼 금속이 무겁게 된다는 모호한 설명을 내놓았다.

프랑스 과학자 라부아지에는 이러한 정성적인 설명에 만족하지 못하고, 정량적 실험을 통해 연소 현상을 이해하려고 했다. 이를 위해 그는 밀폐된 유리 용기 안에서 연소 실험을 했다. 그는 유리 용기 안에 주석을 넣고 입구를 밀폐시킨 후, 이 장치를 가열했다. 그 결과 연소 전후에 질량 변화가 일어나지 않는다는 사실을 발견했고, '**질량 보존 법칙**'을 발표했다.

그럼에도 라부아지에는 음의 질량을 가정하는 플로지스톤설에 만족하지 못했다. 그는 금속을 공기 중에서 태우면 탄 후에 무게가 더 늘어난다는 사실을 깨닫고, '연소될 때 공기 중의 무언가가 금속으로 들어왔다'고 여겼다. 그리고는 '무게의 증가가 공기의 흡수와 관련이 있지 않을까'하고 생각한 결과, 그 기체를 꺼내는 데 성공하여 이를 '**산소**'라고 이름 붙였다.

라부아지에는 플라스크에 수은을 넣은 후 가열시켜 **보일의 실험**을 되풀이했다. 보일이 플라스크를 밀폐시키지 않고 실험한 반면, 라부아지에는 플라스크를 밀폐시키고 실험한 후에 실험 전과 후의 질량 변화를 측정했다. 그 결과 질량의 변화가 없다는 사실을 확인했다. 그러나 공기의 부피는 줄어들었고, 줄어든 공기의 무게만큼 수은의 무게가 증가했다는 사실을 발견하면서, 연소가 공기 중의 어떤 물질과의 결합이라고 생각하게 되었다. 그렇게 해서 라부아지에가 발견한 질량 보존의 법칙은, 화학반응이 일어나는 경우 반응 전에 존재하는 물질의 질량의 합과 반응 후에 생성된 물질의 질량의 합이 같음을 의미하는 개념으로 발전했다.

✚ 아인슈타인에 의해 확장된 질량 보존의 법칙

아인슈타인의 이론에 따르면, 핵반응의 경우에는 질량 보존 법칙이 성립하지 않는다. 그 이유는 핵융합 반응이 일어날 때 **질량 결손**이 일어나기 때문이다. 아인슈타인은 특수상대성이론에서 질량과 에너지 사이의 관계를 설명했는데, 이것을 식으로 나타내면 '$E=mc^2$'이다. 여기서 m은 질량, c는 빛의 속도로, 이 식을 주의 깊게 보면 질량(m)은 **에너지(E)**와 관계가 있다. 즉, 질량 보존의 법칙이 성립하지 않는 이유는 질량 m이 에너지 E로 바뀌었기 때문이다. 핵반응에서는 엄청난 에너지가 발생하므로 질량의 손실이 크며, 따라서 핵반응에서는 질량 보존의 법칙이 성립하지 않는다. 그렇게 해서 아인슈타인에 의해 라부아지에의 질량 보존의 법칙은 '**에너지 보존의 법칙**'으로 확장되었다. $E=mc^2$에 따라 질량과 에너지는 상호 변환이 가능하기 때문이다.

02 돌턴의 원자설: 근대 원자론의 기초를 확립한 이론

기체에 대한 지식이 쌓이면서 기체가 물질이지만 눈에 보이지 않는 이유가 무엇인지에 대한 설명이 시도되었다. 그 하나가 영국의 과학자 돌턴이 제안한 '원자설'이다. 원자라는 입자의 기계적인 움직임에 대한 사고는 고대 그리스 시대부터 형성되었지만, 기체를 본격적으로 연구하기 시작한 보일부터 서서히 실험적으로 받아들여지기 시작하여 돌턴에 이르러 정리되었다. 그는 대기를 연구하는 과정에서 대기가 몇 종류의 기체가 섞인 혼합물이라는 결론을 내렸다.

돌턴은 이 기체들을 라부아지에가 말한 '원소'로 보고, 이러한 원소들은 각각 일정한 성질과 질량을 가진 원자라고 하는 작은 입자로 이루어져 있다고 보았다. 그리고 화합물은 서로 다른 종류의 원자가 결합한 입자로 이루어져 있으며, 원자는 파괴되거나 창조되지 않는다고 생각했다. 이러한 그의 생각은 물질의 근본을 원소로 보는 시각과 이러한 원소의 전환이 가능하다고 보았던 연금술적인 사고와는 매우 다르다. 돌턴은 이러한 그의 생각으로부터 물질의 고유한 질량과 화학적 특성, 그리고 반응할 때 질량의 규칙성 등을 잘 설명할 수 있었다.

라부아지에는 '실험적으로 더 분해할 수 없는 물질'을 원소라고 보았는데, 돌턴은 원소가 더 이상 분해될 수 없는 이유는 바로 같은 종류의 원자들로 이루어져 있기 때문으로 보았다. 마치 사과 더미에서 사과를 나누어도 항상 사과이듯이, 원소를 분해해도 늘 같은 물질인 이유를 동일한 원자들의 모임으로 설명했던 것이다. 돌턴은 원소라는 물질을 입자인 원자의 개념으로 설명한 최초의 과학자였다.

돌턴은 같은 종류의 원자는 친화력이 없기 때문에 결합하지 못한다고 생각하고, 한 종류의 원자로 이루어진 원소는 독립된 원자들이 독립적으로 존재하는 형태로 생각했다. 그리고 기체의 압력을 동일한 종류의 원자끼리 작용하는 반발력의 개념으로 설명했다. 다른 종류의 원자는 서로 친화력이 작용하기 때문에 기체의 압력에 아무런 영향을 미치지 못한다고 보았다.

돌턴의 원자설은 '질량 보존 법칙', '일정 성분비 법칙', '배수 비례 법칙'을 설명할 수 있다는 점에서 역사적 의의가 있다. '**질량 보존 법칙**'은 원자가 분해되지 않으니 당연하고, '**일정 성분비 법칙**' 역시 원자끼리 서로 결합하므로 당연하다고 할 수 있다. 또한 '**배수 비례 법칙**'도 원자 1개에 1개 단위의 원자가 결합해서 화합물을 만들기 때문에 명백히 성립 가능하다.

✚ 일정 성분비 법칙

하나의 순수한 화합물을 이루는 구성 원소들의 질량비는 항상 일정하다는 법칙이다. 예를 들어 마그네슘을 공기 중에서 태우면 질량이 증가하는데, 그 증가한 양이 곧 산소의 질량이다. 이를 통해 마그네슘과 그것과 화합하는 산소의 질량의 비율은 일정하다는 것을 알 수 있는데 이를 '일정 성분비 법칙(정비례 법칙이라고도 한다)'이라고 한다.

✚ 배수 비례의 법칙

돌턴이 발견한 '배수 비례 법칙'은, "두 종류의 원소가 화합해서 두 종류 이상의 화합물을 만들 때, 이 화합물 사이에서는 한쪽 원소의 동일 질량과 결합하는 다른 원소의 질량이 항상 간단한 정수비가 된다."라는 법칙이다. 돌턴은 이 배수 비례 법칙을 확인한 후, 드디어 '원자설'에 대한 확신을 굳혔다.

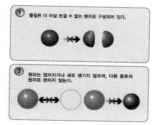
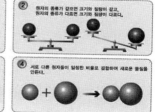

03 아보가드로 가설: 물질을 실제로 구성하는 것은 원자가 아닌 분자다.

돌턴의 원자설로는 그 당시 프랑스 과학자 게이 뤼삭에 의해 밝혀진 '기체 반응의 법칙'을 설명하기 어려웠다. 기체 반응 법칙은 기체가 반응할 때 반응하는 기체와 생성되는 기체의 부피는 항상 간단한 정수비가 성립한다는 것이다. 그런데 질량비의 규칙성을 밝힌 '일정 성분비의 법칙'이나 '질량 보존의 법칙'과는 달리, 부피의 비율은 보존되지 않았다. 예를 들어, 수소 기체 2L와 산소 기체 1L가 반응하면 수증기 3L가 생기지 않고 2L가 생기는 것이다.

돌턴의 원자설에는 원자가 차지하는 부피에 대한 개념이 포함되어 있지 않았다. 그 당시 돌턴의 원자설을 받아들였던 과학자 중 한 사람인 이탈리아 과학자 아보가드로는 돌턴의 원자설의 한계를 해결하기 위해 고심하던 중에 **보일의 법칙**에 관한 논문을 접하게 되었다. 이 논문에서 보일은 어떤 종류의 기체라도 압력과 부피의 곱은 일정하다고 주장했다. 이 주장으로부터 아보가드로는 '일정 부피를 취하면 기체의 종류에 상관없이 기체의 압력은 동일할 것'이라고 생각했다. 돌턴은 기체의 압력을 같은 종류의 원자의 반발력으로 생각했기 때문에 반발력의 크기는 같은 종류의 원자들의 수에 의해 결정된다고 보았다. 따라서 아보가드로는 '같은 부피 안에는 기체의 종류에 상관없이 동일한 수의 입자가 존재한다'고 가정했다.

아보가드로의 가설은 기본적으로 '**돌턴의 원자설**'에 그 토대를 두었다. 단지 원자설에는 포함되어 있지 않은 정보, 즉 원자가 차지하는 부피에 대한 고려를 첨가하려고 했다. 그런데 그는 돌턴의 원자설과 자신의 가설을 접목하는 과정에서 문제에 부딪히게 되었다. 즉, 기체 반응의 법칙에 부합하면서 같은 부피 안에 항상 같은 수의 입자가 존재하려면 돌턴의 원자가 반으로 쪼개져야 하는 것이다. 이를 해결하기 위해 아보가드로는 '같은 종류의 두 원자가 결합한 **분자**'의 개념을 도출했다. 그러나 그 당시의 과학자들은 돌턴의 주장을 받아들여, 같은 종류의 원자 사이에는 친화력은 작용하지 않고 반발력이 작용한다고 믿었기 때문에 아보가드로의 가설은 오랫동안 빛을 보지 못했다. 돌턴의 생각과 아보가드로의 생각의 가장 큰 차이는 일정 부피 안에 일정 수의 원자가 존재할 수 있는가 없는가 하는 점이었다. 그러나 돌턴의 문제점은 실험 결과가 나온 후에 설명은 가능하지만 실험의 결과를 예측할 수는 없었다는 점으로, 이러한 이론은 좋은 이론이라고 말할 수 없다.

아보가드로가 생각한 원소의 개념과 돌턴이 생각한 원소의 개념은 매우 다르다. 아보가드로는 기체 원소를 두 개의 원자가 결합한 분자의 형태로 보았고, 돌턴은 기체 원소를 원자가 독립적으로 존재하는 형태로 보았다. 그러나 한 종류의 원자로 이루어진 물질이라는 생각은 동일했다. 오늘날의 시각으로 볼 때 비활성 기체인 네온이나 아르곤, 헬륨과 같은 기체 물질의 경우에는 돌턴의 생각이 맞고, 수소나 산소, 질소와 같은 기체 물질의 경우에는 아보가드로의 생각이 맞다. 이후 과학자들은 아보가드로의 가설을 점차 받아들이면서, 기체 상태 화합물의 상대적인 분자량을 측정하고 일정 비율의 분자식을 얻음으로써 화학자들 사이에서 제각각이었던 질량비 개념의 혼란은 정리되었다.

✛ 아보가드로 법칙

아보가드로는 현재 '아보가드로 법칙'으로 불리는 다음 가설을 제안했다. "같은 온도, 같은 압력일 때 같은 부피인 기체는 종류와 상관없이 같은 수의 **분자**를 포함한다." 여기서 중요한 것은 그가 물질의 성질을 결정하는 기본 단위가 '분자'이고, 분자는 원자로 구성되어 있다고 생각한 것이다.

04 보일 법칙과 샤를 법칙: 기체 과학의 출발점이 된 법칙

'보일 법칙'과 '샤를 법칙'은 기체의 움직임을 나타내는 두 가지 법칙이다. **보일 법칙**은 일정한 온도에서 기체의 부피는 압력에 반비례한다는 사실을 일컫는다. 그러므로 온도가 일정할 때 기체의 압력과 부피의 곱은 항상 일정하다. 예를 들어, 주사기의 끝을 막고 피스톤을 누르면 공기가 압축되는데, 부피를 반으로 줄이기 위해서는 처음 압력보다 두 배 강한 압력으로 눌러야 한다.

보일 법칙을 미시적 세계에서 해명하려고 하면, '공기의 압력이란 무엇인가'라는 문제에 부딪힌다. 결론은 압력의 근원은 '무작위로 운동하는 기체 분자가 벽에 부딪혔을 때 생기는 단위 면적 당 힘'이다. 공을 벽에 던지면 벽이 힘을 받는데, 그것이 압력의 근원이다. 공기의 부피를 작게 만들면 그만큼 공기의 밀도가 올라가고, 벽에 부딪히는 분자 수도 증가한다. 그러면 벽이 받는 압력도 늘어나는데, 이를 정량적으로 표현한 것이 '보일 법칙'이다.

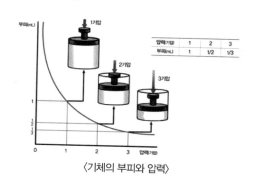

〈기체의 부피와 압력〉

✤ 보일 법칙의 예
● 신발에 있는 공기주머니의 부피가 압력에 따라 달라져 발에 가해지는 충격을 줄여준다.
● 잠수부가 배출한 기포의 크기는 수면에 가까워질수록 점점 커진다.
● 풍선이 하늘 위로 올라가면 부풀어 오르다 터진다.
● 자동차 에어백은 압력에 따라 부피를 변화시킴으로써 충격을 줄여준다.
● 주사기의 피스톤을 누르면 주사기 속의 부피가 작아진다.

샤를 법칙은 압력이 일정할 때 기체의 부피는 온도와 비례한다는 사실을 말한다. 즉 일정한 압력에서 기체의 부피는 절대 온도에 비례한다. 좀 더 엄밀하게 표현하면, 기체의 압력이 일정할 때 기체의 부피가 기체의 절대 온도에 비례한다는 법칙이다.

앞에서 말했듯, 공기의 압력이란 무작위로 운동하는 기체 분자가 벽에 부딪힐 때 생기는 단위 면적당 힘이다. 분자의 속도를 늘리면 벽이 받는 힘도 커진다. 그런데 공기의 온도를 올리면 그만큼 공기의 분자는 더욱 활발하게 날아다니게 되어, 결과적으로 벽에 더 세게 부딪힌다. 이렇게 온도를 올리면 압력이 늘어나, 공기를 팽창시키는 힘이 작용하는데, 이를 정량적으로 표현한 것이 '샤를 법칙'이다.

✤ 샤를 법칙의 예
● 찌그러진 탁구공이나 쭈글쭈글한 축구공을 끓는 물에 넣으면 다시 펴진다.
● 열기구 속의 공기를 가열하면 열기구가 떠오른다.
● 여름철에는 겨울철보다 타이어에 공기를 약간 적게 넣는다.
● 액체 질소에 풍선을 넣으면 풍선의 크기가 작아지며, 이 풍선을 공기 중에 놓아두면 다시 크기가 커진다.

05 헨리 법칙: 기체의 용해도와 압력 효과를 나타내는 법칙

헨리 법칙은 기체의 용해도와 압력에 관한 정량적인 관계를 나타내는 법칙을 말한다. 질소, 산소, 메탄 등 액체에 잘 녹지 않는 기체에서는 온도가 일정할 때 같은 양의 액체에 녹는 기체의 질량(또는 물질량)은 그 기체의 압력(또는 부분 압력)에 비례한다. 이것은 압력이 높은 쪽이 액체에 들어가는 기체 분자가 많아지기 때문이다. 이 법칙은 영국 화학자 헨리가 발견했다.

헨리 법칙을 이해하려면 먼저 '**기체의 용해도**'에 대해 이해하고 있어야 한다. 대다수 물질은 특정 용매에 녹일 수 있는 양에 한계가 있는데, 어떤 온도에서 일정한 양의 용매에 녹여서 포화용액을 만들 수 있는 용질의 양을 '용해도'라고 한다. 일정한 양의 용매에 녹아있는 용질의 양은 농도로 나타낸다. 농도가 비교적 낮은 용액을 묽은 용액, 농도가 높으면 진한 용액이라고 부른다. 기체의 용해도는 이해하기 까다로운데, 그 이유는 온도와 압력이라는 두 가지 환경 변화에 따라 값이 달라지기 때문이다. 그렇더라도 용해도(물에 녹는 기체의 양)는 온도가 높을수록 감소한다.

이를 바탕으로 "일정량의 액체에 녹는 기체의 질량은 그 기체의 압력에 비례한다."라는 헨리 법칙에 '기체의 용해도'를 넣으면, "기체의 용해도는 압력에 비례한다."로 간략하게 표현할 수 있다. 〈그림〉에서 알 수 있듯, 기체는 열운동을 하는 입자의 모임이며, 기압이 높아지면 높아진 만큼 액체에 파고들어 녹는 양을 늘린다.

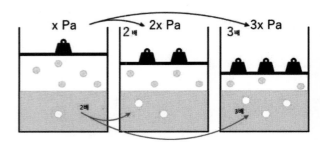

헨리 법칙은 우리 주변에서 자주 발견된다. 예를 들어 맥주 거품과 같은 자연현상을 헨리 법칙으로 설명할 수 있다. 맥주 캔에는 2~3기압이 더해진 탄산가스가 들어 있다. 정상 기압으로 돌아오면 가압한 양만큼 녹아있던 탄산가스가 방출하면서 거품이 올라온다. 높은 산에 올라가 맥주 캔을 따면 거품이 더 잘 올라오는 것도 같은 이유다.

⚓ 잠수병과 관련한 헨리 법칙

'감압병'이라 불리는 잠수병은 주위 압력이 낮아질 때 체액 내에 용해돼있던 불활성 기체(주로 질소) 등이 과포화상태로 되면서 혈액이나 조직 내에 기포를 형성하는 질환이다. 이 기포가 혈액 순환을 방해하거나 주변 생체조직에 악영향을 줌으로써 다양한 증상이 나타난다. 이 감압병을 논할 때 가장 많이 등장하는 물리 법칙이 바로 '**헨리 법칙**'이다. "온도가 일정한 조건에서 액체에 접촉하여 용해되는 기체의 양은 그 기체의 분압에 비례한다."라는 헨리 법칙을 따를 경우, 예를 들어 수심 20m에서는 육상에서의 3배가 되는 양의 질소 및 산소가 폐로부터 혈액을 통해 체내에 녹아들어 간다. 잠수하면서 압력이 높아짐에 따라 분압이 높아진 질소는 체내의 조직으로 녹아들어 가게 된다. 수심이 깊어지고 시간이 길어질수록 더욱 많은 양의 질소가 체내에 축적되는데 과포화 상태가 될 수 있다. 이로 인해 감압병을 일으키는 것이다.

06 반트호프의 삼투압 법칙: 일상생활 속 수많은 삼투압 현상을 설명하는 법칙

농도가 낮은 액체의 용매가 진한 액체로 이동하는 것을 '**삼투 현상**'이라고 한다. 삼투압이란 물 분자의 이동이 만드는 물과 수용액 액면의 높이 차이를 없애기 위해 수용액의 액면에 가하는 압력이다. 이러한 삼투압을 이용하면 용질의 분자량을 정하거나 분자량을 아는 물질의 용액 속에서의 이온화도를 구할 수 있다.

네덜란드 물리학자 반트호프는 실험을 통해 용액에서의 삼투압은 용매와 용질의 종류와 상관없이 용액의 농도와 절대 온도에 비례한다는 사실을 밝혀냈다. 깨끗한 물과 수용액을 반투막(용액 속의 성분, 즉 물 분자를 선택적으로 통과시키는 막)으로 칸막이를 해 두면, 물과 물 분자는 반투막을 통과해 수용액으로 향한다. 묽은 용액에서는 삼투압, 용액의 부피, 절대 온도, 용질의 물질량 사이에 '보일-샤를 법칙'을 발전시킨 관계인 '삼투압×부피=물질량×기체 상수×절대 온도'라는 방정식이 성립한다. 이를 '**반트호프의 삼투압 법칙**'이라고 한다.

반트호프 방정식은 이상 기체의 상태 방정식과 일치하는데, 이는 묽은 용액이 모델이라는 점과 관련이 있다. 수용액에서 물을 보이지 않게 하면, 분자끼리 서로 간섭하지 않는 고독한 분자가 모여 형성된 기체인 '이상 기체'의 상태와 똑같게 된다. 예를 들어 고온에서 농도가 희박한 기체가 이에 해당한다. 이상 기체의 압력은 기체가 벽에 부딪히는 빈도에 비례하는데, 삼투압 역시 벽에 부딪히는 용질의 빈도에 비례하므로 같은 식이 되는 것이다.

✛ 역삼투압 현상과 정수기 원리

일상생활에서 삼투압 현상은 쉽게 찾아볼 수 있다. 식물이 뿌리에서 물을 흡수하거나, 목욕탕에 오래 있으면 손발의 피부가 쭈글쭈글해지는 현상이 이에 해당한다. 목욕할 때 피부가 쭈글쭈글해지는 이유는 물이 피부막을 통해 염분 농도가 더 높은 우리 몸으로 들어오기 때문으로, 이 때문에 물을 먹은 피부가 부풀어 쭈글쭈글해 보이는 것이다. 이를 역으로 이용하여, 고농도 용액에 들어있는 물을 저농도 용액 쪽으로 빼내기 위해 삼투압 이상의 압력을 가해 주는 것을 '**역삼투압**'이라고 한다. 이는 오염된 물에서 순도가 높은 물을 뽑아낼 때, 혹은 바닷물에서 담수를 만들 때 사용하는 방법이다.

정수기 원리는 역삼투압 현상을 응용한 것이다. 우리가 마실 깨끗한 물은 오염된 물보다 농도가 낮기에 자연적으로 일어나는 삼투압 현상에서는 물의 이동이 깨끗한 물에서 오염된 물로 옮겨가게 된다. 이렇게 되면 오염된 물만 늘어나게 되므로, 물을 정수하기 위해서는 삼투압 현상의 반대인 '역삼투' 현상이 일어나도록 해야 한다. 그렇게 되면 삼투압보다 더 높은 압력이 삼투압의 반대 방향으로 작용하여, 순수한 물이 농도가 높은 쪽에서 낮은 쪽으로 흐르게 된다. 정수기를 통해 물이 정수되는 과정에는 역삼투 외에도 침전, 여과 등 여러 현상이 일어난다.

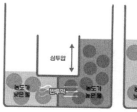

삼투압

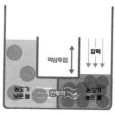

역삼투압

07 화학 평형 법칙: 화학 평형의 본질을 설명하는 법칙

수소(H_2)와 아이오딘(I_2, 요오드)을 밀폐 용기에 넣고 아이오딘화수소(HI, 요오드화수소)를 생성하는 반응($H_2+I_2 \rightarrow 2HI$)를 생각해 보자. 수소의 농도(H_2)와 아이오딘의 농도(I_2)는 감소하고, 아이오딘화수소의 농도(HI)는 증가한다. 그런데, '$H_2+I_2 \rightleftarrows 2HI$'는 가역반응(어느 방향으로든 일어날 수 있는 반응)이다. 그리고 양방향의 반응속도는 물질의 농도에 비례한다. 이 때문에 (H_2)와 (I_2)가 감소하면 결합 반응(오른쪽으로 향하는 반응) 속도의 값도 작아지고, (HI)가 늘어나면 역반응(왼쪽으로 향하는 반응) 속도의 값도 커진다.

그리하여 두 반응의 속도는 결국 같아지며, 겉보기에 반응이 멈춘 것처럼 보인다. 이것을 '화학 평형'의 상태라고 하며, 이때 각각의 물질의 농도 사이에는 '$(HI)^2 \div (H_2) \times (I_2) =$ 일정한 값'이라는 관계가 성립한다. 이 일정한 값을 '평형 상수'라고 하며, 반응에 따른 고유한 값을 취하며, 온도가 바뀌지 않으면 바뀌지 않는다. 이 법칙을 **화학 평형 법칙(질량 작용의 법칙)**'이라 하며, 노르웨이 화학자 굴드베르그가 발견했다.

평형 상태를 기호로는 $\rightleftarrows$를 쓰며, A$\rightleftarrows$B의 식으로 표현한다. 예를 들어, 설탕 수용액의 경우, 평형 상태를 '설탕(고체)$\rightleftarrows$설탕(용해)'라고 표현한다. 이것은 A에서 B로 가는 반응속도와 B에서 A로 가는 반응속도가 같다는 뜻이다. 좌우 변화 속도가 같으면 겉으로는 아무것도 변화하지 않는다. 평형 상태 A$\rightleftarrows$B에서 오른쪽으로 가는 변화를 정반응, 왼쪽으로 가는 변화를 역반응이라고 하는데, 평형 상태란 정반응과 역반응의 반응속도가 같은 상태를 말한다. 즉, 평형 상태는 생성물과 반응물의 농도가 유지되는 지점을 뜻한다.

평형 상태 A$\rightleftarrows$B를 시간의 경과에 따라 추적하면 다음과 같다. 초기에, A, B가 존재하지만 A가 많다고 가정했을 때, 반응 초기에는 B를 생성하는 **정반응**이 우세하다(정반응 속도가 빠르다). 생성물이 만들어지면서 역반응 또한 일어나므로 반응물이 생성된다(역반응 속도가 느리다). 반응이 점차 진행되면서 정반응 속도는 느려지고 **역반응** 속도는 빨라져, 마침내 두 반응의 속도가 같아진다. 두 반응의 속도가 같아지면, 반응물과 생성물의 농도는 일정하게 유지된다. 이 지점부터 **화학 평형**, 동적 평형 상태에 도달했다고 한다. 그림은 사산화질소(N_2O_4)와 이산화질소($2NO_2$) 간의 화학 평형 거동을 그래프로 나타낸 것으로 왼쪽은 농도, 오른쪽은 반응 속도에 관한 것이다.

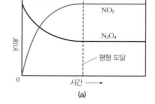
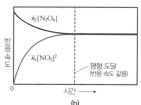

⚜ 볼타전지의 평형 상태

우리가 잘 알만한 평형 상태의 대표적인 사례로 전지의 내부를 들 수 있다. 전지는 전류가 흐르지 않으면 안에서 아무런 화학반응도 일어나지 않을 것으로 생각하기 쉽지만, 사실은 그렇지 않다. 전극 가까이에서는 끊임없이 분자의 교체가 이루어지고 있다. 볼타전지의 경우, 겉으로는 변화가 없어도 전극 가까이에서는 아연이 이온이 되기도 하고 전극으로 돌아가기도 한다. 수용액에서는 물 분자가 수소이온을 방출하거나 혹은 그 반대가 일어난다. 볼타전지가 작동할 때, 반응성이 높은 아연판이 산화되면서 생긴 전자는 상대적으로 반응성이 낮은 구리판으로 이동하고, 전자를 잃은 아연판은 아연 이온(Zn^{2+})을 형성하게 된다. 이때 화학 평형을 맞추기 위해 구리판 표면에서는 H^+가 H^2로 바뀌면서 전해액은 **평형 상태**를 유지할 수 있게 된다.

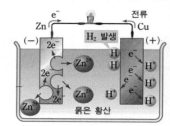

08 헤스 법칙: 원자와 분자의 세계에 성립하는 에너지 보존 법칙

스위스 출신의 러시아 화학자 헤스는 실험을 통해 '반응열(화학반응에 따라 발생하거나 흡수되는 열)'에 관한 법칙인 '헤스 법칙(총 열량 보존의 법칙)'을 발견했다. 반응열은 반응의 경로에 관계없이 일정하며, 반응의 시작 상태와 마지막 상태로 정해진다는 것이다. 예컨대 같은 물질에서 같은 생성물을 만드는 두 반응 경로가 있다고 하자. 경로 1은 1회의 화학반응으로 끝나고 반응열 A킬로줄(kJ)이 발생했다. 한편 경로 2는 2단계의 화학반응을 필요로 하면서, 각 단계에서 반응열 BkJ, CkJ가 발생했다. 이 경우 헤스 법칙에 따르면 'AkJ=BkJ+CkJ'가 된다.

보통 화학반응은 등압 조건하에서 이루어지므로(대부분의 경우 대기압), 열량은 곧 **엔탈피 변화량**(ΔH)으로 표현될 수 있다. 따라서 열화학에서는 보통 화학 반응 시 출입하는 열의 기호로써 엔탈피 변화량을 쓴다. 에너지를 나타내는 척도인 엔탈피는 상태함수로, 헤스의 법칙은 상태함수에 대한 일반적인 내용을 화학 반응열에 대하여 정의한 것이다.

이 법칙을 이산화탄소(CO_2)를 예로 들어 간단하게 살피면 다음과 같다. 탄소(C)가 1몰 있고 산소(O_2)가 1몰 있다. 이때 직접 둘을 반응시켜서 이산화탄소(CO_2)가 1몰 생성되었을 때 출입한 열의 양을 ΔH라고 하자. 이번에는 반응 조건을 변화시켜서 1몰의 탄소로 일산화탄소(CO)를 생성시킨 다음, 그 일산화탄소를 나머지 산소(O 혹은 O_2)와 반응시켜서 1몰의 이산화탄소를 생성시켰다고 하자. 이때 일산화탄소가 생성되는 과정에서 출입한 열의 양이 ΔH_1이고, 다시 이산화탄소가 생성되는 과정에서 출입한 열의 양을 ΔH_2라고 하면, 반응 물질은 '1몰 탄소+1몰 산소'이고 생성 물질이 1몰 이산화탄소인 것은 변함이 없으므로 [$\Delta H=\Delta H_1+\Delta H_2$]라는 공식이 성립한다.

$$2H_2+O_2 \rightarrow 2H_2O \quad \cdots\cdots\cdots\cdots\cdots \text{(1)}$$
$$C+O_2 \rightarrow CO_2 \quad \cdots\cdots\cdots\cdots\cdots\cdots \text{(2)}$$
$$CH_4+2O_2 \rightarrow CO_2+2H_2O \quad \cdots\cdots \text{(3)}$$

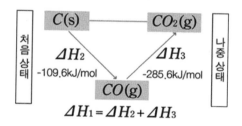

위 예시를 에너지 보존 법칙의 한 형태인 **'총열량 보존 법칙'**의 관점에서 설명하면 다음과 같다. 이산화탄소는 탄소 원자 1개(C)에 산소 분자 1개(O_2)가 결합해서 생성되는데, 이 반응에는 394킬로줄(kJ)의 열이 발생한다. 물론 이 열은 탄소 원자 1개가 아니라 1몰(mol)에 해당하는 에너지로, 반응열 중 꽤 높은 열이다. 그런데 출발 물질에서 최종 물질로 가는 데는 이 반응만 있는 것이 아니라, 다른 경로도 존재한다. 탄소가 산소와 반응해 일산화탄소(CO)를 만들고 다시 산소와 반응해 이산화탄소로 나아가는 반응도 있다. 그러니까 다른 경로를 통해 같은 최종 도착지에 도달하는 셈인데, 이때도 각각 111kJ과 283kJ의 반응열이 생긴다. 이렇듯 물질이 반응하며 상태가 바뀌는 과정에서 일어나는 변화 방법은 여러 가지다. 하지만 최종 생성물이 같다면 어떤 경로를 통하든 에너지의 출입이 다르지만, 반응에 관여한 에너지 총량은 **'같다'**는 것이 헤스가 발견한 법칙이다. 이 법칙은 이후 일반화하고 물질과 에너지를 동일한 개념에서 확장해 열역학 법칙으로 자리를 잡았다.

09 열역학 제1법칙: 에너지 보존 법칙

열역학은 에너지의 이동 및 일로의 전환, 열이 흐르는 방향 등을 압력, 온도, 부피 등의 양으로 기술하는 분야다. 열역학에서는 다수의 입자로 구성된 계를 다루게 되므로, 원자나 분자 하나하나의 움직임에 관해서는 관심이 없이 전체를 통계적 관점에서 풀어낸다. 모든 고립계는 측정 가능한 내부 에너지를 가지고 있다는 개념이 열역학의 바탕을 이룬다. 참고로, 서로 영향을 주고받으며 상호 작용하는 구성 요소들의 집합을 **계(界, 시스템)**라고 한다. 열역학에서 말하는 물질의 계는 대상이 되는 현실의 한 부분으로, 대상을 제외한 나머지 부분은 '주위'라고 한다.

자연계에는 열에너지, 빛 에너지, 소리 에너지(공기의 진동에너지), 화학 에너지(원자나 분자에 저장되어 있는 에너지), 핵에너지(원자핵에 저장되어 있는 에너지), 전기 에너지 등 여러 가지 에너지가 있다. 이들 에너지는 서로 바뀔 수 있다. 예컨대 태양광 발전은 빛 에너지를 전기 에너지로 바꾸는 것이다. 그리고 스피커는 전기 에너지를 사용해 소리 에너지를 만들어 낸다.

에너지란 '힘을 만들어 내고 물체의 운동을 일으킬 수 있는 잠재 능력'이라 할 수 있다. 우리의 몸도 음식물의 에너지(화학 에너지)를 이용함으로써 몸을 움직이는 힘을 얻는다. 빛 에너지도 태양 전지를 통해 전기 에너지로 바꾸면 엘리베이터를 움직일 수 있다.

에너지가 형태를 바꾸는 경우에 외부의 영향을 차단하면 물리적 · 화학적 변화가 일어나도 총량은 변하지 않는다는 물리 법칙을 열역학 제1법칙인 **'에너지 보존의 법칙'**이라고 한다. 물리적인 형태인 태양의 빛 에너지는 '어떤 형태의 에너지가 다른 형태의 에너지로 전환되더라도 그것이 가진 총 에너지양은 변하지 않는다.'라고 하는 열역학 제1법칙에 따라 같은 값의 에너지양을 가진 유기물 중의 화학 에너지로 식물에 의해 전환된다. 그러나 이 화학 에너지는 일단 어떤 일에 사용되면 일부가 열에너지 형태로 전환되어 없어진다는 열역학 제2법칙에 따라 생태계 안을 흘러가는 동안 점점 소실된다. 이를 식으로 표시하면, [E=Q-W(E: 내부 에너지, Q: 열량, W: 일)]이 된다.

✛ 에너지 보존 법칙 사례: 적란운

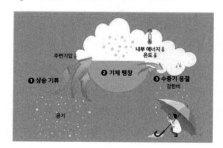

강한 비를 몰고 오는 적란운을 에너지는 형태만 변화할 뿐, 양은 일정하다는 **'열역학 제1법칙'**으로 설명할 수 있다. 적란운은 상승기류가 발생할 때 생기는데 공기가 갑작스럽게 상승하게 되면 낮아진 주변 기압에 의해서 팽창하게 된다. 기체의 팽창은 주변의 공간을 밀어낸 것이므로 외부로 일을 한 셈인데 결국, 주변과 열을 주고받을 새 없이 급격하게 팽창한 공기는 내부 에너지가 떨어지는 결과와 함께 온도가 하강하게 된다. 하강된 온도는 수증기를 응결시켜서 강한 비를 동반하게 되는 것이다.

10 열역학 제2법칙: 엔트로피 증가 법칙

자연계는 자연스러운 흐름을 거스르지 못한다. 예를 들어 뜨거운 차(茶)는 반드시 식는다. 차가워진 차가 저절로 뜨거워지는 일은 없다. 자연에서의 자발적인 변화는 안정되면서도 자유로운 상태로 나아간다. 즉, 에너지(열)는 낮아지는 방향으로, '무질서도'는 높아지는 방향으로 변화한다. 여기서 에너지를 나타내는 척도를 '엔탈피'라 하고, 무질서도를 나타내는 척도를 '엔트로피'라고 한다. 자연에서의 자발적인 변화는 엔탈피가 감소하고 엔트로피가 증가하는 방향으로 향한다.

에너지 전달에는 방향이 있는데, 자연계에서 발생하는 과정은 모두 가역(되돌릴 수 있는) 과정이 아니다. 이렇듯 한 한 방향으로 가는 흐름은 '엔트로피 증대의 법칙'으로 설명된다. 엔트로피 증대의 법칙은 고립계에서 엔트로피(무질서도)의 변화는 항상 증가하는 방향으로 일어난다는 법칙으로, 열역학 제2법칙이라고도 한다.

열역학 제2법칙(에너지 비가역성의 법칙)은 고온의 물체에서 저온의 물체로 열이 흘러가고 스스로 고온으로 흐르지 않는다. 열을 일정한 온도의 물체로부터 빼앗아 일로 바꾸는 순환 과정은 존재하지 않으며, 고립된 계의 비가역 변화는 엔트로피가 증가한다. 즉, 에너지 보존의 법칙에 따라 에너지가 다른 에너지로 변화해도 그 양은 일정하지만 그럼에도 유용하게 쓸 수 있는 부분은 감소하는데, 이것을 엔트로피의 증가라고 표현한다. 우주의 엔트로피가 항상 증가한다는 것은 자연 상태에서의 여러 반응은 항상 무질서도가 증가하는 방향으로 일어난다는 것으로도 해석할 수 있다.

쉽게 설명하기 위해 카드 뒤섞기를 예로 들어 보자. 새로 산 카드의 포장을 뜯으면 각 카드는 무늬와 숫자가 순서대로 정리되어 있다. 이 상태는 수십 장의 카드를 정렬해 두는 수많은 방법 가운데 하나일 뿐이다. 그러나 일단 카드를 뒤섞기 시작하면 다시 원래대로 정렬하기란 쉽지 않다. 물론 카드 뒤섞기를 아주 오래 하면 어쩌다가 처음과 같은 상태가 나타날 수도 있겠지만, 그럴 가능성이 아주 낮다는 것을 우리는 경험을 통해 알고 있다. 즉, 자연 상태에서 뒤섞기를 하면 무질서한 정도는 증가하지 감소하지는 않는다. 이와 같이 자연계에서 일어나는 모든 현상은 규칙적이고 체계화된 정도가 감소하는, 즉 무질서도가 증가하는 방향으로 일어난다. 이것을 열역학 제2법칙이라고 한다. **'맥스웰의 악마'** 사고 실험은 엔트로피 증가 법칙을 보여주는 사례이다.

열역학 제1법칙과 열역학 제2법칙 비교

구분	열역학 제1법칙	열역학 제2법칙
내용	우주의 에너지(엔탈피)는 생성되거나 소멸되지 않고 일정한 양이 보존된다.	우주의 엔트로피는 항상 증가한다.
산식	$\Delta E = Q + W$	$\Delta S = \Delta S(\text{시스템}) + \Delta S(\text{주변}) > 0$
에너지	가역 변화(내부 에너지=운동 에너지)	비가역 변화(무질서하게 뒤섞인다.)

01 케플러 법칙: 뉴턴 역학을 뒷받침하는 행성 운동 법칙

행성의 운동을 처음으로 체계화한 학자는 독일의 천문학자 케플러였다. 케플러는 브라헤가 남긴 화성의 관측 자료를 지동설의 입장에서 연구하여 행성의 궤도 모양과 그 운동에 관한 '케플러의 3법칙'을 발견했다. 그는 우주와 수학을 긴밀하게 연관시켰던 신플라톤주의자였기 때문에 우주는 조화롭고 단순한 수학적 법칙을 따를 것으로 생각했다. 그러나 이 모형을 이용하여 나타낸 행성의 위치는 당시 최고의 천문학자인 브라헤의 관측 사실과 완전히 어긋났기에, 케플러는 이 모형을 포기하는 수밖에 없었다.

케플러는 브라헤의 관측 자료를 놓고 행성들이 따르는 궤도에 대해 고민했다. 그의 출발점은 행성들이 원궤도를 그리면서 회전한다는 것과 회전하는 속도가 일정하다는 것이었다. 처음에 그는 지구를 대상으로 궤도를 그렸는데, 그것은 완전한 원이 되지 못했다. 그래서 일단 지구를 보류한 다음 궤도 문제로 옮겨 갔는데, 마침내 그는 행성들의 궤도가 달걀 모양일 것이라는 결론에 도달했다. 그는 한 가설에서 다른 가설로 시행착오를 계속한 끝에 마침내 플라톤 이후 서구 세계를 지배해 온 '원'으로부터 탈피할 수 있었다. 원이 아닌 타원, 원에서 타원으로의 이행, 이것은 서양 과학의 역사에서 길이 남을 위대한 혁명이었다.

케플러는 화성의 궤도를 계산하면서 화성의 회전속도가 일정하지 않다는 것을 알게 됐다. 이로부터 그는 행성들이 태양으로부터 가장 멀리 있을 때 가장 천천히 움직이며, 가장 가까이 있을 때 가장 빨리 움직인다는 생각에 도달하게 되었다. 즉, 행성은 등속 운동을 하는 것이 아니라 **부등속 운동**을 한다고 결론지었다.

✥ 행성 운동의 세 가지 법칙

케플러는 태양계 내부 행성들이 태양을 초점으로 운동할 때 운동 궤도의 특성과 공전 속도, 공전 주기, 태양으로부터의 거리 등의 상관관계를 3가지 법칙으로 정리했다. '제1법칙'은 모든 행성은 태양을 하나의 초점으로 하는 타원 궤도를 그리며 태양 주위를 공전한다는 것으로, '**타원 궤도 법칙**'이라고도 한다. '제2법칙'은 한 행성과 태양을 연결하는 위치 벡터는 동일한 시간 간격 동안 같은 면적을 휩쓸고 지나간다는 것으로, '**면적 속도 일정 법칙**'이라고도 한다. '제3법칙'은 행성의 항성 주기(공전 주기)의 제곱은 그 행성으로부터 태양까지의 평균 거리의 세제곱에 정비례한다는 것으로, 이를 '**조화의 법칙**'이라고도 한다. 이 법칙들 가운데 제2법칙은 뉴턴이 지구와 달 사이, 그리고 태양과 행성 사이의 중력 법칙들을 계산할 때 결정적으로 중요한 역할을 했다.

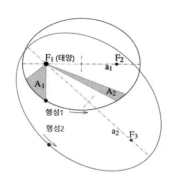

〈두 행성의 공전궤도를 통한 케플러의 세 법칙에 대한 설명〉

첫 번째 행성의 공전 궤도는 F_1과 F_2를 초점으로 하는 타원 궤도이고, 두 번째 행성의 공전 궤도는 F_1과 F_3을 초점으로 하는 타원 궤도이다. 태양은 여기서 초점 F_1에 있다. 행성이 같은 시간 동안 휩쓸고 지나가는 음영으로 표시된 두 영역 A_1과 A_2는 면적이 같다.

02 고전역학과 양자역학: 거시세계 운동 법칙과 미시세계 운동 법칙을 설명하는 이론

고전역학은 거시세계의 운동 법칙을 설명하는 이론으로, 현대물리학의 핵심 이론인 양자역학이나 상대성이론이 나타나기 이전의 역학을 말한다. 갈릴레이의 물체 운동론, 케플러의 행성의 운동 법칙 등의 맥락을 이어 학문적으로 체계화된 뉴턴 역학을 근간으로 삼고 있다. 고전역학의 핵심은 물체에 작용하는 힘과 운동의 관계를 설명하는 물리학이다. 뉴턴의 운동법칙을 만든 뉴턴의 이름을 따 '뉴턴역학'이라고 부르기도 한다.

고전역학은 다시 크게 두 분야로 나뉜다. 하나는 힘이 균형을 이루어 움직이지 않는 물체들을 다루는 **정역학**이며, 다른 하나는 운동하는 물체를 다루는 **동역학**이다. 고전역학은 일상생활에서 일어나는 현상들을 매우 정확하게 설명하고 예측할 수 있다. 그러나 매우 빠른 속도로 움직이는 계(界), 원자·미립자처럼 극히 미세한 스케일을 지닌 계의 현상들을 설명하지 못하면서, 상대성이론과 양자역학에 각각 자리를 내주었다. 그럼에도 고전역학은 다른 이론들에 비해 비교적 수학적으로 간단하여 쉽게 사용할 수 있으며, 개략적으로 옳은 결과를 주는 범위가 아주 넓다는 점에서 여전히 유용하다. 일상생활에서 보는 물체의 운동, 천체와 같은 극히 거시적인 물체의 움직임, 유기분자처럼 극미한 영역에서의 물체의 운동을 잘 설명하고 있다.

상대성이론과 더불어 현대 과학 이론의 큰 줄기는 **'양자 이론'**이다. 19세기 말에 흑체의 복사, 광전효과, 원자의 스펙트럼 등 새로운 현상들이 관측되었는데, 이러한 현상들은 기존의 이론으로는 설명되지 않았다. 그리하여 플랑크의 양자 가설, 아인슈타인의 광자가설, 보어의 원자론, 드 브로이의 물질파 등이 제안되어 이러한 미시 현상들을 설명했으나, 이들은 모두 기존의 이론 체계들과는 모순을 빚는 것들이어서 엄청난 학문적 혼란을 일으켰다. 그러한 가운데 기존의 물리학 이론들이 본질적 한계를 지닌 불완전한 것이었다는 인식과 함께, 슈뢰딩거와 하이젠베르크를 비롯한 일군의 물리학자들에 의해 체계적인 새 이론이 모색됐고, 그 결과로 얻어진 것이 바로 '양자역학'이다.

양자역학은 고전역학에서 말하는 '상태' 개념, 곧 '위치와 속도'라는 의미의 상태 개념을 파기하고, 새로운 '양자역학적 상태' 개념을 도입하여 그 해석을 현상 세계와 연결한다. 이때의 양자역학 상태는 그 초깃값을 관측으로부터 추정할 수 있으며, 동역학적 추론 이후 얻어진 말기값으로부터 대상에 대한 정보, 곧 그 위치, 속도 등을 확률적으로 추정해낼 수 있는 성격을 지닌다.

이러한 양자역학은 하나의 보편 이론이므로 기존에 고전역학으로 설명되던 현상들을 포함하여 물질로 구성된 모든 대상에 적용된다. 그러나 우리 눈으로 볼 수 있는 거시적인 대상 물체에 대한 설명은 고전역학이 말하는 결과와 같아진다는 것을 알 수 있다. 반면, 눈으로 볼 수 없는 원자 규모의 대상에 대해서는 고전역학과는 확연히 다른(즉, 고전역학으로는 설명할 수 없는) 설명을 제시할 수 있는데, 양자역학의 진수는 바로 여기서 드러난다. 예를 들어 "다이아몬드가 왜 투명한가?"와 같은 문제는 고전역학으로는 대답할 수 없지만, 양자역학은 다이아몬드의 구성 원자들에 양자 이론을 적용함으로써 명쾌히 설명할 수 있다. 이렇듯 양자역학은 상대성이론과 더불어 인류의 **앎의 틀**을 획기적으로 수정·전환함으로써 그 자체로 성공적인 이론 체계였던 고전역학을 더 보편적이고 더 정교한 현대 과학 체계로 대체했다.

03 아인슈타인의 광양자 가설: 광전효과를 설명하는 이론

아인슈타인은 '광양자 가설'에서 빛의 이중성(입자이냐, 파동이냐) 문제를 제기했다. 금속에 일정한 세기 이상의 빛을 쪼이면 전자가 방출되는데, 이 현상을 '**광전효과**'라고 한다. 문제는 광전효과에서 빛의 진동수가 일정 값 이상이면 세기가 약해도 전자가 방출되지만, 그 이하이면 빛의 세기가 아무리 강해도 전자가 방출되지 않는다는 것이다. 아인슈타인은 '빛을 복사하거나 흡수하는 물체의 원자나 분자 에너지는 불연속적인 값을 취한다'라는 플랑크의 양자 가설을 이용하여 "진동수 v인 빛은 에너지 hv를 가진 빛의 입자다. 그리고 빛의 세기는 그 입자량에 비례한다."라고 생각했다. 이 빛의 입자가 '광양자'이고, 이러한 가설을 '아인슈타인의 광양자설'이라고 한다. 여기서 h는 상수(플랑크 상수)로, 값은 '6.6×10^{-34}Js'이다.

아인슈타인은 빛은 진동수에 비례하는 에너지(hv)를 가진 빛 입자, 즉 광양자의 흐름이고, 이 광양자들이 금속의 전자와 충돌하여 전자를 떼어내는 것으로 해석했다. 아인슈타인의 광양자 가설은 광전효과를 훌륭하게 설명했다.

광양자 가설은, 아무리 강한 적외선을 비추어도 전자는 금속 밖으로 튀어나오지 않지만, '자외선은 약하게 받아도 전자가 튀어나온다'는 사실을 어렵지 않게 설명할 수 있다. 속박의 일함수를 W라고 할 때, 전자가 받는 광양자 에너지 hv가 W를 넘으면 전자는 금속에서 해방되기 때문이다. 이때, 해방의 조건은 '$hv > W$'으로, 적외선은 진동수 v가 작으므로 이 조건을 만족하지 못하지만, 자외선은 아무리 약해도 진동수가 커서 이 조건을 만족한다. 광양자 효과를 간단히 설명하는 광양자 가설은 '모든 기본 입자는 파동과 입자 양쪽의 성질을 지닌다'는 양자역학으로 발전했다.

✛ LED의 원리

LED는 '발광다이오드'라고 표기하며, 전류를 가하면 빛을 발하는 반도체 소자이다. LED는 전기 에너지를 빛에너지로 변환시켜주는 '**반도체**'로, 이 LED의 원리가 바로 광양자설에 준한다. 기본적으로 LED는 양(+)의 전기적 성질을 가진(전자가 부족한) p형 반도체와 음(−)의 전기적 성질을 지닌(전자가 남는) n형 반도체의 이종접합 다이오드 구조를 가진다. 이 다이오드에 전류를 흘려보내면 양의 전기적 성질을 지닌 p형 반도체와 전자가 결합하여 에너지 E를 발생시킨다. 이 에너지가 hv로 변화되어, '$E=hv$'를 만족하는 진동수 v인 빛이 된다. 반도체 물질에 따라 E가 결정되고, 튀어나온 빛의 진동수 v도 결정되므로, 어떤 물질이 목적 파장인 LED에 적합한지 설계할 수 있다. 태양 에너지를 전기 에너지로 변환하는 장치인 '**태양전지**' 역시 광전효과를 응용한 기술이라 할 수 있다(그림 우측)

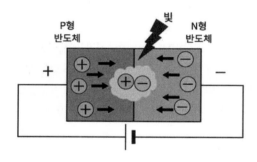

P형 반도체   빛   N형 반도체

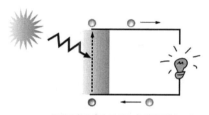

1. 물질이 빛을 흡수하여 광전자(○)를 발생함.
2. 발생된 전자는 물질 밖으로 나와 도선을 따라 일을 하고 다시 물질로 되돌아감.
3. 다시 (1)번의 작동으로 반복됨.

04 원자 모형론 – 푸딩 모형과 행성 모형: 원자모형을 설명하는 두 가설

'X선'은 가시광선 파장의 약 1/1000에 해당하는 전자기파로, 빠른 전자를 물체에 충돌시킬 때 방출되는 투과력이 강한 복사선이다. X선을 이용한 실험 역시 현대 물리학의 발전, 특히 원자 모형의 발전에 크게 기여했다. 영국의 물리학자 톰슨은 모든 종류의 기체에서 발생하는 음극선이 음의 전기를 띠고 수소 원자 질량의 1/1840밖에 안 되는 작은 입자들, 즉 전자의 흐름이라는 사실을 발견했다. 그는 이 입자들이 기체의 종류에 상관없이 언제나 방출되는 것을 알아내고 이것이 물질을 이루는 근본 요소라고 결론지었다. 그리고 양전기가 고루 퍼져 있고 그 사이에서 전자들이 박혀 있는 원자의 이른바 '**푸딩 모형**'을 제안했다.

한편, 뉴질랜드 과학자 러더퍼드는 X선 기체 방전과 비슷하게 방사선에 의한 이온화 과정을 조사했다. 그 결과, 그는 방사선에 양전기를 띠고 물질에 아주 쉽게 흡수되는 알파(α)선, 음전기를 띠고 빠르게 움직이는 베타(β)선, 그리고 전기를 띠지 않으며 투과력이 강한 감마(γ)선이 있음을 발견했다. 러더퍼드는 알파선이 금속막을 통과한 후의 변화를 측정하는 알파선 산란 실험을 통해 원자핵의 존재를 발견했다. 실험 결과는 양전기를 띤 알파 입자가 마치 양전기를 띤 다른 입자와 충돌했을 때와 같은 산란 분포를 보였다. 그는 이 결과를 기초로 물질 원자에는 양전기가 집중된 어떤 부분, 즉 원자핵이 존재한다고 해석했다. 이 결론은 그의 스승이기도 했던 톰슨의 푸딩 모형과는 매우 다른 것이었다. 러더퍼드는 질량이 작은 전자들이 원자핵에 이끌려가지 않기 위해 전자가 원자핵 주위를 빙빙 돌고 있다고 보았는데, 이는 마치 행성들이 태양 주위를 도는 것과 비슷한 형태의 '**행성 모형**'이었다.

덴마크의 보어는 러더퍼드 모형에서 잘못된 부분을 발견하고, 전자는 원자 내에서 정해진 궤도로만 회전한다고 가정하여 수정된 원자모형을 제시했다. 보어는 이를 통해 양자역학이라는 새로운 학문의 발전을 이끈 결과 노벨상을 받았다.

현대의 원자모형은 먼저 '전자는 원자 내의 정해진 궤도로만 회전한다'라는 보어의 생각을 수정했다. 보어에 따르면, 전자는 정해진 궤도가 없으며, 원자 내에서 전자를 발견할 수 있는 확률만을 고려한다. 전자는 핵 주변의 어느 위치에서도 발견될 수 있다. 하지만 전자와 핵 사이의 에너지 관계를 고려하면, 전자는 핵에서 한참 떨어진 엉뚱한 곳보다는 핵 주변의 특정 영역에 존재할 확률이 더 높다. 현대 원자모형은 이렇게 전자의 위치를 가능성으로 설명한다.

⚛ 원자 모형의 변천사

돌턴 ➡ 톰슨 ➡ 러더퍼드 ➡ 보어 ➡ 현재모형

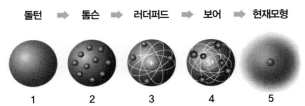

1   2   3   4   5

1. 단단하고 더 이상 쪼갤 수 없는 작은 공과 같은 모양이다.
2. 원자핵의 개념이 없는 건포도가 든 푸딩 모양이다.
3. 태양주위를 돌고 있는 혹성과 같은 전자혹성모형이다.
4. 전자는 원자핵주위에서 불연속적인 원궤도를 그리면서 운동한다.
5. 핵 주위의 전자를 확률 분포에 따라 나타나게 하는 전자구름모형이다.

05 양자 이론: 양자역학을 기초로 전개된 물리학 이론의 총칭

원자 모형에 대한 논의는 보어의 모형 이후로 활발하게 진행된 결과, 슈뢰딩거에 의해 전자가 구름처럼 분포하여 핵 주위를 감싸고 있는 원자 모형이 완성되었다. 이 전하밀도에 대한 개념은 '슈뢰딩거 방정식'으로 체계화됐는데, 이는 뉴턴 역학의 토대 위에 파동역학의 개념을 더한 것이다. 이후 하이젠베르크가 '불확정성 원리'를 발표하기에 이르렀고, 이 원리는 양자 이론을 확립하는 데 결정적인 역할을 했다. 이후 양자론은 더욱 발전하여, 슈뢰딩거의 양자론을 특수 상대론에 확대·적용한 반입자 이론과 같은 상대론적 양자역학의 확립으로 이어졌다.

양자 이론에서는 대상에 대해 관측 가능한 물리량의 예측에서 기존의 결정론적 이론 구도를 벗어나 확률론적 이론 구도를 채택한다는 특징이 있다. 기존의 뉴턴 역학에서는 어느 대상에 대해 관측된 값(위치와 운동량)은 '결정론적'으로 예측된다. 이에 비해 양자 이론에서는 어느 대상의 물리적 상태는 관측값 자체가 아니라 이로부터 유추해 내는 '상태함수'가 된다. 여기서도 미래의 물리적 상태, 즉 미래의 상태함수는 관측을 통해 유추해 낸 초기 상태에 자연법칙(슈뢰딩거 방정식)을 적용함으로써 정확히 산출해 낼 수 있으나, 대상에 대해 관측해 볼 수 있는 물리량들은 이 상태함수를 통해 확률적으로만 예측해 내게 된다. 즉, 이 상태함수에 적절한 해석의 방식을 적용함으로써 이것의 위치나 운동량 같은 관측 가능한 값들을 확률적으로 예측하게 되는 것이다. 이 경우, 대상의 위치와 운동량을 동시에 정확하게 예측하는 데는 일정한 이론적 한계가 따르는데, 이를 흔히 '불확정성 원리'라고 부른다. 이러한 한계성은 플랑크 상수 h(6.625×10^{-34}Js)라는 매우 작은 값으로 주어지기 때문에 우리의 일상에는 별 영향을 미치지 못하나, 원자 등 미시 세계에서는 그 효과가 크게 나타난다.

상대성이론과 더불어 양자역학의 핵심인 양자 이론은 소립자, 원자 등에서 나타나는 현상을 성공적으로 설명할 뿐만 아니라 특정한 조건에서 이론 체계를 재생시키는, 다시 말해 고전역학을 포함하는 더욱 일반화된 이론으로 정착되고 있다. 양자 이론의 등장으로 물질의 기본 구조가 원자 수준에서 밝혀지게 되었고, 이러한 성과는 물리학뿐만 아니라 화학 및 전자 공학 등의 발전에 큰 영향을 주고 있다.

✛ 양자역학과 원자

양자역학이 이룩한 가장 큰 업적은 물질을 구성하는 기본 입자인 '원자'가 어떻게 이루어져 있는가를 설명한 것이다. 보어의 원자 가설에 따르면, 전자궤도가 고정된 것은 전자(원자를 둘러싼 입자)가 지닌 에너지 값이 정해져 있기 때문이다. 전자는 정확한 값의 에너지만 지니기 때문에, 궤도 사이를 이동하려면 각 궤도 에너지의 차이만큼 정확한 양의 에너지를 받아들이거나 내놓아야 한다. 그래서 전자가 한 번 이동할 때마다 광자가 만들어지거나 흡수되는 것이다. 궤도 사이를 옮겨 다니는 전자는 계단을 오르내리는 사람에 비유될 수 있다. 올라갈 때는 에너지가 필요하고 내려갈 때는 에너지를 내놓는다. 그리고 계단 위의 사람이 한 계단씩 올라갈 수는 있어도 한 번에 두세 계단을 이동할 수 없는 것과 마찬가지로, 전자도 이렇게 한 계단씩 존재한다. 이 계단이 바로 궤도인 것이다. 궤도상에 있는 전자는 파동함수로 표시하는데, 전자의 '파동' 꼭대기는 전자가 존재할 확률이 가장 높은 지점에 해당한다.

06 코펜하겐 해석 - 상보성 원리와 불확정성 원리
: 양자역학의 수학적 서술과 실제 세계와의 관계에 대한 표준 해석

1911년에 열린 '솔베이 회의'에서 '방사능과 양자'를 주제로 보어와 아인슈타인 간의 격렬한 논쟁이 이어졌다. 이 회의에서 양자역학의 토대가 명확하게 설정되었고, 토론의 결과는 양 역학에 대한 '**코펜하겐 해석**'으로 정립됐다. 보어, 하이젠베르크, 보른 등이 코펜하겐 학파로 대표되며, 20세기 전반에 걸쳐 가장 영향력이 컸던 양자역학의 정통 해석으로 자리 잡았다. 또 자연이 인과적인 물리 법칙에 따라 움직인다는 전통적인 세계관을 비결정론적 세계관으로 바꾸는 계기가 되었다.

'코펜하겐 해석'을 주도한 덴마크의 물리학자 닐스 보어는, 거시세계든 미시세계든 관계없이 현실 세계의 무엇이든 완벽하게 예측할 수 있다는 아인슈타인의 주장에 정면으로 반박하면서, 미시세계는 현재를 정확히 알아도 미래를 예측하는 것은 불가능하다고 주장했다. 미시세계에서 정확하게 알 수 있는 것은 없고 다만 확률만 제시할 수 있으며, 모든 물리량은 관측 가능할 때에만 의미를 지닌다고 보았다.

보어와 하이젠베르크는 각각 '**상보성 원리**'와 '**불확정성 원리**'를 통해 양자역학의 철학적 해석을 내놓았다. 보어는 물질이 입자와 파동의 특징을 함께 갖고 있다는 '상보성의 원리'를 제안했다. 상보성 원리에 따르면, 양자 현상이 입자상과 파동상을 동시에 보여주는 것은 우리가 거시세계를 통해 얻은 관찰 용어를 가지고 미시세계를 기술하려고 하기 때문이다. 즉, 전자의 '파동-입자' 이중성은 우리가 거시세계에서 모순 관계인 파동과 입자로 전자를 기술하기 때문에 문제일 뿐이라는 것이다. 특히 "빛이 입자이면서 파동"이라는 말은 현상계에서는 해당하지 않지만, 원자 세계에서는 상호 배타적이 아니라 상호보완적으로 성립한다는 것이다.

상보성의 중요한 예는 하이젠베르크가 찾아낸 '불확정성 원리'다. 양자 이론은 양성자, 중성자, 전자 등 원자 이하의 소립자들로 구성된 미시세계에 적용되는 물리학을 말한다. 이런 양자의 세계에선 뉴턴의 중력 이론으로는 설명할 수 없는 일이 수도 없이 일어난다. 그중 하나가 전자와 같은 소립자들은 입자성과 파동성을 동시에 갖고 있어 '위치를 측정하려면 운동량이 변화하고 반대로 운동량을 측정하면 그 위치가 바뀌는' 물리적 특성이 있다. 이 때문에 원자 속 소립자의 위치나 운동량을 알려면 확률적으로만 접근할 수 있다. 이를 두고 아인슈타인은 "신은 결코 주사위 놀이를 하지 않는다."라는 말로 반박했다.

하이젠베르크의 '불확정성 원리'에 따르면, 전자의 위치와 운동량은 아주 작은 범위 내에서 서로 불확실한 관계에 있기 때문에 두 양을 동시에 정확하게 관찰할 수 없다. 가령 원자나 기본 입자 같은 매우 작은 질량의 경우에는 이런 불확정성이 중대한 의미를 지니게 된다. 뉴턴역학은 가령 사람이나 행성 같은 커다란 물체의 세계에 여전히 적용된다. 하지만 아주 작은 물체의 경우에는 측정 시도 자체가 불가능하다. 다시 말해서 (측정을 위해 발사된) 전자의 속도에 (측정 대상인) 물체가 밀려나기 때문에, 제아무리 이론상으로라도 그 물체의 위치를 측정할 수는 없다는 것이다. 이런 불확정성은 다른 복합적 가측치(사후적으로 실제 관측되는 수치)의 쌍들, 그중에서도 특히 에너지와 시간 등에서도 발견되었다. 만약 우리가 어떤 불안정한 핵에서 발산된 에너지의 양을 정확히 측정하려고 시도한다면, 그 불안정한 계(界)가 보다 안정된 상태로 이행하는 그 일생 자체에도 **불확정성**이 있는 것이다.

07 마이컬슨과 몰리의 실험: 광학적 에테르 이론을 부정하는 최초의 유력한 증거

19세기의 전자기학은 매우 성공적이었지만 몇 가지 숙제를 안고 있었다. 첫째, 우주에 꽉 차 있으며 완전 탄성체인 가상의 물질인 '**에테르**'를 가정했다는 점이다. 에테르는 전자기학을 설명하는 데 있어서 꼭 필요한 요소였지만 실제로 에테르의 존재를 증명하려는 여러 노력이 성공하지 못한 상태였다. 둘째, 다른 역학 법칙과 달리 서로 등속도로 움직이는 관찰자의 입장에서 볼 때 전자기 방정식이 서로 불변으로 유지되지 않는다는 것이다. 예를 들어, 고전역학에서는 정지한 관찰자와 등속으로 움직이는 관찰자가 어떤 물체의 운동 방정식을 동시에 기술할 때 같은 형태를 띤다.

미국의 마이컬슨과 몰리는 수직으로 교차하는 간섭계(界)를 받아들여 만들어 '에테르'의 운동 방향과 빛의 운동 방향에 관한 실험을 했다. 그들은 지구의 운동과 각각 평행 방향과 수직 방향으로 운동한 두 빛이 한 지점에서 서로 만나 간섭현상을 일으키도록 하는 장치를 만들었다. 마이컬슨과 몰리의 주된 관심사는 빛의 정확한 속력이었다. 문제는 에테르를 가정할 경우 **빛의 속력(광속)**이 상황에 따라 다르게 측정된다는 점이었다. 지구는 태양을 공전하고 태양은 은하의 중심을 공전하므로, 우주가 에테르로 꽉 차 있다면 에테르의 흐름에 대한 지구의 상대적 움직임은 시시각각 달라질 것이다. 따라서 에테르의 흐름을 따라 전달되는 빛의 속력 역시 달라질 것이므로, 빛의 정확한 속력을 알아내려면 다양한 시점에 측정한 빛의 속력을 종합하여 에테르의 상대적 흐름이 없는 상태에서의 속력을 알아내야 한다.

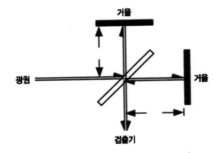

〈마이컬슨과 몰리의 '간섭계' 실험 도구〉

마이컬슨과 몰리는 만일 지구의 운동이 에테르에 영향을 준다면 그것은 빛의 속도 차이로 나타나고 간섭무늬를 통해 파악될 것이라고 예상했다. 그러나 실험은 의도와 다르게 흘러갔다. 실험 결과 두 빛은 같은 속도로 움직였고, 따라서 두 과학자는 지구 운동이 에테르에 영향을 주는 효과를 검출할 수 없었다.

과학자들은 에테르 이론을 바탕으로 마이컬슨─몰리 실험의 결과를 설명하기 위해 온갖 해석을 내놓았지만, 타당한 해석을 내놓는 데는 모두 실패했다. 네덜란드의 로렌츠는 마이컬슨─몰리 실험을 고전역학과 전자기학의 틀에 맞게 설명하기 위해 임시방편으로 '**수축 가설**'을 도입했다. 로렌츠는 수축 가설에 기초하여 움직이는 관찰자에게 물리 법칙이 불변이 되도록 만드는 '**로렌츠 변환식**'을 제시했다. 이 변환식은 길이 수축이라는 이해하기 힘든 가설을 포함하고 있었으나, 현상에 대해서는 수학적으로 정확한 결과를 제시했을 뿐, 검증에 실패했다.

이후에 이어진 많은 재검증 끝에 지구를 둘러싼 에테르의 흐름 따위는 존재하지 않는다는 사실이 밝혀졌다. 아인슈타인이 광전효과를 발표하여 빛의 입자성이 입증되고부터는 에테르가 물리학에서 거의 완전히 축출되기에 이르렀다. 빛에는 더는 매질이 필요하지 않았던 것이다. 우주는 비로소 '정말로 비어 있는', 문자 그대로의 진공에 가까운 개념으로 받아들여졌다.

08 아인슈타인의 등가 원리: 관성력과 중력이 동등하다는 원리

우리는 타고 있는 엘리베이터가 급강하하면 몸이 가벼워진 것처럼 느끼고, 엘리베이터가 급상승하면 몸이 무거워진 것처럼 느낀다. 뉴턴이 확립한 역학에서는 가속하면서 운동하는 장소에서 보면(이 경우는 엘리베이터 안), 가속의 방향과 반대 방향으로 **관성력**이라는 실재하지 않는 '겉보기 힘'이 나타나기 때문에 이런 현상이 일어나는 것이다.

엘리베이터가 아래 방향으로 가속도 운동을 하고 있을 때는 위쪽 방향으로 관성력이 나타난다. 이 때문에 그만큼 아래 방향의 중력이 줄어 몸이 가볍게 느껴진다. 한편, 엘리베이터가 위쪽 방향으로 가속도 운동을 하고 있을 때는 아래 방향으로 관성력이 나타나므로 아래 방향의 중력이 늘어나 몸이 무겁게 느껴진다.

그러나 관성력은 엘리베이터 안의 사람에게만 존재하는 힘이며, 지상에서 이를 보고 있는 사람에게는 존재하지 않는다. 있다가 없다가 하는 '겉보기 힘'이다. 겉보기 힘은 가속도 운동의 효과로 변화되어 관측되는 힘으로, 실제 힘에 관성력을 합한 힘이라고 이해하면 된다. 이런 겉보기 힘의 존재는 물리 법칙으로는 아름답지 않다는 것이 아인슈타인이 상대성이론을 생각하기 시작한 동기였다.

아인슈타인은 '만약 어떤 사람이 자유낙하하고 있다면 그는 자신의 몸무게를 느끼지 못할 것이다.'라는 생각으로 가속도의 정체를 생각하기 시작했다. 그는 후에 이를 '생애 최고의 영감'이라고 회상했고, 그 영감은 일반상대성이론의 기초가 되는 '등가 원리'로 구체화되었다.

등가 원리는 중력에 의한 가속도와 운동에 의한 가속도는 구별할 수 없으며, 관성 질량과 중력 질량은 같다는 생각을 말한다. 등가 원리에 따르면 과연 어떤 일이 일어날까? 사람이 들어있는 상자가 자유낙하를 하는 경우를 생각해 보자. 상자는 아래 방향으로 가속도 운동을 하고 있으므로 상자 안에서는 위쪽의 방향으로 관성력이 나타나 중력 효과는 사라지고 그 안의 사람은 무중력 상태가 된다. 즉, 상자 안에서는 중력이 사라질 수 있다. 그러나 지구 반지름 정도의 커다란 상자를 생각하면 상자의 양 끝에서는 중력의 방향이 달라지므로 관성력을 상쇄할 수 없게 된다. 이것은 중력의 정체가 공간의 휘어짐이라는, 일반상대성이론의 핵심이 되는 개념을 만들어 낸다.

✚ 등가 원리를 유도한 사고 실험

창문이 없는 우주선이 가속하면서 날아가고 있다고 하자. 무중력 공간이라도 우주선이 가속하면 관성력에 의해 '**겉보기 중력**'이 생긴다. 그러면 안에 있는 사람은 자신의 몸을 아래 방향으로 끌어당기는 힘이 천체의 중력인지, 아니면 관성력인지를 구별할 수 없다. 우주선 안에서 공을 위로 던져도, 공은 천체의 중력에 의한 낙하 운동과 아주 똑같이 운동한다. 즉, 중력에 의한 가속도와 운동에 의한 가속도는 구별할 수 없다.

09 광속도 불변의 법칙: 빛의 속도는 어느 장소에서나 같다.

빛의 속도(광속)를 처음으로 측정했던 사람은 갈릴레이였다. 갈릴레이는 등불 두 개를 사용해서 빛의 속도 측정 실험을 했는데, 이 실험에서 갈릴레오는 빛의 속도가 소리의 속도보다 10배 이상 빠르다는 결론까지는 도달했다. 비록 정확한 실험은 아니지만, 갈릴레이의 시도는 빛에도 유한한 속도가 있을 수 있다고 생각한 데 의의를 지닌다고 말할 수 있다.

본격적으로 광속 측정 실험을 고안한 것은 19세기의 프랑스 물리학자 피조다. 톱니바퀴와 거울을 사용한, 지금 보면 상당히 원시적으로 보일 수도 있는 실험의 결과가 31만3천km/s로, 현대 과학이 밝혀낸 정확한 빛의 속력값(299,792,458m/s)과는 상당한 차이가 있었지만, 당시의 열악한 천문 관측 수준을 고려하면 그의 측정 결과는 실로 대단한 것이었다. 한편, 지구의 공전 방향에 대해 평행과 수직으로 진행하는 빛의 빠르기를 정밀하게 측정한 미국의 마이컬슨과 몰리는 어느 방향으로 측정해도 빛의 속도는 같다고 발표했다. 일정한 속도로 움직이는 사람이 어느 방향으로 측정해도 광속은 항상 같다는 놀라운 결과는 이전까지 믿어졌던 에테르의 존재를 부정했고, 아인슈타인이 발표한 특수상대성이론의 든든한 받침이 되었다.

아인슈타인은 '특수상대성이론'에 관한 논문에서, 빛의 속도는 언제나 같다는 '**광속도 불변의 원리**'를 바탕으로 등속도로 움직이는 모든 관측자에게 고전 전자기학이 불변으로 유지되는 새로운 시공 변환 개념을 제시했다. 아인슈타인은 진공 속의 빛의 속도는 누가 보아도 일정한 값으로 생각해야 한다고 주장했다. 즉, 광속은 어떤 조건에서도 관측하는 장소의 빠르기나 광원의 운동의 빠르기에 관계없이 항상 정해진 속도인 '초속 약 30만 km'로 일정하다고 생각했다. 빛의 속도는 우주 공간에 떠 있는 우주 비행사가 보든, 광속에 가까운 속도로 비행하는 우주선 안에서 보든, 태양 주위를 초속 약 30km로 공전하는 지구 상에서 보든 초속 약 30만 km로 변함없다. 그리고 광원이 어느 방향으로 얼마만큼의 속도로 나아가고 있어도 변함이 없다. 아인슈타인의 말을 빌리면 '거울을 든 채 빛과 같은 속도로 움직여도 자신의 얼굴이 거울에 비치는' 셈이다. 아인슈타인은 이것을 '광속도 불변의 원리'라고 해서 과학의 이론을 생각하는 대전제로 삼았다. 아인슈타인은 속도에 대한 상식을 뒤엎은 이 원리를 바탕으로 '특수상대성이론'을 수립해 시간과 공간에 관한 상식을 뒤엎었다.

✛ 매질을 지날 때의 빛의 속도

빛의 속도 30만 km/s는 진공 속에서의 속도를 말하는 것으로, 빛이 물·유리·다이아몬드 등 다른 매질 속을 지날 때는 '**광속도 불변의 원리**'와는 달리 빛의 속도가 느려진다. 빛이 물이나 유리를 통과할 때 이것들을 그냥 지나가는 것이 아니다. 빛이 물이나 유리에 도달하면, 가장 먼저 만나는 원자가 빛을 흡수하고, 흡수한 빛을 다시 방출한다. 그런 다음 원자가 다시 빛을 흡수하고, 흡수한 뒤 또다시 방출한다. 이와 같은 일을 반복하면서 빛이 물이나 유리와 같은 매질을 통과하기 때문에, 빛이 흡수되고 방출되는 시간만큼 느려지는 것이다. 빛의 굴절에 관한 법칙인 '**스넬 법칙**'은 매질을 지날 때의 빛의 속도에 대한 원리를 수식으로 풀어낸 것이다. 굴절률이 서로 다른 두 매질이 맞닿아 있을 때 매질을 통과하는 빛의 경로는 매질마다 빛의 속도가 다르기에 휘게 된다. 이때 경로가 휜 정도, 즉 빛의 입사 평면을 기준으로 나타낸 각도를 매질의 굴절률 및 빛의 파장과 속도로 나타내는 것이 바로 스넬 법칙이다.

10 특수상대성이론: 시간과 공간은 절대적인 것이 아니며 속도에 따라 상대적이다.

현대 과학 중에서도 우리의 일상적 관념 세계를 극적으로 뛰어넘게 만들어준 이론이 바로 상대성이론이다. 현대 물리학의 핵심인 '상대성이론'은 기존 과학에서 채택했던 '인식·지식의 틀' 가운데 시간과 공간 개념에 대한 심오한 사고의 결과로서 체계화한 개념이라 할 수 있다. 그리고 양자역학은 동역학적 **'상태'** 개념과 상태 변화의 법칙, 그리고 이를 현상과 연관 짓는 방식에서 획기적인 수정이 가해진 이론이다.

상대성이론은 시간과 공간이 합하여 4차원 구조를 이룬다는 주장으로, 공간을 3차원 구조로, 시간은 따로 1차원 구조를 지닌 것이라고 보았던 기존 관념을 뒤바꿔, 시간 변수 또한 공간좌표의 값들과 마찬가지로 4차원의 한 성분을 이룬다는 생각이다. 마치 막대의 그림자(공간좌표의 한 성분이라 생각하자)가 빛을 쬐는 방향에 따라 달라지듯이, 시간의 간격도 관측자의 속도에 따라 달라진다는 것이다. 한 걸음 더 나아가 일반상대성이론에서는 이러한 시간과 공간이 주변에 놓인 물질의 질량 분포에 따라 휘어지게 되며, 중력에 의해 발생하는 것이라고 생각한 모든 현상이 사실은 이러한 '**휨 효과**'로 나타난 현상이라고 본다.

아인슈타인에 의해 제안된 상대성이론은 다시 '특수상대성이론'과 '일반상대성이론'으로 나뉜다. 특수상대성이론은 서로 등속도로 움직이는 기준계 간에 나타나는 문제를 다루며, 일반상대성이론은 일반 기준계에서의 문제를 취급한다. 특수상대성이론은 기본적으로 관측자의 운동에 무관하게 빛의 속도가 일정하다는 '**광속 불변의 원리**'와 서로 등속도 운동을 하는 두 관측자 사이에 동일한 자연법칙이 적용된다는 이른바 '**특수상대성원리**'를 그 밑바탕에 깔고 있다. 그런데 이러한 원리에 부합되는 이론을 전개하고자 할 때 종래의 시간과 이와 독립된 3차원 공간 개념은 적절하지 않으며, 시간도 공간의 한 성분으로 보는 4차원 시공간 개념을 설정해야 한다. 이렇게 새로운 시간·공간 개념을 도입할 경우, 기존의 자연법칙들이 상대성이론에 부합하게 설정될 수 있을 뿐만 아니라 이를 통해 인간이 아직 경험하지 못했던 새로운 현상들을 예측할 수 있게 한다.

✛ 동시성의 상대성

특수상대성이론이 만드는 세 가지 현상은 '**시간 팽창**', '**길이 수축 현상**', 그리고 '**동시성의 상대성**'이다. 그중에서 '동시성의 상대성'을 설명하면 다음과 같다. 지금 아주 빠르게 움직이고 있는 기차 위에 타고 있다고 가정하자. 이 기차 속에는 버튼을 누르면 양쪽으로 빛알이 튀어 나가는 기계가 있다. 여기서 튀어 나간 빛알은 기차의 양 벽면에 부착된 센서를 향해 날아가게 되며, 센서를 때리는 순간 불이 반짝! 들어오게 된다. 바로 이 장치를 이용하면, 우리는 특수상대성이론이 만드는 기묘한 특징을 확인할 수 있다. 버튼을 누르면 빛알이 방출되고, 이 빛알은 벽면에 동시에 도달하게 된다. 기차 밖에서 정지하고 있는 사람이 볼 때는 뒤쪽으로 쏘아진 빛알은 기차가 뒤에서 앞으로 다가오는 속도에 의해 먼저 부딪히고, 앞쪽으로 쏘아진 빛알은 기차가 앞으로 달리는 속도에 의해 나중에 부딪히게 된다는 것을 알 수 있다. 하지만 이것은 정지하고 있는 사람에게만 그렇게 느껴지는 것뿐이지, 기차 안에서 빛알을 방출시킨 사람이 봤을 때는 빛알이 벽면에 동시에 도달하는 것처럼 보이게 된다. 이것이 바로 아인슈타인의 특수상대성이론을 통해 드러나는 현상인 '동시성의 상대성'이다. '내가 겪는 것이 다른 사람에게는 다르게 느껴질 수도 있다'라는 것이 '상대성원리'라면, '동시성의 상대성'은 정지하고 있는 나에게는 '동시'에 일어난 것처럼 보이는 일이 다른 사람이 볼 때는 '동시'에 일어나지 않을 수도 있다는 것이 바로 **동시성의 상대성**이다.

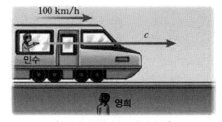

〈민수와 영희가 본 빛의 속력〉

11 일반상대성이론: 블랙홀 등 우주론의 기본 이론

일반상대성이론은 한마디로 말해 뉴턴의 '만유인력의 법칙'의 현대화된 버전이라 할 수 있다. 아인슈타인은 흔히 만유인력이라고 불리는 중력의 효과는 그 중력을 받는 관측계의 가속도 효과와 본질상 동일한 것이어서, 중력 효과 자체를 시간과 공간 구조 속에 흡수시켜 설명할 수 있다고 보았다. 일반상대성이론은 중력을 독립된 힘으로 보지 않고, 질량 분포에 의한 시공간의 굴곡으로 나타냄으로써 기존의 중력 법칙을 대체했다. 그 때문에 일반상대성이론을 '아인슈타인의 중력 이론'이라고도 부르며, 이것은 뉴턴의 고전역학으로 설명하지 못했던 몇 가지 중력 효과를 잘 설명한다. 그 대표적인 예가 1919년 일식 관측 시 확인된 사실로서, 태양 주위의 중력 효과에 의해 빛이 태양 주위에서 휘어지는 효과를 정확히 예측할 수 있었다.

이를 좀 더 설명하면 이렇다. 창문이 없는 우주선이 지금 중력 가속도와 같은 값('G'라고 하며, 지구의 중력과 같은 크기이다)으로 가속되고 있고, 당신이 지금 거기에 타고 있다고 하자. 그러면 당신은 자신이 우주선에 타고 있는지 지구 위에 있는지 알 수 있을까? 정답은 '**모른다**'이다. 우주선 안에서 공을 놓으면 바닥을 향해 떨어진다. 누군가가 우주선 밖의 정지한 기준틀에서 이 우주선을 관측한다면, 그 사람은 바닥이 공을 향해 가속되었다고 말할 수도 있을 것이다. 그러나 밀폐된 우주선 안에서 보면 공은 마치 지구 위에서처럼 아래로 떨어지는 것으로 보인다. 깊이 들어가면 가속도와 중력은 같은 것이고, 우리가 중력이라고 부르는 것도 실은 우리 인식의 기준틀이 만들어 낸 효과에 불과하다. 이렇게 중력과 가속도가 같은 것이라는 생각이 아인슈타인의 일반상대성이론의 핵심이다.

상대성이론에서 가장 중요한 것은 다음 내용이다. 즉, 가속되고 있는 기준틀(예를 들어 우주선) 안에 있는 사람은 중력이 있는 곳에서 일반적으로 볼 수 있는 것과 같은 효과를 경험한다는 것이다. 아인슈타인은 운동에서의 변화(뉴턴식으로 말하면 힘이 작용하는 것)와 기준틀의 기하학적 형태 사이에 어떤 관계가 있는지를 알아냈는데, 이러한 생각을 담은 것이 일반상대성이론이다. 일반상대성이론에 따르면 공간과 시간은 **4차원** 구조를 가졌을 뿐만 아니라, 고전역학과 특수상대성이론에서 생각하는 이른바 유클리드 기하, 즉 평면 기하학적 구조를 벗어나 비유클리드 기하, 즉 곡면기하학적 구조를 가지게 된다. 이는 다시 말해 공간과 시간 자체가 휘어질 수 있는 구조를 가진다는 것으로, 우리의 일반 상식으로는 이해하기 어려운 면을 지니고 있다. 그렇더라도 일반상대성이론은 자연법칙을 가장 조화있게 체계화한 보편이라는 점에서 그 가치가 높이 평가된다. 과거에 이해할 수 없었던 중력장 내의 여러 현상을 성공적으로 설명할 수 있을 뿐만 아니라 블랙홀의 존재나 우주 팽창에 대한 이론적 근거를 제공한다. 일례로 빛이 공간을 일그러뜨리는 현상은 최근 여러 관측을 통해 확인되었는데, 바로 '**중력 렌즈 효과**'라는 현상이다. 원래 하나인 별이나 은하가 빛이 오는 도중에 있는 큰 은하 때문에 공간이 일그러져 여러 개로 보이는 현상을 단적으로 표현한 것이 중력 렌즈 효과이다.

✧ 상대성이론을 응용한 자동차 내비게이션

상대성이론은 자동차 내비게이션에도 쓰인다. 자동차 내비게이션은 여러 GPS 위성 전파를 수신하여 'rm(resource management) 전파'에 실린 시각 차이로 거리를 계측하고 삼각 측량으로 위치를 파악한다. 그런데 내비게이션 개발 초기에는 예상치 못하게 위치가 어긋나는 현상이 발생하곤 했는데, 그러한 문제를 해결해 준 것이 상대성이론이다. 특수상대성이론과 일반상대성이론이 말하듯, GPS 위성은 지구의 중력권 내에서 고속으로 날기 때문에 시간의 진행이 미묘하게 어긋나는데, 이를 상대성이론을 이용하여 보정한 것이다.

12 아인슈타인의 공식 E=mc²: 원자폭탄과 원자력 발전의 원리

상대성이론이 내놓은 결과 중 가장 유명한 것은 질량과 에너지가 궁극적으로 '같은' 것이라는 내용의 방정식이다. 이 방정식만큼 널리 알려진 물리 법칙도 없을 것이다. 상대성이론에 따르면 물질은 에너지의 다른 형태일 뿐이다. 질량은 그것과 동등한 양의 에너지로 바뀔 수 있다. 더욱 놀라운 것은 빈자리를 채울 에너지가 아주 풍부하다면(예를 들어 소립자 두 개가 충돌할 때), 이 에너지의 일부는 질량으로 변환되어 새로운 입자가 만들어진다. 그러나 이 입자는 아무것도 없는 데서 저절로 나온 것이 아니라 에너지가 모습을 바꾼 형태이다.

핵융합 반응이 일어나는 과정에서 발생하는 엄청난 에너지는 아인슈타인의 특수상대성이론으로 설명할 수 있다. 특수상대성이론에서 '질량-에너지 등가 원리'인 $E=mc^2$ 공식은 물질과 에너지의 경계를 허물어버렸다. **'질량-에너지 등가 원리'**의 핵심은 '질량과 에너지의 대칭성'이다. 즉, 특수상대성이론에서 보여주는 중요한 결과 중의 하나는 물질의 질량이 에너지와 동일한 것이라는 사실이다($E=mc^2$, E는 에너지, m은 질량, c는 진공 속에서의 빛의 속도). 이것이 '질량-에너지 등가 원리'인데, 실제로 질량의 감소가 방출된 에너지로 환산될 수 있음이 원자핵반응에서 입증됐다. 광속도 c는 워낙 큰 값이기 때문에 작은 질량만 가지고도 큰 에너지를 얻을 수 있다.

$E=mc^2$은 질량과 에너지가 사실상 동등하며 **상호 교환**될 수 있음을 보여준다. 기존 뉴턴의 물리학에 따르면 중력이 없는 상태에서 정지한 물체는 아무런 에너지를 지니지 않는다. 움직임도 없고 힘도 작용하지 않으므로 아무런 일을 할 수 없기 때문이다. 그러나 아인슈타인의 물리학에 따르면 우주에서 정지한 물체는 그 질량에 상응하는 에너지를 지닌다. 물체가 질량을 가졌다면 그만큼 에너지로 변환될 수 있다는 뜻이다. 반대로 파동이나 빛과 같은 순수 에너지가 입자로 변환될 수도 있다. 이러한 아인슈타인의 아이디어는 특수상대성이론으로 정리되었고, 핵물리학의 기초 이론을 제공하여 핵물리학이 발전할 수 있는 토대가 되었다.

✚ 특수상대성이론과 일반상대성이론의 차이

특수상대성이론에 '특수'가 붙은 이유는 속도의 변화가 없는 등속 운동에만 적용되기 때문이다. 이를 가속운동에까지 확대한 것이 일반상대성이론이다. 일반상대성이론을 이해하기 위해서는 '등가 원리'에 대한 이해가 필요하다. 예를 들어, 엘리베이터가 갑자기 올라가 가속도가 위쪽으로 작용하는 동안, 관성력이 작용해 갑자기 몸이 아래쪽으로 당겨지는 듯한 느낌을 받는다. 앞의 경우에서 받는 관성력과 몇 초 사이에 지구나 나의 무게가 늘어나 중력이 증가한 경우에 받는 힘은 구분할 수 없다는 것이 일반상대성이론의 등가 원리다. 등가 원리와 특수상대성이론을 결합하면 중력에 대한 새로운 영감을 얻을 수 있다. 특수상대성이론에 따르면, 물체가 빠르게 움직이면 그 안의 시공간이 바뀌는데, 가속운동을 하면 시공간이 일반적으로 더 바뀐다. 그런데 등가 원리에 의하면 가속운동에 의한 관성력과 중력은 구분할 수 없다. 그 둘을 결합하면 일반상대성이론에서 말하는 '중력은 시공간의 뒤틀림이다'라는 결론이 나온다.

13 초전도와 BCS 이론: 초전도 현상의 원리를 양자역학의 관점에서 설명하는 이론

전류를 쉽게 흘려주는 물질은 전기 저항이 작아 '도체'라고 부른다. 구리를 비롯해 모든 금속은 도체이고, 금속이 아닌 물질 중에서도 흑연처럼 비교적 저항이 작아서 도체로 분류되는 물질도 있다. 한편 전기의 흐름을 막을 때는 고무, 플라스틱 등을 사용한다. 이러한 물질은 '부도체'라고 한다. '반도체'는 도체도 부도체도 아닌 묘한 성질을 지녔는데, 반쯤 도체인 듯하다고 해서 붙여진 이름이다.

'**초전도**'는 영어 'Super-conductivity'를 번역한 말로, 보통을 넘어서는 '강한 능력'과 도체에 의한 '전기전도'를 지닌 현상이란 뜻이다. 그러므로 초전도는 전기전도성이 특별히 좋은, 혹은 반대로 전기 저항이 특별히 작은 현상으로, 금속 등의 물질을 일정 온도 이하로 냉각하면 갑자기 전기 저항을 잃고 전류를 무제한으로 흘려보내는 현상을 말한다. 초전도체, 즉 초전도 상태가 된 물질은 내부로 자기장이 통과하지 못하고 밀려나는 일명 '**마이스너 효과**'라는 특성을 갖는다. 자석 위에 초전도체를 갖다 대면 공중부양을 하는 신기한 현상이 나타나는 이유가 바로 마이스너 효과 때문이다. 가해진 전기장을 없애기 위해 자기화되는 물질의 성질을 반자성이라고 하는데, 이런 의미에서 초전도는 완전 반자성이다.

초전도체에 대한 이론적인 설명은 물리학자 바딘, 쿠퍼, 그리고 슈리퍼가 제기했으며, 이론의 이름은 세 사람의 이름 앞 글자를 따서 '**BCS 이론**'이라고 한다. BCS 이론은 물질에서 전기 저항이 사라지고 완전히 반자성을 띠는 초전도 현상을 설명하는 이론으로, 초전도 현상의 원리를 양자역학의 관점에서 설명한다. BCS 이론은 오너스에 의해 초전도체가 발견된 이후 초전도의 원리를 설명한 최초의 미시 이론으로, '전자는 파동 한다'는 미시적 세계의 신비를 직접 확인할 수 있다.

BCS 이론으로 전자가 고체 안을 움직이며 주변 원자를 진동시키면, 이렇게 만들어진 진동이 이어서 다가오는 다른 전자를 끌어당길 수 있다는 것이 알려졌다. 두 전자 사이에는 보통 서로 밀치는 힘이 작용하지만, 고체 안 원자 진동은 인력을 만들어 두 전자가 짝을 이루게 한다. 그리고 이렇게 가능해진 전자쌍은 물질 안에서 저항 없이 움직여 초전도의 근원이 된다. BCS 이론에서 초전도 임계온도는 원자 진동의 진동수에 비례하고, 진동수는 질량의 제곱근에 반비례한다는 것을 이용하면, 가벼운 원자로 이루어진 고체가 더 높은 온도에서 초전도를 보일 것임을 짐작할 수 있다.

⚛ 자기부상 열차

초전도체가 응용된 가장 잘 알려진 설비가 바로 **자기부상열차**다. 자기부상열차는 초전도체가 저항이 0인 성질과 완전한 반자성체라는 성질을 함께 응용한 것이다. 철로에는 전자석이 설치돼 있고, 기차의 바닥에는 초전도 코일이 들어 있다. 초전도 코일은 반자성체가 되므로 철로의 자석을 밀어내는 방향으로 자장이 생기도록 코일에 전류가 생겨서 기차가 뜨게 된다. 한편 코일은 초전도체로 저항이 0이므로 전류를 지속시키기 위해 에너지를 공급할 필요가 없다. 또 떠 있는 상태에서는 마찰이 거의 없으므로 쉽게 빠른 속력을 낼 수 있다.

14 물질의 이중성과 슈뢰딩거 방정식: 미시적 상태를 기술하기 위한 물리학과 화학의 기본 방정식

양자역학은 초미시 세계를 지배하는 물리 법칙으로, 우리가 사는 일상생활 속과는 다른 기이한 특성을 보인다. 그 가운데 하나가 모든 물질이 입자와 파동의 특성을 동시에 지닌다는 '파동-입자의 이중성'이다. 이중성은 20세기 초에 빛 입자(광자) 하나를 이용해 처음 실험으로 증명된 이후, 전자 등 다른 입자에서도 작동하는 양자역학의 보편적 성질이라는 사실이 증명됐다. 특히 드브로이가 주장한 '물질파' 개념에 따르면 모든 물질은 크기와 상관없이 파동이 특성을 갖는다. 다만 큰 물질의 파동은 파장이 너무 짧기에 관측할 수 없고, 오직 미시세계에서만 의미가 있다. 이에 따라 입자가 여럿 결합해 이뤄진 '분자'일 경우 어느 정도 크기까지 이중성을 관측할 수 있는지, 생체 분자에서도 관측 가능할지가 논란이 돼 왔다.

'파동-입자 이중성'은 양자역학에서 모든 물질이 입자와 파동의 성질을 동시에 지니는 성질이다. 고전역학에서는 파동과 입자가 매우 다른 성질을 지니지만, 양자역학에서는 두 개념을 하나의 개념으로 통합한다. 이를 설명하는 방정식이 바로 '**슈뢰딩거 방정식**'이다. 슈뢰딩거 방정식은 고전역학에서 뉴턴의 운동 법칙과 같이 운동을 기술하는 근간이 되는 방정식으로, 양자 '계'가 시간에 따라 어떻게 변화하는지를 기술한다. 구체적으로, 슈뢰딩거 방정식은 계의 상태를 나타내는 파동함수의 변화를 기술하는 미분방정식이다(방정식은 복잡해서 생략한다). 예를 들면, 전자들이 수소 원자에서 어떻게 행동하는지를 기술할 수 있다. '슈뢰딩거의 파동방정식'이라고도 부른다.

'슈뢰딩거 방정식'은 양자역학에서 수소 원자모형, 조화 진동자, 자유 입자 등을 계산하는 데 쓰이며, 물질의 스핀도 유도할 수 있는, 다시 말해 양자역학을 모두 기술할 수 있는 기본 방정식이다. 슈뢰딩거 방정식은 미시세계, 즉 원자나 아원자(중성자·양성자·전자처럼 원자 구조를 구성하는 입자) 사이에서 일어나는 현상들이다. 뉴턴 방정식은 행성, 자동차, 당구공 정도 크기 사물들에는 거의 완벽하게 답변해줄 수 있지만, 원자와 같은 미시세계 물질들의 운동에서는 무용지물이다. 특히 형체가 없어 보이는 전자의 연구에서 슈뢰딩거 방정식은 독보적이다. 예를 들면 삼성에서 반도체 소자를 개발할 때 나노물질 표면에서 원자나 전자들의 배치나 분포를 예측하고 계산할 때 바로 이 슈뢰딩거 방정식을 사용하는 것이다. 정리하면, 슈뢰딩거 방정식은 파동에 대한 양자역학의 미분 방정식으로, **파동의 에너지 보존 법칙**을 표현한 방정식이라고 할 수 있다.

✚ 자연현상의 양자역학적 기술방식

어떤 주어진 입자들이 어떤 주어진 상호 작용을 할 때, 우리는 이것에 대응하는 슈뢰딩거의 파동방정식을 설정할 수 있으며, 이 방정식의 가능한 해(解)를 찾으면 이것들이 이 입자계의 가능한 '**상태**'를 말해주는 함수가 된다. 그리고 이 상태함수에 대해 지정된 방식의 해석(확률적 해석)을 하면 그것이 곧 이 입자계가 나타내는 현상에 대한 설명이 된다. 자연현상의 이러한 양자역학적 기술방식은 미세 입자로 구성되는 입자계, 즉 원자핵, 원자, 분자, 그 밖의 것들로 구성되는 좀 더 큰 물체의 성질을 이론적으로 설명할 수 있다.

15 파울리의 배타 원리: 세상이 안정된 모습을 보이는 이유

원소 주기율표의 배열 원칙을 결정하는 것이 바로 오스트리아 출신의 물리학자 파울리가 발견한 **'배타 원리'**다. 다수의 전자를 포함하는 계(系)에서 2개 이상의 전자가 같은 양자 상태를 취하지 않는다는 원리로, '배타율'이라고도 한다. 즉, 한 상태에 많아야 하나의 전자만 있을 수 있다는 것이다. 상태를 좌석으로, 전자를 사람으로 비유하자면, 한 좌석에는 많아야 한 사람만이 앉을 수 있다는 것이다. 한 좌석에 둘 이상 앉을 수 없다는 것이다.

배타 원리는 현대 과학에 등장한 이후 밝혀진 원자의 성질과 원자의 모습을 한 줄로 요약한 원리라고 할 수 있다. 배타 원리를 바탕으로 원자의 **전자껍질 구조** 개념이 확립되었다. 이 원리에 따르면 전자는 모든 양자수가 같은 상태를 취할 수 없으므로 하나의 양자 궤도에는 반대의 스핀을 가지는 2개의 전자만 들어가며, 그 밖의 전자에는 준위(準位)가 다른 양자 궤도가 할당되어, 전체적으로 껍질구조를 결정하게 된다. 배타 원리가 나오자 원자 속 전자가 배치되는 모양의 설명이 가능해졌다. 세상의 물질이 왜 그런 화학적 성질을 갖는지, 우리 눈에 보이는 것과 같이 세상이 생기게 된 까닭을 알게 된 것이다.

원자에는 전자들이 차지할 수 있는 여러 가지 상태가 있는데, 파울리에 따르면 한 상태에 두 개 이상의 전자가 있을 수 없다. 헬륨(He)을 예로 들면 다음과 같다. He 원자에서 2개의 전자를 모두 떼어내고 거기에 전자 1개를 가져온 궤도를 생각하면, '수소 원자 모형'을 적용하여 1s, 2s 등과 같은 궤도를 쓸 수 있다. 이때 1개의 궤도에는 2개의 전자만 앉힐 수 있다. 즉, 동일한 궤도에는 반대 방향의 스핀을 가진 전자가 각 1개씩, 최대 2개까지만 들어갈 수 있다. 위로 향하는 스핀과 아래로 향하는 스핀을 지닌 전자가 각각 1개까지 앉힐 수 있다.

이처럼 파울리의 배타 원리는 전자들이 원자 내에서 어떻게 **'배치'**되어야 하는지를 설명한다. 양자역학적 상태에 몇 개의 전자가 들어갈 수 있는지를 결정해 준다. 다른 원자와의 관계가 원자의 특성을 결정하는 것이기에, 전자들의 공간적 배치는 중요하다. 원자는 중심에 엄청나게 작은 원자핵이 있고, 그 주위를 많은 전자가 둘러싸고 있다. 다른 원자가 보기에는 주변에 있는 전자들만 보인다는 것이다. 결국, **전자 배치**가 원자의 특성을 결정한다. 전자 배치가 유사한 리튬과 나트륨이 모두 물에 닿으면 격렬히 반응하고, 마찬가지인 불소와 염소가 모두 독성을 띤 이유이다. 고체 내의 전자들도 배타 원리에 따라 배치된다. 그 구조에 따라 도체, 부도체, 반도체가 된다. 즉 모든 전자가 똑같다는 사실로부터 세상 모든 물질의 특성과 형태가 정해지는 것이다. 우리는 우주의 모든 전자가 완벽하게 똑같기에 존재한다.

덴마크 물리학자 보어는 배타 원리를 이용하여 수소에서 우라늄에 이르는 전체 원소의 **원자 모형**을 만드는 데 성공했다. 또 원자 상호 간의 화학적 친화력이나 원자가 등 그때까지 경험적으로만 알고 있던 원자의 여러 성질을 이론적으로 설명할 수 있게 되었다. 이 원리가 적용되는 입자에는 전자 외에 양성자·중성자·중성미자, 그리고 이들 입자가 홀수 개 결합한 복합체가 있다. 일반적으로 반정수의 스핀을 가지는 입자는 모두 이 원리를 따르지만, 정수의 스핀을 가지는 입자에는 적용되지 않는다. 물질이 붕괴하여 한 덩어리가 되지 않는 이유 또한 파울리의 배타 원리 때문이다. 이 원리가 중성자별과 백색왜성이 붕괴하는 것을 막고, 물질이 빈 공간에 존재할 수 있도록 만든다.

16 로렌츠 수축과 시간 지연: 움직이는 물체의 길이가 짧게 보이는 현상

상대성이론은 모든 관성계에서 자연법칙은 같다는 '상대성원리'와 모든 관성계에서 빛의 속도는 불변한다는 **광속도 불변의 법칙**'을 전제하여 성립한다. 아인슈타인은 '에테르'라는 매질의 존재가 부정되는 '마이컬슨—몰리'의 실험 결과를 광속도 불변의 법칙으로 수용하고, 이에 더해 운동의 상대성원리의 가설을 도입함으로써 시공간 개념에 대한 일대 혁신을 일으켰다.

아인슈타인의 상대성이론은 시간과 공간에 대한 기존의 관념을 완전히 바꾸었다. 상대성이론에서는 시간과 공간이 통합되어 '시공간'이라 하며 관측자의 운동에 따라 시간의 흐름, 공간적 측정이 달라질 수 있다. 그 결과를 함축적으로 내포한 현상이 '시간 지연'과 '길이 수축'이다. 물질과 에너지가 서로 전환 가능하다는 것을 의미하는 공식이 유명한 특수상대성이론이 도출한 '$E=mc^2$'이다.

✚ 로렌츠 수축

로렌츠가 '마이컬슨—몰리'의 실험을 설명하기 위해 세운 원리로, 아인슈타인의 특수상대성이론의 바탕이 되었다. 상대성원리에 따르면, 공간이 수축한다는 것은 물체의 길이가 **줄어든다**는 의미와도 같다. 만약 빛에 가까운 속도로 달리는 기차가 있다면, 기차와 기차 안에 있는 모든 것은 운동 방향으로 길이가 줄어든다. 쉽게 말해서 승객들의 몸이 날씬해진다는 것이다. 이처럼 운동하는 물체의 길이가 줄어드는(짧아 보이는) 것을 '**로렌츠 수축**'이라고 한다. 이는 특수상대성이론에 따르면 시각의 상대적인 성질 때문에 생기는 것으로, 운동하는 속도가 광속도에 가까워질수록 확실히 드러나는 현상이다. 아인슈타인은 로렌츠 수축이 시간의 연장과 함께 시공간의 근본적인 성질이라는 것을 간파하여 특수상대성이론으로 공식화했다.

✚ 시간 지연

움직이는 시계의 시간은 느리게 간다. 우주에서 더 빨리 움직일수록 시간은 더 느리게 간다. '**시간 지연**'이란 간단히 말하면 광속에 가깝게 운동하는 물체일수록 시간이 천천히(느리게) 흐르는 것이다. 시간의 축이 더 길어진다는 의미에서 '**시간 팽창**'이라고도 한다. 시간 지연의 개념에는 시간 팽창과 시간 수축이라는 표현이 동시에 사용된다. 길이 수축이 고전역학에서의 절대 공간의 개념을 매몰시킨 현상이라면, 시간 지연은 수천 년간 이어져 내려오던 절대적인 시간의 개념을 깨뜨린 현상이다.

이 '시간 지연'이 우리의 실생활에 작용하고 있는 부분이 실제로 있다. 바로 차량의 내비게이션이다. **내비게이션**에 위치 정보를 보내주는 인공위성은 초속 4㎞로 빨리 움직이므로 특수상대성이론에 따라 하루에 7마이크로초(1μs=100만분의 1초)씩 시간이 느려진다. 이 시간에 빛은 40m 이상을 달린다. 이 정도 위치 오차가 생기면 내비게이션은 아무짝에도 쓸모없게 된다. GPS가 매일 그만한 시간 지연과 함께 일반상대성이론에 따른 중력 관련 오차를 수정해 주기 때문에 지상에서의 위치를 정확하게 추적할 수 있는 것이다.

17 허블 법칙: 우주 창조의 비밀을 밝힌 열쇠

우리가 사는 은하 외에도 무수한 은하가 존재한다는 사실을 발견한 사람은 미국의 천문학자 허블이다. 허블은 우리 은하 밖에 있는 많은 은하를 관측하고 그 색깔을 기록했다. 그런데 빠른 속도로 멀어지는 천체일수록 더욱 붉게 보이는 성질이 있는데, 이것이 '**적색 이동**'이다.

허블은 별이 하늘에 정말 붙박여서 있는지 궁금해 하면서 별의 속도를 관측했는데, 이때 지구와 다른 별의 상대 속도를 관측하기 위해 '**도플러 효과**'를 이용했다. 도플러 효과란 파동의 발신원과 관측자가 상대 운동을 하고 있을 때, 주파수가 변화하는 현상을 말한다. 이것은 빛에도 성립하는데, 실제 측정해 보니 은하에서 오는 빛의 파장이 늘어난다는 사실이 확인됐다. 적색 이동은 이로부터 도출한 개념으로, 허블은 적색 이동이란 개념을 이용해 "멀리 있는 은하일수록 빠른 속도로 멀어지고 있다."라는 사실을 밝혔다. 이 관계를 수식으로 표현한 것이 '**허블 법칙**'으로, 은하의 거리 측정과 그 측정 결과를 정리한 허블 법칙은 우주의 대법칙을 발견하는 계기를 만들었다.

허블 법칙은, "지구에서 은하가 멀어지는 속도를 v, 은하까지의 거리를 r이라고 하면, $v=Hr$이다. 즉, 은하가 멀어지는 속도는 거리에 비례한다."라는 계산식이다. 즉, 은하까지의 거리(r)가 멀수록 멀어지는 속도(v)도 빠르다. 은하까지의 거리가 2배이면 멀어지는 속도도 2배가 되고, 거리가 3배이면 속도도 3배가 되는 비례 관계에 있다. 이 식 안의 비례 상수를 '**허블 상수**'라고 하는데, 허블 상수는 우주의 팽창 정도를 나타낸다.

허블 법칙은 특정한 은하만 멀어지는 것이 아니라, 모든 은하가 우리 은하에서 멀어지고 있다는 사실을 알려준다. 예를 들어, 여러 개의 동전을 표면에 붙인 고무판을 일제히 잡아당기면 동전 사이의 거리가 멀어진다. 그리고 거리가 먼 동전일수록 멀어지는 속도가 빨라진다. 이 고무판과 마찬가지로 우주 전체가 잡아 당겨지고 있다고 생각하면, 은하끼리 멀어지고 있다는 사실이 설명된다(은하는 동전에 해당한다). 이렇게 해서 인류는 우주 전체는 변하지 않는 것이 아니라 차츰 팽창하고 있다는 사실을 알게 되는데, 이것이 '**우주 팽창의 발견**'이다.

허블 법칙이 실제로 의미하는 것은 우주 자체가 팽창하고 있다는 점이다. 그리고 우주의 어딘가를 중심으로 팽창하는 것이 아니라, 어느 장소에서 보아도 같은 비율로 팽창하고 있음을 말한다. 단, 각각의 은하나 태양계 자체는 중력의 힘 때문에 팽창의 영향을 거의 받지 않아서 크기가 변하지 않는다. 허블 법칙이 성립한다고 가정하고 시간을 되돌려 보면, 우주는 어느 한 점으로 수축하게 된다. 이것이 '**빅뱅 우주론**'으로, 수축한 점이 폭발하여 우주가 탄생했다고 보는 이론이다. 지금으로부터 약 130억 년 전에 빅뱅이 일어났다고 생각하면 우주의 법칙은 이해하기 쉽다. 빅뱅으로 에너지에서 소립자, 그리고 원자가 탄생한 것으로 짐작된다.

✢ 리비트 법칙

미국의 여성 천문학자 리비트는 마젤란 은하 사진에 나타난 수천 개의 변광성의 밝기를 기록하다가 밝은 것일수록 변광 주기가 길다는 특별한 관계를 찾아냈다. 그녀는 연구를 계속하여 세페이드 변광성의 주기-광도에 대한 법칙을 찾아냈는데, 이것이 '**리비트 법칙**'이다. 리비트 법칙은 세페이드 변광성을 이용해 은하까지의 거리를 잴 수 있기에 중요하게 평가받고 있다. 당시에는 우리 은하 이외의 은하는 없다는 의견이 많았는데, 리비트가 죽은 뒤 이 법칙을 토대로 허블이 멀리 떨어진 별의 거리를 측정한 결과 안드로메다 대성운이 은하라는 것이 밝혀졌다.

18 빅뱅 우주론: 우주는 빅뱅 후 급팽창했다는 이론

빅뱅 이론은 우리 우주가 어떻게 태어났는지를 설명하는 이론이 아니라, 우리가 사는 우주가 빅뱅으로 탄생한 이후 어떻게 변해왔는지를 설명하는 이론이다. 우리가 알고 있는 시간이라는 것도 우주가 탄생하면서 생긴 것이다. 빅뱅이 일어나면서 시간이 시작되었으니 빅뱅 이전이라는 것은 아예 존재할 수가 없다. 빅뱅 이론은 결국 빅뱅에 대해서는 아무것도 설명하지 못하는 이론인 것이다.

그렇더라도 빅뱅 이론은 우주가 탄생한 순간부터 10~43초 사이의 극히 짧은 시간인 '플랑크 시대(이것 역시 설명하지 못한다)' 직후부터 현재까지의 우주가 어떻게 변해왔는가에 대해서는 비교적 자세하게 설명할 수 있다. 탄생 직후의 우주는 엄청나게 뜨거운 에너지의 덩어리였고, 그 높은 에너지 속에서 아주 작은 입자들이 만들어졌다. 우주를 구성하는 기본입자는 '퀴크' 중에서 업 퀴크와 다운 퀴크, 그리고 전자 이 세 가지뿐이다. 이 입자들이 만들어지자 바로 이어서 두 개의 업 퀴크와 한 개의 다운 퀴크가 결합하여 양성자가 만들어지고, 한 개의 업 퀴크와 두 개의 다운 퀴크가 결합하여 중성자가 만들어졌다. 모든 원소의 기본 재료인 양성자, 중성자, 전자가 빅뱅이 일어난 지 1000분의 1초 이내에 모두 만들어진 것이다. 이때 만들어진 양성자가 바로 우주에 가장 많이 존재하는 원소인 수소의 원자핵이다. 우주는 아직 매우 뜨겁고 밀도가 높아서, 수소 원자핵이 핵융합 반응을 일으켜 헬륨 원자핵이 만들어졌다. 우리가 우주에서 관측하는 별과 은하를 이루고 있는 물질의 99%를 차지하는 수소와 헬륨은 빅뱅이 일어난 지 3분 이내에 만들어졌고, 나머지 원소들은 한참 후에 별에서 만들어졌다.

빅뱅 이론은 우주가 팽창하고 있다는 것을 우주가 점점 커지고 있다는 것으로 이해하여 과거에는 우주의 크기가 더 작았다는 전제에서 나온 이론이다. 우주가 팽창을 계속한다면 우주의 밀도가 계속 낮아지게 되고 결국에는 모든 물질이 공간에 퍼져서 아무것도 남지 않게 된다. 이런 상상은 많은 사람을 불편하게 만들었다. 하지만 우주가 팽창하고 있다는 사실은 분명했다. 그런데, 팽창하는 우주가 어떻게 한결같은 모습을 유지할 수 있을까? 여기에는 간단한 방법이 있다. 우주가 팽창하면서 새로 만들어지는 공간에 물질도 새로 만들어지면 된다. 이것이 빅뱅 이론에 대응해서 등장한 정상상태 이론의 핵심 내용이다.

아무것도 없이 텅 빈 공간에서 새로운 물질이 계속 만들어진다는 주장은 얼핏 말이 안 되는 것처럼 들린다. 하지만 사실 과거의 어느 한순간에 우주의 모든 물질이 갑자기 만들어졌다는 주장도 말이 안 되는 것처럼 들리기는 마찬가지다. 정상상태 이론을 주장한 사람들은 우주의 모든 물질이 어느 한순간에 만들어졌다는 설명보다는 오히려 물질이 서서히 지속해서 만들어졌다는 설명이 더 쉽고 합리적이라고 주장했다. 이 두 이론 간에 논쟁이 치열했는데, '**우주배경복사**'는 빅뱅 이론에 결정적인 승리를 가져다주었다. 빅뱅 이론은 우주배경복사의 존재를 분명하게 예측했지만, 정상상태 이론으로는 우주배경복사의 존재 이유를 설명할 수가 없다.

빅뱅 이론의 가장 매력적인 부분은 전 우주가 하나였다는 것이다. 이것은 우리 인류가 모두 공통의 조상을 지니고 있다거나, 지구상의 모든 생명체가 같은 뿌리를 가지고 있다는 정도의 수준이 아니다. 전 우주가 하나였다는 것이다.

19 통일장 이론: 자연계의 4가지 힘의 통합을 시도하는 이론

통일장 이론은 입자 물리학에서 우리 우주의 근본 물질과 그들 사이의 상호 작용을 하나의 이론으로 설명하는 가상적인 '**장론(field theory)**'이다. 통일장 이론은 겉보기에 전혀 다른 두 개의 힘이 기본적으로는 똑같은 것임을 보여주는 이론이다. 어떤 의미에서 **뉴턴의 중력 이론**과 **맥스웰의 방정식**은 모두 일종의 통일장 이론이라 할 수 있다. 뉴턴의 이론은 천체 간에 작용하는 중력과 지구상의 물체 사이에서 작용하는 중력이 같은 성질임을 보여주었고, 맥스웰의 방정식은 전기와 자기가 똑같은 것임을 보여주었다. 그러나 오늘날 통일장 이론이라 하면 자연을 움직이는 네 가지 힘인 '중력, 약력(약한 핵력), 강력(강한 핵력), 전자기력' 중 둘 혹은 그 이상이 같은 것이라고 주장하는 새로운 이론을 가리킨다. 통일장 이론은 현재까지 완성되지 못했다.

아인슈타인이 일반상대성이론을 통해 뉴턴의 등가 원리를 바탕으로 중력을 기하학으로 설명한 이후, 아인슈타인을 비롯한 과학자들은 전자기 현상과 중력 현상을 포괄하는 새로운 이론인 '**통일장 이론**'을 연구했다. 수학자 헤르만 바일은 처음으로 일반상대성이론과 전자기 현상을 통일하려고 시도했다. 바일은 이 통일장 이론에서 전자를 공간에 연속적으로 분포해 있는 물질로 파악하고, '**게이지 변환**'으로 불리는 방법을 활용한 리만 기하학이나 4차원 공간 등의 다차원 공간으로의 확장을 통해 중력과 전자기력을 통일하려고 시도했다. 아인슈타인은 바일의 연구를 부정하고 자신의 방법으로 통일장 이론을 연구했지만, 문제를 해결하지는 못했다.

현재 물리학자들의 관심은 자연스럽게 이들을 나머지 힘들과 통합하려는 방향으로 진행되고 있는데, 전자기-약력에 강력을 결합하는 이론을 '**대통일장 이론**'이라 부른다. 물론 대통일장 이론이 완성된 것은 아니기에 여러 가지 이론이 존재하지만, 온도가 1028도(우주의 나이가 약 10~35초일 때)가 되면 세 가지 힘이 모두 같아질 것으로 생각한다. 대통일장이 추구하는 세 개의 힘에 중력을 합친 이론을 '**게이지 이론**'이라고 한다. 게이지 이론은 어떤 종류의 전하를 띠고 있는 입자 사이에 게이지 입자들이 매개하여 상호작용하는 것으로 설명한다. 대통일장 이론은 입자들이 일정 거리 이하로 가까워지면 전자기력, 약력, 강력 등 세 힘이 하나의 힘으로 기술됨을 보여준다. 그러나 이 이론은 몇 가지 문제점을 안고 있는데, 이 문제점을 해결하기 위해 초대칭 이론을 사용하였으나 현재까지 초대칭 입자는 발견되지 않았다.

대통일장 이론에 의해 전자기력, 약력, 강력은 통일되었으나 아인슈타인이 시도하였던 중력과의 통일은 아직 이루어지지 않았다. 즉, 중력을 양자화하는 것에 성공하면 통일장 이론을 거의 이루는 것이 된다. 물리학자들은 이를 해결하기 위하여 '끈' 이론(특히 상대성이론과 양자론의 충돌을 설명하기 위해 만들어진 **초끈 이론**)과 '막' 이론(초끈 이론의 여러 형태를 통합하여 확장한 이론)을 도입하고 있다. 기본 입자들을 끈의 진동이나 막으로 바라보는 시각으로, 이는 고차원에서 중력과 양자론을 결합하려는 시도로 '모든 것의 이론'이라고 부른다.

20 수성론과 화성론: 지질 형성을 설명하는 두 이론

지질학의 근대화는 다른 학문에 비해 상대적으로 늦은 18세기 말에 시작되었다. 학자들은 그 시점을 스코틀랜드의 과학자 허턴이 '**동일과정설**'이라는 개념을 제시한 때로 삼았다. 동일과정설은 지금 지구에서 일어나는 지질 현상은 과거에도 매우 오랜 시간에 걸쳐 동일하게 적용되어 왔다는 것이다. 이것은 뉴턴의 역학이 천상계와 지상계에 동일하게 적용된다고 밝혔을 때와 같은 충격이었다. 허턴은 종교가 아닌 지질학적인 시간 개념을 정립했다.

허턴은 동일 과정설에서 지질 현상이 일어나는 원동력으로 지구 내부에 있는 열을 지목했다. 그는 지구 내부의 열이 지각 내부의 암석을 녹이고, 녹은 암석의 일부가 지표로 이동하여 관입과 화산 활동을 일으킨다고 보았다. 그리고 이 화산 활동의 결과로 습곡이나 단층 작용이 일어나 산맥을 만들거나 지각 구조를 변형시키고, 이때 지표로 나오지 못한 암석은 식어 화성암으로 된다고 했다. 이런 이유로, 사람들은 허턴의 이론을 '**화성론(火成論)**'이라고 한다. 그러나 허턴의 동일과정설도 스테노의 지층 누적 법칙처럼 사람들에게 크게 인정받지 못했다.

18세기 전후, 유럽의 지질학계는 베르너를 중심으로 '**수성론(水成論)**'이 대세를 이루고 있었다. 베르너는 암석이 원시 바다에서 짧은 기간 동안 형성되었다는 수성론을 주장했다. 그는 지구가 처음에는 바다로 덮여 있었고, 가장 아래에 쌓인 침전물은 화강암이 되었다고 주장했다. 화강암의 표면은 분쇄된 후 쌓여서 퇴적암이 되었고, 그 위로 화산 활동으로 생긴 암석이 쌓였다고 보았다. 허턴의 화성론이 좀 더 과학적이었으나, 사람들은 베르너의 생각을 지지했다. 수성론은 성서에 나오는 노아의 대홍수 사건을 지질학적으로 잘 활용했기 때문이다.

그 무렵 영국의 지질학자들은 지질학회를 만들어 야외 지질 탐사 결과를 공유했다. 그 결과, 베르너의 주장과는 반대로 화산 활동 흔적이 많았다. 그리고 지구 내부의 엄청난 열이 밖으로 분출되어 지속적인 화산 활동을 일으킨다는 사실을 눈으로 확인했다. 그에 따라 시간이 갈수록 수성론보다 화성론이 더 지지를 받았는데, 베르너의 제자들조차도 수성론을 버리고 화성론으로 돌아섰다. 이 과정에서 라이엘이 결정적인 기여를 했다. 라이엘은 저서 『지질학 원리』에서 자연현상이 아무리 느린 속도로 일어난다고 해도 오랜 세월이 지나면 큰 변화를 이룬다는 점을 강조했다. 이러한 라이엘의 생각은 나중에 다윈의 진화론에도 큰 영향을 주었다. 라이엘의 노력 덕분에 1830년대 이후에는 화성론이 유럽의 과학계에 널리 알려졌고, 지질학은 과학의 한 분야로 인정받게 되었다.

열역학자인 톰슨은 만약 지구가 엄청나게 오래되었고, 끊임없이 지각 변동을 한다면 그 원동력이 되는 에너지는 어디에서 변함없이 나오는 것인가라는 의문을 제기했다. 지구는 물리학적으로 점점 식어가고 있기 때문이다. 이때 등장한 것이 '**지구 수축설**'이다. 지구 수축설에 따르면 초기 지구는 뜨거운 열에 암석이 녹아있었는데, 점차 시간이 지나 식으면서 부피가 수축되어 마치 사과가 마르면 쭈굴쭈굴하게 주름이 잡히는 것처럼 지구 표면이 주름이 잡혀 높은 부분은 산맥이 되고, 낮은 부분은 협곡이나 바다가 되었다는 것이다. 그러나 19세기 말 방사성 동위 원소의 핵붕괴로 발생한 내부 열이 지구를 가열하고 있고, 지구는 아주 긴 기간 동안에 매우 천천히 식는다는 사실이 밝혀졌다. 이후로 허턴의 동일과정설이 다시 지질학의 기본 이론으로 제자리를 찾았고, 이론을 토대로 지질학은 광물학, 암석학, 지진학, 빙하학 등 다양한 분야로 세분화를 하면서 발전했다.

01 피드백 시스템에 의한 호르몬 조절 원리: 피드백 원리

보온 전기밥솥이나 냉장고, 실험실에서 사용하는 항온기, 병원에서 사용하는 인큐베이터와 같은 기구들은 모두 일정한 온도를 유지할 수 있도록 만들어진 장치이다. 이 장치들이 일정한 온도를 유지할 수 있는 것은 '**바이메탈**' 장치 때문이다. 바이메탈(Bi-Metal)이란 두 개의 열팽창 정도가 다른 금속을 합쳐 놓은 것으로, 열을 가했을 때 휘는 정도가 다른 성질을 이용하여 온도를 측정하는 원리이다. 이 원리를 응용한 것이 〈그림 2〉와 같은 '온도조절기'다. 온도조절기는 일정 온도를 기준으로 스위치를 on/off 하는 역할을 하여 일정 온도가 유지되도록 하는 소자다.

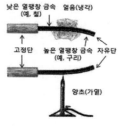

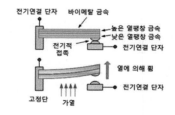

〈그림 1〉 바이메탈 동작원리　　〈그림 2〉 바이메탈 원리를 응용한 온도조절기

　바이메탈처럼 어떤 상태가 원인이 되어 어떤 작용이 일어나고, 그 작용에 의해 처음 상태로 회복되는 것을 '**피드백**'이라고 한다. 우리 몸의 내부 환경을 일정하게 유지토록 하는 '**호르몬**'의 작용도 바이메탈의 원리와 동일한 피드백 시스템에 의해 유지되고 있다. 이를 갑상선 호르몬의 분비 조절 작용을 예로 들어 설명하면 다음과 같다.

　갑상선에서 분비되는 티록신이라는 호르몬은 세포에서 호흡과 같은 물질 대사를 촉진하는 호르몬으로, 이 호르몬은 뇌하수체의 갑상선 자극 호르몬에 의해 분비가 조절된다. 활발하게 활동하는 세포는 티록신을 많이 요구하는데, 그 경우에 〈그림 3〉에서처럼 뇌하수체의 갑상선 자극 호르몬이 분비되어 갑상선 호르몬인 티록신이 분비된다. 티록신의 혈중 농도가 높아지면 티록신은 다시 뇌하수체의 갑상선 자극 호르몬 분비를 억제하여 티록신 농도를 떨어뜨리고, 티록신 농도가 일정 한계 이하로 떨어지면 뇌하수체에 대한 억제가 풀려 티록신 농도가 다시 높아진다. 이처럼 티록신의 농도가 항상 일정하게 유지되는 것은 앞서 바이메탈의 예에서 본 것처럼 생체 운동에 '**피드백 원리**'가 적용되기 때문이다.

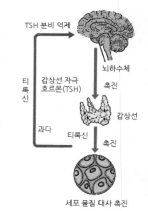

〈그림 3〉 티록신 작용과 분비량 조절

✚ 혈당량 조절

혈액 속의 포도당량을 혈당량이라고 한다. 밥을 먹고 나서 소화가 되면 포도당이 흡수되면서 혈당량이 증가한다. 혈당량을 낮추어야 하는 상황에는 간뇌가 이자한테 혈당량을 낮추라는 신호를 보내고, 이자는 그 순간 인슐린을 분비한다. 그리고 분비된 인슐린이 간으로 가서 혈당량 조절 신호를 보내면 간은 혈액 속의 포도당을 모아 글리코젠이라는 덩어리로 만들고, 간세포들이 그 생성된 포도당을 바로 흡수하게 된다. 그러면 정상적인 혈당량이 유지가 된다. 반대로, 운동이나 에너지를 많이 써 포도당을 많이 사용해 버리면 혈당량이 감소한다. 간뇌는 이 신호를 이자에게 전달하고, 그러면 이자에게서 글루카곤이 분비되고 분비된 글루카곤이 간에게 신호를 전달하면 간은 글리코젠 덩어리를 풀어서 다시 포도당으로 분해한다. 그러면 다시 정상 범위의 혈당량이 유지되는 것이다.

02 멘델의 유전 법칙 – 독립의 법칙: 부모의 형질이 자손에게 전해지는 유전 현상

오스트리아의 유전학자 멘델은 완두콩을 교배시켜 실험한 결과를 수학적으로 분석하여 세 가지 법칙으로 정리했는데, 이는 오늘날 유전학의 기본 법칙으로 평가받고 있다. 제1법칙은 '**우열의 법칙**'으로, 제1대 잡종에서는 서로 다른 형질인 대립형질 중에 우성형질만 나타난다. 제2법칙은 '**분리의 법칙**'으로, 1대 잡종을 자가수분하면 제2대에서는 우성형질과 열성형질이 3:1로 분리되어 나타난다. 제3법칙은 '**독립의 법칙**'으로, 두 가지 이상의 형질이 유전될 때 각 형질은 서로 간섭하지 않고 독립적으로 분리의 법칙을 따른다.

멘델은 형질이 유전되는 것이 아니라 형질을 결정하는 어떤 '구조'가 유전된다는 것을 알아낸 첫 번째 사람이란 점에서 의의가 있다. 이후 과학자들은 모든 생명체는 자신을 위한 완벽한 '설계도'를 가지고 있으며, 이 설계도는 세포 속에서 화학적인 형태로 발견된다. 사람의 경우에는 아주 복잡한데, 하나의 형질을 특징짓는 데 약 4만 개의 유전자가 관여한다. 유전 인자를 지닌 것은 '**염색체**'로, 염색체는 세포의 핵 속에 존재한다. 참고로 염색체란 '염색이 되는 물질'이란 뜻으로, 염색 물질로 쉽게 염색되어 눈에 잘 띄기 때문에 붙여진 이름이다. 각각의 생명체는 특정한 염색체 수를 갖고 있다. 사람은 46개의 염색체를 갖고 있고, 고양이는 38개, 모기는 6개, 자작나무는 84개를 갖고 있다.

✚ 유전자 독립 법칙의 예

독립의 법칙은 서로 다른 유전자의 관계에 대한 것이다. 예를 들어 "A형 혈액형은 모두 Rh⁺이다"라는 주장이 타당성이 있는지를 판별하려면, '**독립의 법칙**'이 필요하다. ABO 혈액형을 결정하는 유전자는 9번 염색체에 있고, Rh 혈액형을 결정하는 유전자는 1번 염색체에 있다. A형 유전자, 그리고 Rh⁺와 Rh⁻ 유전자 모두를 부모로부터 물려받은 사람이 자식에게 혈액형 유전자를 물려줄 때를 가정해 보자. 9번 염색체는 A형 유전자를, 1번 염색체는 Rh⁺를 자손에게 물려줄 수도 있지만, A형 유전자와 Rh⁻ 유전자를 자손에게 줄 수도 있다. ABO 혈액형 유전자와 Rh 유전자는 서로 상관하지 않고 독립적으로 자손에게 전달될 수 있다는 말이다. 멘델은 완두콩 실험으로 이를 증명했다.

같은 염색체에 자리 잡은 유전자들은 서로 '**연관**'되어 있는데, 이렇게 연관된 유전자들도 '**독립**'적일까? 청각 장애 유전자와 알츠하이머 발병 유전자는 모두 1번 염색체에 있다. 아버지로부터 물려받은 1번 염색체에 청각 장애 유전자와 알츠하이머 발병 유전자가 있고 어머니로부터 물려받은 1번 염색체에는 청각 정상 유전자와 알츠하이머 정상 유전자가 있다고 가정해 보자. 자손에게 전달될 생식세포를 만들 때 아버지와 어머니로부터 받은 이 두 염색체는 나란히 배열되는데 이때 염색체 일부가 '**교환**'된다. 1번 유전자 안에서 청각 관련 유전자와 알츠하이머 관련 유전자는 서로 매우 멀리 떨어져 위치하기 때문에 교환이 일어나게 되는데, 이를 '**교차**'라고 한다. 그래서 청각 장애 유전자와 알츠하이머 정상 유전자가 연결된 염색체가 생길 수 있다. 청각 정상 유전자와 알츠하이머 발병 유전자가 연결된 염색체가 생길 수도 있다. 그러니까 연관된 유전자들끼리도 독립적일 수 있다. 그러면 서로 독립적이지 않은 두 유전자는 없는 것일까? 후각 수용체 유전자와 면역세포 다양성 관련 유전자처럼 헤어지지 않고 같이 작동하는 경우도 있다. 빨간 머리 앤이 주근깨 얼굴에 빨간 머리를 하고 있는 것도 마찬가지 이유에서이다. 주근깨 유전자와 머리 색 발현 유전자가 4번 염색체상에 매우 가깝게 위치하기 때문에 나타나는 현상이다. 이처럼 두 유전자가 가까이 연관돼 있다면 이 둘 사이에는 교차가 일어나기 어려워서 거의 항상 같이 자손에게 전달된다. (출처: 서울신문 2021.8.9. 장수철 연세대 학부대학 교수)

03 서턴의 염색체설과 모건의 유전자설: 멘델의 유전 법칙 확장

1900년대 초, 과학자들이 현미경을 통해 생식세포와 염색체에 대해 자세히 관찰하면서 유전 개념의 수정과 확장이 이루어졌다. 일부 과학자들은 멘델이 주장한 유전적 요소와 세포 분열 과정에서 관찰되는 염색체의 행동 사이에 밀접한 관련이 있을 것으로 생각하기 시작했다. 특히 세포 분열 시 동형의 염색체가 쌍을 이루어 접하고 있다가 생식세포 형성 과정에서 분리된다는 것이 현미경으로 확인되면서, 멘델의 유전 법칙을 입증할 새로운 체계가 확립되기 시작했다.

미국의 생물학자로 유전학의 기초를 세운 서턴은 염색체 쌍의 임의적 분리는 유전자 쌍의 독립적인 분리를 설명할 수 있다고 제안했다. 서턴의 '**염색체설**'에 따르면, 개별 염색체가 하나의 유전 형질을 결정하는 단위가 아니라 염색체 일부가 각각의 형질을 결정하는 단위다. 서턴의 이러한 생각은 한 염색체에 여러 유전자가 놓여 있으며, 염색체를 따라서 여러 유전자가 함께 자손에게 전달될 수 있다는 것을 암시한다. 만일 서턴의 주장대로 하나의 염색체를 따라 여러 유전자가 '**함께**' 유전된다면, 그런 유전자들에 의해서 나타나는 유전 형질은 멘델의 유전법칙에 따라서 독립적으로 유전될 수 없는 것이다. 그러나 당시에는 서턴 자신은 이런 주장에 대한 실험적 근거를 제시하지 못했다.

한편, 미국의 생물학자 모건은 노랑초파리를 이용한 실험에서 눈의 색이 성 결정 요인, 즉 X염색체와 연관되어 있음을 실험을 통해 증명했다. 일부 유전 형질이 X염색체와 연관되어 있다는 사실은, 유전 과정에서 일어나는 염색체의 행동이 멘델의 유전 법칙의 확실성을 확고히 하는 중요한 근거라 할 수 있다. 모건은 이런 실험 결과를 서턴이 제기한 염색체설의 실험적 근거로 제시하면서, "유전자는 염색체의 일정한 위치에 존재하며, 대립하는 유전자들은 상동 염색체의 같은 위치에 존재한다."라는 '**유전자설**'을 주장했다. 당시에 감수 분열 초기에 염색체가 서로 뒤엉키는 세포학적 증거로 상동 염색체에 조각들의 물리적 교환 현상을 설명한 '**키아스마설**'이 발표되었는데, 모건은 이로부터 상동 염색체의 일부 조각이 서로 교차할 수 있다고 제시했다.

모건은 그의 유전자설에서 구슬과 같은 유전자가 긴 실 모양의 염색체를 구성하고 있다는 '**실 위의 구슬**' 모델을 제안함으로써, 여러 유전자가 염색체 위에 놓여 있다는 것을 가정했다. 그리고 만일 유전자들이 염색체 위에 일렬로 배열되어 운반된다면, 서로 인접한 유전자들끼리는 멀리 떨어져 있는 유전자들보다 더 '함께' 운반될 경향을 보일 것으로 예측했다. 만약 교배 실험을 통해 유전 형질 사이의 연관 정도를 측정할 수 있다면, 그 형질을 결정하는 유전자들의 염색체 위에서의 배열 순서와 상대적인 거리를 정량적으로 측정할 수 있을 것으로 생각했다. 이런 주장에 기초하여 미국의 유전학자 스터드반트는 처음으로 염색체상에 존재하는 유전자들의 상대적인 배열 거리를 표시한 **염색체 지도**를 작성했다. 모건의 유전자설은 유전 현상을 일으키는 기본 물질인 유전자에 대한 가정으로부터 유전자와 형질의 관계, 감수 분열과의 관계, 대립 인자의 분리 등에 관해 설명하는 데 매우 유효하다.

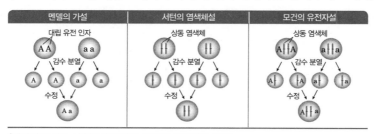

〈멘델의 가설과 서턴의 염색체설, 모건의 유전자설 비교〉

04 왓슨과 크릭의 DNA 구조 발견: 유전자 혁명을 이끈 DNA 구조 규명

1950년대 초반에 이르러 DNA가 유전자의 본질임이 증명되었지만, DNA에 유전자 정보가 어떻게 저장되어 있으며, 어떻게 복제되어 자손에게 전달되고, 유전 정보는 어떻게 발현되어 유전 형질의 표현형을 나타내는지에 대한 설명은 아직 불가능했다. 그러나 당시의 과학자들은 DNA 구조가 규명된다면 유전 정보의 저장, 복제, 전달, 발현과 같은 유전 현상도 설명될 수 있을 것으로 생각했다.

DNA 구조는 1953년 생물학자인 왓슨, 물리학자인 크릭, 그리고 화학자인 윌킨스의 공동 노력에 의해 규명되었다. 왓슨과 크릭은 윌킨스와 프랭클린이 촬영한 DNA의 X선 회절 사진을 근거로 DNA의 3차원 구조를 결정하는 연구를 시작했다. 그들은 DNA 구조를 밝히기 위한 실험을 직접 수행하지는 않았지만, DNA의 구조를 밝히는 데 X선 회절 사진이 절대적으로 필요한 자료라는 것은 알고 있었다. 그들은 X선 회절 사진에 나타난 DNA 구성 원자들의 배열을 해석하여 '핵산의 분자 구조'라는 제목의 논문으로 DNA 이중 나선 구조를 설명했다. '네이처'지에 실린 이 논문에서 그들은 이중 나선의 구조적인 증거와 함께, 퓨린과 피리미딘 염기의 상보적인 결합, 즉 아데닌(A)과 티민(T), 그리고 구아닌(G)과 시토신(C)이 항상 상보적으로 결합하고 있다고 주장했다.

왓슨과 크릭이 DNA 구조를 밝히는 과정에서 염기가 DNA 구조의 안쪽에 위치할 것인지, 아니면 바깥쪽에 위치할 것인지를 결정하는 데는 미국 생화학자 샤가프의 실험 결과가 결정적인 근거가 되었다. 샤가프는 다양한 생물체로부터 DNA를 추출하여 염기의 조성을 조사한 결과, 항상 정량적 염기 비율이 존재한다는 사실을 발견했다. 즉, 생물체가 달라도 DNA의 퓨린의 총량과 피리미딘의 총량은 항상 같았고, 따라서 A와 T, 그리고 G와 C의 총량이 항상 같았다. 불행하게도 당시에는 샤가프 자신을 포함한 그 누구도 이 정량적 염기 비율이 어떤 의미가 있는지를 이해하지 못했다. 하지만 왓슨과 크릭은 샤가프의 연구 결과가 자신들이 주장하는 DNA 이중 나선 구조에 대한 필수적인 구조적 증거임을 확신했다.

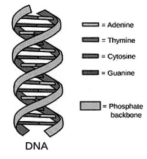

= Adenine
= Thymine
= Cytosine
= Guanine

= Phosphate backbone

DNA
〈DNA 이중 나선 구조〉

왓슨과 크릭은 그들의 논문에서 'DNA 이중 나선 구조' 자체가 유전 물질인 DNA가 어떻게 자기 복제될 수 있는지를 이미 설명했다. 즉, 이중 나선 구조 속에서 염기들이 서로 상보적인 결합을 하고 있기 때문에, DNA가 복제될 때 원래 DNA의 한 가닥은 주형으로 작용하면서 새로 합성된 DNA에서 보존될 것이라는 '반보존적 복제 모형'을 예측했다. 이들의 예측은 후에 실험적으로 정확하게 증명되었다.

✣ 왓슨의 생명 중심 원리

DNA 이중 나선 구조가 규명되면서 연구의 초점은 '유전자란 무엇인가'에서 '유전자는 어떻게 작용하는가'라는 문제로 전환됐다. 왓슨은 DNA 구조가 규명되자 곧 DNA에 저장된 유전 정보는 스스로 복제되고, 그 정보는 RNA를 거쳐 단백질로 발현된다는 '중심 원리'를 제안했다. 이 원리에 의하면, DNA에 저장된 유전 정보는 전사에 의해 RNA라는 핵산이 합성되고, RNA로부터 '번역'에 의해 단백질 분자가 합성되는 한 방향으로만 유전 정보가 발현되어 형질을 나타낸다는 것이다. RNA로부터 단백질이 만들어지는 것이라는 왓슨의 생각은 생명의 중심 원리와 관련된 유전 현상에 관한 연구를 가속했다.

05 센트럴 도그마 가설: 분자생물학의 중심 원리

영국의 분자생물학자 크릭이 명명한 유전 정보의 흐름 경로를 말한다. 1958년 크릭은 '**센트럴 도그마**'라는 분자 이론의 가설을 내놓았다. 문자대로 해석하면 '분자 생물학의 중심 원리'라는 뜻이다. 분자 이론의 도그마는 DNA의 기능에 근거를 두고 있다. 가설에 따르면, 모든 세포는 우선 DNA가 RNA로 이행되고, 그런 다음에 이 RNA가 단백질로 변형되며, 이 단백질이 세포 내에서 가능함으로써 세포가 성장할 수 있다고 한다. 센트럴 도그마 가설에 따르면 DNA의 유전 정보는 RNA를 거쳐 단백질로 전달되며, 그 반대 방향으로는 전달되지 않는다.

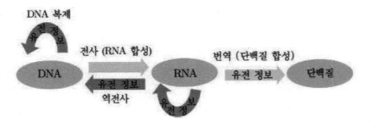

위 〈그림〉에서 보듯, 화살표는 유전 정보의 이동 방향을 나타내며, 세 단계를 거치면서 유전 정보가 전달된다. 첫 번째 단계로, DNA에서 DNA로 정보가 전달되는 '**복제**'가 일어난다(DNA→DNA). DNA는 이중 나선 구조로 되어 있으며, 자기 스스로 그것도 똑같이 복제한다. DNA 복제 덕분에 모든 세포는 100% 똑같은 유전자를 갖고 있다. DNA 복제 원리는 '고장 난 지퍼'를 상상하면 쉽게 이해할 수 있다. 고장 나서 가운데가 벌어진 지퍼의 양쪽 가닥에 지퍼 조각이 차례로 끼어 들어가 결국 2개의 지퍼를 만드는 식이다. 이 과정에서 핵심적인 효소는 DNA 중합 효소이다. 이어서 두 번째 단계로 DNA에서 RNA로 정보가 전달되는 '**전사**'가 일어난다(DNA→RNA). RNA는 DNA와 비슷한 구조의 핵산이다. 전사를 간단히 설명하면 'DNA 중 필요한 일부 정보를 mRNA에 베끼는 것'이다. 이렇게 DNA 정보를 베낀 mRNA는 세포핵 밖으로 빠져나와 단백질을 만들 준비를 하게 된다. 도서관으로 비유하자면 DNA는 대출되지 않는 책이며, mRNA는 이 책에서 필요한 페이지 일부를 복사한 복사본이다. 핵 속에서 만들어진 mRNA는 핵 밖으로 빠져나와 세포 내 소기관인 리보솜으로 이동한다. 이곳에서 mRNA의 정보에 따라 아미노산이 순서대로 결합해 단백질이 만들어진다. 이것이 센트럴 도그마의 세 번째 단계인 '**번역**'이다(RNA→ 단백질).

이 가설이 처음 등장했을 때, 사람들은 RNA 분자란 유전 정보에서 별로 중요하지 않은 역할을 한다고 생각했다. 하지만 그런 동안에 RNA의 중요성이 발견됐고, 생명 현상에서 RNA의 고유하고 본질적인 기능이 알려지기 시작했다. 이 발견은 흔히 유전학을 컴퓨터의 소프트웨어와 하드웨어에 비유하는 것은 잘못됐음을 보여주었다. 이전에 DNA는 생명의 소프트웨어로, 단백질은 하드웨어로 작용한다고 많은 학자가 믿었다. 하지만 이와 같은 단순한 일원화는 RNA의 새로운 기능이 알려지면서 옳지 않은 것으로 판명됐다. 생명은 소프트웨어와 하드웨어라는 이차원보다도 높은 차원에서 진행되는 현상으로, 예를 들어 단백질의 생성은 단순히 한 방향으로만 진행되는 것이 아니라 역방향으로도 작용하는 것으로 알려졌다. 즉, RNA에서도 DNA를 만들 수 있는데(이를 '**역전사 효소**'라고 한다), 이 역방향에 의한 단백질의 형성은 바이러스뿐만 아니라 모든 생명체에서 나타나는 특징으로, 단백질은 우리가 생각하는 것보다 더 많은 일을 수행하고 있다.

06 자코브와 모노의 오페론설과 유전자 재조합 기술
: 분자생물학의 혁명을 불러온 유전자 기술

DNA 이중 나선 구조가 발견된 이후 생명의 중심 원리와 관련한 현상에 대한 이해가 깊어지면서, 과학자들은 '생물은 환경 변화에 따라 자신의 유전자 발현을 어떻게 조절할 수 있을까'라는 의문을 갖게 되었다. 이러한 질문에 대한 답은 프랑스의 생화학자 자코브의 번뜩이는 통찰력에 의해 '**오페론설**'로 나타났다. 자코브는 동료 모노와 함께 박테리아가 변화된 환경에 적응하는 데 필요한 새로운 효소 분자의 합성이 어떻게 유도되는지를 오페론설로 설명했다.

오페론은 기능적으로 연관성이 큰 일련의 단백질의 발현을 조절하는 밀집된 유전자 발현 시스템을 말한다. 오페론은 구조 유전자, 작동 유전자, 조절 유전자로 구성되어 있으며, 새로운 환경으로부터 오는 신호에 의해서 유도·발현된다. 그러나 일단 세포가 그 효소를 충분히 합성하여 더는 필요 없는 상태가 되면 오페론은 자동으로 억제되어 조절된다. 이러한 발견은 세포가 항상성을 유지하기 위해 변화하는 환경에서 어떻게 관련된 유전자를 자동 조절할 수 있는지를 처음으로 확인한 것이다.

분자 생물학의 발달은 여기서 멈추지 않고 또 한 번의 혁명적인 발전을 하게 되었다. 1970년대 중반에 발명된 **유전자 재조합 기술**을 이용해 DNA로부터 특정 유전자만을 절단·분리해 내고 박테리아의 플라스미드(세균 속에 들어있는 작은 고리 모양의 DNA로, 유전 공학 기술에서 유전자의 운반체 역할을 한다) 등에 재조합시켜 특정 유전자만을 순수하게 다량으로 얻을 수 있게 되었다. 이런 기술은 유전자의 구조를 분자 수준에서 확인할 수 있게 해주었다. 더욱이 미국의 생화학자들인 생어와 길버트에 의해서 각각 개발된 **DNA의 염기서열 분석 기술**은 각 유전자 정보를 있는 그대로 보여주는 획기적인 사건이었다. 분자 생물학의 발전은 드디어 인간 자신의 모든 유전 정보를 규명하는 데 사용되고 있다. 1980년대 말부터 과학자들 사이에서는 이제 인간의 유전체 속에 들어있는 모든 유전 정보를 밝혀낼 연구를 시작해야 한다는 주장이 나왔다. DNA 염기서열 분석 기술과 PCR 등의 기술을 이용하여 인간이 지닌 DNA 염기서열을 모두 밝히는 계획이 1990년대 초에 시작되어 2001년에 거의 완성되었다.

✚ '코로나19 유전자 표준물질' 개발

코로나19는 '실시간 유전자 증폭검사(RT–PCR)'를 통해 진단한다. 이 검사는 진단 시약 안에 있는 '**프라이머**'라는 물질이 '코로나19'에만 나타나는 DNA에 달라붙어 증폭시키는 과정을 얼마나 거쳤는지 의미하는 Cq(역치 사이클) 값을 갖고서 측정한다. 이때 측정값이 일정 기준값보다 낮으면 양성, 높으면 음성으로 판정한다. 바이러스가 많아 DNA의 양이 적으면 조금만 증폭해도 검출되기 때문이다. 반면 바이러스가 적으면 증폭을 많이 거치기 때문에 역치 사이클이 높아진다. 문제는 진단키트별로 기준값이 다르다는 것이다. 만약 A 제품과 B 제품의 기준값이 달라 양성 여부가 다르게 나올 수도 있다. 이런 어려움을 코로나19 바이러스 유전자에 대한 정확한 정보를 담고 있는 표준물질로 해결할 수 있다. 표준물질은 흔히 '답안지가 주어진 문제'에 비유된다. 표준물질(문제)과 정확한 측정 결과(답안지)가 주어질 때 업체는 자사 및 타사 제품과 비교를 통해 정확성을 개선할 수 있다. 이를 위해 **역전사 디지털 중합 효소 연쇄 반응(PCR, RT–dPCR)**을 이용한다. 이는 반응액을 미세방울로 만들거나 작은 구획으로 분리해 관심 유전자를 증폭하는 기술이다. 반응이 끝난 후 형광 신호를 내는 방울/구획의 개수를 바탕으로 유전자의 개수를 정량적으로 측정할 수 있는 정밀한 핵산 증폭 기술이다. 이 기술은 역전사 실시간 중합 효소 연쇄 반응에 비해 정밀도와 반복성이 높아, 코로나19 바이러스 유전자 표준물질 개발에 사용한다. 이 방법을 이용하면 검체 내 코로나19 바이러스의 존재 여부뿐만 아니라 개수까지 정확히 추정할 수 있다.

07 레벡의 분자 복제: 자기 복제 물질의 합성

자기 복제는 유전 정보를 전달한다는 의미에서 생명체에게는 매우 중요한 성질이다. 유전 정보를 전달하는 과정에서 세포가 분열할 때 DNA의 이중 나선이 풀리고, 각 나선의 뉴클레오타이드의 염기에 상보적인 다른 뉴클레오타이드의 염기가 수소 결합을 한다.

이러한 상보적인 주형은 생명체보다 덜 복잡한 화학 물질에서도 관찰되었다. 1989년 미국의 화학자 레벡은 스스로 복제가 가능한 분자의 존재를 발표했다. 이 분자는 수소 결합을 통해 결합하는 두 조각의 A와 B로 이루어져 있다. 이 분자에는 상보적인 두 끝이 있어서 각각 새 조각과 결합할 수 있다. A 끝은 B 조각과 결합하고, B 끝은 A 조각과 결합한다. 이렇게 하여 원 복제자의 주형에서 새 복제자가 조립된다.

다른 종류의 복제자 종을 합성한 후에 두 종류의 복제자가 교배하여 새로운 잡종을 만든다는 사실도 밝혀졌다. 경우에 따라 생성되는 잡종은 성질이 매우 다르기도 하였다. 마치 말과 나귀의 잡종인 노새가 생식기능이 없는 것처럼 잡종 중 하나는 그 형태 때문에 복제 능력을 상실하는 경우도 있다. 그러나 어떤 잡종은 순종보다도 더 복제 능력이 뛰어났다. 이는 생물학적 진화를 화학적으로 설명하는 성공적인 시도로 여겨지고 있다. 레벡은 복제자에 자외선을 쪼여 **돌연변이**를 유발하고, 이 돌연변이가 복제에서 더 우월하다면 적자생존의 원리에 의해 돌연변이가 생존할 수 있음을 증명했다.

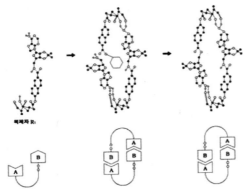

〈자기 복제 물질의 합성 과정〉: 상보적 주형에 의해 두 입자가 주형과 같은 하나의 입자로 결합한다.

분자 복제는 약으로 사용할 수 있는 생물학적 분자의 새로운 변종을 만드는 데 이용된다. 과학자들은 DNA나 RNA 등으로 이루어진 분자에 수억, 수조 개의 변종을 만들고 약을 만드는 데 필요한 일에 이 분자들을 경쟁시킨다. 이러한 화학적 진화를 통해 약의 효과를 미세하게 조정할 수 있게 된다. 이러한 생물공학적 방법으로 생물분자의 복사본을 만들고 약으로 가장 잘 적용되는 돌연변이만을 분리하여 새로운 돌연변이체를 만드는 출발 물질로 이용한다. 이러한 방법을 반복하여 이용하면 약효를 증가시킬 수 있다.

과학자들은 지구에 원시 생명이 탄생하기 전에 원시적인 자기 복제 분자가 먼저 형성되었을 것이라고 보고 있다. 그들은 생명은 이러한 분자들 사이의 적자생존을 통해 미세하게 조절되는 과정에서 탄생했을 것이라고 보았다.

08 멀리스의 PCR(중합 효소 연쇄 반응) 개발: 표적 핵산을 증폭하여 검출하는 검사법

PCR(중합 효소 연쇄 반응) 기술은 미국의 생물학자 멀리스가 개발한 것으로, 짧은 DNA 구간을 중합 효소를 이용하여 단시간에 증폭시키는 기술이다. PCR은 범죄 현장에 남아 있는 머리카락 모근 세포의 DNA를 증폭하여 유전자 지문을 감식하고, 의학에서는 질병균의 감염성 여부를 초기에 진단할 수 있게 한다. 희귀한 고고학적 발굴 자료에서 채취한 DNA로 종간의 진화적 관계를 밝히고 복잡한 생태계의 상호 관계를 조사하는 데도 이용되는 등 새로운 응용 분야가 계속 발표되고 있다.

DNA 복제 작용을 이용한 DNA 중합 효소의 연쇄 반응 기술인 PCR을 실용 기술로 만들어준 것은 끓는 온천수에서 번식하는 호열성 박테리아의 내열성 중합 효소였다. 이처럼 PCR의 원리는 지극히 간단하고 또 우리 주변에서 등한시했던 연구 주제였지만, 뜻밖의 발견임에도 그 위력과 응용 범위가 워낙 막강하여 DNA 이중 나선 구조 발견, 제한 효소 발견과 함께 생명공학의 일대 도약을 일으킨 중대한 발견으로 인정받고 있다.

✚ PCR 변성 단계

PCR은 '변성→결합→신장'의 세 단계로 이루어진 반복 과정이 연쇄적인 반응을 일으켜서 각 반응 주기(cycle)마다 동일한 DNA 분자 집단을 두 배로 만든다. 하나의 특정한 DNA 조각(다른 조각은 증폭하지 않고)을 증폭시키는 핵심은 '프라이머'이며, 이는 대개 뉴클레오타이드 약 15~20개 길이로 구성된 화학적으로 합성된 단일 가닥 분자로 표적 서열의 양쪽 끝 서열과 상보적인 염기서열을 가지고 있다. 하나의 프라이머는 표적 서열의 한쪽 끝에 있는 한 가닥과 상보적이며, 두 번째 프라이머는 서열의 다른 쪽 끝에 있는 가닥과 상보적이다. 따라서 프라이머는 서열의 다른 쪽 끝에 있는 서열에 결합하여 증폭해야 하는 DNA 조각의 시작과 양쪽 끝을 표시한다. 여기서 PCR에 의한 DNA 증폭의 처음 2분자 생성 과정(변성 단계)을 설명하면 다음과 같다. ① 각 PCR 순환의 첫 번째 단계에서 DNA 이중 나선 가닥을 분리하기 위해 반응 혼합액을 열처리한다. ② 그런 다음, 가닥을 식힌다. 식으면 프라이머는 DNA 표적 서열과 수소 결합한다. ③ 세 번째 단계에서 열에 안정한 DNA 중합 효소가 프라이머를 5′→3′ 방향으로 연장하여 새로운 DNA 가닥을 만든다. 이러한 세 단계가 계속 반복되면서 각 주기가 반복될 때마다 DNA는 두 배가 된다.

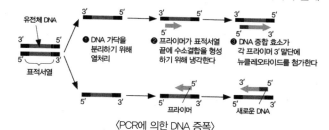

〈PCR에 의한 DNA 증폭〉

✚ STR 분석

DNA 감식을 위해 사용되는 반복 DNA는 여러 번 반복된 짧은 염기서열이 일렬로 배열되어 있는데, 이러한 서열을 '짧은 반복 서열(STR; short tandem analysis)'이라고 한다. 예를 들어, 유전체의 한 지역에서는 AGAT의 네 염기서열이 12번 반복되고 다른 장소에서는 GATA의 네 염기서열이 45번 반복될 수도 있다. 다른 사람은 같은 장소에서 같은 염기서열을 다른 수만큼 가지고 있을 수도 있다. 이러한 반복 DNA 배열은 다른 유전자 표지처럼 연관이 없는 개인들 사이에서보다는 연관이 있는 사람들 사이에서 더 정확하게 일치하는 경향이 있다.

STR 분석은 유전체의 특정한 지역에 있는 STR 서열의 길이를 비교하는 것이다. 즉, 시료가 동일한 STR을 가지고 있는지를 결정하는 기술이다. 가장 흔한 STR 분석은 유전체 전체에 흩어져 있는 13개 장소에서 반복된 특정한 네 개의 뉴클레오타이드 DNA 서열을 비교하는 것이다. 전형적으로 3~50번 반복하여 있는 네 개의 뉴클레오타이드를 포함하고 있는 각 반복 지역은 사람마다 매우 다양하다. STR 분석은 범죄 현장에서 얻은 DNA 시료 분석에 유용한 방법이다.

09 유전자 클로닝: 대량의 유전자 복제 기술

유전자 클로닝은 특정 유전자의 대량 복제를 위해 쓰이는 중요한 DNA 재조합 기술이다. 유전자 클로닝의 원리는 유전체에서 우리가 관심이 있는 유전자를 추출하여 **중합 효소 연쇄 반응(PCR)**으로 증폭한 다음, 이 특정 유전자를 벡터 DNA 안에 삽입하고, 이를 수용성 세포에서 증식함으로써 균일한 유전자 집단(클론)을 생성하는 것이다.

유전자 클로닝을 하기 위해서는 인슐린을 생산하는 정보를 담은 DNA를 이식받을 생물체(주로 대장균)의 세포 내로 도입시켜 줄 수 있는 유전자 운반체가 있어야 하는데, 이 유전자 운반체를 '**벡터 DNA**'라고 한다. 대장균은 고등한 생물과는 달리 핵을 가지고 있지 않고, DNA가 마치 실타래처럼 세포 전체에 퍼져 있다. 대장균은 이 DNA 말고도 작은 고리 모양을 한 여분의 DNA가 있는데, 이것이 '**플라스미드**'다. 플라스미드는 박테리아의 염색체와는 독립적으로 복제되고, 다른 세포에도 옮겨 가는 특성을 보이며, 운반체로도 작용한다.

유전자 클로닝의 첫 단계는 인슐린을 생산하는 DNA와 대장균이 가지고 있는 운반체 DNA인 플라스미드를 재조합하는 것이다. 이는 인슐린 DNA나 대장균 내의 플라스미드 DNA의 특정 염기서열 부위를 정확히 절단하여 조작을 만든 다음 다시 붙이는 과정이다. DNA의 특정 염기서열만을 절단하는 것을 '**제한 효소**'라고 하는데, 이 제한 효소는 바이러스처럼 자신과는 다른 종류의 생명체가 침입하면 바이러스의 DNA에 있는 특정 염기서열만을 절단함으로써 바이러스의 증식을 막는다. 한편, 박테리아 자신의 DNA에 있는 제한 효소가 인식하는 부위는 화학적으로 변형됨으로써 자신이 파괴되는 것을 방지한다. 이처럼 제한 효소는 외부 DNA만을 절단하여 그 활동을 제한한다는 점에서 붙인 명칭이라 할 수 있다.

제한 효소를 이용하여 인슐린 DNA와 대장균으로부터 분리한 플라스미드를 자르고, 그 잘라낸 플라스미드 사이에 인슐린 유전자를 접착제 역할을 하는 효소인 리가아제로 붙여 재조합 플라스미드를 만든다. 인슐린 유전자를 플라스미드에 함께 붙여 재조합 플라스미드를 만들어 대장균에 감염시키면, 플라스미드와 결합한 유전자는 형질이 전환된 대장균 속에서 복제되고, 그 유전자가 발현되는 것이다.

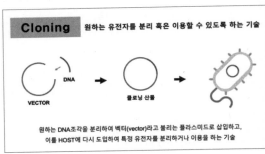

✣ 재조합 단백질의 생산

생체 내에서 어떤 단백질의 결핍으로 인해 질환이 유발되는 경우, **유전자 클로닝 기술**은 치료 단백질 대량 합성을 위한 기술로 활용된다. 예를 들면, 췌장 세포에서 인슐린을 합성하는 유전자를 꺼내어 대장균의 플라스미드에 유전자를 삽입한 후 이를 증식하여 인슐린을 제조할 수 있다. 한 유형의 혈우병의 치료를 위해서는 혈액응고인자인 재조합 인자가 활용된다. 이와 같은 단백질 치료제는 바로 유전자 클로닝 기술을 활용한 대표적인 치료 기술이 된다. 이처럼 유전자 클로닝은 특정 유전자의 대량 복제 생산을 가능하게 하는 생명과학의 꽃이라 할 수 있는 기술이다.

10 신다윈주의: 현대 진화론의 토대

진화 생물학은 실험을 할 수 없고 극히 제한된 자료로부터 논리와 원칙을 찾아내기 때문에 다른 생물학 분야와는 달리 발전 속도가 느렸다. 그러나 1070년대 이후 분자 생물학에서 축적된 지식을 빌어 진화 생물학은 큰 발전을 이루었다. 1858년 다윈이 진화론을 발표할 당시에는 유전자의 개념이 없었기 때문에 자연 선택의 구체적인 메커니즘이 제시되지 못했고, 진화론은 끊임없는 논쟁거리가 되었다. 그러나 1900년 멘델의 유전 법칙이 재발견되고 수학적으로 정리되면서 자연선택설을 뒷받침하자, 다윈의 명성은 다시 올라가게 되었다. 1930년대에 이르러 유전학과 자연 선택의 관계에 대한 전반적인 원리가 종합되었는데, 이를 '신다윈주의'라 한다.

신다윈주의는 다윈의 진화론, 멘델로부터 시작된 유전학과 자연선택설을 기반으로 하는 학설들의 총칭으로, 현대 진화론의 토대로 받아들여지고 있다. 신다윈주의가 정립된 후, 러시아 출신 미국의 유전학자 도브잔스키 등은 유전학, 계통학, 고생물학 등에서의 연구 결과와 신다윈주의의 원리를 종합하여 '**현대 진화 이론(진화의 현대 종합설)**'을 완성했다. 하지만 생물학의 각 분야가 매우 난해하다는 점과 주요 학파 간에 진화의 원인에 대한 견해가 달랐다는 점 때문에 현대 진화 이론의 종합은 매우 어렵고 복잡한 과정을 거쳐야 했다.

그 후 도킨스를 비롯한 일단의 신다윈주의자들은 생물 사이의 경쟁이 다윈이 설명한 것처럼 치열하지 않다는 현장 생물학자들의 관찰을 바탕으로 진화의 메커니즘은 생식을 위한 개체들의 경쟁이 아니라 복제의 성공 밖에 모르는 '**이기적 유전자**'들 사이의 투쟁이라는 주장도 나왔다. 즉, 자연 선택이 일어나는 수준은 개체나 집단이 아니고 유전자라고 말하면서, 진화의 메커니즘은 생식을 위한 개체 간의 경쟁이 아니라 다음 세대에 가능한 한 더 많은 유전 정보를 남기려는 유전자들 사이의 '**경쟁**'이라고 생각했다. 또 영국의 진화학자 해밀턴은 사회생활을 하는 벌과 개미 등이 보이는 이타주의 행동이 사실은 자신의 유전자를 가능하면 많이 남기려는 이기적인 전략과 부합한다고 주장했다. 그와 함께 1970년대에 출현한 미국의 사회생물학자 윌슨이 정립한 '**사회생물학**'은 이러한 유전자 중심 진화론의 연장이라 할 수 있다. 윌슨은 유전자와 환경 사이의 오랜 상호 작용의 결과로 생물의 사회적 행동이 진화한다고 주장했다.

✥ 이기적 유전자

영국의 진화생물학자 리처드 도킨스는 『이기적 유전자』에서 '진화의 주체인 유전자는 그 자체의 생존에만 목적을 두는 **이기적인 존재**'라고 정의했다. 그에 따르면, 자연 선택이란 유전자가 개체라는 모양을 빌려 행하는 살아남는 게임이다. 게임을 잘하는 유전자는 자기를 많이 복제할 것이므로 증식할 수 있으나 그렇지 못한 유전자는 멸망한다. 이렇게 놓고 볼 때, 유전자는 살아남기 게임을 하는 프로그램과 같다. 이때 돌연변이는 유전자의 변화, 즉 프로그램의 변경이며, 이 변경의 결과 한층 좋은 프로그램이 출현하면 그것이 진화를 가져다준다. 한편, 유전자 입장에서 본다면, 모든 동물은 유전자의 자기 보존 욕구를 수행하는 생존 기계에 불과하다. 인간 또한 유전자가 스스로 보존하기 위해 진화시켜 가는 일종의 **생존 기계**에 불과하다. 그렇기에 성공적인 유전자의 가장 중요한 특징은 '이기주의'다. 이기적이라는 것은 자기의 생존 혹은 보존 가능성이다. 자신의 생존 가능성을 높이는 행동은 '**이기적 본성**'에 따른 것이라고 도킨스는 정의했다. 간혹 나타나는 이타적인 행위들도 알고 보면 정교한 이기주의에 불과하며, 또 이기주의의 한 전략에 불과하다. 인간은 정해놓은 각본대로 유전자의 이기적 명령을 수행하는 존재이기 때문이다.

01 세포막에서 물질의 능동 수송 과정: 세포는 능동 수송으로 용질을 이동시킬 때 에너지를 사용한다.

세포는 생장하기 위하여 외부로부터 영양소를 흡수하며 노폐물은 밖으로 내보내야 한다. 특히 영양소가 세포 안으로 들어오는 속도는 대사 활성도 조절에 중요하다. 세포막은 모든 분자를 무차별적으로 통과시키는 것이 아니라, 각 분자에 대한 선택적 투과성으로 수송 과정을 조절한다. 세포막을 통한 수송 방법은 에너지 이용 여부에 따라서 크게 에너지를 이용하지 않는 방법인 '촉진 수송'과 에너지를 이용하는 수송 방법인 '능동 수송'의 두 가지로 나뉜다.

촉진 수송은 운송 분자에 의해 이루어진다. 운송 분자는 단백질로 이루어져 있으며 세포막에 존재한다. 운송 분자는 특정 분자와만 결합하는데 이 결합은 가역적으로 이루어지며, 운송 분자의 구조적 변화를 통해 결합한 분자를 세포의 내부로 방출한다. 반대로 어떤 분자가 세포 내에 과잉으로 존재하게 되면 운송 분자가 이를 외부로 배출하기도 한다.

능동 수송(능동 운동)은 촉진 수송과 마찬가지로 막에 존재하는 단백질들에 의해 일어난다. 하지만 농도가 낮은 곳에서 높은 곳으로 이루어진다는 점에서 촉진 수송과는 근본적으로 다르며, 열역학적으로 불리한 비자발적 현상이므로 반드시 **에너지**가 공급되어야 한다. 능동 수송은 세포가 용질의 농도 차이에 역행하여, 즉 낮은 농도에서 높은 농도로 물질은 이동시킨다. 세포의 에너지원인 ATP(아데노신에 인산기가 3개 달린 유기화합물) 분자가 능동 수송에 필요한 에너지 대부분을 제공한다.

〈그림〉은 용질이 농도 차이에 역행하여 세포 밖으로 배출되는 능동 운반 체계를 보여준다. ① 능동 수송은 원형질막의 세포질 쪽에 있는 용질이 수송 단백질의 독특한 결합 부위와 결합함으로써 시작된다. ② 그 후 ATP가 자신의 인산기 중 하나를 수송 단백질로 전달하고, ③ 이로 인해 용질이 막의 다른 쪽으로 방출될 수 있게끔 단백질 모양이 바뀐다. ④ 이어서 인산기가 떨어져 나오고 수송 단백질이 원래의 모양으로 되돌아간다.

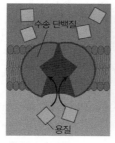 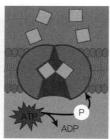 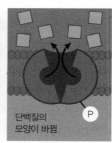 

❶ 용질의 결합　❷ 인산기 결합　❸ 수송　❹ 단백질 원상복귀

〈능동 수송에 의한 용질의 막 통과〉

능동 수송은 세포로 하여금 세포 주변의 농도와 다른 작은 분자와 이온의 세포 내 농도를 그 상태 그대로 유지하게 해준다. 예를 들어, 동물 세포의 내부는 세포 외부에 비해 칼륨 이온(K^+)의 농도가 높고 나트륨 이온(Na^+)의 농도는 낮다. 신경 세포가 신경 신호를 발생시키는 과정은 이들 온도의 농도 차이에 달려있다. '**나트륨-칼륨 펌프**'로 지칭되는 수송 단백질이 Na^+와 K^+ 이온들 각각의 농도 차이에 역행해 막을 통해 왕복 이동함으로써 세포로 하여금 농도 차이를 유지하게 한다.

02 세포호흡이 일어나는 과정: 생명체의 세포에서 일어나는 일련의 대사 반응 과정

호흡은 생명체가 영양소를 분해하여 생활에 필요한 에너지를 얻는 작용을 말한다. 세포호흡은 세포가 에너지 생성을 위해 유기물을 분해할 때 발생하는 이산화탄소를 내보내는 과정이다. 세포호흡은 '해당 과정', 'TCA 회로', '전자전달계'라는 세포 내 여러 단계의 복잡한 산화 과정을 거친다. 세포에 들어간 포도당은 세포질에서 해당 과정을 거친 후 미토콘드리아로 들어가 완전히 이화된다. 세포호흡은 연속적으로 일어나는 반응이지만, 크게 다음 세 단계로 나누어진다. 〈그림〉은 진핵세포의 어떤 장소에서 어떻게 일어나는지 보여준다.

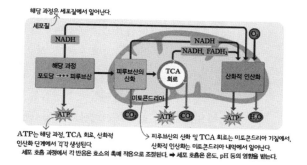

해당 과정은 세포질에서 일어난다.

ATP는 해당 과정, TCA 회로, 산화적 인산화 단계에서 각각 생성된다

피루브산의 산화 및 TCA 회로는 미토콘드리아 기질에서, 산화적 인산화는 미토콘드리아 내막에서 일어난다.
세포 호흡 과정에서 각 반응은 효소의 촉매 작용으로 조절된다. ➡ 세포 호흡은 온도, pH 등의 영향을 받는다.

첫 번째 단계는 '**해당 과정**'으로, 세포의 세포질에서 일어난다. 해당 과정은 호흡의 첫 단계로 포도당을 두 개의 피루브산염으로 분해한다.

두 번째 단계인 '**피루브산염 산화**'와 '**시트르산 회로**'는 미토콘드리아 내에서 일어난다. 피루브산염이 2탄소 화합물로 산화되고 나면 시트르산 회로에서 포도당을 이산화탄소로 분해되는 과정이 완결된다. 그림에서 알 수 있는 것처럼 해당 과정과 시트르산 회로에서 만들어지는 ATP의 양은 적은데, 그 주된 기능은 호흡의 세 번째 단계에 전자를 공급하는 것이다.

세 번째 단계인 '**산화적 인산화**'는 전자전달계와 화학 삼투압적 인산화 과정으로 구성되어 있다. NADH(세포 내에서 포도당을 산화시키는 반응에 관여하는 중요한 조효소)와 유사 전자수용체인 $FADH_2$가 미토콘드리아 내막에 박혀 있는 전자전달계로 전자를 수송하는 역할을 한다. 세포호흡에서 생산되는 ATP는 대부분 산화적 인산화 과정에서 만들어진다. 이 과정에서 전자가 NADH와 $FADH_2$로부터 산소로 하향 이동하면서 발생한 에너지에 의해 ADP가 인산화된다. 세포는 ADP에 인산기를 붙이는 인산화 과정을 통해 ATP를 재생산한다.

✛ ATP

ATP는 우리 몸에 가장 풍부한 분자로, 에너지를 운반하는 역할을 한다. 이 분자는 음식물 분자에 함유된 에너지와 화학적 결합을 이루어 이를 세포에 전달하는 역할을 한다. ATP는 우리 몸의 모든 세포가 공통적으로 이해할 수 있는 에너지 원천이므로 '**에너지 화폐**'라고 부르기도 한다. 섭취한 음식물은 소화를 통해 더 작은 단위의 대량 영양소로 분해된다. 예를 들어 탄수화물은 모두 글루코스라고 하는 단순당으로 전환된다. 이 단순당은 세포 에너지로 전환될 가치가 큰 영양소로, 다만 우리 세포는 이러한 글루코스를 그대로 받아들이지는 못한다. 글루코스가 세포에서 에너지 원천으로 작용하려면 통용 화폐로 전화되어야만 한다. 그것이 바로 ATP로, 글루코스는 정교한 화학반응을 통해서 '환전' 과정을 마친 다음 ATP로 전환된다. 이러한 전환 과정을 '**세포호흡**'이라고 한다. 세포호흡을 통해 글루코스에 함유된 에너지는 각 화학반응의 마지막 단계에서 임시적인 화합물 형태로 변환되고, 글루코스는 이러한 몇 단계의 전환 과정을 거쳐 에너지와 함께 ATP로 저장된다.

03 식물 광합성을 일으키는 NADPH 작용 과정: 명반응이 먼저 일어나고 암반응이 일어난다.

식물의 광합성 작용은 뿌리에서 흡수한 물과 잎의 기공에서 흡수한 이산화탄소를 재료로 빛 에너지를 이용하여 포도당과 같은 유기물과 산소를 만드는 과정이다. 벤슨은 실험을 통해 빛이 없는 환경에서도 광합성 작용이 일어날 수 있다는 사실을 발견했다.

광합성 작용에서 빛과 이산화탄소의 역할을 밝히기 위해 벤슨은 먼저 식물을 이산화탄소가 없는 상자에 넣고 빛을 비추는 실험을 했다. 실험 결과 이산화탄소가 없을 때는 식물에 아무리 빛을 공급해도 포도당이 합성되지 않았다. 그런데 빛을 충분히 흡수한 식물을 이번에는 이산화탄소만 있고 빛이 없는 암실로 옮겨 놓자 그의 예상대로 광합성 작용이 일어났다. 벤슨은 이 실험 결과를 토대로 식물이 광합성 작용을 할 때 빛과 이산화탄소가 동시에 필요한 것이 아니라, 먼저 빛을 이용하여 '어떤 물질'을 만들고 이 물질을 이용하여 광합성 작용을 한다는 가설을 세웠다.

그렇다면 광합성 작용에서 '어떤 물질'은 실제로 존재하며, 만일 존재한다면 그 정체는 무엇일까? 이러한 물음에 대한 해답을 찾기 위해 오초아를 비롯한 학자들은 여러 차례의 실험을 했다. 그 결과 광합성에서 실제로 '어떤 물질'이 존재한다는 것을 밝혔다. 그들은 논문에서 식물의 잎에는 NADP+라는 물질이 존재하는데, 빛 에너지에 의해 물(H_2O)이 분해되는 과정에서 NADP+가 NADPH로 바뀐다고 설명했다. 그리고 **NADPH**가 광합성 작용의 열쇠인 '어떤 물질'이라고 주장했다.

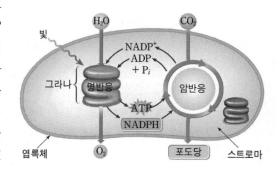

〈명반응과 암반응〉

식물의 뿌리에서 흡수되어 잎으로 운반된 물(H_2O)은 엽록체에서 빛 에너지에 의해 수소이온(H^+)과 전자(e^-)와 산소(O_2)로 분해된다. 이때 수소이온과 전자는 식물의 잎에 있는 NADP+와 결합해서 NADPH가 되고, 산소는 기공을 통해 공기 중에 방출된다. 이와 같이 빛에 의해 NADPH가 만들어지는 광화학 반응을 **'명반응'**이라고 한다. 명반응은 광합성 작용에서 포도당과 같은 유기물을 합성하기 위한 예비 과정이라고 볼 수 있다. 기공에서 흡수한 이산화탄소(CO_2)가 식물의 세포에 있는 5탄당 물질과 결합하면 6탄당 물질인 포도당($C_6H_{12}O_6$)이 만들어지는데, 이처럼 식물 세포에서 이산화탄소를 흡수하여 포도당과 같은 탄수화물을 합성하는 영화학 반응을 **'암반응'**이라고 한다. 암반응 과정이 진행되기 위해서는 수소이온(H^+)과 전자(e^-)가 필요한데, 이는 명반응에 의해 만들어진 NADPH로부터 공급된다. 즉, NADPH가 NADP+가 되면서 암반응에 필요한 수소이온과 전자를 제공하는 것이다. 암반응 과정에서 NADPH가 NADP+가 되면, 이것은 다시 명반응을 통해 NADP+가 NADPH가 되는 과정을 반복하면서 식물체 내에서 NADPH가 NADP+가 균형을 이루게 된다. 결국 NADPH가 바로 벤슨이 말한 '어떤 물질'의 정체였던 것이다. (출처: EBS 2017 수능 특강)

04 알레르기 반응이 일어나는 과정: 면역 과민 반응

외부로부터 체내에 세균이나 바이러스 같은 항원이 침입하면 체내에서는 항체를 만들어 그 항원을 제거하는 '**면역 반응**'이 일어난다. 하지만 이러한 면역 반응은 아토피 피부염과 같은 알레르기 질환을 일으켜 우리 몸에 문제를 일으키기도 한다. 면역 반응은 크게 선천적으로 타고나는 '비특이적 면역 반응'과 후천적으로 획득되는 '특이적 면역 반응'으로 나눌 수 있다. 우리가 일반적으로 일컫는 면역 반응은 후자를 일컫는데, 알레르기 질환이 생기는 원인은 이와 관련이 있다. 특히 체내에서는 다양한 특이적 면역 반응이 일어나는데, 그중 면역 글로불린 E(IgE)에 의한 비정상적 면역 반응이 알레르기 질환의 원인으로 주목받고 있다.

우리 몸에 침입한 항원은 혈액, 조직액, 림프 등의 체액을 통해 몸의 다른 곳으로 이동하여 체내의 세포를 무력화하기도 한다. 이런 경우에 백혈구의 일종인 대식 세포가 항원을 직접 분해하여 제거하게 되는데, 그럼에도 불구하고 항원이 지속적으로 체내에 침입하게 되면 체액성 면역 반응이 활성화된다. 체액성 면역 반응은 대식 세포가 분해한 항원 조각을 세포 표면에 노출시켜 매달고 다니며 시작된다. 대식 세포가 항원 조각을 미경험 T 림프구에 제시하면, 이 미경험 T 림프구는 보조 T 림프구로 일부 분화한다. 활성화된 보조 T 림프구는 항원을 식별한 후 B 림프구와 결합하여 B 림프구에 항원의 침입을 알린다. 이렇게 활성화된 B 림프구는 항원의 종류를 기억하는 면역세포인 기억 세포로 일부 분화하고, 대부분은 항체를 생성하는 세포인 형질세포로 분화한다. 분화된 형질세포는 항원에 대항할 항체를 다수 만들어 내는데, 이때 생산되는 항체 중 하나가 바로 면역 **글로불린 E**이다.

이렇게 만들어진 면역 글로불린 E는 비만 세포에 달라붙게 된다. 비만 세포와 결합한 면역 글로불린 E가 항원을 만나게 되면 비만 세포 내에서 여러 가지 종류의 화학 물질이 분비되는 탈과립 현상이 일어나는데, 이때 분비되는 물질 중 대표적인 것이 바로 '**히스타민**'이다. 히스타민은 근육을 수축시키고 모세혈관을 확장하며, 침샘, 췌장, 위 점막선 등 몸속에 존재하는 분비샘을 자극하여 점액이나 소화액 등의

분비를 촉진하는 물질로, 몸속의 면역계가 항원과 싸우는 것을 돕기 위해 혈관을 확장하고 몸속의 물질 흐름을 활발하게 하며 염증 반응에 관여한다. 히스타민이 분비되는 곳에서는 항원과 항체의 면역 반응이 격렬히 일어나며 항원이 제거된다.

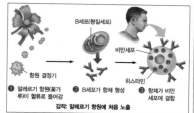
① 알레르기 항원(꽃가루)이 혈류로 들어감 ② B세포가 항체 형성 ③ 항체가 비만 세포에 결합
감작: 알레르기 항원에 처음 노출

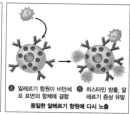
④ 알레르기 항원이 비만세포 표면의 항체에 결합 ⑤ 히스타민 방출, 알레르기 증상 유발
동일한 알레르기 항원에 다시 노출

〈알레르기 반응의 두 단계〉

만약 어떤 이유 때문에 면역 체계에 문제가 생겨서 외부에서 침입한 물질 중 꽃가루와 같이 신체에 별다른 영향을 미치지 않는 물질이 항원으로 인식되어 면역 글로불린 E가 과도하게 만들어지게 되면 어떤 일이 벌어질까? 면역 과정이 일어나지 않아도 되는 상황인데도 불구하고 비정상적으로 많이 만들어진 면역 글로불린 E는 다수의 비만 세포에 달라붙게 되고, 비만 세포와 결합한 면역 글로불린 E가 항원으로 잘못 인식한 물질을 만나면 탈과립 현상에 의해 다량의 히스타민이 분비된다. 이렇게 다량 분비된 히스타민이 염증 반응을 일으켜 알레르기 반응이 과도하게 일어난다. 알레르기 반응이 지속되면 알레르기 질환이 되는데, 피부에서 발생하면 아토피 피부염, 기관지 쪽에서 발병하면 **알레르기성 천식**, 코의 점막에서 발병하면 **알레르기성 비염**이 된다.

05 백혈구 활성화 과정: 면역 활성화 과정

때로는 피부나 점막에 상처가 나서 병원균이 침투하게 되는데, 이때 출동하는 것이 면역세포, 즉 **백혈구**이다. 백혈구는 어느 한 세포의 이름이 아니라 혈액과 림프액 속에서 면역을 담당하는 몇 가지 세포 집단을 지칭하는 말로, 호산구, 호중구, 대식 세포, T 세포, B 세포, NK 세포 등을 포함한다. 이들은 모두 조혈 모세포로부터 분화되며, 일반적으로 백혈구라고 하면 이들 중 가장 많은 수를 차지하는 호중구를 뜻한다. 혈류를 따라 혈관 중심에서 움직이던 백혈구가 병원균의 침투를 알아차리고 혈관 밖의 염증 부위로 이동하는 과정은 다음과 같다.

병원균이 침투했다는 사실을 백혈구가 알아차릴 수 있는 이유는 **케모카인**이라는 물질 때문이다. 케모카인은 평소에도 분비되어 백혈구들의 이동을 조정하는 역할을 하다가, 상처가 나 병원균이 침투하면 이를 가장 먼저 감지한 대식 세포가 보내는 신호를 받고 해당 부위에 집중적으로 분비된다. 이는 백혈구 세포에 있는 케모카인 수용체의 반응을 야기한다. 이 수용체는 백혈구 세포의 막에 존재하며, 마치 뱀이 똬리를 틀고 있는 듯한 모양을 하고 있다. 상처 부위에 다량의 케모카인이 분비되면 케모카인의 농도가 짙은 부위로 케모카인 수용체들이 쏠리면서 백혈구가 움직이게 되는 것이다.

케모카인에 의해 주화성을 띠게 된 백혈구들은 세포막 표면에서 쌍을 이루는 **부착분자**들의 결합을 이용하여 혈관 내부에서 움직이는 속도를 조정하게 된다. 이 부착분자들은 셀렉틴과, 뮤신과, 면역 글로불린 상과, 인테그린과의 네 가지로 범주화되는데, 주로 셀렉틴과는 뮤신과와 결합하고 면역 글로불린 상과는 인테그린과와 결합한다. 이들 각각의 결합 쌍을 이루는 부착 분자 중 하나는 백혈구 세포에, 다른 하나는 혈관의 내피세포에 발현되어 백혈구의 움직임을 조정하게 된다. 우선 셀렉틴과 뮤신의 결합은 백혈구들이 적절한 속도를 유지하며 이동할 수 있도록 돕는다. 셀렉틴과 뮤신이 혈관 내피세포와 백혈구 세포의 표면에 발현되면 이들 간의 약한 결합이 이어졌다 끊어졌다를 반복하게 되면서, 백혈구는 혈관 벽을 타고 구르는 듯한 움직임을 보이게 된다. 셀렉틴은 호중구와 혈관 내피세포의 관계에서는 후자에, T 세포와 혈관 내피세포의 관계에서는 전자에 주로 발현하여 백혈구가 혈류에 휩쓸리지 않고 상처가 난 곳까지 이동할 수 있도록 돕는 역할을 한다.

상처가 난 곳을 향해 이동하던 백혈구는 **인테그린**의 도움으로 목적지인 염증 조직 부근에서 정지하게 된다. 케모카인의 신호에 의해 활성화되는 인테그린은 주로 백혈구의 세포막 표면에 존재하는데, 백혈구는 쉽게 혈관 벽에 부착되지 않고 혈류를 따라 흘러간다. 그러나 케모카인의 연속적인 신호로 인해 활성된 인테그린은 주로 혈관 내피세포에 발현되는 면역 글로불린 상과 부착분자와 강한 결합을 형성한다. 인테그린과 면역 글로불린 상과 부착분자의 강한 결합으로 인해 목적지에 정지하게 된 백혈구는 혈관 내피세포 사이로 빠져나가 염증이 일어난 조직으로 침투하게 되고, 이후 각자의 역할을 수행한다. 가장 먼저 도착한 호중구는 케모카인 알람이 울린지 6~12시간 안에 감염 부위로 몰려들어 병원균을 분해하고 활성 산소를 만들어 병원균을 죽이기도 한다. 감염 발생 후 12시간쯤 지나면 더욱 강력한 면역세포인 NK 세포가 등장하여 바이러스에 감염된 세포를 죽여 없애는데, 여기까지가 모든 동물이 가지고 있는 면역 시스템인 선천적 면역의 과정에 해당된다.

06 바이러스의 작동 원리: 세균 감염 원리

신종 코로나바이러스 감염증(COVID-19·코로나19)을 유발하는 '사스코로나바이러스-2'의 일생은 인체 세포에 '침투'하는 과정부터 시작한다. 하지만 이 바이러스의 게놈 맨 앞은 침투가 아니라, 침투 직후 과정을 담당하는 두 유전자가 인체 세포에 들어온 뒤 인체 세포의 자원을 가로채 증식을 시작한다. 두 유전자는 이런 기생 전략의 첫 단계를 수행한다. 인체 세포가 단백질을 합성할 때 쓰는 단백질을 이용해 '폴리펩티드 1a'와 '폴리펩티드 1ab'라는 긴 단백질 사슬을 만든다. 이들은 그 자체로는 기능하지 못하며, 다시 잘게 절단되는 과정을 거친다.

세포에 바이러스가 복제할 공간이 마련되면 다음에는 바이러스 공장이 단계적으로 들어선다. 먼저 코로나 바이러스 '복제'를 막는 억제제라 할 수 있는 비구조 단백질 nsp13이 뭉쳐 있는 RNA를 풀어주면, 마치 가위처럼 단백질을 잘게 끊는 단백질 분해 효소인 nsp7과 nsp8, nsp12와 같은 비구조 단백질로 구성된 일종의 '공장 단백질'이라 할 수 있는 **'RNA 복제 및 전사 효소(RdRp)'**가 뒤이어 작동한다. 바이러스의 가장 중요한 활동인 유전체 복제와 전사를 시작하는 것이다. 복제는 RNA 전체를 통째로 사본으로 만드는 과정인데 비해, 전사는 단백질 생산을 위해 RNA 중 필요한 일부만 골라 '부분 사본'으로 만드는 과정으로 이 부분 사본을 '하위 게놈'이라고 부른다. 하위 게놈은 종류별로 수백만~수억 개가 생산된다. 전체 사본을 이용해 새 바이러스의 게놈을 만들고, 부분 사본으로는 여러 가지 바이러스 몸체 단백질을 생산한다. 나중에 이 두 가지가 서로 결합하면 새 바이러스가 탄생한다.

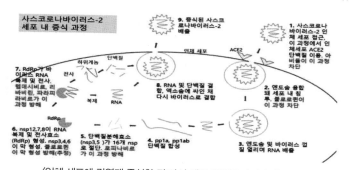

〈인체 세포에 감염돼 증식한 뒤 다시 세포 밖으로 빠져나가는 과정〉

바이러스 복제와 전사가 이뤄지려면 재료가 필요하다. RNA는 염기 분자가 길게 이어진 사슬 형태이므로, 각각의 재료인 염기 분자가 재료가 된다. 만약 불량 재료를 넣어 RdRp가 작동하지 못하게 막는다면 바이러스 증식도 막을 수 있다. 많은 항바이러스제가 이 원리를 활용해 RdRp를 겨냥하고 있다. 렘데시비르나, 리바비린, 파라피라비르 3개의 단백질은 RNA 염기와 비슷한 모양을 한 **'불량 재료'** 화합물로, RdRp에 끼어 들어가 복제를 멈춘다.

RdRp로 복제 및 전사된 스파이크 단백질은 바이러스가 인체 세포에 침투하기 위해 활용하는 단백질이다. 코로나바이러스 특유의 사방에 못이 박힌 것 같은 형태가 이 단백질 때문에 생겼다. 백신 역시 스파이크 단백질의 일종이다. 인체 세포 표면의 신호 안테나인 ACE2 수용체를 찾은 뒤 결합해 바이러스를 세포 안에 들인다. 스파이크 단백질을 구성하는 3개의 단백질은 모두 바이러스 안팎의 몸체를 구성한다. RdRp가 만든 복제 RNA는 이들 단백질과 결합하거나 안에 담긴 뒤에야 비로소 하나의 바이러스가 돼 인체 세포 밖으로 나간다.

07 박테리아 유전자가 DNA를 이동시키는 방법: 바이러스 유전자 복제

박테리아 세포는 염색체 복제가 일어난 후 박테리아가 이분법에 의해 분열되는 방식으로 증식한다. 이분법은 하나의 부모만 관여하는 무성생식이기 때문에 하나의 콜로니 안에 있는 박테리아는 부모 세포와 유전적으로 동일하다. 그렇다고 박테리아가 새로운 유전자 조합을 만들어내는 방법이 없는 것은 아니다. 세균에서도 짝짓기와 유사한 방법으로 유전 물질의 이동이 가능하다. 세균에서 한 세포에서 다른 세포로 유전자를 전달하는 방법에는 '형질전환', '형질도입', '접합' 등이 알려져 있다.

'**형질 전환**'은 세포 주위의 유동체로부터 DNA를 받아들여 세포의 유전 형질이 바뀌는 것을 말한다. 형질 전환은 그리피스에 의해 폐렴 쌍구균의 병원성이 DNA의 이동으로 비독성 균주가 독성 균주로 전환될 수 있다는 유명한 실험으로 처음 밝혀졌다. 그리피스는 '형질 전환 인자 실험'에서 비독성 균주는 죽은 질병 유발 균주 세포에서 나온 DNA 조각을 받아들였다. 병원균의 DNA에는 세포가 동물의 방어에 대항할 수 있게 해주는 유전자가 있었고, 따라서 이 유전자를 받아들인 이전의 비병원성 박테리아는 감염된 동물에게 폐렴을 일으킬 수 있었다.

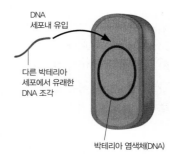

〈형질전환〉

박테리아에 감염하는 바이러스인 박테리오파지는 서로 다른 박테리아 간에 유전자를 주고받는 두 번째 방법을 제공한다. 파지에 의한 박테리아 유전자의 이동, 즉 세균에 박테리오파지의 감염으로 다른 세균의 유전자가 도입되는 것을 '**형질도입**'이라고 한다. 용균성 감염 생활사가 진행되는 동안 감염된 세포에서, 새로운 바이러스가 조립될 바이러스 DNA 대신 실수로 숙주세포의 DNA 단편을 파지 외투 단백질로 포장해 나오면서 시작된다. 이 바이러스가 새로운 박테리아 세포를 감염할 때 이전 숙주세포로부터 온 DNA가 새로운 숙주에 삽입된다. 형질 전환과 전달 2가지 방법에서는 한 가닥의 DNA가 전달되지만, 형질도입에서는 2가닥의 DNA가 모두 전달된다.

〈형질도입〉

두 박테리아 세포의 '짝짓기'가 일어날 때, 같은 또는 서로 다른 종의 두 박테리아 세포 간 물리적인 결합으로 DNA의 이동이 일어나는 것을 '**접합**'이라고 한다. 공여 세포는 성선모라는 속이 빈 부속지를 갖고 있는데, 이 중 하나가 수여 세포에 부착한다. 세포의 바깥층은 융합되고 그들 사이에 세포질 다리가 형성된다. 이 다리를 통해 공여 세포의 DNA(그림의 흐린 색)가 운반되는 동안 자신의 DNA를 복제하므로 세포에서 유전자의 손실은 전혀 없다. 이 경우 DNA 복제 방법

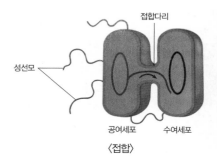

〈접합〉

은 두 개의 DNA 가닥 중 한 가닥을 벗겨서 수여 세포로 전달하는 특별한 방법을 사용한다.

DNA가 어떤 방법으로든 박테리아 안으로 들어가면 그 가운데 일부는 수여 세포의 염색체에 삽입된다. DNA는 두 DNA 분자가 교차하면서 삽입되는데, 나머지 DNA는 분해되고, 수여 박테리아에서는 재조합 염색체만 남게 된다.

08 PCR 변성 단계: DNA 증폭 기술

미국의 생화학자 캐리 멀리스에 의하여 1985년에 개발된 중합 효소 연쇄 반응(PCR)은 DNA의 원하는 부분을 반복적으로 복제하여 증폭시키는 분자 생물학 기술이다. 중합 효소 연쇄 반응을 따라 소량의 유전 물질로부터 염기 순서가 동일한 유전 물질을 수만 배의 많은 양으로 증폭할 수 있으므로, 인간의 DNA를 증폭하여 여러 종류의 유전질환을 진단하는 것뿐만 아니라 세균이나 바이러스, 진균의 DNA에 적용하여 감염성 질환의 진단 등에 사용된다.

PCR은 '변성→결합→신장'의 세 단계로 이루어진 반복 과정이 연쇄적인 반응을 일으켜서 각 반응 주기마다 동일한 DNA 분자 집단을 두 배로 만든다. 하나의 특정한 DNA 조각(다른 조각은 증폭하지 않고)을 증폭시키는 핵심은 '**프라이머**'이며, 이는 대개 뉴클레오타이드 약 15~20개 길이로 구성된 화학적으로 합성된 단일 가닥 분자로 표적 서열의 양쪽 끝 서열과 상보적인 염기서열을 가지고 있다. 하나의 프라이머리는 표적 서열의 한쪽 끝에 있는 한 가닥과 상보적이며, 두 번째 프라이머리는 서열의 다른 쪽 끝에 있는 가닥과 상보적이다. 따라서 프라이머리는 서열의 다른 쪽 끝에 있는 서열에 결합하여 증폭해야 하는 DNA 조각의 시작과 양쪽 끝을 표시한다.

PCR 단계를 설명하면 다음과 같다. 첫 번째는 이중 가닥인 DNA를 단일 가닥으로 분리하는 '**변성(Denaturation)**' 단계이다(① 각 PCR 순환의 첫 번째 단계에서 DNA 이중 나선 가닥을 분리하기 위해 반응 혼합액을 열처리하는 단계). DNA는 이중 가닥으로 이루어져 있지만, PCR 기술을 사용하기 위해서는 단일 가닥의 DNA가 필요하다. 이 과정에서는 단일 가닥의 DNA를 얻기 위해 DNA를 가열하게 되는데, 가열은 보통 92℃~95℃ 정도의 고온에서 이루어진다. 이때 필요 이상으로 높은 고온에서 가열을 하게 되면 PCR 과정에 필요한 효소가 변성되어 제 기능을 하지 못하게 될 수 있으므로, 일반적으로는 94℃ 정도에서 가열하게 된다. 그렇게 5분에서 10분 정도 가열을 하고 나면, 이중 가닥이었던 DNA가 단일 가닥으로 분리된다.

두 번째는 DNA에 프라이머를 결합하는 '**결합(Annealing)**' 단계이다(② DNA 가닥을 식힌 후, 프라이머를 DNA 표적 서열과 수소 결합하는 단계). DNA 복제가 이루어지기 위해서는 그 시작점을 제공하는 프라이머가 DNA에 결합해야 한다. 이 과정은 보통 50℃~65℃ 정도에서 일어나는데, DNA에 있는 염기들은 그 종류에 따라 결합의 세기가 다르므로 각 결합된 수의 비율에 따라 적절한 온도가 결정된다. 프라이머가 복제할 DNA에 결합하게 되면 이제 DNA를 복제할 준비가 끝난 것이라고 보아도 된다.

세 번째는 새로운 DNA 가닥이 합성되는 '**신장(Polymerization)**' 단계이다(③ 열에 안정한 DNA 중합 효소가 프라이머를 $5'→3'$ 방향으로 연장하여 새로운 DNA 가닥을 만드는 단계). 이 과정은 PCR 과정의 마지막 단계로, DNA가 직접 복제되는 과정이다. 신장 과정에서 DNA에 프라이머가 결합하면, 그 부위를 시작으로 DNA 주형 가닥과 상보적인 염기를 지닌 DNA 가닥이 복제되기 시작한다. 이때 복제는 일정한 방향으로만 이루어지게 된다. PCR 기술은 이 세 단계를 통해 DNA를 복제하는데, 이 과정이 한 번 일어나면 2개, 두 번 일어나면 4개, n번 일어나면 2n개만큼의 복제된 DNA를 얻을 수 있다.

09 DNA에 결합하는 단백질의 새로운 구조와 작동 원리
: DNA에 결합하여 유전자의 발현을 저해하는 조절 단백질−억제인자

미래창조과학부 기초연구 사업은 DNA에 결합해 생명체의 유전자 발현을 조절하는 단백질인 억제인자와 항−억제인자의 새로운 구조를 밝혔으며, 이를 통해 유전자 발현에는 기존의 방식과 다른 결합 및 분리 작용이 일어난다는 것을 규명했다.

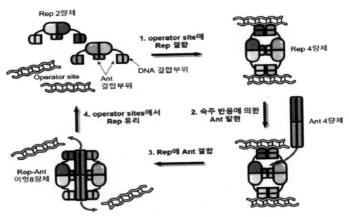

〈억제인자−항−억제인자(Rep-Ant)의 작용 방식 모델〉

연구팀은 박테리오파지 SPC32H의 억제인자(Rep) 및 항−억제인자(Ant) 단백질을 대장균에서 대량 발현시켜 정제한 후, 이를 'X−선 결정학 기법'을 이용하여 분리했다. 그 결과 이 두 단백질의 이형 복합체에 대하여 고해상도 3차원 구조를 규명했다. 먼저, **억제인자(Rep)**는 그 농도에 따라 2량체 2개가 비대칭적으로 결합하여 동형 4량체를 형성함을 알아냈다. 또 억제인자−항−억제인자(Rep-Ant) 복합체는 억제인자(Rep) 4량체에 항−억제인자(Ant) 4량체가 결합한 이형 8량체의 복합체를 이룬다는 사실을 확인했다. 통상적으로 억제인자는 2량체로 존재하는 것으로 알려져 있으므로 4량체를 형성하는 억제인자(Rep)는 새로운 형태라 말할 수 있다.

새로운 형태의 '억제인자−항−억제인자(Rep-Ant) 복합체'가 기존에 연구된 억제인자−항−억제인자의 복합체와 다른 점은, 항−억제인자(Ant)가 억제인자(Rep)의 DNA 결합 부위에 경쟁적으로 결합하는 것이 아니라 DNA 결합과는 상관없는 다른 두 부위에서 결합하고 있다는 점이다. 흥미롭게도 이 두 부위 중 한 부위는 억제인자(Rep)가 4량체를 형성하는 데에도 관여하고 있었으므로, 항−억제인자(Ant)가 억제인자(Rep)의 4량체 형성을 방해함으로써 DNA로부터 억제인자(Rep)를 분리하는 것이라고 예측 가능했다.

연구팀은 이러한 결과를 종합하여 이번 연구의 억제인자(Rep)는 기존의 통상적인 억제인자들과는 다른 방식으로 DNA에 결합한다는 사실을 제시했다. 즉, 기존의 억제인자들의 경우 하나의 2량체가 독립적으로 DNA에 결합하는 CIS 모델인 데 비해, 이번 연구의 억제인자(Rep)는 4량체를 구성하는 서로 다른 2개의 2량체에서 각각 하나씩의 DNA 결합 부위가 이합체화하여 DNA에 결합하는 **트랜스형 모델**이었다. 이는 하나의 억제인자(Rep) 4량체가 2분자의 DNA에 결합할 수 있음을 뜻한다. 나아가 돌연변이를 도입한 박테리오파지를 실제로 구축하여 억제인자(Rep)에 항−억제인자(Ant)가 결합하지 못할 경우 정상적인 유전자 발현이 불가능하여, 기대하는 표현형이 나타나지 못한다는 사실을 보여준다.

10 유전자 가위 기술의 작동 원리: DNA 서열을 인식하여 자르는 기술

유전자 가위는 DNA를 자를 수 있는 기능을 가진 핵산 가수분해 효소를 쓰임에 맞게 변형해서 표적 DNA 염기서열을 인식하여 DNA를 특이적으로 자를 수 있도록 구성한 **인공 효소**를 뜻한다. 유전자 가위는 원래 박테리아가 외부에서 유래한 DNA를 제거하기 위해 사용하는 제한 효소를 변형한 것이다. 대부분의 제한 효소는 DNA 염기서열을 인식하고 특정 서열만 자를 수 있어서 DNA 재조합 기술에 널리 이용되어 왔지만, 짧은 염기서열만을 인식하여 잘라낸다는 단점이 있다. 약 6개의 염기쌍을 인식하는 제한 효소의 경우에는 인간의 30억 염기쌍에 수많은 표적이 존재하므로 원하는 유전자의 특정 부분만을 자를 수 없게 된다. 반면에 유전자 가위는 상대적으로 긴 염기서열(최소 20쌍부터 최대 40쌍)을 인식하기 때문에 더 특이적으로 작용할 수 있으므로 다양한 생물체에서 맞춤 변이를 만들어 내기 위해 사용되고 있다.

유전자 가위 기술은 DNA 염기서열에 변이를 도입하여 유전자 코드 자체를 바꾸는 것으로, DNA 염기서열에 직접적인 변이를 도입하여 '**녹아웃**'을 시키는 기술로, 표적 가능한 영역에 대한 제약이 적다. 유전자 가위가 개발되던 초기 단계에는 원하는 특정 유전자의 DNA에 이중 가닥 절단을 일으켜 변이를 도입하고, 이로 인해 나타나는 특정 유전자의 기능 손실을 확인하는 것만으로도 주목을 받아왔다. 하지만 지금은 특정 유전자에 관하여 새로 밝혀진 메커니즘을 확인하기 위해 손쉽게 사용할 수 있는 기술로도 사용되고 있다.

3세대 유전자 가위인 '**CRISPR-Cas9 유전자 가위 기술**'은 인간이나 동식물 등 다양한 개체의 유전자에 변이를 도입할 수 있고, 이를 통해 유전자의 기능을 밝히는 연구 방법으로 사용되고 있다. CRISPR-Cas9은 크게 두 가지 구성 요소로 이루어져 있다. 하나는 DNA와 상보적 염기쌍을 이루어 표적 DNA를 정해주는 역할을 하는 RNA이고 다른 하나는 PAM을 인식하고 DNA를 자르는 역할을 하는 Cas9 단백질이다. RNA는 cr RNA와 tracr RNA로 이루어져 있는데, cr RNA는 DNA와 염기쌍을 이루는 역할을 하고, tracr RNA는 cr RNA와 염기쌍을 이루며 Cas9의 구조를 변화시키는 역할을 한다. 이를 대신하여 cr RNA와 tracr RNA를 인위적으로 하나의 가닥으로 연결한 sg RNA(single-guide RNA)를 사용할 수도 있다.

CRISPR-Cas9 유전자 가위 기술을 이용해서 특정 유전자에 맞춤 변이를 도입하여 **유전 질환**을 치료할 수 있다. 예를 들어, 혈우병은 X염색체에 있는 유전자의 돌연변이로 인해 혈액 내 응고인자가 부족하여 지혈이 잘되지 않는 질환이다. 혈우병 환자 중에 일부는 혈액응고인자를 발현하는 F8(Factor VIII) 유전자가 비정상적으로 뒤집어져 있어서 정상적인 혈액응고인자를 형성하지 못하는 문제를 갖고 있다. 이러한 혈우병 환자의 역분화 줄기세포(iPS cell)에서 비정상적으로 뒤집어진 F8 유전자를 CRISPR-Cas9 유전자 가위 기술로 자른 후 뒤집어 정상적으로 만들 수 있다. 그리고 F8 유전자를 교정한 역분화 줄기세포를 혈관내피세포로 분화시킨 후 혈우병 모델 생쥐에 이식했을 때, 혈액응고인자가 정상적으로 발현되면서 생쥐의 출혈 증상이 완화되는 것을 볼 수 있다. CRISPR-Cas9 유전자 가위를 사용한 혈우병의 증상 완화 가능성은 유전질환 이외에도 후천성 면역 결핍증(AIDS)과 같은 다양한 질환의 치료 수단으로도 적용 가능할 것으로 기대되고 있다.

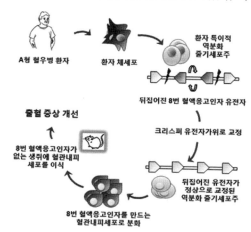

A형 혈우병 환자 → 환자 체세포 → 환자 특이적 역분화 줄기세포주 → 뒤집어진 8번 혈액응고인자 유전자 → 크리스퍼 유전자가위로 교정 → 뒤집어진 유전자가 정상으로 교정됨 역분화 줄기세포주 → 8번 혈액응고인자를 만드는 혈관내피세포로 분화 → 8번 혈액응고인자가 없는 생쥐에 혈관내피세포를 이식 → 출혈 증상 개선

01 트랜잭션: 데이터베이스의 상태를 변화시키기 위해 수행하는 작업 단위

트랜잭션(데이터 트랜잭션)은 데이터베이스의 상태를 변환시키는 하나의 논리적 기능을 수행하기 위한 작업의 단위 또는 한꺼번에 모두 수행되어야 할 일련의 연산을 의미한다. 트랜잭션은 데이터베이스 시스템에서 병행 제어 및 회복 작업 시 처리되는 작업의 논리적 단위이자, 사용자가 시스템에 대한 서비스 요구 시 시스템이 응답하기 위한 상태 변환 과정의 작업 단위로, 하나의 트랜잭션은 완료(commit)되거나 재실행(rollback)이 된다. **완료 연산(commit)**은 한 개의 논리적 단위(트랜잭션)에 대한 작업이 성공적으로 끝나면서 데이터베이스가 다시 일관된 상태에 있을 때, 이 트랜잭션이 행한 갱신 연산 결과를 트랜잭션 관리자에게 알려주는 연산이다. **재실행 연산(rollback)**은 하나의 트랜잭션 처리가 비정상적으로 종료되어 데이터베이스의 일관성을 깨뜨렸을 때, 이 트랜잭션의 일부가 정상적으로 처리되었더라도 트랜잭션의 원자성을 구현하기 위해 그동안 행한 모든 연산을 취소하는 연산이다.

트랜잭션은 원자성, 일관성, 독립성(격리성), 영속성(지속성)의 성격을 지닌다. 트랜잭션이 그 실행을 성공적으로 완료하면 언제나 일관성 있는 데이터베이스 상태로 변환하는데, 이때 시스템이 가지고 있는 고정 요소는 트랜잭션 실행 전과 트랜잭션 실행 완료 후의 상태가 같아야 한다(**원자성**). 또한 트랜잭션이 그 실행을 성공적으로 완료하면 언제나 일관성 있는 데이터베이스 상태로 변환하며, 그 시스템이 가지고 있는 고정 요소는 트랜잭션 수행 전과 트랜잭션 수행 완료 후의 상태가 같아야 한다(**일관성**). 둘 이상의 트랜잭션이 동시에 병행 실행되는 경우 어느 하나의 트랜잭션 실행 중에 다른 트랜잭션의 연산이 끼어들 수 없으며, 수행 중인 트랜잭션은 완전히 완료될 때까지 다른 트랜잭션에서 수행 결과를 참조할 수 없다(**독립성 · 격리성**). 성공적으로 완료된 트랜잭션의 결과는 시스템이 고장이 나더라도 영구적으로 반영되어야 한다(**영속성 · 지속성**).

✛ 데이터 트랜잭션 작업 과정

로그의 실행이 다음과 같다고 하자.

  로그 1: T_1 시작
  로그 2: T_1, A, 100, 60
  로그 3: T_1, B, 0, 40
  로그 4: T_1 완료
  로그 5: T_2 시작
  로그 6: T_2, B, 40, 10

로그에서 T_1, T_2는 **트랜잭션**을 의미한다. 즉 현재 〈로그 1〉~〈로그 4〉와 〈로그 5〉~〈로그 6〉은 각기 다른 트랜잭션 작업이다. 시작은 트랜잭션 작업이 시작됨을, 완료는 트랜잭션 작업이 성공적으로 완료되었음을 나타낸다. 그리고 〈로그 2〉는 사용자 A의 계좌 잔액을 100에서 60으로 변경한다는 것을 의미하고, 〈로그 3〉은 사용자 B의 계좌 잔액을 0에서 40으로 변경한다는 것을 의미한다. 트랜잭션 1(T_1)의 경우 〈로그 2〉, 〈로그 3〉에 해당하는 작업을 거치기 전과 후에 사용자 A, B의 계좌 잔고의 합계가 100으로 동일하다는 점에서 〈로그 3〉이 수행된 직후 트랜잭션의 데이터의 무결성이 보장되었음을 알 수 있다. 그리고 T_2가 사용자 B가 자신의 계좌에서 50원의 잔고를 가진 사용자 C에게 30원을 이체하는 트랜잭션이라고 한다면, 〈로그 7〉에 'T_2, C, 50, 80'과 같이 기록되어야 오류가 발생하지 않고 〈로그 8〉에 'T_2 완료'가 기록될 수 있을 것이다.

02 데이터 구조: 자료의 조직, 관리, 저장을 위한 조직화

데이터 구조는 데이터를 구성하고 저장하는 방법을 설명하며, 데이터를 식별하는 방법을 제공하고 데이터의 관계를 보여주는 개념이다. 데이터 구조는 프로그램으로 쉽게 이용되도록 구성된 데이터들 사이의 **논리적 관계**라고 할 수 있다. 데이터 구조에는 크게 선형 데이터 구조와 트리 데이터 구조가 있다. 데이터 구조가 선형이라는 것은 데이터 구조를 구성하는 요소들이 서로 인접해 순차적인 방식으로 정렬되어 있음을 뜻한다. 이러한 데이터 구조는 이해하기 쉬울뿐더러 프로그램을 개발할 때 사용하기 쉽다.

좋은 프로그램을 작성하기 위해서는 적절한 데이터 구조를 선택해야 하는데, 여기서 적절한 데이터 구조란 데이터의 추가, 삭제, 검색을 효율적으로 수행하고, 간결하게 표현할 수 있는 것을 말한다. 대표적인 선형 데이터 구조에는 '배열, 선형 리스트, 스택, 큐, 트리'가 있다.

■ 배열(array)

같은 데이터형의 요소들이 동일한 크기로 순서를 갖고 나열되어 있는 집합이다. 같은 이름을 사용하지만 첨자에 의해 서로 구분되는 집단적인 데이터 저장 영역을 의미한다. 따라서 데이터마다 변수 이름을 따로 두지 않으므로 처리가 훨씬 수월하다는 장점이 있다. 배열은 첨자의 수에 따라 구분되는데, 첨자를 1개 사용하면 1차원 배열, 2개 사용하면 2차원 배열, 3개 사용하면 3차원 배열이라 한다.

■ 선형 리스트(linear list)

어떤 순서에 의해 나열된 데이터가 여러 개인 구조를 말하며, 한 주의 요일들을 나열한 '일요일, 월요일 …'이 그 예다. 구현 방법으로는 연속 리스트와 연결 리스트가 있다. 연속 리스트는 배열을 이용하는 것이고, 연결 리스트는 포인터(처리하려는 데이터나 프로그램 등이 기억된 기억 장치의 주소를 지정하는 것)를 이용하는 것이다.

■ 스택(stack)

데이터의 삽입과 삭제가 한 쪽 방향에서만 일어나는 구조로, 가장 나중에 삽입된 데이터가 가장 먼저 삭제되므로 후입 선출(LIFO: Last-In First-Out) 구조라고도 한다. 스택은 배열이나 연결 리스트를 이용해서 구현할 수 있다.

■ 큐(queue)

어느 한 방향으로 데이터가 삽입되고 반대 방향으로 데이터가 삭제되는 구조다. 예를 들어 마트의 계산대에서는 계산대에 먼저 도착한 고객이 먼저 계산하고 나가는데, 큐의 좋은 예라 할 수 있다. 이와 같은 큐는 가장 먼저 삽입된 데이터가 가장 먼저 삭제되므로 선입 선출(FIFO: First-In First-Out) 구조라고도 한다. 큐 역시 배열을 이용하거나 연결 리스트를 이용해서 구현할 수 있다.

■ 트리(tree)

어떤 하나의 집합(레코드나 디렉토리)으로부터 하위 레벨로 가지가 나오는 집합 관계를 갖는 계층 구조를 말한다. 트리는 계층 구조를 표현하기에 적합한데, 대표적인 예가 회사 조직도이다. 트리 구조에서 네트워크에서 연결 포인트 혹은 데이터 전송의 종점 혹은 재분배점을 **'노드(node)'**라고 하고, 노드와 노드를 연결하는 선을 **'링크(link)'**라고 한다. 노드는 데이터 통신 시스템에서 정보처리 및 통신 기능을 하는 망 접속구로 사용한다.

03 트리 데이터: 데이터의 계층 정렬

선형 데이터 구조는 데이터를 선형으로 정렬하지만, 트리 데이터 구조는 데이터를 계층으로 정렬한다. 컴퓨팅 분야에서 트리 데이터 구조를 시각적으로 표할 수 있는데, 나무의 뿌리(트리 구조에서는 맨 위)에 해당하는 루트 노드가 있다. **노드(node)**란 네트워크 상의 연결 지점(교점)을 말한다. 트리의 나머지 요소들은 루트 노드를 기준으로 구성된다. 루트 노드에서 멀어지는 방향으로 또 다른 노드가 연결되면, 그 해당 노드를 하위 노드 또는 자식 노드라고 한다. 루트 노드를 향한 방향으로 또 다른 노드가 연결되면, 해당 노드를 상위 노드 또는 부모 노드라고 한다. 부모 노드는 여러 개의 자식 노드를 갖는다. 반면 자식 노드는 여러 개의 부모 노드를 갖지 않는다.

자식 노드에 여러 개의 부모 노드가 있는 구조를 그래프라고 한다. 트리 데이터 구조에서 더는 자식 노드를 갖지 않는 트리의 마지막 노드를 말단 로드 또는 리프 노드라고 한다(〈그림 1〉). 트리에서 노드를 연결하는 선을 '에지'라고 하며, 노드 하나와 그 자식 노드로 구성된 트리를 하위 트리 또는 서브 트리라고 한다. 노드에는 데이터를 저장하며, 이때 저장된 데이터를 식별하는 데 사용되는 키와 저장된 데이터인 값을 포함할 수도 있다. 여기서 키와 값 사이의 관계를 '키-값 유형 구조'라고 한다. 또 트리를 탐색하는 과정을 '순회'라고 한다.

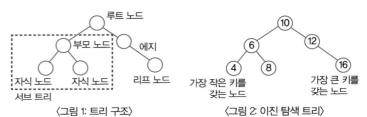

〈그림 1: 트리 구조〉　　　〈그림 2: 이진 탐색 트리〉

✚ 이진 트리

이진 트리는 가장 많이 사용되는 데이터 구조로, 각 부모 노드가 항상 2개의 자식 노드와 연결되어 있어서 붙여진 이름이다. **이진 트리**의 가장 일반적인 유형은 이진 탐색 트리다. 이진 트리의 노드는 키-값 구조로 이루어져 있는 데 비해, 이진 탐색 트리는 노드를 기준으로 정렬한 상태다. 이진 탐색 트리에서 모든 노드의 키는 왼쪽 서브 트리보다 크고 오른쪽 서브 트리보다 작다. 〈그림 2〉는 이러한 개념을 보여준다. 이진 탐색 트리에서 가장 작은 키를 갖는 노드는 최상위 노드에서 가장 왼쪽에 있는 서브 트리의 말단에 있고, 가장 큰 키를 갖는 노드는 최상위 노드에서 가장 오른쪽에 있는 서브 트리의 말단에 있다. 이진 탐색 트리로 할 수 있는 동작에는, 트리에 노드를 추가하는 동작, 트리에서 노드를 삭제하는 동작, 노드를 선택해 탐색하고자 하는 키가 존재하는지 확인하는 동작의 세 가지가 있다. 이진 탐색 트리는 트리 구조로 정렬된 데이터를 저장하는 데 효율적이어서 폭넓게 사용된다.

✚ 힙

힙(heap)은 트리 기반 데이터 구조로, 실제 프로그래밍에서 자주 사용한다. 힙은 이진 트리 데이터 구조의 한 종류이며, 값이 최대 혹은 최소인 노드에 빠르게 접근해야 하는 응용 프로그램에 적합하다. 우선순위 큐는 힙을 사용해서 구현할 수 있으며, 힙의 구조를 설계하는 방법에는 두 가지가 있다. 첫 번째로 루트와 노드가 힙에서 가장 큰 값이고 노드 각각의 값이 부모 노드의 값보다 작거나 같도록 구성된 힙을 '최대 힙'이라고 한다. 두 번째로 루트 노드가 힙에서 가장 작은 값이고 노드 각각의 값이 부모 노드의 값보다 크거나 같도록 구성한 힙을 '최소 힙'이라고 한다. 최소 힙이나 최대 힙을 적용한 응용 프로그램에서 이들의 성능을 대체할 수 있는 다른 데이터 구조는 없다. 설계하는 알고리즘에 적합한 데이터 구조를 결정하는 것은 응용 프로그램에서 설계자나 프로그래머의 몫이다.

04 해시 데이터: 데이터의 압축 정렬

해시(Hash)는 어떤 길이의 임의 데이터를 고정 길이의 데이터로 매핑하는 것을 말하며, 해시 함수는 이 해시를 실행하려고 하나의 값을 다른 값으로 변환하는 함수를 뜻한다. 해시 함수에 문자를 입력하면 하나의 값을 출력한다. 다만 데이터를 입력하면 숫자 대신 일련의 16진수를 출력한다는 점이 다른데, 이것이 가장 일반적인 해수 함수의 작동 방식이다.

해시 함수는 입력되는 데이터가 문자열이든 기호든 출력되는 해시 값의 길이가 항상 고정되어 있다. 해시 함수가 잘 되어 있으면 내부 연산이 빠른데, 실제 개발 환경에는 프로그래머를 위해 설계된 여러 해시 함수를 볼 수 있다. 해시 함수의 가장 큰 특징은 입력 값이 일부만 변경되어도 전혀 다른 값을 출력한다는 것으로, 이러한 특징으로 해시 함수는 메시지의 오류나 변조를 탐지할 수 있는 무결성을 기반으로 다양한 기술에 적용된다. 그 대표적인 예가 '블록체인'이며, 그밖에 비밀번호, 전자서명, 전자 투표, 전자상거래 등에도 사용된다.

해시 테이블은 '키(key)'와 '값(value)'으로 구성된 자료 구조(검색 시스템)이다. 해시 함수는 해싱(해시 테이블을 이용하는 탐색)할 때 사용하며, 적은 자원으로 많은 데이터를 효율적으로 관리하기 위해 사용한다. 해시 함수는 또한 다양한 길이의 키값을 일정한 길이를 가지는 해시 값으로 변경하므로 데이터 저장소를 효율적으로 운영할 수 있다. 하지만 해시 테이블은 순서가 있는 배열에는 어울리지 않으며, 데이터가 저장되기 전에 미리 저장 공간을 확보해야 하는 단점이 있다.

해시 테이블에는 모든 키에 대응하는 값이 있는데, 이러한 데이터 구성은 검색 실행 속도를 크게 높인다. 각 키는 값 하나와 연결되어 있으므로 키를 알면 연결된 값을 즉시 찾을 수 있다. 이는 테이블에서 요소를 검색할 때의 시간 복잡도가 'O(1)'이라는 뜻으로, 인덱스에서 해시 값을 찾을 때 즉시 결과를 얻을 수 있어 프로그램 사용자의 만족도가 높다.

해시 테이블은 해시 함수를 사용하여 검색을 실행한다. 보통 문자열인 키를 해시 함수에 입력하면, 저장을 위한 데이터 구조(기본적으로 배열)의 인덱스에 매핑된 해시 값이 생성된다. 예를 들어 3개의 문자열 John Smith, Lisa Smith, Sandra Dee가 있으면, 해시 함수는 각 문자열을 입력받아 배열의 인덱스에 매핑한다. 각 문자열을 해시 함수에 입력하여 인덱스와 키값을 생성하면 다음과 같은 해시 테이블이 완성된다.

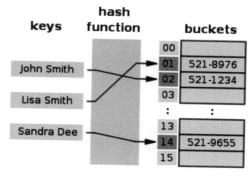

〈해시 테이블〉 문자열–해시 함수–인덱스–해시 값

이 방식은 효율적이지만, 해시 값과 배열 크기 때문에 해시 충돌이 발생할 수 있는 단점이 있다. 이와 같은 해시 충돌 발생을 방지하기 위해 '체이싱'이라는 방식으로 해시 테이블을 구현한다. 체이싱은 요소를 단순한 배열이 아닌 연결 리스트인 배열에 저장하는 획기적인 방식으로, 해시 충돌을 해결하는 데 도움이 된다. 연결 리스트 형태로 키와 값을 저장하면 어떤 인덱스의 검색을 요청했을 때 에러를 일으키지 않고 연결 시스템을 검색해서 원하는 데이터를 찾을 수 있다.

05 컴퓨터 암호 시스템: 보안 알고리즘

컴퓨터 보안의 암호 시스템은 평문 입력을 암호문 출력으로 변환하는 일련의 알고리즘이다. 평문을 암호문으로 변환하는 것을 '**암호화**'라고 하며, 암호문을 평문으로 변환하는 것(암호를 푸는 것)을 '**복호화**'라고 한다. 암호 시스템은 '키'라는 것을 사용하여 암호화 알고리즘을 지원한다. '**대칭키 암호화 방식**'은 어떤 메시지를 암호화하고 복호화하는 데 있어 하나의 대칭 키를 활용하는 방식으로, 암호화와 복호화에 같은 키를 사용한다. 데이터를 보내는 사람은 키를 사용하여 데이터를 암호화하는데, 이 키는 데이터를 암호문으로 변환한다. 데이터를 받는 사람은 같은 키를 사용하여 암호문을 복호화하고 원래의 데이터를 얻는다. 대칭키 암호화 방식에서, 대칭키는 한 수신자와 또 다른 송신자 사이에만 비밀키로서 공유돼야 한다. 다만 커뮤니케이션 당사자들 한 쌍마다 비밀키가 있어야 하는 문제가 있다.

대칭키 암호화 방식의 문제를 해결하며 보완적으로 사용되는 것이 '**공개키 암호화 방식**'이다. 어떤 하나의 주체에게 키의 쌍, 즉 공개키 하나, 개인키 한 개가 부여된다. 공개키는 모든 다른 주체에게 공개되지만 개인키는 철저하게 비공개돼야 한다. 공개키로 암호화한 것은 그와 한 쌍인 개인키로만 복호화 할 수 있다는 점이다. 개인키로 암호화한 것은 그와 한 쌍인 공개키로만 복호화 할 수 있다. 공개키를 안다고 그와 한 쌍인 개인키를 의미있는 시간 내에 알아내기란 쉽지 않다. 암호화는 정보를 뒤죽박죽 섞어 읽을 수 없게 만든 후 키가 있는 사람만 그 정보를 사용할 수 있게 하는 과정이다. 이 과정에서는 암호화 알고리즘을 사용해 정보를 암호화 및 복호화하는 것을 전제한다. 즉, 암호화는 정보를 암호화하는 것과 암호화된 정보를 복구하는 것을 모두 포함한다.

이때 알고 있어야 할 것이 '**해시**' 개념이다. 어떤 정보를 축약해 특징 값을 도출하는 것이 해시로, 정수를 어떤 수로 나눈 나머지와 비슷하다. 해싱은 데이터를 입력받아 고정 길이의 출력을 생성하며, 이후에는 원래의 데이터가 필요치 않다. 어떤 메시지 해시 값을 구하고 그것을 송신자 개인키로 암호화해 메시지와 암호화된 해시를 보낸다. 이 경우 엽서처럼 기밀성이 없는 통신이 된다. 수신자는 그 메시지에 해시 함수를 돌려보고 암호화된 해시를 송신자의 공개키로 복호화 해 그 둘을 비교한다. 이것이 같으면 지금 보고 있는 메시지가 변경되지 않은 메시지라는 것을 확신할 수 있다(무결성 달성). 그와 동시에 송신자 공개키로 의미 있는 복호화가 된다는 것을 확인함으로써 그 메시지를 송신자가 정말 보냈다는 것을 알 수 있게 된다(송신자 인증 달성).

컴퓨터 보안에서 '**해시**'는 디지털 서명이나 사용자 인증 등 여러 가지 용도로 사용된다. 말했듯, 해시는 양방향 과정인 암호화와 달리 해싱은 단방향의 1대1 함수이므로 비밀번호를 사용하는 보안에 적합하기 때문이다. 해시를 사용하여 비밀번호를 보관하면 보안이 무너지더라도 비밀번호를 안전하게 지킬 수 있다. 사용자가 비밀번호를 생성한 시점부터 데이터베이스에 저장되는 것은 평문 그대로가 아닌 해시 함수의 출력인 해시 값이기 때문에, 사용자(해커)는 비밀번호가 무슨 값으로 저장되어 있는지 알지 못하기 때문이다.

06 그래프: 점과 간선으로 이루어진 자료 구조

컴퓨터 알고리즘 작동을 이해하기 위해서는 수학적 개념인 그래프의 의미를 이해하고 있어야 한다. 그래프는 서로 관계가 있는 2개 또는 그 이상의 양의 **상대값**을 나타낸 도형으로, 네트워크에서 연결 포인트 혹은 데이터 전송의 종착점 혹은 재분배점인 '노드' 사이의 연결을 보여준다. 그래프는 컴퓨터 사이의 관계를 시각적으로 확인할 수 있는 주요 수단이다.

수학에서 트리는 그래프의 한 종류이다. 그래프 중에서 연결에 방향이 없고 또한 순환 사이클이 없는 그래프를 '**트리**'라고 한다. 다음 그림은 그래프와 트리를 나타내는데, 그래프는 루트 노드가 없는 트리처럼 보이기에, 부모 노드 또는 자식 노드로 식별할 수 있는 노드를 찾을 수 없으며, 각 자식 노드가 여러 개의 부모 노드를 갖는 혼잡한 트리처럼 보이기도 한다.

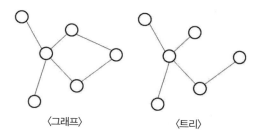

우리 주변에서 흔하게 찾아볼 수 있는 지하철 노선도가 바로 그래프다. 그래프의 노드를 보통 개체 또는 정점이라고 하며, 정점들을 연결하는 선을 간선(에지)라고 한다. 에지로 연결된 정점들은 서로 인접한 상태다. 즉, 컴퓨터공학적 시선으로 그래프를 바라보면 개체는 노드(Node)로, 관계는 간선(Edge)으로 표현되는데, 다음 〈그림〉의 노선도에서 기흥이라는 점이 '개체'인 노드이고, 기흥과 강남대를 이어주는 선이 '관계'인 간선이다. 그래프는 기본적으로 다수의 원(노드)이 다수의 선(에지)으로 연결된 형태이므로 개체(노드) 사이의 관계를 볼 수 있다는 점에서 편리하기에, 많은 **탐색 기반 알고리즘**이 그래프에 의존한다.

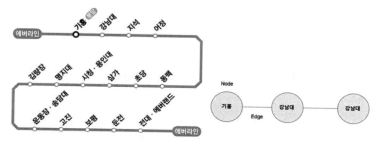

⊕ 가중치 그래프

다수의 원이 다수의 선으로 연결된 것이 그래프로, **에지**는 그래프의 노드들을 연결하는 역할을 한다. 에지는 가중치를 가질 수 있는데, 이는 그래프에서 에지 각각에 어떤 의미가 부여된 값이 있다는 뜻이다. 이렇게 에지가 가중치를 갖는 그래프를 '가중치 그래프'라고 한다. 오른쪽 〈그림〉은 가중치 그래프의 예로, 참고로 그림처럼 반대 방향성이 없는 에지를 가진 그래프를 '**무방향 가중치 그래프**'라고 한다. 이것은 방향성이 없으므로 노드 양쪽으로 에지를 타고 이동할 수 있다. 즉, 그래프 정점 하나에서 다른 정점으로 이동하려면 에지를 따라가게 외우는데, 이를 '경로'라고 한다. 그리고 에지가 정점 하나에서 시작하여 다시 해당 정점으로 이어지는 그래프를 '루프'라고 한다. 루프에서는 첫 정점과 마지막 정점이 일치한다.

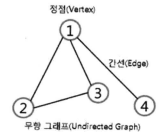

07 알고리즘: 컴퓨터 명령 실행을 위한 단계적 절차

알고리즘은 주어진 문제를 해결하기 위해 명령들로 구성된 일련의 **순서화된 절차**다. 넓은 의미의 알고리즘은 인간이 사고하는 과정에서 어떤 결과를 얻기 위한 해결 방법이라 할 수 있다. 좁은 의미의 알고리즘은 정렬, 검색, 순서도와 같이 프로그램 상에서 특수한 과제를 해결하는 논리적 절차를 뜻한다.

알고리즘의 표현 방법

알고리즘은 두 가지 요소로 구성되는데, 하나는 논리 요소로서 문제를 해결하기 위해 사용되는 지식이고, 다른 하나는 통제 요소로서 그런 지식을 사용하기 위한 문제 해결 전략이다. 즉 '**알고리즘=논리+통제**'로 간명하게 표현할 수 있다. 여기서 논리 요소가 알고리즘의 의미를 결정하는 것이라면, 통제 요소는 알고리즘의 효율성에만 영향을 준다. 즉 알고리즘의 논리 요소는 바꾸지 않고 통제 요소만을 개선함으로써 알고리즘의 효율성을 개선할 수 있다.

논리 요소와 통제 요소로 구성되는 알고리즘은 다시 다음과 같은 하위 요소들로 구분된다. 알고리즘을 논리 요소와 통제 요소로 분류한 코왈스키는 논리 요소를, 절차에 대한 추상적 정의, 데이터 구조에 대한 정의로 구분했다. 그리고 통제 요소는 방향(예를 들어, 상향식 또는 하향식), 절차의 실행 전략(예를 들어, 순차적 또는 동시적), 대안적 절차에 대한 모색 전략, 관계적으로 표현된 데이터의 저장 체계로 구분했다. 그는 프로그래밍 텍스트에서 이와 같은 알고리즘의 세부 요소들을 구별함으로써 컴퓨터 프로그램에 대한 수정을 보다 정확하고 쉽게 할 수 있다고 보았다. 알고리즘이 추상적 실체라고 하지만 이론적이고 관념적으로만 존재하는 것이 아니고 실재적이다. 즉, 알고리즘은 프로그래밍 언어의 클래스 라이브러리에서, 웹 브라우저에서 웹 페이지를 구현하는 소프트웨어 형태로, 스프레드시트에 입력된 항목들을 분류하는 과정 등에서 실질적으로 구현된다.

✚ 알고리즘의 종류

알고리즘에는 정렬 알고리즘(선택 정렬, 삽입 정렬, 버블 정렬), 탐색 알고리즘(선형 탐색, 이진 탐색), 재귀 알고리즘(피보나치 수열, 하노이 탑, 퀵 정렬)이 있다. 정렬 알고리즘이란 데이터를 일정한 규칙에 따라 재배열하는 알고리즘을 의미한다. 먼저, **선택 정렬**은 정렬되지 않은 데이터들에 대해 가장 작은 데이터를 찾아 가장 앞의 데이터와 교환해 가는 방식이다. **삽입 정렬**은 아직 정렬되지 않은 부분의 임의의 데이터를 이미 정렬된 부분의 적절한 위치에 삽입해 가며 정렬하는 방식이다. **버블 정렬**은 서로 이웃한 데이터들을 비교하며 가장 큰 데이터를 가장 뒤로 보내며 정렬하는 방식이다. 다음으로, 탐색 알고리즘은 기억 공간에 저장된 데이터나 주어진 입력 데이터 집합에서 어떤 조건이나 성질을 만족하는 데이터를 찾는 알고리즘을 말한다. **선형 탐색**은 순차 탐색이라고도 하는데, 주어진 데이터 집합에서 원하는 데이터를 처음부터 순차적으로 비교하면서 찾는 방법이다. **이진 탐색**은 정렬된 데이터 집합에 대해 이분화하면서 탐색하는 방법이다. 끝으로, 재귀 호출이란 임의의 함수가 자신을 다시 호출하는 것을 말한다. **피보나치 수열**은 처음 두 항은 1이고, 세 번째 항부터는 바로 앞 두 항의 합이 되는 수의 나열이다. **하노이 탑**이란 프랑스 수학자 루카스가 고안한 문제로, 가운데 기둥을 이용해서 왼쪽 기둥에 놓인 크기가 다른 원판을 오른쪽 기둥으로 옮기는 문제다. **퀵 정렬**은 기준 키를 기준으로 작거나 같은 값을 지닌 데이터는 앞으로, 큰 값을 지닌 데이터는 뒤로 가도록 하여 작은 값을 갖는 데이터와 큰 값을 갖는 데이터로 분리해 가며 정렬하는 방법이다.

08 정렬 알고리즘: 데이터를 일정 순서대로 열거하는 알고리즘

정렬 알고리즘과 탐색 알고리즘은 컴퓨터 분야에서 가장 방법이 다양하고 또 가장 많이 쓰이는 알고리즘이다. **정렬 알고리즘**은 임의의 순서로 나열된 숫자를 미리 정해진 순서대로 늘어서도록 하는 것이다. 컴퓨터 상에서 데이터베이스 쿼리를 실행하여 특정 속성에 따라 데이터 항목을 정렬하면, 알고리즘이 중복 데이터를 빠르게 식별하거나 필요한 데이터를 매우 빠르게 찾을 수 있다. 정렬 알고리즘은 정렬 방법에 따라 '버블 정렬', '택 정렬', '삽입 정렬', '셸 정렬', '병합 정렬', '퀵 정렬', '힙 정렬', '버킷 정렬', '기수 정렬' 등이 있다.

■ 버블 정렬

버블 정렬은 두 인접한 원소를 검사해 정렬하는 방법이다. 이 과정을 리스트 전체에 대해 한 사이클 반복하면, 오름차순 기준으로 가장 큰 값이 맨 오른쪽으로 가게 된다. 이 사이클을 전체 리스트 크기만큼 반복하면 전체 리스트가 정렬된다. 버블 정렬은 시간 복잡도가 $O(n^2)$으로 **비효율적인 알고리즘**이다. 단순하지만 느리기에 실제 응용 프로그램에 적용할 수 없다. 선택 정렬은 다음과 같은 순서로 동작한다. ① 정렬되지 않은 부분들 중 최솟값을 찾는다. ② 정렬되지 않은 부분의 맨 앞 인덱스의 값과 최솟값을 교체한다. ③ 모든 인덱스가 정렬될 때까지 해당 과정을 반복한다.

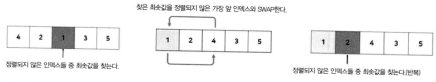

찾은 최솟값을 정렬되지 않은 가장 앞 인덱스와 SWAP한다.

정렬되지 않은 인덱스들 중 최솟값을 찾는다.   정렬되지 않은 인덱스들 중 최솟값을 찾는다.(반복)

■ 선택 정렬

선택 정렬은 선형 탐색을 응용한 알고리즘으로, 이해하기 쉽지만 프로그래밍할 때 반복문 2개를 중첩하여 구현하므로 시간 복잡도가 $O(n^2)$이다. 또 처음에 배열에서 가장 작은 요소를 찾기 위해 **선형 탐색**을 사용하므로, 입력 데이터 개수가 증가할수록 알고리즘의 실행 속도는 느려진다. 선택 정렬은 요소의 개수가 작은 배열에서는 잘 동작하지만, 요소의 개수가 많은 배열에서는 버블 정렬보다 조금 더 나은 성능을 제공할 뿐이다. 선택 정렬은 다음과 같은 순서로 작동한다. ① 정렬되지 않은 부분들 중 최솟값을 찾는다. ② 정렬되지 않은 부분의 맨 앞 인덱스의 값과 최솟값을 교체한다. ③ 모든 인덱스가 정렬될 때까지 해당 과정을 반복한다.

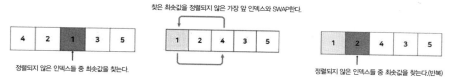

찾은 최솟값을 정렬되지 않은 가장 앞 인덱스와 SWAP한다.

정렬되지 않은 인덱스들 중 최솟값을 찾는다.   정렬되지 않은 인덱스들 중 최솟값을 찾는다.(반복)

■ 삽입 정렬

삽입 정렬은 리스트의 모든 원소를 앞에서부터 차례대로 이미 정렬된 부분과 비교하여, 해당 원소의 위치를 찾아 삽입하는 정렬 알고리즘이다. 삽입 정렬은 **가장 널리 사용되는** 정렬 알고리즘으로, 선택 정렬처럼 가장 작은 숫자를 찾기 위해 배열의 모든 숫자를 확인할 필요가 없다. 삽입 정렬은 시간 복잡도가 최악의 경우 $O(n^2)$이며, 선택 정렬보다 더 효율적인 정렬 알고리즘이다. 삽입 정렬은, ① 정렬되지 않은 인덱스들 중 제일 앞 원소를 선택한 후, ② 리스트의 정렬된 부분에 대해, 선택한 원소의 위치를 찾아 교체한다.

② 정렬된 인덱스들 중 해당 원소의 위치를 결정한다.   ② 정렬된 인덱스들 중 해당 원소의 위치를 결정한다.

① 정렬되지 않은 첫 원소에 대해   ① 정렬되지 않은 첫 원소에 대해

09 경로 탐색 알고리즘: 다양한 분야에서 응용되는 알고리즘

경로 탐색 알고리즘은 다량의 데이터에서 원하는 데이터를 찾는 알고리즘이다. 이는 컴퓨팅 분야의 많은 응용 프로그램에서 발견할 수 있는 강력한 도구로, '너비 우선 탐색 알고리즘', '깊이 우선 탐색 알고리즘', '다익스트라 알고리즘', A*(A Star) 알고리즘 등이 있다.

■ 너비 우선 탐색 알고리즘

너비 우선 탐색은 루트 노드에서 시작해서 인접한 노드를 먼저 탐색하는 방법으로, 시작 노드에서 가장 가까운 노드부터 시작하여 모든 노드를 광범위하게 탐색한다. **너비 우선 탐색**은 두 노드 사이에 경로가 있는지 확인한 후, 그 사이의 최단 경로를 결정한다. 즉, 깊게 탐색하기 전에 넓게 탐색하는 것이다. 〈그림 1〉은 알고리즘이 어떻게 작동하는지를 보여준다.

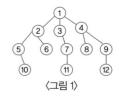
〈그림 1〉

루트 노드 1에서 시작하여 값이 10인 노드에 도달하려는 경우, 알고리즘은 1에서 가장 가까운 2,3,4를 탐색한다. 그런 다음 2에서 가장 가까운 5,6을 탐색하고, 3에서 가장 가까운 7을 탐색하고, 4에서 가장 가까운 8,9를 탐색한다. 이러한 동작은 그래프의 모든 노드를 탐색할 때까지 반복되며, 결국 5에서 가장 가까운 10에 도달하면 탐색을 종료한다.

■ 깊이 우선 탐색 알고리즘

깊이 우선 탐색 역시 **그래프를 탐색**하는 알고리즘으로, 시작 노드와 직접 연관된 하위 노드의 끝까지 모두 탐색한 다음 하위 노드를 탐색하는 방법이다. 앞의 〈그림 1〉의 그래프에서 루트 노드 1부터 시작해 11에 도달하는 경우를 깊이 우선 탐색으로 살피면 다음과 같다.

알고리즘은 1에서 가장 왼쪽에 있는 1층의 2를 탐색한 후 하위 노드인 2층의 5, 3층의 10을 차례로 탐색한다. 그 후 다시 2를 거쳐 2층의 6을 탐색하고, 1층의 3, 2층의 7을 거쳐 11에 도달하면 탐색을 종료한다. 깊이 우선 탐색은 자기 자신을 호출하는 순환 알고리즘의 형태를 지니며, 따라서 깊이 우선 탐색을 구현할 때는 보통 재귀 호출이나 스택을 명시하는 방법을 사용한다.

■ 다익스트라 알고리즘

다익스트라 알고리즘은 그래프 내의 특정 정점에서 갈 수 있는 모든 정점까지의 **최단 경로**를 구하는 알고리즘이다. 이는 가중 그래프에서 동작하고 그래프의 노드 하나에서 다른 노드까지의 최단 경로를 찾는다. 그래프 내에서 하나의 최단 경로는 다른 여러 최단 경로로 만들어질 수 있으므로, 기존에 저장되었던 최단 경로의 결괏값이 그대로 사용될 수 있다는 점에서 다이나믹 프로그래밍을 적용하여 사용할 수 있다.

〈그림 2〉와 같은 그래프에서 노드 1을 시작 노드로 설정하면, 알고리즘은 노드 1의 비용을 0으로 설정하고 다른 모든 노드에는 무한대의 비용을 할당한다. 노드 2와 노드 3은 노드 1에 인접해 있으므로 알고리즘은 노드 1에서 노드 2와 노드 3까지의 비용을 계산할 수 있다. 예를 들어 노드 2까지의 비용이 7이고 노드 3까지의 비용이 10이면 노드 3까지의 비용이 최소이므로 노드 3을 경로의 일부로 선택한다. 그런 다음 노드 3을 기준으로 인접한 다른 노드의 비용을 계산하면 노드 4가 선택되고, 다시 노드 4를 기준으로 앞서 실행한 동작을 반복한다. 즉, 목표 노드에 도달할 때까지 한 번에 하나의 경로씩 계속 반복 계산하면서 각 노드까지의 최단 경로를 찾는다.

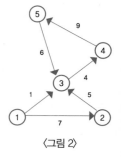
〈그림 2〉

■ A* 알고리즘

최단 경로를 찾을 때 가장 많이 사용하는 알고리즘으로, 다익스트라 알고리즘을 확장한 알고리즘이다. A* 알고리즘은 출발점을 제외한 각각의 점에 대해 도착점까지의 예상 거리(예를 들어, 지도상의 좌표로 계산된 직선거리)를 추가하여 고려한다. 도착점과 반대 방향에 있는 점이 출발점에 가깝다 하더라도, A* 알고리즘은 도착점 방향에 있는 점들의 최단 경로를 우선 계산해 출발점과 도착점 간의 최단 경로를 다익스트라 알고리즘보다 빨리 찾는다. A* 알고리즘은 **'휴리스틱 함수'**를 이용한다.

10 군집 알고리즘: 군집 분석 및 최적화 알고리즘

군집화(클러스터링)는 유사한 속성을 갖는 관측치들을 묶어 전체 데이터를 몇 개의 군집(그룹)으로 나누는 것으로, 유사성이 높은 데이터들을 동일한 그룹으로 분류하고 서로 다른 군집들이 상이성을 가지고 그룹화를 한다. **군집 알고리즘(K-알고리즘)**은 고객을 특정 유형으로 분리하거나 이상 데이터를 검출하는 등으로 분류 시스템과 머신러닝 시스템에서 널리 사용된다.

■ K-평균 알고리즘

K-평균(K-means) 알고리즘은 데이터를 k개의 클러스터로 묶는 알고리즘으로, 그 주된 목적은 각 클러스터와의 거리 차이 분산을 최소화하여 데이터를 분류하는 데 있다. K-평균 알고리즘은 특정 데이터에서 평균값을 자동으로 찾아주는데, 이 평균값이 클러스터의 중심에 위치하기 때문에 클러스터 중심 또는 '**센트로이드**'라고도 부른다. 특히 데이터 특징을 분석했을 때 정답 역할을 하는 타겟 데이터가 필요 없이 자동으로 학습을 해 정답을 찾아주기 때문에, 분류 시스템뿐만 아니라 머신러닝의 비지도 학습 시스템에도 사용되고 있다.

■ K-최근접 이웃 알고리즘

K-최근접 이웃 알고리즘(KNN 알고리즘)은 **머신러닝**에서 중요한 역할을 하며, 지도 학습 알고리즘의 하나이다. 지극히 직관적이고 간단한 모델로, 어떤 데이터가 주어졌을 때 그 주변(이웃)의 데이터를 살펴본 뒤 더 많은 데이터를 포함하는 범주로 분류하는 방식이다. 새로운 데이터가 어느 그룹에 속하는지 분류하기 위해 그 데이터에 가장 가까이 있는 학습 데이터가 속한 그룹을 알아보는 것이다. 새로운 데이터가 주어졌을 때 기존 데이터에서 가장 가까운 k개 이웃 정보로 새로운 데이터를 예측하는 것으로, n개의 특성을 가진 데이터는 n차원의 공간에 점으로 개념화할 수 있다. 유사한 특성을 가진 데이터들끼리는 거리가 가까우며, 거리 공식을 사용하여 데이터 사이 거리를 구한다.

■ 머신러닝

머신러닝은 컴퓨터가 스스로 방대한 데이터를 분석해서 미래를 예측하는 기술로, 컴퓨터를 도구로 활용하여 데이터를 통계적으로 분석한 후 의사 결정이나 예측을 도출한다. 이를 위해 먼저 기본적으로 대량의 데이터를 수집하여 원하는 정보로 변환한다. 그리고 변환한 데이터를 머신러닝 알고리즘을 학습시키는 데 사용한다. 최종적으로는 학습을 통해 만든 머신러닝 알고리즘을 바탕으로 문제를 해결한다. 머신러닝과 인공지능은 다른 개념이다. **인공지능**은 지능적인 동작을 수행할 수 있는 컴퓨팅 시스템이고, 머신러닝은 동작을 수행하는 방법을 비지도 또는 지도 형태로 학습하는 시스템이다.

■ 신경망과 딥러닝

신경망은 인간이 뇌를 통해 문제를 처리하는 방법과 비슷한 방법으로 문제를 해결하기 위해 컴퓨터에서 채택하고 있는 구조를 말한다. 인간의 뇌가 기본 구조 조직인 뉴런이 서로 연결되어 일을 처리하는 것처럼, 수학적 모델로서의 뉴런이 상호 연결되어 네트워크를 형성할 때 이를 인공신경망이라 한다. **딥러닝**은 다층구조 형태의 신경망을 기반으로 하는 머신러닝의 한 분야로, 다량의 데이터로부터 높은 수준의 추상화 모델을 구축하고자 하는 기법이다. 딥러닝 기술을 적용하면 사람이 모든 판단 기준을 정해주지 않아도 컴퓨터가 스스로 인지 · 추론 · 판단할 수 있게 된다. 음성 · 이미지 인식과 사진 분석 등에 광범위하게 활용된다. 구글 알파고도 딥러닝 기술에 기반한 컴퓨터 프로그램이다.

7

꼭 알아야 할 기술의 구조 및 작동 원리 30

광학 집게의 원리: 빛으로 적혈구를 움직인다.

광학 집게(광학 핀셋) 기술은 레이저로 광 초점을 만들어 작은 물체를 이동시키는 기술이다. 광자의 힘인 **'광압'**을 이용한다. 물체 안의 빛을 굴절시켜서 운동량을 변화시키고, 광 초점을 움직이는 것으로 물체를 움직이는 원리다. 미국의 물리학자 아서 애슈킨은 1970년 레이저 광선의 초점이 맺히는 곳에 아주 작은 입자를 붙잡아둘 수 있음을 발견했다. 이를 바탕으로 그는 광학 집게 기술로 레이저 빛을 작은 초점에 모으면, 입자와 그 주변의 굴절률 차이에 의해 인력과 척력이 발생해 극미세 입자를 붙잡을 수 있다는 사실을 알아냈다. 그리고 이 원리를 응용하여 **광학 집게(광학 핀셋)**를 개발했다. 이후 그는 광학 집게를 이용해 살아 있는 박테리아를 집는 데에 성공했다. 오늘날 광학 집게 기술은 나노 기계 및 레이저 수술 등에 폭넓게 활용되고 있다.

광학 집게는 마이크로미터 크기의 아주 작은 물체인 '비드'를 빛으로 제어해서 조작하는 기술이다. 광학 집게는 이름에서도 알 수 있듯 빛을 이용하는데, 그중에서도 복사압을 이용한 기술이다. **복사압**은 전자파가 물체에 부딪쳐 생기는 정압력으로, 빛의 입자인 광자는 질량이 없지만 에너지는 가지고 있어서 그 에너지를 흡수하면 압력을 받게 된다. 즉, 복사압은 빛이 물체의 표면에 닿아서 에너지가 흡수되면 생기는 압력이다.

광학 집게는 레이저 빛을 한 초점에 모으면 주변을 끌어당기는 힘이 작용해 미세 입자를 붙잡을 수 있는 현상을 이용한 것이다. 조금 더 정확하게 설명하자면, 경도력과 산란력으로 설명할 수 있다. **경도력**(지면에 대한 항구적인 압력의 강하로 영향받는 중력) 측면에서는 비드를 통과한 빛의 굴절 때문에 XY 평면과 Z축에서 가장 세기가 강한 지점으로 모인다. 반대로 **산란력**은 비드에 입사하는 빛이 비드를 통과하지 않고 튕겨 나가면서 비드를 앞으로 밀어내는 힘이다. 경도력이 산란력보다 커야 비드가 빛에 잡힌다. 극단적으로 보면 유전체 비드 대신에 금속 비드를 놓으면 투과나 굴절이 일어나지 않아 경도력은 0이 되고 산란력만 있으니 비드는 앞으로 밀려나기만 할 것이다.

✢ KAIST의 광학 집게 개발

KAIST 연구팀은 물체와 모양이 같은 3차원 레이저 빛을 쏘는 방법으로 광학 집게의 물체 제어 능력을 높였다. 빛의 모양 설정에는 홀로그래픽 현미경을 사용했다. 컴퓨터단층촬영(CT)과 유사한 **'광 회절 단층촬영법'**으로 물체의 3차원 영상을 측정했다. 이를 기반으로 만들어진 3차원 레이저 빛은 복잡한 물질도 이동시킨다. 물체 내 빛과 맞닿는 면적이 늘어나면서 이동이 쉬워지는 원리다.

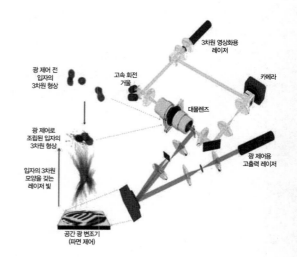

02 자율주행차 운행의 원리: 스마트 기술을 응용한 차세대 자동차

자율주행차는 운전자가 핸들과 가속페달, 브레이크 등을 따로 조작하지 않아도 자동차 스스로 외부 환경을 파악하여 목적지까지 찾아가는 자동차를 뜻한다. 자율자동차는 복잡한 도로 및 교통 체계와 예기치 못한 돌발 상황을 실시간으로 인지해 스스로 판단하고 제어하는 시스템을 기반으로 한다. 자율주행차에는 '인지-판단-제어'라는 세 가지 중요한 기술 원칙이 적용된다.

먼저, **인지 단계**는 자율주행차의 가장 중요한 기술로, 주변 상황과 정보를 빠르고 정확하게 파악하는 능력이다. 인지 단계가 원활하게 이뤄져야 더 완벽한 자율주행차로 거듭날 수 있다. 자율주행 자동차는 인지 단계를 통해 GPS와 외부 카메라, 레이더 등을 사용하여 주변 상황을 인식하고 정보를 수집한다. 내비게이션에 적용된 GPS는 오차가 10~30m 정도인데, 자율주행차 운행에 필요한 오차는 1m 이내이다.

판단 단계는 인지 단계에서 습득한 정보를 바탕으로 주행 전략을 결정하는 기술을 뜻한다. 자동차가 어떤 환경에 놓여 있는지를 정확히 판단하고 외부 이미지를 분석하여 주행 환경에 맞는 경로를 설정하는데, 인지 기술과 얼마나 잘 조화를 이루는지에 따라서 자율주행의 완성도가 결정된다.

제어 단계에서는 본격적인 주행이 이뤄지는데, 엔진 구동과 주행 방향 등을 결정한다. 예를 들어 인지 기술을 눈과 귀, 판단 단계를 두뇌라고 비유한다면, 제어는 직접 움직이는 팔과 다리라고 볼 수 있다. 자동차 인지 기술 소프트웨어가 인지와 판단, 제어의 세 단계를 반복하도록 명령하면 자율주행차는 명령을 따라 움직여서 목적지까지 주행한다.

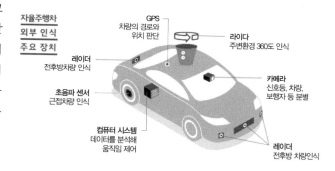

자율주행차 외부 인식 주요 장치

- GPS 차량의 경로와 위치 판단
- 라이다 주변환경 360도 인식
- 레이더 전후방차량 인식
- 카메라 신호등, 차량, 보행자 등 분별
- 초음파 센서 근접차량 인식
- 컴퓨터 시스템 데이터를 분석해 움직임 제어
- 레이더 전후방 차량인식

✥ 라이다

자율주행차에서 눈 역할을 하는 핵심 장치가 바로 **'라이다(LIDAR)'**이다. 라이다는 '라이트(Light)'와 '레이더(Radar)'의 합성어다. 레이저를 발사해 빛이 돌아오기까지 걸리는 시간·빛의 강도를 측정해 거리, 방향, 속도, 온도 등 특성을 감지하는 기술이다. 카메라 센서, 배달용 로봇, 드론, 스크린 도어, 도로교통 시스템 등 다양한 분야에 활용된다. 특히 자율주행을 구현하는 데 핵심 기술로 평가받는다. 자율주행차에서 '눈' 역할을 하는 핵심 부품은 레이더, 카메라, 라이다이다. 카메라는 렌즈를 통해 주변 물체를 식별한다. 레이더는 전파를 발사해 거리나 속도를 측정한다. 라이다는 레이저를 발사해 주변 환경을 3차원 모형으로 구현한다. 자율주행 정확도만 놓고 보면 라이다가 가장 앞선 기술이다. 단순히 장애물 유무뿐 아니라, 원근감과 형태까지 인식할 수 있기 때문이다.

라이다는 레이저, 스캐너, 수신기, 위치 확인 시스템으로 구성된다. 레이저는 600~1000㎚(나노미터) 파장의 빛을 사용한다. 스캐너는 주위를 훑어서 정보를 얻는다. 수신기는 되돌아오는 레이저를 감지한다. 위치 확인 시스템은 3차원 영상을 구현하기 위해 수신기의 위치·좌표·방향을 확인한다. 라이다는 작업을 수행한 후 그 결과물을 '클라우드'에 수집한다. 수집한 정보를 실시간 3D 영상으로 모델링하고 영상을 지도로 삼아 물체를 식별하고 위치를 파악한다. 라이다 기술은 **레이저** 발명과 함께 시작됐다. 처음에는 대기 관측용으로 쓰였으나, 이후 우주 탐사, 항공 지도, 농업 등 지형지물 파악이 필요한 분야로 활용 범위가 확대됐다. 2005년 이후 자동차에 본격적으로 이용되기 시작하면서, 자율주행차의 핵심 부품으로 자리 잡았다.

03 비행기를 뜨게 하는 원리: 양력이 작용한다.

비행기 날개는 그 모양의 독특함과 공기와 맞닥뜨리는 각도를 통해 비행기가 공중에 떠오를 수 있도록 한다. 움직이는 비행기 날개 주변에는 아래의 〈그림〉에서처럼 날개로 접근하는 공기의 흐름을 보인다. 날개는 앞쪽이 위쪽으로 적당한 각도로 들려 있는 데다가, 날개 모양의 곡면 때문에 날개로 접근하는 공기의 흐름을 변화시킨다.

날개로 접근하는 공기의 흐름은 날개 앞부분에서 날개와 부딪혀 두 갈래로 나뉘게 된다. 한 갈래의 공기의 흐름은 날개 위 곡면 모양을 따라 흐르게 되고, 다른 하나는 날개에 부딪혀 날개 아래쪽으로 꺾이게 된다. 이때 날개와 꺾인 공기는 작용 반작용 법칙인 **뉴턴의 제3법칙**에 의해 상호 작용하여 비행기를 공기 중으로 띄우는 힘인 '**양력**'을 발생시킨다. 날개는 공기의 흐름을 날개 아래쪽으로 꺾이게 만들기 위해 공기에 힘을 작용하고, 공기는 같은 크기의 힘을 방향만 반대로 날개에 반작용하게 된다. 이 반작용으로 날개에 생기는 힘(F)이 비행기를 공기 중으로 떠오르게 하는 양력이다.

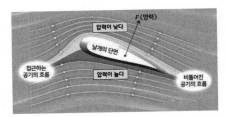

〈양력의 발생 원리〉

한편, 두 갈래로 나누어져 흐르던 공기의 흐름 중 날개 위 곡면을 따라 흐르는 공기의 흐름은 날개 아랫부분으로 꺾어진 공기 흐름보다 속도가 빠르게 된다. 그러므로 날개 주변의 공기의 흐름을 선으로 표현하면 〈그림〉과 같이 된다. 즉, 날개 위쪽은 선의 간격이 좁고, 날개 아래쪽은 선들의 간격이 넓게 된다. 이는 날개 위쪽은 공기 속도가 크고 아래쪽은 공기의 속도가 위쪽보다 작다는 것을 나타낸다. 유체 속도가 커지면 압력은 작아지고, 유체 속도가 작아지면 압력은 커진다는 '**베르누이 원리**'에 의해 공기의 속도가 큰 날개 위쪽은 공기 압력이 작고, 공기속도가 작은 날개 아래쪽은 공기 압력이 크게 된다. 그래서 공기 압력이 큰 아래쪽에서 공기 압력이 작은 위쪽으로 밀어 올리는 힘인 양력이 발생하게 되는 것이다. 이는 뉴턴의 제3법칙에 의한 양력 발생에 대한 설명과도 부합하며, 결국 두 원리는 일맥상통함을 알 수 있다.

✚ 양력과 항력

'**양력**'은 유체 속의 물체가 수직 방향으로 받는 힘을 말한다. 이 힘은 높은 압력에서 낮은 압력으로 발생하며, 물체에 닿은 유체를 밀어 내리려는 힘에 대한 반작용이다. 비행기의 날개가 이 힘을 이용하여 비행기를 하늘에 띄운다. 가령 비행기의 날개와 같은 형상의 물체를 유체 흐름 방향으로 비스듬히 놓으면 그 물체에는 흐름 방향에 수직으로 물체를 들어 올리려고 하는 힘인 양력이 작용한다. 날개가 비행기 본체를 공중에 지탱시킬 수 있는 것은 이 때문이다. 양력은 기압이 높은 곳에서 낮은 곳으로 생긴다. 공기가 적으면 압력이 낮아지고, 비행기는 압력이 높은 비행기 아래에서 압력이 낮은 비행기 위로 올라가게 되는 것이다. 이에 대하여 물체를 흐름의 방향으로 떠밀어 보내려고 하는 힘을 '**항력**'이라고 한다.

04 진자 운동의 원리: 중력에 의해 평형점을 중심으로 진동운동을 반복

사이클로이드 곡선은 두 점 사이를 잇는 가장 빠른 길이다. 가장 짧은 길은 직선이지만 가장 빠른 길은 항상 직선인 것만은 아니다. 실제 여러 가지 모양의 곡선과 직선을 따라 위에서 아래로 공을 굴리면 사이클로이드를 따라 구르는 공이 직선 면을 따라 구르는 공보다 더 빨리 바닥에 도착하는 것을 알 수 있다.

네덜란드의 물리학자 호이겐스는 진자가 호가 아니라 사이클로이드를 따라 움직일 때 그 궤도는 '**등시곡선**'이 된다는 것을 증명하고, 이러한 성질을 이용해 진자시계를 만들었다. 그의 진자시계는 두 개의 사이클로이드 벽면(〈그림 1〉에서 E와 F) 사이에서 진자가 움직이도록 만든 것인데, 이렇게 하면 진자의 움직임도 사이클로이드가 된다. '등시곡선'은 정점에 도달하기 위해서 곡선상의 어떤 점에서 출발하더라도 도달하는 데 걸리는 시간이 같게 되는 성질을 갖는다. 즉, 〈그림 1〉에서 보면 A에서 B 사이의 곡선은 사이클로이드인데 가장 아래 지점인 C까지 진자가 내려오는 데 걸리는 시간은 이 사이의 어떤 지점에서 출발하더라도 같다. 따라서 등시곡선을 따라 움직이는 사이클로이드 진자는 진폭에 상관없이 일정한 주기를 갖는 것이다.

흔히 생각하면 직선 경로가 최단 거리이기 때문에 가장 빠를 것 같지만 실상은 사이클로이드 '곡선'을 따라 내려가는 것이 가장 빠르다. 사이클로이드 위에서는 각 지점에서 중력가속도가 줄어드는 정도가 직선보다 작기 때문에 **가속도**에 의해 속도가 점점 빨라져서 도착 지점까지의 시간이 직선이나 다른 어떤 궤적보다 빠른 것이다. 〈그림 2〉를 보면, A에서 동시에 출발한 위의 공과 아래 공은 아래 공이 위의 공보다 더 먼 거리를 이동하는데도 불구하고 B 지점에 먼저 도착한다.

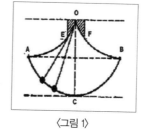

〈그림 1〉

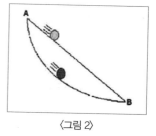

〈그림 2〉

✚ 라그랑주 역학

라그랑주 역학은 조제프 루이 라그랑주가 발표한 새로운 역학 체계이다. 라그랑주 역학은 '라그랑지언'이라는 값으로 물체의 운동을 설명하는데, 라그랑지언은 운동에너지에서 위치에너지를 뺀 값으로 정의된다. 이중 진자의 운동을 간단히 계산할 수 있는 이유는 라그랑지언이 '**스칼라**' 값이라는 데 있다. 라그랑지언은 스칼라 값이고, 우리가 고전역학에서 다룬 힘은 '벡터'이기 때문이다. 여기서 스칼라는 방향은 없고 크기만 있는 물리량을 말하며, 질량이나 온도와 같은 것들은 스칼라라고 표현할 수 있다. 반면에 벡터는 스칼라에 방향까지 포함된 것을 말하며, 크기와 방향으로 정의되는 값들이다. 크기와 방향을 둘 다 고려해야 하는 벡터는 공간을 기술하는데 3개의 성분이 사용되고, 스칼라는 하나만 사용되기 때문에 복잡한 계산을 피할 수 있다. 진자 운동에 대입을 해보면 뉴턴 역학으로는 힘의 방향을 알아야 하고, 힘을 합산할 때 방향을 계산해야 한다. 그에 비해 라그랑주 역학으로는 **위치에너지와 운동에너지**, 즉 에너지 값만으로 진자운동은 표현 가능하다. 물론 라그랑주 역학을 통해 구해진 이중 진자의 운동 역시 단순하지는 않다. 복잡한 미분 방정식으로 표현되기에, 이를 풀고 분석하기란 쉽지 않다.

05 자동차 변속기의 작동 원리: 자동차 구동의 핵심 장치

자동차 변속기는 자동차를 비롯한 각종 엔진에서 발생하는 동력을 속도에 따라 필요한 회전력으로 바꾸어 전달하는 변속장치를 말하며, '**트랜스미션**'이라고도 한다. 기어 변속기와 자동 변속기로 나뉜다. 기어 변속기는 평행한 두 축(원동축과 종동축) 사이에 몇 개의 기어를 적당히 조합한 기어 트레인의 조합을 바꾸어 종동축이 필요로 하는 회전수를 얻게 하는 장치다. 자동 변속기는 토크 변환기와 유성기어를 사용하는 보조 변속기다. 일반 자동차용 내연 기관은 일정한 속도에서 토크가 최대가 되는 데 대하여 달리기 시작할 때에는 더 강한 토크와 낮은 회전이 필요하며, 속도가 빨라짐에 따라 토크보다도 회전속도가 필요하다.

일반 자동차의 트랜스미션은 1단에서 5단까지의 변속 단계로 이루어져 있다. 1단과 2단 기어에서는 힘을 세게 발휘하도록 감속비가 크게 설정되어 있고, 3단과 4단 기어에서는 중속과 고속에서 속도를 유지하거나 가속할 수 있도록 엔진 회전수와 비슷한 기어비로 되어 있다. 5단은 오버드라이브라고 하여 고속에서의 주행을 위한 엔진 회전수보다 낮은 기어비로 이루어져 있다.

자동 변속기는 수동 변속기와는 구동 방식과 모양이 다르다. **수동 변속기**는 엔진 플라이 휠에 클러치가 붙었다 떨어졌다 하면서 동력을 미션으로 전달 또는 차단하는 방식인 데 비해, **자동 변속기**는 클러치를 대신하는 토크 컨버터가 동력을 미션(자동차에서 회전축의 회전속도나 회전력을 바꿔주는 장치로, 변속기, 변속장치, 트랜스미션)으로 전달해 주는 역할을 한다. 자동 변속기는 수동식처럼 기계식으로 힘을 전달하는 것이 아니라 미션 속 오일의 압력, 즉 **유압**을 이용해 동력을 전달하거나 차단한다.

✛ 클러치의 작동 원리

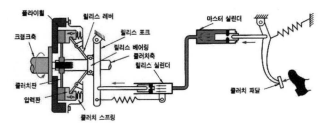

클러치는 작동 설정과 해제가 자유로운 회전 전달 장치로, 동력 전달을 멈추거나 동력 전달을 자유롭게 한다. 엔진과 기어를 연결할 때 기어비를 바꿀 목적으로 사용하기에, 수동 변속기 차량에서 많이 사용된다. 클러치의 작동 원리를 알아보기 위해서는 클러치와 연결된 부품을 알아야 한다. 〈그림〉과 같이 플라이 휠이 존재하는 경우에 이를 **마찰 클러치**라고 한다. 마찰 클러치는 플라이 휠과 클러치 판의 마찰력에 의해 엔진의 동력을 전달하는 장치다. 클러치 페달을 놓으면 클러치 압력판 스프링에 의해 클러치 판이 플라이 휠에 압착하고, 이어서 엔진의 압축기에 연결된 크랭크 축과 클러치 축이 함께 회전하면서 엔진의 동력이 전달된다. 한편, 클러치 페달을 밟으면 릴리스 베어링이 릴리스 레버를 누르게 되어, 압력판이 변속기 쪽으로 이동하여 플라이 휠과 접촉되지 않으므로 동력이 전달되지 않고 차단된다. 이때 자동차에서는 원동기 즉, 엔진을 정지하지 않고도 기어비를 변환하거나 피동축을 정지, 변경시킬 수 있다.

06 브라운관의 원리: 열전자 방출 현상 응용 기술

브라운관은 CRT(Cathode Ray Tube, 컬러 브라운관은 CDT, Color Display Tube) 혹은 '**음극선관**'이라고 부르기도 하는데, 독일의 브라운이 진공 상태에서 음극선에서 나오는 전자가 화면에 발라진 형광체를 때릴 때 빛이 나오는 현상을 발견하고 이를 통해 시각적인 정보를 표현하는 디스플레이를 발명하면서 붙여진 이름이다.

브라운관은 진공관과 마찬가지로 '**열전자 방출 현상**'을 이용한 것이다. 열전자 방출은 금속 등을 고온으로 가열하면 그 물질을 형성하고 있는 원자 속의 전자가 유리하여 공간으로 방사되는 현상을 말한다. 브라운관의 구조는 크게 전자총, 편향부(2조의 편향 코일), 섀도우 마스크, 형광막으로 구성되어 있다. 브라운관은 진공 상태의 유리벌브 내의 전자총이 전자빔을 쏘고, 내부의 편향 코일이 직진성을 가진 전자빔을 휘게 해 전체 화면에 고루 퍼지게 한다. 휘어진 전자는 색을 선별하고 위치를 지정해 주는 섀도우 마스크를 통과해, 전면의 유리에 붙여진 형광막에 부딪히면서 R-G-B(적-녹-청)의 빛을 내게 된다.

빛의 방향을 바꿔주는 힘은 2조의 편향판이나 편향 코일이 담당한다. 이 편향판이나 편향 코일에 전압이나 전류가 가해지면 전기장이나 자기장이 발생하고, 이로 인해 전자빔이 방향을 틀게 되는 것이다. 전자빔을 편향시키는 방식에는 편향판 사이에 편향전압을 걸어 전기장을 만드는 정전편향과, 편향 코일에 전류를 흘려 자기장을 형성하는 전자편향등 2가지 종류가 있다. **정전편향**은 전자편향에 비해 편향각이 작지만 주파수가 높아 관측용 브라운관에 주로 사용되고, **전자편향**은 상대적으로 편향각이 넓어 모니터나 TV용 디스플레이에 이용된다.

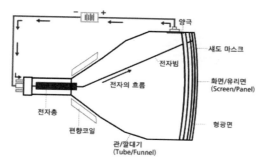

⚜ 전자총

전자총의 역할은 전자를 만들고 가속시키는 역할을 한다. 전자총은 전자선(electron ray)의 형태로 사용되는 안정된 전자원을 공급한다. 충분한 양의 이차전자를 생산할 수 있을 만큼 많은 양의 **전자빔**을 만들되, 자기렌즈에 의해서 작은 빔을 효과적으로 형성하도록 고안되어 있다. 원자 내의 전자는 원자핵과의 전기력 작용에 의해 특정 위치에서 일정한 에너지를 갖고 있기 때문에 전자가 상온에서 자기 위치를 벗어나 공중으로 방출되는 일은 거의 일어나지 않지만, 전자가 갖고 있는 에너지 장벽(일함수) 이상의 에너지가 주어질 경우 전자가 튕겨져 나오게 된다. 즉, 전자총의 필라멘트로 사용되는 텅스텐과 같은 금속을 높은 온도로 가열시키면, 표면의 원자에 구속되어 있던 전자들이 원자핵의 속박에서 벗어나 진공 중으로 이탈된다. 전자총은 브라운관뿐만 아니라 최근에는 의료기기의 하나인 '**주사 전자 현미경**'의 핵심 기술로 널리 응용되고 있다.

07   LCD의 원리: 광스위치 응용 기술

LCD는 Liquid Crystal Display의 약어로, 오스트리아의 라이니처에 의해 처음 발견된 액정이다. 미국 RCA사에 의해 디스플레이에 응용된 이후, 최근 CRT를 대체하면서 단번에 디스플레이의 주류가 되었다. LCD는 구동 방법에 따라 수동 매트릭스 방식과 능동 매트릭스 방식으로 분류된다. LCD의 동작 원리는 다음과 같다.

LCD는 숫자나 영상을 표시하는 일종의 **광 스위치 현상**을 이용한 소자로, 두 장의 편광판으로 액정의 정렬 상태를 조절해 빛의 양을 조절한다. 2개의 얇은 유리판 사이에 고체와 액체의 중간물질인 액정을 주입하는데, 이 상하 유리판 위 전극의 전압 차로 액정분자의 배열을 변화시킴으로써 명암을 일으킨다.

LCD는 액정의 복굴절 현상을 이용한다. 액정분자는 길쭉하게 생기거나 판상으로 생겼으므로 방향에 따라 굴절률이 다르게 된다. 이렇게 하나 이상의 굴절률을 가지는 것을 복굴절 한다. 빛은 전기장과 자기장으로 구성되며 전기장의 방향이 한쪽으로 정렬된 편광을 이 액정과 같은 복굴절 물질에 통과시키면 편광 방향이 달라진다. 여기에 액정의 앞뒤로 편광판을 달고 액정의 정렬 상태를 조절하여 편광의 방향이 달라지는 정도를 제어하면 전체적으로 빛이 통과하는 양을 조절할 수 있다. 이렇듯 LCD는 빛을 투과해야만 동작을 하기에 BLU(Back Light Unit)가 필요하다.

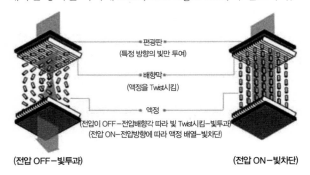

✚ LED

LED는 패널이 아니라 전류가 흐르면 빛이 나는 일종의 반도체를 말하며, **발광다이오드**라고 한다. 발광다이오드는 다양한 색을 낼 수 있으며, 소비전력이 매우 적고 수명이 반영구적이다. 또 밝기가 뛰어나고, 두께를 혁신적으로 줄일 수 있는 이점을 지녔다.

✚ OLED

유기 발광 다이오드(OLED)는 빛을 내는 층이 유기화합물로 되어있는 박막 발광 다이오드이다. OLED는 유기물에 전자와 정공을 주입하면 전자는 − 전하를 가지고 있고 정공은 + 전하를 가지고 있어서 '**쿨롱 힘**'에 의해 인접하게 된다. 이 상태를 '**엑시톤**'이라고 하는데, 이 상태에서 전자와 정공을 결합하면 높은 상태의 에너지에 있던 전자가 낮은 상태의 에너지 상태에 있는 정공의 상태로 떨어지고, 그 에너지 차이에 해당하는 빛을 내게 된다. OLED는 유기물 자체에서 전자가 낮은 에너지 상태로 떨어지면서 빛을 내는데, 이때 나오는 에너지의 양을 조절하여 색을 구현한다. 에너지양 조절은 빛의 파장과 관련이 있으므로 밴드 갭을 조절하여 3원색을 만들게 된다. 즉, 흘려주는 전류의 양을 조절하여 빛의 세기를 조절하여 모든 색을 표현한다.

08 진공청소기의 구조와 원리: 공기의 압력차를 응용

우리 주변에서 흔히 볼 수 있는 먼지봉투 진공청소기의 구조는 아래 그림에서처럼 일반적으로 세 부분으로 구성된다. 즉, 진공청소기의 내부는 오물과 먼지가 포함된 일반 공기가 들어오는 호스 부분, 오물과 먼지를 걸러내 주고 깨끗한 바람만 통과시키는 필터 부분, 모터의 회전에 의해 약한 수준의 진공 상태를 만들어 내는 송풍장치 부분으로 나눌 수 있다.

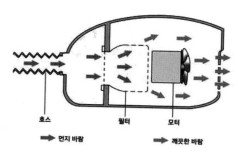

호스   필터   모터

➡ 먼지 바람   ➡ 깨끗한 바람

위 그림에서 모터가 연결된 송풍장치는 강한 회전을 통해 청소기 내부를 외부의 보통 기압보다 낮은 기압 상태(진공 상태)로 만든다. 1분에 만 번 이상의 강력한 모터 회전은 청소기 내부의 공기를 환풍기처럼 청소기 외부로 뽑아내게 된다. 그러면 청소기 내부의 기압이 외부에 비해 현격히 낮아지게 되므로 고기압에서 저기압으로 이동하는 기체의 이동 원리에 의해 고기압 상태인 청소기 외부 공기가 저기압 상태인 청소기 내부로 빨려 들어오게 되는 것이다. 호스를 통해 청소기 내부로 외부 공기가 빨려 들어올 때 먼지와 티끌 등도 함께 섞여 들어오게 된다.

호스를 따라 들어온 먼지와 티끌 등 오물이 섞인 외부 공기는 **먼지봉투**에 모이게 되는데, 먼지봉투의 미세한 구멍을 통해 공기는 빠져나가게 되고 먼지와 티끌은 먼지봉투에 남게 된다. 먼지봉투를 빠져나온 공기는 아직도 남아 있는 미세한 먼지를 걸러내는 **필터 시스템**을 거치게 된다. 미세한 먼지까지 모두 걸러낸 깨끗한 공기만 청소기 뒤로 빠져나가게 되는 것이다. 필터 시스템이 좋지 못한 진공청소기는 흡입되는 먼지만 본다면 청소를 깨끗이 하는 것처럼 보이지만 흡입한 공기 중에 들어있던 크기가 작은 미세먼지는 걸러내지 못하고 다시 배출하여 오히려 집안 공기를 더럽히는 결과를 낳기도 한다. 그러므로 건강과 환경을 위해서는 필터 시스템이 좋은 진공청소기를 사용해야 한다. 특히 집 먼지 진드기에 의한 천식이나 알레르기 환자가 있는 가정이나 젖먹이 아기가 있는 가정에서는 0.0001mm 크기의 작은 입자까지도 걸러내는 필터 시스템의 진공청소기를 선택하는 것이 좋다.

미세한 먼지까지 걸러내는 **필터**는 오래 사용하면 필터 사이에 먼지가 끼어서 청소기의 흡입능력을 떨어뜨리게 할 수도 있다. 또 먼지봉투가 가득 차게 되어도 봉투에 난 미세한 구멍이 막혀서 공기가 쉽게 통과하지 못하므로 청소기는 빨아들이는 힘이 약해지게 된다. 그러므로 강력한 흡입력을 유지하기 위해서는 필터 청소를 자주 해주어야 하고 먼지봉투의 교환 시기도 늦지 않게 해주어야 한다. 1분에 만 번 이상의 강력한 모터 회전에 의해 발생하는 열은 흡입된 공기가 먼지 주머니와 필터를 거쳐 진공청소기 뒤로 배출되는 공기의 흐름에 의해 식기 때문에 과열을 방지할 수 있다(출처: 『원리 사전』 남미란).

09 압전 효과의 원리: 분자 구조가 변하면 전기가 흐른다.

압전 효과의 원리는 압전체 결정 구조 내에 존재하는 전기쌍극자 모멘트로부터 시작한다. 압전 물질의 **전기쌍극자 모멘트**는 구성 분자의 쌍극자 모멘트 때문에 생기기도 하지만, 결정격자 내 이온들의 비대칭적인 배열로 인한 양전하 중심과 음전하 중심의 분극화로부터 생성될 수도 있다. 구성 이온들의 비대칭적 배열의 예는 BaTiO3나 PZT 등에서 볼 수 있다. 아래 그림은 PZT의 결정 구조를 보여주는데, 퀴리 온도 이하에서는 이온들의 비대칭적 배치로 인해 쌍극자 모멘트가 존재하는 것을 알 수 있다.

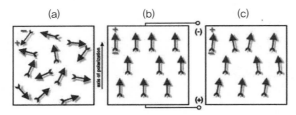

〈압전 물질 PZT의 전기장에 의한 배열〉

쌍극자 모멘트가 물리적으로 연결된 영역이 생길 수 있는데, 이를 **도메인**이라고 부른다. 이 도메인들은 무질서하게 배열하면 위 (그림 a)에서와 같이 물질 자체는 어떤 극성도 보이지 않는다. 하지만 주로 퀴리 온도 바로 아래에서 이 물질에 특정 방향으로 전압을 걸어주면 도메인들이 전기장 방향으로 배열되며(이를 Poling이라고 부른다), 이때 압전 물질이 한 방향으로 팽창한다(그림 b). 이때 전기장을 제거하여도 이 상태가 유지된다(그림 c). 이와 같은 현상이 '**압전 역효과**'이다. 반대로, '압전 효과'의 경우 압전 물질에 외부에서 기계적인 힘을 가하면, 결정을 구성하는 이온들의 위치에 변화가 일어나고, 그 결과 양이온 중심과 음이온 중심에 변화가 생긴다. 궁극적으로는 결정의 쌍극자 모멘트의 크기와 방향에 변화가 일어나 주변의 전기장이 바뀌고 이와 연결된 회로에 전기를 발생한다(출처: 『화학 백과』).

✥ 압전 효과의 응용 분야

압전 현상은 음파를 생성·탐지하는 분야, 고전압 생성, 전자파 생성, 마이크로 저울, 미세 조절 또는 초점화가 필요한 현미경 분야 등에 활용되고 있다. 전기를 이용하여 미세한 거리 조정이 가능한 성질 때문에 원자 수준의 분해 능력이 필요한 주사 탐침 현미경(STM), 원자 힘 현미경(AFM) 등에 활용이 늘어나고 있다. 일상생활에서는 담배 라이터, 가스레인지 등의 발화장치에도 활용되고 있다. 고전압, 고전력원으로는 담배 라이터의 점화 부분 압전 장치가 대표적인 예다. 스프링에 의해 당겨진 해머가 압전 소자를 때릴 때 발생한 고전압 전류가 아주 작은 스파크 갭을 지나면서 불꽃을 점화한다. 압전 소자는 **(초)음파 감지 장치**에도 사용되는데, (초)음파가 일종의 압력 변화로 전류를 발생시킨다. 역압전 효과를 이용하여 (펄스 형태의) 전압 변화로 압전 소자의 물리적 부피 변화를 일으키면 아주 정밀하게 소자의 위치를 변화시킬 수 있는데, 이를 활용하여 초정밀제어가 필요한 **나노 기기**에 많이 사용한다.

10 GPS의 원리: 위성 위치 확인 시스템

GPS에 의한 측위는 위성으로부터 발사되는 전파의 지연시간을 계측하고 궤도로부터의 거리에서 현재의 위치를 구하는 방법이다. GPS 위성 안에는 십만 년 동안 1초의 오차를 갖는 아주 정밀한 세슘 원자시계가 들어있다. GPS 위성은 이 시계의 정확한 시각과 위성의 정확한 위치를 전파로 지상의 수신기로 보낸다. 지상의 수신기까지 오는 데까지 시간이 걸리므로 지상의 수신기의 시각과 위성에서 보내는 시각은 차이게 생기게 된다. 이 두 시각의 차이에 빛의 속도를 곱해주면 지상의 수신기에서 인공위성의 거리를 구할 수 있다. 이와 같은 작업을 네 개의 인공위성으로 동시에 하면 공간상의 한 점을 찾을 수 있다. GPS 수신기에서 최소 4개의 인공위성이 보여야 수신기는 정확한 위치를 찾을 수 있는 이유가 여기에 있다. 차량용 GPS가 하늘이 가려지는 고가도로 밑이나 지하차도를 지날 때 작동하지 않는 이유이기도 하다.

〈그림〉에는 3개의 위성에 의한 원리를 나타냈는데, 하나의 위성으로부터의 거리를 알면 현재의 위치는 위성을 중심으로 하여 반경이 그 위성으로부터의 거리로 되는 구(球)의 표면의 어느 곳으로 된다. 이것에 또 하나의 위성으로부터의 거리를 알면 현재의 위치는 두 구가 서로 겹치는 원주상의 어느 곳으로 된다. 그리고 3번째 위성으로부터의 거리에 의해 그 구와 이 원의 두 교점에서 어느 한곳으로 된다.

측위점
(3개 구의 교점)
GPS 측위의 원리

✚ 나의 위치는 어디일까?

GPS는 우주에 떠 있는 정지 위성 24개 중에 4개로부터 신호를 받아서, 그 신호를 분석하여 위치를 확인하게 된다. GPS로부터 받게 되는 신호는 오직 GPS 위성이 갖고 있는 시간 정보이다. 즉, GPS 위성이 갖고 있는 시계가 몇 시를 가리키고 있는지 알게 된다. GPS 위성이 가진 시간과 GPS 단말기가 가진 시계 사이의 시간 차이를 알게 되면 GPS 위성으로부터 얼마나 떨어져 있는지를 (거리=빛의 속력×시간 차이)의 공식으로 알아낼 수 있다.

어느 하나의 GPS 위성으로부터 같은 거리만큼 떨어진 곳은 지표면 위에 타원 모양으로 표시가 된다. 쉽게 생각하려면 지도 위에 타원을 하나 그리면 된다. 이 원 위에 나의 위치가 있는 것이다. 마찬가지로, 두 번째 GPS 위성으로부터 받은 신호를 이용하면 타원을 하나 더 그릴 수 있다. 그렇게 되면 타원과 타원이 **겹치는 점**이 2개 나오게 되는데, 두 타원 위에 모두 나의 위치가 있어야 하므로 이 두 개의 점 중 가운데 어느 한 곳에 내가 있게 된다. 마지막으로 세 번째 GPS 위성을 이용하면 타원을 하나 더 그릴 수 있게 되는데, 이 타원은 반드시 두 점 가운데 한곳을 지나가게 된다. 세 개의 타원이 모두 겹치는 한 개의 점이 바로 나의 위치가 된다. 그리고 마지막으로 네 번째 위성을 이용하면 내가 있는 장소의 높이까지도 정확하게 알 수 있게 된다.

✚ 내비게이션의 원리

내비게이션은 **GPS 위성 위치 확인 시스템**을 활용해서 길을 안내한다. 이때 위성은 내비게이션을 장착한 차의 위치 좌표, 다시 말해서 차가 위치한 위도와 경도 및 고도를 알게 한다. GPS 위성은 1978년부터 구축하기 시작하여 1994년이 되어서야 비로소 24개를 갖출 수 있게 되었다. 각각의 위성은 위치와 시간 2가지 전파 신호를 보낸다. 위성에는 정밀한 세슘(Cs) 원자시계가 있어서 각 위성은 고유 신호를 지상으로 보내 디지털 신호로 알려준다. 위성에서 지상으로 발사된 전파 신호를 지상의 내비게이션 기기가 수신을 한다.

11 역삼투막의 원리: 고농도 용액의 용매가 저농도의 용액으로 역류하는 현상

전문가들은 에너지 비용을 줄이면서 담수를 얻을 수 있는 방법을 연구하던 중, '삼투 현상'과 '역삼투 현상'에 주목했다. 미세한 구멍이 수없이 뚫린 반투막으로 칸막이를 한 탱크에 저농도 용액과 고농도 용액을 따로따로 넣어 두면, 일정한 시간이 경과한 뒤 저농도 용액의 용매(해수에서는 수분)가 고농도 용액 쪽으로 이동하여 수위차가 발생하는 현상이 일어난다. 이를 **'삼투 현상'**이라고 하는데, 이 현상은 막의 미세한 구멍이 해수의 경우 용매인 물 분자는 통과시키나 용질인 염분은 통과시키지 않기 때문에 일어나는 것으로, 막의 양쪽에 걸리는 압력이 동일한 경우에 일어난다.

삼투 현상과 달리, 펌프를 이용하여 고농도 용액에 삼투압 이상의 압력을 가하면 반대로 저농도 용액 쪽으로 용매가 이동하게 되는데 이 현상을 **'역삼투 현상'**이라고 한다. 이것을 몇 번이고 반복하면 저농도 용액 쪽에 담수에 가까운 물만이 고인다. 이 역삼투법을 이용하여 해수로부터 담수를 얻을 때 쓰이는 반투막을 역삼투막이라 하는데, 이를 이용하면 다단플래시 증류법에 비해 해수 담수화의 에너지 비용을 4분의 1로 줄일 수 있다.

역삼투막은 담수를 얻는 데 이용될 뿐만 아니라 초순수(超純水)를 제조하는 데도 이용되고 있다. 초순수는 이론상 순수(불순물이나 먼지가 없는 완전한 이상적 상태의 물)에 가까울 정도의 물로 집적 회로(IC)나 고밀도 집적 회로(LSI) 제조 공정의 수세(水洗)에 사용되는 고도로 정제된 물이다. 초순수는 천연에서는 얻을 수 없고 인위적인 정제를 통해서만 얻을 수 있기 때문에 대부분의 반도체 공장에서는 반도체를 제조하는 크린 룸 내 또는 그 부근에 고기능 분리막을 통한 순수 처리 설비를 갖추고 있다. 역삼투막은 그 외에도 인공 신장의 혈액 투석에도 이용되고 있는 등 우리의 주위에서 긴요하게 쓰이고 있다.
(출처: EBS 2013 N제)

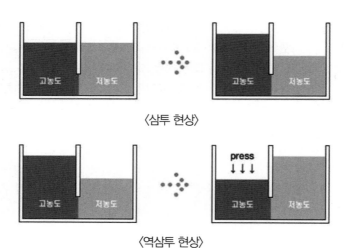

〈삼투 현상〉

〈역삼투 현상〉

식물의 광합성 시스템을 모방한 인공 광합성 기술이 활발하게 연구되고 있다. 햇빛을 이용하면 보다 적은 에너지로 수소를 얻을 수 있기 때문이다. 식물의 광합성은 엽록소가 NADPH와 ATP를 생성하는 명반응과 그것들을 활용해 이산화탄소를 포도당으로 합성하는 암반응이 순환하면서 이루어진다. 빛 에너지를 흡수하면 엽록소 속에 있던 전자가 에너지를 얻어 다른 곳으로 가 버리고, 엽록소는 물을 분해해 전자를 보충한다. 즉 물(H_2O)을 분해하는 과정에서 발생한 산소(O)는 기체 상태로 배출되고, 수소는 전자(e^-)와 수소 양이온(H^+)으로 분해된다. 엽록소는 분해된 수소 양이온과 전자를 받아들인 다음 $NADP^+$와 결합시켜 **NADPH**라는 효소를 만들어 내는 것이다.

한편 엽록소에서 빠져나온 전자는 빛 에너지가 전환된 화학 에너지 ATP를 생성하는데 이용된다. 여기까지가 암반응 과정을 위해 필요한 명반응 과정이다. 암반응에서는 NADPH가 $NADP^+$와 전자, 수소 양이온으로 분해되는데, $NADP^+$는 다시 명반응 과정에서 NADPH를 생성하는 데 활용되고, 전자와 수소 양이온은 이산화탄소(CO_2)와 결합해 최종적으로 유기물인 포도당을 만드는 데 이용된다. 이때 필요한 에너지는 ATP가 ADP로 바뀌면서 발생하는 에너지로 충당하는데, 생성된 ADP는 명반응 과정에서 ATP를 생성하는데 재료가 된다.

수소를 생성하는 **인공 광합성 시스템**은 포도당 대신에 수소 기체를 얻기 위한 것이다. 대표적인 인공 광합성 시스템인 전지형 시스템(광전기 화학전지)은, 태양의 빛 에너지를 받아 수소 양이온을 생성하는 광전극과 수소 기체를 생성하는 환원 전극이 물속에 있고, 두 전극이 전선으로 연결된 구조로 되어 있다. 두 전극은 반도체를 가지고 만드는데, 광전극은 n형 반도체로, 환원 전극은 p형 반도체로 되어 있다. n형 반도체는 (−) 전하인 자유 전자가 (+) 전하인 정공보다 많고, p형 반도체는 정공이 자유 전자보다 많은 반도체다. 빛 에너지를 받으면 광전극에서 자유 전자와 정공이 더욱 많이 생기고, 높은 에너지 상태에 있는 자유 전자들은 전선을 따라 환원 전극으로 이동한다. 광전극에 남아 있는 정공들은 광전극의 표면에 몰려 전자를 보충하기 위해 물을 분해한다. 그 결과물의 산소는 기체 상태로 배출되고, 수소 양이온은 물속을 떠돌게 된다. 한편, 환원 전극의 표면에서는 광전극으로부터 온 자유 전자를 이용해 수소 양이온을 환원시킨다. 즉 물속에 떠돌다 환원 전극의 표면에 도달한 수소 양이온이 자유 전자와 결합하는 것이다. 이때 수소 기체가 최종적으로 생성된다. 그리고 두 전극 사이에는 분리막이 있어, 광전극에서 만들어진 수소 양이온이 그것을 투과하면 광전극에서 반응할 수 없도록 하고, 생성된 수소 기체가 광전극 쪽으로 가 반응하지 못하도록 하는 역할을 한다. (출처: 2019 육사)

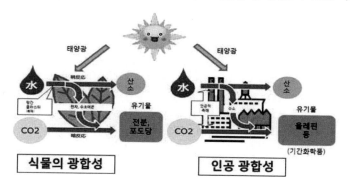

13 스윙바이 항법으로 우주선 속도를 높이는 원리: 중력 도움 현상

오늘날 거의 모든 탐사선이 스윙바이를 이용해 더 멀리 더 빨리 우주로 나아가고 있다. 예를 들어 자동차가 언덕을 오를 때는 속도가 감소하고 내려갈 때는 연료를 사용하지 않고도 가속하는데, 이것은 **중력의 도움**을 받기 때문이다. 이와 마찬가지로 우주선도 연료를 사용하지 않고 중력 도움으로 속력을 낼 수 있다. 스윙바이는 속도를 올릴 수도 늦출 수도 있다. 우주선이 속도를 높이려면 행성으로부터 속도(운동량)를 훔쳐야만 하는데, 이를 위해 우주선을 행성의 공전 방향으로 지나가게 해야 한다. 반대로 내행성 탐사 임무를 가진 우주선은 속도를 줄여야만 하는데, 속도를 줄이기 위해 우주선을 행성의 공전 방향 반대로 지나가게 해야 한다.

행성의 중력을 이용하는 **스윙바이(중력 도움) 항법**으로 우주선은 행성에 다가갔다가 멀어지는 과정을 거치게 된다. 스윙바이 항법을 속도를 높이는 목적으로 사용하려면, 태양에서 볼 때 행성에서 멀어지는 속도가 커지도록 접근하고 멀어져야 한다. 가장 이상적인 방법은 행성이 공전하는 방향과 반대 방향으로 접근해서 행성이 공전하는 방향과 같은 방향으로 움직이는 것이다. 이는 자동길에서 걷는 사람을 자동길 밖에 서 있는 사람이 볼 때, 자동길이 움직이는 반대 방향으로 걷는 사람은 느리게 움직이지만, 이 사람이 방향을 바꿔 자동길이 움직이는 방향으로 걸으면 빠르게 움직이는 상황과 비슷하다. 걷는 사람은 똑같은 속도로 방향만 바꿔서 걷지만, 자동길 밖에서 보면 자동길 방향으로 걷는 사람이 훨씬 빠르다. 이런 이상적인 스윙바이 항법을 시행하면 행성 공전 속도의 두 배에 해당하는 속도를 추가로 얻는다. 실제로 우주선이 항해할 때는 행성이 공전하는 반대 방향으로 접근하지 않는다. 〈그림〉과 같이 행성이 공전하는 방향과 많이 다르게 접근해서 비슷하게 멀어진다. 이 경우에도 멀어질 때 우주선의 속도가 다가갈 때보다 크다.

〈그림〉에서, 맨 위 그림은 목성을 지나갈 때의 '보이저 1호'의 궤적이고, 가운데 그림은 스윙바이 항법으로 속도를 높일 때 행성의 위치에서 본 전형적인 우주선의 궤적이다. 우주선이 행성에 접근하는 방향은 행성이 공전하는 방향과 다르고, 우주선이 멀어지는 방향은 행성이 공전하는 방향과 비슷하다. 맨 아래 그림에서 알 수 있듯, 행성의 위치에서 본 우주선의 속도(왼쪽의 검은색 화살표)는 다가갈 때나 멀어질 때나 같다. 반면 태양의 위치에서 본 우주선의 속도(오른쪽의 파란색 화살표)는 행성의 공전 속도

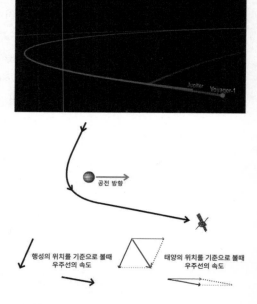

가 더해져서 멀어질 때가 더 크다. 두 경우 모두 행성에서의 거리가 같을 때의 속도를 비교했을 경우다. 공전 속도를 더할 때는 단순 크기만 더하는 것이 아닌, 방향까지 고려한 벡터 더하기를 한다.

14 주사 전자 현미경의 원리: 전자총 응용 기술

 의학과 생물학이 발전하면서 연구자들은 세균이나 세포를 더 정밀하게 관찰하기 위해 광학 현미경보다 훨씬 더 높은 수준의 분해능을 가진 현미경이 필요했다. 이에 따라 20세기 초반 더 향상된 분해능을 가진 현미경에 관한 연구가 활발하게 진행되었고, 그 결과로 탄생한 것이 전자 현미경이다.

 전자 현미경은 높은 수준의 분해능을 실현하기 위해 전자선을 사용한다. 전자선은 가시광선과 같이 굴절과 집중이 쉬우면서도 파장은 훨씬 짧아 광학 현미경과는 비교할 수 없을 정도의 분해능을 보여준다. 전자 현미경 중 검사 대상을 3차원의 입체적인 상으로 보여주는 것으로 '**주사 전자 현미경**'이 있다.

 주사 전자 현미경의 주요 부품으로는 전자총, 전자기 집광렌즈, 주사 코일, 전자기 대물렌즈, 전자 검출기, 모니터나 필름 등이 있다. 전자총은 전자를 가속하여 방출하는 역할을 하는데 전자총의 전압이 높을수록 파장이 짧은 전자가 방출된다. 방출된 전자는 전자기 렌즈의 일종인 두 개의 전자기 집광렌즈를 통해 굴절되고, 굴절된 전자들이 집중되면서 나선형으로 회전하는 전자선을 형성한다. 이때 두 개의 전자기 집광렌즈를 사용하는 것은 검사 대상에 집중되는 전자의 양을 많게 하기 위해서이다. 두 개의 전자기 집광렌즈에 의해 형성된 전자선은 주사 코일을 통과하게 된다. 주사 코일은 전자기장을 활용하여 전자선의 방향을 제어함으로써 전자선이 검사 대상의 표면 전체에 순차적으로 주사될 수 있도록 조절한다. 주사 코일을 통과한 전자선은 전자기 대물렌즈를 거치게 된다. 이때 전자기 대물렌즈가 자기장을 이용하여 전자선을 집중시키는 정도에 따라 검사 대상 표면에 주사되는 전자선의 면적이 결정되는데, 그 면적이 작을수록 분해능이 작아져 더 정밀한 상을 얻을 수 있다. 전자기 대물렌즈를 통해 주사된 전자선이 검사 대상의 표면에 부딪히면, 그 충격에 의해 검사 대상의 표면에 있는 전자들이 방출된다. 이때 방출된 전자를 2차 전자라 한다. 전자 검출기는 2차 전자를 검출한 후 전기신호로 변환하여 모니터나 필름에 검사 대상의 입체적인 상을 만들어 낸다. 이때 검출된 2차 전자의 양이 많을수록 모니터나 필름에 나타나는 상은 더욱 선명해진다. (출처: 2017 육사)

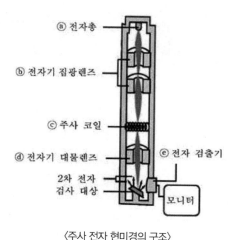

〈주사 전자 현미경의 구조〉

15 날개 없는 선풍기 작동 원리: 유입된 공기를 증폭된 공기로 전환

선풍기의 핵심인 날개가 없이 어떻게 바람을 일으킬 수 있을까? 사실, 바람은 누구나 쉽게 만들어 낼 수 있다. 넓적한 물건만 가지고 있으면 간단히 부채질할 수 있다. 이렇게 물체를 흔들 때 바람이 일어나는 이유는 우리 주변이 공기로 꽉 차 있기 때문이다. 바람은 '공기의 움직임'인 것이다. 그렇다면 자연적으로 부는 바람은 어떤 원리로 생기는 것일까? 그릇에 쌀을 채운 뒤 손가락을 넣어 한 방향으로 밀어보자. 그러면 손가락으로 밀어낸 부분에 다시 주변의 쌀이 들어와 채워지는 걸 볼 수 있을 것이다. 마찬가지로 공기도 밀려나거나 빠져나간 자리에 주변의 공기가 다시 채워지게 된다. 즉, 공기의 이동은 공기가 많은 쪽에서 공기가 적은 쪽으로 일어나는 것이다.

선풍기의 날개를 보면 반듯하지 않고 비스듬하게 누워 있는 것을 볼 수 있다. 여기서 잠깐, 30㎝ 자를 손에 쥐고 칼날로 무언가를 베듯 공중에서 내리쳐 보자. 힘은 별로 들지 않는 대신 바람이 거의 일어나지 않을 것이다. 이번에는 자의 네모난 면이 여러분의 몸 앞쪽을 향하게 한 뒤 휘둘러보자. 날로 내리칠 때보다 힘이 더 들지만 바람은 더 강하게 일어날 것이다. 선풍기 날개도 마찬가지다. 날개가 기울어져야 공기와 맞닿는 면이 커져 바람을 제대로 일으킬 수 있다. 그렇다면 자를 네모 면으로 휘둘렀을 때 공기와 마찰 면이 가장 커진 것처럼 선풍기 날개도 그런 각도로 기울이면 가장 센 바람이 나오지 않을까? 맞는 말이지만, 그렇게 하면 바람이 선풍기의 테두리 쪽으로 나오게 되니 효율성이 크게 떨어진다.

그런데 날개 없는 선풍기의 비밀은 바로 이 테두리에 있다. **테두리** 안의 공간은 텅 비어 있는데, 이곳으로 **공기가 이동**한다. 아래쪽 모터에서 빨아들인 공기가 테두리 안을 돌면서 속도가 빨라지게 되고 테두리의 틈새로 뿜어져 나오는 방식이다. 테두리 안의 공기가 바깥으로 나가면 주변의 공기가 그 안으로 빨려들어오면서 다시 강한 바람을 밖으로 내뿜는 것이다. 이때 밖으로 나오는 바람의 세기가 모터에서 빨아들인 공기보다 15배나 강하다고 한다. (출처: 2012 경찰대)

✛ 날개 없는 선풍기의 장점

날개 없는 선풍기는 크기가 작고 구조가 매우 간단하다. 고리와 모터가 있는 부분이 분리되기 때문에 간편하게 보관할 수 있고, 먼지가 쌓일 날개가 없기 때문에 위생적이며 청소도 간편하다. 또 겉으로 드러나는 회전 날개가 없기 때문에 아이가 있는 집에서 손가락을 넣어 다치는 사고에 대한 걱정 없이 안심하고 사용할 수 있다. 또 다른 장점은 일정한 바람의 세기를 만들 수 있어 바람이 훨씬 부드럽다는 것이다. 날개 있는 선풍기는 바람개비처럼 날개가 돌기 때문에 공기를 비스듬하게 쪼개면서 바람을 만든다. 이 때문에 불규칙한 바람이 불게 되는데, 날개 없는 선풍기는 균일한 바람을 불게 하며 일반 선풍기보다 더 시원하다.

16 자기 열량 효과가 자기 냉각 기술에 활용되는 과정
: 열역학적 순환 과정 응용

최근 자기 냉각 기술은 일반 냉장고를 대신할 수 있는 냉장고의 개발에 이용될 수 있음이 확인되었다. 자기 냉각 기술에 사용되는 자기 물질의 자기적 특성에 따라 냉장고가 작동되는 온도 범위가 달라지기 때문에 자기 냉각 기술에 사용하기 적합한 자기 물질의 개발이 매우 중요한데, 최근 실온에서 작동 가능한 실온 자기 냉장고를 만들 수 있는 새로운 자기 물질의 개발이 활발하게 이루어지고 있다.

자기 물질은 자화(磁化) 되는 물질을 의미한다. 물질의 자화는 외부에서 가하는 자기장의 세기 및 자기 물질에 들어 있는 단위 부피당 자기 쌍극자의 수에 비례한다. 여기서 자기 쌍극자는 자기 물질 속에 존재하는 초소형 자석을 의미한다. 자기 물질은 강자성체와 상자성체로 구분된다. 강자성체는 외부의 자기장이 제거되었을 때에도 자기적 성질을 유지하는 물질이며, 상자성체는 외부의 자기장이 제거되면 자기적 성질을 잃어버리는 물질이다. 강자성체는 온도를 올리면 일정 온도에서 상자성체로 상전이를 하는데, 이때 자기 물질의 엔트로피는 증가한다.

자기 열량 효과는 자기 물질에 외부에서 자기장을 가했을 때 그 물질이 열을 발산하는 현상에서 비롯된다. 자기 냉장고는 이 효과를 이용한 열역학적 순환 과정을 통해 냉장고 내부의 열을 외부로 방출한다. 이 순환 과정은 열 출입이 없는 두 과정과 자기장이 일정한 두 과정으로 구성된다. 여기서 열 출입이 없는 열역학적 과정에서는 엔트로피 변화가 없다. 자기 냉장고에서 열역학적 순환 과정은 다음의 Ⅰ, Ⅱ, Ⅲ, Ⅳ 네 과정을 거치면서 진행된다. **과정 Ⅰ**에서는, 자기 쌍극자들이 무질서하게 배열되어 있던, 온도가 T인 작용물질에 외부와의 열 출입이 차단된 상태에서 자기장을 가하면 작용물질의 쌍극자들이 자기장의 방향으로 정렬하면서 열이 발생하고 작용물질의 온도가 상승한다. 이때 자기장이 강할수록 작용물질에서 더 많은 열이 발생한다. **과정 Ⅱ**에서는, 외부 자기장을 그대로 유지한 상태로 작용물질과 외부와의 열 출입을 허용하면 이 작용물질은 열을 방출하고 차가워진다. **과정 Ⅲ**에서는, 다시 작용물질과 외부와의 열 출입을 차단한 상태에서 외부의 자기장을 제거하면 쌍극자의 배열이 무질서해지면서 작용물질의 온도가 하강한다. **과정 Ⅳ**에서는, 작용물질과 외부와의 열 출입을 허용하면 이 작용물질은 열을 흡수하고 온도가 상승하여 초기 온도 T로 복귀하면서 1회의 순환이 마무리된다. 이러한 순환 과정에서 작용물질이 열을 흡수할 때는 작용물질을 냉장고 내부와 접촉시키고 열을 방출할 때에는 냉장고 외부와 접촉시킨다. 이를 반복하면 작용물질은 냉장고의 내부에서 외부로 열을 퍼내는 열펌프의 역할을 하게 된다.

효율이 좋은 자기 냉장고를 만들기 위해서는 특정 온도에서 외부에서 가하는 자기장의 변화에 따른 엔트로피 변화량이 큰 자기 물질을 작용물질로 사용해야 한다. 자기 냉장고에서 1회의 순환 과정에서 빠져나가는 열량은 외부 자기장을 가하기 전과 후의 엔트로피 변화와 밀접한 관련이 있다. 엔트로피는 물질의 자기 상태가 변하는 임계온도에서 가장 큰 폭으로 변한다. 그러므로 작용물질이 '상전이'하는 임계온도가 냉장고의 작동 온도 근처에 있을 때 그것의 자기 냉각 효과가 크다. 최근에는 임계온도가 실온에 가까운 물질들이 많이 발견되고 있으며, 이것을 이용한 실온 자기 냉장고의 개발이 활발히 진행되고 있다. (출처: 2016 LEET)

17 도플러 효과를 이용한 레이저 냉각 수행 과정: 도플러 효과에 따라 원자가 광자를 흡수 및 방출할 때 발생하는 에너지 변환 응용 기술

사이렌과 관측자가 가까워질 때는 사이렌 소리가 원래의 소리보다 더 높은 음으로 들리고, 사이렌과 관측자가 멀어질 때는 더 낮은 음으로 들린다. 이처럼 빛이나 소리와 같은 파동을 발생시키는 파동원과 관측자가 멀어질 때는 파동의 진동수가 더 작게 감지되고, 파동원과 관측자가 가까워질 때는 파동의 진동수가 더 크게 감지되는 현상을 '**도플러 효과**'라고 한다. 이때 원래의 진동수와 감지되는 진동수의 차이는 파동원과 관측자가 서로 가까워지거나 멀어지는 속도에 비례한다. 이것을 레이저와 원자에 적용하면 레이저 광원은 파동원이고 원자는 관측자에 해당한다. 그러므로 레이저 광원에 다가가는 원자에게 레이저 빛의 진동수는 원자의 진동수보다 더 높게 감지되고, 레이저 광원에서 멀어지는 원자에게 레이저 빛의 진동수는 더 낮게 감지된다.

한편 정지해 있는 특정한 원자는 모든 진동수의 빛을 흡수하는 것이 아니고 고유한 진동수, 즉 공명 진동수의 빛만을 흡수한다. 이것은 원자가 광자를 흡수할 때 원자 내부의 전자가 특정 에너지 준위 E_1에서 그보다 더 높은 특정 에너지 준위 E_2로 옮겨가는 것만 허용되기 때문이다. 이때 흡수된 광자의 에너지는 두 에너지 준위의 에너지 값의 차이 $\triangle E$에 해당한다.

그러면 어떻게 도플러 효과를 이용하여 **레이저 냉각**을 수행하는지 알아보자. 우선 어떤 원자의 집단을 사이에 두고 양쪽에서 레이저 빛을 원자에 쏘되 그 진동수를 원자의 공명 진동수보다 작게 한다. 원자가 한쪽 레이저 빛의 방향과 반대 방향으로 움직이면 도플러 효과에 의해 원자에서 감지되는 레이저 빛의 진동수가 커지는데, 그 값이 자신의 공명 진동수에 해당하는 원자는 레이저 빛을 흡수하게 된다. 이때 흡수된 광자의 에너지는 $\triangle E$보다 작지만(〈그림〉의 a), 원자는 도플러 효과 때문에 공명 진동수를 갖는 광자를 받아들이는 것처럼 낮은 준위 E_1에 있던 전자를 허용된 준위 E_2에 올려놓는다. 그러면 불안정해진 원자는 잠시 후에 $\triangle E$에 해당하는 에너지를 갖는 광자를 방출하면서 전자를 E_2에서 E_1로 내려놓는다(〈그림〉의 b). 이 과정이 반복되는 동안, 원자가 광자를 흡수할 때에는 일정한 방향에서 오는 광자와 부딪쳐 원자의 운동 속도가 계속 줄어들지만, 원자가 광자를 내놓을 때에는 임의의 방향으로 방출하기 때문에 결국 광자의 방출은 원자의 속도 변화에 영향을 미치지 못하게 된다. 그러므로 원자에서 광자를 선택적으로 흡수하고 방출하는 과정이 반복되면, 원자의 속도가 줄어들면서 원자의 평균 운동 속도가 줄고 그에 따라 원자 집단 전체의 온도가 내려가게 된다. (출처: 2016 LEET)

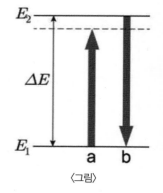

〈그림〉

18 태양 전지의 원리: 광전효과 응용 기술

태양 전지는 태양 에너지를 직접 전기 에너지로 바꾸는 장치로, P형 반도체와 N형 반도체를 사용해 태양의 빛 에너지를 전기 에너지로 바꾼다. 이때 사용되는 원리가 바로 빛의 입자성을 이용한 아인슈타인의 '**광전효과**'다. 광전효과란 금속 표면에 한계진동수보다 큰 빛을 비췄을 때, 금속 표면에서 전자가 튀어나오는 현상이다. 광기전력 효과에서처럼 태양광에 의해서 발생한 전하 운반자는 내부 전기장에 의하여 외부 회로를 통하여 흐르게 된다.

태양 전지가 빛을 받으면 P형과 N형의 접합면에서 전자가 튀어나와 자유 전자가 된다. 이 자유 전자(−)는 N형 반도체의 전면 전극 쪽으로 이동하고, 전자가 있었던 곳은 정공(+)이 된다. 그럼 이 빈자리를 정공 주위에 있던 전자가 이동해 채우게 된다. 이러한 활동이 반복되면 N형 반도체엔 전자가 쌓이게 되고, P형 반도체에는 정공(+)이 쌓이게 되면서 기전력이 발생한다. 이 상황에서 전구나 모터와 같은 부하를 연결하면, N형 반도체에 있던 자유전자들이 회로를 따라 P형 반도체 쪽으로 이동하면서 전기가 흐르게 된다. 이러한 단계를 반복하면서 발생한 전류를 모아 전기 에너지로 이용한다.

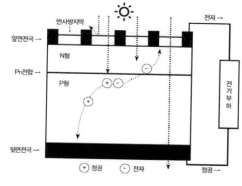

〈태양 전지의 원리〉

🔷 광전효과

광전효과는 빛이 금속 표면에 닿으면 금속 내에 있던 전자가 밖으로 튀어나오는 현상으로, 빛 에너지가 전기 에너지로 전환되는 것을 말한다. 빛은 전자기파이고, 전자기파의 에너지가 금속에 속박된 전자에 전달돼 충분한 에너지를 받은 전자가 금속 밖으로 탈출할 수 있게 된다. 비유적으로 말해서 해안가 백사장에서 모랫바닥에 대고 마치 채찍처럼 밧줄을 휘두르면 모래알이 튀어 오르는 것과 비슷하다. 광전효과로 전자의 에너지를 증가시키는 것은 빛의 진동수로, 진동수가 크면 클수록 더 큰 에너지를 갖는 전자가 방출된다. 이처럼 광전효과는 **빛의 입자성**을 잘 설명하는 현상으로, 이때의 빛의 알갱이를 '광자(光子)'라 부른다. 다시 말해 입자처럼 행동하는 광자의 에너지는 광자의 진동수에 비례하고 그 밝기는 광자의 수에 비례한다. 빛의 파동론으로는 도저히 광전효과를 받아들일 수 없으나, 간섭 및 회절현상 등은 빛의 파동성을 입증하는 것들이다. 광전효과는 많은 분야에서 응용되고 있다. **태양광 발전**은 광전효과를 이용한 좋은 예이다. 즉, 태양빛을 실리콘 기판에 쪼이면 여기에서 전자가 튀어나오며, 이 전자를 이동시켜 배터리에 저장하여 전기로 사용할 수 있다. 빌딩 내의 감지기나 건물 출입자 수 자동 계산 장치, 가로등 자동 개폐 감지기로도 활용될 수 있다. 그 밖에도 복사기나 **레이저 프린터**의 원리가 이 광전효과를 이용하는 것이며, 카메라의 광도계, 광통신 신호 변환, 팩스 등에서도 많이 활용되고 있다. 방사선 엑스레이는 광전효과의 반대 과정으로서 강한 에너지를 갖는 전자를 금속에 충돌시켜 발생하는 파장이 매우 짧은 광선(엑스선)을 이용하는 것이다.

19 초전도체의 원리: BCS 이론 응용 기술

초전도는 어떤 종류의 금속이나 합금을 절대영도 가까이까지 냉각했을 때, 전기 저항이 갑자기 소멸하여 전류가 아무런 장애 없이 흐르는 현상을 말한다. 초전기전도라고도 한다. 초전도체는 전기 저항이 없어 저항에 의한 손실을 막을 수 있고, 강한 전류를 흘려서 강한 자기장을 만들 수 있기 때문에 초전도체를 이용한 전자석의 실용화가 연구되고 있다.

초전도 현상은 금속 안의 전자들이 전기적인 반발력을 이기면서 하나의 쌍을 이루면 초전도 현상이 나타난다는 'BCS 이론'으로 완벽하게 설명할 수 있는데, 전자가 하나의 쌍을 이루는 것을 '**쿠퍼쌍**'이라고 한다. 전자들이 쿠퍼쌍을 형성할 수 있는 것은 금속 안에서 격자를 형성하는 원자핵들과 상호 작용을 하기 때문이다. 전기적으로 +로 대전된 격자들 사이를 전자 (전자는 전기적으로 −다)가 지나가면 순간적으로 격자들이 전자의 경로 쪽으로 약간 쏠린다. 그 결과 두 번째 전자는 훨씬 집중된 +전기를 느끼게 된다. 이 과정에서 두 개의 전자가 격자들과의 상호 작용을 통해 하나의 쌍, 즉 쿠퍼쌍을 이루게 된다.

전자 둘이 쿠퍼쌍을 이뤄 하나의 입자처럼 움직이면 놀라운 효과가 생긴다. 개별 전자에서는 전혀 볼 수 없었던 일종의 '**방향성**'이 생기기 때문이다. 금속 온도가 임계온도 아래로 내려가 전자들이 쿠퍼쌍을 이루기 시작하면, 이때 생기는 쿠퍼쌍들은 똑같은 위상을 가진다. 이렇게 되면 모든 쿠퍼쌍들이 마치 하나의 덩어리인 것처럼 행동하고, 같은 방향성을 가진 쿠퍼쌍들은 계속 그 상태를 유지한다. 그 결과 전기 저항은 완전히 사라진다. 물리적 계의 위상 변화와 관련된 대칭성을 '게이지 대칭성'이라고 하는데, 초전도체에서는 전기 저항이 사라지면서 게이지 대칭성이 깨진 결과 초전도 현상이 일어나는 것이다.

표준모형의 소립자들이 '**힉스 입자**'를 통해 질량을 얻는 과정(힉스 메커니즘)도 이와 비슷하다. 특히 초전도체가 보이는 중요 특성인 마이스너 효과는 힉스 메커니즘의 핵심이라 할 수 있다. **마이스너 효과**란 외부 자기장이 초전도체 내부를 침투하지 못하는 현상이다. 이는 외부 자기장이 있을 때 초전도체 내부에 초전류가 형성되면서, 그로 인한 유도 자기장이 외부 자기장을 모두 밀어내기 때문이다. 흔히 자석 위에 초전도체가 공중 부양하는 사진을 쉽게 볼 수 있는데, 이는 마이스너 효과 때문이다. 마이스너 효과가 생기는 이유는 자기장의 실체라고 할 수 있는 광자가 초전도체 안의 쿠퍼쌍과 상호 작용을 통해 일종의 질량을 갖기 때문이다. 질량이 커지면 광자가 침투할 수 있는 깊이는 역으로 줄어든다. 원래 광자는 질량이 없는데, 이는 전자기력이 게이지 대칭성을 가지고 있기 때문이다. 그러나 쿠퍼쌍은 게이지 대칭성을 깨는 것이기에, 광자가 초전도체 안에서 이들과 상호작용하면 없던 질량이 발생한다.

✚ 초전도체 응용

초전도체는 내부에 자기장이 침투할 수 없을 뿐 아니라, 초전도체가 되기 전에 내부에 침투돼 있던 자기장도 밖으로 밀어내는 성질인 완전반자성(마이너스 효과)를 지니고 있다. 이런 성질 때문에 초전도체는 자석 위에서 떠오르는 **자기 부상 현상**을 일으키는 것이다. 초전도자석은 MRI라고 하는 핵자기공명장치, 입자가속기, 에너지 저장 장치, 자기부상열차 등에 응용된다. 초전도체의 응용은 교통, 에너지, 전자공학, 의료 및 방위산업 등 미래산업에 혁명적인 영향을 줄 것으로 기대된다.

20 프로펠러의 원리: 베르누이 정리 응용 기술

프로펠러의 원리를 이해하기 위해서는 '추력'과 '양력'에 대해 먼저 이해하여야 한다. **추력**은 프로펠러의 회전이나 가스 분사로 얻어지는 것으로, 항공기를 밀거나 당기는 추진력과 같은 말이다. 반면에 **양력**은 중력에 반대 방향으로 작용하는 힘으로서 항공기를 뜨게 하는 역할을 한다. 비행기의 프로펠러가 돌면, 프로펠러의 블레이드(날개)는 공기를 뒤쪽으로 밀어낸다. 프로펠러의 블레이드는 단면의 에 어포일이며 비행기의 날개가 회전하는 것과 같은 효과를 주게 된다. 비행기의 날개는 양력을 일으키는 데 비해, 블레이드는 추력을 일으킨다.

프로펠러는 블레이드의 수에 따라 종류를 나눈다. 2장의 블레이드(2엽)를 가진 프로펠러에서부터 6장의 블레이드(6엽)를 가진 프로펠러까지 있는데, 최신의 항공기에는 6장의 블레이드를 이용하여 천천히 조용히 회전시키며 충분한 추력을 얻어 내고 있다. 하지만 블레이드 수가 많아질수록 효율이 떨어지므로 용도에 맞게 사용해야 한다. 최근에 프로펠러가 많이 사용되는 초경량 비행기에는 2~3엽 프로펠러가 사용된다. 비행기마다 프로펠러가 사용되는 위치도 다른데, 대다수 비행기의 경우 동체 앞부분과 날개에 각각 부착되어 있다.

프로펠러를 보면 이상한 점을 하나 발견할 수 있는데, 그것은 '왜 끝단이 비틀려 있을까' 하는 것이다. 그 이유는 프로펠러가 회전하게 되면 블레이드의 바깥쪽이 중심축 쪽보다 더 빨리 돌기 때문으로, 바깥쪽을 비틀어서 **양력을 줄여 주는** 것이다. 그렇게 되면 블레이드 전체에서 고른 양력을 얻을 수 있다.

로터

대표적인 추력 발생 장치인 프로펠러와 그와 비슷한 모양의 양력 발생 장치가 바로 헬리콥터의 **로터(회전날개)**이다. 프로펠러와 로터의 단면을 살펴보면 둘 다 유선형임을 알 수 있는데, 이 두 장치에서 추력과 양력이 발생하는 원리는 비슷하다. 로터가 회전하면서 공기의 흐름을 만든다고 가정하자. 볼록한 위쪽을 지날 때와 평평한 아래쪽을 지날 때 속도 차이가 생기게 된다. 그렇게 만들어진 공기의 속도 차이는 날개의 위쪽과 아래쪽의 압력의 차이를 가져오게 된다. 공기의 속도가 빨라지면 압력이 낮아지고, 속도가 느려지면 압력이 높아진다는 '**베르누이의 정리**'에 의해 날개 위쪽의 압력이 낮아지고, 아래쪽의 압력이 높아지게 되는 것이다. 그렇게 되면 위쪽으로 힘이 작용하게 되는데, 그것이 양력으로, 헬리콥터를 날 수 있게 하는 힘이다. 이번엔 이 그림을 옆으로 돌려놓고 보자. 프로펠러가 돌아가면서 공기의 흐름을 만들어 내고 속도 차이가 생기게 되며, 그 속도 차이는 압력의 차이를 만들어 내어 '베르누이의 정리'에 의해 오른쪽에서 왼쪽으로 힘을 가하게 된다. 그것이 곧 추력으로, 이 힘은 항공기를 앞으로 당기게 되고 그 추력을 바탕으로 날개에서 양력이 생겨 공중으로 떠오르게 된다.

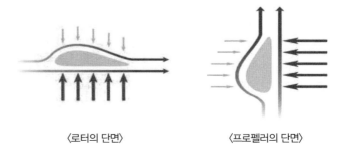

〈로터의 단면〉　　　　〈프로펠러의 단면〉

21 디지털 포렌식 기술의 원리: 디지털 저장 장치에서 증거를 확보하는 기술

디지털 포렌식(Digital Forensic)이란 디지털 기술을 기반으로 하는 포렌식을 특정하는 의미다. 이는 컴퓨터 하드디스크나 이동식 저장 디스크(USB), 휴대폰, CCTV 등 정보를 저장하는 장치에서 데이터가 삭제되었을 때, 그 삭제된 데이터를 복구 및 분석하여 범죄 단서를 찾는 수사기법을 일컫는다. 우리가 휴대폰이나 컴퓨터에 저장해 놓은 파일을 삭제하더라도 그 정보는 삭제되지 않고 저장소에 그대로 남아 있다. 다만 파일과 우리를 연결해 주는 연결고리만 사라지는 것으로 실제로는 내부에 남아 있다. 디지털 포렌식의 원리는 이렇게 내부에 파일로 남아 있는 데이터의 연결고리를 다시 찾아서 우리 눈에 보이게끔 밖으로 추출하여 복원하는 것이다. 따라서 저장소에 데이터가 많이 쌓여서 덮어쓰기가 되거나 저장소 자체가 파괴된다면 디지털 포렌식은 불가능해진다.

디지털 문서 검토 및 사이버 범죄 탐지에 정교한 인공지능(AI) 알고리즘이 적용된 컴퓨터 포렌식 기술이 확산하고 있다. 디지털 포렌식 기술에는 크게 분산 처리 기법과 파일 카빙 기법이 있다. **분산 처리 기법**은 분산된 데이터들을 네트워크를 통해 여러 대의 컴퓨터에 나누어 처리하는 시스템으로, 대용량 디지털 저장매체에 대해 효율적인 분석을 가능하게 한다. 컴퓨터 포렌식을 위한 디지털 증거는 다양한 저장 장치, DB 및 인터넷 서버 등에 문서나 로그 정보 형태로 대량으로, 그리고 무작위로 존재한다. 이러한 디지털 증거가 법정에서 증거물로 인정받기 위해서는 물리적 저장 매체를 압수하여 분석하는 강력한 성능을 가진 솔루션이 필요하다. 하지만 분산 처리 기법으로 이를 분석하는 데 장시간이 소요된다는 문제가 있다.

파일 카빙 기법은 메타 데이터와 같은 부가정보가 없는 데이터의 단편 조각 사이의 '인접―상관도'를 측정한 후, 원래 이미지 형태로 단편화 조각들을 재조합해 디지털 증거를 재현하는 기술을 말한다. 디지털 증거로 수집한 이미지 파일의 경우에는 시그니처 정보를 알아야 이미지 재조합이 가능하지만, 암호화된 디지털 이미지의 경우 시그니처 정보가 없는 경우가 많다. 이처럼 시그니처 정보가 없는 이미지 파일 조각들을 재조합하여 이미지를 재생하는 기법이 '**파일 카빙**'이다. 파일 카빙 기법은 파일 시스템 정보를 사용하지 않고 데이터가 덮어 쓰이지 않은 비 할당 영역을 대상으로 수행한 파일의 고유 특성만을 이용하여 파일을 복구할 수 있다. 특히 파일명을 제외한 형태, 크기, 위치, 원소유자 정보가 담긴 인코드 테이블이 훼손되어 파일을 복구하기가 어려워졌을 때 데이터 카빙 기법은 매우 유용하다. 암호화된 이미지의 단편 조각을 읽어내는 파일 카빙은 하드웨어 구조를 기반으로 이미 개발되었으며, 이미지 단편 조각 간 상관성을 계산하는 기술은 소프트웨어 포렌식 기술을 기반으로 개발이 진행 중이다.

✚ 포렌식 마킹

포렌식 마킹은 디지털 콘텐츠 정보 추적 기술을 말한다. **포렌식 마킹**은 이미지, 오디오, 비디오와 같은 디지털 콘텐츠에 구매자 정보나 유통경로, 사용자 정보 등을 삽입하여 콘텐츠를 불법으로 유포하는 사람과 배포 경로를 추적하는 용도의 기술이다. 콘텐츠를 배포할 때 공급받는 사용자 정보를 함께 삽입하여 불법 복제의 근원지를 추적하는 데 이용한다.

22   3D 홀로그램의 원리: 빛의 간섭 현상 응용 기술

홀로그램은 영상이 3차원이고, 실물과 똑같이 입체적으로 보이는 사진이다. 홀로그램은 홀로그래피의 원리를 이용하여 만든다. 홀로그래피 원리는 광원에서 나오는 간섭성 빛을 빔스플리터를 이용해 둘로 나누어 하나의 빛은 거울과 렌즈를 이용해서 직접 필름을 비추게 하고, 다른 하나의 빛은 우리가 보려고 하는 물체에 비추는 것이다. 이때 직접 필름을 비추는 빛을 기준파라고 하고, 물체에 비춰진 후 그 물체에 반사되어 나오는 빛을 물체파라고 한다. 물체파는 물체의 각 표면에서 반사되어 나오는 빛이므로 물체 표면의 각 부분에서 스크린까지의 거리 차이에 따라 위상차가 나타난다. 이때 변형되지 않은 기준파가 물체파와 간섭을 일으키게 되어 밝고 어두운 부분으로 구성된 간섭무늬가 필름에 기록된다. 이러한 간섭무늬가 저장된 필름을 홀로그램이라고 한다. 간섭무늬를 필름에 정확히 기록하려면 파장과 진폭이 일정한 빛을 사용해야 한다. **레이저 광선**이 이러한 성질을 이용해 홀로그램을 제작한다.

간섭무늬가 기록된 필름에 원래의 기준파와 같은 광선을 쬐면 필름을 통과한 빛은 회절 원리에 의해 원래 물체에서 반사해서 생긴 것과 같은 파가 나오게 되어 홀로그램에서 원래의 물체파가 재생된다. 물체파와 필름에 직접 투사된 기준파는 서로 간섭 효과를 내면서 필름의 전역에 투영된다. 즉, 물체파와 기준파를 간섭시켜 간섭무늬를 기록한 홀로그램에 기준파를 비추면 홀로그램에서 원래의 물체파가 재생되어 필름 너머로 마치 물체가 존재하는 것처럼 보인다. 이때 시선을 옮김에 따라 눈에 관측되는 물체의 위치가 달라져 입체상을 느낄 수 있다.

홀로그램은 그 특성상 물체를 기록한 홀로그램의 작은 조각만 가지고 있어도 그 물체의 전모를 볼 수 있다. 다시 말하면 홀로그램의 한 점이라도 그 점에서 볼 수 있는 물체의 표면 정보를 완전하게 기록하고 있다고 말할 수 있다. 게다가 한 홀로그램에 다른 정보를 중첩적으로 기록할 수 있으며, 동시에 기록된 물체 정보를 다시 각 물체의 상으로 재생할 수 있어 저장 장치로 각광받고 있다. 그뿐만 아니라 입체감과 독특한 컬러 변화가 표현되어 동일 영상의 복제가 거의 불가능한 장점이 있어 지폐의 위조 방지 표식, 정품 인증 스티커 등 보안 용도로 널리 활용되고 있다.

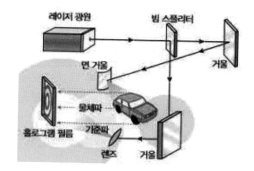

✛ 디지털 홀로그램

디지털 홀로그래피는 이미지센서로 촬영한 **3차원 디지털 데이터**를 획득하여 홀로그램을 생성 및 저장, 처리 및 편집 가능토록 한 형태이다. 광학 홀로그래피로 필름에 기록한 아날로그 홀로그램은 압축·전송이 불가능하지만, 디지털 홀로그래피는 압축·전송이 쉽다. 디지털 홀로그래피 기술은 피사체의 위상 정보나 3차원 정보에 대한 기록 및 피사체의 정량적인 해석이 가능하며, 현상 처리할 필요가 없다. 디지털 홀로그래피에서는 참조광을 이미지 센서에 거의 수직으로 조사(照射)하는 인라인 홀로그램을 사용하여 미세한 간섭 패턴을 기록한다. 인라인 홀로그램에서는 한 장의 간섭무늬 영상을 촬영하는 것만으로도 피사체의 3차원 영상에 대한 정보를 기록·재생할 수 있다. 따라서 움직이는 피사체에 적용할 수 있으며, 실제로 존재하지 않는 피사체를 컴퓨터 그래픽으로 생성 및 촬영하여 구현할 수 있다. 디지털 홀로그램 생성의 궁극적 목적은 실제와 동일한 3D 영상 데이터를 담은 CGH를 실시간으로 생성하는 것으로, 방대한 계산량 처리 알고리즘 및 고속화 그래픽 프로세싱 알고리즘 개발이 진행되고 있다.

23 레이저 프린터의 작동 원리: 정전기 현상 응용 기술

레이저 프린터는 복사기와 마찬가지로 정전기 현상의 원리를 이용하여 인쇄를 하는 비충격식 프린터다. 상에 대한 정보를 레이저 광선을 써서 드럼에 맺힌 후 토너라 불리는 카본 가루를 상이 맺힌 곳에만 달라붙게 한 후 종이에 인쇄를 한 후, 뜨거운 롤러를 통과시켜 가루가 용지에서 떨어지지 않게 압착시키는 방식으로 인쇄한다. 레이저 프린터는 일시적인 접착제 역할을 하는 것으로 **정전기 현상**을 이용한다. 이 프린터의 핵심 요소로 드럼 형태의 광수용체가 있는데, 전선으로 전기를 띠게 할 수도 있고 빛으로 전기를 제거할 수 있다.

레이저 프린터 시스템의 핵심 구성 요소는 회전 드럼 어셈블리로, 광자에 의해 방출되는 높은 광전도성 재료로 제작된다. 처음에는 드럼에 전류가 흐르는 전선인 전하 코로나 와이어(또는 대전 롤러)에 양전하가 주어진다. 드럼이 회전함에 따라 프린터는 표면에 작은 레이저 빔을 비추어 특정 지점을 토출한다. 이러한 방식으로 레이저는 문자와 이미지를 인쇄하여 전하 패턴으로 정전기 이미지를 '**그리게**' 된다.

패턴이 설정되면 프린터는 드럼에 양전하 토너(고운 흑색 분말)를 코팅한다. 토너는 양전하를 띠기 때문에 드럼의 음전하 영역에 달라붙지만, 양전하를 띤 '배경'에는 달라붙지 않는다. 이것은 소다 캔에 풀로 글을 쓴 다음 밀가루 위에 굴리는 것과 같은 이치로, 밀가루는 캔의 풀 코팅된 부분에만 달라붙기 때문에 결국 가루로 작성된 메시지가 나타난다. 가루 패턴이 부착된 상태에서 드럼은 종이 위를 굴러 아래 벨트를 따라 움직인다. 용지가 드럼 아래로 굴러가기 전에 전사 코로나 와이어(대전 롤러)에 의해 음전하가 부여되는데, 이 전하는 정전 이미지의 음전하보다 강하므로 종이가 토너 가루를 끌어낼 수 있다. 드럼과 같은 속도로 움직이기 때문에 종이는 이미지 패턴을 정확히 잡아낸다. 종이가 드럼에 달라붙는 것을 방지하기 위해 토너를 픽업한 직후 코로나 와이어가 종이를 밖으로 잡아당긴다. 마지막으로 프린터는 한 쌍의 가열 롤러인 퓨저를 통해 용지를 통과시킨다. 용지가 롤러를 통과할 때 느슨한 토너 가루가 녹아 용지의 섬유와 융합되고, 퓨저가 용지를 출력 용지함 쪽으로 굴리면 페이지 인쇄가 끝난다. 이후, 용지를 압착 롤러에 통과시켜 열과 압력으로 토너가 용지에 고정 후 정전기를 제거한다. 드럼에 남겨진 정전기는 정전기 제거 램프로 없앤다. 레이저 프린터에 이상이 생겨 압축 롤러를 통과하기 직전 용지 위 토너는 입김으로도 날릴 정도로 종이에 약하게 붙어있다. 레이저 프린터에 따라 드럼이 위에서 설명한 경우와 반대로 대전되는 것도 있다. 하지만 정전기적 인력에 의해 토너를 입히는 원리는 동일하다.

질량 유량계 작동 원리: 코리올리 힘 응용 기술

코리올리의 힘은 지구의 자전력에 의해 발생하는 힘으로, '**전향력**'이라고 부른다. 코리올리의 힘은 회전하는 물체 위에서 보이는 가상의 힘으로 원심력과 같은 개념의 힘으로, 그 크기는 운동체의 속력에 비례하고 운동 방향에 수직으로 작용한다. 이를테면 북극(N)에서 지구 밖의 별(P) 방향과 일치하는 지구상의 O 방향으로 미사일을 발사했을 때 미사일이 비행 중에 발생한 지구의 자전 거리만큼 미사일은 오른쪽으로 휘어 도달한다고 생각하는 것이다. 코리올리의 힘이 작용한 사례로는 태풍의 회오리, 욕조나 배수구에서 물이 빠질 때 한쪽 방향으로 발생하는 소용돌이 등을 들 수 있다. 코리올리 힘을 응용한 기술로 '질량 유량계'가 있다.

질량 유량계는 고정된 시간에 튜브를 통과하는 유체 또는 가스의 흐름을 측정하는 데 사용되는 장치다. 이러한 의미에서 질량 흐름은 물질의 부피가 아니라 무게를 말한다. 질량 유량 측정은 다양한 과학 및 산업 응용 분야에서 사용되며, 두 가지 일반적인 유형의 질량 유량계 중 하나인 관성 또는 코리올리 측정기와 열 질량 유량 측정기로 달성된다.

질량 유량계의 작동 원리는 다음과 같다. 먼저, 고정된 점을 중심으로 U자형 튜브가 좌우로 진동을 반복한다. 그렇게 해서 튜브 내에 들어온 액체가 입구로부터 U자로 구부러진 부분을 향해 흐를 때, 튜브의 좌우 떨림에 의해 유체의 질량과 유속에 비례한 **코리올리의 힘**이 발생한다. 이 힘은 진동을 방해하는 방향으로 작용하여 튜브에 비틀림을 준다. 구부러진 부분으로부터 출구를 향하여 흐를 때는 코리올리의 힘이 진동하는 방향으로 발생하여 입구 쪽은 반대 방향의 비틀림이 발생한다. 역방향의 코리올리의 힘에 의해 모멘트 T가 발생하게 되고, 그 비틀린 각도는 코리올리 힘에 비례하므로 이 각도를 정하는 것에 의해 질량의 유량이 확인 가능해진다.

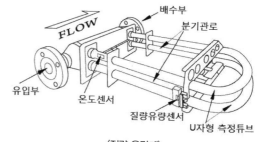

〈질량 유량계〉

지구 자전력, 즉 코리올리의 힘을 이용한 특허 출원은 각종 계측장치 등 산업 전반에 다양하게 적용되고 있다. 최근 환경 분야에서 정수장이나 하수처리장 등에 사용되고 있는 수(水)처리 시설 전조나 농축조에 코리올리의 힘을 이용할 수 있는 기술이 출원되었다. 이는 구조의 경사판과 슬러지 인발관(무이음 매관)을 설치하여 슬러지의 침전과 농축 인발 효과를 대폭 향상하는 기술이다. 그밖에 완구용 비행 원반(부메랑), 회전 작용을 하는 낚시용 찌, 배기가스 정화장치, 살균 물탱크, 광촉매 활성기판, 제철소 슬러지 유출 방지 장치, 세탁기의 스너브 바, 배수용 홈통, 원심 터보 기계, 가스 터빈, 와류형 피스톤, 자이로스코프, 각속도 측정 장치, 질량 유량계 등 다양한 분야에서 코리올리의 힘을 응용한 새로운 특허 기술이 속속 출원되고 있다.

25 OLED의 발광 원리: 정공과 전하가 만나 발생하는 전기 에너지 발광 기술

OLED(Organic Light Emitting Diodes) 디스플레이는 전류가 흐르면 스스로 빛을 내는 유기물질을 이용한 '자체 발광형 디스플레이'를 말한다. 백라이트 광원을 활용해 액정과 컬러필터를 거쳐 색을 표현하는 LCD와 달리 OLED는 유기 발광층에 전류를 가했을 때 이에 반응하는 빛의 3원색인 RGB 발광물질을 통해 색을 표현한다. 픽셀 하나하나가 자체적으로 빛을 내기 때문에 화질, 두께, 소비전력 측면에서 매우 우수할 뿐만 아니라, 유연하게 구부리고 접을 수 있어 다양한 애플리케이션에 활용할 수 있다.

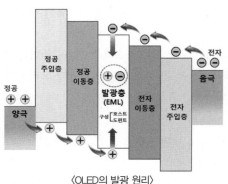

〈OLED의 발광 원리〉

OLED에 전류를 가하면, 빛을 내는 발광물질들로 이루어진 발광층(EML)이라는 곳에서 전자와 정공이 만나 빛을 낸다. 위 그림과 같이 전계를 인가하면 음극에서는 전자, 양극에서는 정공이 주입되어 발광층에서 만나게 된다. 이때 전자와 정공의 결합체를 '**여기자**(exciton)'라고 하는데, 여기자는 이름 그대로 '여기 상태'인 입자이다. 여기 상태란 '전자가 에너지를 흡수하여 기존의 상태 보다 들뜬 상태이자 불완전한 상태'라고 이해하면 된다. 그러나 여기 상태는 일시적으로 불안정한 상태로, 전자는 안정된 상태를 찾아가려는 본능이 강하기 때문에 원래의 '기저 상태'로 다시 되돌아 나간다. 전자가 여기 상태에서 기저 상태로 되돌아가며 에너지 준위가 원래 수준으로 다시 낮아지게 되는데, 이때 줄어든 에너지가 빛의 형태로 방출되어 우리 눈으로 보이는 것이다. 정리하면, OLED는 전자와 정공이 만날 때 들뜬 상태의 전자는 바닥상태로 안정화되는데, 이때 줄어든 에너지만큼 빛의 형태로 방출되는 원리를 응용하는 기술이다.

그렇다면 OLED는 어떻게 자체 필터 없이도 색을 방출할까? 간단하게 말해, 각 색상마다 에너지의 방출 정도가 다르기 때문이다. 이 에너지의 방출 정도는 '**밴드갭**'에 따라 달라진다. 쉽게 말해 '밴드갭'이란 한 물질 내부에서 전자가 존재하는 가장 높은 에너지 레벨(HOMO)과 전자가 존재하지 않는 가장 낮은 에너지 레벨(LUMO)의 차이를 뜻한다. 밴드갭이 높을수록 전기가 통할 가능성은 적다. 가장 높은 에너지 레벨과 낮은 에너지 레벨의 차이가 OLED가 보여주는 색을 결정짓는 주요 요소라 할 수 있다. LUMO와 HOMO의 에너지 차이, 즉 밴드갭에 따라 다른 빛을 내며, 밴드갭이 클수록 높은 에너지의 빛을 발생시킨다. 밴드갭이 크면 에너지가 많이 방출되며, 따라서 파장이 짧은 빛(파란색)을 내게 된다. 반대로 LUMO와 HOMO 사이의 에너지 차이가 적다면, 즉, 밴드갭이 작다면 파장이 긴 빛인 적색이 만들어진다. 마찬가지 원리로, 녹색의 빛은 이 에너지 레벨 차이가 적색과 파란색의 중간이라고 할 수 있다.

하이브리드 자동차 구동 원리: 내연기관차의 엔진과 전기차의 배터리 모터라는 '두 개의 심장'을 장착

하이브리드 자동차는 엔진과 모터 동력을 조합하여 구동하는 환경친화적 자동차를 말한다. 출발과 저속 주행 시에는 엔진 가동 없이 모터 동력만으로 주행하게 된다. 배터리 충전은 '**회생 제동**'이라는 방식으로 이루어지는데, 그 원리는 감속 시 브레이크를 밟으면 모터가 발전기로 전환되어 전기를 생성하여 배터리에 충전하는 방식이다.

하이브리드 자동차 연비는 기존의 내연기관차보다 40% 이상 높고 배기가스는 낮아진다. 또 엔진 출력에 모터 출력이 추가되어 큰 구동력이 필요한 오르막길 등에서도 가속 성능이 좋고 정숙한 승차감을 지닌 장점이 있다. 하이브리드 자동차를 구성하는 주요 부품은 전기모터, 변속기, 엔진, 그리고 추가로 전기를 제어하는 배터리, 전력 에어 모듈 등으로 구성된다. 일반적인 자동차 주행에 경우는 100% 연료를 구동하는 방식이지만, 하이브리드 자동차 주행 시스템은 여러 모드로 구분된다. 따라서 연료를 소모하는 모드 이외에는 연비를 절약할 수 있는데, 〈그림〉에서처럼 하이브리드 자동차 모드별로 사용되는 주 에너지원이 구분된다.

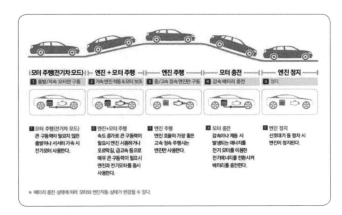
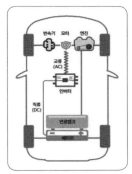

하이브리드 자동차는 연료 소모는 최소화하면서 주행 성능은 극대화하기 위해 출발과 저속 주행, 가속 주행, 고속 주행, 감속 주행, 정지 등 5가지 주행 형태별로 모터 주행과 엔진 주행을 적절히 조합한 주행 모드로 주행한다. 이 때문에 엔진에 모터의 동력을 더해 큰 힘으로 구동한다. 차량 감속 시 회생 제동으로 충전하였다가 출발하거나, 저속 주행 시 모터 동력만으로 주행하기 때문에 가솔린차 대비 연비 40% 이상 뛰어나다. 하이브리드 자동차는 **전기차 모드** 운행 구간을 늘리고 지나친 과속을 사전에 방지함으로써 연비를 절감하고 좋은 자동차 운전 습관을 길들이게 함으로써 경제적인 이점까지 가져올 수 있다.

⚙ 하이브리드 자동차에 부착되는 영구자석 모터

하이브리드 자동차의 구동 모터는 AC(교류) 모터 형식의 매입형 영구 자석 동기 모터라는 점에서 일반 전자제품에서 많이 사용되는 DC(직류) 모터와 차이 난다. AC 모터는 일정한 힘을 발생시키며, 효율과 내구성이 높다. 또한 친환경차의 회생제동 시스템을 가능하게 한다. 모터는 외부에서 역으로 운동 에너지를 가하면 발전기가 되는데, 차량이 감속하거나 내리막길을 주행할 때, 모터의 에너지 흐름이 반대 방향으로 바뀜으로써 운동 에너지가 전기 에너지로 변환되어 배터리에 축적된다.

블록체인 기술의 원리: 분산형 네트워크 기반 기술

블록체인(Block Chain)은 일정 시간 동안 발생한 모든 거래 정보를 블록 단위로 기록하여 모든 구성원에게 전송하고, 블록의 유효성이 확보될 경우 이 새 블록을 기존의 블록에 추가 연결하여 보관하는 방식의 **알고리즘**이다.

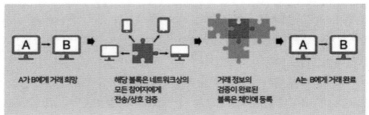

A가 B에게 거래 희망   해당 블록은 네트워크상의 모든 참여자에게 전송/상호 검증   거래 정보의 검증이 완료된 블록은 체인에 등록   A는 B에게 거래 완료

〈블록체인의 거래 흐름도(개념)〉

블록체인은 효율적이고 검증 가능한 방식으로 거래를 기록할 수 있는 개방된 분산원장, 즉 '데이터베이스' 역할을 한다. 한 마디로 '**분산형 데이터베이스**'이다. 블록은 정보를 저장하고 있는 수많은 컴퓨터를 의미하고, 체인은 그러한 컴퓨터가 마치 사슬처럼 연결돼 있음을 뜻한다. 이때 주로 저장되는 정보는 '거래 내역'이다. 블록체인에서는 수많은 컴퓨터의 각기 다른 사용자들이 거래 정보가 담긴 장부를 분산해서 저장한다. 이 '**분산원장**' 기술이야말로 블록체인의 핵심 요소로, 거래 내역이 맞는지 확인할 때는 블록들끼리 서로 데이터들을 대조해 보면서 '다수의 정보'를 옳은 거래로 간주한다. 모든 네트워크 참여자는 분산원장과 트랜잭션의 불변 레코드에 액세스할 수 있다. 이 공유 원장에서 트랜잭션은 한π 번만 기록되며, 기존 비즈니스 네트워크에서는 흔한 중복 업무가 사라진다.

블록체인 기술의 또 다른 특징은 높은 '**암호화**'다. 블록체인 내 블록들은 암호화되어 기록된다. 이 암호화 방식은 대단히 예민해서 마침표(.) 하나만 찍혀도 암호가 전부 뒤바뀌게 된다. 이러한 블록체인 암호화 기술을 책임지는 함수를 '**해시 함수**'로 부른다. 이는 참여자 간 공유 네트워크가 집단으로 새 블록을 검증하기 위한 프로토콜에 따라 관리됨으로써 보안성이 높다. 일단 공유 원장에 기록되면 어떤 참가자도 트랜잭션을 변경하거나 이를 위조할 수 없다. 트랜잭션 레코드에 오류가 포함되면 해당 오류를 되돌리기 위해 새 트랜잭션을 추가해야 하며, 두 트랜잭션을 모두 볼 수 있다.

그렇다면 블록체인은 기존의 거래 방식과 무엇이 다를까? 기존의 은행에서는 거래 장부를 중앙 시스템에서 관리했다. 그러나 블록체인은 정보를 분산해서 저장하고, 정보의 검증도 사용자들끼리 대조하는 방식이기 때문에, '제3의 기관'이 필요 없는 탈중앙화와 함께 중개 기관을 거치지 않는 탈중개화가 이뤄지기 때문에 거래 비용은 획기적으로 낮아진다.

블록체인에서 거래 정보의 무결성을 증명하는 방법은 '**상호 대조**'다. A와 B 사이에 거래가 이루어졌다면, 거래 정보에 해당하는 블록이 생성돼 모든 네트워크상의 컴퓨터로 전송된다. 이 거래 정보가 과반수 참여자의 정보와 일치한다면, 거래는 성립되고 기존의 블록들과 체인처럼 연결된다. 만약에 위조를 하고자 한다면 최소 과반수의 정보를 해킹해야 하는데, 이는 현실적으로 불가능하다. 어떤 악의적인 참가자가 데이터를 바꾸는 경우에도, 상호 정보 대조 과정에서 소수가 된 데이터는 자동으로 경쟁에서 뒤처진다. 이러한 대조에 걸리는 시간은 수 초도 걸리지 않는다.

전동기와 발전기 원리: 플레밍의 왼손 법칙(전동기)과 오른손 법칙(발전기) 응용 기술

전동기와 발전기는 맥스웰의 세 번째 및 네 번째 방정식 덕분에 발명되었다고 해도 과언이 아니다. 선풍기, 헤어드라이어, 전기면도기, 믹서 등 가정용품에 사용되는 모터들은 전기를 자기장으로 바꾸고 이 자기장이 우리에게 필요한 회전 운동을 일으킨다. 그렇다면 이것들을 쓰기 위해 스위치를 올렸을 때 어떤 현상이 일어날까?

가장 단순한 모터(전동기)는 전자석과 영구 자석의 결합체이다. 고정해 있는 전기 접점이 철심에 감긴 전선에 전류를 흘려보내면 각각의 철심은 조그만 막대자석으로 변한다. 전자석의 S극과 N극은 각각 영구 자석의 반대 극에 끌리도록 배열되어 있다. 같은 극끼리는 밀치고 다른 극끼리 당기는 원리에 따라 철심은 **회전하게** 된다. 이 철심이 반 바퀴를 돌자마자 전류는 방향이 바뀌고 따라서 극도 반대로 바뀐다. 그래서 각 극은 영구 자석의 다른 극에 끌리고, 이 과정이 반복되어 철심은 계속 회전한다.

그러나 대부분의 모터는 좀 더 복잡하다. 일반 모터는 여러 세트의 영구 자석과 몇 개의 전자석으로 이루어져 있다. 이런 기본 요소를 어떻게 배열하는가에 따라 모터는 일정한 속도로 회전하거나, 강한 힘을 내거나 여러 단계를 이루며 돌거나 한다. 그렇더라도 '전기는 자기장으로 바뀔 수 있다'라는 점에서 기본 원리는 같다.

발전기는 모터와 정반대이다. 발전기는 회전 운동을 **전기 에너지**로 바꿔준다. 에디슨이 실용화할 당시의 발전기는 자기장 안에서 회전하는 단순한 철심에 지나지 않았다. 이 회전에 의해 자기장이 끊임없이 바뀌고 이에 따라 철심에 감긴 전선 안에서 전류가 처음에는 한 방향으로 흐르고, 다음에는 반대 방향으로 흐른다. 이 흐름의 방향이 시간에 따라 주기적으로 변하는 전류 또는 전압인 교류(交流)는 전선을 통해 발전기에서 나와 여러 가지 전기 기구를 움직인다. 무엇이든 어떤 축을 회전시킬 수만 있으면 발전기를 돌릴 수 있다.

전동기: 코일(모터)에 전류를 흘려주면 코일이 회전하는 전동기가 된다.
      (전기 에너지→ 역학적 에너지)
발전기: 힘을 가해 코일을 회전시키면 전류가 유도되면서 발전기가 된다.
      (역학적 에너지→ 전기 에너지)

✚ 직류 전동기의 원리

자기장 공간에서 직사각형 코일에 화살표 방향으로 전류가 흐르면, 엄지손가락이 가리키는 방향으로 힘이 발생하여 코일은 회전하게 된다. 직류 전동기는 역기전력 E [V], 회전속도 N [rpm], 토크 T [N · m] 특성이 매우 중요하며, 각 특성에 맞는 전동기를 선택해야 한다.

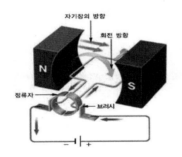
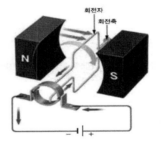

29 양자컴퓨터의 원리: 양자역학의 원리를 응용

양자역학은 상대성이론과 함께 현대 물리학을 떠받치는 두 개의 큰 기둥 중 하나이다. 상대성이론이 우주를 상대한다면, 양자역학은 원자라는 미시세계를 파고들며 자연의 진실을 찾는 학문이다. 양자는 더이상 작게 나눌 수 없는 에너지의 최소 단위를 가지는 입자로서, 에너지·전·각 운동량을 비롯한 물리적 성질을 나타내는 불연속적인 최소 단위의 물리량을 의미한다. 양자는 '양자 중첩', '양자 얽힘', '불확정성', '비가역성'이라는 4가지 특성을 갖는다.

양자 기술은 이러한 양자 고유의 특성을 활용하여 기존 기술의 한계를 뛰어넘는 혁신기술이다. 4차 산업혁명을 맞이하는 지금의 양자 기술은 기존 ICT 기술의 획기적인 변화를 가져올 뿐만 아니라, 4차 산업혁명 시대의 중요한 기술 인프라이자 인공지능, 빅데이터, 클라우드 기반 지능정보기술을 촉진할 수 있는 미래의 핵심 기술로 주목받고 있다.

양자컴퓨터는 기존 컴퓨터의 비트(0 또는 1) 대신 큐비트(0이면서도 1)로 연산하는 신개념 컴퓨터이다. 기존 컴퓨터는 비트 수가 늘어나면 계산 공간 역시 선형적으로 비례하여 증가하지만, 양자컴퓨터는 비직관적인 성질(**양자 중첩**)을 지니고 있어 큐비트가 늘어남에 따라 양자컴퓨터의 계산 공간이 지수함수적으로 늘어난다. 이러한 이유로 기존 컴퓨터로는 엄청난 시간이 걸리는 암호 해독이 양자 컴퓨터를 사용할 경우 몇 분 안에 종료될 수 있다.

양자컴퓨터의 원리는 빛의 속성과 연관이 있다. 어둠 속에서 한 줄기 빛이 지나간다고 생각한다면, 눈으로 보기에는 한 줄기 빛이 단순히 직진하는 것으로만 보인다. 그러나 빛은 전자기 현상인데, 빛의 전자기장을 분석해 보면 빛의 진행 방향에 대해 수직 방향으로 진동하는 수직 편광(偏光)과 수평 방향으로 진동하는 수평 편광을 동시에 갖고 있다. 만약 하나의 차단망으로 예컨대 수직 편광을 차단하면 수평 편광만 통과된다. 반대로 수평 편광을 차단하면 수직 편광만 통과된다. 그런데 같은 차단망을 45도로 비스듬하게 세우면 수직 편광과 수평 편광이 둘 다 통과할 수 있다. 빛을 이동시키는 경우의 수가 하나 더 생기는 셈이다. 이를 전문용어로 '양자 중첩'이라고 한다.

가장 널리 알려진 양자컴퓨터의 응용 분야는 **암호 해독**과 **방대한 데이터 검색 알고리즘**이다. 최근 NISQ(니스크, 잡음이 있는 중간 형태 양자 컴퓨팅) 수준의 제한적인 양자컴퓨터의 활용을 극대화하기 위한 연구가 활발히 진행되고 있다. 이는 양자 프로세서로는 디지털컴퓨터가 효율적으로 수행할 수 없는 연산만 수행하고, 나머지 연산은 디지털컴퓨터로 수행함으로써 양자 프로세서의 부담을 줄여 주는 방식으로, 이러한 알고리즘을 흔히 '**양자-고전 하이브리드 알고리즘**'이라고 부른다. 양자컴퓨터 개발에 성공하면 전 세계 금융 거래와 전자상거래 내역, 신용카드 정보, 원자력 발전소 등 군사·민간 암호가 손바닥 안에 들어온다. 컴퓨터 하나에 국가 보안 자체가 무력화될 수 있으며, 양자컴퓨터를 미래의 '창(矛)'이라 부르는 이유다. 구글이 양자컴퓨터 칩 '시커모어'를 발표한 후 가상 화폐 시세가 급락했다는 소식은 양자컴퓨터의 엄청난 연산 능력에 대한 두려움과 잠재력을 일상에서 보여주는 사례라 볼 수 있다.

고전 컴퓨터와 양자 컴퓨터 비교

구분	고전 컴퓨터	양자 컴퓨터
연산 단위	비트(0과 1)	큐비트(0이면서 1)
기본 연산자	반도체 연소 소자	진화 연산
일반 연산	소자의 공간적 배치	순차적인 진화 연산
되돌릴 능력	비가역적	가역적

30 홍채 인식 기술: 홍채를 이용한 수학적 패턴 인식 기술

생체 인식 기술은 비밀번호나 공인인증서와 달리 고유한 신체 특징을 활용하기에 보안성이 높다. 생체 인식을 사용하면 분실 또는 변경, 위조 위험이 없고 기억할 필요도 없어 ID를 사용하는 것보다 안전하다. 그 대표적인 것의 하나가 홍채 인식 기술이다.

흥미롭게도 홍채 무늬는 생후 6개월 이내에 형성되고 2~3세 정도에 그 패턴이 완성되지만 오랜 기간 변하지 않는다. **홍채 패턴**은 일란성 쌍둥이끼리도 다르고, 한 사람의 좌우 눈도 다른 패턴을 지녔기 때문에 인식 기술로 적합한 특성을 갖추고 있다. 그뿐만 아니라 고정된 모습을 갖는 다른 생체적 특징과 달리 빛에 따라 영상이 달라져 위조나 복사가 어렵다. 이러한 장점들로 홍채 인식 시스템은 훌륭한 생체 인식시스템 중 하나로 평가된다.

홍채 인식 시스템은 '홍채 영상 취득과 전처리—동공 및 홍채 영역 추출—홍채 특징 추출—홍채 코드 생성—등록 및 식별'의 과정으로 구성된다. 사용자의 눈을 카메라로 촬영해 홍채 영상을 취득한 후 영상을 분석하기 위해 '전처리 과정'을 거친다. 전처리 과정은 그레이화, 에지(영상 안의 윤곽선) 검출, 필터링으로 구성되는데 여기서 그레이화는 빨강·초록·파랑 세 가지 색으로 구성되는 픽셀을 세 값의 평균값으로 대체해 명암 값으로 처리하는 과정이다. 이 과정을 통해 컬러 영상을 명암 값으로 표현된 영상으로 바꾼다.

이후 진행되는 과정은 동공과 홍채의 경계나 홍채와 눈의 흰자위 경계 등 영상의 윤곽선을 찾는 작업이다. 홍채 무늬를 분석하려면 우선 영상에서 홍채 부분을 분리, 구분해야 하는데 윤곽선을 검출하는 작업이 그 과정이다. 홍채는 도넛 모양이기 때문에 영역 구분을 위해 원형 경계 검출기를 이용한다. 동공과 홍채, 홍채와 흰자는 밝기가 매우 다르다. 이 점을 이용해 원형 경계 검출기는 영상의 명암 값이 급격하게 변하는 지점을 찾는다. 그렇게 찾은 지점을 연결하면 홍채의 윤곽선을 그릴 수 있다. 이어지는 '필터링'은 영상의 잡음을 제거하는 과정이다. 홍채 인식 영상은 빛이나 주변 환경에 의해 영상 잡음이 생길 수 있다. 데이터의 불확실성이 높은 경우 대략적인 유추를 통해 데이터를 이용하는 것보다 필터링을 통해 처음부터 고려 대상에서 제외하는 것이 오인식률을 낮출 수 있다.

홍채의 특징점들은 홍채 전체에 걸쳐 존재한다. 하지만 많은 무늬 특징점들이 홍채 중심부에 밀집돼 있어 홍채 인식 시스템은 **홍채 중심부**를 집중적으로 분석한다. 이 분석을 바탕으로 홍채 코드를 생성하는데 홍채 코드는 홍채 영상을 숫자 데이터로 변환한 결과를 말한다. 홍채 코드를 형성함으로써 홍채 정보의 효율적인 등록과 인증이 가능해진다. 홍채 영역에서 무늬 패턴의 특징을 추출하고 이 특징 신호를 저장과 비교가 쉬운 2진수의 비트열로 표현하기 때문이다. 그 결과 하나의 홍채 영상은 0과 1로 이뤄진 일정 길이의 숫자 배열로 변환되는데 이것이 홍채 코드다. 생성된 홍채 코드는 사용자의 진위를 결정하는 데 이용된다. (출처: 대학신문)

8

꼭 알아야 할 경제의 핵심 개념 20

01 수요곡선과 공급곡선: 경제학 이해의 기초

정해진 기간에 어떤 가격대에서 상품을 구매하고자 하는 의도를 '수요'라고 하고, 상품을 판매하고자 하는 의도를 '공급'이라고 한다. 수요와 공급이 일치하는 점에서 **균형가격**이 형성된다. 균형가격은 수요와 공급의 변동으로 움직이게 된다. 이때 수요가 증가하면 가격은 상승하고 반대로 수요가 감소하면 가격은 하락한다. 마찬가지로 공급이 증가하면 가격은 하락하고 공급이 감소하면 가격은 상승한다. 수요와 공급이 동시에 증가 또는 감소하는 경우에는 어느 힘이 더 큰가에 따라 가격의 움직이는 방향이 결정된다.

〈도표 1〉에서 알 수 있듯, 재화의 가격뿐 아니라 다른 많은 요인도 수요량에 영향을 미친다. 만약 이런 요인들의 변화에 따라 주어진 가격에서 수요량이 감소한다면 수요곡선은 왼쪽으로 이동한다. 만약 이런 요인들의 변화에 따라 주어진 가격에서 수요량이 증가한다면 수요곡선은 오른쪽으로 이동한다. 다른 한편으로, 재화의 가격만 변한다면, 수요곡선은 이동하지 않고 수요곡선을 따라서 이동한다. 이처럼 주어진 가격에서 수요량이 변하는 것을 **'수요곡선의 이동'**이라고 한다. 재화의 가격이 변화하고 그것의 수요곡선이 이동하지 않았다면, 그 가격 변화는 **'수요곡선 상에서 이동'**을 유도한다. 둘은 다른 개념으로, 용어를 숙지하는 것이 중요하다. 한편, 〈도표 2〉는 공급곡선의 이동과 공급곡선 상에서의 이동을 나타낸 것으로, 그 설명은 같다.

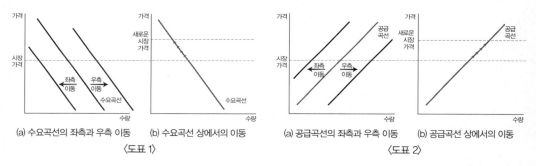

(a) 수요곡선의 좌측과 우측 이동   (b) 수요곡선 상에서의 이동   (a) 공급곡선의 좌측과 우측 이동   (b) 공급곡선 상에서의 이동
〈도표 1〉   〈도표 2〉

때때로 수요곡선과 공급곡선은 **모두, 동시에** 이동한다. 예를 들어 중동 내전은 석유에 대한 공급곡선을 좌측으로 이동시키고, 그와 동시에 국제 석유 공급에 대한 우려가 석유의 수요곡선을 좌측으로 이동시킨다. 〈도표 3〉은 수요곡선과 공급곡선이 모두 좌측으로 이동한 세 가지의 경우를 보여준다. 수요와 공급 모두 좌측으로 이동하면 경쟁 균형 거래량은 언제나 감소한다(즉, Q_2는 언제나 Q_1보다 작다). 다른 한편으로, 경쟁 균형가격은 하락하거나(P_2가 P_1보다 작다), 동일하거나(P_2와 P_1은 동일하다), 또는 증가한다(P_2가 P_1보다 크다). 이를 종합하면, 공급과 수요가 모두 좌측이동을 할 때, 경쟁 균형 거래량은 **항상** 감소하지만, 경쟁 균형가격은 **한 쪽 방향으로** 이동하거나 **동일하게** 유지된다.

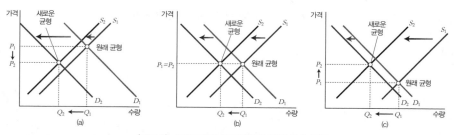

〈도표 3〉 수요곡선과 공급곡선 모두의 좌측 이동

02 소득효과와 대체효과: 가격에 따른 소비량의 변화

무차별곡선이란 소비자에게 동일한 수준의 만족을 주는 재화의 조합을 의미한다. 이런 수준의 만족을 효용이라고 하는데, 이는 재화나 서비스를 소비함으로써 얻는 만족이나 행복감을 측정한 것이다. 〈도표 1〉은 각각의 편익으로부터 얻은 2개의 무차별곡선을 소개한 것으로, 각 선을 따라서 소비자들은 무차별하다. 즉, 그것들의 총편익은 일정하다. 예를 들어 $U=U_1$으로 고려하면, 점 A와 B에서 총편익은 동일하다. 무차별곡선은 가격이나 소득의 변화에 따라 선택이 어떻게 달라지는지 이해하는 데 도움을 준다. 무차별곡선에 대한 이해와 예산제약에 대한 것을 종합하면 소득이나 가격이 변할 때 소비가 어떻게 달라지는지 알 수 있다.

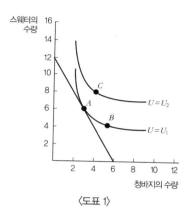

〈도표 1〉

상품 가격의 변화는 소비자의 실질소득에 변화를 가져오게 되는데, 이로 인해 수요량이 변하는 것을 **소득효과**라고 한다. 한편, **대체효과**는 어떤 상품이 다른 상품에 비해 상대적으로 더 싸졌기 때문에 그것의 소비량이 늘어나는 것을 의미한다. 고려 대상이 되는 상품이 정상재인지 아니면 열등재인지에 따라 소득효과와 대체효과는 같은 방향으로 작용할 수도 있고 반대되는 방향으로 작용할 수도 있다.

'**가격효과=소득효과+대체효과**'로, 그 관계를 도식화해서 설명하면 다음과 같다. 〈도표 2〉에서, a→c는 가격효과, a→b는 대체효과, b→c는 소득효과를 보여준다. a→b로 움직일 때, X재 소비량은 증가하고 Y재 소비량은 감소한다. 또 b→c로 움직일 때, X재 소비량은 증가하고(X재는 정상재), Y재 소비량도 증가한다(Y재는 정상재). 참고로 대체효과를 분석할 때에는 오직 재화 상대가격 변화로 인한 효과만을 분석하기 위해 소비자의 실질소득은 불변이라고 가정하는데, 이처럼 실질소득을 일정하게 유지해 주는 작업을 '보상'이라고 한다.

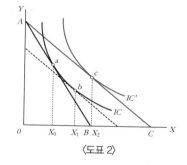

〈도표 2〉

① 대체효과: P_X 상승 시 P_X/P_Y 상승

상대적으로 비싸진 X재 수요량은 감소하며, 상대적으로 싸진 Y재 수요량은 증가한다. 순전히 재화 상대가격 변화의 효과만을 반영하기 위해 재화 가격의 변화가 유발하는 실질소득 변화 효과는 반영하지 않는다.

② 소득효과: P_X 상승 시 M/P_X 감소 → 실질소득 감소
- X재가 정상재인 경우: X재 수요량 감소
- X재가 열등재인 경우: X재 수요량 증가

③ 가격효과: 정상재는 가격이 상승할 때 대체효과와 소득효과 모두 수요량 감소 효과를 일으킨다.
- X재가 정상재인 경우: P_X가 상승할 때 → X재 수요량 감소
- X재가 열등재인 경우: P_X가 상승할 때 → X재 수요량 감소 (대체효과>소득효과), 또는
  X재 수요량 증가 (대체효과<소득효과) → 기펜재

03 완전경쟁시장에서의 균형가격: 수요와 공급이 만나는 점

경쟁적인 시장에서 초과공급량이 존재하면 가격이 하락하고, 초과수요량이 존재하면 가격이 상승하게 마련이다. 초과공급량도 없고 초과수요량도 없는 상태, 즉, 시장 공급량과 시장 수요량이 같은 상태에서는 가격이 상승하거나 하락할 이유가 없다. 가격이 수요와 공급에 의해 상승 또는 하락의 압력을 받지 않아 더 이상 움직이지 않는 상태를 시장이 균형 상태에 있다고 말하고, 이 가격 수준을 **균형가격**이라고 부른다. 마셜은 균형가격을 일시적 균형가격, 단기적 균형가격, 장기적 균형가격으로 구별했다.

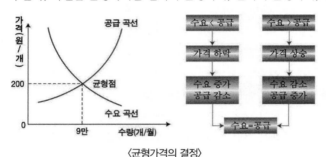

〈균형가격의 결정〉

✚ 단기균형의 여러 모습

완전경쟁시장의 단기균형에서 개별 기업은 초과이윤을 얻을 수도 있고(신규 기업이 진입 불가능한 상태이므로), 정상이윤만 얻을 수도 있으며, 손실을 경험할 수도 있다(고정비용이 존재하므로). 도표는 단기균형의 여러 모습을 보여준다.

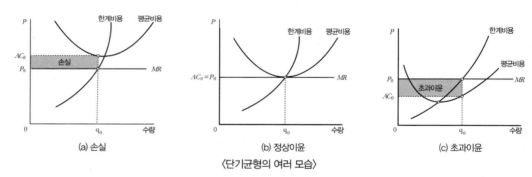

〈단기균형의 여러 모습〉

✚ 장기균형으로의 조정 과정

① 개별 기업이 단기에 손실을 경험하는 경우

　장기가 되면 시장에서 즉시 퇴출 → 시장 공급 감소 → 시장 공급곡선 좌측으로 이동 → 시장 균형가격 상승 → 기업 손실 감소 → 시장에 존재하는 기업들이 더는 손실을 경험하지 않는 수준까지 시장가격 계속 상승

② 개별 기업이 단기에 초과이윤을 경험하는 경우

　장기가 되면 시장으로 신규 기업 진입 → 시장 공급 증가 → 시장 공급곡선 우측으로 이동 → 시장 균형가격 하락 → 기업 초과이윤 감소 → 시장에 존재하는 기업들이 더는 초과이윤을 경험하지 않는 수준까지 시장 가격 계속 하락

04 가격 규제 효과: 시장균형 분석의 응용

시장에서 결정된 가격을 무시하고 정부가 의도적으로 가격을 규제하는 정책을 '**가격 규제 정책**'이라고 한다. 정부의 가격 규제 정책에는 최저 가격제(가격 하한제)와 최고 가격제(가격 상한제)가 있다.

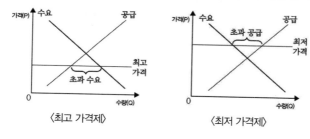

〈최고 가격제〉　　　　　〈최저 가격제〉

✛ 최고 가격제

최고 가격제는 생필품 등이 절대적으로 부족한 경우, 정부가 물가를 안정시키고 소비자를 보호할 목적으로 가격 상한을 설정하여 상한 가격(최고 가격) 이하에서만 거래하도록 통제하는 제도이다. 최고 가격제 하에서는 초과 수요 발생으로 암시장이 형성되는 문제가 발생한다. **가격 상한제**라고도 하며, 대표적인 예로 아파트 분양가 규제 등이 있다.

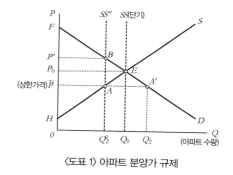

〈도표 1〉 아파트 분양가 규제

〈도표 1〉에서, $Q_2 \sim Q_0$만큼 초과수요가 발생하며(장기적으로는 $Q_2 \sim Q^0_2$의 초과수요 발생), 실수요자에게 최대 P'의 가격으로 전매가 가능하다. 이때,

분양가 규제 전 소비자 잉여: 삼각형 EFP_0
분양가 규제 후 소비자 잉여: FBP'
아파트 공급업자의 규제 전 잉여: 삼각형 HEP_0
아파트 공급업자의 규제 후 잉여: 삼각형 HAP
투기적 수요자가 가져간 잉여: 사각형 $P'BAP$

따라서, 사회적 후생 손실: 삼각형 BEA (이는 정책당국이 시장의 가격에 인위적 규제를 가함으로써 발생한 효율성 상실이다). 참고로, 최고 가격제 실시에 따른 목표 대비 성공 여부는 SW 변화보다 CS 변화에 의해 판단해야 한다.

✛ 최저 가격제

최저 가격제는 상품 생산자의 이익을 보호하기 위해 정부가 하한 가격 또는 최저 가격을 설정하여 그 이하로 가격이 내려가지 못하도록 하는 제도이다. 최저 가격제 하에서는 지속적인 물자 과잉(초과 공급) 현상이 발생한다. 대표적인 예로 최저임금 제도와 농산물가격 지지제도 등이 있다.

개인 사정을 고려하는 누진세율이 차등 적용되지 못하고 비례세율이 일률적으로 적용됨으로써, 소득이 적은 자에게 상대적으로 높은 조세부담률이 적용된다. 이를 '**조세의 전가**'라고 하는데, 결과적으로 간접세는 역진성을 띠게 되므로 공평 부담의 원칙에 어긋난다. 이러한 조세의 전가를 통해 조세의 실질적인 부담이 담세자에게 귀속되는 것을 '**조세귀착**'이라고 한다.

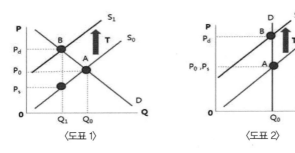

〈도표 1〉　　　　〈도표 2〉

　정부가 세금을 부과하면, 그 액수만큼 가격(생산비)은 오르고, 그 결과 해당 재화의 수요가 감소하면 그에 상응하는 만큼의 공급량은 줄어들게 될 것이다. 여기서 발생하는 조세의 부담은 소비자와 생산자가 각각 부담하게 되는 것이다.

　〈도표 1〉을 보면, 원래의 균형가격 A에서 조세의 부담으로 인해 새로운 균형가격 B가 발생함을 알 수 있다. 수요와 공급의 탄력성 여부에 따라 소비자나 생산자의 부담도 달라지는 것이다. T원의 조세가 생산자에게 부과되는 경우, 공급곡선은 T만큼 상방 이동하게 된다. 그에 따라 시장균형은 점 A에서 새로운 균형점 B로 결정된다. 새로운 균형점에서 소비자는 과세 전의 가격보다 높은 P_d를 지불하게 되며, 생산자는 P_0에서 P_s를 뺀 만큼의 금액을 부담하게 된다. 이때, P_d와 P_s의 차이가 곧 세금(T)의 크기다. 즉 생산자에게 단위당 T의 세금이 부과되었으나 결과적으로 소비자는 이 중에서 (P_d-P_0)만큼을, 생산자는 T 전체가 아닌 (P_0-P_s)만큼만 부담하게 되는 것이다. $T=(P_d-P_0) + (P_0-P_s)$

　일반적으로 모든 경제 변수가 일정한 경우 수요곡선이 **탄력적일수록** 소비자의 조세 부담이 적어진다. 왜냐하면 탄력도 그 자체가 조세 부담을 회피할 수 있는 정도를 설명하기 때문이다. 예를 들어 수요가 가격에 탄력적이라면 소비자는 과세하지 않은 다른 상품으로 소비의 전환이 쉽기에 생산자에게 부담을 쉽게 전가할 수 있다. 따라서 수요곡선이 〈도표 2〉처럼 **완전 비탄력적일** 경우, 생산자가 부담하는 P_0-P_s가 0이 되므로 소비자가 모두 부담하게 되는 것을 확인할 수 있다.

✚ 램지규칙: 최적 조세의 원칙

램지는 최적 물품세의 조건으로 재화의 **한계초과부담(MEB)**이 일치해야 한다고 주장하면서, 이를 위해 각 재화의 탄력성에 **역비례**하는 조세를 부과할 것을 주장했다. 즉, 〈도표 3〉처럼 탄력성이 높을수록 조세를 부과할 때 초과부담이 빨리 증가하므로, 목표한 조세 수입을 달성할 때는 탄력성이 낮을수록 조세를 부과하고, 탄력성이 높을수록 낮은 조세를 부과하는 것이 바람직하다는 것이다.

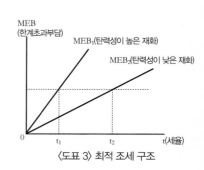

〈도표 3〉 최적 조세 구조

06 외부효과: 시장실패

외부효과는 '시장실패'를 나타내는 개념으로, 어떤 경제주체의 행위가 본인의 의도와는 관계없이 다른 경제 주체에게 의도하지 않은 혜택이나 손해를 불러오지만, 그럼에도 이에 대한 대가를 받지도 않고 비용을 지불하지도 않는 현상을 말한다. '외부효과'는 긍정적인 효과와 부정적인 효과로 구분된다. 부정적 외부효과는 자동차의 배기가스나 소음, 공장의 매연이나 폐수 등과 같이 제3자의 경제적 후생 수준을 낮추는 외부효과로 **외부불경제**라고도 한다. 반면 교육에 따른 편익, 신기술의 개발에 따른 파급효과 등과 같이 제3자에게 이득을 주는 외부효과를 긍정적 외부효과 또는 **외부경제**라고 한다.

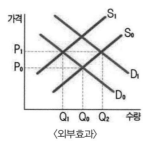

〈외부효과〉

　공해 배출은 부정적 외부효과의 대표적 사례이다. 철강업체는 시장 수요와 자신의 공급비용을 감안해 적정한 가격에 철강 제품을 생산·판매한다. 그런데 철강을 생산하는 과정에서 비산먼지 등 공해 물질을 배출하고, 이는 공장 주변 주민들의 삶에 피해를 준다. 많은 경우 철강업체들은 주민의 피해를 모른 척하려 든다. 이 경우 철강 제품을 생산하기 위해 사회가 치르는 비용은 철강업체가 치르는 사적 비용보다 크다. 표에서 철강 제품의 수요가 D_0일 때 S_0는 철강업체의 공급곡선으로 업체의 사적 비용을 나타내고 있다. 그런데 S_1으로 나타나는 사회적 비용 곡선은 철강업체의 공급곡선보다 위쪽에 위치한다. 업체의 사적 비용에다 제3자(여기서는 인근 주민들)가 부담하는 비용(오염물질 제거나 피해 보상 등)을 추가해야 하기 때문이다. 기업의 관점에서는 Q_0가 시장균형을 이루는 생산량이지만 사회의 관점에서는 Q_1이 외부효과까지 감안한 최적 생산량이 되는 것이다.

　그렇다면 외부효과를 개선하는 방법은 무엇일까? 부정적 외부효과가 나타나면, 정부는 명령을 통해 규제한다. 하지만 시장경제 체제에서 가장 효율적으로 경제주체의 행동을 개선하는 방법은 바로 '**경제적 유인**'을 유도하는 것이다. 대표적으로 세금을 부과하여 경제주체들의 행동을 변화시킨다. 이러한 세금을 우리는 '**피구세**'라고 한다. 피구세에 대응하여 개별 기업은 외부효과를 내부화하여 사회적 균형생산량으로 줄인다. 대표적인 예로 쓰레기 종량제가 있다. 오염배출권거래제 또한 피구세와 마찬가지로 기업의 부정적 행위에 대한 대가를 지불하도록 하여 외부효과를 내부화하는 점이 같다. 반대로 긍정적 외부효과의 경우 정부가 보조금이나 연구개발 세액공제 등의 인센티브를 통해 사회적 균형생산량으로 증가시킨다. 결국, 시장실패의 사례인 외부효과 또한 피구세나 보조금과 같이 '경제적 유인'을 통해 경제주체의 행동을 변화시킬 수 있다.

07 코즈의 정리: 외부효과의 비효율성 해결 방안

코즈의 정리는 민간 경제주체들이 자원 배분 과정에서 아무런 비용을 치르지 않고 협상을 할 경우, 외부효과로 인해 초래되는 비효율성을 시장에서 그들 스스로 해결할 수 있다는 이론이다. 코즈의 정리는 '**거래비용**'의 이론적 바탕이 되고 있다. 영국 경제학자 로널드 코즈는 기업의 역할에 대해 고찰하며 거래비용의 개념을 제시했으며, 이후 외부성과 재산권에 대한 논의를 심화했다.

코즈 정리는 협상 비용은 존재하지 않으며, 이해 당사자 확정이 쉽고, 소유권 귀속에 따른 소득효과는 발생하지 않는다는 것을 전제조건으로 한다. 이때 소유권의 귀속이 명확하게만 이루어진다면 그 귀속 방향과 관계없이 당사자 간 협상이나 거래를 통해 효율성은 달성이 가능하다. 따라서 정부는 법이나 제도를 통해 소유권을 규정하는 최소한의 역할만을 담당하면 된다. 하지만 환경오염 등 외부성 문제의 이해 당사자를 특정하기 쉽지 않고, 이해 당사자가 다수일 경우에 코즈의 이론에서 제시한 것과 같이 원활한 협상을 진행하기 어려운 한계가 있다.

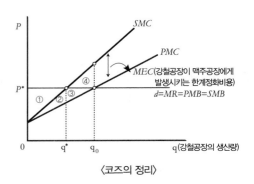

〈코즈의 정리〉

〈도표〉는 강 상류의 강철 공장이 강 하류의 맥주 공장에 해로운 외부성을 일으키고 있는 상황을 보여준다. ①은 강 소유권이 강철 공장에 귀속되는 경우로, 강철 공장은 자신의 이윤을 극대화하는 q_0에서 생산한다. 만약 맥주 공장은 강철 공장에 대해 q^*로 줄여줄 것을 제안한다면, 이때 강철 공장이 요구하는 보상액은 ③ 이상이다. 이에 맥주 공장이 제안할 수 있는 최대 보상액은 '③+④'이며, 이는 정화비용의 감소분을 이용하여 협상할 수 있다. 따라서 시장의 힘에 의해 q^* 달성은 가능하다. 한편, ②는 강의 소유권이 맥주 공장에 귀속되는 경우로, 맥주 공장은 강철 공장에 대해 q=0을 요구한다. 이때 강철 공장은 q^* 생산량을 제안할 수 있는데, 맥주 공장이 요구하는 보상액은 ② 이상이다. 이 경우 강철 공장이 제시하는 최대 보상액은 '①+②'이므로 협상 가능하다. 따라서 시장의 힘에 의해 q^* 달성은 가능하다. 결론적으로 소유권이 누구에게 귀속되느냐는 자원 배분의 효율성 달성에 영향을 미치지 못한다.

✚ 시장실패와 정부실패

불완전 경쟁 등으로 시장이 효율적인 자원 배분을 달성하지 못하는 것을 '**시장실패**'라고 한다. 이것의 주요 원인으로는 **불완전 경쟁, 외부효과, 공공재** 등을 들 수 있다. 한편 시장실패를 교정하기 위한 정부의 시장개입 및 규제가 자원 배분의 효율성을 높이기보다 오히려 해치는 경우가 있는데 이를 '**정부실패**'라고 한다. 정부실패는 규제자의 불완전한 지식과 정보, 규제 수단의 불완전성, 규제자의 경직성 등의 이유로 발생한다. 정부는 대부분 영역에서 독점적인 지위를 갖고 있어 민간기업처럼 경쟁해야 할 필요가 없으며, 성과에 따라 보상을 받는 유인제도가 부족하므로 정부실패가 발생하기도 한다. 정부실패를 방지하기 위해서는 정부 정책의 투명성 강화, 정부 부문에의 '유인'제도 도입, 입법부·감사원·시민단체 등에 의한 감시활동 강화 등의 조치가 필요하다.

공공재는 모든 개인이 공동으로 이용할 수 있는 재화 또는 서비스를 의미한다. 국방·경찰·소방·공원·도로 등과 같이 정부에 의해서만 공급할 수 있는 것이라든가 또는 정부에 의해서 공급되는 것이 바람직하다고 사회적으로 판단되는 재화 또는 서비스가 이에 해당한다. '공공재'에는 보통 시장 가격은 존재하지 않으며 수익자 부담 원칙도 적용되지 않는다. 따라서 공공재 규모의 결정은 정치기구에 맡길 수밖에 없다. 공공재의 성질로는 어떤 사람의 소비가 다른 사람의 소비를 방해하지 않고 여러 사람이 동시에 편익을 받을 수 있는 **비경쟁성·비선택성**, 대가를 지급하지 않은 특정 개인을 소비에서 제외하지 않는 **비배제성** 등을 들 수 있다.

구분		경합성	
		있음	없음
배제성	있음	사적재	클럽재
	없음	공유자원	공공재

✚ 공공재 공급에서의 린달의 원칙

린달의 원칙이란 공공재의 공급 및 소비 과정에서 각 소비자가 경험하는 **한계 편익**(수요곡선의 높이)에 비례하여 공공재의 가격을 징수하는 원칙을 말한다. **린달 균형**이라고도 한다. 린달은 조세의 편익원칙을 이용하여 개별 납세자에게 부과되는 세율과 최적 공공재 공급량을 도출하는 메커니즘을 만들고자 했다. 린달 균형은 수익자 부담에 근거하는데, 이 원칙을 적용하면 소비자는 자신이 드러내는 공공재 소비로부터 한계 편익만큼 가격을 지불하게 된다.

　하지만 린달 균형의 가장 큰 문제점은 현실에 적용하기가 매우 어렵다는 데 있다. 무엇보다 정부가 제공하는 재화를 누가 소비하는지 정확히 구별하기 힘들고 또 사적 재화 소비의 효율성을 달성하기 어렵기 때문이다. 만약 재화가 배제 가능성이나 경합성을 충족하지 못하는 경우, 수익자 비용 부담의 정의상 수익자를 정확히 구별하는 것은 필수불가결한 전제조건이 된다. 따라서 관심을 가져야 할 상황은 정부가 공급하는 재화가 **배제 가능성**과 **비경합성**을 갖는 경우로, 이때 공공재의 최적 공급을 위해서는 공공재의 한계비용과 한계 편익의 총합이 **일치**할 수 있도록 해야 한다.

　〈도표〉처럼 경제에 1, 2, 3명의 경제주체가 있어 정부가 공급하는 재화를 소비하며, 이들의 한계 편익함수(MBi)가 그래프에 표시되어 있는 것과 같다고 가정하자. 이때 x가 비경합성을 가져서 단위의 x를 경제주체 1, 2, 3이 동시에 소비할 수 있는 경우, 사회의 총한계 편익은 각 경제주체의 한계 편익의 합($MB_1+MB_2+MB_3$)이 된다. 만약 x의 한계공급비용(MC)이 일정하고 고정비용이 없다면 최적 공급량은 한계비용과 사회의 한계 편익 곡선이 만나는 x^*이 된다. 왜냐하면 공급이 x^*보다 적다면 공급을 늘릴 때의 비용이 편익의 합 ($MB_1+MB_2+MB_3$) 보다 적으므로 공급량을 늘리는 것이 좋다. 그 반대의 경우에는 물론 공급량을 줄여야 한다. 만약 이 공공사업이 배제 가능성을 가져서 정부는 경제주체 i에게 단위당 fi만큼을 부과하고 이들의 동의에 따라 생산량이 결정된다고 하자. 그렇다면 경제주체 1과 2는 fi와 각자의 한계 편익 곡선이 만나는 x^*만큼 소비하는데 동의하게 되고, 사회적 최적 공급과 재화의 재원 마련이 한꺼번에 해결된다.

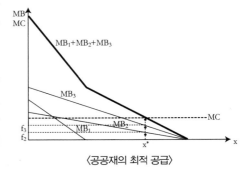

〈공공재의 최적 공급〉

09 사중 손실: 사회적 잉여 감소

사중 손실(死重損失)이란 시장 왜곡으로 인한 **사회적 잉여**의 감소로, 재화나 서비스의 균형이 파레토 최적이 아닐 때 발생하는 경제적 효용의 순손실을 의미한다. 사중 손실의 원인으로는 독점가격, 외부효과, 세금이나 보조금, 그리고 가격상한제나 가격하한제 등이 있다. 후생손이나 추가 부담이라고도 한다.

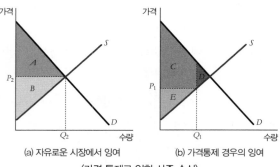

〈도표〉의 (a)는 시장이 자유롭게 작동할 경우의 사회적 잉여를 보여준다. 균형가격 P_2에서 거래되는 수량은 Q_2이다. 소비자 잉여는 삼각형 A이고, 생산자 잉여는 삼각형 B이다. 따라서 사회적 잉여는 '삼각형 A+삼각형 B'이다. (b)는 가격을 P_1으로 규제하는 것이 어떻게 시장에 영향을 미치는지를 보여준다. 가격 통제는 구매자와 판매자로 하여금 모든 거래의 이익을 실현하지 못하게 한다.

(a) 자유로운 시장에서 잉여   (b) 가격통제 경우의 잉여
〈가격 통제로 인한 사중 손실〉

가격 통제가 시행되면 소비자는 생수 1병당 P_1의 가격을 지불하고 Q_1병을 소비한다. 소비자 잉여는 영역 C이고, 생산자 잉여는 삼각형 E이다. 가격을 인위적으로 낮게 유지함으로써 정부는 소비자를 도와주고 있지만((b)의 영역은 (a)의 삼각형 A보다 크다), 생산자에게는 손해를 주고 있다.((a)의 삼각형 B의 면적은 (b)의 삼각형 E의 면적보다 크다). 전체적으로는 이러한 가격 통제의 부과로 인하여 잃어버린 잉여가 발생한다. 잃어버린 잉여는 (b)의 삼각형 D이다. 이 면적이 가격 통제로 인한 사중 손실이라고 한다. 이제 소비자 잉여는 영역 C이고, 생산자 잉여는 영역 E이다. 사회적 잉여는 **가격 통제**로 인하여 사중 손실만큼 줄었다.

✥ 구속력 있는 가격 통제의 세 가지 효과

첫째, 가격 통제는 시장의 자유를 허용하는 것에 비해 거래의 숫자가 줄어들기 때문에 사회적 잉여를 감소시킨다. 둘째, 가격 통제는 잉여를 시장의 한쪽 당사자로부터 다른 쪽 당사자로 재분배한다. **가격 상한제**의 경우, 잉여는 생산자로부터 소비자에게로 이전된다. 셋째, 이익을 보는 사람들에게로 잉여의 재분배가 있게 되는데, 이는 비가격적인 기제를 통해 이루어진다. 가격 통제의 경우, 가장 오래 기다릴 의향이 있거나 가장 연줄이 강한 소비자들이거나 단순히 가장 강한 사람들이 그 재화를 얻게 된다. 그 결과, 일부 소비자들은 이익을 얻는데 반해, 다른 사람들은 더 못한 상태가 된다.

✥ 소비자 잉여와 생산자 잉여

소비자 잉여는 소비자가 어떤 상품을 구입하기 위해 지불할 용의가 있는 금액에서 실제로 지불한 금액을 뺀 나머지로서, 소비자가 그와 같은 교환에서 얻는 이득을 의미한다. 즉 소비자가 높은 가격을 지불하고라도 얻고 싶은 재화를 생각보다 낮은 가격으로 구매한 경우 그것으로 얻는 복리 또는 잉여 만족을 말한다. 예컨대 성냥, 소금, 신문 등은 이러한 재화가 없을 때 겪어야 할 불편함에 비해 값이 싼 재화라고 할 수 있다. 즉 소비자 잉여가 매우 큰 것이다. **생산자 잉여**란 생산자가 상품을 시장에 판매할 때 얻는 수입이 생산자가 꼭 필요로 하는 최저수입보다 커서 추가적으로 발생하는 잉여를 말한다. 즉, 생산자가 상품을 판매하고 실제로 받은 금액 중 최소한 받아야겠다고 생각하는 부분을 초과하는 부분을 뜻한다.

10 승수 효과와 구축 효과: 경제적 파급 효과

어떤 경제 변량이 다른 경제 변량의 변화에 따라 바뀔 때 그 변화가 한 번에 끝나지 않고 연달아 변화를 불러일으켜서, 마지막에 가서는 최초의 변화량의 몇 배에 이르는 변화를 하는 경우가 있다. 이러한 변화의 파급 관계를 분석하고 최초의 경제 변량의 변화에 따라 최종적으로 빚어낸 총 효과의 크기가 어떻게 결정되는가를 규명하는 것이 '승수이론'이다. 최종적으로 산출된 총 효과를 '**승수 효과**'라고 하며, 어느 독립변수의 변화에 대해 다른 모든 변수가 어떤 비율로 변화하는가를 나타내는 것을 '승수'라고 한다.

승수 효과에 관한 정식화는 R.F. 칸에서 시작되었다. 칸은 고용량의 제1차적 변화는 제2차, 제3차 등의 고용증가로 파급된다는 사실에서 고용승수를 정식화하였다. 그러나 이론체계의 중추 부분에 승수이론을 도입한 것은 케인스다. 케인스의 승수는 투자 증가와 그 결과인 소득 증가 사이의 투자승수였다. 예를 들면 100억 원의 투자 증가가 있으면 100억 원의 소득 증가가 발생하는데, 이 소득 증가는 한계소비성향($\triangle C/\triangle Y=c=0.6$)에 따라 60억 원의 소비재 수요를 유발한다. 이 소비재 수요로 소비재 생산이 행하여지고, 이에 따라 60억 원의 소득 증가가 발생하는데, 이는 다시 c배의 소비재 수요를 유발한다. 위와 같은 파급이 일어나 소득 증가의 누계는, $100\times(1+0.6+0.6^2+0.6^3+\cdots)=250$이 된다. 이처럼 케인스는 투자승수의 값을 결정하는 것은 **한계소비성향**이라고 했다.

'**구축 효과**'란 정부 지출 증가 때문에 민간부문의 투자가 감소하는 현상을 말한다. 정부가 경기 부양을 위해 세금을 걷지 않고 지출을 늘리려면 국채를 발행해서 돈을 빌려야 하는데, 그런 경우, 민간에서 빌릴 수 있는 자금이 줄어들어 이자율이 상승하고 민간 투자가 감소한다. 결국, 투자 감소로 인해 민간 부분에서 창출될 생산 증가가 감소하여 정부의 재정지출로 인한 생산 증가를 상쇄하게 되는 현상이 나타난다. 경제가 불황일 때에는 민간의 투자 수요가 적기 때문에 구축 효과가 크지 않을 수 있지만, 경제가 정상이거나 활황일수록 구축 효과는 더 뚜렷하게 나타날 수 있다. 구축 효과의 크기는 **투자 이자율**에 대한 탄력성이 클수록 더욱 크게 나타난다. 구축 효과가 커질수록 재정 정책의 경기 조절 능력은 작아진다. 다음은 구축 효과를 설명한 것이다.

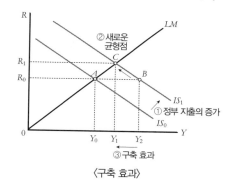

〈구축 효과〉

① 정부 지출의 증가가 *IS* 곡선을 IS_0에서 IS_1으로 이동시켰을 때, ② 새로운 균형점은 B점이 아닌 C점이다. 따라서 국민소득 수준이 Y_2에서 균형을 이루는 것이 아니라 Y_1에서 균형을 이룬다. 이는 ③ 정부 지출의 증가가 민간 부분의 투자 지출 감소로 일부분($Y_2 \rightarrow Y_1$)이 구축되었기 때문이다.

11 통화정책 수단: 중앙은행의 통화 정책

중앙은행이 돈의 양을 늘리거나 줄임으로써 경제활동의 수준을 조절하는 정책을 말한다. 일반적으로 중앙은행은 기준금리 수준을 정한 뒤 여기에 맞춰 통화량을 조절하는데, 그렇게 되면 금융시장에서 콜금리, 채권금리, 은행예금 및 대출금리 등이 변동하게 되어 경제에 영향을 미친다. 중앙은행이 시중에 유통되는 돈의 양을 조절하는 방법에는 **공개시장조작, 지급준비율, 재할인율** 등이 있다.

✚ 공개시장조작 정책

공개시장 운영은 중앙은행이 금융시장에서 금융기관을 상대로 국공채 등 증권을 매매하여 시중 유동성이나 시장금리 수준에 영향을 미치는 통화정책수단이다. 공개시장 운영은 다른 통화정책 수단(지급준비제도, 여수신제도 등)에 비해 시기와 규모를 신축적으로 정할 수 있고, 금융시장의 가격 메커니즘에 따라 이루어지므로 시장 친화적인 데다 즉각적인 매매 거래 만으로 **신속하게** 정책을 시행할 수 있다는 장점이 있다. 대부분의 선진국 중앙은행들은 공개시장 운영을 주된 통화정책수단으로 사용하고 있다.

- 국공채 매입(매각) → 시중에 자금 방출(시중 자금의 흡수) → 통화량 증가(감소)
- 국공채 매입(매각) → 국공채 수요 증가(감소) → 국공채 가격 상승(하락) → 이자율 하락(상승) → 민간 소비, 기업 투자 확대(과열 진정)

✚ 지급준비율 정책

중앙은행이 금융기관으로 하여금 예금 등과 같은 채무의 일정 비율에 해당하는 금액을 중앙은행에 예치토록 하는 제도이다. 은행이 예금 고객의 지급 요구에 응하기 위해 미리 준비해 놓은 유동성 자산을 지급준비금이라고 하고, 적립 대상 채무 대비 지급준비금의 비율을 **지급준비율**이라고 한다. 지급준비금은 은행이 중앙은행에 예치하고 있는 자금(지준예치금)과 보유하고 있는 현금(시재금)으로 구성된다. 지급준비제도는 중앙은행이 지급준비율 변경으로 본원통화를 조절하면 **승수효과**를 통해 통화량에 영향을 주는 유동성 조절 수단으로 효과가 있다.

- 지급준비율 확대 → 통화승수↓ → 통화량 감소
- 지급준비율 축소 → 통화승수↑ → 통화량 증가

✚ 대출 정책

일반은행이 기업이나 개인에게 자금을 대출해 주는 것과 마찬가지로 중앙은행이 금융기관에 돈을 대출해 주는 정책을 말한다. 중앙은행이 은행에 빌려주는 돈의 양이나 금리를 변동시킴으로써 시중의 돈의 양을 조절한다. 이 제도는 중앙은행제도 초기에 은행이 기업에 할인해 준 어음을 다시 할인·매입하는 형식으로 자금을 지원했기 때문에 **재할인율 제도**라고도 한다. 중앙은행의 대출금리는 재할인금리라고 한다.

- 재할인율 인상 → 은행의 이자율 인상 → 은행의 대출액 감소 → 통화량 감소
- 재할인율 인하 → 은행의 이자율 인하 → 은행의 대출액 증가 → 통화량 증가

경제 안정화 정책은 경기변동의 진폭을 줄여 경제의 안정적 성장을 도모하고자 하는 정책이다. 경기조절정책 또는 경제 안정화 정책은 경기가 지나친 확장 또는 수축 현상을 보일 경우에 이를 정상 수준으로 되돌리기 위해 정책당국이 취하는 제반 조치를 말한다. 즉, 경기가 정상 수준을 큰 폭 밑도는 불황에 직면하게 될 경우 정부는 재정지출을 늘리거나 조세를 줄이는 재정 정책 수단을 동원한다. 정책당국은 경제 전체의 총수요 수준을 변동시킴으로써 경기 수위를 조절하는 데 초점을 맞추고 있다. 실제 운영에 있어서는 정부 지출과 세율을 조정하는 '**재정 정책**'이 이용되거나 통화량과 금리 수준을 조절하는 '**통화정책**'이 활용된다. 재정 정책을 통한 정부 지출이나 통화정책을 통한 통화량 조절은 모두 총수요에 영향을 주는 요인이기 때문에 경제 안정화 정책을 '총수요 관리 정책'이라고 부르기도 한다.

재정 정책과 통화정책은 단기에 총공급에는 영향을 미치지 않고 총수요에만 영향을 미치기 때문에 **총수요관리정책**이라고도 부른다. 재정 정책은 세출이나 세입을 변경시켜 경기를 조절하는 정책을 의미한다. 경기가 과열되어 있을 때 정부는 세출을 줄이거나 세입을 늘리는 긴축적 재정 정책을 사용한다. 반대로 경기가 침체하여 있을 때 정부는 세출을 늘리거나 세입을 줄이는 확장적 재정 정책을 사용한다. 통화정책은 중앙은행이 통화량이나 이자율을 변경시켜 경기를 조절하는 정책을 의미하며 대표적 수단으로 공개시장정책, 대출(여수신) 정책, 지급준비율 정책 등이 있다. 중앙은행은 경기가 과열됐을 때 통화량을 감소(이자율의 상승)시키고, 경기가 침체했을 때 통화량을 증가(이자율의 하락)시킴으로써 경기를 조절할 수 있다.

✚ 경제 안정화 정책의 방향

- 경기 침체 시 … 확장정책 … 통화량↑, 금리↓, 정부 지출↑, 조세 수입↓ ⇒ 경기 활성화
- 경기 과열 시 … 긴축정책 … 통화량↓, 금리↑, 정부 지출↓, 조세 수입↑ ⇒ 경기 안정화

✚ 신용경색 하에서의 IS 곡선

통화정책이 실물부문에 전달되는 경로는 크게 금리 경로와 신용 경로로 나누어 볼 수 있다. 그런데 불황기에는 주로 금리 경로보다는 신용 경로가 작동하게 되는데, 이 경우 투자는 금리보다는 신용의 이용 가능성의 영향을 받는다. 그에 따라 투자는 이자율에 매우 비탄력적인 특성을 갖게 되며, IS 곡선도 IS_1과 같이 매우 가파른 형태를 갖게 된다.

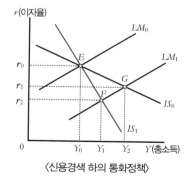

〈신용경색 하의 통화정책〉

〈도표〉는 신용경색으로 IS 곡선이 매우 가파른 형태일 때는 확장적 통화정책에도 불구하고 경기회복 효과가 매우 제한적임을 보여 준다. 즉, 일반적인 경우를 나타내는 LM_0 곡선을 가정할 때 총소득이 Y_2까지 증가하지만, 신용경색이 존재하는 경우의 IS_1 곡선 하에서는 총소득이 Y_1까지만 증가한다. 이러한 경우에는 통화량 공급이나 금리인하 정책보다 직접적으로 대출 규모를 늘릴 수 있는 신용보증 제공 정책 등이 유용하게 활용될 수 있다.

참고로 IS곡선은 시장에서 모든 재화와 서비스를, 그리고 LM곡선은 화폐시장에서의 수요와 공급이 총 생산(Y)과 이자율(r)에 따라 어떻게 변화하는지를 나타내는 곡선이다.

재정 정책: 정부의 경제 정책

경기가 과열되거나 침체한 경우 정부 지출이나 조세를 변화시켜서 총수요에 영향을 주고 이를 통해 경기를 조절하는데, 이를 재정 정책이라고 한다. 재정 정책의 목표는 일반적으로 **완전 고용, 물가 안정, 국제 수지 균형, 경제성장, 소득재분배** 등이 있다. 그러나 좁은 의미 또는 단기적으로는 정부 지출과 조세 수입의 양과 구조를 의도적으로 변화시켜 총수요를 조절함으로써 경제 안정을 도모하려는 확장 혹은 긴축 재정 활동만을 재정 정책이라고 한다.

경기가 침체한 경우 정부는 정부구매 지출을 늘려 총수요를 증대시킨다. 정부는 가계에 아무 대가를 요구하지 않고 무상으로 지원해 주는 이전지출을 통해서도 총수요를 확대할 수 있다. 가계 소득이 낮거나 가장이 실직한 가정에 **보조금**을 주는 것 같은 정책이 대표적이다. 이들에게 보조금이 지급된다면 가계 소득이 증가해 소비가 증가하고 총수요가 증대된다. 또한, 정부는 세금을 낮춰서 총수요를 증대시키기도 한다. 세금이 낮아지면 가계의 소득이 증가하고 소비할 여력이 커진다.

반면 경제가 지나치게 호황으로 치닫고 있다면 정부는 위에서 언급한 정책을 반대로 취할 수 있다. 호황기에는 일반적으로 물가가 크게 상승하고 주식·부동산 등 자산 가격이 상승하는 경향이 있다. 경기가 호황기를 넘어서 어느 순간에 급격히 하락하는 경우 경제의 불안정성이 커지기 때문에 정부는 호황기에도 경기를 진정시키기 위한 경기 안정화 정책을 시행한다.

- 경기 침체 → 재정지출 확대, 세율 인하(확장 재정정책) → 가계의 가처분 소득↑, 투자의 기대수익↑ → 총수요↑ → 경기 회복
- 경기 과열 → 재정지출 축소, 세율 인상(긴축 재정정책) → 가계의 가처분 소득↓, 투자의 기대수익↓ → 총수요↓ → 경기 회복

✛ 긴축적 재정 정책의 실시

물가 상승을 억제하기 위해서는 총수요를 감소시켜야 한다. 이를 위해 긴축 재정 정책을 실시할 수 있다. 이 경우 〈도표〉에서 *IS* 곡선이 좌측으로 이동하면 새로운 대내 균형점은 A점이 되는데, 이는 *BP* 곡선의 좌측 점이므로 국제 수지 흑자가 발생한다. 이 경우 국제 수지 흑자로 환율이 하락하는 것을 막기 위해 외환 당국은 달러를 매입하고 자국 통화를 매각해야 한다. 그에 따라 *LM* 곡선이 우측으로 이동하여 새로운 균형점은 B점에서 이루어진다. 이 경우 재정 정책은 소폭이지만 총수요를 감소시킬 수 있다.

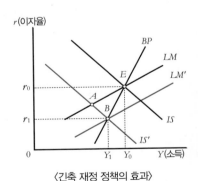

〈긴축 재정 정책의 효과〉

14 환율: 통화 간 교환 비율

환율은 각각 다른 나라에서 발행한 돈을 서로 바꿀 때 적용하는 비율, 곧 통화 간 교환 비율을 말한다. 즉, 자국 화폐와 타국 화폐의 **교환 비율**을 '환율'이라고 한다. 원화를 얼마만큼 주고 달러와 교환할 것인지, 일본의 엔화를 얼마의 유로화로 교환할 것인지는 모두 환율에 따라 결정된다. 우리나라의 경우 미 1달러와 교환되는 원화의 양을 환율로 정의한다. 1달러와 1,000원이 교환된다면 원·달러 환율은 1,000(원/달러)이다. 1달러와 1,200원이 교환된다면 원·달러 환율은 1,200(원/달러)이 된다. 이처럼 환율이 오르면 1달러를 얻기 위해 필요한 원화의 양이 증가하기 때문에 '원·달러 환율 상승=원화 가치 하락'이 성립하는 것이다.

〈원·달러 환율의 상승과 하락〉

● 환율 상승(원화가치 하락/ $1 : ₩1,000 → $1 : ₩1,200): 수출 증가, 수입 감소, 국제수지 개선, 통화량 증가, 물가 상승, 해외여행 불리
● 환율 하락(원화가치 상승/ $1 : ₩1,000 → $1 : ₩800): 수출 감소, 수입 증가, 국제수지 악화, 통화량 감소, 물가 하락, 해외여행 유리

✂ 환율 표시 방법

환율의 표시 방법에는 두 가지가 있다. 하나는 자국통화 표시환율이고, 다른 하나는 외국통화 표시환율이다. 현재 우리나라를 비롯하여 대부분의 나라에서는 자국통화 표시 방법을 사용하고 있다. **자국통화 표시환율**은 '1달러=1,000원'과 같이 외국통화 1단위와 교환되는 자국통화의 양으로 표시한다. 즉, 외환시장에서 1달러와 1천 원이 교환되고 있다면 환율은 1,000원(원/달러)이 된다. 이때 환율의 단위가 '원/달러'이다. 외국통화 표시환율은 1원=0.001달러와 같이 자국통화 1단위와 교환되는 외국통화의 양을 표시하기 때문에 1원과 교환되는 달러의 양을 환율로 정의하고 환율은 0.001(달러/원)이 된다. 이 경우는 환율의 단위가 '달러/원'이 된다. 우리나라는 주로 자국통화 표시 방법을 이용해 환율을 나타내고 있으며, 통상 단위에서 달러를 생략하고 환율을 '1,000원'으로 나타낸다. 이때 자국통화 표시환율이라는 것을 알려주기 위해 환율 앞에 '원·달러'라는 말을 붙여서 '원·달러 환율 1,000원'과 같은 식으로 나타내는 경우도 있다.

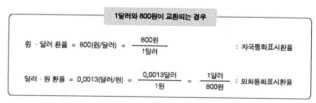

〈자국통화 표시환율과 외국통화 표시환율의 차이〉

15 환율의 경기 자동 조절 기능: 환율과 실물 시장의 관계

환율은 **실물경제**와 **금융시장**에 많은 영향을 미친다. 실물경제에서 높은 환율 수준은 수출 증진에 도움이 되지만, 원자재 가격 상승을 초래함으로써 수입 물량을 줄이는 효과도 있다. 반대로 낮은 환율 수준은 수입을 증가시키고 수출에 부정적으로 작용한다.

금융시장에서 높은 환율 수준은 중·장기적으로 주가지수 상승과 시장금리 하락을 이끈다. 이 시기에는 외국인 투자자들이 주가지수 및 채권 가격의 상승을 기대하고 국내 투자시장에 들어오므로, 이로 인해 시중에 외화 공급이 많아져 환율이 하락하고 주가지수와 채권 가격이 상승하기도 한다. 반대로 환율이 낮은 수준에서 장기간 유지될 때는 외국인들은 수출 기업의 채산성이 악화하고, 수입 증가에 따라 경상수지가 악화할 것을 우려하여 보유 주식 및 채권을 매도하여 선진국 시장으로 이동한다. 이로 인해 주가지수가 하락하고 환율이 상승하는 경향이 있다.

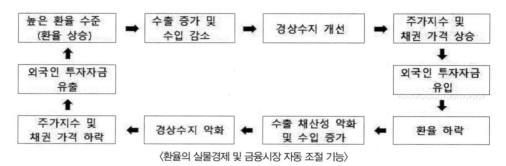

〈환율의 실물경제 및 금융시장 자동 조절 기능〉

✛ 통화정책과 환율의 변화

긴축적 통화정책은 이자율을 상승시킨다. 이자율이 상승하면 국내의 소비와 투자가 줄면서 수입도 줄어든다. 수입이 감소하면 외환 수요가 감소하기 때문에 환율이 하락한다. 한편, 이자율이 상승하면 높은 자본 수익을 찾아 자본이 해외에서 국내로 이동한다. 이 과정에서 외환에 대한 공급이 늘어나면서 환율이 하락한다. 이를 아래와 같은 간단한 식을 통해 생각해 볼 수 있다. 경상수지와 자본수지만 고려한 국제 수지 균형은 [경상수지+자본수지=0]이다. 긴축적 통화정책으로 이자율이 상승하면 자본이 유입되면서 자본수지는 흑자가 된다. 이때 국제 수지 균형을 위해서는 경상수지가 적자가 되어야 하는데 이는 **환율이 하락**하면 가능한 일이다.

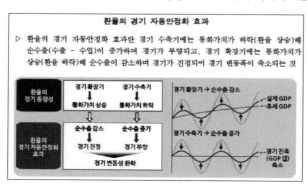

〈환율의 경기 자동 안정화 효과〉

300

16 평가절상과 평가절하: 돈 가치의 상승과 하락

고정환율제도는 정부나 중앙은행이 환율을 일정 수준으로 유지하는 제도다. 고정환율제도하에서 정부나 중앙은행이 환율(자국통화/외국통화의 비율)을 올리면 자국 화폐가치가 하락하는 것이고, 환율을 내리면 자국 화폐가치가 올라가는 것이다. 전자는 평가절하, 후자는 평가절상이라고 한다. 다음은 변동환율제도하에서의 환율의 결정을 나타낸 것이다.

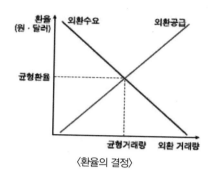

〈환율의 결정〉

● **고정환율**제도하에서의 평가절상, 평가절하
　→ 평가절상: 자국 화폐가치의 인위적 인상, 평가절하: 자국 화폐가치의 인위적 인하
● **변동환율**제도하에서의 환율 변화
　→ 환율의 하락: 자국 화폐가치의 상승, 환율의 상승: 자국 화폐가치의 하락

변동환율제도하에서는 외환의 가치인 환율이 재화의 가격과 마찬가지로 시장의 수급에 의해 결정된다. 이때 달러 가치가 올라가면(원화 가치 하락) 원·달러 환율이 상승하는데, 이를 원화 가치가 '**절하**'되었다고 한다. '평가'란 단어를 붙이지 않는 것은 고정환율제도가 아닌 변동환율제도하에서의 환율 변화이기 때문인데, 반대의 경우는 원화 가치가 '**절상**'되었다고 한다.

해외에서 재화와 서비스를 수입하거나 해외 자산을 구매하려면 보유한 자국 화폐를 교역국의 화폐로 환전해야 하는데, 이것이 바로 외환의 수요다. 외환 수요곡선도 재화와 서비스의 수요곡선과 같이 우하향한다. 환율이 하락하면 수입 재화의 가격이 저렴해지는 효과가 있기 때문에 사람들의 수입 재화 구매가 늘어난다. 수입의 결제는 외환(통상 달러)으로 해야 한다. 따라서 수입 재화 수요가 늘어나면 원화를 달러로 환전할 필요가 증가한다. 이 과정에서 더 많은 달러가 필요하고, 달러 수요량이 증가하는 것이다. 이러한 원리는 부동산 등 다른 실물 자산도 마찬가지이며 해외여행, 해외송금 등 국제 거래가 필요한 다른 여러 경제행위도 동일하다. 결론적으로 환율이 하락하면 달러의 수요량이 증가하기 때문에 달러 수요곡선은 재화의 수요곡선과 마찬가지로 **우하향**하는 형태로 그려진다.

반대로 외환은 해외 주민이 우리나라 상품이나 자산을 구매하려는 과정에서 공급된다. 외환 공급곡선의 형태도 재화와 서비스의 공급곡선과 같이 **우상향**한다. 환율이 상승한다면 국내 재화의 해외 판매 가격이 하락하는 효과가 있기 때문에 수출이 증가하고, 수출 대금으로 받게 되는 달러의 양이 증가한다. 즉 외환시장에 달러 공급량이 증가하는 것이다. 또한 환율 상승으로 국내 자산의 상대가격이 하락하면 외국인의 국내 실물자산(부동산 등) 수요가 증가하고 실물자산 투자를 위해 달러를 원화로 환전하는 과정에서 달러 공급량이 증가한다. 이처럼 환율이 올라가면 달러 공급량이 증가할 것이므로 달러 공급곡선은 **우상향**한다.

17 환율과 이자율, 환율과 물가의 관계

변동환율제도하에서의 환율이 어떻게 결정되는지를 살피면 다음과 같다. 재화 시장과 마찬가지로 환율이 변하면 외환의 수요량과 공급량이 변하기 때문에 곡선상에서의 움직임이 된다. 반면, 환율 이외의 요인에 의한 대외적 거래의 변화는 외환의 수요곡선과 공급곡선을 이동시킨다.

경기 침체로 인한 미국의 소득 감소는 우리나라 재화에 대한 수요 감소(수출 감소)로 나타난다. 수출의 감소는 벌어들일 수 있는 외환이 감소하는 것을 의미하고, 외환시장에서 달러 공급을 감소시킨다. 이것은 환율 변화로 인한 시장 변화가 아니기 때문에 공급곡선을 좌측으로 이동시키는 요인이다. 〈도표 1〉과 같이 공급곡선이 좌측으로 이동하면 환율은 **상승**하고 달러 거래량은 감소한다.

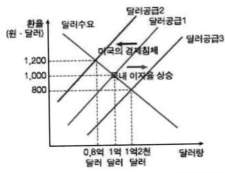

〈도표 1〉 미국의 경기 침체와 국내 이자율 상승의 영향　　　〈도표 2〉 물가와 환율

✚ 환율과 이자율의 관계

이자율도 외환시장에 영향을 준다. 다른 조건은 모두 같은데 우리나라의 이자율이 올라가면 해외 투자자들은 국내 자산에 대한 예상 수익률이 상승할 것으로 생각해 국내 자산을 구입하려고 할 것이다. 이들이 투자 자금을 원화로 환전하는 과정에서 달러 공급이 증가할 것이고, 이는 달러 공급곡선을 우측으로 이동시켜 환율을 **하락**시킬 것이다〈도표 1〉.

✚ 환율과 물가의 관계

물가의 변화도 외환시장에 영향을 줄 수 있다. 국내 물가가 상승하면 환율에 변화가 없어도 수출품의 가격이 상승한다. 수출재의 가격 상승은 수출 감소로 이어지고, 달러 공급은 감소할 것이다. 한편, 해외에서 생산된 재화는 상대적으로 저렴해지기 때문에 수입이 증가하고 이는 달러 수요를 증가시킨다. 결론적으로 국내 물가의 상승은 수출을 감소시키고 수입을 증가시키며, 이는 외환시장에서 달러 공급 감소와 수요 증가를 가져와 환율은 **상승**하게 된다. 해외 물가가 하락하는 경우 상대적으로 국내 물가가 상승하는 것이기 때문에 위에서 설명한 논리가 그대로 적용된다. 이때 환율은 반드시 상승하지만 외환 거래량은 수요와 공급곡선의 이동 폭에 따라 결정된다〈도표 2〉.

18 인플레이션과 디플레이션: 물가의 상승과 하락

물가 수준이 지속해서 상승하는 현상을 '**인플레이션**'이라고 한다. 여기서 물가는 개별 상품의 가격을 평균하여 산출한 물가지수를 의미한다. 인플레이션은 물가 상승 지속기간 및 상승폭, 제품의 질적 수준 향상 여부, 정부의 가격통제에 따른 암시장 가격 상승 여부와 같은 점을 고려할 때 언제 인플레이션이라고 정의할 것인가에 대해 이견이 있을 수 있다. 통상 연 4~5% 정도의 물가 상승률이 관측되면 일반적으로 인플레이션이 발생했다고 판단한다.

디플레이션은 물가가 지속해서 하락하는 현상을 말한다. '**디플레이션**' 하에서는 물가 상승률이 마이너스로 하락하는 인플레이션이 나타난다. 디플레이션이 발생하는 원인은 생산물의 과잉공급, 자산 거품의 붕괴, 과도한 통화 긴축정책, 생산성 향상 등 다양하다. 디플레이션이 발생하면 통화의 가치는 상승하고 실물 자산의 가치는 하락함에 따라 인플레이션과 반대 방향으로 소득 및 부의 비자발적 재분배가 발생한다. 이외에도 실질금리 상승에 따른 총수요 감소, 실질임금 상승에 따른 고용 및 생산 감소, 소비지출 연기에 따른 경제활동 위축, 부채 디플레이션에 따른 총수요 감소, 통화정책 및 재정 정책 등 정책적 대응의 제약, 디플레이션 악순환 가능성 등의 문제를 일으킬 수 있다.

- 인플레이션 ⇒ 실물자산 선호↑ ⇒ 금융저축↓ ⇒ 투자↓ ⇒ 경제성장률 저하
- 디플레이션 ⇒ 국산품의 상대가격↑ ⇒ 수출↓ 수입↑ ⇒ 경상수지 악화

✚ 피셔 효과: 인플레이션과 이자율의 관계

피셔 효과는 미국의 경제학자 피셔가 제시한 이론으로, 명목 이자율은 실질 이자율과 기대 인플레이션율의 합과 같다는 피셔 방정식을 경제 전체로 확대한 것이다. 이에 따르면 인플레이션이 예상되면 명목 이자율이 그만큼 상승하기 때문에 실질 이자율은 변하지 않는다. 피셔 효과를 통화정책에 적용하면 중앙은행이 정책 금리를 인상하는 긴축정책을 시행했을 경우 단기적으로 명목 금리가 상승할 수 있지만, 중장기적으로는 기대 인플레이션율이 낮아져 명목 **금리가 하락**할 수 있다는 것을 알 수 있다.

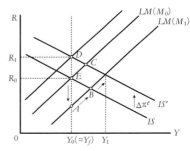

〈통화증가율 증가와 LM의 이동〉

통화 당국이 통화량 증가율을 상향 조정함에 따라 통화량 증가율이 증가함과 동시에 통화량이 $M_0 \rightarrow M_1$으로 증가하는 경우에 다음 효과가 기대된다.

① 유동성 효과 (E→A): 화폐의 초과 공급에 의해서 이자율이 하락하는 것을 유동성 효과라고 한다.
② 소득효과 (A→B): 이자율 하락은 소비와 투자를 증가시켜 소득을 증가시키는데, 소득의 증가는 다시금 화폐 수요를 증가시켜 이자율이 상승한다.
③ 피셔 효과: 기대인플레이션 상승에 따라 IS 곡선이 $\Delta \pi^e$ 만큼 상향 이동하는데, 만약 물가조정에 따라 장기균형이 D에서 형성된다면 명목 이자율은 정확히 기대인플레이션의 상승분만큼 상승한다.

피셔 효과는 통화량 증가율의 증가는 장기적으로 명목 이자율만 상승시킬 뿐 실질 이자율에 영향을 주지 못한다는 것을 말해 준다. 실증 연구 결과, 예상과는 달리 통화량과 이자율이 **정(正)의 관계**에 있음이 목격되었는데, 이를 '**깁슨의 역설**'이라고 한다.

19 금리와 경기의 관계: 이자율이 경기에 미치는 영향

이자율(금리)의 결정은 기본적으로 화폐의 수요와 공급에 의해 결정된다. **이자율**은 시중의 자금 사정을 반영하여 등락하게 된다. 상대적으로 화폐 수요가 많다는 것은 기업, 즉 자금 수요자와 투자 지출이 상대적인 의미에서 자금 공급자인 가계의 저축 금액보다 많다는 것을 의미하기 때문에 시중의 자금 사정이 여유롭지 못하다. 예를 들어 경기에 대한 전망이 밝아 투자에 대한 수익이 크게 기대된다면, 자금을 차입하는 측에서는 자금을 빌려 쓰는 데에 따른 추가적 비용을 기꺼이 지불할 용의가 생긴다.

따라서 이자율이 상승하게 된다. 반대로 시중에 자금의 여유가 생기게 되면 자금을 필요로 하는 측에서는 커다란 어려움이 없이 자금을 차입할 수가 있게 된다. 물론 차입자의 신용 상태는 주어진 것으로서 양호하다고 가정한다면 이자율은 상대적으로 하락하게 될 것이다. 이자율이 경기를 어떻게 조절하는지, 그리고 경기에 따라 이자율이 어떻게 움직이는지를 살피면 다음과 같다.

먼저, 경기가 좋을 때는 가계와 기업의 소비와 투자가 활발해진다. 돈을 빌려 투자를 하려는 사람들도 많아져 대출도 활발해진다. 이처럼 돈을 빌려 쓰려는 수요가 많아져 이자율이 오른다.

● 경기 호황 → 가계 소비와 기업 투자 증가, 대출 증가 → 화폐 수요 증가 → 이자율 상승

그런데 이자율이 너무 오르면 기업이 돈을 빌려서 투자를 해도 이자율 이상의 수익률을 올리기 쉽지 않으므로 기업의 대출이 줄어든다. 이자 부담 때문에 은행에서 돈을 빌리려는 사람들도 줄어든다. 그에 따라 소비와 투자가 부진해지면서 경기가 하락 압력을 받는다.

● 이자율 계속 상승 → 이자 부담 증가, 대출 감소 → 가계 소비와 기업 투자 감소 → 경기 하락 압력 상승

경기가 나빠지면, 이제 돈을 빌려 투자하려는 기업과 개인은 점점 더 줄어든다. 그러면 이자율은 더욱 떨어진다.

● 경기 악화 → 가계 소비와 기업 투자 감소, 대출 감소 → 화폐 수요 감소 → 이자율 하락

이자율이 계속 떨어지면 다시 가계와 기업의 투자가 늘어난다. 이자율이 낮으니 빚을 내서 주식이나 부동산에 투자하려는 사람들이 늘어난다. 기업은 자금조달 비용이 줄어들자 대출을 해 적극 투자에 나선다. 그에 따라 돈의 수요가 늘어나고 이자율은 상승할 가능성이 높아진다.

● 이자율 계속 하락 → 가계 소비와 기업 투자 증가 → 경기 호전 → 주식, 부동산 가격 상승 → 화폐 수요 증가 → 이자율 상승

20 기축 통화: 국제 통용 화폐

기축 통화란 국제 금융거래 또는 국제 무역에서 결제 수단으로 이용되는 기본 통화를 말하며, 달러나 유로화가 이에 해당한다. 기축 통화는 국제 통화를 주관하는 성격을 지니므로 안정적이어야 하고 엄격한 관리가 필요하다. 미국 및 유로 지역의 경제가 불안정하여 통화 지급 불능 상태가 일어나서는 안 된다. 국제 유동성 위험에 대처하기 위한 미국 및 선진국의 공동 대응이 필요한데, 금 태환 제도를 변동환율제도로 변경한 것과 플라자 합의 등은 달러 가치 안정을 위한 국제 간 합의 사례라 할 수 있다. **기축 통화**의 가치 조절 방법은 미국의 외환 정책 및 미국·일본·유로 경제권의 외환 합의를 통해 이루어진다. 만약 달러 강세 정책을 선택하면, 이는 미국 내에서의 달러 유출을 막는 동시에, 해외로 유출된 달러가 미국 시장으로 유입되는 효과가 발생한다. 물론 세계 각국의 경우에는 그 반대의 현상이 일어난다.

기축 통화가 불안해지면 국제 금융시장은 물론 실물경제에도 어려움을 미친다. 다른 자산 시장과 달리 외환시장에 대한 정부 차원의 시장개입이 빈번히 일어나고 있는 이유는, 그로 인한 **시장실패**의 충격이 대단히 크기 때문이다. 기축 통화는 자본주의 시장 질서를 유지하는 수단이기에 일본·유럽 등 선진국은 외환시장에 적극적으로 개입하려 들며, 이에 기축 통화의 안정성을 확보하기 위한 미국 외환 정책 당국과 선진국 간의 이해 충돌이 자주 벌어지고 있다.

미국은 기축 통화의 장점을 충분히 활용하고 있다. 세계 경제를 통제하는 수단으로 이용하거나, 통화 가치 조절을 통해 국제 금융시장에 영향을 주는 등으로 자본시장을 통해 무역수지 적자 문제를 해소하려 든다. 또 다른 나라의 경제력을 이용하여 자국의 경기회복을 도모할 수 있는 수단으로 이용하기도 한다.

미국의 입장에서 볼 때 기축 통화는 다음과 같은 이점이 있어 유럽과 아시아의 기축 통화 출현을 적극적으로 방해하고 있다. 먼저, 기축 통화가 많아지면 세계적으로 달러의 수요 및 유통량이 감소한다. 그렇게 되면 수요—공급에 의해 **달러 가치가 하락**하고, 미국 국민의 자산 가치가 감소하여 경제력이 약화하며, 일본과 중국 등 경제 강국에 대한 통제력도 약화할 수 있다. 무역 적자국인 미국은 무역수지 적자를 자본수지로 충당하고 있는데, 기축 통화가 다양해지면 미국 경제의 위기로 발전할 수 있다. 한편, 기축 통화의 가치가 급락할 경우에는 세계 공황 상태가 발생할 위험이 있다. 무역 흑자국이 대금 결제나 외환 보유고를 달러에서 유로 또는 엔이나 위안으로 바꾸게 되면, 미국은 실물경제뿐만 아니라 금융시장이 동시에, 한꺼번에 충격을 받으면서 큰 혼란과 위험을 겪게 된다. 하지만 다른 나라의 입장에서 볼 때, 기축 통화는 자국의 부를 착취당하는 수단으로 이용될 위험이 있다. 기축 통화는 자국의 국민이 피와 땀을 흘려 생산한 재화와의 '**맞바꿈**' 성격을 지니고 있으므로, 미국이 기축 통화량을 늘려 다른 국가의 원자재나 용역을 별다른 노력 없이 제공받고자 할 경우에, 세계 각국은 그에 따른 피해를 감수할 수밖에 없다.

✤ 기축 통화의 청구권적 권리

미국은 달러를 원하는 만큼 찍어서 다른 나라 기업이 생산한 제품을 구입할 수 있다. 그러나 기축 통화가 아닌 우리나라의 원화로는 다른 나라 기업이 생산한 제품을 구입할 수 없으며, 일단 기축 통화로 바꾸어 써야 한다. 이런 의미에서, 기축 통화는 사실상 **청구권적** 역할을 한다.

경기 변동과 자산 시장(주식, 채권, 부동산, 원자재)의 관계 흐름도

■ 실물경제와 금융시장의 관계
- 수출 증가, 경상수지 흑자, 외국인 투자 자금 유입 → 주가 상승 → 소득, 소비, 투자 증가 → 주가 추가 상승, 채권 가격 상승(채권금리 하락) → 환율 하락 → 부동산 가격 상승

- 수출 감소, 경상수지 악화, 외국인 투자 자금 유출 → 주가 하락 → 소득, 소비, 투자 감소 → 주가 추가 하락, 채권 가격 하락(채권금리 상승) → 환율 상승 → 부동산 가격 하락

■ 대세 상승기, 주식시장과 금융시장의 관계
낮은 주가지수, 경기 선행지수 호전, 저금리 기조 → 시중 유동성 주식 시장으로 이동 → 상장기업 유상증자를 통해 자금 조달 → 금융비용 절감, 기업이익 증가 → 주가지수 추가 상승 → 투자 분위기 과열 → 주가지수 정점

■ 대세 하락기, 주식시장과 금융시장의 관계
주식시장 거품 발생, 시장금리 상승, 경기 선행지수 악화 → 주식시장에서 은행이나 국채 및 외환시장으로 자금 이동 → 금융시장 경색, 기업의 환차손 증가 → 주가지수 추가 하락, 환율 추가 상승 → 주가지수 적정 수준 아래로 하락

■ 주식 대세 상승기의 실물경제 파급 경로
실물 경제 침체(불황) → 정부의 재정 및 금융정책 → 저금리와 통화량 증가에 힘입어 주가지수 상승 → 투자소득 발생에 따른 소비 증가 → 주가지수 추가 상승, 투기수요 발생 → 주식시장 거품 발생 → 실물 경제 과열

■ 주식 대세 하락기의 실물경제 파급 경로
주식시장 거품 발생 → 외국인 투자자 이탈 → 주가지수 하락 → 투자 손실 → 소비 감소 → 기업 이익률 둔화 및 재무구조 악화 → 기업의 자금난 및 자금조달 금리 상승 → 기업과 은행의 부실채권 증가 → 실물경제 불황 심화

■ 대세 하락기, 주식시장과 채권시장의 관계
상장기업 영업환경 악화 → 주가지수 하락 → 기업 재무 상태 악화 → 회사채 발행 증가, 시장금리 상승 → 금융시장 경색 → 주식시장에서 국채와 예금시장으로 자금 이동 → 금융당국의 기준금리 인하 → 국채 수요 증가 및 회사채 수요 감소 → 주가지수 추가 하락

■ 채권시장과 부동산 시장의 관계
낮은 금리수준(높은 채권 가격), 정부의 부동산 경기 활성화 정책 → 주가지수 상승 → 소득 증가 및 금융비용 부담 감소 → 부동산 시장으로 자금 이동 → 부동산 가격 상승 및 투기수요 증가 → 부동산 시장으로 자금 집중 유입 → 부동산 거품 발생과 대출 수요 증가 → 은행채 발행 증가 등으로 시장금리 상승 → 가계 부채 및 금융비용 부담 증가 → 주택 수요 감소 및 거품 붕괴

■ **경기 불황기의 채권시장과 외환시장의 관계**

기업 영업환경 및 재무구조 악화 → 회사채 금리 상승(채권 가격 하락) → 외국인 투자자 주식 및 채권 매도, 달러 유출 → 환율 상승, 자금시장 경색 → 기업의 자금난 심화 → 시장금리 추가 상승(채권 가격 추가 하락) → 은행의 부실채권 증가 및 재무 건전성 악화 → 환율 추가 상승

■ **경기 회복기의 채권시장과 외환시장의 관계**

기업 영업환경 개선 → 주가지수 상승, 외국인 주식 및 채권 투자 증가 → 상장기업 재무 상태 호전 → 시장금리 하락(채권 가격 상승) → 은행의 부실채권 감소 및 재무 건전성 개선 → 시장금리 추가 하락, 펀더멘털 개선 → 환율 하락 추세

■ **원자재 가격이 외환시장에 미치는 영향**

원자재 가격 상승 → 원자재 생산국의 소득 증가 → 수출 증가 → 원자재 수요 증가 및 투기수요 가세 → 원자재 가격 추가 상승 → 원자재 구매를 위한 달러 수요 증가 → 무역수지 악화 및 생산원가 상승 → 환율 상승, 실질소득 감소 → 기업 채산성 악화 → 외국인 투자자 이탈 → 환율 추가 상승

■ **원자재 가격이 주식, 부동산, 채권, 외환시장에 미치는 영향**

원자재 가격 상승 → 원자재 수출국의 소득 증가, 주식 및 부동산 가격 상승, 환율 하락 → 원자재 수입국의 수출 증가, 소득 증가, 원자재 수요 증가 → 원자재 가격 추가 상승 → 투기수요 증가 → 원자재 시장 거품 발생 → 기업의 생산원가 상승, 매출 및 영업이익 감소 → 원자재 수입 감소 → 원자재 수출국의 주식 및 부동산 가격 하락, 환율 상승 → 원자재 수입국의 주식 및 부동산 가격 하락, 환율 상승 → 세계 경기 불황

9

꼭 알아야 할 법철학 10

01 법철학의 이론적 토대(1) – 자연법론: 법은 당위에 기반한 보편적 가치 규범이다.

법철학자들은 법의 본질이 무엇인가에 관해 오랫동안 자연법론과 실정법론의 논쟁을 벌여 왔다. **자연법론**은 인간의 경험을 초월해 자연 내지는 이성을 전제로 한 법이 있다는 입장으로, 자연법이 모든 실정법의 기초가 돼야 한다고 주장한다. 그에 비해 **실정법론**은 실정법, 즉 인정법(人定法)만이 법이고, 힘에 의해 뒷받침된 규범이 법이라는 입장이다. 실정법론자는 악법이나마 있으므로 무질서는 피할 수 있다고 주장하는 반면, 자연법론자들은 인간을 위한 법이 인간을 차별하고 통제한다면 그 법은 지켜야 할 당위성을 잃은 법이라고 강조한다.

이탈리아의 저명한 자연법론자 당트레브는, "자연법이란 법과 도덕이 교차하는 지점이다."라고 했는데, 이는 자연법에 대한 가장 적절한 설명이라 할 수 있다. 인간은 본래 자기 이익을 스스로 지킬 권리를 지니며, 자기 힘이 부족할 때에는 다른 사람의 도움을 받을 권리도 갖는다. 이것이 자연법론 사상의 핵심으로, 국가가 '사람들끼리 서로 돕지 못하게 하는 것' 즉 '타인의 도움을 청하는 일 또는 타인에게 도움을 주는 일을 금지하는 것'은 인간의 본성에 반하는 것이며, 이는 원칙적으로 자연법(자연과 이성의 법)에 반한다고 볼 수 있다.

자연법론은 자연법이 모든 실정법의 근거가 된다는 법 이론을 말한다. 고대 그리스부터 이론화되고 아퀴나스에 이르러 체계화되었다. 아퀴나스에 의하면, 자연법은 신의 섭리를 구성하는 일부에 불과하다. 그는 자연법이란 **영원법**, 즉 모든 인간이 따라야 하는 이성적인 계획에 '참여'하는 것이라고 보았다. 인간에게 부여된 자연법의 내용은 실천적 합리성의 원리로 구성되는데, 이러한 원리를 기준으로 인간 행위가 합리적인지를 평가할 수 있다. 아퀴나스는 자연법을 '법'이라고 부를 수 있는 이유가 바로 이 때문으로, 법이란 공동체의 이익을 보호하는 자가 선언하는 의미로서의 행위 규칙으로 구성된다. 아퀴나스에 따르면, 인간은 자연법의 원리를 따르게 되어 있다. 인간은 이성적 존재로서 자연법의 원리를 따르도록 타고나고, 이 원리에 따라 인간은 선을 지향하고 선한 것들을 추구하게 되기 때문이다. 그는 자연법의 핵심을 '선'을 행하고 '악'은 피하라는 **명령**이라고 보았다. 인간은 선을 끊임없이 추구할 의무를 진다는 것이다. 그가 보기에 선함은 옳음에 앞선다. 어떤 행위가 옳은지 그른지는 그러한 행위가 선한지 악한지 혹은 선한 결과를 낳는지 악한 결과를 낳는지 보다는 중요하지 않다는 것이다.

근대 들어 홉스, 로크, 루소와 같은 사회계약론자들은 **사회계약**에 터 잡아 정치적 권리와 의무를 구상하면서 자연법을 원용했다. 사회계약론에 기반한 근대 자연법론은 법체계의 기초인 법적 규율의 요소와 원칙을 탐구함으로써 근대 문명의 법적 기초를 완성했으며, 이후 미국 독립선언 · 프랑스 인권선언 등 입법운동의 사상적 배경이 되었다. 이처럼 서양 상가들은 지금까지 자연법을 대체로 인간의 보편적인 이성에 근거한 합리적인 사상 체계로 이해했다.

19세기 들어 자연법론은 두 가지 강력한 반론이 등장하면서 그 영향력이 감소하게 되었다. 하나는 자연법에 대한 강력한 반론을 제기한 **법실증주의**와 관련된 입장이고, 다른 하나는 도덕적 추론에는 합리적인 해답이 존재하지 않는다는(**윤리학의 비인지주의**) 입장이다. 두 입장에 따르면, 무엇이 옳고 그른지를 객관적으로 알 수 없다면, 자연법의 원리는 주관적 견해에 불과하며, 그렇다면 이를 두고 옳다고도 그르다고도 할 수 없다. 그러함에도 불구하고, 자연법론은 **공동선**의 가치가 중시되는 지금, 여전히 중요한 법 이론으로 다루어지고 있다.

02 법철학의 이론적 토대(2) – 법실증주의: 법은 법이고, 도덕은 도덕이다.

법실증주의는 법의 이론이나 해석 · 적용에 있어서 어떠한 정치적 · 사회적 · 윤리적 요소도 고려하지 않고, 오직 법 자체만을 형식적 · 논리적으로 파악하려는 입장이다. 따라서 법실증주의는 법을 누군가에 의해 '내려진 법'이나 **'세워진 법'**으로 이해한다. 이것은 법 효력의 근간에는 객관적으로 증명할 수 있는 무엇이 있다고 보는 입장이다. 법실증주의는 법을 인간의 제정 행위와는 무관하게 존재하는 것으로 보는 자연법론의 입장과는 대척점에 서 있다. 법실증주의는 '법이란 무엇인가'라는 문제는 '법이란 어떠하다'와는 다른 문제이고, 그것에 대한 답변은 사회 안에서 규정된 사실에 따라 제시될 수 있다고 본다.

법실증주의는 실정법과 그 이외의 정의, 자연법, 도덕률을 의식적으로 구별하고, 후자를 법의 고찰로부터 배제한다. 그 가운데서도 **법과 도덕의 분리**라는 개념이 가장 중요하다고 본다. 법의 개념이라는 영역에 관해 법실증주의는 법과 도덕은 필연적으로 연관되어 있지는 않다고 본다. 또 재판이라는 영역에 관해 재판이란 도덕적 판단이든 정책적 판단이든 법 이외의 판단을 제외하고 가능한 법에 따라 판단해야 한다고 주장한다. 아울러 법학 연구에 대해서 그것은 법이 추구해야 할 정의의 원칙보다는 법 그 자체를 연구의 대상으로 삼아야 한다고 주장한다.

문제는 법실증주의자들이 도덕적인 의미가 아닌 엄격하게 법적인 의미의 법의 규범성을 설명할 수 있지만 그러한 설명이 법은 행위의 도덕적 근거들 내지 다른 근거들보다 우선한다고 필연적으로 주장한다는 테제와 양립하기 어렵다는 점이다. 법실증주의는 법의 원천이 **사회적으로** 인정된 법적 권위에 의한 법의 제정이어야 한다는 견해를 보인다. 또 합리적 주장이나 증거로 도덕적 판단을 옹호하거나 설정할 수 없기 때문에 법과 도덕 사이에 연관성이 없다고 본다. 법적 실증주의자들은 좋은 법률을 법률 시스템의 규칙, 절차 및 제약에 따라 적절한 법률 당국이 제정한 법률로 간주한다.

따라서 자연법론과 법실증주의는 다음 면에서 차이를 보인다. 자연법론은 법을 가치의 '규범'으로 파악하는 데 비해, 법실증주의는 법을 단순히 **'사실'**로서 파악한다. 자연법은 법은 도덕적 질서를 반영해야 한다고 주장하는 반면, 법실증주의는 법과 도덕 질서 사이에는 아무런 관련이 없다고 주장한다. 또 자연법에 따르면 좋은 법은 이성과 경험을 통해 자연스러운 도덕 질서를 반영하는 법인 반면, 법실증주의에 따르면 좋은 법률은 법률 시스템의 규칙, 절차 및 제약에 따라 제정한 법률이다.

법실증주의는 주어진 법만을 고찰 대상으로 한정함으로써 실정법의 명확화와 체계화에 의하여 법적 안정성의 유지에 크게 기여했다. 그러나 법실증주의는 법에서 가치를 배제함으로써 인류 보편의 가치에 반하는 법도 그 유효성을 인정함으로써 반인륜적 사상의 실천을 위한 도구로 이용될 수 있다.

주요 법실증주의 사상가로는 오스틴, 하트, 켈젠이 있다. 오스틴은 '법은 주권자의 명령'이라고 주장하면서, 공리주의 관점에서 법의 실천에서 **명령과 제재**의 관계를 중요시했다. 하트는 '법은 사회적 규칙'이라고 말하면서, 법이 무엇인가라는 문제는 공동체가 지향하는 **'승인의 규칙'**을 따라 결정된다고 보았다. 켈젠은 '법은 규범'이라면서, 법은 **'당위'**, 즉 규범으로 구성된 체계로 파악해야 한다고 주장하면서 절충주의 입장을 따랐다.

03 법철학의 이론적 토대(3) – 법현실주의: 법의 사실성을 중요시하는 법철학 이론

법현실주의는 20세기 전반부에 미국에서 태동하여 세력을 형성한 법학의 한 흐름이다. 법현실주의는 독립된 정체성을 가진 학파라기보다는 법형식주의에 반대한 일군의 법학자들의 이론적 태도를 일컫는다. 그들은 법이 전적으로 논리적이고 확정적이라는 형식적, 전통적 사고에 반대했다. 그들이 보기에 모든 법률과 사실관계들이 법관에 의해 여러 가지로 해석 가능했으며, 따라서 판결은 어떤 의미에서 보면 법이 아니라 법관에 의해 결정되는 셈이었다. 나아가 그들은 법체계를 안정적으로 보이게 만드는 것은 법규범의 확정성이나 법적 추론의 논리성이 아니라, 여러 해석 중에 어떤 것을 취할 것인지에 대한 과학적 예측이 가능하다는 사실이라고 주장했다.

오늘날 법현실주의는 미국의 법현실주의와 스칸디나비아의 법현실주의로 구분된다. 양자는 공통점이 많지만, 그 연구 방법론에서 근본적인 차이를 보인다. 미국의 법현실주의 운동은 주로 실용주의와 행동주의에 기반을 두면서 법형식주의와는 달리 '**실제 속의 법**'을 강조하는 반면, 스칸디나비아의 법현실주의 운동은 법의 형이상학적 토대에 대해 철학적 비판을 가하는 데 집중한다. 미국의 법현실주의자들이 법원의 재판 과정에 대해 집중적으로 논의했다면, 스칸디나비아의 법현실주의자들은 논의의 범위를 더욱 넓혀서 전체 법체계를 아우르는 연구를 수행했다. 이러한 차이에도 불구하고, 양자는 모두 법과 도덕을 하나로 통합하기를 거부하고, '정의'와 같은 절대적인 가치에 대한 **불신**을 드러냈다는 점에서 공통된 시각을 보인다.

이러한 실용주의는 미국의 대표적인 법현실주의자 홈스의 사상을 통해 확인된다. 홈스는 인간 이성의 보편성을 중시하는 전통적 자연법론과, 법과 도덕의 엄격한 분리를 주장한 법형식주의를 모두 비판하면서, 하나의 대안으로 법의 예측 이론을 주창했다. 그는 형식주의 비판에 이어 우선 유명한 '악인'의 예를 통해 '법과 도덕의 분리'라는 테제를 제기했다. 그러나 이는 영국 법실증주의자와 같이 이론적 · 개념적 차원의 구분이나 법 교육적 차원에서의 잠정적 구분으로 이해하는 것은 옳지 않다. 그러한 해석은 정치적 · 도덕적 평가로부터 완전히 자유로운 판결이 있을 수 없다는 반형식주의적 사고와 결합하기 어렵기 때문이다. 홈스의 악인은 어떤 종류의 원리도 구체적 사안에 대한 해답을 미리 제공해 주지 못한다고 생각하는 근대적 인간이자 포괄적 회의론자를 상징한다. 이런 이유로 홈스의 악인은 결과에 대한 보편적 객관적 근거를 찾기를 포기하고, 그 대신 결과를 예측하고자 한다. 바로 이 지점에서 이후 법현실주의자에게 이어지는 법학 방법론상의 사고 전환, 즉 **과학적 법학 모델**이 탄생한다. 판결의 논거가 아니라 인과 관계를 규명하려는 과학적 모델은 아직 충분히 성공적이지는 못하지만, 기초법과 실정법 분야에 새로운 방향과 과제를 부여하고 있다.

미국의 법철학자 르웰린은 **기능주의** 시각에서 법현실주의에 큰 발자취를 남겼다. 그에 따르면 법은 일정한 근본 기능, 즉 '법의 일'을 수행한다. 기능주의 관점에서 볼 때, 다양한 일을 수행하는 법이라는 '제도'가 부각된다. 그에게서 제도란 여러 가지 일을 기반으로 수행되는 체계적인 활동이다. 그리고 법이 맡은 가장 중요한 일은 분쟁을 해결하는 것이다. 즉, 법은 '철학'이라기보다는 '**기술**'인 것이다. 그리고 법률가들이 법을 운용하는 일은 기술에 속한다.

법과 도덕의 관계(1) - 법질서는 도덕적 가치와 불가분의 관계를 맺는가: 법과 도덕의 관계를 바라보는 다양한 시각

법과 도덕은 인간의 올바른 행위를 위한 규범이다. 양자는 개념상 구별이 가능하지만 서로 합치되는 부분이 많으며 상호 밀접한 관련이 있다. 도덕은 법의 타당성의 근거인 동시에 목적으로 작용한다. 이처럼 법질서는 도덕적 가치와 불가분의 관계를 맺는데, 이 문제에 대해서는 이미 몇 가지 이론이 제시된 바 있다.

우선 법과 도덕은 상호 보완 관계를 지녀야만 바람직하다는 견해가 있다. 실제로 법적 가치와 도덕적 가치는 일치하는 경우가 많으며 그 공통된 부분을 우리는 흔히 '윤리'나 '예(禮)'라고 지칭하곤 한다. "덕이 결여된 법은 공허하다."라는 말이 있듯이 법은 도덕을 바탕으로 할 때 강력한 규범성을 갖는다. 반대로 도덕적 지지를 받지 못하는 법은 법으로서의 가치와 타당성이 적어 그 존립의 기초 또한 약해진다. 사회가 일반적으로 인정하는 도덕에 저촉되는 법이 제정될 때 갈등이 일어나는 이유가 여기에 있다. 그러나 모든 도덕이 법제화될 수는 없고, 모든 도덕을 법으로 강제하는 것 역시 온당하지 않다.

그래서 **옐리네크**는 법과 도덕을 '포함 관계'로 설정했다. 그는 법은 도덕 가운데에서 특별히 그 실현을 강제할 필요가 있는 경우에 한하여 성립한다고 보면서, 법은 '**도덕의 최소한**'이라는 말을 남겼다. 이와 달리 슈몰러는 법의 효력을 중시하여, 법에는 강제력이 있으므로 도덕보다는 **실효성**이 확고하다고 보았다. 따라서 도덕적 가치의 실현이 법을 통해 가능하다는 의미에서 법은 '도덕의 최대한'이라 하였다. 법과 도덕의 관계를 바라보는 측면에 따라 이렇듯 상이한 견해가 나온 것이다.

그러나 **슈몰러**의 견해와 같이 법을 통해 도덕이 실현될 가능성이 있다고 하더라도 모든 경우에 그러한 것은 아니다. 오히려 법 자체가 도덕을 해칠 경우도 있기 때문이다. 예를 들어 "이웃을 사랑하라."라는 도덕적 요구를 법으로 시행하여 그 목적을 달성할 수 있을지라도 이는 자발적인 행위가 아니므로 참된 이웃 사랑이 실현되었다고 보기는 어렵다. 때로는 그 법 때문에 이웃 간에 위선과 역겨움이 야기될 수도 있다. 1794년에 제정된 프로이센의 '일반란트법' 제 179조에서는 부부가 서로를 존중해야 한다는 점까지 법제화하였으나 강제규범으로 효력이 있는지는 의문시된다. 이렇듯 도덕적 영역에 속하는 사항을 법제화한다고 해서 그 법이 모두 본래의 목적을 달성하기는 어려운 것이다. 그러므로 **라드브루흐**는 "법은 도덕을 실현할 가능성과 동시에 부도덕을 실현할 가능성도 지닌다."라고 지적하였다. 1919년에 제정된 미국의 '금주법'은 도덕적 차원의 문제를 법의 강제력으로 실현하려 하였으나 법으로서의 규범적 기능을 상실하여 사문화된 대표적 사례이다. 물론, 그렇다고 하여 위법이 아니기 때문에 그것이 반드시 도덕적 허용 대상이 된다고 할 수도 없다.

결국 법과 도덕은 각각 고유의 영역이 있기 때문에 완전히 동일시할 수는 없다는 결론에 이르게 된다. 다만, 라드브루흐가 지적했듯이 "법의 도덕적 세계로의 귀화"를 추진하는 동시에 "도덕규범의 법의 세계로의 귀화"를 동시에 지향하여 법과 도덕이 서로 보완 관계를 지닐 수 있도록 모색함으로써 강력한 규범성을 확보할 수는 있다. 도덕은 법의 목적이 되는 동시에 법에 의무를 주는 효력의 기초가 되는 까닭이다. 다시 말하면, 법의 효력은 국가의 강제력에 의해 보장되는 것이지만, 법은 도덕적으로 승인될 때 더욱 강력한 규범이 될 수 있다. 법과 도덕의 개념은 각각 구별되더라도 양자는 사회 규범으로서 공공질서와 선량한 풍속을 유지한다는 공통의 목적과 사명을 지니고 있으므로, 상호 의존하고 보완하여 올바른 사회적 가치와 법규범의 실현에 이바지하여야 할 필요성이 있는 것이다. (출처: 2019 경찰대)

법과 도덕의 관계(2) – 법과 도덕은 어떻게 구별되는가
: 법과 도덕을 가르는 다양한 관점

법과 도덕을 구분할 수 있는 기준은 무엇일까? 대체로 지금까지 제시되었던 법과 도덕을 구별하는 기준으로는, '외면적 vs. 내면적', '제도적 vs. 정신적', '합법성 vs. 도덕성', '타율성 vs. 자율성', '강제 vs. 자유', '외적 의무 vs. 내적 구속', '행위의 결과 vs. 의사와 심정', '사회 vs. 인격', '규정 vs. 양심', '양면성 vs. 일면성', '정의 vs. 선' 등을 들 수 있다.

■ 법의 외면성과 도덕의 내면성

18세기 초 독일의 자연법 이론가 토지마우스는, 법은 외적 행위를 규제 대상으로 하고, 도덕은 내적 행위를 규제 대상으로 한다면서, 법과 도덕을 적용 영역에 따라 분리했다. 그러나 현실에서는 이렇듯 엄격히 분리되지 않는다. 내적 행태의 원인이 법적으로 의미를 갖는 경우(예: 고의 · 과실 · 선의)와 외적 행위의 결과가 도덕적으로 중요한 요소가 되는 경우(예: 결과 고려의 책임 윤리)가 분명하게 존재한다. 즉, 내적 행태에서도 법적 평가를, 외적 행위에서도 도덕적 평가가 고려될 수 있다.

그렇더라도 '외면성–내면성'의 이러한 구별이 무의미한 것은 아니다. 아무리 인간 내면적으로 악한 행태라고 할지라도 외부로 드러나지 않는 이상 법은 그것에 관여하지 않는다. 이는 인간 행동이 외적으로 어떤 **'결과'**를 일으키지 않는 이상 법적으로는 중요한 것이 아니라는 뜻이다. 예컨대 형법상 어떠한 행위 결과 없이 단순히 살인의 고의만으로 처벌할 수 없으며, 설령 행위를 일으켰다고 해도 누가 봐도 전혀 위험성이 없는, 다시 말해 애초에 살인의 결과 발생이 불가능했던 경우 역시 행위 불능범(불능 미수와 구별)으로 평가되어 처벌하지 않는다.

법은 내적인 행태 또한 문제시한다. 그러나 그것은 외적 행위와 연결되었을 경우의 평가와 관련한 것이며, 내적 행태 그 자체만을 갖고서 이를 문제 삼는 것은 아니다. 게다가 법은 내면적 동기가 어떻든 관계없이 외적 행위만을 문제 삼는 경우가 대부분이다. 범죄나 불법 행위에서 행위자의 내적 동기는 대개 부수적인 고려의 대상일 뿐, 법적으로 중요한 사실은 아니다. 한편, 도덕은 외적 행위 자체만을 비난의 대상으로 삼지는 않는다. 도덕은 내적 행태에 대한 평가에 주력한다. 어떤 외적 행위가 없더라도 심리적 상태만을 문제 삼아 도덕적 평가를 내릴 수도 있다. 도덕 역시 외적 행위를 문제시하지만, 이는 **내적 행태의 반도덕성**과 결부되어 있을 경우에 한해서다. 따라서 양자의 구분은 대상 혹은 내용의 구별이 아니라 관심 방향의 차이를 뜻하는 것이라고 이해되어야 한다.

■ 합법성과 도덕성

도덕성과 합법성의 구분은 칸트의 실천 윤리학에서 유래한다. 칸트는 법과 도덕을 단순히 대상에 따라 구분하지 않는다. 그는 법과 도덕의 구분은 오직 행위 '동기'에 따른 것이라고 주장한다. 법은 어떠한 행위도 그것이 합법적인 이상 그 동기는 문제 삼지 않지만, 도덕은 도덕적 의무감을 행위의 동기로서 요구한다는 것이다.

법과 도덕을 이처럼 구분하는 것은 내용보다는 **형식**에 중점을 둔 것으로, 일견 타당하다. 이 경우, 입법의 대상에서 법적 영역과 도덕적 영역은 같을 수 있지만, 그럼에도 도덕은 행위의 동기를 그 행위에 대한 의무감으로 한정하지만, 법은 그렇지 않다는 점에서 차이 난다. 이를테면 약속을 지키는 것은 법적으로나 도덕적으로나 모두 의미 있다. 그러나 그것이 진정으로 도덕적이려면 약속에 대한 **의무감**에서 나오는 행위여야 하는 반면, 법에서는 그러한 동기는 문제 삼지 않는다.

이러한 주장 역시 논란의 여지는 있다. 법은 합법한 행위에 대해서는 동기를 문제 삼지 않지만, 위법한 행위에 대해서는 그 동기를 문제 삼으면서 법적 평가를 달리한다. 그뿐만 아니라 동기가 어떠한가에 따라 합법성 여부가 결정되기도 한다. 이러한 **심리적 동기**의 중요성은 특히 형법에서 잘 나타나는데, 고의와 과실의 구별, 이익의 의사, 가혹한 심정 등이 행위의 구성요건에 있어서의 해당 여부와 귀책 요건의 판단에서 중요하다.

■ 법의 강제성과 도덕의 비강제성

법과 도덕을 구분하는 기준으로서 가장 확실한 것은 아마도 법의 강제성과 도덕의 비강제성일 것이다. 법은 국가나 기타 집단 조직의 강제 기구를 동원하여 자기 명령을 실현할 수 있지만, 도덕은 이러한 강제 수단을 갖고 있지 않거나 가질 수 없다는 점을 부인하기는 어려울 것이다. 예링은 '법은 한 국가 내에서 효력을 갖는 강제 규범의 총체'라고 주장하면서, 사회가 설정한 규범 가운데 그것이 법이라는 이름으로 통용되려면 오직 **국가**만이 법적 강제력을 행사할 수 있어야 한다고 말했다.

켈젠 역시 법의 강제성을 강조하면서, 이것을 도덕과 구별되는 법적 기준으로 삼았다. 켈젠은 법과 도덕을 내용 측면이 아닌 오직 **형식적**인 관점에서 구별하려는 입장을 취했다. 켈젠과 같은 현실주의 법학자들은 법과 도덕을 강제성과 비강제성을 준거로 삼아 구분하는 것이 법의 장점과 법적 가치를 가장 잘 드러낸다고 보았다. 그렇더라도 법의 강제를 모든 행위 또는 개별 규범과 관련해서 마땅히 실현되어야 할 강제로 이해하는 것은 옳지 않다. 법의 강제성과 도덕의 비강제성이라는 구분은 다분히 형식적인 구분일 뿐이다. 즉, 법의 '**구속성**'까지 법적 강제에서 나온다고 보는 것은 큰 오류로, 법적 강제가 법적 의무를 근거 짓는다고 보아서는 안 된다.

■ 법의 타율성과 도덕의 자율성

도덕은 **자율적** 판단과 자율적 행위를 생명으로 한다. 타인에 의한 강제나 내적 비자발성에 의한 판단과 행위는 도덕에 맞지 않을 뿐 아니라 오히려 도덕을 해친다. 한편 법은 반드시 자율성을 요구하지는 않는다. 법규범은 **타율적**으로라도 지켜야만 하는 것이다. 나아가 법은 개인의 자율적 판단을 신뢰하지 않을 뿐더러 때론 이를 위험시한다. 그리하여 '아무도 자기 문제에 대하여 법관일 수 없다.'라는 명제가 자연적 정의의 중요한 원리가 된다. 도덕의 궁극적 판단 심급은 내면의 양심인 반면, 법의 궁극적 판단 심급은 법정이다.

여기까지의 논의를 통해 알 수 있듯, 대체로 법은 도덕적 성격을 바탕으로 하되 도덕과 같은 윤리적 엄격성까지는 요구하지 않는다. 그 대신에 공식적인 형식과 절차를 요건으로 한다. 이처럼 법과 도덕은 내용으로는 엄밀히 구분하기 어렵고, 중복적인 면도 없지 않음을 알 수 있다. 법은 명시적으로 혹은 암묵적으로 도덕을 지향하고 있기도 하지만, 또한 많은 경우 법은 도덕으로부터 중립을 지키려고 노력하며, 나아가 도덕적 요청을 억제하고 거부하는 측면도 없지 않다.

06 법과 도덕의 관계(3) - 법과 도덕의 현실적 관계
: 법은 도덕에 바탕하는가, 현실을 따르는가

법과 도덕은 '구조적 일치성'을 보이고, 어느 법질서에서도 양자는 '본질적 불가분의 관계' 또는 '서로 맞물리는 관계'에 있다고 할 수 있다. 먼저, 우리의 법을 보면 **명시적으로** 도덕에 의거하고 도덕을 지향하는 규정이 적지 않음을 알 수 있다. 예컨대 민법에서 선량한 풍속 기타 사회 질서를 위반한 사항을 내용으로 하는 법률행위를 무효로 하고(민법 제103조), 형법에서는 사회 상규에 위배되지 아니하는 행위는 벌하지 아니한다(형법 제20조). 나아가 헌법은 인간의 존엄성과 인격을 존중하고(제10조), 기본권의 보호를 국가의 의무로 선언하며(제10조), 평등의 원칙(제11조) 등 여러 윤리적 가치들을 규정하고 있다.

다음으로 법은 도덕에 대해 명시적으로 지향할 뿐만 아니라, **암묵적으로** 도덕에 대한 지시를 나타내는 경우가 있다. 이는 특히 **윤리적**으로 이해되어야 하는 개념을 사용하는 경우라 할 수 있다. 예컨대 형법 제242조 이하의 '음란'의 개념이 그것이다. 또 일정한 도덕관념을 전제로 해야만 해석될 수 있는 법 개념의 경우에 있어서도 마찬가지다. 이것에 대해 형법에서 '책임'의 개념을 들어 규정하고 있는데, 책임은 무엇보다도 규범적으로 이해되어 '비난 가능성'이라는 윤리적 함의를 품고 있다. 이처럼 법과 사회 도덕은 이른바 인류 공동 정신의 산물이며, 그렇기에 양자 간에는 어떤 '구조적 일치'가 발견될 수 있다. 더 나아가 법과 도덕이 합치되는 법질서는 하나의 이상적인 법질서가 될 것이며, 이것이 우리가 지향하는 법치주의 공동체의 모습일 수도 있다. 그러나 모든 도덕 질서를 법적으로 규정한다는 것은 불가능할 뿐더러, 불필요하고, 더 나아가 해로울 수도 있다는 점을 잊지 말아야 한다. **'법은 최소한의 도덕'**이라는 말이 있듯, 개인의 자발적 판단에 맡겨야 하는 영역에까지 법이 개입하려 들면 자칫 법적 강제를 빙자한 국가 권력의 남용과 횡포를 불러올 수 있다.

현실에서 법이 도덕에 의거하는 경우는 분명하게 존재한다. 그렇지만 현행 법규 체계에서 볼 때 법은 도덕적인 내용을 적극 반영하기보다는 '최소한의 도덕'만을 담고 있는데 그치거나, 혹은 도덕으로부터 중립을 지키거나 도덕에 무관심하려는 경우도 있음이 확인된다. 먼저, 현행법이 도덕과 일정한 관계를 맺고 있기는 하지만, 그 내용에서 '최소한의 도덕'을 반영하는 선에서 그치려는 경우가 있다. 예컨대 법은 신의(信義)의 침해에 있어서 이를 특정 행위자에 국한하여 처벌한다거나(형법 제317조, 업무상비밀누설죄), 명예의 침해에 있어서도 행위의 공연성(公然性)을 요구하고 있는 것(형법 제307조 이하, 명예훼손죄) 등이 이에 해당한다. 다음으로, 법이 도덕으로부터의 '중립' 또는 '무관심'한 경우가 있을 것이다. 일반적으로 재산법·노동법·경제법·상법 및 도로교통법 등의 법 영역은 도덕으로부터의 중립적인 성격을 유지하려는 경우라고 할 수 있다. 물론 이 경우에도 도덕이 개입될 여지가 완전하게 배제되기 어려운데, 예를 들어 '교통도덕'과 같이 사안에 따라 일정한 사회윤리가 형성되기도 한다. 그렇더라도 이는 도덕처럼 법적 규제를 도덕적으로 강제하는 것은 아니다. 마지막으로, 현행법이 의식적으로 도덕과 거리를 두려고 하는 경우가 있다. 이는 법이 도덕적으로 금지된 것을 명하거나, 도덕적으로 요구된 것을 금하는 경우에 나타난다. 예컨대 병역법은 아무리 양심에 근거한 것이라고 하더라도 병역거부를 인정하지 않으며, 모자보건법은 제한적인 범위이기는 하지만 낙태를 허용하고 있다. 부당한 판결에 의거한 기판력(확정판결로써 부여되는 법적 구속력), 정당한 권원(權原) 없는 점유의 잠정 보호 등은 현실 법체계에서 나타나는 예이다. 이러한 법의 도덕에 대한 우월성은 무엇보다 법적 질서유지의 목적에 기인하는 바가 많다. 정의의 가치를 희생하더라도 법적 안정성은 반드시 이루어져야 한다는 것이다. 전체적으로 보면, **법은 도덕의 바탕** 위에 있고, 또한 도덕의 토대를 지키기 위한 것으로 이해된다. 그리하여 도덕을 위배하는 법은 항상 비판의 대상이 되며, 개정의 압력에 직면하게 되는 것이다.

07 법과 도덕의 관계(4) - 법과 도덕의 규범적 관계
: 도덕의 자율성과 법의 타율성 간의 관계

법과 도덕의 관계에 대한 당위론적 질문에 관해서는 크게 두 가지 입장이 대립해왔다. 하나는 '동화의 준칙'으로, 법은 되도록 도덕으로 동화되어야 한다는 주장이다. 다른 하나는 '분리의 준칙'으로, 법은 되도록 도덕의 영역에 개입하지 말아야 한다는 주장이다. 분리의 준칙은 법실증주의의 기본 원리를 따르는 것이기에 설명을 생략하고, '법이 도덕을 강제할 수 있는가', 즉 "부도덕하다는 이유로 이를 법으로 처벌할 수 있는가?"라는 물음을 설명하면 다음과 같다.

법이 도덕에 뿌리를 두고 있음을 생각한다면, 법은 원칙적으로 도덕을 강화하고 뒷받침하는 역할을 해야만 한다. 이런 입장을 **후견적 간섭주의(후견주의)**라고 한다. 이에 따르면 법은 국민의 도덕성 함양에 힘써야 하며, 개인은 도덕적으로 타락할 자유가 없다. 국가는 국민의 복리를 도모하는 과제를 안고 있으며, 도덕은 무엇보다도 중요한 국민의 **복리**라는 것이다. 이러한 간섭주의는 도덕성을 사회 질서의 근간으로 보는 데에서 출발한다. 법은 도덕에서 연유하는 것으로서 당연히 도덕을 보호해야 한다는 것이다. 도덕이 흔들리고 타락하면 법질서 역시 위태롭게 된다. 반도덕적 행위는 곧 국가와 법질서를 파괴하는 중대한 범죄가 되는 것이다. 그러나 문제는 그렇듯 간단하지 않다. 도덕을 전부 법으로써 강화하는 것은 사실적인 측면에서도 어려움이 있으며, 나아가 규범적으로도 바람직하지 않을 수 있다. 먼저, 사실적인 어려움이다. 도덕을 법으로 강제하려면 무엇보다 그 기준이 명확해야 한다. 즉, 규제할 것과 방임할 것의 구분이 명확해야 한다. 다음으로 규범적 어려움도 생각할 수 있다. 규범적 어려움이란 법으로 도덕을 규제하는 것이 과연 '바람직한가'라는 의문이다. 설령 도덕을 법으로 강제하는 것이 현실적으로 가능할지라도 과연 그것이 옳은 처사일 것인가라는 문제이다. 물론 법이 도덕에 뿌리를 두고 있기에 도덕을 강화하고 뒷받침해야 한다는 생각에 반대하기란 쉽지 않다. 그렇더라도 도덕에 대한 법적 강화가 지나칠 경우, 자칫 법이 도덕을 해치고 도덕을 약화하는 결과를 초래할 수 있다는 측면에서의 문제점과 부작용을 생각할 필요가 있다. 이는 다음 몇 가지 관점에서 생각해 볼 수 있다.

첫째, **도덕의 자율성과 법의 타율성**의 문제다. 도덕은 각 개인이 양심적으로 판단하고 스스로 검증하는 그런 차원의 문제이다. 도덕에 관한 한 그 판단 심급은 외부에 있는 것이 아니고 자기 자신에게 있다. 이는 법의 타율성과 대조를 이룬다. 법에서는 스스로 어떻게 생각하고 판단하는지는 중요하지 않다. 법은 법정에서 공정한 제3자가 어떻게 평가하고 판단하는지가 중요한 것이다. 물론 도덕도 세간의 평가를 도외시할 수는 없다. 그러나 각 개인의 자율적 판단과 내면의 양심을 궁극적인 원천으로 하지 않으면 도덕은 그 힘을 잃게 된다. 따라서 도덕에 대해서 법이 지나치게 개입하면서 판단과 결정을 내리는 것은 도덕의 핵심인 자율성을 훼손하고, 결국 도덕의 힘을 약화시키는 좋지 않은 결과를 낳을 수 있다. 둘째, **개인의 자유와 국가의 간섭**과 관련한 문제이다. 도덕은 자율적이며, 법은 타율적인 것이다. 그리고 도덕은 개인의 자유 영역에서 올바르게 발현될 수 있다. 때문에 도덕의 자생력 보호라는 차원에서 도덕에 대한 법적 간섭은 자제되어야 한다. 법의 도덕에 대한 지나친 간섭은 국가 권력의 강화를 불러옴으로써 자칫 개인의 존엄과 자유를 억압하는 기제로 작용할 수 있다. 이는 도덕, 즉 인간의 행동 양식 및 사회의 규율 방식과 관련한 보편 가치를 심각히 훼손할 수 있다. 도덕이라는 보편 가치는 국가가 직접 나서기보다 사회 체제, 예컨대 가정, 교육기관, 종교기관, 언론기관, 다양한 시민사회, 궁극적으로는 개인 스스로 담당토록 하는 것이 더 적절하다.

법의 본질을 바라보는 세 관점 – 관습이론, 구조이론, 갈등이론
: 법의 본질은 무엇인가

법의 본질에 대해서는 많은 논의가 있어 왔다. 그 오래된 것들 가운데 하나가 사회에 형성된 관습에서 그 본질을 파악하려는 견해이다. **관습이론**에서는 이런 관습을 확인하고 재천명하는 것이 법이 된다고 본다. 곧 법이란 제도화된 관습이라고 보는 것이다. 관습을 재천명하는 역할은 원시 사회라면 족장 같은 권위자가, 현대 법체계에서는 사법기관이 수행할 수 있다. 입법기관에서 이루어지는 제정법 또한 관습을 확인한 결과이다. 예를 들면 민법의 중혼 금지 조항은 일부일처제의 사회적 관습에서 유래하였다고 설명한다. 나아가 사회의 문화와 관습에 어긋나는 법은 성문화되어도 법으로서의 효력이 없으며, 관습을 강화하는 법이어야 제대로 작동할 수 있다고 주장한다. 성문법이 관습을 변화시킬 수 없다는 입장을 취하는 것이다.

법을 사회구조의 한 요소로 보고 그 속에서 작용하는 기능에서 법의 본질을 찾으려는 **구조이론**이 있다. 이 이론에서는 관습이론이 법을 단순히 관습이나 문화라는 사회적 사실에서 유래한다고 보는 데 대해 규범을 정의하는 개념으로 규범을 설명하는 오류라 지적한다. 구조이론에서는 교환의 유형, 권력의 상호 관계, 생산과 분배의 방식, 조직의 원리들이 모두 법의 모습을 결정하는 인자가 된다. 이처럼 법은 구조화의 결과물이며, 이 구조를 유지하고 운영할 수 있는 합리적 방책이 필요하기에 도입한 것이다. 따라서 구조이론에서는 상이한 법 현상을 사회 구조의 차이에 따른 것으로 설명한다.

1921년 팔레스타인 지역에 세워진 모샤브 형태의 정착촌 A와 키부츠 형태의 정착촌 B는 토지와 인구의 규모가 비슷한 데다, 토지 공유를 바탕으로 동종의 작물을 경작하였고, 정치적 성향도 같았다. 그런데도 법의 모습은 서로 판이했다. A에서는 공동체 규칙을 강제하는 사법위원회가 성문화된 절차에 따라 분쟁을 처리하고 제재를 결정하였지만, B에는 이러한 기구도, 성문화된 규칙이나 절차도 없었다. 구조이론은 그 차이를 이렇게 분석한다. B에서는 공동 작업으로 생산된 작물을 공동 소유하는 형태를 지니고 있어서 구성원들 사이의 친밀성이 높고 집단 규범의 위반자를 곧바로 직접 제재할 수 있었다. 하지만 작물의 사적 소유가 인정되는 A에서는 구성원이 독립적인 생활 방식을 바탕으로 살아가기 때문에 비공식적인 규율로는 충분하지 않고 공식적인 절차와 기구가 필요했다.

법의 존재 이유가 사회 전체의 필요라는 구조이론의 전제에 의문을 제기하면서, 법과 제도로 유지되고 심화되는 불평등에 주목하여야 한다는 **갈등이론**도 등장한다. 갈등이론에서 법은 사회적 통합을 위한 합의의 산물이 아니라, 지배 집단이 억압 구조를 유지·강화하여 자신들의 이익을 영위하려는 하나의 수단이라고 주장한다. 19세기 말 미국에서는 아동의 노동을 금지하는 아동 노동 보호법을 만들려고 노력하여 20세기 초에 제정을 보았다. 이것은 문맹, 건강 악화, 도덕적 타락을 야기하는 아동 노동에 대한 개혁 운동이 수십 년간 지속된 결과이다. 이에 대해 관습이론에서는 아동과 가족생활을 보호하여야 한다는 미국의 전통적 관습을 재확인하는 움직임이라고 해석할 것이다. 구조이론에서는 이러한 법 제정을 사회구조가 균형을 이루는 과정으로 설명하려 할 것이다. 하지만 갈등이론에서는 법 제정으로 말미암아 값싼 노동력에 근거하여 생존하는 소규모 기업이 대거 퇴출되었다는 점, 개혁 운동의 많은 지도자들이 대기업 사장의 부인들이었고 운동 기금도 대기업의 기부에 많이 의존하였다는 점을 지적한다. 이론 상호 간의 비판도 만만찮다. 관습이론은 비합리적이거나 억압적인 사회·문화적 관행을 합리화해 준다는 공격을 받는다. 구조이론은 법의 존재 이유가 사회적 필요에서 나온다는 단순한 가정을 받아들이는 것일 뿐이고, 갈등이론은 편향적인 시각으로 흐를 수 있을 것이라고 비판받는다. (출처: 2019 LEET)

기본권을 바라보는 세 측면 - 자연권설, 실정권설, 통합가치설
: 기본권적 권리는 어디에서 나오는가

역사적으로 볼 때 기본권은 인권 사상에서 유래되었지만 개념상으로 인권과 기본권은 구별된다. 인권은 인간의 권리, 즉 인간이 인간이기 때문에 당연히 갖는다고 생각되는 생래적(生來的), 천부적(天賦的) 권리를 말하며, 기본권은 헌법이 보장하는 국민의 기본적인 권리를 의미한다. 기본권 중에는 생래적 권리가 헌법에 수용된 것도 있지만 헌법에 의해서 비로소 형성되거나 구체화된다고 생각되는 청구권적 기본권, 참정권, 환경권 등도 있으므로 엄격한 의미에서 인권과 기본권은 동일한 것으로 볼 수 없다. 기본권은 일반적으로 주관적 공권(公權)으로서의 성격을 가진다. 이는 기본권이 기본권의 주체인 개인이 자기 자신을 위하여 가지는 현실적이고 구체적인 권리이기 때문에 국가 권력을 직접적으로 구속하고, 따라서 개인은 국가에 대하여 작위(作爲)나 부작위(不作爲)를 요청할 수 있으며 헌법 질서를 형성하고 개선해 나갈 수 있다는 것을 뜻한다. 그런데 이러한 주관적 공권(公權)으로서의 권리가 어떠한 성질의 것이냐에 대하여서는 자연권설, 실정권설, 통합가치설 등으로 견해가 나뉘고 있다.

자연권설에서는 기본권의 자연권적 성격은 시대나 국가에 따라 차이가 있을 수 있지만 기본권은 본질적으로 인간의 본성에 의거하여 인간이 가지는 권리이고, 국가 권력의 침해와 간섭을 배제하는 기본권의 방어적, 저항적 성격은 오늘날에도 여전히 부정될 수 없다고 주장한다. 그리고 헌법 제정 권력자도 기본권 존중이라는 근본 규범에는 구속되는 것이기 때문에 기본권은 전(前) 국가적, 초(超)국가적인 천부적 자연권이라고 본다. 또한 헌법상의 기본권 보장 규정은 그 헌법의 규정이 기본권을 창설(創設)하는 것이 아니라 단지 인간이 인간으로서 당연히 가지고 있는 권리를 문서로 확인, 선언하고 있는 것에 지나지 않는 것으로 본다.

실정권설에서는 헌법에 규정된 모든 기본권은 실정권으로 파악한다. 사상과 언론의 자유, 신체의 자유 등과 같은 전통적인 자유권적 기본권도 그 역사적인 전개 과정에서는 자연법상의 권리로 주장된 것이지만, 사회는 공동생활체이므로 개인의 자유는 조정되지 않으면 안 된다. 또한 국가 영역 안에서는 그 최후의 조정자가 국가인 이상 국가에 의한 국민의 자유의 제한, 조정은 필요 불가결하므로, 결국 자유권도 헌법 또는 법률에 의하지 않고는 제한되지 않는 인간의 자유를 말하는 것이다. 그렇다면 자유권도, 그것을 제한할 수도 있다는 헌법 또는 법률이 국가의 실정법인 이상 그것에 의해서만 제한될 수 있다는 의미에서 실정법상의 권리일 수밖에 없다고 주장한다. 실정권설에 의하면 기본권도 헌법에 규정되어야만 비로소 권리로서 인정되기 때문에 헌법의 기본권 보장 규정은 기본권을 확인, 선언하는 것이 아니라 기본권을 창설하는 것이라고 본다.

통합가치설에서는 질서와 관련하여 기본권을 바라본다. 현실의 인간은 일정한 질서 속에서 존재하기 때문에 인간의 자유와 권리는 질서 내의 자유와 권리를 뜻할 수밖에 없다. 그에 따라 통합가치설에서 기본권은 헌법적인 질서 속에서의 자유와 권리를 뜻하고 사회 공동체가 동화되고 통합되어 가기 위한 실질적인 원동력을 의미하므로, 본질적으로 사회 공동체의 구성원 모두가 공감할 수 있는 가치의 세계를 나타내는 것으로 본다. 또한 헌법 질서 내의 국가 권력은 국민에 앞서 존재하는 것이 아니라 국민의 기본권 행사에 의해서 창설되고, 국가 내에서 행사되는 모든 권력이 국민의 기본권에 의해 통제되고 정당화된다고 주장한다. 그에 따라 통합가치설은 기본권의 국가 형성적 기능과 동화적(同化的) 통합 기능을 강조하고 이러한 기능을 가능하게 하는 기본권의 정치적 성격을 중시한다. (출처: 2016 육사)

10 법적 개방성의 문제: 인간 행위의 적극적 허용과 소극적 허용과 관련한 법적 해석 문제

법은 인간의 행위를 지도하고 평가하는 공식적인 사회 규범이다. 그리고 법을 통한 행위의 지도는 명령, 금지, 허용 등의 규범 양상으로 이루어진다. 명령은 행위를 해야 하도록 하는 것이며, 금지는 행위를 하지 않도록 하는 것이다. 허용은 행위를 할 수 있도록 하거나, 하지 않을 수 있도록 하는 것인데, 통상 전자를 '적극적 허용', 후자를 '소극적 허용'이라고 부른다.

19세기 분석법학의 연구 성과는 이들 규범 양상들이 서로 일정한 의미론적 관계 및 논리적 관계를 맺고 있음을 보여주고 있다. 이에 따르면 **명령**은 소극적 허용의 부정이지만 적극적 허용을 함축하며, **금지**는 적극적 허용의 부정이지만 소극적 허용을 함축한다. 소극적 허용은 금지를 함축하지는 않으며, 적극적 허용은 명령을 함축하지는 않는다. 또한 소극적 허용과 적극적 허용은 서로 배제하거나 함축하지 않는다. 그리고 이들 네 가지 규범 양상은 행위 지도의 모든 경우를 포괄한다. 이러한 규범 양상들의 상호 관계에 대한 분석은 주로 입법 기술의 차원에서 그 실천적 의의를 찾을 수 있다. 즉 그러한 분석은 법을 명확하고 체계적으로 정립하기 위해 준수해야 하거나, 법의 과잉을 방지하기 위해 고려해야 할 원칙들을 제공해 준다. 가령 법의 한 조항에서 어떤 행위를 하지 않을 수 있도록 허용했다면 다른 조항에서 그 행위를 명령해서는 안 된다는 것이나, 어떤 행위를 할 수 있도록 허용하는 방법이 반드시 그 행위를 명령하는 것일 필요는 없다는 것 등이 그러한 예가 될 것이다.

이러한 분석이 법 현상을 제대로 반영하고 있는 것인지에 대해서는 다소 의문이 제기되고 있다. 법체계가 폐쇄적일 경우에는 이러한 분석이 통용될 수 있겠지만, 개방적일 경우에는 그렇지 못하다는 것이다. 가령 **개방적** 법체계 내에서는 금지되지 않은 것이 곧 허용된 것이라고 말할 수는 없기 때문에, 적극적 허용이 금지를 부정한다는 명제는 성립하지 않는다. 한 사람을 지탱할 수 있을 뿐인 나뭇조각을 서로 붙잡으려는 두 조난자에게 각자 자신을 구할 수 있는 행위를 하는 것이 금지되지 않았다고 해서, 곧 서로 상대방을 밀쳐 내어 죽게 할 수 있도록 허용되어 있다고 말할 수는 없다는 것이다. 나아가 그러한 분석은 **폐쇄적** 법체계를 전제함으로써 결과적으로 인간의 자유가 가지는 의미를 약화시킨다는 지적도 있을 수 있다. 개방적 법체계에서는 법 그 자체로부터 자유로운 인간 활동의 고유한 영역이 존재할 수 있지만, 폐쇄적 법체계 내에서 인간의 자유란 단지 소극적 허용과 적극적 허용이 동시에 주어져 있는 상태, 즉 명령도 금지도 존재하지 않는 상태에 놓여 있음을 뜻할 뿐이다. 따라서 인간의 자유란 게으른 법의 침묵 덕에 어쩌다 누리게 되는 반사적인 이익에 불과할 뿐 규범적 질량을 가지는 권리일 수는 없게 된다.

그러나 이 같은 비판들에 대해서는 다음과 같은 반론을 제시할 수 있을 것이다. 우선 앞의 사례와 같은 경우가 존재한다고 해서 법체계의 개방성을 인정해야 하는 것은 아니다. 상대방을 밀쳐 내어 죽게 하는 행위는 허용되지 않지만, 자신을 구하기 위해 불가피한 것이었다는 점에서 비난의 대상이 되지는 않는다고 볼 수 있기 때문이다. **금지와 허용** 사이의 역설적 공간이 아니더라도 죽은 자에 대한 애도와 산 자에 대한 위로가 함께할 수 있는 것이다. 또한 금지되지 않은 것이 곧 허용된 것이라고 말할 수 없다면, 변덕스러운 법이 언제고 비집고 들어올 수 있다는 것과 같아서, 인간이 누리게 되는 자유의 질은 오히려 현저히 저하될 수밖에 없을 것이다. 비록 일도양단의 논리적인 선택만을 인정함으로써 현실의 변화에 유연하게 대처하지 못하고, 자칫 부당한 법 상태를 옹호하게 될 수 있다는 한계도 있지만, 19세기 분석 법학이 추구한 엄밀성은 전통적인 법에 내재해 있는 모순과 은폐된 흠결을 간파하고 이를 적극 제거하거나 보완함으로써 자유의 영역을 선제적으로 확보하는 데 기여해 온 것으로 평가할 수 있다. 나아가 그러한 엄밀성은 사법 통제의 차원에서도 의의를 지닐 수 있다. 이른바 결과의 합당성을 고려해야 한다는 이유를 들어 명시적인 규정에 반하는 자의적 판결을 내리려는 시도에 대하여, 판결은 법률의 문언에 충실해야 한다는 점을 일깨우고 있기 때문이다. (출처: 2012 LEET)

10

주제 통합 10

[주제별로 개념을 통합하면서 글을 읽어라]

시간과 차원의 관계 - 시간이 눈에 보이지 않는 이유 [인문+과학]
: 시간은 눈에 보이지 않는 네 번째 차원이다.

눈으로 확인할 수 있는 공간과는 달리 시간은 왜 눈에 보이지 않을까? 이런 의문을 '**차원**'과 관계된 가설로서 설명할 수 있다. 시간이 우리 눈에 보이지 않는 첫째 이유로, 시간은 과거·현재·미래를 향해 한 방향, 즉 1차원으로만 확장하기 때문이다. 이는 공간을 예로 들어 설명하면 쉽게 이해할 수 있다. 우리는 상하, 좌우, 전후의 세 방향으로 확장하는 3차원 구조를 가진 공간 속에 산다. 그래서 눈앞에서 여러 방향으로 움직이는 물체를 볼 수도 만질 수도 있고, 이를 통해 공간이 세 방향으로 펼쳐져 있다는 사실을 유추할 수 있다. 여기서 공간의 차원 하나를 줄여 우리가 2차원 세계에 살고 있다고 가정해 보자. 하늘에서 떨어진 크고 무거운 무언가에 눌려 빈틈없이 납작해진 세계를 상상하는 것이다. 이런 세계에서는 상하 방향은 개념적으로도 실제로도 존재하지 않고, 이제 공간은 전후, 좌우 방향으로만 확장할 수 있다. 하지만 이런 2차원의 평면적인 세계에 놓여 있더라도 사람들은 주위가 어떻게 펼쳐지는지는 인식할 수 있다. 주위에 빛의 가장 작은 입자인 광자(光子)를 던져서 그것이 되돌아오는 움직임을 통해 주위가 2차원으로만 확장하고 있다고 추측할 수 있다. 여기서 다시 한번 차원을 줄여보자. 이제 1차원 세계에 살게 되는 것이다. 가느다란 빨대 속에 들어 있는 지렁이 인간을 상상하면 된다. 이 지렁이 인간은 점 모양의 감각기관이 머리와 발에만 있어서 빨대와 몸 사이의 마찰을 전혀 느끼지 못한다. 지렁이 인간은 1차원으로만 운동을 하는 광자를 자신의 앞이나 뒤로 던져서 그것이 되돌아오는 모습을 보고서 앞이나 뒤에 무언가 다른 물체가 존재한다는 사실과 자신이 직선의 세계에 살고 있다는 것 등을 짐작할 수 있을 것이다. 그렇더라도 빨대 모양의 1차원의 세계에서 무언가를 '보는 것'은 3차원이나 2차원의 세계를 경험하는 것과는 전혀 다른 체험일 것이다. 3차원이나 2차원 세계에서는 주위로 던져진 광자가 되돌아오는 상태에 따라 주위에 있는 물체가 어떤 형상인지 직접 눈으로 확인할 수 있지만, 1차원 세계에서는 그렇게 할 수 없다. 앞뒤 어딘가에 다른 물체가 존재한다는 사실만 미루어 짐작할 뿐이다.

시간이 눈에 보이지 않는 두 번째 이유는 인간의 뇌는 처음부터 3차원까지만 인식할 수 있는 구조로 되어 있어 네 번째 차원인 '**시간**'을 뚜렷이 인식할 수 없기 때문이다. 시간은 항상 공간과 떼려야 뗄 수 없는 존재이기 때문에 시간 그 자체만을 따로 분리하여 관측할 수는 없다. 그렇다면 공간은 어떨까? 공간은 항상 3차원으로 퍼져나가고 있기 때문에 거기에서 1차원만을 끄집어내는 것은 불가능하다. 더군다나 모든 물리학적 실험과 관측은 반드시 시간을 필요로 한다. 그래서 공간만을 보고 있으려고 해도 실제로는 시간도 동시에 '보고 있는' 것이 된다. 항상 시간이 관계하여 있는 것이다. 결국 우리가 사는 세계는 따로 분리할 수 없게 통합되어 있는 '4차원 시공간'이기 때문에 거기에서 시간이라는 1차원 하나만을 따로 떼어 관측할 수는 없다. 우리는 세계의 실상인 '**가속도=움직임**'을 시공간을 통해서 보고 있는 것이다.

이렇게 놓고 볼 때 시간은 우리가 세계를 인식할 때 사용하는 편리한 **개념틀**에 불과하다. 그럼에도 우리는 그 개념틀이 실재한다고 굳게 믿기 때문에 잘못된 인식이 일어나는 것이다. 실제로 상대성이론의 세계에서는 시간과 공간은 좌표축의 '회전'으로 섞여 버린다. 어떤 사람에게는 시간 성분인 것이 다른 사람에게는 공간 성분이 될 수 있다. 상대성이론에서는 시간과 공간의 분명한 구분 같은 것은 없다. 시간에 대한 물음은 철학적이고 물리적이며 또 수학적이기도 하다. 시간은 "눈에 보이지 않는 그 무엇이다."라는 개념을 깊게 파고들수록 시간뿐만 아니라 공간이라는 개념틀마저도 일종의 환상에 지나지 않는다는 결론에 도달할 것이다.

02 장이론과 가브리엘의 '의미의 장' 존재론 [과학+인문]: 사물의 실재는 '의미의 장'을 통해 드러난다.

장(場, field)은 공간상의 각각의 지점(영역)마다 다른 값을 갖는 물리량을 일컫는 용어이다. 장이론은 패러데이와 맥스웰, 아인슈타인 등 많은 과학자에 의해 중력장이나 핵력장과 같은 다양한 이론으로 발전해 온 이론이다. 예를 들어 중력장은 뉴턴의 만유인력 법칙에 의해 지배받는 장으로, 질량을 가진 두 물체가 서로 끌어당길 때 사이에 작용하는 중력에 관해 기술하는 물리량을 말한다.

장이론은 사회과학에서도 많이 응용되고 있는데, 특히 사회심리학자인 레빈에 의해 사회과학 이론으로 발전했다. 장이론에 따르면 정신 현상이나 사회현상 역시 물리학에서와 마찬가지로 전체가 하나의 '장'을 이루고 있으며, 각 부분은 상호 의존의 관계를 이루고 있다고 본다. 그런 의미에서 장이론은 **체계이론** 및 **생태계** 관점과 비슷한 개념이다. 사회심리학에서 말하는 장(場)은 서로 상호의존적이고 공존하고 있는 모든 사실의 총합을 의미한다. 즉, 인간의 심리적 장이란 인간 행동을 좌우하는 상호의존적인 모든 심리적 사실들의 총합을 말한다. 그리고 인간의 생활공간이란 자신을 둘러싼 공간과 자신의 이러한 심리적 장을 합친 것인데, 쉽게 말하면 인간과 인간을 둘러싼 **환경의 총합**이 '장'이다. 그리고 인간의 행동은 한 개인의 성격과 환경 간의 상호작용으로 이해된다. 그래서 레빈은 "인간의 행동을 이해하거나 예측하기 위해서는 개인과 환경의 상호의존적인 요인들을 총체적으로 고려해야 한다."라고 강조했다.

현대철학의 큰 흐름의 하나인 **'새로운 실재론'**에서 독보적인 위치를 차지하고 있는 가브리엘은 전하가 전기적인 힘을 받는 공간인 '전기장'을 응용하여 존재론적 사유로서의 **'의미의 장'** 개념을 설명하고 있다. 전하가 주변의 공간에 미치는 전기적인 영향력을 전기장이라고 하는데, 전기장은 전기력이 지닌 원격의 성질을 설명하기 위해 도입한 개념이다. 말하자면, 과학에서 말하는 '장'의 의미는 곧 그것이 미치는 **영향력**의 '작용 공간'이자 대상의 영역과 대상 간의 **관계**를 규정하는 '**범주**'라고 생각하면 된다.

가브리엘은 존재론의 기본 단위를 '의미의 장'이라고 불렀다. 그가 '대상 영역' 대신에 '의미의 장'이라는 개념을 사용한 이유는 인간의 사회문화적 관계로부터 나타나는 **의미**를 대상에 포함하기 위해서다. 사물의 의미를 부여하는 현재의 '장소'인 의미의 장은 사물의 객관적인 구조를 제공하며, 무언가 존재한다는 것이란 그것이 의미의 장에 나타난다는 것과 같다. 대상이 의미의 장에 현상(現像)하면, 그 대상은 의미의 장의 역학적인 힘에 의해 구체적인 의미를 띤 대상이 된다.

가브리엘은 무언가가 의미의 장에서 나타나는(현상하는) 것이 **'존재'**의 본래 의미이며, 의미의 장은 무한히 존재한다고 주장했다. 의미의 장의 복수성을 전제하면, 대상이 반드시 특정한 의미의 장에 결부되지 않더라도 좋다는 것을 알 수 있다. 물은 자연과학에서는 H_2O로 현상하고, 사막에서는 귀중한 마실 것으로서 현상하며, 목욕탕에서는 몸을 따뜻하게 하는 것으로서 현상한다. 의미의 장을 통과함으로써 대상은 **특정한** 방식으로 나타나게 되는 것이다. 요컨대 우선 무수한 의미의 장의 구분이 존재하며, 그것으로부터 대상과 그 인식이 문제가 된다. 이 순서를 거꾸로 해서는 안 된다. 의미의 장은 대상을 규정하는 객관적인 힘의 장이며, 대상의 현상 방식에 대한 '의미'의 의미이다. 가브리엘은 존재(의미)는 존재(의미의 의미, **참된 실재**)로서 순수하게 고찰되어야 한다고 본 것이다.

들뢰즈 철학의 중심은 '차이'와 반복의 개념으로, 이는 서양철학의 사상적 지반인 '동일성'과 모순에 대한 **'해체'**를 의미한다. 들뢰즈는 동일성과 모순의 자리를 차이와 반복이 대체한다고 보면서, 동일성의 논리를 **'재현'**의 논리로 규정했다. 들뢰즈에 의하면 재현이란 일반적으로 한 이미지가 보여주는 대상과 그 이미지 사이의 관계를 의미한다. 이러한 재현은 회화에서는 '구상적인 것'을 의미하는데, 구상적인 것은 사람들이 어떤 것을 표현할 때 흔히 사용하는 익숙한 이미지로 구성되어 있다. 이를 **'클리셰'**라고 하는데, 이는 '상투적인 것', 또는 '판에 박힌 것'을 뜻한다.

들뢰즈는 예술가가 자기만의 독창적인 이미지로 대상을 생생하게 느낄 수 있게 표현하려면 '클리셰'를 피해야 한다고 보았다. 이를 위해 그는 '트리(나무)'를 예로 들어 설명하면서, 하나의 체계로 구조화하여 예술을 표현하려 들어서는 안 된다고 주장했다. 일목요연하게 뻗어 나가는 수목적(트리) 사유체계에 대항하는 것으로 그는 전방위로 뻗어 나가 방향을 종잡을 수 없는 예술적 모델로서 **'리좀(뿌리)'**적 사유체계를 제창했다. 트리는 먼저 확실한 기본 원칙을 세우고 그 기준을 토대로 몇 가지 패턴이나 예외를 생각하면서 사유한다. 그에 반해 리좀은 중심은커녕 시작도 끝도 없는 네트워크형 사유방식이자 예술적 표현방식이다. 그 특징은 전체를 구성하는 각 부분의 접속이 자유롭고, 망의 형태가 종횡으로 움직이며, 다양한 요소가 섞인 상태라 할 수 있다. 리좀은 여러 존재가 복잡하게 얽히고설키면서 하나의 중심으로 위계를 형성하려 들지 않으며, 외부의 억압적 코드에서 벗어나기 위해 끊임없이 **'탈주'**를 시도한다.

바로크 시대의 대표적 화가 렘브란트를 빛과 그림자의 화가라고 부른다. 빛과 함께 그림자를 품는 그의 그림처럼, 그는 자기 생의 그림자도 놓치지 않았다. 그림에서 정면을 향한 그의 시선은 관객이 아니라 거울 속 자신을 응시하는 듯하다. 영광의 모습은 물론 늙고 추해진, 더 잃을 것도 없이 불행해진 자기 모습까지 화폭에 담은 그의 집념이 무섭다. 예술은 궁극적으로 자기 찾기인 것을, 고독과 무력감이 싹트는 그 지점에서 자신을 돌아보게 된다.

렘브란트의 〈자화상〉이 갖는 위대함은 자신의 얼굴에 내재한 삶의 굴곡을 거침없이 드러냈다는 점이다. 이 굴곡은 다름 아닌 주름이며, 이 주름은 하나의 뚜렷한 실선이 아닌 무수히 많은 미세한 선들로 이루어져 있다. 그의 〈자화상〉을 들뢰즈의 시각에서 본다면, 주름은 들뢰즈 철학에서 말하는 '리좀'과도 같으며, 또한 렘브란트가 지닌 **'내재적 무한성'**을 의미한다. 그의 〈자화상〉에는 뚜렷한 실선(리좀)으로 구획된 실루엣보다 삶의 애환을 담은 주름(리좀)의 중첩만이 발견될 뿐이다. 이런 이유에서 〈자화상〉에 담긴 렘브란트 자신은 하나의 무한한 존재로서, 그의 삶의 궤적에 내재한 무한한 삶의 흔적을 담고 있다. 기쁨과 분노, 환희와 절망,

〈63세의 자화상, 렘브란트, 1669년〉

공포와 용맹과 같은 작가의 내재적 무한성이 작품에서 주름이라는 리좀을 통해 끊임없이 밖으로 **표출(탈주)**하고 있는 것이다. 이렇게 무한한 주름으로 이루어진 존재는 초월적 의미에서 무한한 존재가 아니라 모든 것을 다 포함하고 있다는 점에서 렘브란트의 〈자화상〉은 대상의 실재를 생생하게 포착하고 전달한 훌륭한 작품으로 평가받고 있다.

독일 출신 유대인 철학자 벤야민은 나치로부터 도피하여 파리로 갔다. 그곳에서 그가 마지막까지 응시하면서 성찰했던 것은 현대적 건축물 '파사쥬'였다. 그에게 있어 파사쥬 건축 구조의 중요성은 '현대성' 안에서는 사라져 버린, 그러나 가장 현대적인 건축물 안에 존재하는 그 어떤 특별한 철학적 공간성을 은유하기 때문이다. 그 철학적 공간성을 벤야민은 '문지방 영역'이라고 불렀다. 문지방 영역은 그 공간적 특성이 '이쪽도 아니고 저쪽도 아닌', 그러나 동시에 '이쪽이기도 하고 저쪽이기도 한' 곳이다. 이분법으로 규정할 수 없는, 말하자면 '중간영역' 혹은 '경계영역'을 의미한다.

벤야민은 파사쥬의 건축 공간을 문지방 영역의 특성을 지닌 공간으로 보았다. 거리와 거리 사이를 잇는 실내 공간인 파사쥬 공간은 '안도 아니고 밖도 아닌, 그러면서도 안이기도 하고 밖이기도 한' 탈구획적 경계영역이기 때문이다. '문지방 영역'은 벤야민에게 이분법을 척도로 모든 것들이 시스템화한 현대사회에서 그 시스템적 억압 구조를 붕괴시킬 수 있는 변혁의 공간, 인간의 공간이었다. 문지방 영역은 자연과 문명, 인간과 사물, 정신과 신체 사이가 아직은 분리되지 않은 채 서로 교감하고 대화하는 '소통'의 공간이었다. 이 소통의 공간을 벤야민은 '미메시스적 공간' 혹은 '비감각적 유사성의 공간'으로 명명했다.

〈몽마르트, 생 뤼스티크 거리, 아제, 1922년〉

외젠 아제는 세계 사진사에 다큐 사진과 초현실주의 사진의 새로운 지평을 연 작가이다. 벤야민은 외젠 아제의 사진에 주목했다. 아제는 프랑스 파리의 사람 없는 빈 골목을 주로 촬영했다. 대도시의 가공되지 않은 모습을 그대로 드러낸 아제의 사진은 초현실적인 분위기를 띤다. 그의 사진이 질서나 혼란 자체를 넘어서 공허함을 드러내고 있기 때문이다.

벤야민은 바로 이러한 이유에서 아제의 사진은 파리와 같은 대도시의 본질을 잘 보여주고 있다고 보았다. 벤야민에게 대도시란 파사쥬라는 탈구획적 경계영역으로서의 파국의 현장인 동시에 매혹의 현장이다. 대도시는 과거의 전통과 의미를 파편화시켜 파국으로 몰고 가지만, 그와 동시에 그러한 의미를 파편으로 남겨둠으로써 무한한 상상의 조합을 가능하게 하기 때문이다. 벤야민에게 대도시는 일종의 폐허이지만, 그러한 폐허는 단순한 종말을 의미하는 것이 아니다. 만들어지거나 탄생하고 다시 사멸하여 흔적을 남기는 덧없는 과정과 그 폐허의 흔적이야말로 대상의 본질을 드러내는 '진리'인 것이다.

벤야민이 파사쥬에서 적용했던 '비감각적 유사성'의 문제는 현대 예술의 '알레고리' 형상화 기법과 긴밀히 관계한다. 알레고리는 겉으로 드러난 표현 대상보다는 그 배후에 '숨은' 작가의 의도나 관념을 더 중요시한다. 벤야민에 따르면 알레고리적 형상화 방식에서 '진리'는 감각적 유사성을 통해 직접 드러나지 않으며, 또한 진리는 상징이 아닌 알레고리로서 파편적으로 드러날 뿐이다. 이를테면 외젠의 사진이 보여주는 파사쥬적 의미는 비감각적 유사성의 공간에 담긴 '진리의 알레고리'를 통해 의미의 파편을 끊임없이 생산하고, 독자들은 자신의 상상력을 통해 무한한 해석의 가능성을 열어 놓는다.

푸코의 권력 담론과 르코르뷔지에의 현대 도시 계획 [인문+예술]
: 구조는 어떻게 권력으로 작동하는가.

모더니즘을 대표하는 스위스 출신의 건축가 르코르뷔지에는 전쟁 이후 폐허가 된 도시에서 새로운 도시의 탄생을 꿈꾸면서 파리 도시 계획안을 설계했다. 이 계획안은 늘어나는 자동차와 인구를 도시로 집중시켜 도심의 혼잡을 완화하고, 운송 체계를 개선하며 더 많은 녹지 공간을 확보하는 것을 기본 원리로 삼았다.

놀라운 점은 르코르뷔지에가 이 도시 설계에 있어서 어디에나 적용 가능한 '표준 환경' 개념을 설정하려 했다는 것이다. 계획안에서 드러나는 직선의 길은 인간 정신의 '축'인 셈이다. 르코르뷔지에는 인간이 걷는 길은 직선이어야 한다고 생각하면서, 시공간을 압축한 격자구조의 도시를 설계했는데 이는 현대 산업사회의 **이데올로기**와 일치하는 것이기도 했다. 그는 구불구불한 길은 비효율적이며 시대착오적이라고 생각했다. 그가 설계한 격자 형태의 반듯한 도시는 단순한 시공간의 압축으로 환원할 수 없는 또하나의 측면이 존재한다. 그것은 위생학적 차원과 관련 있는데, 반듯한 길은 멀리서도 눈에 띄기 때문에 범죄가 발생하기 어렵고, 해로운 세균을 퍼트리는 동물이나 벌레도 쉽게 눈에 띌밖에 없다. 따라서 구불구불하고 좁은 골목길을 추방한 도시 공간은 위생학의 등장을 의미한다.

〈르코르뷔지에의 300만을 위한 도시 계획 스케치〉

프랑스 구조주의 철학자 푸코는 이러한 도시 공간의 탄생을 '권력'과 연관해서 생각했다. 푸코에 따르면, 이러한 바둑판 모양의 구획(**구조**)은 기능과 위생학을 명분으로 하지만, 그와 동시에 이것은 권력이 작동하는 그물망이기도 하다. 푸코에 따르면 격자 또는 바둑판 모양의 도시 공간은 감시의 공간인 동시에 권력이 작동하는 공간이다. 그는 권력이 복잡한 사회구조를 통해 효력을 발생시키는 과정에 주목했다. 그에 따르면, 진리란 그 자체로 존재하는 것이 아니라 '**담론**'에 의해 규정되는 하나의 지식일 뿐이다. 푸코는 지식을 둘러싼 관계들, 즉 지식이 어떻게 구성되어 있는가에 집중하면서, 그것이 권력의 문제와 밀접하게 관련한다고 보았다. 그는 담론을 사회와 주체의 구조를 결정하는 권력 구조로 본 것이다.

푸코에 따르면, 현대 권력은 눈에 보이지 않는 곳에서 은밀히, 세련되게 작동한다. 현대사회에 들어오면서 권력은 차츰 눈에 보이지 않게 몸을 숨기 돼 보이지 않는 생활영역에서 그리고 일상의 세세한 부분까지 우리의 신체를 감시·통제하면서, 개인은 모두 그리고 언제나 감시 가능한 공간 안에 묶이게 됐다. 권력은 감시의 **효율성**을 높이고 규율을 **내면화**하기 위해 개인을 은밀하면서도 철저하게 통제하는 구조를 끊임없이 고안하고, 이를 통해 권력이 원하는 질서를 만들어낸다. 권력의 의도에 맞춰 우리는 가정·학교·회사 등 다양한 생활공간에서 다양한 규범적 판단에 따라 다양한 방법으로 규제된다. 그리고 그 지식이 정한 범주를 벗어나는 일체의 행동은 모두 부적절하고 일탈적인 행위로 간주되어 감시와 처벌과 교정의 대상이 된다. 실제 파리 사람들은 르코르뷔지에의 현대 도시 개념이 야만적이고 냉혹하며 '그리스도의 적'이라고 공격하면서 강한 혐오감을 드러냈다.

06 플랫폼 비즈니스와 네트워크 효과 〔사회+경제〕: 네트워크 효과의 명과 암

(가) 플랫폼의 가장 중요한 특성은 연결과 공유로, **온라인 플랫폼**에서는 가치사슬이 복잡하게 얽혀 네트워크를 이룬다. 플랫폼 회원 수가 늘어날수록 회원들이 기존에 알던 사람을 발견하거나 새로운 사람과의 연결을 만들 확률은 높아지기 마련이다. 플랫폼에서는 복잡하게 나뉜 여러 시장이 통합되어 제품에 대한 접근성이 증가하고, 정보의 탐색에 드는 거래 비용이 절감된다. 또 프로슈머라는 새로운 경제 주체가 창의적인 아이디어를 적은 비용으로 실현할 수 있으며, 소비자 중심의 소비문화가 발달할 수 있도록 끊임없는 상호작용이 이루어진다.

물론 플랫폼이 모든 면에서 긍정적인 영향만 끼치고 있는 것은 아니다. 특히 온라인과 오프라인이 융합된 O2O(Online to Offline) 플랫폼에서 일하는 노동자들의 처우는 사회적으로 큰 문제가 되고 있다. O2O 플랫폼은 보통 소비자들이 온라인에서 서비스를 결제하면, 플랫폼 노동자들이 중간 과정에서 제품 배송이나 대리운전과 같은 오프라인 서비스를 제공하는 식으로 운영된다. 2019년 개봉한 켄 로치 감독의 영화 〈미안해요, 리키!〉는 이러한 플랫폼 노동자들의 현실에 관한 이야기다. 영화 줄거리는 다음과 같다.

주인공 리키는 가족을 부양하기 위해 한 택배 플랫폼 기업의 배달원으로 일한다. 리키는 고객에게 물품을 제때 배송해야 한다는 플랫폼의 규칙을 지키기 위해 열심히 일하지만, 일을 하면 할수록 잃는 것이 더 많았다. 그의 위치는 GPS를 통해 실시간으로 고객들에게 노출됐고, 배송이 조금이라도 늦으면 부정적인 서비스 평가를 받았다. 게다가 개인사업자로 등록한 탓에 차량 구입비와 개인 보험료를 스스로 부담해야 했고, 이외에도 과태료, 도난 물품 보상비 등 부수적인 비용까지 책임져야 했다. 최선을 다해 일했지만, 그의 삶은 나아지지 않았다.

이러한 일은 영화 속 이야기만이 아니다. 플랫폼의 특성상 정식 고용 관계를 맺지 않아 노동법의 보호를 받지 못하는 경우가 많은데, 이는 외국뿐 아니라 우리나라에서도 빈번하게 일어나고 있다. 플랫폼으로 인해 새로운 일자리가 생겨나기도 하지만, 이러한 일자리들의 고용 형태가 불안정하고, 노동자들이 지나치게 강도 높은 노동을 요구받는다는 비판도 존재한다. 고용 시장의 빠른 변화에 제도가 미처 따라오지 못하기 때문에 이런 부작용이 일어나는 것이다.

(나) 플랫폼의 가치는 네트워크의 이용자가 많을수록, 이용자 간에 많은 거래가 이루어질수록 커지는데, 이를 '**네트워크 효과**'라고 한다. 네트워크 효과를 설명하는 대표적인 이론으로 '메칼프 법칙'이 있다. 네트워크 가치는 사용자 수의 제곱에 비례한다는 주장으로, **수익 체증의 경제효과**를 발생시키게 된다.

메칼프 법칙에 따르면 네트워크의 가치는 네트워크에 참가하는 구성원의 수에 비례하는 것이 아니라 구성원 수의 '**제곱**'에 비례한다. 즉, 네트워크에 일정 수 이상의 사용자가 모이면 그 가치가 폭발적으로 늘어난다는 것이다. 예를 들어 팩스를 가진 사람이 3명인 경우, 1대1로 연결 가능한 방법은 세 가지가 있다. 1명이 더 추가되어 4명인 경우에는 6가지가 된다. n명의 경우에는 'n(n-1)/2'가지다. n이 1,000에서 10,000으로 10배로 늘어난 경우 네트워크의 가치는 '49,995,000/499,000=100'배 증가한다. 메칼프는 이러한 논리로 네트워크의 가치가 사용자 수의 제곱에 비례한다고 결론지었다.

링크수
=(3×2)/2=3

링크수
=(4×3)/2=6

링크수
=n(n-1)/2

네트워크 가치=네트워크 접속건수×접속별 가치

〈메칼프 법칙〉

18세기 프랑스의 도박사 드 메레는 당시 최고의 수학자인 파스칼에게 도박과 관련된 문제를 제안했다. '점수 문제'라고 불리는 이 문제는 **확률론**이 발전하는 중요한 계기를 마련했다.

A, B 두 도박꾼이 득점할 확률은 똑같다고 하자. 이 두 사람이 먼저 3점을 얻으면 이기는 내기를 했다. A, B는 각각 32 피스톨씩의 돈을 걸어, 이기면 64 피스톨을 갖게 된다. A는 2점, B는 1점 득점한 상태에서 게임을 중단하였을 경우, A와 B가 차지해야 할 몫은?

드 메레의 의뢰를 받은 파스칼은 이 문제를 다음과 같이 해결했다. A가 이기면 점수는 'A: B=3:1'이므로 A는 64 피스톨을 갖게 된다. 또 B가 이기면 점수는 'A:B=2:2'이므로 A와 B는 각각 32 피스톨씩을 갖게 된다. 이 두 상황을 종합할 때, A는 32 피스톨을 이미 확보해 놓았고, 나머지 32 피스톨을 더 얻을 확률은 1/2이므로 A는 '32+32×1/2=48' 피스톨, B는 16 피스톨을 가지면 된다.

파스칼의 답변은 다음과 같이 표현할 수 있다. 네 번째 게임에서 A가 이길 '확률×기대치= (1/2)× (64)=32'이고, 네 번째 게임에서 A가 질 '확률×기대치=(1/2)×(32)=16'이다. A가 이기거나 지는 경우는 독립적이므로 32와 16 피스톨을 합한 48 피스톨을 받아야 한다.

이제, 이를 유전암호 분석에 적용해 보자. A, T, G, C 네 가지 염기를 자모로 사용하여 DNA에 기록된 유전 정보는 단백질의 아미노산 서열로 바뀌어야 한다. DNA에 기록된 유전 정보는 RNA의 염기서열로 전사되고, RNA의 염기서열은 단백질의 아미노산 서열로 번역된다. 그런데 RNA에서는 T 대신 U가 사용된다.

아미노산에는 20종류가 있다. 그렇다면 염기와 아미노산을 어떤 방식으로 대응시켜야 할까? 염기와 아미노산이 1대1로 대응한다면, 즉 예컨대 '염기 A에는 1번 아미노산을, U에는 2번 아미노산'을 식으로 RNA의 유전 정보를 해독한다면 네 가지 아미노산밖에는 지정하지 못할 것이다.

1번 상자에는 A가, 2번 상자에는 U가, 3번 상자에는 G가, 4번 상자에는 C가 여러 개씩 들어있다고 하자. 두 개의 글자를 꺼내어 늘어놓는 방법은 몇 가지일까? 단 같은 상자에서 두 개를 꺼내도 된다. AU, UA 같이 순서가 다른 것은 다른 순열이 된다. RNA에는 방향성이 있기에 염기의 순서는 중요하다. 즉, RNA의 염기서열에서 AU와 UA는 다른 의미를 지닌다.

AA	UA	GA	CA
AU	UU	GU	CU
AG	UG	GG	CG
AC	UC	GC	CC

첫 자리에 올 수 있는 글자가 네 가지가 있고, 각각에 대해 둘째 자리에도 네 가지 글자가 올 수 있다. 따라서 전체 가지 수는 4×4=16이 된다. 이처럼 두 개의 염기를 하나의 아미노산에 대응시키면 열여섯 가지의 아미노산밖에는 지정하지 못한다. 세 개의 염기를 하나의 아미노산에 대응시키면 20가지의 아미노산을 충분히 지정할 수 있다.

가모브는 이런 분석을 통해서 세포에는 세 개의 염기를 하나의 아미노산에 대응시키는 유전암호 시스템이 있으리라고 예측했다. 실제로 단세포로부터 식물, 동물 등 모든 생명체는 그러한 **트리플렛 코드** (triplet code)를 사용해서 유전 정보로부터 단백질을 만든다.

기대수명(**평균수명**)은 특정 연도에 태어난 아이가 앞으로 몇 년을 살아남을 수 있는지, **기대여명(평균여명)**은 특정 연도까지 살아남은 사람들이 앞으로 몇 년 더 살아남을 수 있는지에 대한 평균수명을 산정한 것이다. 그렇기에 오래 살아남을수록 기대여명은 기대수명보다 길어진다. 즉, 초기 사망률이 높을수록 이후에 살아남은 사람들의 기대여명이 기대수명보다 높으며, 오래 산 사람들만 모아서 평균수명(기대여명)을 구하면 당연히 기대수명보다 높아진다.

따라서 기대수명이나 기대여명은 어느 특정 시기에 태어난 사람들의 평균 기대수명이 그렇다는 얘기지, 이보다 오래 산 사람이 없다거나 적다는 의미가 결코 아니다. 말하자면 사망률이 높아 평균 이하의 기댓값에 수렴하는 표본 집단이 많아 기대수명이 낮아졌다는 의미지만, 그 **분산 값**은 오히려 그렇지 않을 수가 있음은 물론이다. 즉, 일찍 사망한 영아도 많았지만, 평균 기대수명보다 오래 산 사람 역시 많았다는 것이다.

수명이 짧은 햄스터를 예로 들어 기대수명과 기대여명의 의미를 살펴보자. 아래 〈그래프〉에서 사망수란 해당 연령에 사망한 햄스터의 수이고, 생존수란 해당 연령에 생존한 햄스터의 수이다. 이 표에서 '기대수명(평균수명)'은 다음과 같이 계산된다.

연령	생존수	사망수
0	100	40
1	60	30
2	30	24
3	0	6

햄스터 100마리의 평균수명
$= (0×40/100) + (1×30/100) + (2×24/100) + (3×6/100) = 0.96$년

또한 각 햄스터가 앞으로 몇 년 더 살 수 있을지를 나타낸 기대여명(평균여명)을 구해보자. 참고로 평균수명은 연령 0의 평균여명과 일치한다.

0세 이상의 햄스터

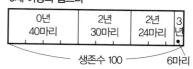

1세 햄스터의 평균여명
$= [(1–1)×30/60) + [(2–1)×24/60] + [(3–1)×6/60] = 0.6$년

2세 햄스터의 평균여명
$= [(2–2)×24/30] + [(3–2)×6/30] = 0.2$년

1세 이상의 햄스터

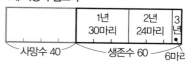

2세 이상의 햄스터

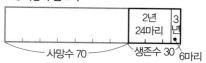

다음은 〈2008 이화여대 논술 문제〉 출제 지문과 필자 예시답안의 일부를 재구성한 것으로, 이를 통해 수리적 물음을 인문학적 대답으로 대답했을 때의 그 의미의 핵심을 이해할 수 있을 것이다.

(질문) 조선 시대 남성의 평균수명은 32세였고, 27명의 임금들의 평균 수명은 약 45세였다. 이에 비해 장기간 관직에 머물며 2품 이상의 높은 벼슬까지 오른 '청백리'들의 경우 평균수명이 68세에 달했다고 전해진다. 이와 같은 역사 자료로부터 유추한 "조선 시대에는 평민이나 임금에 비해, 청백리들이 훨씬 더 장수하였다. 이는 평민이나 임금에 비해 청백리들이 오래 살기에 더 좋은 환경에서 살았기 때문이다."라는 주장을 기대수명과 기대여명의 개념을 갖고서 비판적으로 검토하라.

(대답) 특정 집단을 갖고서 단지 이들이 오래 살기 더 좋은 환경에서 살았기 때문에 장수한 것이라고 단정해서는 안 된다. 위의 임금의 경우, 전체 왕자의 평균 기대수명은 지문에서처럼 평균 기대수명인 32세 이하가 될 수 있으나, 선대왕이 승하해야 비로소 왕위를 물려받을 수 있는 점에서, 당연히 높은 영아 사망률에도 불구하고 일정 기간 이상을 살아남으신 분들이다. 따라서 왕위에 오른 분들의 기대수명은 이보다 훨씬 높은 45세가 될 수 있음은 물론이다. 또한, 2품 이상의 벼슬에 오른 청백리 역시 그 벼슬까지 오르기에 많은 기간이 소요된다는 점에 비춰볼 때 평균수명이 68세에 달할 수 있음 또한 물론이다. 즉, '그만큼 오래 살았기에 영광을 누렸다'는 것이자, 장수 '**유전자**'를 타고났다는 얘기다.

09 언던 사이언스와 시민사회 연구 [과학+사회]: 잊힌 과학

미국의 과학기술 학자이자 과학 운동가인 데이비드 헤스는 그의 책 『언던 사이언스』에서 체계적으로 무시되고 연구되지 않는 과학 연구 영역을 '**언던 사이언스**'라고 정의했다. '언던 사이언스'(Undone Science)는 '연구되지 않고 외면당한 과학'의 대표적 영역이라는 의미로, 여기서 '**체계적 무시**'라는 말은 정부의 연구개발 예산 배분 선정 과정이나 과학자들의 연구 선택 등 과학 연구 체계 내에서 중요하지 않은 주제로 여겨져 소외된다는 것을 뜻한다. 결국은 기업의 이해나 이에 영향을 받은 학자와 정부가 민감할 수 있는 주제는 연구하기를 꺼리면서 '연구되지 않고 외면당한 과학'의 영역이 생겨나는 것이다.

언던 사이언스의 대표적인 사례가 '성호르몬'에 대한 연구다. 우리가 여성 호르몬과 남성 호르몬이라고 부르는 성호르몬은 남녀 모두에게 존재한다. 그렇지만 당시 남녀의 생물학적 차이를 굳게 믿고 있던 초기 호르몬 연구자들이 연구를 수행하면서 남성 호르몬, 여성 호르몬과 같은 용어들이 도입되었다. 반면에 당시 남성 호르몬이라 불리는 테스토스테론을 발견하는 데 공헌한 네덜란드의 내분비학자 라쿼는 성차(性差)에 관계 없이 존재하는 물질에 성호르몬이라는 이름을 붙이는 것은 부적절하다며 이 용어의 사용을 비판했다. 그는 '스테로이드'라는 중립적인 용어로 이 호르몬들을 부르자고 주장했지만, 그의 주장은 당시 과학계에 수용되지 않았고, 그 결과 이후 약 80년이 지난 지금도 우리는 '성호르몬'이라는 용어를 사용하고 있다. 이는 과학 지식에 관한 탐구가 남성과 같은 **특권적 집단**의 문화적 가정과 관심, 이해에 의존해서 이뤄지면서, 주류 과학자들이 보기에 중요하지 않거나 위험하다고 생각된 분야는 연구 대상에서 제외될 수 있음을 시사한다.

언던 사이언스는 만들어질 수 있지만 만들어지지 않았던 지식(혹은 비지식)이라는 의미에서 단지 우리가 알지 못하는 '무지'의 영역과는 차이가 있다. 환경사회학자 마티아스 그로스는 우리가 모르는 영역을 무식, 무지, 비지식, 네거티브 지식으로 구분했다. **무식**은 어떠한 지식도 갖춰지지 않은 상태로, 급작스럽게 어떤 사건이 발생하면 그것에 대한 지식이 전혀 없는 상태를 의미한다. **비지식**은 연구자들이 특정 주제에 대한 무식을 자각하면서 연구를 통해 얻고자 하는 대답이다. 그리고 특정 영역에서 우리가 알고 있는 지식의 한계를 돌이켜 보는 것이 **무지**의 상태다. 이 무지의 영역에서 중요하다고 생각되는 것들은 다시 연구 의제가 되어 미래의 지식을 목표로 하는 비지식이 되지만, 중요하지 않거나 혹은 연구의 수행이 지식 생산자의 특권을 위협한다고 생각될 경우에 이러한 주제는 연구되지 않은 채로 잊힌다. 마티아스 그로스는 이것을 '**네거티브 지식**'이라고 명명했는데, 언던 사이언스는 네거티브 지식에 해당하며, 예산 담당자나 연구자들이 사소한 문제로 간주하면서 탐구하지 않고 잊힌 주제이다.

헤스는 사회운동가들이 주장하는 과학적 사실은 중요하지 않은 지식으로 간주되면서 과학 지식의 생산 주체에 의해 체계적으로 무시된다고 주장했다. 결국은 기업의 이해나 그것에 영향을 받은 학자와 정부가 민감할 수 있는 주제는 연구하기를 꺼리면서, '연구되지 않고 외면당한 과학'의 영역이 생겨나는 것이다. 이러한 문제를 해결하기 위해서는 시민운동가들은 과학 지식 생산 주체로 하여금 폐쇄된 전통 과학 지식 생산방식과는 다른 형태로 과학 지식을 생산하는 작업을 촉구해야 한다면서, **시민사회운동**의 중요성을 강조했다.

10 이타적 유전자 (인문+과학): 이타적 유전자의 출현에 대한 수학적 증명

진화생물학자인 리처드 도킨스에 따르면, 자연 선택은 유전자가 개체라는 모양을 빌려 행하는 살아남는 게임이다. 게임을 잘하는 유전자는 자기를 많이 복제할 것이므로 자가 증식할 수 있는 반면에 그렇지 못한 유전자는 도태하고 만다. 이렇게 놓고 볼 때, 유전자는 살아남기 게임을 하는 프로그램과도 같다. 이때 돌연변이는 유전자의 변화, 즉 프로그램의 변경으로, 이 변경의 결과로서 한층 좋은 프로그램이 출현하면 그것이 진화를 가져다준다는 것이다.

한편, 『게놈』의 저자로 잘 알려진 매트 리들리는 해밀턴의 '혈연선택설'과 트리버스의 '상호호혜론', 폰 노이만의 '게임이론'을 갖고서 근본적으로 이기적인 개체들이 모여 **'이타적'**인 사회를 이루는 과정을 쉽고도 권위 있게 풀어냈다. 그는 이타적 성향은 유전자의 이해관계에 의해서 형성되며, 도덕적 행위는 유전자의 이익을 증대하는 또 하나의 전략일 뿐이라고 보았다. 리들리에 따르면, 인간의 정신은 이기적 유전자에 의해 만들어졌음에도 불구하고 사회성과 협동성, 신뢰성을 지향한다고 보았다. 인간은 **사회성 본성**을 가지고 있기에 태어날 때부터 협동의 방식을 계발하고, 믿을 만한 사람과 그렇지 못한 사람을 구별하며, 스스로 믿을 만한 사람임을 과시해 좋은 평판을 쌓고, 재화와 정보를 교류하면서 노동 분화를 이루며, 이 모든 것은 인간 고유의 능력이라고 보았다. '인간의 도덕성과 사회성은 **유전자의 명령**'이라는 것이다.

영국의 진화생물학자 해밀턴은 어떤 동물은 혈연관계가 없는 개체들보다는 친척들과 더 잘 협동한다는 사실을 발견하고, **'포괄적응도 모형(친족 선택 모형)'**이라는 수학적 규칙으로 개념화했다. 해밀턴 규칙은 동물, 특히 개미·벌과 같은 사회성 곤충의 이타적 행동을 잘 설명한다.

이 모형은 어떤 한 유전자를 직접 지닌 개체뿐만 아니라, 계통적으로 동일한 유전자를 공유하고 있는 다른 개체(즉, 친척)에 미치는 효과를 함께 고려함으로써 동물의 이타적 행동을 설명했다. 좀 더 구체적으로 말하면, 이 모형은 어떤 유전자를 지닌 개체의 적응도에 그 유전자를 일정량 공유한 개체(친족)의 적응도를 더해 그 유전자가 산출하는 형질의 포괄적응도를 계산함으로써 그 유전자가 세대에 되물림 할 수 있는지(즉, 그 형질이 진화될 수 있는지)를 따진다. 이 모형에 의하면, 협동을 위한 유전자는 이른바 '해밀턴 규칙'이라 불리는 부등식을 만족할 때 진화한다. 해밀턴 규칙을 가장 간단하게 표현하면 결국 다음과 같은 부등식이 된다.

$r \times b - c > 0$
b=자신의 협동으로 인해 받은 이득
c=협동에 따른 손실
r=자신과 상대방의 유전적 연관계수(두 개체가 공통 조상을 공유할 확률)

이 부등식에 따르면, r값이 증가할수록 협동을 선택하는데 필요한 c/b값이 감소하고, 따라서 친족간 협동은 (비 친족에게서 발생하는 경우보다) 더 쉽게, 더 자주 일어난다는 결론에 도달한다. 동물이 서로 협동하는 행위가 친족 선택 과정에 의해 진화될 수 있다는 사실은 다윈의 퍼즐을 해결하는 열쇠일 뿐만 아니라, 자연 선택이 과연 어느 수준에서 작용하는가에 대한 유력한 대답을 제공한다. 해밀턴 이후의 진화생물학자 대부분은 유전자가 자연 선택의 대상(혹은, 단위나 수준)이라는 것을 확신했는데, 이를 '**유전자 선택론(혈연선택설)**'이라고 한다.

주제별로 개념을 통합하면서 글을 읽어라

이 단원에 실린 10개의 주제 통합 관련 배경지식은 그야말로 '예시'에 불과하다. 두 권의 책에서 다룬 핵심 개념들을 결합하면, 그것으로 '주제 통합'과 관련한 글감이 만들어진다. 그 몇 가지를 사례로 들면 다음과 같다.

- 비트겐슈타인의 '그림 이론'과 에스허르의 〈폭포〉를 통해 고찰하는 인위적 논리 세계 (인문+예술)
- 플라톤의 '이데아론'과 동양의 이기론(理氣論)에서 드러나는 '본질(형상, 에이도스, 실재)' 차이 (서양철학+동양철학)
- '맥스웰의 악마' 사고 실험과 엔트로피 (인문+과학)
- 맥타가트의 '시간의 비실재성'과 상대성 이론 (인문+과학)
- '파스칼의 도박'과 결정이론 (인문+경제)

따라서 이 책을 갖고서 공부하는 학생들은 핵심 개념이 책의 어느 부분에서 어떻게 활용되고 있는지를 주의 깊게 살필 필요가 있다. 그런 의식적인 노력을 통해 개념과 개념, 지식과 지식은 어떻게 통합하고, 변용하며, 내용 면에서 어떤 식으로 확장하는지를 파악할 수 있을 것이다. 그리고 그 과정에서 지식은 구체화되고, 개념은 명확해지며, 머릿속 생각은 체계화될 수 있을 것이다. 이쯤 되면, 글의 이해력은 저절로 따라붙는다.

수능 기출에서 확인하는 배경지식 학습의 중요성

수능 국어 비문학 지문은 읽기도, 이해하기도 어렵다고 생각하는 학생들이 많다. 학생들이 비문학 지문을 어렵게 느끼는 것은 일견 당연하다. 그 가장 큰 이유는, 전문서 · 사상서나 논문 · 연구 보고서에 실린 글감을 갖고서 지문을 구성하기 때문이다. 비문학 지문으로 활용하는 글감 그 자체는 지식과 교양을 갖춘 일반인에게 적합하게끔 기술된 것이어서, 글을 통해 지식과 정보를 체계화하는 능력을 한창 습득하는 과정에 있는 고등학생들로서는 다소 이해하기 힘들다.

사실, 수능 국어 비문학 지문 그 자체는 내용 면에서 무척 수준이 높다. 지문에서 다루는 주제와 제재는 다양하고, 지문에 실린 어휘의 질적 양적 수준 또한 상당하다. 수능 비문학 지문으로 출제하는 글감은, 인문 · 철학적 사상과 지식, 사회 · 문화 · 예술적 사례와 가치, 자연 · 과학 · 기술적 현상과 연구 같은 전문 분야의 내용을 다룬다. 따라서 학생들이 이를 이해하기 다소 어려울 수 있는데, 특히 글의 주제 개념 및 이와 관련한 용어의 낯섦은 글 내용을 이해하기 어렵게 만드는 가장 큰 요인이다. 게다가 수능 국어 비문학 지문은 이전에 다루었던 지문을 다시 재활용하는 경우가 없으므로, 학생에게는 글 내용이 매번 생경할 수밖에 없을 것이다.

여기까지만 놓고 생각하면, 열심히 공부하는 학생들로서는 여간 곤혹스럽지 않을 것이다. 만일 원문을 그대로 끌어와서 이를 지문으로 엮어 출제했을 때 학생들은 글 내용의 이해는 둘째치고 글을 읽기조차 어려울 것이다. 이는 '객관성'과 '공정성'이라는 시험 평가 원칙과도 배치된다. 해마다 수능 시험이 끝나고 나면 평가원에서는 "고교 교육과정을 충실히 이수한 학생이면 무난히 풀 수 있는 수준의 문제가 출제됐다."라고 강조하는데, 다소 상투적으로 들릴지는 몰라도 헛된 말은 아니다. 책이나 논문의 원문 일부를 그대로 발췌하여 지문으로 구성했다가는 갖은 비난을 듣거나 온갖 시비에 휘말릴 소지가 다분한데, 출제자는 이것을 절대 감내하려 들지 않는다. 출제자가 지문을 직접 작성하지 않고 외부의 저명한 글감을 빌려서 글 내용을 재구성하는 이유 역시 이와 무관하지 않다. 결국, 객관성과 공정성을 지향하는 수능 평가 원칙을 따르고, 전문 지식을 다룬 글 내용을 채택하여 지문 난이도를 올리며, 글 내용의 모호함과 부정확성으로 인한 시비 소지를 없애기 위해서는, 글감을 외부에서 끌어오되 이를 학생 수준에 맞게 글 내용을 이해하기 쉽도록 매끄럽게 윤문(潤文)하는 것이다.

이런 이유로, 지문은 읽기도 이해하는 것도 어렵지 않으며, 글 내용이 절대 어려워서는 안 된다. 수능 국어 비문학 지문은 시간을 갖고서 차근차근 읽으면 이를 이해하는 데 큰 어려움이 없을 정도의 수준을 유지해야 한다. 그렇기에 학생들이 수능 국어 비문학 지문을 어렵게만 느끼는 것은 막연히 그럴 것이라는 선입견과 고정관념에서 비롯된 잘못된 생각이다. 그러한 통념이 확신으로 다가오는 것은 평소에 글 읽기 훈련을 잘못해왔기 때문이지, 다른 이유가 없다. 만약 학생들이 비문학 지문을 어렵다고 느낀다면, 그것은 글 내용 자체가 어려워서가 아니라, **낮은 어휘 수준, 정보를 선별하는 능력 부족, 지식을 체계화하는 능력 부족** 때문이다. 그리고 이 모든 것들은 그동안 잘못된 글 읽기 공부를 계속해온 것에서 비롯된다.

따라서 이를 해소할 수 있는 글 읽기 훈련에 힘을 쏟아야 한다. 더군다나 수능 국어 과목은 시간의 압박을 받으면서 지문을 읽고 문제를 풀어야 하는 것이기 때문에, 잘못된 글 읽기 훈련을 하면 절대 고득점을 받을 수 없다. 학생들은 이것을 분명히 알고서 비문학 지문 읽기 훈련을 해야 한다.

학생들이 비문학 지문을 어렵게 느끼는 이유 ❶: 낮은 수준의 어휘력

다음 글을 읽어 보자. 이 글을 읽고 이해가 잘 안 되는 이유는 다른 무엇보다 글에 실린 개념이 지나치게 추상적인 데다가, 그것도 다발로 묶어 출제됐기 때문이다. 학생들은 글을 읽으면서 핵심 개념(주제 개념)을 중심으로 글 내용의 핵심을 마치 눈덩이를 만들 듯이 '**의미 덩이**'로 집약할 수 있어야 하는데, 언어력이 떨어지면 그것이 좀처럼 어렵다. 글과 글, 문장과 문장이 제각각 따로 놀면서 글 내용의 핵심이 눈에 들어오지 않고 또 글의 의미가 읽히지 않는다.

이것을 해결하는 것은 별다른 방법이 없다. 여러 분야의 많은 글을 읽되, 집중해서 읽으면서 어휘력과 이해력부터 쌓아야 한다. 이때 주의할 것은, 배경지식의 본질을 올바르게 이해할 수 있어야 한다는 것이다. 그것은, 배경지식은 글 내용을 '이해'하는 과정에서 시나브로 쌓아 올려지는 것이지, 이것을 단순 암기하는 식으로는 아무짝에도 쓸모가 없을뿐더러, 오히려 글의 올바른 독해를 가로막는다. 이런 이유로, 글 내용을 이해하려 들지 않고 무조건 암기하려 든다거나, 글을 읽는 방법적 요령에 탐닉한다든가 문제 풀이 패턴을 최대한 많이 익히면 된다는 식으로 안일하게 접근한다면, 독해 능력은 절대 향상하지 않는다. 이것은 매우 중요한 지적으로, 공부하는 학생들은 이를 절대 명심하고 글을 읽으면서 글 내용을 이해하려고 힘쓰기 바란다. 그런 동안 배경지식은 자연스럽게 체화되면서 이를 응용한 어떤 글이 나와도 글 내용의 의미를 어렵지 않게 읽어 낼 수 있을 것이다.

…(중략)… 분석은 우리가 지닌 **관점**과 대상을 표현하는 **상징**에 의존하므로, 끊임없이 관점을 증가시켜 가면서 불완전한 **표상**을 완성하기 위해 무한히 계속되는 방법이다. 또한 분석은 대상을 **기지(既知)**의 요소로 **환원**시키는 작용으로, **보편적** 개념만을 사용하여 우리에게 이미 알려져 있는 다른 대상들의 측면에서 대상의 본성을 표현한다. 결국 분석의 방법은 그 사물이 아닌 것을 통해 사물을 이해하는 행위이며, 이를 통해서는 그 대상이 다른 대상들과 공통적으로 갖고 있는 것만을 알 수 있으며 대상의 독특한 것을 결코 알 수 없다. 이에 반해 직관은 특정한 관점이나 어떤 상징에도 의존하지 않는 방법이다. 직관은 지적 공감이며, 이를 통해 우리는 우리 자신을 대상 안으로 **투사**하고 대상의 존재와 **동일시**한다. 따라서 분석의 방법을 통해 얻어지는 지식은 **상대적**인 것에 멈춘다고 말할 수 있는 반면, 직관의 방법에 의해 얻어지는 지식은 가능한 경우에 **절대적**인 것에 도달한다고 말할 수 있다. …(중략)… (2021 수능특강 지문, 베르그송의 '분석과 직관' 지문의 일부)

[**지문 해설**] 분석은 어떤 대상을 정확하게 인식하기 위해, 그 대상과 관련한 보편 개념을 나누고 쪼개면서 공통된 성질이나 속성을 추출한 후, 이를 그 대상에 일반화하는 것이다. 이에 비해 직관은 대상 그 자체만을 갖고서 인식하는 것으로, (감성적 지각처럼) 대상을 인식하는 그대로 받아들이면서 지적으로 공감하는 것이다. 따라서 분석의 방법을 통해 얻는 지식은 **상대적인 지식**(즉, 다른 대상에 내재한 성질이나 속성이 변화하면 분석적 인식을 통해 얻은 지식도 달라진다)인 반면, 직관의 방법을 통해 얻는 지식은 **절대적인 지식**(왜냐하면, 직관적 인식을 통해 얻은 지식은 인식 주관별로 개별성을 달리하기 때문)이다.

비문학 지문을 어렵게 느끼는 이유 ❷: 정보 선별 능력 부족

어떤 의미에서 볼 때, 국어력은 곧 '**수학력(數學力)**'과도 같다. 글의 의미를 파악하는 능력을 국어력의 하나로 손꼽는다면, 이것은 글을 읽으면서 독자가 무엇에 집중하고 무엇을 머릿속에 남길지를 생각하는 능력과 맥을 같이 한다. 글을 읽어 글 내용의 핵심을 깔끔하게 정리하면서 이를 체계화하는 능력이 곧 '수학력'으로, 이는 글에서 숨겨진 정보를 끄집어내기 위한 적극적인 활동이다. 수학에서 그 핵심은 명확한 룰(공식)을 기준으로 정보를 분류하거나, 공식으로 정리하거나, 체크리스트를 만드는 것이다. 그만큼 수학을 잘하는 학생은 '논리 용기'라고 할 만한 머릿속 힘이 뛰어나다.

독해력 또한 이와 크게 다를 바 없다. 글을 읽어 글 내용의 핵심에 집중하고, 글에서 필요한 부분만 추출 및 선별하고, 글의 중심 생각 또는 질문의 대답에 맞게 글 내용의 핵심을 체계화하는 능력이 그것이다. 그러려면 '지식과 정보를 정리하면서 이를 체계화하는 능력'이 무엇보다 중요한데, 아래 사례는 이것을 잘 보여준다. 만약 이 문제의 답을 못 맞히고 쩔쩔맨다면, 이는 다음 두 이유 가운데 어느 하나 때문이다. 그것은, 깊이 생각하지 않고 짐작이 가는 대로 넘겨짚는 '지레짐작'의 글 읽기에 스스로 길들였거나, 아니면 자신의 머리를 사용해서 생각하는 논리력으로서의 수학적 사고를 포기한 때문이다. 어느 것이든, 이런 식의 국어 공부로는 절대 고득점을 받을 수 없다. 수학의 지향점은 이 세상 모든 것의 특징 및 원리를 논리적인 방법으로 설명하고 증명해서 내용을 이해하는 데 있다는 점을 깨닫는다면, 같은 이치로서 글에 집중하면서 글 내용의 중심 생각을 읽어낼 수 있도록 노력해야 한다. 명심할 것. 수학을 산수처럼 공부하려 들어서는 안 되듯이, 배경지식을 단순히 암기하거나 문제 풀이 패턴을 익히는 식으로 국어 읽기 공부를 해서는 절대 안 된다.

[문제] 〈규정〉에 따라 〈사례〉의 병이 받을 형벌은?　　　　　　　　　　　　　　　　(2021 LEET 추리 논증)

〈규정〉

(1) 형벌 중 중형에는 다음 여섯 등급이 있다.

1등급	사형
2등급	노역 5년 후 3천 리 밖으로 유배
3등급	3천 리 밖으로 유배
4등급	2천 리 밖으로 유배
5등급	노역 3년 6개월
6등급	노역 3년

(2) 사람을 때려 재물을 빼앗은 자는 3천 리 밖으로 유배한다.

(3) 다른 사람의 범죄를 도운 자는 범죄를 저지른 자보다 한 등급을 감경하여 처벌한다.

(4) 자신을 체포하려는 포졸을 때려 상해를 입힌 자의 형벌은 네 등급을 가중한다.

(5) 탈옥한 자의 형벌은 세 등급을 가중한다.

(6) 자수한 자의 형벌은 세 등급을 감경한다.

(7) 1~3등급에서 형을 감경하는 경우 3등급, 4등급은 하나의 등급으로 취급한다. 가령 2등급에서 두 등급을 감경하면 5등급이다.

(8) 3~6등급에서 형을 가중하는 경우 2등급이 상한이다.

(9) (3)~(6)의 형벌 가중·감경 사유 중 두 개 이상에 해당하면, 해당 사유 모두를 (3), (4), (5), (6)의 순서대로 적용한다.

〈사례〉

갑이 을을 때려 재물을 빼앗는 동안 병은 갑을 위하여 망을 보아주었다. 도망쳐 숨어 지내던 병은 포졸 정의 눈에 띄어 체포될 위기에 처하자 그를 때려 상해를 입히고 달아났다. 이후 병은 관아에 자수하고 갇혀 있던 중 탈옥하였다.

① 노역 5년 후 3천 리 밖으로 유배

② 3천 리 밖으로 유배

③ 천 리 밖으로 유배

④ 노역 3년 6개월

⑤ 노역 3년

[해설] ㈎ 갑이 을을 때려 재물을 빼앗는 동안 병은 갑을 위하여 망을 보아주었다.
→ (2)와 (3)+(7) 적용: 3등급에서 한 등급(3, 4등급은 한 등급 간주) 감경 = 5등급

㈏ 도망쳐 숨어 지내던 병은 포졸 정의 눈에 띄어 체포될 위기에 처하자 그를 때려 상해를 입히고 달아났다.
→ (4)와 (8) 적용: 5등급에서 2등급 가중 = 3등급

㈐ 이후 병은 관아에 자수하고 갇혀 있던 중 탈옥하였다.
→ 갇혀 있던 중 탈옥하였다 (5) − 관아에 자수하였다 (6)
→ [(5)+(8) = 1등급]과 [(6)+(7) = 4등급]과 (9) 적용 = 5등급 = 노역 3년 6개월

정답: ④

비문학 지문을 어렵게 느끼는 이유 ❸: 지식과 정보를 체계화하는 능력(정보 처리 능력) 부족

수능 국어 비문학에서 말하는 '이해 추론'은 지식과 정보를 체계화하여 이를 발문의 물음에 맞게 적절히 처리할 수 있느냐 수준에 불과하다. 수능 비문학 문제는 주로 사실적 판단과 관련한 지식과 정보를 신속·정확하게 처리할 수 있느냐의 수준에 국한하기 때문이다. 말인즉, '추론'이라고 물었을 때 이를 '이해'라고 받아들이면서 그것에 맞게 대답하면 된다.

'추론' 또는 '추리'는 이미 알려진 지식과 정보를 근거로 어떤 판단을 도출하는 것을 말한다. 추론은 글을 읽어 글 내용의 핵심을 명제(결론 또는 전제)로 체계적으로 정리한 후, 그것으로부터 어떤 결론을 유도하는 것이 곧 **추론**이다. 따라서 추론을 잘하려면 먼저 글 내용의 '이해'부터 선행해야 한다. 글을 읽고 글에서 '중요한 부분'에 집중하면서 글 내용의 핵심을 추린 후, 이것을 논리의 정합을 따라 '체계적'으로 정리할 수 있어야 한다. 따라서 글의 독해력만 제대로 갖춰도 설명글로 이루어진 비문학 독해와 문제 풀이는 그리 어렵지 않다. 딱히 배경지식을 넓힐 필요도 없다. 지문 내용을 잘 읽는 것만으로도 충분하다.

말했듯, 수능 국어 비문학에서 정보 처리 능력을 가로막는 첫 번째 이유는 **독해력 부족**이다. 글의 이해력이 떨어져 글의 중심 내용을 파악하지 못하면서, 발문의 물음 및 선지 대답과 연결 짓지 못하기 때문이다. 그 두 번째 이유는 어휘력 부족으로 인해 지문 안에서 그리고 선지 대답에서 용어와 어휘가 **변주**되는 것에 적절하게 대응하지 못하고 있기 때문이다. 아래 사례는 이를 보여주는 것으로, 수능 고득점을 받으려면 지식과 정보를 처리하여 이를 발문과 선지의 물음에 맞게 체계화할 수 있어야 한다.

[사례] 광학 영상 안정화(OIS) 기술과 디지털 영상 안정화(DIS) 기술

(2021학년도 6월 모의평가)

…(중략)… OIS 기술이 손 떨림을 훌륭하게 보정해 줄 수는 있지만 렌즈의 이동 범위에 한계가 있어 보정할 수 있는 움직임의 폭이 좁다. 디지털 영상 안정화(DIS) 기술은 촬영 후에 소프트웨어를 사용해 흔들림을 보정하는 기술로 역동적인 상황에서 촬영한 동영상에 적용할 때 좋은 결과를 얻을 수 있다. 이 기술은 촬영된 동영상을 프레임 단위로 나눈 후 연속된 프레임 간 피사체의 움직임을 추정한다. 움직임을 추정하는 한 방법은 **특징점**을 이용하는 것이다. (1) 특징점으로는 피사체의 모서리처럼 주위와 밝기가 **뚜렷이 구별되며** 영상이 이동하거나 회전해도 그 밝기 차이가 유지되는 부분이 선택된다.

먼저 k번째 프레임에서 특징점들을 찾고, 다음 k+1번째 프레임에서 같은 특징점들을 찾는다. 이 두 프레임 사이에서 같은 특징점이 얼마나 이동하였는지 계산하여 영상의 움직임을 추정한다. 그리고 (2) 흔들림이 발생한 곳으로 추정되는 프레임에서 위치 차이만큼 보정하여 **흔들림의 영향을 줄이면** 보정된 동영상은 움직임이 부드러워진다. 그러나 (3) 특징점의 수가 늘어날수록 **연산이 더 오래** 걸린다. 한편 영상을 보정하는 과정에서 영상을 회전하면 프레임에서 비어 있는 공간이 나타난다. 비어 있는 부분이 없도록 잘라내면 프레임들의 크기가 작아지는데, 원래의 프레임 크기를 유지하려면 화질은 떨어진다.

[문제] 윗글을 참고할 때, 〈보기〉의 A~C에 들어갈 말을 바르게 짝지은 것은?

---〈보기〉---

특징점으로 선택되는 점들과 주위 점들의 밝기 차이가 (A), 영상이 흔들리기 전의 밝기 차이와 후의 밝기 차이 변화가 (B) 특징점의 위치 추정이 유리하다. 그리고 특징점들이 많을수록 보정에 필요한 (C)이/가 늘어난다.

	A	B	C
①	클수록	클수록	프레임의 수
②	클수록	작을수록	시간
③	클수록	작을수록	프레임의 수
④	작을수록	클수록	시간
⑤	작을수록	작을수록	프레임의 수

[해설] 글 내용의 핵심만을 추려 이를 체계적으로, 선택지 대답의 변주에 맞춰 기술하면 다음과 같다.
(1) OIS 기술에서 영상 프레임 간 피사체의 움직임은 특징점을 이용하여 추정한다.
(2) 영상의 움직임을 추정하기 위해 프레임별로 주위와 밝기가 **뚜렷이 구별되는** 특징점을 선택한다.
(3) 따라서, 특징점으로 선택되는 점들과 주위 점들의 밝기 차이가 **클수록** 특징점들의 위치 추정이 유리하다. (추론)
정답: ②

비문학 지문을 어렵게 느끼는 이유 ❹: 논리적 추론 능력(지식을 체계화하는 능력) 부족

그런데, 최근의 수능 국어 비문학 고난도 문제 출제 경향은 짧은 지문 분량, 불친절한 기술, 불투명한 선지라는 특징으로 나아가고 있다. 이는 특히 〈2022 수능 국어 비문학〉에서 확연히 드러났는데, 이로 인해 학생들이 느낀 지문의 이질감과 문제의 체감 난이도는 상당하다. 사실 이런 출제 경향은 철저히 변별력을 높이기 위한 출제 의도에서 비롯된 것으로, 적어도 3점짜리 고난도 문제는 답을 맞히기보다는 틀리라고 내는 문제라고 해도 과언은 아닐 듯하다.

지문에 실린 문장은 관련한 사상의 핵심을 워낙 압축한 것이어서 문장 하나하나를 읽기에도 버겁다. 문장과 문장, 단락과 단락이 느슨한 연결 구조를 이루거나 글 내용의 흐름이 긴박해서 생각 단위인 '의미 덩이'로 만들기가 좀처럼 어렵다. 주제 개념 역시 사변적(思辨的, 개념과 그 설명이 지나치게 관념적이고 추상적인 데다, 마치 말장난을 하는 듯한 표현의 다발)이고 전문적이어서 도무지 의미가 집약되지 않는다. 제한된 시간에 모든 문장을 집중해서 읽으면서 개념 간의 관계를 치밀하게 포착해야 선지 대답이 가능하다. 그러함에도 불구하고 수능 고득점을 바라고 공부하는 학생들은 이런 유형의 문제를 반드시 맞혀야만 할 터인데, 요는 이것이 쉽지 않다는 것이다.

그렇다면 어떻게 해야 할까? 먼저 알고 있어야 할 것이 있다. 적어도 이런 유형의 문제에서는 수능 국어 비문학 읽기 학습에서 '배경지식'을 넓힐 필요가 있다. 이런 유형의 지문을 담아 출제하는 문제를 풀어 답을 맞히려면, 그것도 제한된 시간에 글 내용의 핵심을 간파하기 위해서는 '배경지식의 활성화'가 꼭 필요하다. 만약 관련한 배경지식을 갖추지 못했거나 글 내용의 핵심을 담은 개념을 이해하지 못한다면, 글 내용의 올바른 이해는커녕 그것이 무얼 의미하는지를 파악하지 못해 시험 시간 내내 쩔쩔맬 것이다. 사례의 문제를 직접 풀어보면 그 이유를 단박에 확인할 수 있을 것이다. 머릿속 배경지식을 토대로 글 내용을 빠르게 해체하고 재구성해야만 문제의 물음과 선지의 대답에 답할 수 있다. 물론 여기에는 배경지식을 활성화하여 지문 내용의 핵심을 파악할 수 있는 사고력이 뒷받침되어야 한다. 이제부터 이를 확인해 보자.

[예시 1: 2022학년도 수능 – 인문]

(가)

정립–반정립–종합. 변증법의 논리적 구조를 일컫는 말이다. 변증법에 따라 철학적 논증을 수행한 인물로는 단연 헤겔이 거명된다. 변증법은 대등한 위상을 지니는 세 범주의 병렬이 아니라, 대립적인 두 범주가 조화로운 통일을 이루어 가는 수렴적 상향성을 구조적 특징으로 한다. 헤겔에게서 변증법은 논증의 방식임을 넘어, 논증 대상 자체의 존재 방식이기도 하다. 즉 세계의 근원적 질서인 '이념'의 내적 구조도, 이념이 시·공간적 현실로서 드러나는 방식도 변증법적이기에, 이념과 현실은 하나의 체계를 이루며, 이 두 차원의 원리를 밝히는 철학적 논증도 변증법적 체계성을 지녀야 한다.

헤겔은 미학도 철저히 변증법적으로 구성된 체계 안에서 다루고자 한다. 그에게서 미학의 대상인 예술은 종교, 철학과 마찬가지로 '절대정신'의 한 형태이다. 절대정신은 절대적 진리인 '이념'을 인식하는 **인간 정신**의 영역을 가리킨다. ⑤ 예술·종교·철학은 절대적 진리를 동일한 내용으로 하며, 다만 **인식** 형식의 차이에 따라 구분된다. 절대정신의 세 형태에 각각 대응하는 형식은 **직관·표상·사유**이다. '직관'은 주어진 물질적 대상을 **감각적으로 지각하는** 지성이고, '표상'은 물질적 대상의 유무와 무관하게 **내면에서 심상을 떠올리는** 지성이며, '사유'는 대상을 **개념을 통해 파악하는** 순수한 논리적 지성이다. 이에 세 형태는 각각 ⑤ '직관하는 절대정신', '표상하는 절대정신', '사유하는 절대정신'으로 규정된다. 헤겔에 따르면 ①② 직관의 외면성과 표상의 내면성은 사유에서 종합되고, 이에 맞춰 예술의 객관성과 종교의 주관성은 철학에서 종합된다.

형식 간의 차이로 인해 내용의 인식 수준에는 중대한 차이가 발생한다. 헤겔에게서 절대정신의 내용인 절대적 진리는 본질적으로 논리적이고 이성적인 것이다. 이러한 내용을 예술은 직관하고 종교는 표상하며 철학은 사유하기에, 이 세 형태 간에는 단계적 등급이 매겨진다. 즉 예술은 초보 단계의, 종교는 성장 단계의, 철학은 완숙 단계의 절대정신이다. 이에 따라 예술-종교-철학 순의 진행에서 명실상부한 절대정신은 최고의 지성에 의거하는 것, 즉 철학뿐이며, 예술이 절대정신으로 기능할 수 있는 것은 인류의 보편적 지성이 미발달된 머나먼 과거로 한정된다.

(나)
변증법의 매력은 '종합'에 있다. ① 종합의 범주는 두 대립적 범주 중 하나의 일방적 승리로 끝나도 안 되고, 두 범주의 고유한 본질적 규정이 소멸되는 중화 상태로 나타나도 안 된다. 종합은 양자의 본질적 규정이 유기적 조화를 이루어 질적으로 고양된 최상의 범주가 생성됨으로써 성립하는 것이다.

헤겔이 강조한 변증법의 탁월성도 바로 이것이다. 그러기에 변증법의 원칙에 최적화된 엄밀하고도 정합적인 학문 체계를 조탁하는 것이 바로 그의 철학적 기획이 아니었던가. 그런데 그가 내놓은 성과물들은 과연 그 기획을 어떤 흠결도 없이 완수한 것으로 평가될 수 있을까? **미학에 관한 한 '그렇다'는 답변은 쉽지 않을 것이다.** ⑤ 지성의 형식을 직관-표상-사유 순으로 구성하고 이에 맞춰 절대정신을 예술-종교-철학 순으로 편성한 전략은 외관상으로는 변증법 모델에 따른 전형적 구성으로 보인다. 그러나 ②③ 실질적 내용을 보면 직관으로부터 사유에 이르는 과정에서는 외면성이 점차 지워지고 내면성이 점증적으로 강화·완성되고 있음이, 예술로부터 철학에 이르는 과정에서는 객관성이 점차 지워지고 주관성이 점증적으로 강화·완성되고 있음이 확연히 드러날 뿐, ④ 진정한 변증법적 종합은 이루어지지 않는다. 직관의 외면성 및 예술의 객관성의 본질은 무엇보다도 감각적 지각성인데, 이러한 핵심 요소가 그가 말하는 종합의 단계에서는 완전히 소거되고 만다.

④ 변증법에 충실하려면 헤겔은 철학에서 성취된 완전한 주관성이 재객관화되는 단계의 절대정신을 추가했어야 할 것이다. ⑤ 예술은 '철학 이후'의 자리를 차지할 수 있는 유력한 후보이다. 실제로 많은 예술 작품은 '사유'를 매개로 해서만 설명되지 않는가. 게다가 이는 누구보다도 풍부한 예술적 체험을 한 헤겔 스스로가 잘 알고 있지 않은가. 이 때문에 방법과 철학 체계 간의 이러한 불일치는 더욱 아쉬움을 준다.

[문제 8] 〈보기〉는 헤겔과 (나)의 글쓴이가 나누는 가상의 대화의 일부이다. ㉮에 들어갈 내용으로 가장 적절한 것은?
[3점]

──〈보기〉──

헤겔: 괴테와 실러의 문학 작품을 읽을 때 놓치지 않아야 할 점이 있네. 이 두 천재도 인생의 완숙기에 이르러서야 비로소 최고의 지성적 통찰을 진정한 예술미로 승화시킬 수 있었네. 그에 비해 초기의 작품들은 미적으로 세련되지 못해 결코 수준급이라 할 수 없었는데, 이는 그들이 아직 지적으로 미성숙했기 때문이었네. … (가)의 관점(이론)

(나)의 글쓴이: 방금 그 말씀과 선생님의 기본 논증 방법을 연결하면 ㉮는 말이 됩니다. … (나)의 관점(현실)

──────────

① 이론에서는 대립적 범주들의 종합을 이루어야 하는 세 번째 단계가 현실에서는 그 범주들을 중화한다

→ (가) 직관의 외면성과 표상의 내면성은 사유에서 '종합'되고, 이에 맞춰 예술의 객관성과 종교의 주관성은 철학에서 '종합'된다. (나) 종합의 범주는 … 두 범주의 고유한 본질적 규정이 소멸되는 중화 상태로 나타나도 안 된다. 양자의 유기적 조화가 이루어져야 한다.

② 이론에서는 외면성에 대응하는 예술이 현실에서는 내면성을 바탕으로 하는 절대정신일 수 있다

→ (나) 그러나 (예술 그 자체만을 놓고서) 실질적 내용을 보면 직관으로부터 사유에 이르는 과정에서는 외면성(직관)이 점차 지워지고 내면성(표상)이 점증적으로 강화·완성되고 있음이, … 진정한 변증법적 종합은 이루어지지 않는다.

③ 이론에서는 반정립 단계에 위치하는 예술이 현실에서는 정립 단계에 있는 것으로 나타난다

→ 이론에서는 정립 단계에 위치하는 예술이 현실에서는 '정립·반정립'의 어느 단계에 있다고 논할 수 없다. 즉, 예술은 외면성(직관)에서 내면성(표상, 사유)으로 나아갈 뿐이다.

④ 이론에서는 객관성을 본질로 하는 예술이 현실에서는 객관성이 사라진 주관성을 지닌다

→ 예술은 이론에서는 객관성을 본질로 한다. 하지만 현실에서는 예술에서 철학으로 이르는 과정에서 객관성의 본질인 감각적 지각은 완전히 소멸하고 주관성의 본질인 이성만이 남아 있을 터이지만, 그러려면 '종합'의 단계에 이르러야 한다. 하지만 현실의 예술에 있어서는 진정한 변증법적 종합은 이루어지지 않는 것이기에, 객관성이 완전히 사라졌다고 볼 수 없을뿐더러, 완전히 주관적이라고 말할 수 없다 (그것은 철학에서나 가능하다). 만약 이론과 현실이 들어맞으려면, '예술(객관성:정립) → 철학(주관화: 반정립) → 절대정신(예술미:재객관화:종합)'의 단계로 나아가야 한다.

⑤ 이론에서는 절대정신으로 규정되는 예술이 현실에서는 진리의 인식을 수행할 수 없다

→ 이론에서, 예술은 철학과 마찬가지로 절대적 진리를 동일한 내용으로 하며, 변증법적 과정을 통해 '직관하는 절대정신'으로 나아간다. 현실에서, 글쓴이가 문제 삼은 것은 변증법 내용 그 자체가 아니라 철학 체계 구성상의 문제를 지적한 것이기에, 이론에서 예술은 철학과 마찬가지로 절대적 진리를 동일한 내용으로 하며 진리의 인식을 수행할 수 있다고 보아야 한다. 지문에서 예술은 '철학 이후를 차지할 수 있는 유일한 후보'라고 말한 것이 이를 뒷받침한다.

정답: ②

[해설]

이 문제 풀이에서의 포인트는 다음 두 가지다.

첫째, 당연한 얘기겠지만, (가)는 선지 대답의 '이론', (나)는 '현실'과 대응한다는 사실을 파악하는 것이다. 그렇게 해서, (나)의 글쓴이는 (가)의 변증법 이론이 미학, 즉 예술에 있어서는 논리적으로 이치에 맞지 않는다고 주장하고 있음을 파악해야 한다. 이것이 중요한 이유는, (가)에서 '직관–표상–사유'와 '예술–종교–철학'을 각각 대응하면서 논리를 전개하고 있는 글 내용의 기술에 현혹되지 말고, 오직 '예술'에 국한하여 '무엇을, 어떻게 비판'하고 있는지에 생각을 집중해야 한다. 참고로, 이 지문을 읽기에 앞서, '정립+반정립 → 종합'으로 나아가는 헤겔 변증법에 대한 배경지식의 핵심을 알고 있었다면, 지문을 읽고 글 내용을 이해하는 데 많은 도움이 됐을 것이다.

둘째, 예술에 국한하여, (가)의 이론적 관점과 (나)의 현실적 비판을 서로 견주어 살펴야 한다. 이때 '정립+반정립 → 종합', '직관–표상–사유', '내면성과 외면성', '주관성과 객관성'의 관계를 구조화(도식화) 하여 살피고, 각각의 결론을 이끌어 낼 수 있어야 한다. 그렇게 해서 도출한 (가)와 (나)의 중심 생각은 다음과 같다. 실제, 이것만 파악해도, 글 내용의 핵심과 글 내용이 무얼 말하려는 가에 대한 의도를 단박에 간파하면서, 발문의 물음에 어렵지 않게 대답할 수 있다.

(가) 인식론적(인식 형식) 관점에서 고찰하는 '직관–표상–사유'의 개념은 존재론적 · 형이상학적(인간 정신) 관점에서 고찰하는 '예술–종교–철학'의 개념과 **합치하며**, 각각은 변증법의 논리 구조를 따라 **'정립–반정립–종합'의 단계를 거치면서 조화롭게 발전한다.**

(나) 인식론적(인식 형식) 관점에서 고찰하는 '직관–표상–사유'의 개념과 존재론적 · 형이상학적(인간 정신) 관점에서 고찰하는 '예술–종교–철학'의 개념은 서로 **합치하지 않으며**, 각각은 변증법의 논리 구조를 따라 '정립–반정립–종합'의 단계를 거치면서 발전하는 것이 아니라 **각자 한 방향으로 나아갈 뿐이다.**

다음은 제시문 내용의 흐름을 따라가면서 핵심을 좀 더 상세히 정리한 것이다.

(가)의 예술을 바라보는 관점: **이론**
(이론) 정립 ←————————┼————→ 반정립 ——————— (종합) → 절대정신
(이론) 직관(감각, 외면성) ←—┼—→ 표상(심상, 내면성) — (종합) → 사유(개념): 절대정신(절대 진리, 이념)

※ (가)의 주장:
(1) 예술은 '절대정신'의 한 형태이다('직관'하는 절대정신=절대 진리=이념=인간 정신).
   → 예술–종교–철학은 共히 절대적 진리로(존재론적 차원에서는 동일하다), 다만 인식 형식에서 차이 날 뿐이다.
(2) '직관–표상–사유'는 '예술–종교–철학'에 각각 대응하는 절대정신의 인식 형식이다.
   → 존재론적 물음에서 예술의 본질은, 인식론적 물음에서는 '직관'이다.
      (인식론적 물음을 담은 개념인 '직관–표상–사유'는 존재론적 물음을 담은 개념인 '예술–종교–철학'과 상응 관계를 이룬다.)
(3) 직관의 외면성과 표상의 내면성은 사유에서 종합되고, 예술의 객관성과 종교의 주관성은 철학에서 종합된다.
   → '직관–표상–사유'의 형식 차이로 '예술–종교–철학'에 대한 인식 수준은 차등된다. 따라서 존재론적으로도, 예술은 낮은 수준의 절대정신이고, 철학은 완전한 절대정신이다.

(나)의 예술을 바라보는 관점: **현실**
(이론) 정립 ←————————┼————→ 반정립 ——————→ (종합) → 절대정신
(현실) 직관(감각, 외면성) ——→ 표상(심상, 내면성) ——→ 사유(개념, 내면성) ······ (종합×, 한 방향으로 나아간다)

※ (나)의 주장:

(1) 변증법은 '정립+반정립→종합'으로 나아가는 탁월한 이론이다. … (가)와 동일

(2) 미학(예술) 자체에서, 실질적인 면에서, 직관→사유로 나아가면서 외면성은 지워지고, 내면성은 강화·완성된다.

　　→ 즉, 직관과 표상이 조화로운 통일을 이루면서 사유로 '종합'되는 것이 아니라, 내면의 인식이 계속 강화되면서 직관에서 사유로 나아갈 뿐이다.

　　(인식론적 물음을 담은 개념인 '직관-표상-사유'는 존재론적 물음을 담은 개념인 '예술-종교-철학'과 상응 관계를 이루지 않는다.)

(3) 예술에서 철학에 이르는 과정에서, 예술의 객관성이 점차 지워지고 철학의 주관성이 점차 완성·강화될 뿐, 변증법적 종합은 이뤄지지 않는다.

　　→ 철학의 종합 단계가 변증법적으로 이뤄진다면, 직관의 외면성 및 예술의 객관성의 본질인 감각적 지각성이 완전히 소멸되어야 하는데, 이것은 예술의 본질에 들어맞지 않는다. 이것은 '사유'를 매개로 설명 가능한 예술작품의 감상에서만 설득력이 있을 뿐이다(추론).

　　→ 만약 변증법 이론에 충실하려면, '예술, 직관의 객관성+철학, 사유의 주관성→종합하여 절대정신으로 재객관화, 예술의 객관성에 대한 재해석(이를테면, 작가와 독자 간의 내적 공감으로서의 이성의 합치)'이 이루어져야 가능하다. … 지문 (나)의, "변증법에 충실하려면 헤겔은 철학에서 성취된 완전한 주관성이 **재객관화**되는 단계의 절대정신을 추가했어야 할 것이다."의 의미에 대한 해석이다.

[예시 2: 2022학년도 수능 - 경제]

기축 통화는 국제 거래에 결제 수단으로 통용되고 환율 결정에 **기준**이 되는 통화이다. 1960년 트리핀 교수는 브레턴우즈 체제에서의 기축 통화인 달러화의 구조적 모순을 지적했다. 한 국가의 재화와 서비스의 수출입 간 차이인 **경상 수지**는 수입이 수출을 초과하면 적자이고, 수출이 수입을 초과하면 흑자이다. 그는 "미국이 경상 수지 적자를 허용하지 않아 국제 유동성 공급이 중단되면 세계 경제는 크게 위축될 것"이라면서도 "반면 적자 상태가 지속돼 달러화가 과잉 공급되면 준비 자산으로서의 신뢰도가 저하되고 고정 환율 제도도 붕괴될 것"이라고 말했다.

이러한 트리핀 딜레마는 국제 유동성 확보와 달러화의 신뢰도 간의 문제이다. 국제 유동성이란 국제적으로 보편적인 통용력을 갖는 지불 수단을 말하는데, 금 본위 체제에서는 금이 국제 유동성의 역할을 했으며, 각 국가의 통화 가치는 정해진 양의 금의 가치에 고정되었다. 이에 따라 국가 간 통화의 교환 비율인 환율은 자동적으로 결정되었다. 이후 브레턴우즈 체제에서는 국제 유동성으로 달러화가 추가되어 '금 환 본위제'가 되었다. 1944년에 성립된 이 체제는 미국의 중앙은행에 '금 태환 조항'에 따라 금 1온스와 35달러를 언제나 맞교환해 주어야 한다는 의무를 지게 했다. 다른 국가들은 달러화에 대한 자국 통화의 가치를 고정했고, 달러화로만 금을 매입할 수 있었다. 환율은 경상 수지의 구조적 불균형이 있는 예외적인 경우를 제외하면 ±1% 내에서의 변동만을 허용했다. 이에 따라 기축 통화인 달러화를 제외한 다른 통화들 간 환율인 교차 환율은 자동적으로 결정되었다.

1970년대 초에 미국은 경상 수지 적자가 누적되기 시작하고 달러화가 과잉 공급되어 미국의 금 준비량이 급감했다. 이에 따라 미국은 달러화의 금 태환 의무를 더 이상 감당할 수 없는 상황에 도달했다. 이를 해결할 수 있는 방법은 달러화의 가치를 내리는 **평가 절하**, 또는 달러화에 대한 여타국 통화의 환율을 하락시켜 그

가치를 올리는 **평가 절상**이었다. 하지만 브레턴우즈 체제하에서 달러화의 평가 절하는 규정상 불가능했고, 당시 대규모 대미 무역 흑자 상태였던 독일, 일본 등 주요국들은 평가 절상에 나서려고 하지 않았다. 이 상황이 유지되기 어려울 것이라는 전망으로 독일의 마르크화와 일본의 엔화에 대한 투기적 수요가 증가했고, 결국 환율의 변동 압력은 더욱 커질 수밖에 없었다. 이러한 상황에서 각국은 보유한 달러화를 대규모로 금으로 바꾸기를 원했다. 미국은 결국 1971년 달러화의 금 태환 정지를 선언한 닉슨 쇼크를 단행했고, 브레턴우즈 체제는 붕괴되었다.

그러나 붕괴 이후에도 달러화의 기축 통화 역할은 계속되었다. 그 이유로 규모의 경제를 생각할 수 있다. 세계의 모든 국가에서 어떠한 기축 통화도 없이 각각 다른 통화가 사용되는 경우 두 국가를 짝짓는 경우의 수만큼 환율의 가짓수가 생긴다. 그러나 하나의 기축 통화를 중심으로 외환 거래를 하면 비용을 절감하고 규모의 경제를 달성할 수 있다.

[문제 13] 윗글을 참고할 때, 〈보기〉에 대한 반응으로 가장 적절한 것은? [3점]

───〈보기〉───

브레턴우즈 체제가 붕괴된 이후 두 차례의 석유 가격 급등을 겪으면서 기축 통화국인 A국의 금리는 인상되었고 통화 공급은 감소했다. 여기에 A국 정부의 소득세 감면과 군비 증대는 A국의 금리를 인상시켰으며, 높은 금리로 인해 대량으로 외국 자본이 유입되었다. A국은 이로 인한 상황을 해소하기 위한 국제적 합의를 주도하여, 서로 교역을 하며 각각 다른 통화를 사용하는 세 국가 A, B, C는 외환 시장에 대한 개입을 합의했다. 이로 인해 A국 통화에 대한 B국 통화와 C국 통화의 환율은 각각 50%, 30% 하락했다.

---

① A국의 금리 인상과 통화 공급 감소로 인해 A국 통화의 신뢰도가 낮아진 것은 외국 자본이 대량으로 유입되었기 때문이겠군.

  → 금 환 본위제를 깨뜨렸기 때문

② 국제적 합의로 인한 A국 통화에 대한 B국 통화의 환율 하락으로 국제 유동성 공급량이 증가하여 A국 통화의 가치가 상승했겠군.

  → 평가절상으로 달러 가치를 올리면, 달러의 국제 유동성 공급량이 감소하여 A국의 통화 가치는 하락한다.

③ 다른 모든 조건이 변하지 않았다면, 국제적 합의로 인해 A국 통화에 대한 B국 통화의 환율과 B국 통화에 대한 C국 통화의 환율은 모두 하락했겠군.

  → 평가절상과 평가절하의 문제는 기축 통화인 A국의 달러 환율과의 자국인 B, C국 간의 화폐 가치 관계이지, 거래국(B,C) 간의 환율과 화폐 가치의 관계가 아니다. B국에 대한 C국의 통화 환율은 알 수 없다.

④ 다른 모든 조건이 변하지 않았다면, 국제적 합의로 인해 A국 통화에 대한 B국과 C국 통화의 환율이 하락하여, B국에 대한 C국의 경상 수지는 개선되었겠군.

  → 경상 수지란 자국의 수출과 수입의 관계에 따라 결정. 환율 하락은 자국의 통화 가치 상승.

C국(30% 하락): 1달러=1000원 → 1달러=700원

B국(50% 하락): 1달러=1000원 → 1달러=500원 : 수출이 C국보다 더 타격받는다. → 경상수지 더 크게 악화 → 만약 B, C국이 서로 교역량을 늘린다면 → 환율 하락 폭이 상대적으로 낮은 C국에서 자국의 통화 가치가 크게 상승한 B국으로의 수출량이 늘어난다. → C국이 B국보다 경상수지가 개선된다.

⑤ 다른 모든 조건이 변하지 않았다면, A국의 소득세 감면과 군비 증대로 A국의 경상 수지가 악화되며, 그 완화 방안 중 하나는 A국 통화에 대한 B국 통화의 환율을 상승시키는 것이겠군.

→ A국의 소득세 감면과 군비 증대는 자국 내 통화량을 증가시키면서 수입 증가를 가져온다. → 경상수지가 악화된다. → 그 방안으로 A국 통화에 대한 B국 통화의 환율이 상승하면(즉, 1달러=1000원 → 1달러=1200원, A국의 화폐가치를 인위적으로 높이면, 평가절상을 하면) → 수출 감소, 수입 증가, 경상수지 악화, 통화량 감소

정답: ④

[해설] 이 문제 풀이에서의 포인트는 다음 두 가지다.

첫째, 환율과 통화 가치(평가절상과 평가절하), 통화량과 금리, 금리와 경상수지(국제수지)의 관계를 그 순환의 흐름을 따라 파악할 수 있는 능력이다. 이를 위해서는 관련한 배경지식에 대한 정확한 이해를 바탕으로, 평소 그 흐름을 머릿속에서 그려가며 익힐 필요가 있다. 이 문제를 놓고서 학생들이 헤맨 가장 큰 이유는, 지문에는 경제 변동의 흐름을 설명하는 제 개념이 듬성듬성 기술되고 있어서 학생들이 그 간격을 채우지 못하면서 생각의 흐름이 단절된 때문이지, 다른 이유 없다. 이를 해결하기 위해서라도 환율과 금리의 관계에 관한 정확한 배경지식을 머릿속에 집어넣고서, 문제로 출제되면 빠르게 배경지식을 활성화할 수 있어야 할 것이다.

둘째, 비교 기준(판단 준거)을 정확히 설정하고 그것에 맞게 글 내용의 흐름을 따라가면서 생각을 집약해야 한다. 예를 들어, 기축 통화인 달러(A국인 미국)의 평가절상 또는 평가절하와 상대국의 통화 가치(예를 들어, B국인 우리나라 원화 가치)의 변동 흐름이 뒤섞여 생각의 혼란과 불일치를 가져온다면, 이내 당황하여 글 내용이 눈에 들어오지 않는다. 지문에서 드러나는 개념 인식의 큰 틀은 다음 두 가지다.

A국인 미국이 경상수지 적자를 낮추려면 …
① 자국 통화의 가치를 낮춘다: **달러 가치의 평가절하**
② 상대국의 통화가치를 높인다: **원화 가치의 평가절상**

그렇게 해서 지문 내용의 핵심을 정리하면, 다음과 같다.

A국 통화에 대한 B국 통화의 환율의 상승: **달러 가치의 평가절상**
= 달러화에 대한 원화 가치의 하락: 원화 가치의 평가절하
= 1달러:1000원 → 1달러:1200원
= (A국은) 수출 감소, 수입 증가, 경상수지 악화, 통화량 감소
  (B국은) 수출 증가, 수입 감소, 경상수지 개선, 통화량 증가

A국 통화에 대한 B국 통화의 환율의 하락: **달러 가치의 평가절하**
= 달러화에 대한 원화 가치의 상승: 원화 가치의 평가절상
= 1달러:1000원 → 1달러:800원

= (A국은) 수출 증가, 수입 감소, 경상수지 개선, 통화량 증가
(B국은) 수출 감소, 수입 증가, 경상수지 악화, 통화량 감소

※ 참고로 생각의 흐름을 따라가면서 지문 내용을 풀어나가면 …
(A인 미국의) … **환율의 평가절상**(자국 통화 가치 상승) → 달러 환율 상승(원화 가치 하락) → 외국 상품에 대한 수요↑ → 수출 감소, 수입 증가 → 달러 유출 → 경상 수지 악화, 자국 내 통화량 감소 → 통화 발행 → 인플레이션 → **금리 인상 → 통화 공급 감소** → 외국 자본 유입 → [A국이 외환 시장 개입하여, B, C국의 환율 하락(원화 가치 상승) 합의] → (B국인 우리나라는) … 수출 감소, 수입 증가 → 달러 유출 → 국제 유동성 공급량 증가 → A국의 통화 가치 하락 → 달러 환율 하락 → (평가절상) → 외국 상품에 대한 수요↑ → 수출 감소, 수입 증가 → 달러 유출 → 경상 수지 악화, 자국 내 통화량 감소 → A국의 경상 수지 악화 누적 … →

[예시 3: 2015학년도 수능 – 과학]

우리는 가끔 평소보다 큰 보름달인 '슈퍼문(supermoon)'을 보게 된다. 실제 달의 크기는 일정한데 이러한 현상이 발생하는 까닭은 무엇일까? 이 현상은 달의 공전 궤도가 타원 궤도라는 점과 관련이 있다.

타원은 두 개의 초점이 있고 두 초점으로부터의 거리를 합한 값이 일정한 점들의 집합이다. 두 초점이 가까울수록 원 모양에 가까워진다. 타원에서 두 초점을 지나는 긴지름을 가리켜 **장축**이라 하는데, 두 초점 사이의 거리를 장축의 길이로 나눈 값을 **이심률**이라 한다. 두 초점이 가까울수록 이심률은 작아진다.

달은 지구를 한 초점으로 하면서 이심률이 약 0.055인 타원궤도를 돌고 있다. 이 궤도의 장축 상에서 지구로부터 가장 먼 지점을 '**원지점**', 가장 가까운 지점을 '**근지점**'이라 한다. 지구에서 보름달은 약 29.5일 주기로 세 천체가 '태양-지구-달'의 순서로 배열될 때 볼 수 있는데, 이때 보름달이 **근지점**이나 그 근처에 위치하면 슈퍼문이 관측된다. 슈퍼문은 보름달 중 크기가 가장 작게 보이는 것보다 14% 정도 크게 보인다. 이는 지구에서 본 달의 겉보기 지름이 달라졌기 때문이다. 지구에서 본 천체의 겉보기 지름을 각도로 나타낸 것을 각지름이라 하는데, 관측되는 천체까지의 거리가 가까워지면 각지름이 커진다. 예를 들어, 달과 태양의 경우 평균적인 각지름은 각각 0.5° 정도이다.

지구의 공전 궤도에서도 이와 같은 현상이 나타난다. 지구 역시 태양을 한 초점으로 하는 타원 궤도로 공전하고 있으므로, 궤도 상의 지구의 위치에 따라 태양과의 거리가 다르다. 달과 마찬가지로 지구도 공전 궤도의 장축 상에서 태양으로부터 가장 먼 지점과 가장 가까운 지점을 갖는데, 이를 각각 **원일점**과 **근일점**이라 한다. 지구와 태양 사이의 이러한 거리 차이에 따라 일식 현상이 다르게 나타난다. 세 천체가 '태양-달-지구'의 순서로 늘어서고, 달이 태양을 가릴 수 있는 특정한 위치에 있을 때, 일식 현상이 일어난다. 이때 달이 근지점이나 그 근처에 위치하면 대부분의 경우 태양 면의 전체 면적이 달에 의해 완전히 가려지는 개기 일식이 관측된다. 하지만 일식이 일어나는 같은 조건에서 달이 원지점이나 그 근처에 위치하면 대부분의 경우 태양 면이 달에 의해 완전히 가려지지 않아 태양 면의 가장자리가 빛나는 고리처럼 보이는 금환 일식이 관측될 수 있다.

이러한 원일점, 근일점, 원지점, 근지점의 위치는 태양, 행성 등 다른 천체들의 인력에 의해 영향을 받아 미세하게 변한다. 현재 지구 공전 궤도의 이심률은 약 0.017인데, 일정한 주기로 이심률이 변한다. 천체의 다른 조건들을 고려하지 않을 때 지구 공전 궤도의 이심률만이 현재보다 더 작아지면 근일점은 현재보다 더 멀

어지며 원일점은 현재보다 더 가까워지게 된다. 이는 달의 공전 궤도 상에 있는 근지점과 원지점도 마찬가지이다. 천체의 다른 조건들을 고려하지 않을 때 천체의 공전 궤도의 이심률만이 현재보다 커지면 반대의 현상이 일어난다.

[문제 26] 윗글을 바탕으로 할 때, 〈보기〉의 ㉠에 들어갈 말로 가장 적절한 것은?

───〈보기〉───

북반구의 A 지점에서는 약 12시간 25분 주기로 해수면이 높아졌다 낮아졌다 하는 현상이 관측된다. 이 현상에서 해수면이 가장 높은 때와 가장 낮은 때의 해수면의 높이 차이를 '조차'라고 한다. 이 조차에 영향을 미치는 한 요인이 지구와 달, 지구와 태양 사이의 '거리'인데, 그 거리가 가까울수록 조차가 커진다. 지구와 태양 사이의 거리가 조차에 미치는 영향만을 고려하면, 조차는 북반구의 겨울인 1월에 가장 크고 7월에 가장 작다.

천체의 다른 모든 조건들은 고정되어 있고, 다만 지구 공전궤도의 이심률과 지구와 달, 지구와 태양 사이의 거리만이 조차에 영향을 준다고 가정하자. 이 경우에 (㉠)

---

① 지구 공전 궤도의 이심률에 변화가 없다면, 1월에 슈퍼문이 관측되었을(즉, 달-지구-태양 사이의 거리가 가장 가까운) 때보다 7월에 슈퍼문이 관측되었을 때, A 지점에서의 조차가 더 크다.

→ 7월보다 1월에 조차가 더 크고, 이심률이 더 작으며, 이는 '달-지구-태양' 사이의 거리가 가장 가까움을 의미한다.

② 지구 공전 궤도의 이심률에 변화가 없다면, 보름달이 관측된 1월에 달이 근지점에 있을 ~~때보다 원지점에~~ 있을 때, A 지점에서의 조차가 더 크다.

→ 달이 원지점에 있을 때보다 근지점에 있을 때, 달과 지구 사이의 거리는 가까우며, 조차는 커진다.

③ 지구 공전 궤도의 이심률에 변화가 없다면, 7월에 슈퍼문이 관측될 ~~때보다~~ 7월에 원지점에 위치한 보름달이 관측될 때, A 지점에서의 조차가 ~~더 크다.~~

→ 슈퍼문이 관측될 때는 곧 달이 근지점에 가장 가까이 위치할 때로, 지구와 달 사이의 거리가 가장 가까우며, 조차는 가장 커진다. 이에 비해, 원지점에 위치한 보름달이 관측될 때는 달이 슈퍼문보다는 덜 근지점에 위치할 때로, 지구와 달의 거리가 슈퍼문보다는 덜 가깝고, 따라서 조차는 슈퍼문에 비해 덜 크다.

④ 지구 공전 궤도의 이심률만이 더 커지면(즉, 지구와 태양 사이의 거리가 가까워진다), 달이 근지점에 있을 때(즉, 달과 지구가 서로 가장 가까운 곳에 위치할 때), A 지점에서 1월에 나타나는 조차가 이심률 변화 전의 1월의 조차보다 더 커진다(달과 지구의 근지점에는 변화가 없더라도, 지구가 태양에 더 가까워짐으로써, 조차는 변화 이전보다 더 커진다).

⑤ 지구 공전 궤도의 이심률만이 더 커지면, 달이 원지점에 있을 때 A 지점에서 7월에 나타나는 조차가 이심률 변화 전의 7월의 조차보다 ~~더 커진다.~~

→ 지구 공전 궤도의 이심률만이 더 커지면, 지구가 더 찌그러진 타원 궤도로 공전하면서 원일점이 현재보다 더 멀어지게 된다. 이는 지구가 태양에서 더 멀어지는 것이기에, A지점에서 7월에 나타나는 조차는 이심률 변화 전의 7월의 조차보다 더 작아지게 된다.

정답: ④

[해설]
발문의 물음에 답하기 위해서는 지문의 밑줄 친 부분에 정신을 집중하면서, 그 관계를 도식화하면 된다. 그렇게 해서, '이심률'과 타원궤도에서의 지구―달―태양의 '거리', 원일점·근일점·원지점·근지점의 '위치', 그리고 〈보기〉의 '조차(조수 간만 차이)'의 관계를 파악하여 도식화하면 된다. 이를테면 지구와 달 사이에는 다음 도식이 성립한다(지구와 태양의 관계 또한 같다).

이심률↑ … 지구를 중심으로 달이 더 찌그러진 타원 궤도에 놓여 있을 때 … 두 초점이 멀다 … 지구―달 사이의 **거리가 멀다.** … 타원 궤도의 장축 상에서 달이 지구에서 가장 **먼 곳**에 위치 = **원지점** … 원지점 거리↑, 근지점 거리↓ … **조차 작아진다** … 북반구, 7월 … 태양이 가까워진다. … 따뜻해진다.

이심률↓ = 지구를 중심으로 달이 원에 가까운 타원 궤도에 놓여 있을 때 … 두 초점이 가깝다 … 지구―달 사이의 **거리가 가깝다** … 타원 궤도의 장축 상에서 달이 지구에서 가장 **가까운 곳에** 위치 = **근지점** … 슈퍼문 … 원지점 거리↓, 근지점 거리↑ **조차 커진다** … 북반구, 1월 … 태양이 멀어진다. … 추워진다.

※ 위의 도식을 이해한다면, 슈퍼문은 달이 지구의 타원 궤도에서 가장 가까운 곳(근지점)에 위치한 상태에서의 '태양―지구―달' 순서의 배열로서의 보름달이 우리 육안으로 보이는 현상이고, 일식 현상은 지구가 태양의 타원 궤도 상에서 가장 가까운 곳(근일점)에 위치하면서 '태양―달―지구' 순으로 일직선으로 늘어서면서 일어나는 현상임을 알 수 있을 것이다.

참고로 (5단락)에서 "지구 공전 궤도의 이심률만이 현재보다 더 작아지면 근일점은 현재보다 더 멀어지며 원일점은 현재보다 더 가까워지게 된다고 기술했다. 이는 달의 공전 궤도 상에 있는 근지점과 원지점도 마찬가지다."라는 의미는 달과 지구, 지구와 태양은 궤도 운동을 하면서 근일점에서 원일점으로, 다시 원일점에서 근일점으로 이동한다는 뜻으로, 선지 ④를 이해하는 데 필요한 내용이다. 위 도식의 검정 글씨 부분이다.

알고 있어야 할 것은, 복잡하고 이해하기 어려운 비문학 지문일수록 지문 이해 없이 그 어떤 스킬(방법론)을 활용하여 문제를 푼다는 것은 절대 금물이다. 다음 사항을 염두에 두고 글을 읽어야 한다.

(1) 복잡한 내용에서 **중요한 부분만 가려낸 후 이에 집중해야** 한다. 지문의 밑줄 친 부분이 이에 해당한다.
(2) 핵심 키워드를 따라 내용의 의미 관계를 파악하면서 **전체의 논리 관계를 유기적으로 살피면서 생각해야** 한다.
(3) 중요한 것은 **내용 이해에 기반한 머릿속 생각의 '구조화'**란 사실을 절대 명심할 것. 글 내용의 핵심을 이해하지 않은 상태에서의 그 어떤 스킬이나 기법을 동원한 '지문 내용'과 '선지 대답' 간의 '일치―불일치' 관계 파악은 이런 식의 고난도 문제에는 절대 통하지 않는다는 사실을. 그럴수록, 지문을 정확히 읽는 데 힘을 쏟아야 한다.

이제 위에서 도식화하여 기술한 내용을 충실히 이해한 다음, 앞에서 제시한 선지별 대답의 정오 관계를 살펴보기 바란다.

텍스트를 논리적으로 독해하기 위해서는

이제까지의 설명을 마무리하는 의미에서 지문 독해의 핵심을 정리해 보자. 글 읽기에서 중요한 것은 '개념 이해'로, 핵심 개념을 갖고서 '제재'와 '화제'만 바꿔가며 응용하여 출제한 것이 바로 수능 독서 영역이다. 따라서 수능 고득점을 받으려면 먼저 출제된 개념을 정확히 이해하는 능력부터 키워야 한다. 개념과 개념, 지식과 지식이 서로 꼬리에 꼬리를 물면서, 그리고 서로 겹치고 쪼개지면서 확장·분화되고 있음을 직접 확인할 수 있을 것이다. 그 접점에 '맥락'이 자리하므로, 이것만 잘 파악하고 이해하는 것만으로도 개념을 충실히 이해할 수 있을 것이다. 그리고 수능과 논술에서 '제재'와 '화제'를 달리하면서 펼쳐내는 그 어떤 지문도 막힘없이 읽을 수 있을 것이다.

방법 1: 글의 '중요한' 부분에 집중하라.

제시문 독해의 첫 번째 포인트는 글에서 **중요한 부분**과 그렇지 않은 부분을 구분하고, 중요한 부분에 집중하는 것이다. 이를 위해서는 글의 '**부분-전체**' 구조를 단박에 파악하면서, 큰 줄기를 중심으로 지식과 정보를 체계적으로 정리할 수 있어야 한다. 글에서 중요한 부분은 글에서 다루는 주제 개념을 설명하는 부분과 글 내용의 핵심인 '주장(결론)'과 '근거(전제)'에 해당하는 부분에 국한하며, 그 밖의 내용은 중요하지 않은 부분이다. 이를테면 '예시', '인용', '부연', '상세'와 관련한 부분이 그것이다.

따라서 학생들은 글을 읽으면서 먼저 글에 실린 '**핵심 개념**'부터 잡아야 한다. 즉, 글의 주제는 무엇이고, 그 주제 개념을 따라 관련한 세부 개념(유개념과 종개념, 상위 개념과 하위 개념)이 어떤 관계를 이루면서 글 내용을 펼쳐내고 있음을 파악해야 한다. 이것은 글의 핵심을 이루는 '뼈대', 즉 중요한 부분과 이를 보충 설명하는 '곁가지', 즉 중요하지 않은 부분을 구분하는 데 더할 나위 없이 중요하다. 그 포인트는 개념을 '정의'의 진술 방식으로 기술한 부분에 집중하여, 그 의미를 정확히 이해하려고 노력하는 것이다. 제시문의 중요한 부분에 집중하면서, 그리고 개념에 대해 정확히 이해하는 과정에서 처음에는 '추상화'된 의미로 다가왔던 개념의 의미와 글 내용은 점차 '구체화'할 것이다.

핵심 1: 복잡한 글 내용에서 필요한 정보를 얼마만큼 '**빠르고, 정확하게**' 찾을 수 있는가 … 정보를 선별하는 능력

방법 2: 변주를 찾아라.

어떤 글에서든 글쓴이는 자신이 주장하는 내용을 반복해서 설명한다. 글에서 조금씩 말을 바꾸면서 주장을 반복하는데, 그러한 말 바꾸기는 단순히 다른 표현을 쓰거나, 구체적인 예시나 인용을 들거나, 비유를 사용하는 등 표현 방법을 달리하며 '**변주**'된다. 따라서 비문학 독해는 대부분 이러한 변환 내용을 파악함으로써 어렵지 않게 해결할 수 있다.

이것이 중요한 이유는, 지문과 선지 대답 간의 '일치-불일치'와 관련한 내용을 묻는 물음에 정확히 답하기 위해서다. 글에 실린 많은 개념(중요하다고 생각하는 단어와 어휘) 간에는 특정 관점을 놓고서 서로 부합하거나 대립하면서 **의미의 '범주화'**를 이루고 있다. 따라서 개념 범주화를 따라 큰 틀에서 의미의 정합 관계를 파악하는 것이 중요한데, 이를 위해서는 무엇보다 어휘력부터 길러야 한다.

핵심 2: 글에 실린 주요 단어와 어휘의 의미를 파악해서 부합하거나 대비되는 '**개념적으로 범주화**'할 수 있는가 … 개념화의 능력

방법 3: 글의 흐름과 짜임을 이해하며 읽어라.

제시문 독해의 세 번째 포인트는 글의 '짜임'을 파악하며 읽는 것이다. 이를 위해서는 단락별로 기술된 정보를 빠르게 분류할 수 있어야 한다. 글에 실린 수많은 정보를 내용과 형식(즉, 문장의 진술 방식)을 따라 체계적으로 분류하면서 글을 읽지 않으면 생각이 정돈되지 못하면서 글 내용이 눈에 들어오지 않을뿐더러, 글을 읽는 시간도 많이 든다.

　텍스트를 논리적으로 독해하기 위한 중요한 방법의 하나가 글의 대립 구조, 즉 글 내용의 핵심을 서로 '**비교**'하면서 파악하는 것에 있음을 생각한다면, 그리고 실제 그 부분에 출제자의 의도가 집중되어 있음을 고려한다면, 단원의 글을 읽어 비교의 층위를 살피면서 읽어야 한다. 그런 연습을 하는 것만으로도 실제 수능 지문에서 글 내용이 개념별로 어떤 식으로 의미와 표현을 달리하면서 변주되고 있는지를 파악할 수 있을 것이다.

핵심 3: 선지의 대답을 따라 제시문 속 지식과 정보를 '**체계화하면서**' 생각할 수 있는가 … 지식을 체계화하는 능력